本书出版得到

文化名家暨“四个一批”人才项目

资　助

黄河流域史前时代

戴向明　著

科学出版社
北　京

内 容 简 介

本书收录了作者以往发表的21篇考古学论文，主要集中于黄河流域，特别是黄河中游新石器时代的文化、聚落与社会方面的研究。共分三个单元：第一单元“文化的演变”有7篇论文，主要涉及黄河中游考古学文化的分期、年代、谱系关系等方面。第二单元“社会的发展”有9篇论文，主要通过聚落考古来探讨黄河中游不同时期社会结构及其变化，其中两篇涉及全国各主要史前文化区。第三单元“理论与方法的思考”有5篇文章，涉及考古学思想史、聚落考古方法、古史传说与考古学的关系、对文明与国家起源的认识等不同方面。本书对史前考古，尤其是中国新石器时代考古许多前沿性的重大问题，提出了独到的、成体系的认识，对于促进相关课题的研究具有重要的意义。

本书适合于从事考古学、历史学、人类学等方面的专家、学者以及大专院校相关专业师生参考、阅读。

图书在版编目（CIP）数据

黄河流域史前时代 / 戴向明著. —北京：科学出版社，2021.12

ISBN 978-7-03-071090-1

Ⅰ.①黄… Ⅱ.①戴… Ⅲ.①黄河流域－石器时代考古－文集
Ⅳ.①K872.2-53

中国版本图书馆CIP数据核字（2021）第265271号

责任编辑：雷 英 / 责任校对：邹慧卿
责任印制：赵 博 / 封面设计：张 放

科学出版社 出版
北京东黄城根北街16号
邮政编码：100717
http://www.sciencep.com
北京厚诚则铭印刷科技有限公司印刷
科学出版社发行 各地新华书店经销
*
2021年12月第 一 版 开本：787×1092 1/16
2025年 3 月第三次印刷 印张：30 1/2 插页：4
字数：720 000

定价：298.00元

（如有印装质量问题，我社负责调换）

序　言

这本文集收录了我以往发表的21篇论文，也是我在中国史前考古这个神圣园地耕耘多年所收获的主要研究成果。2021年恰逢中国考古诞生一百周年，本人又有幸得到文化名家暨“四个一批”人才项目的资助，得以结集出版这本书，我也愿意将其作为一份薄礼献给中国考古学百年。

如果从1989年本科毕业、开始攻读新石器时代考古方向的硕士研究生算起，我的考古生涯已过30载了。此番检视旧作，发现多数主要关涉黄河流域新石器时代考古研究（其中又以黄河中游为主），尽管近年几篇文章的内容并不仅限于此，但仍将这次搜集拣选而成的文集命名为《黄河流域史前时代》。这里的“史前”一词有些虚说，个别文章的内容虽涉及旧石器时代，但在此方面我并没有专门的研究，只是为了简便而姑妄用之。另外有些文章涉及夏商所属的早期青铜时代，也是史前研究自然延展的结果，常成为史前研究不可避免的落脚点。

新石器时代是我从读研究生开始就已选定的主要研究领域。而研究的地域以黄河流域，尤其是黄河中游为主，则与我的考古经历有直接关系，同时也与中原、黄河中游在中国历史中所处的特殊地位有关。自大学本科实习一直到近年的田野工作，我的考古足迹始终在黄河中游，尤其是晋南地区。1987年我所在的吉林大学85级本科考古班的田野实习是在山西忻州游邀，那是一个以龙山和二里头时期堆积为主的遗址，实习的经历加深了我原本就有的对新石器时代考古的兴趣。1989～1993年在北京大学考古系攻读硕士学位研究生，师从严文明先生，专习新石器时代考古。在准备毕业论文阶段，严先生为我确定了内蒙古中南部仰韶晚期遗存研究这一主题，派我与内蒙古文物考古研究所、呼和浩特市文物管理处等单位合作发掘了托克托县海生不浪遗址，之前还赴晋北大同、忻州地区和内蒙古准格尔旗、托克托县、清水河县等黄河两岸地区进行了一些田野调查，其后我就以调查、发掘的资料及其他发表的资料为基础完成了硕士毕业论文《“海生不浪类型”文化过程论》。

1993年从北京大学毕业来到当时的中国历史博物馆考古部工作（现为中国国家博物馆考古院），在时为馆长的俞伟超和考古部负责人信立祥两位先生的关怀与安排下，我参加了考古部在山西垣曲商城遗址的发掘，在这里一干就是近十年。垣曲商城遗址实则以二里头和二里冈文化遗存为主，长期的工作使我熟悉了这两个文化的基本面貌，也使我后来的“史前研究”很自然地就能往下延伸到夏商时期；最近两年我又将晋南田野考古工作的重点从新石器重新聚焦于夏商时期的冶铜遗址，这对我而言并非突兀之事，实际上是在晋南长久工作基础上提炼出的重点课题之一。在垣曲商城发掘之前的数年时间里，考古部还主持发掘了垣曲古城东关遗址，获得一大批涵盖仰韶早中晚到庙底沟二期和龙山时期连续不断的新石器时代资料，在我参与商城遗址发掘期间，佟伟华、张素琳等老师一直在整理古城东关这批资料，我也得以很方便地经常观察垣曲工作站存放的这些出土标本。这两个遗址相结合，就基本建立起了本地区新石器时代到夏商时期较完整的文化分期框架。凭借这个基础来比较观察周边地区各期文化遗存，可以得到不少新的认识。我后来陆续发表的《试论庙底沟文化的起源》《庙底沟文化的时空结构》《陕晋豫地区仰韶早期文化的有关问题》《晋南龙山到夏商时期考古学文化的演变》等几篇有关考古学文化分析方面的文章，都多少得益于对垣曲资料的了解及相关问题的思索。在垣曲工作期间，我还参与实施了国家文物局立项支持的科研课题“垣曲盆地聚落考古调查与研究”，这也是我首次将有关宏观聚落考古的一些想法付诸实践，从中得到的一些认识后来在我的博士论文和其他一些研究中都有体现。

在我读书和工作早期的20世纪八九十年代，西方各种哲学、人文社科思潮不断涌入中国，各种思想、学说相互激荡，一时呈现出自由论辩的浓厚氛围。国内考古界则对发源于美、英的“新考古学”和“后过程考古学”有过热烈的讨论，对当时的许多年轻学人都有很大的冲击，我本人也不可能漠然处之，读书、思考之余，在90年代末写下了《西方考古学观念的演变》《中国考古学观念的回顾与反思》两篇文章。也许视野不够宽，思虑不够深，见解不够透彻，但却是那个年代留下的特有印记。

2002～2005年，因一个偶然的机遇，我得以赴澳大利亚墨尔本的拉筹伯大学（La Trobe University）攻读博士学位，导师是刘莉教授。刘老师根据我的考古背景，帮我确定的博士论文主题是垣曲盆地的聚落形态和陶器生产研究，这使我更是直接受益于上述垣曲两个遗址发掘和区域调查积累的考古资料。在此基础上我完成了博士论文《陶器生产、聚落形态与社会变迁——新石器至早期青铜时代的垣曲盆地》（中文版于2010年由文物出版社出版）。毕业后我又返回了中国国家博物馆工作（2003年原中国历史博物馆与革命博物馆合并组建中国国家博物馆，考古部于2018年改称考古院）。但遗憾的是，此后由于各种原因，我没能再在陶器研究这个领域继续深耕下去，有负刘莉老师最初的期望。不过因做博士论文而熟悉了西方有关手工业考古的一些理论和方法，包括与社会系统的整体关系，这对我以后的许多研究还是有积极的帮助。其中在《黄河中游史前经济概论》这篇文章中还有较直接的体现。

留学期间我曾于2003年下半年回国收集论文资料，在当时中国国家博物馆领导朱凤瀚先生和考古部信立祥主任的支持下，因有前期的充分准备，当年就启动了由我负责的“晋西南聚落考古与早期国家和文明起源研究”课题，首先在运城盆地开展区域调查，将中国国家博物馆在晋南考古工作的中心从垣曲小盆地转移到了运城盆地这片更广阔的天地。在我返回澳大利亚接续学业的时间里，由我的几位同事与山西省考古研究所、运城市文物保护研究所等单位的同仁合作继续执行，回国后我又主持完成了后期的田野调查。这是一个经过精心规划和严格实施的拉网式全覆盖区域系统调查，当时参照了国内已有的中外合作调查的类似方法，并设计了一套我们自己的调查方案。这个调查覆盖了整个运城盆地东部，时间轴上从新石器时代直到早商。调查于2006年结束，紧接着就整理、分析资料并随后编写出版了调查和研究报告（2011年文物出版社出版）。在此基础上，从2007年开始，我选择区域内规模最大的绛县周家庄遗址，主持了长达十年的连续发掘。周家庄遗址以龙山期堆积为主，面积达400余万平方米，经钻探发现有大型环壕围绕。发掘目的主要是想探索这种特大型聚落内部的布局结构、各种功能设施及其反映的社会面貌和发展状况。经过长期发掘，我们获得了遗址内数处有关居址、墓地的丰富资料，同时也留下了许多遗憾。目前该项目正处于资料整理、分析和报告编写过程中。自2018年开始，周家庄发掘告一段落，我又主持启动了绛县西吴壁夏商冶铜遗址的发掘，短短几年下来，收获颇丰。这其实是手工业考古与聚落考古相结合，力图揭示中原早期王朝兴起与控制、开发、利用重要战略资源关系的一个新课题。近几年在王春法、陈成军等馆领导的大力支持下，中国国家博物馆考古院的田野考古工作得到了很大拓展。

这里想说的是，从运城盆地系统调查到周家庄和西吴壁遗址的长期发掘，我们始终在贯彻聚落考古的理念，试图通过宏观与微观聚落考古的结合来系统揭示一个区域社会发展演变的过程和某一时期的发展状况，其间则在不断摸索、尝试各种新的方法和技术，拓展新的研究思路。尽管有许多不尽如人意之处，但在探索的过程中经过不断思考问题而取得的收获还是很大的。此外，像同时代许多学者那样，在通过聚落考古、科技考古等多种路径方法相结合来全面研究史前社会的历程中，我也从未把目光局限于一个地区，而是始终关注着全国各地的考古发现和研究成果。当然，研究的重点主要还是集中在包括中原在内的黄河中游。正是由于有这样的思路和思考，这些年里我陆续完成了本书第二和第三单元里那些文章。除了具体的微观和宏观的聚落与社会方面的研究，有些论文还尝试着提出、总结一些理论方面的心得。

以上简单回顾我的主要考古经历，是想为本书收录的论文提供一个产生的背景。这些背景既有我个人的学习、工作经历和专业兴趣，同时或许也能在一定程度上折射出中国史前考古观念和发展方向的某些变化。

本书依据研究内容将收录的21篇论文分成三个单元。

第一单元“文化的演变”有7篇文章，集中于黄河中游考古学文化的分期、年代、谱系关系等方面，既有个案研究也有宏观分析。其中首篇《黄河流域新石器时代文化格局之演变》是我工作之初写成的第一篇论文，文章中的许多认识是我在北京大学读研期间，在与严文明先生多次交谈并聆听其教诲的过程中不断受到启发而形成的；该文论述了整个黄河流域新石器时代文化格局不断组合与重组的动态演变过程，对许多考古学文化的来龙去脉、相互关系等问题都有具体的讨论。虽然多年之后各地的考古材料都大大增加了，但我在文中表达的基本观点迄今都没有大的改变。这篇文章代表了我对黄河流域新石器时代不同时期文化格局、谱系关系的系统认识，其他几篇有关考古学文化的论文都是在这个大的框架内对某些具体问题的讨论和补充。其中值得提及的是，《试论庙底沟文化的起源》等文章对庙底沟文化的来源、形成过程、同半坡文化的关系等学界多年关注而又有分歧的问题提出了自己新的看法。《“海生不浪类型”文化过程论》一文如前所述，是早在学校读研时完成的硕士论文，该文尝试在传统的文化分期、源流关系分析基础上，进一步复原一个文化发展演变的动态过程，阐释各种文化现象形成背后的原因，其中结合、利用了一些有关环境演变方面的地学研究成果，在当时算是做了一点富有新意的探索。再有就是本单元最后一篇《中原龙山到二里头时期文化与社会发展阶段的两个问题》，除了辨析新砦期与二里头一期遗存的关系，还进一步对学界瞩目的夏文化、夏都、夏王朝问题进行了专门讨论，提出了自己的一些认识。

第二单元“社会的发展”有9篇论文，主要是通过聚落考古来探讨不同时期社会结构及其变化，也是集中于黄河中游，最后两篇则涉及全国各主要史前文化区。头两篇是针对单一墓地的个案分析，成文的年代一早一晚。《裴李岗墓地新探》是我在北京大学读研期间完成的，是本书中写作最早的一篇论文，该文试图通过分析墓地结构来复原聚落的社会组织，是仿照严文明先生等老一辈学者研究史前墓地的一篇习作，毕业后整理发表了。《陶寺墓地分析》则是几年前《襄汾陶寺——1978～1985年考古发掘报告》出版后，我对这个中原地区龙山时代最重要墓地资料的专门分析，目的是想通过该项研究对陶寺早晚不同时期社会结构的演变取得更深入的认识。

《中原地区早期复杂社会的形成与初步发展》《中原地区龙山时代社会复杂化的进程》《北方地区龙山时代的聚落与社会》三篇文章，连缀起来可形成一个整体，皆是力图通过聚落分析重建中原和北方即整个黄河中游新石器时代社会的发展过程，尤其关注社会组织结构、社会等级分化和社会权力的特征与变化，着重讨论了复杂社会的形成与发展、早期国家的出现等问题。《黄河中游史前经济概论》也可视为对前述几篇文章的补充，是对黄河中游新石器时代生业经济与手工业经济的概要论述，意图为前述几篇文章所论社会形态的变化提供一个可以参照的经济形态演变的基础和观察视角。

后三篇重点讨论的是中国早期国家形成问题。《陶寺、石峁与二里头——中原及北方早期国家的形成》对黄河中游不同区域何时出现早期国家、何者可代表早期国家、早期国家形成的背景进行了专门讨论。《中国史前社会的阶段性变化及早期国家的形成》是对中国史前社会发展脉络、阶段性变化过程的系统梳理，讨论的重点集中在各主要文化区的新石器时代晚期，提出了这个阶段各文化区出现的“超级聚落”孕育出“雏形国家”的认识，并概括总结了不同区域内社会进化、国家与文明形成的不同轨迹和模式。《简论中国早期国家形成的动力机制》则是上文的姊妹篇，对各主要文化区社会复杂化发展的背景、早期国家形成的动力机制做了深入的辨析和探讨，是从“知其然”到“知其所以然”的努力与尝试。

第三单元“理论与方法的思考”有5篇文章，各自讨论的是不同主题。前两篇《西方考古学观念的演变》《中国考古学观念的回顾与反思》的写作背景已如前述，其内容也如标题所示，不需多言。《区域聚落考古的比较分析》对国内几个区域系统调查所运用方法的异同做了比较，并针对此种调查所涉及的几个有争议的问题进行了讨论，提出了自己的看法。《古史传说与中国文明起源的探索》最初是为一个科普读物做的准备，后经修改另文发表，文中对相关问题未做深研，但也算基本表达了我对古史传说及其与史前史和考古成果关系的理解。最后一篇《文明、国家与早期中国》为最近的一篇作品，是对中国文明起源、早期国家形成和何为早期中国的认识，这几个问题当前在学界甚至社会公众中都有很高的关注度，也是中国史前考古研究中不能回避的大问题，本文主要从概念、理论和方法论的角度谈自己的看法，重点并不在于给出明确的结论。

上述文章大多保持了发表时的原貌，只有《中原地区早期复杂社会的形成与初步发展》《中原地区龙山时代社会复杂化的进程》两篇文章有少许变动，不过也是微调，总体上没有大的改变。前者主要涉及与西坡遗址有关的部分，因后来又有一些房址等方面的新资料发表；后者主要涉及陶寺遗址，也是根据近年面世的新资料做了一点修正和调整，但有关陶寺墓地部分在本文中则基本未变，因已有《陶寺墓地分析》一文做专论，有关该墓地的最后认识以此为准。其他文章，只对个别原来有错误或不妥当的字句做了适当修改，再有就是对早期一些不甚清晰的插图进行了重描或扫描处理，此外别无变动。

在编辑本书的过程中，回顾以往的求学、工作经历，最大感触是一路走来有太多需要感谢的人。除了要特别感谢授业恩师严文明先生、刘莉老师，还有我在吉林大学、北京大学和澳大利亚拉筹伯大学读书时的诸多老师、同学，我一直就职服务的中国国家博物馆（包括其前身之一的中国历史博物馆）的诸多领导和同事，以及考古文博界的很多师友，在此向所有帮助过我的人致以最诚挚的谢意！另外要提及的是，为在短时间内完成本文集的编辑工作，包括早期文章电子文稿的录入、校对、制图等，中国国家博物馆考古院年轻同事张静、杨惠娟、于慧楠、汤毓赟、王一如、王冠玉、田伟、崔春鹏，以及技师吕赵力、申红俊等，都给予了很多帮助，在此一并表示感谢！当然，最后还要特别感谢始终关爱和支持我的父母、妻子和家人！

戴向明

2021年3月18日

目　　录

文化的演变

社会的发展

理论与方法的思考

文化的演变

黄河流域新石器时代文化格局之演变

一

多年来，经过考古工作者的艰苦努力，中国新石器时代考古学文化的时空框架已渐趋明朗。特别是近些年随着新资料的不断发现和研究的逐步深入，在空间上填补了许多空白，在时间序列上填补了许多缺环，并修正了以往一些不适当的认识，而且对各区系文化发展谱系的研究，又使得我们对各文化的演变过程及其相互关系有了越来越清楚的了解。正是在这些研究的基础上，我们才得以对黄河流域新石器时代文化格局及其演变过程重新做一番审视和分析。

1987 年，严文明先生通过对中国史前文化发展脉络和不同层次结构的分析指出，中国史前文化是一种“重瓣花朵式的向心结构”,具有统一性与多样性的特性①。这是对中国史前文化本质特点的精深理解和把握。他将中国境内的新石器时代文化划分为六大文化区。中原文化区处于中心位置，即所谓的“花心”；其周围分别环绕着山东文化区、燕辽文化区、甘青文化区、长江中游区、江浙文化区，显然这是五大“花瓣”。六大区中，周边五个文化区文化发展变化的脉络都比较清楚，文化谱系较为单纯，而唯有位于中心的中原区文化类型多样，发展演变的过程极为复杂。另外，在六大区中，黄河流域的三大文化区间的关系——主要指山东区和甘青区与中原区的关系——较为密切，而位于北方的燕辽区和长江流域的长江中游区及江浙区与它们的关系则相对疏远，尽管相互间也有过一些接触和影响，但总体看不是太强烈，且主要体现在各自的边缘地带。因此就本文而言，为便于突出主题，暂将另外三区抛开，而集中考察黄河流域三个文化区内文化格局的演化过程。在这三区中，中原文化区，再扩展一点，即相当于整个黄河中游区将成为我们讨论中所关注的焦点。而且我们知道，也正是在这一地区孕育了华夏文明，这与其所处的独特位置和文化格局的复杂多变必有一种内在的联系，因此对夏王朝、华夏文明的形成机制和历史背景的探讨也终将成为本文的落

---

① 严文明:《中国史前文化的统一性与多样性》,《文物》1987 年第 3 期。

脚点。

为便于分析，按照编年序列制作一张黄河流域新石器时代文化发展谱系图表是必要的（图一）。需要说明的是，1991 年，中国社会科学院考古研究所依据 1988 年国际 ^{14}C 会议确认的高精度树轮校正年代表对全部 ^{14}C 年代数据作了校正[①]，本文据此并参照近几

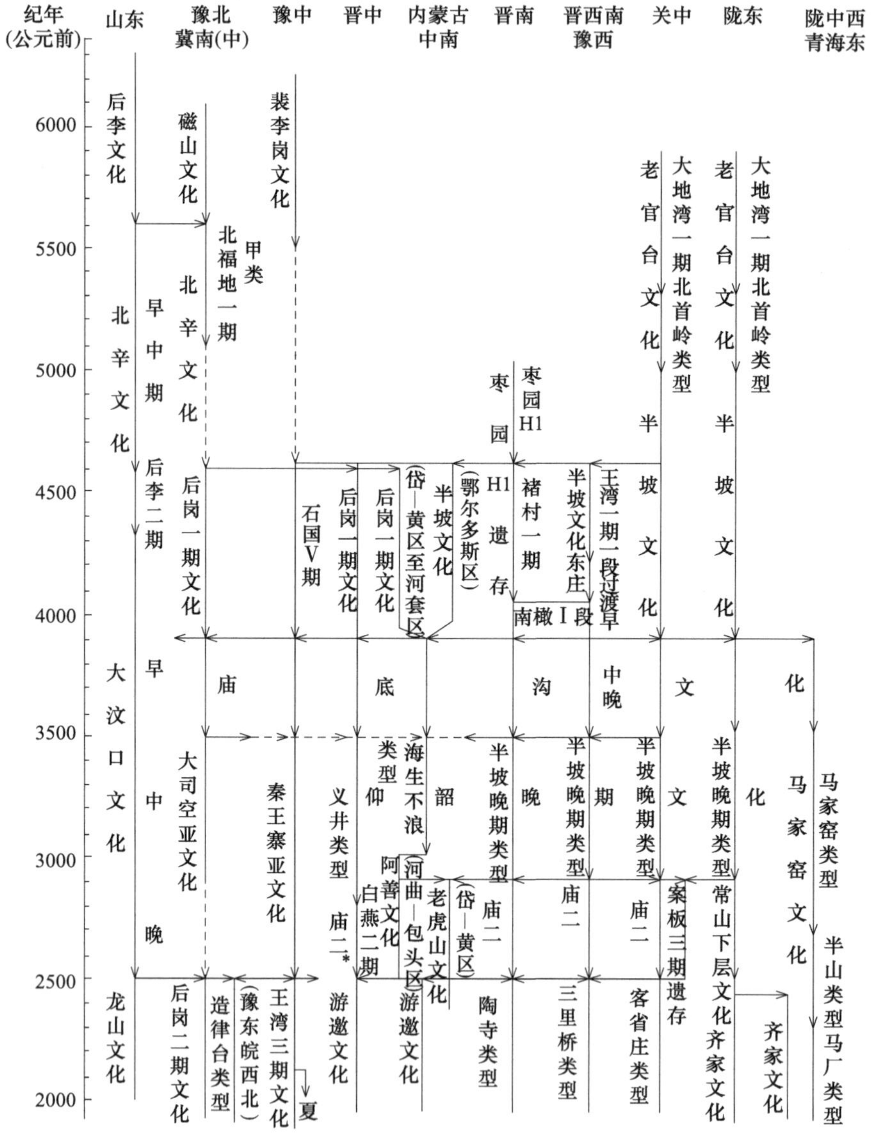

图一　黄河流域新石器时代文化谱系示意图
（*庙二为庙底沟二期文化的简称）

① 中国社会科学院考古研究所：《中国考古学中碳十四年代数据集》（1965～1991），文物出版社，1992 年。

年发表的 ^{14}C 年代数据，对各文化、类型的年代重新作了审查和界定，从中可以发现，大部分年代值与我们以前所认定的基本相符，只有少数有所调整，个别调整幅度较大。有些情况我们将在后文中给予具体解说。另外，有几个文化、类型尚缺 ^{14}C 年代数据，它们在图表中的位置是根据其在文化发展谱系中的位置和文化间的比较研究确立的。

二

按照地质学的认识，公元前 10000 年左右最后冰期结束，进入冰后期，亦即开始了所谓的全新世。从这时起，全球气候逐渐转暖，但在最初的二三千年间，气候仍然比较寒冷，直到公元前 6500 年稍晚以前，能确知的整个中国北方的考古发现只有一点零星的线索，如河北徐水南庄头遗址①，这表明此期间的农业居址不会太多。按照严文明先生的划分法，这个时期当属新石器时代早期②。我们知道，从公元前 6000 年稍早一点开始，黄河流域已存在具有一定数量和规模的定居农业居址，有了数量较多的粮食作物粟，有了虽较粗糙但已成熟的陶容器，石器中有了打磨得较精细的生产工具和加工工具。因此可以推知，新石器时代早期（其上限或可推到全新世的开始，即公元前 10000 年左右，其下限在公元前 6500 年左右或稍晚），在气候、植被、土壤、水源等自然条件都比较优越的黄河流域，势必有一个农业从起源到初步发展的过程，陶器和农业工具从创制到逐步完善的过程。从渔猎、采集到经营农业，生产、生活方式的改变，导致人类生存方式的根本性变革。由于有了农业，人们必然要过一种定居的生活，相应地就要制作陶器来满足日常生活的需要，制作工具来进行农业生产；生产、生活上的进步必然会导致人口的逐步增长、居址规模的扩大和数量的增多。因此黄河流域新石器时代早期遗存的更多发现也只是时间早晚的问题。但另一方面我们还应看到，由于这时尚处在农业经济、农业生活初步形成和发展的阶段，在较早的年代里，或许还是农业并没占有绝对优势的、多种经济并存的局面，即使已有一些定居的居址，很可能也是零星的、小规模的、不稳定的、短时的，人们使用的陶器、石器等物品的数量不会太多，文化堆积不会太丰厚，因此对于我们来说，要发现这样的遗址可能确实很困难。在较晚的年代里，也许随着农业的进步和发展，农业在生产中的比重增加了，人口增长了，居址的规模、数量有所扩大，在使用上也有了一个比较长的稳定时期；但这一切仍会很有限，在各地区大概只局限于一些自然条件优越的狭小范围内，并且

① 徐浩生、金家广、杨永贺：《河北徐水县南庄头遗址试掘简报》，《考古》1992 年第 11 期。

② 严文明：《中国新石器时代聚落形态的考察》，《庆祝苏秉琦考古五十五年论文集》，文物出版社，1989 年。

相互间处于一种相对隔离、封闭的状态；另外，由于可能从旧石器时代晚期就延续下来的不同的文化传统和不同的人群间的差别，这时各地区在陶器、石器乃至房屋、墓葬等方面可能也会表现出不同的文化面貌，这样也就存在着不同的文化差别。因而，在新石器时代早期，黄河流域的文化格局可能是一种散点式的，各地区文化规模、范围小且相互间缺乏交流，呈现出比较松散的局面。

上述关于黄河流域新石器时代早期文化发展状况和文化格局的论述，主要是在对新石器时代中期认识的基础上进行的一种逻辑推断。那么新石器时代中期的情况究竟如何呢？

三

新石器时代中期，黄河流域几个主要地区文化的发展演变都可划分为两大阶段。第一阶段，在山东有后李文化（公元前6300～前5600年）①，豫北冀南有磁山文化（公元前6100～前5600年），豫中有裴李岗文化（公元前6200～前5500年），渭河流域（包括关中和陇东）有老官台文化早期即以大地湾一期为代表的一类遗存（公元前5900～前5300年）。这个时期的考古发现表明，一方面各地区的经济、文化等方面有了长足的进展，出现了许多较大的居址、墓地甚至祭祀遗址，并且各地都出有大量的具有系统组合特征的陶器群和石器，这一切都说明定居农业已居于主导地位，与其相关的社会文化各方面也获得了充分的发展。另一方面，从各地的文化面貌、特征看，除磁山和裴李岗文化因地域邻近而有着较密切的关系外，它们同相距较远的东面的后李文化和西面的老官台早期文化关系较疏远，陶器群中所共有的只有像圜底钵或平底钵、圈足碗、三足钵这些最简单的器类，而各自一些典型的或居主导地位的因素在这三大区中皆不互见（如老官台文化早期的三足筒形罐，裴李岗文化的小口双耳壶和磁山文化的陶盂、支脚，后李文化的釜等）。这种情况说明各地文化间或说人群间一方面并非处于完全隔绝的状态，另一方面确实又缺乏强烈的相互间的交流和影响，各自处于相对封闭、保守的状态，文化的进化主要体现在各自独立的发展上。

至于磁山和裴李岗文化，对两者的文化性质和命名问题学术界曾有过热烈的讨论：一种意见认为应据其共性而视为同一种文化，另外一种则据其差别而分为两个不同的文化。有人指出，磁山遗址早期遗物中与裴李岗文化相同的极少，特别是缺乏裴李

---

① 王永波、王守功、李振光：《海岱地区史前考古的新课题——试论后李文化》，《考古》1994年第3期。

岗文化中最具代表性的器物小口双耳壶，三足钵也很少；磁山晚期与裴李岗文化相同或相似的因素有所增加，出现了少量小口双耳壶和较多的三足钵，但仍居次要地位；而裴李岗文化的遗址中皆不见磁山文化中数量最多、最具代表性的陶盂和支脚；两者间各自有着主导因素完全不同的器物组合，又各有不同的分布地域，因此将它们视为两种不同的考古学文化较为合适①。我们倾向于这种认识。但由于它们地域相邻，所以如果相互间没有任何联系反而是难以想象的。上述分析也表明了从早到晚交流逐渐增多的过程，而这种交流又主要表现在裴李岗文化对磁山文化的影响上。由于它们之间的这种密切关系，可视其为两个具有亲缘关系的考古学文化共同体，并共同结合组构成一个“亲缘文化区”，而与渭水流域的老官台文化区和山东的后李文化区相并立。

到新石器时代中期的第二阶段，这种三区并立的局面有所变动，据目前已知的材料，这主要表现在山东区对豫北冀南区（包括冀中）的影响上。在山东继后李文化发展起来的是北辛文化，有人将这类遗存的编年序列整理为三期六段，但将晚期即以大汶口 5～7 层为代表的Ⅴ段和以后李二期为代表的Ⅵ段单独划出，命名为“后李二期文化”②。其实，晚期陶器的组合与中期基本相同（以鼎、钵、三足钵、小口双耳壶为基本组合），器物形制上虽有差异，但明显是一种发展继承关系，所以仍可将其归入北辛文化的范畴；它与“后岗一期文化”并不是一回事，其直接后继者当是本地大汶口文化早期（刘林期）遗存。从前学术界把以江苏淮安青莲岗③和坯县大墩子下层④为代表的一类遗存或称为“青莲岗文化”，或作为大汶口文化最早的一期，现在看来它与后李二期的陶器组合相似，形制相近，因此青莲岗期遗存亦应纳入北辛文化的范畴，它与后李二期一类遗存间的差别可能说明北辛文化晚期在苏北鲁南和鲁中北存在两个不同的地方类型。有关北辛文化早、中期的 ^{14}C 年代，目前只限于北辛一个遗址，最高值为公元前 5600 年，恰与后李文化的下限相衔接；它的低年代值集中在公元前 4300 年左右和公元前 4600 年左右这两个数据上，而青莲岗期（北辛文化晚期）大墩子遗址下层的 ^{14}C 年代为公元前 4600～前 4300 年，则中、晚期的分界当在公元前 4600 年左右；而整个北辛文化的跨年为公元前 5600～前 4300 年。北辛文化早期，炊器的结构以釜为主，釜、鼎并存，釜显然是从后李文化占主导地位的釜继承发展来的，而釜形鼎可能是受磁山文化三足钵的启发而创制的。北辛文化早期出现了三足钵、小口壶、三足壶等，

① 赵朝洪：《谈磁山文化的几个问题》，《磁山文化论集》，河北人民出版社，1989 年。

② 王永波：《关于后李文化的谱系问题》，《青果集——吉林大学考古专业成立二十周年考古论文集》，知识出版社，1993 年。

③ 华东文物工作队：《淮安青莲岗新石器时代遗址调查报告》，《考古学报》1955 年第 9 期。

④ 南京博物院：《江苏邳县四户镇大墩子遗址探掘报告》，《考古学报》1964 年第 2 期。

尽管数量不多，但足以表明与其邻近的磁山文化对它的影响。

这种影响比起北辛文化对豫北冀南（中）区的冲击显得微不足道。这种冲击是因河北易县北福地一期甲类遗存的发现而被人们认识的①。遗存中的大宗器物釜同北辛文化早期的圆体釜非常相近；而釜形鼎的形制表明，这种器物应受磁山文化三足钵的诱发，是在釜下加三个锥状足而创制的；敞口平底钵与北辛早期的同类器也如出一辙；此外，小口双肩耳壶、陶支脚等当是直接承袭磁山文化的因素，而那种形体较大、双耳在腹部的小口高领壶可能是小口双肩耳壶的一种衍变。这种文化因素的构成及其来源说明，在公元前5600年左右，后李文化演变为北辛文化的早期形态，在受到磁山文化微弱影响的同时，又极力向外扩展，这股势力到达河北中部的易县、涞水一带，冲断了当地磁山文化（北福地一期乙类遗存）的传统，同时又吸收、保留了磁山文化的某些因素，形成了北福地一期甲类这样的遗存，这种遗存可视为北辛文化的地方类型。有学者认为，河北南部磁县下潘汪、界段营遗址中也存在这类遗存②，果真如此，那么可以说大约自公元前5600年以后，从河北中部到南部可能还包括豫北地区，磁山文化在整体上皆因北辛文化的强烈冲击而中断（只部分因素有所保留），成了北辛文化的势力范围。

豫中的郑州—洛阳一线及其以南地带，目前所知继裴李岗文化之后的最早遗存以王湾一期一段和长葛石固仰韶早期遗存为代表。这两种遗存大约都形成于公元前4600年以后，且其文化面貌都不是裴李岗文化的直接延续。那么从公元前5500～前4600年近千年的时间里，这一地区的文化面貌究竟如何？是裴李岗文化的继续，还是像豫北冀南（中）区一样受到外来力量的冲击而改变了原有的文化传统？或是外来因素融合本地因素而呈现另一种状态？有待研究。

大约在公元前5300年，渭河流域老官台文化大地湾一期过渡为北首岭类型。北首岭类型陶器组合的基本成分主要是由前期同类器演变而来，只是形制变化较大，且种类较前有所增加，其中北首岭遗址所见小口双耳罐③与河北易县北福地一期甲类遗存小口高领双腹耳壶相近，它在这里出现，可能是本地前期小口高领鼓腹罐受豫北冀南（中）区双耳壶影响。这表明此时两地间的交流依然存在，但非常有限，渭河流域的文化基本是按自己的传统平稳发展下来的。

从上述分析可知，新石器时代中期第二阶段文化格局的变动主要是在冀、鲁、豫地区。由于北辛文化势力的膨胀，原有的磁山文化可能被侵蚀掉，在广大地域范围内形成一个大的北辛文化区。而渭河流域的老官台文化未受其干扰，始终保持着自己的

---

① 拒马河考古队：《河北易县涞水古遗址试掘报告》，《考古学报》1988年第4期。

② 张忠培、乔梁：《后岗一期文化研究》，《考古学报》1992年第3期。

③ 中国社会科学院考古研究所：《宝鸡北首岭》，文物出版社，1983年。

文化传统和特色。就目前所知，这一时期黄河流域基本呈现为东面的北辛文化区同西面的老官台文化区两相并立的局面。

我们还注意到，各地区文化的发展演变并非同步，节奏不一，各地新石器时代中期的结束和晚期的开始时间也不完全相同，渭河流域约在公元前 5000 年，其他地区则大多是在公元前 4600 年左右甚至更晚。

四

在公元前 5000 年左右，渭河流域率先从新石器时代中期进入到了新石器时代晚期，即老官台文化的北首岭类型演变为仰韶时代早期的“半坡文化”。半坡文化的特征是人们所熟知的，其陶器的基本组合为：杯形口尖底瓶、盆、钵、罐、瓮等。有人将这一文化划分为三期[①]：早期遗存以宝鸡北首岭遗址 77M17、77M3、77M12 等为代表[②]，流行小口双耳平底瓶、“蒜头”细颈壶、钵、鼓腹罐和上腹壁较直、下腹内曲的小平底弦纹罐等。小口双耳平底瓶是本地北首岭类型的小口双耳罐受同期豫北冀南（中）区小口高领双耳壶和小口细颈壶的影响而形成的；蒜头细颈壶的起源也可追溯到北辛文化中的小口细颈壶；而鼓腹罐和直壁曲腹弦纹罐则应分别由北首岭类型中的鼓腹罐和三足筒形罐演变而来，钵亦当来源于本地前期的钵。因此，半坡文化的早期器物，主要是由其前行文化即北首岭类型的相关因素演化来的，同时接受了一些豫北冀南（中）区“北辛文化”西渐的影响。至半坡文化中期，小口双耳平底瓶演化为杯形口尖底瓶，其他器物的形制也发生了一定的变化。到半坡文化晚期，渭河流域的杯形口尖底瓶由丰满渐至萎缩，同时出现了大量的葫芦形平底瓶，其他器物亦有较大的改变。

半坡文化早期阶段大体处于北辛文化的中期。到公元前 4600 年左右，山东北辛文化进入其晚期即后李二期。据目前已知的材料，这类遗存器类仍较简单，折腹圜底鼎、钵、三足钵、小口双肩耳壶为其陶器的基本组合；发现的遗址数量也不多。

而此时在豫北冀南区，“后岗一期文化”则异军突起（据现有的 ^{14}C 测年数据，其跨年为公元前 4600～前 3900 年）。后岗一期文化陶器群的基本组合为：侈口圆腹柱状足鼎、小口圆腹圜底壶或小口细颈曲腹平底壶、平底钵、深腹圜底钵、罐等。但南、北之间在陶器组合上是有差异的，突出表现为北部如南杨庄一类遗址中存在着大量的

① 赵宾福：《半坡文化研究》，《华夏考古》1992 年第 2 期。

② 中国社会科学院考古研究所：《宝鸡北首岭》，文物出版社，1983 年。

陶釜[①]，而南部如永年石北口、安阳后岗一类遗址中则少见此种器物[②]。尽管我们不太清楚北福地一期甲类那样的遗存（相当于北辛文化早期）之后，这个地区相当于北辛文化中期的面貌究竟如何，但从上述情况还是可以推知，北部南杨庄一类同南部后岗一期一类在形成机制上定会有所差别。而且从总体上仍可看出后岗一期文化同北福地一期甲类这样的“北辛文化”有着明显的渊源关系，且这种关系在南杨庄一类遗存中表现得更为直接。总的来讲，后岗一期文化中的鼎、釜、钵明显是由本地前期北辛文化中的同类器脱胎而来的，早期的小口细颈曲腹平底壶在北福地一期甲类、磁县下潘汪遗址中亦有其原型[③]，小口圆腹圜底壶则应是由前期的小口圆腹壶演变而来；而罐类在其前行文化中找不到源头，但在其西面如洛阳王湾一期一段[④]及关中仰韶早期遗存中都有与其相近的器物，所以这里的陶罐当是从半坡文化中传入的。此外，它的靴形陶支脚、盂形灶等应是保留的磁山文化因素。尽管后岗一期文化与后李二期一类遗存都源自北辛文化，但由于在它们之前豫北冀南（中）与山东在文化面貌上就存在着一定差异，此时又出现了更大的分化而走上了不同的发展道路。后李二期为北辛文化在其腹地的直接的自然延续，而后岗一期则是当地北辛文化经变异和在外力影响下形成的一支独具特色的新型考古学文化。另外，约在公元前4300年，继后李二期、青莲岗一类遗存（北辛文化晚期）之后，大汶口早期文化兴起，且文化面貌发生了极大的改变，当然与后岗一期文化相去更远。

我们不再称后岗一期和半坡早期为代表的遗存为仰韶文化的“后岗类型”和“半坡类型”，而将它们分别视为两支独立的考古学文化，是因它们各自有着不同的分布地域（两者都有自己的文化中心区和广大的势力范围），各有特征鲜明的器物群并表现出不同的文化面貌，而且在黄河流域，它们都以独立的姿态同山东境内的北辛晚期文化和大汶口早期文化并存，这构成了这一时期黄河流域文化格局的主体形势。由此引发的对“仰韶文化”的再认识将在后文讨论。

半坡文化以渭水流域为中心（其早期遗存迄今只在这里有所发现），后岗一期文化以豫北冀南为中心。后岗一期文化形成后迅速壮大，而此时半坡文化也进入其鼎盛期。此后两支文化都没有限于它们狭小的本土范围内，而是以强劲的势头向外扩展。

半坡文化向东发展，将晋西南的运城盆地和洛阳以西的豫西地区囊括其内，山西

① 文启明：《略谈河北仰韶文化南杨庄类型》，《考古与文物》1985年第4期。

② 中国社会科学院考古研究所安阳工作队：《安阳后冈新石器时代遗址的发掘》，《考古》1982年第6期。

③ 张忠培、乔梁：《后岗一期文化研究》，《考古学报》1992年第3期。

④ 严文明：《从王湾看仰韶村》，《仰韶文化研究》，文物出版社，1989年。

芮城东庄村遗存可以反映出它的文化面貌[①]，洛阳王湾一期一段遗存也可划归此类[②]。两遗址中都发现有陶鼎（足），其形制与后岗一期文化的非常相似，明显是由后者传入的。这时期郑州左近的文化内涵还不是很清楚，但因这里与后岗一期文化的本土相毗邻，仅一河之隔，估计受它的影响要多一些。如此，则郑州—洛阳之间的豫中地区很可能就是半坡文化与后岗一期文化相对峙、交接、汇合的地带。已发现的长葛石固仰韶早期遗存（石固Ⅴ期）[③]，既有来自半坡文化的影响（如蒜头细颈壶、翻沿盆等），也有来自后岗一期文化的因素（如鼎等），同时可能受本地前期裴李岗文化遗传因素的影响而表现出一些地方特色（如双耳罐、钵等），这就使得这里的文化面貌具有混合性。半坡文化向北发展，远达陕北地区和河套以里的鄂尔多斯地区；鄂尔多斯地区的考古工作表明，"本地区仰韶时代早期的考古学文化，主要和半坡文化有着密切的联系，此外也受到了一些后岗一期文化的间接影响"[④]。

后岗一期文化向外传播，除南下进入豫中地区以外，大概主要还有两条路线，一条于黄河北部往西进入山西境内，再沿汾河及其他河流谷地北上到达晋中的太原盆地，太谷县上土河遗址就发现了典型的后岗一期文化遗存[⑤]，娄烦县童子崖遗址也见有这类遗存的零星线索[⑥]。另一条沿太行山东麓北上，首先到达冀西北张家口以南的桑干河流域，在蔚县四十里坡遗址就发现有这类遗存的地方变体[⑦]。其后可能又分作两支，一支沿桑干河往西南进入雁北的大同盆地，甚至南下到忻定盆地而与南来的一支相沟通；另一支则往西北到达内蒙古中南部的集宁—丰镇一带（即岱海、黄旗海周围），然后再向西流布到河套地区。已发表的这类遗存的主要资料有凉城县红台坡下[⑧]和包头阿善一期[⑨]，从中我们可以看出它们的主体因素是来自后岗一期文化的（如柱状足鼎、小口壶等），同时也受到了半坡文化的一些影响（如黑色宽带彩陶钵），还有些因素是共有的

① 中国科学院考古研究所山西工作队：《山西芮城东庄村和西王村遗址的发掘》，《考古学报》1973年第1期。

② 严文明：《从王湾看仰韶村》，《仰韶文化研究》，文物出版社，1989年。

③ 河南省文物研究所：《长葛石固遗址发掘报告》，《华夏考古》1987年第1期。

④ 王志浩、杨泽蒙：《鄂尔多斯地区仰韶时代遗存及其编年与谱系初探》，《内蒙古中南部原始文化研究文集》，海洋出版社，1991年。

⑤ 张忠培、乔梁：《后岗一期文化研究》，《考古学报》1992年第3期。

⑥ 晋中考古队：《山西娄烦、离石、柳林三县考古调查》，《文物》1989年第4期。

⑦ 张家口考古队：《蔚县考古纪略》，《考古与文物》1982年第4期。

⑧ 田广金：《内蒙古岱海地区仰韶时代文化遗址的调查》，《内蒙古中南部原始文化研究文集》，海洋出版社，1991年。

⑨ 内蒙古社会科学院蒙古史研究所、包头市文物管理所：《内蒙古包头市阿善遗址发掘简报》，《考古》1984年第2期。

（如红顶钵、弦纹罐等），并形成了自己的一些特色[①]，因此，即便把分布于内蒙古中南部的这类遗存划属后岗一期文化，它也是一种地方变体。

大家也许已注意到，上文分析没有论及山西的临汾盆地（本文以下将称之为“晋南地区”），这并非疏漏，而是因为这一地区近年的考古新发现使我们必须对其做一专门探讨。这种新发现即是以翼城枣园村 H1[②] 和侯马褚村第一期[③] 为代表的遗存。发掘者认为：宝鸡北首岭 77M3、77M17 等单位的年代早于半坡文化，属于新石器时代早期（相当于本文所说的新石器时代中期）；而枣园 H1 的钵、壶与北首岭上述遗迹中的同类器相同或相似，因此，以枣园 H1 为代表的遗存与北首岭 77M3、77M17 等单位的年代同时，属于新石器时代早期的最后一个阶段，与河北易县北福地第一期甲类遗存年代相若[④]。那么，与枣园 H1 遗存一脉相承、连接紧密的褚村一期遗存自然就晚于枣园 H1 而与半坡文化早期同时了[⑤]。但经仔细分析，我们的看法是：①北首岭 77M3、77M17 等单位无论是陶器类型的组合还是其形制都与以 77M10 等为代表的老官台文化北首岭类型的差别很大，而与其后典型半坡文化的陶器连接紧密；故此这类遗存虽具有从北首岭类型向半坡文化过渡的性质，但按其特征理应划为半坡文化的最早一期而不宜归入“新石器时代早期的最后一个阶段”。②枣园 H1 中除小口双耳壶、钵与上述半坡文化早期中的同类器相似外，它的鼓腹罐的形制也与后者的相近，只是前者为素面，后者饰绳纹；少许釜、三足盂形鼎的出现可能与东面（豫北冀南区）“北辛文化”的影响有关；而直腹罐、假圈足钵则是本地特色。综合其整体特征，枣园 H1 一类遗存当是从当地生长起来的一种受半坡早期文化强烈影响的新的考古学文化类型，其年代与半坡文化早期相当。③紧接其后发展起来的是侯马褚村一期遗存，各主要器类如壶、钵、盆、罐与枣园 H1 中的同类器都有着紧密的继承关系。另外，褚村一期小口双耳壶溜肩、瘦长体的形制与半坡文化中期小口尖底瓶有着相同的造型风格，翻沿盆、弦纹罐也都带有明显的半坡文化影响的烙印。此外，锥状足鼎应来自后岗一期文化。因此，褚村一期在保持着从前期继承下来的自身文化特色的同时，仍受着西南面和东面两大文化的影响，其中半坡文化的影响是主要的，后岗一期文化的影响次之。褚村一期的

① 严文明：《内蒙古中南部原始文化的有关问题》，《内蒙古中南部原始文化研究文集》，海洋出版社，1991 年。

② 山西省考古研究所：《山西翼城枣园新石器时代早期遗址调查报告》，《文物季刊》1992 年第 2 期。

③ 山西省考古研究所：《山西侯马褚村遗址调查试掘简报》，《文物季刊》1993 年第 2 期。

④ 山西省考古研究所：《山西翼城枣园新石器时代早期遗址调查报告》，《文物季刊》1992 年第 2 期。

⑤ 山西省考古研究所：《山西侯马褚村遗址调查试掘简报》，《文物季刊》1993 年第 2 期。

年代当在半坡文化中晚期和后岗一期文化的时间范围之内。④枣园 H1 与褚村一期遗存前后传承，面貌一致，同属一个文化整体。它受到半坡文化的强烈影响，却没有被半坡文化所同化，突出表现是它始终以特色鲜明的小口平底壶为唯一水器，而将半坡文化的尖底瓶、小口细颈壶都排斥在外，夹砂罐类也以自己的直腹罐为主。所以不能简单地将它归入半坡文化，当然更不能归属于后岗一期文化。此类遗存是夹在东、西两大文化集团之间的、拥有自己分布地域的一个文化个体。我们同意暂时统称此种遗存为“枣园 H1 遗存”[①]。这类遗存的主要势力大概只局限于晋南地区,对外没有造成多大影响，加上其文化内涵又沾染上许多外来因素而显朦胧，因此它不具有与半坡文化和后岗一期文化同等并立的地位。在两侧为高山所阻的山西境内，它的南面即晋西南（运城盆地）属半坡文化所有，其北面即晋中（太原盆地）则为后岗一期文化所占，而它所在的晋南地区（临汾盆地）便成了两大文化集团相对峙、交融的“飞地”。

综合上述分析，仰韶时代早期黄河流域文化格局的总体形势已基本清楚。半坡文化、后岗一期文化和北辛文化后李二期—大汶口文化早期三大文化系统的并存构成了文化格局的主体框架，另外，其间还夹杂着像“枣园 H1 遗存”这样小型的地方性文化个体。其中半坡文化与后岗一期文化的兴起和扩张，成为这个时代最活跃、最动人的事件。半坡文化以渭河流域为中心，直辖晋西南豫西，往北占据了黄河以西、以南的陕北和鄂尔多斯地区；后岗一期文化以豫北冀南为中心，将从太行山东麓至黄河以东、以北的晋中（北）、内蒙古中南部、冀西北等地都纳入了其势力范围。在整个黄河中游地区，两大文化集团于黄河两岸相对峙、碰撞、交融，互相影响，互相渗透，构成了一幅多彩多姿的历史画卷。

五

继半坡文化之后发展起来的是庙底沟文化，这是学术界普遍流行，并为大多数人所接受的观点。但很早就存在着相反的认识，即认为半坡文化与庙底沟文化同时并存，近些年来持此说者亦不乏其人。随着“枣园 H1 遗存”的发现和晋南地区考古工作的深入开展，有人又提出了庙底沟文化起源于晋南、庙底沟文化早期与半坡文化晚期同时并存的认识[②]。看来,关于庙底沟文化的起源及其与半坡文化的关系仍是个复杂的问题，

① 田建文、薛新民、杨林中:《晋南地区新石器时期考古学文化的新认识》,《文物季刊》1992 年第 2 期。

② 田建文、薛新民、杨林中:《晋南地区新石器时期考古学文化的新认识》,《文物季刊》1992 年第 2 期。

这里有必要重做分析。

（1）两种考古学文化若长期并存于同一区域，在通常情况下必然会出现你中有我、我中有你而逐渐混合为一的现象，但现有的材料表明，在绝大多数情况下，特色鲜明的半坡文化和庙底沟文化并不共存，且已知的所有层位关系都显示出庙底沟文化遗存叠压在半坡文化遗存之上，并无相反的例证。因此，至少在同一区域内，半坡文化与庙底沟文化不可能同时并行。

（2）在渭河流域，半坡文化的标型器杯形口尖底瓶经历了由起源到兴盛、衰退的完整的演变过程，尤其是在半坡文化晚期即“史家期”，杯形口尖底瓶由丰满渐至萎缩的变化非常明显[①]。从逻辑上讲，庙底沟文化形态丰实的重唇口尖底瓶不可能是由那种已退化了的杯形口尖底瓶发展演变来的，所以，庙底沟文化的起源、形成不会是在渭河流域。换句话说，这里的庙底沟文化并不是本地半坡文化晚期的自然延续。进一步讲，并不是所有地区的半坡文化都自然地转变为庙底沟文化了。

（3）在陕县三里桥、芮城东庄村、郃县下孟村、临潼姜寨、秦安大地湾、王家阴洼、清水河县白泥窑子等一些遗址中存在着少量庙底沟文化和半坡文化因素共生的现象，对此有人做过总结和分析[②]。单就这种现象，既可解释为半坡文化向庙底沟文化的过渡形态，也可作为两者同时并存的证据。东庄村陶器为我们解决这个问题提供了一把钥匙[③]。根据华县泉护村、陕县庙底沟和晋南等地庙底沟文化的分期[④]，可知重唇口尖底瓶口部的演化经历了一个内折唇由隆起发达到低平而逐渐退化、折唇的内夹角由明显到不明显而逐渐消失、内外唇间的唇面由凹渐平的过程，按此变化规律和演变趋向便可排出东庄村尖底瓶的早晚序列：H113：1：7→T108：4：8→H116：2：16→H117：1：1（图二）。这一序列清楚地显示了杯形口尖底瓶以“逐渐压扁”的形式演化为双唇环形口尖底瓶的过程。此外，与H117：1：1共存的H117：1：18尖底瓶的口部残片同H113：1：7的口部极为相近，它可能是葫芦形瓶的口部，也可能是尖底瓶的口部，若为前者属正常现象，若为后者则可做两种解释：或是较早的形态在稍晚时候仍沿用，或是早期残片混入了较晚的遗迹中。

---

① 分期可参见赵宾福：《半坡文化研究》，《华夏考古》1992年第2期。

② 赵宾福：《半坡文化研究》，《华夏考古》1992年第2期。

③ 中国科学院考古研究所山西工作队：《山西芮城东庄村和西王村遗址的发掘》，《考古学报》1973年第1期。

④ 黄河水库考古队华县队：《陕西华县柳子镇第二次发掘的主要收获》，《考古》1959年第11期；严文明：《论庙底沟仰韶文化的分期》，《考古学报》1965年第2期；山西省考古研究所：《翼城四遗址调查报告》，《文物季刊》1992年第2期。

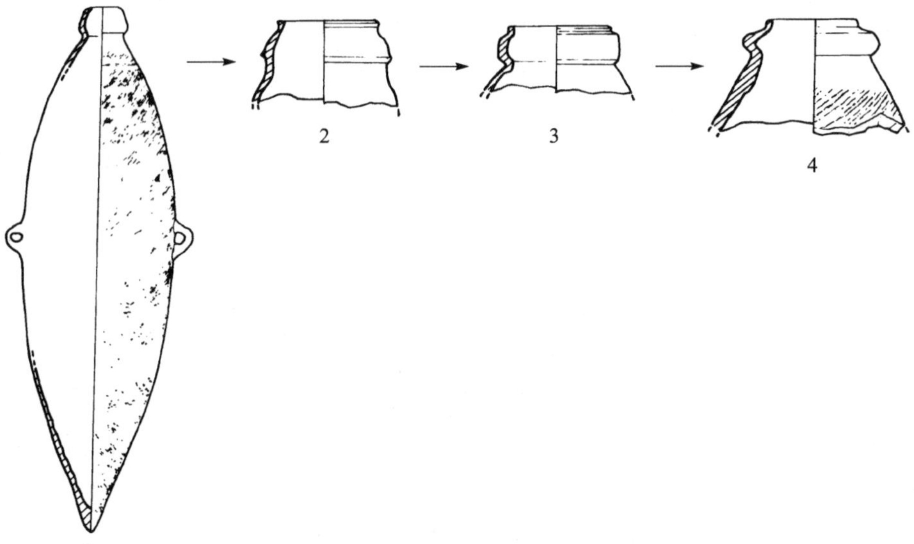

图二　东庄村尖底瓶口部的演化

（器物图引自中国科学院考古研究所山西工作队：《山西芮城东庄村和西王村遗址的发掘》，《考古学报》1973 年第 1 期）

1. H113∶1∶7　2. T108∶4∶8　3. H116∶2∶16　4. H117∶1∶1

东庄村陶器群中，具有半坡文化和庙底沟文化性质的陶器在同一单位中共存或两者特征在同一器物上共生的现象普遍存在。张忠培先生认为，难以将这些遗存“作年代上的划分，辨明早晚，应把东庄村的遗存视为一个有机的统一体”，“从整体上看，东庄村遗存的半坡类型因素多于庙底沟类型的因素”，“这样，东庄村遗存的文化性质与年代……是半坡类型向庙底沟类型过渡的中间环节，即这两类型之间的一个发展阶段”[①]。我们同意这种认识。如此，则在东庄村为代表的一类遗址中，杯形口尖底瓶向双唇口尖底瓶的过渡与转化在很短一段时间内就完成了。另外还需指出的是，弧边三角、弧线、圆点、弧边勾叶状纹等庙底沟文化中最基本的母体花纹也是于此时在这里最早出现的。这种过渡性遗存还发现于河南陕县三里桥遗址[②]。

东庄村、三里桥所见的那些形态最早的庙底沟文化因素只见于晋西南、豫西地区，不见于半坡文化的中心区渭河流域及其他地区；而晋西南豫西没有发现相当于半坡文化晚期即所谓的“史家类型”遗存。将庙底沟遗址的仰韶陶器[③]同东庄村的对比，很容易发现绝大部分器物都可在后者中找到原型。因此，庙底沟文化应当起源、形成于

① 张忠培：《试论东庄村和西王村遗存的文化性质》，《考古》1979 年第 1 期。

② 中国科学院考古研究所：《庙底沟与三里桥》，科学出版社，1959 年。

③ 中国科学院考古研究所：《庙底沟与三里桥》，科学出版社，1959 年。

晋西南豫西地区，是由当地的半坡文化演变而来的，发生这种转变的时间大概是在半坡文化晚期的较早阶段，由此东庄村这种过渡性遗存中才存在同半坡文化晚期相近的杯形口尖底瓶（可能还有葫芦形瓶）、盆、钵等器物和直边三角纹、变体鱼纹等彩纹图案。庙底沟文化之所以在晋西南豫西最早形成，大概是因为这里属于半坡文化的边缘区，其文化传统较淡，而自然环境又较优越，所以容易孕育生长出一种新的考古学文化，正如在北辛文化的西部边缘区（豫北冀南）最终生长出了后岗一期文化一样。

在半坡文化晚期的较晚阶段，已臻成熟的庙底沟文化早期因素开始向外渗透、传播，其影响几乎遍及半坡文化的所有分布区。于是，大地湾 F2、白泥窑子 F1 等单位中才出现了半坡文化晚期同庙底沟文化早期器物共存的现象；尤其是在渭河流域，姜寨、大地湾、王家阴洼等遗址的半坡文化晚期遗存中，一些陶器上饰有具庙底沟文化风格特点的弧边三角纹①。不过，这时庙底沟文化向外扩展的势头还较弱，其影响在渭河流域及北面的黄河两岸还只是零星所见，渭河流域仍是以半坡文化居主导地位。

然而与庙底沟文化本土相邻的晋南地区的情况有所不同，这里最早的庙底沟文化即翼城南橄第一段遗存很可能属此阶段②。前文已提到，有人认为庙底沟文化起源于晋南，是由“枣园 H1 遗存”发展演变来的，其论据之一是侯马褚村那种双唇口高体陶壶受半坡文化杯形口尖底瓶的诱发而产生了双唇口尖底瓶。然而我们可以看出，这种陶壶双唇口的细致小巧的作风与庙底沟文化早期尖底瓶那种长折唇如环盖、有明显内夹角的风格相去甚远，后者不可能是由前者直接演变来的；此外，“枣园 H1 遗存”中单一的彩带纹饰与庙底沟文化早期彩陶花纹间也看不出有什么渊源关系。因此，庙底沟文化不会是在晋南地区由“枣园 H1 遗存”转变来的。相反，这里在与其相邻的晋西南庙底沟早期文化的强烈影响下，废弃原有的双唇口陶壶而采用双唇口尖底瓶，并接受其彩陶花纹及其他特征，在继承原有的一些因素的同时又改变了以往的文化面貌，从而形成了南橄一段这种具有一些地方特色的庙底沟早期文化。

继早期之后，庙底沟文化很快繁荣起来，并以强劲的势头向四周扩张，整个黄河中游及邻近地带的文化面貌、文化格局的形势发生了根本转变。原有的半坡文化、后岗一期文化——不管是在它们的文化中心区还是边缘区——无不被庙底沟文化取而代之。在如此广阔的区域内，庙底沟文化一统天下。另一方面，庙底沟文化以晋西南豫西为中心，对外形成强大的辐射波，在改变了各地原有的文化面貌的同时，各地区或保留沿用了原有部分因素，或生发出一些新因素，或吸取采用了其他地方的某些因素，从而形成了不同地区各具特色的庙底沟文化。

---

① 赵宾福：《半坡文化研究》，《华夏考古》1992 年第 2 期。

② 山西省考古研究所：《翼城四遗址调查报告》，《文物季刊》1992 年第 2 期。

庙底沟是晋西南豫西区已发现的最典型、内涵最丰富的庙底沟文化遗址（西王村等遗址中的庙底沟文化陶器基本不出其范畴），是我们衡量、分析其他地区庙底沟文化的基点。

西面的渭河流域，受典型庙底沟文化西进的直接冲击，改变了原有的半坡文化晚期的面貌，同时又吸取、保留了原有的一些因素，从而形成了这里内涵丰富、繁荣发达的庙底沟文化。庙底沟遗址中所见的双唇口尖底瓶、平底瓶、曲腹盆、钵、釜、灶、独具特色的彩陶花纹等最富特征的东西在这里都有众多发现；但这里却缺乏见于庙底沟遗址中的釜形鼎、敛口鼓肩曲腹罐等标型器。此外，这里瘦高体的罐、缸（瓮）、圜底盆等器物不见于庙底沟，当是由本地半坡文化晚期中的同类器流传演变而来，为当地因素①。另外，庙底沟文化向西的扩展极大地超出了半坡文化的西界和渭河的上游，远达黄河上游区的兰州以西。

紧邻其北的晋南地区在较早的南橄二段尚保留有一些地方特点，如内折唇罐、平沿弦纹罐等；到其后的南卫一段，则基本为典型的庙底沟文化了②。这个地区庙底沟文化遗址的数量多，堆积丰厚，可能逐渐成为典型庙底沟文化的一个重要领地。

晋中地区，从汾阳段家庄等遗址的陶器看③，基本属于典型的庙底沟文化，只是器类较庙底沟遗址要简单得多。可见这里的庙底沟文化当是由晋西南往北顺汾河河谷北上而直达于此的，它的到来竟使得原有的后岗一期文化不留痕迹而踪影全无。

当庙底沟文化继续沿汾河北上、接桑干河上游而达晋北地区的大同盆地时，势头已有所减弱。大同马家小村遗址的发掘表明④，当庙底沟文化到达此地时，受本地因素和周围地区部分因素影响，形成了极富地方特色的“庙底沟文化”，后岗一期文化的某些因素因而得以残留⑤。

庙底沟文化向北传播还当有另外一条途径，那就是从晋西南和关中沿黄河谷地及陕北高原上的其他线路北上而直接冲击到内蒙古中南部一带。这种冲击和影响已不像半坡文化那样只局限在河曲以里的鄂尔多斯地区，而是扩展到从河套至集宁—丰镇丘

---

① 典型遗址如：华县泉护村，《考古》1959 年第 11 期；西安南殿村，《史前研究》1984 年第 1 期；岐山王家咀，《史前研究》1984 年第 3 期；临潼姜寨，《姜寨》，文物出版社，1988 年；扶风案板，《考古与文物》1988 年第 5、6 期；宝鸡福临堡，《宝鸡福临堡》，文物出版社，1993 年；秦安大地湾，《文物》1983 年第 11 期。

② 山西省考古研究所：《翼城四遗址调查报告》，《文物季刊》1992 年第 2 期。

③ 晋中考古队：《山西汾阳孝义两县考古调查和杏花村遗址的发掘》，《文物》1989 年第 4 期。

④ 山西省考古研究所、大同市博物馆：《山西大同马家小村新石器时代遗址》，《文物季刊》1992 年第 3 期。

⑤ 海金乐：《大同马家小村遗存分析》，《文物季刊》1992 年第 4 期。

陵地带的原后岗一期文化的所有分布区。内蒙古中南部庙底沟文化的陶器组合中，除属于较为典型的庙底沟的因素外，宽侈沿弦纹鼓腹罐、敛口罐、敛口瓮、斜腹盆、宽彩带钵等因素显然是从鄂尔多斯地区的半坡文化中延续下来的（也不排除有些是来自关中因素的影响），因此，庙底沟文化在本地区的发展应当是首先兴起于鄂尔多斯，然后再影响到黄河以东、以北地区。由于本地前期因素的遗传并占有较大的比例，另外在清水河县白泥窑子及凉城县岱海周围的一些遗址中出有本地区所特有的“火种罐”，所以这里的庙底沟文化也是一种极具个性的地方变体①。

庙底沟文化向东发展，与豫中地区原有的文化相遇，在对这里产生强烈冲击的同时，本地原有的一些因素也顽强地流传下来，从而在豫中亦形成了几种很有特色的“庙底沟文化”。这个地区已发现的属于庙底沟文化的主要遗存有洛阳王湾一期二段②、郑州大河村一、二期③、长葛石固Ⅵ期等④。总的讲，豫中地区素有用鼎的传统，此时鼎仍是一种主要的器类，数量较多，除有与豫西相同的小口折腹釜形鼎外，还有豫西和其他地区所未见的大口圆腹鼎。但这里的尖底瓶较少。洛阳—郑州一线多见庙底沟遗址中那种敛口鼓肩曲腹罐，而石固遗址中常用作瓮棺葬具的侈口鼓腹罐则为当地所特有，有可能是从本地前期文化中继承下来的；王湾有釜灶，其他两地则不见；大河村二期的钵主要是那种敛口深腹曲腹钵，且其上的彩纹新出现了如睫毛纹、月牙纹等新鲜的纹样，这点与其他两地的情况也不相同。可见在这三个各居西、东、南方位的颇具代表性的遗址间，共性和差别是并存的。王湾左近因靠近豫西，其内涵基本不出典型庙底沟文化的范畴；郑州附近则强调了庙底沟文化的某些因素而又生发出了一点新特点；石固所代表的南部区则因其地理位置的缘故而地方色彩最强。不过它们所含有的典型庙底沟文化的因素都在其中居于主导地位，正是这些共性决定了它们的庙底沟文化的属性。

庙底沟文化顺黄河北岸往东扩展，便影响到了豫北冀南区。迄今为止。这一地区的遗存发现尚少，整体文化面貌还不很清楚，但根据笔者 1991 年夏在河北武安县调查时所见的材料，以及曲阳钓鱼台⑤等遗址的材料看，仍具有很强的庙底沟文化色彩，原有的后岗一期文化作为一个文化整体很可能没有自然地延续下来，而是被冲断了。然而，这里毕竟是曾与庙底沟文化的前身——半坡文化分庭抗礼的后岗一期文化的本土，

① 有关资料参见田广金：《内蒙古中南部仰韶时代文化遗存研究》，《内蒙古中南部原始文化研究文集》，海洋出版社，1991 年。

② 严文明：《从王湾看仰韶村》，《仰韶文化研究》，文物出版社，1989 年。

③ 郑州市博物馆：《郑州大河村遗址发掘报告》，《考古学报》1979 年第 3 期。

④ 河南省文物研究所：《长葛石固遗址发掘报告》，《华夏考古》1987 年第 1 期。

⑤ 赵印堂、杨剑豪：《曲阳县附近新发现的古文化遗址》，《考古》1955 年第 1 期。

即使此时此地区已属于庙底沟文化的领地，原有的后岗一期文化也不会完全销声匿迹，必会有一些因素保留下来。因此，这里的庙底沟文化也定有很强的地方特色。

典型的庙底沟文化向外扩展的同时也受到周边地区一些反作用力的影响，其中主要是来自与其相邻的西面的关中地区和东面的豫中地区的影响，如庙底沟遗址中的敛口鼓肩曲腹罐、高领凸腹罐等，最早见于元君庙等遗址半坡文化晚期的遗存中①，甚至它的一些夹砂罐的形制也可能受到了关中的影响。又如釜形鼎，应首先形成于有着悠久用鼎传统的豫中地区，进而很快传到了豫西和晋西南，并且此种器物只局限在这两个地区使用。釜形鼎去掉三条腿便为釜，这便是在庙底沟文化本土——晋西南豫西发生的一种衍变，并且随之出现了与其配套使用的灶，这两种器物随后又传到了渭河流域，而向东的反馈大概截止在洛阳附近，其他地区则不见。对这些外来因素的吸收和发扬，丰富了典型庙底沟文化的内涵。

综合上述分析可知，庙底沟文化首先兴起于晋西南和豫西，进而直辖晋南和晋中，亦即将整个汾河流域纳入其本土范围，同时以这一狭长的区域为重心层层向外铺展。双唇口尖底瓶、彩陶曲腹盆、钵、弧线圆点勾叶三角所组成的彩色花纹等，这组风格独特的类型品，像一面鲜明的旗帜遍插各地，将原半坡文化和后岗一期文化以及夹杂其间的个别小型地方文化的所有分布区皆统一在庙底沟文化的大旗下。但各地因距中心区远近不同，或原有文化传统的不同，大多也都程度不同地继承了本地原有因素或生长出新因素而表现出一些地方特色，因此，前文所述各地区的庙底沟文化大都是可以单立为地方类型的。其中晋南、晋中直接受中心区控制而成为本土范围的一部分；渭河流域和豫中地区因与中心区邻近而与之有着较密切的关系；其他如晋北、内蒙古中南部和豫北冀南等地则都具有很强的“个性”。另外，各地区与中心区之间都有着内在的紧密的联系，而各外围区间的文化面貌则差异较大，关系较疏远。这种结构使得庙底沟文化就像一个巨大的、绚丽多彩的重瓣花朵，绽开在黄河中上游地区。

已知的庙底沟文化中晚期 ^{14}C 测年主要集中在公元前 3900～前 3500 年之间，早期遗存因发现太少，几乎还没有测年数据，估计应在公元前 4000 年左右或稍早至前 3900 年之间。

庙底沟文化的崛起和对外扩展，使得黄河中游及其邻近地区的文化格局经历了一次重新组合的过程，原本半坡与后岗一期两大文化集团相对峙的局面，由于庙底沟文化在中间开花并向四周辐射而成一个整体。这一体系庞大而又有着内在凝聚力的文化集团同雄踞在黄河下游的大汶口文化并存，构成了这个时期整个黄河流域文化格局的总体形势。在这种局面中，庙底沟文化由于实力雄厚而对大汶口文化产生很大影响，

① 北京大学历史系考古教研室：《元君庙仰韶墓地》，文物出版社，1983 年。

在大汶口文化许多遗址中都可见到如曲腹盆、敛口钵、回旋勾连纹等庙底沟文化因素，而大汶口文化对庙底沟文化的影响则很小。

至此有必要谈一下对“仰韶文化”再认识的问题。对于仰韶文化，虽然还没有人就其含义做过专门探讨，但学术界明显存在着两种不同的认识：一种认为仰韶文化作为一个文化统一体是成立的，其分布范围覆盖了整个黄河中游，尽管不同时期不同地域的遗存间存在着较大的差别，但相互间更有着内在的联系，此外出于历史的原因和宏观的考虑，仍将这些相应的遗存统归在仰韶文化之内，只是把它们划分为不同的类型；另一种认为，仰韶文化体系庞杂，不同时期、不同地域间的遗存差异很大，应分解为若干个不同的考古学文化。本文经过分析，在这里提出“大仰韶文化”的概念。无论出于历史的原因还是考古学的宏观分析，作为一个文化共同体，大仰韶文化是客观存在的。仰韶文化早、中期以尖底瓶和发达的、内容生动多样的彩陶花纹为标志，以尖底瓶、盆、钵、夹砂罐、缸（瓮）为基本的陶器组合，所以仰韶早期文化即为半坡文化（后岗一期文化因面貌与之完全不同而不应包括其中），仰韶中期文化即是与之一脉相承的庙底沟文化；到仰韶文化晚期，其内部出现了分化，可以分立为若干个类型或亚文化，但只要是从前那种基本的陶器组合中的主体部分得以延续和保留的，且没有发生质的变异的，仍都应涵盖在仰韶文化范畴之内。因此，大仰韶文化有其特定的内涵和时空范围，不同时期的文化面貌有着连贯性和内在的一致性。正因如此，从半坡文化到庙底沟文化到仰韶晚期的一些“类型”，才能统一在“大仰韶文化”的概念之中。仰韶文化发展的连续性和变异性是辩证地共存的。

六

公元前3500年左右，盛极一时的庙底沟文化开始解体，中心区对外的辐射力和凝聚力逐渐减弱以至消失。仰韶文化的发展进入到晚期，由统一走向分化，黄河中上游区的文化格局又经历了一次大的变动，各地区走上了各自不同的、独立的发展道路。

渭河流域（主要指渭河中下游），属于仰韶晚期文化的，包括半坡晚期和泉护二期以及与之相当的诸遗址的遗存[①]，其文化演变的几个显著特征是尖底瓶由退化的双唇口变为喇叭口（姜寨四期、福临堡三期有较清楚的表现[②]）；彩陶急剧衰落；许多夹砂

① 有关这类遗存的归纳总结可参见卜工、许永杰：《陕晋豫地区仰韶晚期遗存的若干问题》，《华夏考古》1991年第4期。

② 西安半坡博物馆：《姜寨》，文物出版社，1988年；宝鸡市考古工作队、陕西省考古研究所：《宝鸡福临堡》，文物出版社，1993年。

罐、缸具有在口下加双鋬耳或环绕器身的附加堆纹的作风。主要器类有喇叭口尖底瓶，敛口或敞口的以素面为主的钵、碗、盆、夹砂罐、缸、敛口瓮，以及器盖、盘、器座和少量带流罐等，其中绝大部分是由本地前期庙底沟文化的相关器物一脉相承地发展演变来的，所受外来的干扰很小，显现了这个仰韶传统最浓厚地区文化发展的持续性和稳定性。晋西南豫西区则是另一种情形，这里作为庙底沟文化的大本营曾有过辉煌的过去，此时对外的影响力不仅消失殆尽，而且受到了西面关中地区的较强影响。从西王村的资料看（包括“西王村仰韶晚期”和“两王村Ⅲ期文化”的陶器[①]），这里饰双鋬耳和数道附加堆纹的夹砂罐、缸以及敛口瓮的形制作风与本地庙底沟文化的同类器显然缺乏直接的联系，而与关中同时期的相近，当是受后者的影响而形成的。当然，这里文化的发展也有自身的轨迹，尖底瓶由双唇口渐变为喇叭口的过程亦有清晰的显示，盆、钵、盘等也承袭前期而来。但因其中的大部分器型原本同渭河流域的就没有大的差别，此时更加相近，再加上罐、缸、瓮等受关中的影响而与之近似，这就使得晋西南豫西与渭河流域在主要器类的组合和形制特征上有着基本的一致性，两者应归为同一个文化类型，可采用最早的称谓而统称为“半坡晚期类型”，它属于“典型的仰韶晚期文化”。根据近些年的考古发现，晋南地区此期的遗存亦应属于这个类型[②]。此外，从鄂尔多斯地区的调查材料看，其南部区的此期陶器与渭河流域的相近[③]，那么，陕北和鄂尔多斯的南部也可划入这个类型的范畴之中。这样，半坡晚期类型就包括了从渭河中下游往北至鄂尔多斯南部，东至晋南到豫西这一广阔的区域。在这样大的范围内，自然会存在着地区性差别，如晋西南豫西受东面豫中的影响出现了其他地区所没有的陶豆（见于西王村），夹砂罐、缸腹壁较竖直，口径与底径之比较小的风格特征也同渭河流域的有别；晋南侯马东呈王部分夹砂罐、小口高领壶等与晋中同类器相近，当受后者影响[④]；鄂尔多斯南部区的器物亦具一些自身特点。这些差别体现了更低层次上的文化群体的划分。

在半坡晚期类型之外，仰韶文化范畴之内，还存在着另外两个极具独立性的文化类型，那就是晋中的“义井类型”和内蒙古中南部的“海生不浪类型”。对于两者尤其是后者的文化特征、性质、形成与演变的过程。笔者有专门的分析[⑤]。

---

① 张忠培：《试论东庄村和西王村遗存的文化性质》，《考古》1979年第1期。

② 田建文、薛新民、杨林中：《晋南地区新石器时期考古学文化的新认识》，《文物季刊》1992年第2期。

③ 王志浩、杨泽蒙：《鄂尔多斯地区仰韶时代遗存及其编年与谱系初探》，《内蒙古中南部原始文化研究文集》，海洋出版社，1991年。

④ 王万辉、薛新明、孔富安、胡建：《山西侯马东呈王新石器时代遗址》，《考古》1991年第2期。

⑤ 戴向明：《“海生不浪类型”文化过程论》，《古代文明》（第7卷），文物出版社，2008年。

义井类型的陶器群中，小口双耳鼓肩壶和夹砂罐是两种主要器物，尤以后者数量最多（其中包括被称为“缸”的较大型器），另外还有盆、碗、钵、豆和泥质鼓腹罐等。小口双耳壶可能同太行山以东河北境内庙底沟文化的同类器有渊源关系；早期双鋬耳夹砂罐显然是受关中半坡晚期类型同类器的影响而形成的，并在以后有了自己的风格特点；盆、碗等或源于本地或受南边影响，皆为典型的仰韶因素；部分折腹钵可能同“大司空类型”的影响有关，而豆和泥质鼓腹罐则应是来自豫中“秦王寨类型”的因素。可见义井类型是由周边多种因素相汇聚、碰撞、融合而形成的。最明显的变化是用小口双耳壶取代喇叭口尖底瓶，这一废一立无形中在它同典型的仰韶文化间划了一条界线，有意识地表明了自身的独立性，而少量外来的“非仰韶”因素又加重了这种色彩。但从总体上看，或由南方传入的或源于本地的各种夹砂罐、盆、碗、钵等典型的仰韶因素仍居主导地位，因此单从文化的意义上说，义井类型仍可划入“大仰韶文化”的范畴。

海生不浪类型既是多种因素相聚合、创新的结果，又是起源于岱海—黄旗海区（以下简称岱—黄区）的早期海生不浪遗存同河曲区仰韶晚期早段遗存相融合、播散的结果。总体上看，仰韶文化的因素——包括本地的和外地的——始终保持着强大的实力，奠定了其文化内涵的基调，尤其是在其发展过程中的后一个时期更占相当大的优势。因此，我们同意将这种遗存归为仰韶文化晚期的一个地方类型。但由于在其最初起源地岱—黄区始终以自创的小口双耳罐排斥尖底瓶的存在，并且这种因素和来自红山文化的筒形罐、“大司空类型”的折腹钵等外来因素又充分扩展到了河曲区和包头区，同尖底瓶、夹砂罐等仰韶因素共存，使得海生不浪类型亦具有很强的独立性。

夹在晋中和内蒙古中南部之间的晋北地区仰韶晚期的总体文化面貌还不太清楚，但根据笔者在调查中所见的零星资料，义井类型的因素当已波及于此①。

这样，仰韶晚期文化包括仍保持其本色和典型特征的半坡晚期类型，以及同它有着千丝万缕联系、保留沿用了许多仰韶因素而又相对独立的义井类型和海生不浪类型，“大仰韶文化”至此已呈现出松散的结构，而此时在豫中区和豫北冀南区文化面貌则发生了根本的转变。

豫中的“秦王寨类型”②从其陶器组合结构看，属于典型仰韶文化的因素较少，明显处于劣势。本地原有的小口折腹釜形鼎已弃之不用，尖底瓶极罕见，只有敛口深腹曲腹钵、盆流传了下来。罐的数量很多，变异很大，形态多样，侈口鼓肩或鼓腹，口

① 北京大学考古系、雁北地区文物工作站、偏关县博物馆：《山西大同及偏关县新石器时代遗址调查简报》，《考古》1994 年第 12 期。

② 有关的资料和综合性研究可参见孙祖初：《秦王寨文化研究》，《华夏考古》1991 年第 3 期。

有大有小，许多饰弦纹（有的还有附加堆纹），有些则饰较复杂的彩纹图案，如此形成一组富有特色的罐类群，同典型仰韶文化的夹砂罐类完全不同。鼎也是一种大宗器物，主要有折腹盆形鼎和圆腹罐形鼎两类，皆承袭前期而来，乃属于“非仰韶”因素。同仰韶心腹区形成鲜明对比的是，这里的彩陶较发达，主要饰于盆、钵、罐上，图案多样，风格独特。此外受已强盛起来的东方大汶口文化的强烈影响，出现了豆、壶等，另外还有受关中、豫北冀南、长江中游影响而出现的一些因素。可见在其陶器群中，“非仰韶”因素已完全居于主导地位，整个陶器的组合结构、形制特征与典型的仰韶文化有着根本的差别而自成一格。因此，“秦王寨类型”已基本从仰韶文化中脱胎出来了。

类似的情形也发生在豫北冀南区①。在“大司空类型”陶器群中，少量的斜腹盆、钵、碗等当为仰韶因素的自然延续。部分侈口鼓腹罐或鼓肩罐，许多与“秦王寨类型”的较相似，其形成可能与后者的影响有关，有的则可能是由本地前期同类器直接发展而来。最惹人注目、最富特征的则是大量的折腹盆、折腹钵、敛口钵和饰于其上的独特的彩色花纹。关于这些盆、钵的起源和形成过程，现在还不清楚，但可以看出，其早期的敛口钵、折腹钵同庙底沟文化的敛口钵和上腹较直、下腹内凹的曲腹钵的形制较相近，两者间或有渊源关系。这些器物得到了创造性发展，具有与众不同的形制特征，其上大量装饰独树一帜的弧边三角夹平行线纹和蝶须纹等，使它成为一组具有独特风格的器物群，并以此表明了自身的独立性。由于上述特征，加之这里缺乏尖底瓶、夹砂绳纹罐等典型的仰韶因素，因此，“大司空类型”也当从仰韶文化中分立出来了。

鉴于“秦王寨类型”和“大司空类型”同仰韶文化的巨大差异，可以将它们单立为两个考古学文化。但又因它们皆从仰韶文化中脱胎而来，同仰韶文化仍有许多割不断的关系，而且从整体文化结构、层次上看，两者都不能与西面的仰韶晚期文化和东面的大汶口文化同等并立，所以称它们为“亚文化”较合适。

这个时期，从天水以西的渭河上游至甘肃中部、青海东部区，在原庙底沟文化的基础上崛起了一支崭新的文化共同体，这就是马家窑文化的马家窑类型。它以繁缛发达的彩陶花纹和一组造型独特的器物群而从仰韶文化中分离出来。

至此我们看到，仰韶晚期的公元前3500～前2900年，黄河流域从西至东散布着马家窑文化的马家窑类型、仰韶晚期文化的半坡晚期类型、义井类型和海生不浪类型、秦王寨亚文化、大司空亚文化以及大汶口中期文化，文化格局由从前那种两三个大的文化集团分割天下的形势演变为群雄并立、各自为政的局面，各文化、亚文化、类型似颗颗耀眼的星斗，竞相辉映。

---

① 参见陈冰白：《略论“大司空类型”》，《青果集——吉林大学考古专业成立二十周年考古论文集》，知识出版社，1993年。

七

大约公元前2900～前2500年，在原仰韶文化的本土范围内又生长起了庙底沟二期文化。在此期间，“各地文化继续分化”[①]。

对于庙底沟二期文化，学术界长期存在着模糊认识，但自《庙底沟二期文化的几个问题》（以下简称《庙二》）发表以来[②]，问题当得以澄清。该文将原被认为庙底沟二期文化的遗存分为A、B两群，A群中喇叭口尖底瓶依然存在，陶器的组合结构和形制特征较前没有大的变化，所以此类遗存应仍属于仰韶晚期文化；B群中尖底瓶已不见而转化为小口平底瓶，“斝脱颖而出，釜灶大量使用，一改仰韶时代的传统。这种变化既鲜明又突出，充分显示了一个新时代的到来”。故此，“B群才是庙底沟二期文化。以小口平底瓶、斝、釜灶、夹砂罐和鼎构成的陶器基本组合是庙底沟二期文化的本质所在”。

《庙二》还以为，该文化的陶器组合、特征与早于它的遗存相比是含斝而无喇叭口尖底瓶，与晚于它的遗存相比则不包含鬲，这正是它处在龙山时代早期所特有的标志。但我们认为，正因为它有这样一个特点，而且就其整体文化面貌看，许多因素同前期有着明显的承袭关系，而与其后的龙山时代诸文化相比又存在着很大差异，具有承前启后的性质，所以仍可将其作为“仰韶时代”和“龙山时代”之间的“过渡性阶段”而单独划出，不宜纳入“龙山时代”。

庙底沟二期文化的中心区和分布范围是以晋西南豫西为中心，向西波及渭河中游，向东影响到洛阳以东的偃师一带，往北则达晋中和陕北的黄河两岸。各地庙底沟二期文化中的深腹盆、浅腹盆、碗以及周身匝绕数道附加堆纹的筒形夹砂罐、缸等，当各自从本地半坡晚期类型中的同类器继承而来。尖底瓶转化为平底瓶乃是一种时代风尚，现在还很难说最先是从哪个地区开始的，而最能代表庙底沟二期文化特色的鼎（尤其是盆形鼎）、斝、釜灶的起源和形成机制也很令人费解。《庙二》A群中已有少量的鼎，庙底沟二期文化的鼎当直接由其发展而来，但在此前的半坡晚期类型的遗存中却乏见，尚不知其有无和形制如何；《庙二》认为鼎来自泰沂地区的大汶口文化系统，但庙底沟遗址中所见的鼎同豫中大河村四、五期的同类器也有一定的相似性；然而不管它来源于哪种因素，其形成都包含着一种创造性，尤其盆形鼎有着独特的风格特点，而且它的最早形成地仍然应是在晋西南豫西（其他分布区无用鼎的传统且远离用鼎的东方），

① 严文明：《略论仰韶文化的起源和发展阶段》，《仰韶文化研究》，文物出版社，1989年。

② 卜工：《庙底沟二期文化的几个问题》，《文物》1990年第2期。

然后才扩展到了其他地区。釜、灶在庙底沟文化中流行于晋西南豫西和渭河流域，到仰韶晚期，目前只在宝鸡福临堡三期遗存中发现有两者的结合物——釜灶[①]。这时釜灶是只存在于关中西部还是关中东部、晋西南豫西都有而尚未发现？庙底沟二期文化的釜灶是从关中西部形成后扩散开的，还是在其他地区都有这一过程的转变？有待解决。至于斝，有人认为大汶口文化的陶鬶启示庙底沟二期文化居民把本地原有的某种器物与鬶结合起来创造出釜形斝[②]，此说有道理。而《庙二》进一步推测，斝很可能是在鬶的直接影响下，对像谷水河Ⅲ期那种高领罐形鼎加以改造而产生的。但耐人寻味的是，谷水河所在的豫中区斝却极罕见，非其本体因素，个别的发现还应是从晋西南豫西传播所至。看来，像斝这种前所未有的、具有时代变革性质的器物的产生，本来就不是简单地用类型学的逻辑所能解说得清楚的。然而，不管这些器物是怎样形成的，它们的出现都突出地体现了一种崭新的文化面貌和时代精神。创造是庙底沟二期文化的风格，变革是这个时代的最强音，这与同时期诸多考古学文化中一些特殊遗存的出现（大墓、祭坛、城址，等等）所体现出的社会深层的变化是紧密相关的[③]。

现有的迹象表明，庙底沟二期文化中富有特色的鼎、斝似都首先形成于晋西南豫西区，然后以此为中心，向西、向北直接影响到西安以东的渭河下游（关中东部区）和晋南地区（陶寺早期属此类），这两地当是面貌与其基本一致的庙底沟二期文化。若然，则在原仰韶文化的心腹地区，文化发展的重心此时再一次由关中的渭河流域转移到了晋西南豫西区。

晋中地区以太谷白燕二期为代表的遗存中[④]，小口篮纹壶、夹砂罐、深腹盆、器盖、豆等为本地前期器物的延续，高领折肩双耳彩陶壶也当与前期的双耳壶有着承袭关系；长颈壶等应是山东大汶口文化的因素；而斝、盆形鼎、釜灶、盘口盆等则显然是来源于南面的庙底沟二期文化，就连斜腹缸（不同于原来的鼓腹）、小口无耳篮纹壶（较前形体变瘦）的形制可能也受到庙底沟二期文化夹砂罐、小口平底瓶的影响。庙底沟二期文化的因素在白燕二期陶器中占显著的、甚至主导性的地位，因此其文化性质较前当已发生了改变，可归入庙底沟二期文化的范畴。鉴于上述特点，可视其为与典型庙底沟二期文化有别的一个地方类型。但“白燕釜形斝的形态与‘陶寺类型’早期的相似，均属目前所说的庙底沟二期文化偏晚阶段”，“晋中地区目前尚未发现相当于以斝为特征的‘庙底沟二期文化’早期阶段遗存，该地区进入龙山时代的年代可能比

---

① 宝鸡市考古工作队、陕西省考古研究所：《宝鸡福临堡》，文物出版社，1993年。

② 许伟：《晋中地区西周以前古遗存的编年与谱系》，《文物》1989年第4期。

③ 北京大学考古系、湖北省文物考古研究所石家河考古队、湖北省荆州地区博物馆：《石家河遗址调查报告》，《南方民族考古》（第五辑），四川科学技术出版社，1993年。

④ 晋中考古队：《山西太谷白燕遗址第一地点发掘简报》，《文物》1989年第3期。

晋南地区晚些”[①]。据报道，白燕一期二段（即义井类型的最晚阶段）已出现了个别的鼎、釜灶[②]，当来自南面庙底沟二期文化早期的因素，如此，则当庙底沟二期文化早期之时，晋中地区尚处于仰韶晚期义井类型的末段。在此我们看到了区域间文化发展的不平衡和非同步性。

渭河、泾河上游所在的陇东地区此时兴起了另一支与庙底沟二期文化面貌不同的文化——常山下层文化[③]，它也是在当地半坡晚期类型的基础上发展起来的，所以有与庙底沟二期文化相近的筒状夹砂罐、盆、碗等，但没有庙底沟二期文化中的鼎、斝、釜灶，而最代表其特色、数量较多的各种单耳、双耳罐却又不见或少见于庙底沟二期文化。它并非原半坡晚期类型的自然延续，而是蕴含着另一种形成机制。就其整体面貌看，与庙底沟二期文化大相径庭，理应单立为一种考古学文化。那么，那些富有特色的单耳、双耳罐是怎样形成的呢？在早于它的宝鸡福临堡三期有一些双耳罐，而这些双耳罐又是源自何方？它们与常山下层文化的形制差异较大，两者是否有渊源关系？这些单耳、双耳罐的出现很可能是由于一种外力的作用，这种外力是否为当地另一种土著文化呢？这些问题都有待于解决。

介于陇东和关中东部之间的关中西部区（渭河中游）目前已发现的此期遗存主要有两种，一种以武功浒西庄“庙底沟二期文化遗存”为代表[④]，一种以扶风案板“第三期文化遗存”为代表[⑤]。对于它们的文化性质，学术界看法不一[⑥]。单就浒西庄遗存而言，其陶器群的整体组合结构、形制特征与典型庙底沟二期文化非常相近，无疑应划入庙底沟二期文化的范畴。这里还有一些典型庙底沟二期文化所不见的单耳鼓腹罐，显然来自西面常山下层文化，但毕竟数量有限，并不能因此而改变其文化属性，故可视其为具有地域特征的庙底沟二期文化遗存。与浒西庄相距并不很遥远的西面的案板遗址则是另外一种情形。案板三期陶器中，庙底沟二期文化与常山下层文化的因素混合共

---

① 许伟：《晋中地区西周以前古遗存的编年与谱系》，《文物》1989年第4期。

② 晋中考古队：《山西太谷白燕遗址第二、三、四地点发掘简报》，《文物》1989年第3期。

③ 中国社会科学院考古研究所泾渭工作队：《陇东镇原常山遗址发掘简报》，《考古》1981年第3期。

④ 中国社会科学院考古研究所：《武功发掘报告——浒西庄与赵家来遗址》，文物出版社，1988年。

⑤ 西北大学历史系考古专业：《陕西扶风县案板遗址第二次发掘》，《考古》1987年第10期；《陕西扶风县案板遗址第三、四次发掘》，《考古与文物》1988年第5、6期。

⑥ 胡谦盈：《庙底沟二期文化与常山下层文化》，《庆祝苏秉琦考古五十五年论文集》，文物出版社，1989年；梁星彭：《试论庙底沟二期文化》，《考古学报》1987年第4期；王世和、张宏彦、莫枯：《论案板三期文化遗存》，《考古》1987年第10期；卜工：《庙底沟二期文化的几个问题》，《文物》1990年第2期。

生，难分高下，难以将其归属于任何一方；而案板三期遗存又缺乏个性，没有自身特点，也很难将其单立为一个文化；它是庙底沟二期文化与常山下层文化在关中西部相遇后形成的一种具有混合性质的文化遗存（当然也应继承了本地前期的一些因素），或许我们可以说这种混合性正是其特色，若从这个角度，也许可以将其视为一种夹在两个文化之间的、具混合特性的文化类型；但由于此类遗存发现尚少，扶风以西的情况如何，此类遗存分布面有多大都还不太清楚，所以暂称之为“案板三期遗存”较合适。总之，这两种遗存反映了庙底沟二期文化由东向西、常山下层文化由西往东发展扩张、相互渗透、交互作用的史实。

内蒙古中南部继海生不浪类型之后兴起的文化有两种，一种是河曲区和包头区海生不浪类型的后继者，学者或称其为“阿善文化”，并将这种遗存分为两期三段，早期年代与“西王村Ⅲ期”相当（即本文半坡晚期类型的末段），晚期与庙底沟二期文化大体同时[①]。早期（1 段）虽具有承上启下的特点，但与海生不浪类型相比已发生了质的变化，原极具代表性的小口溜肩鼓腹双耳罐已不见，而转化为小口鼓肩瘦腹双耳罐，筒形罐消失，其他如盆、钵、侈口夹砂罐等器物的形制也发生了相应的变化，绳纹极少见，代之而起的是大量篮纹，包头区还盛行连点锥刺纹，另外还新出现单耳杯等。晚期（2、3 段）与早期紧密衔接，继续演化，并新出现敛口瓮等。此时河曲区与包头区的差别仍很明显，河曲区以罐、瓮的数量多，盆、钵的数量较少；而包头区则以各种形态的盆、钵为大宗，罐、瓮较少。不过总体看两区的共性还是主要的，当为性质同一的遗存。此类遗存的时间纵跨仰韶晚期的末段和庙底沟二期，与其前身海生不浪类型相比已发生性质的改变，作为一个整体当已从仰韶晚期文化的范畴中分离出来，理应单独立出而称为“阿善文化”。而在阿善文化东面的岱海—黄旗海区（严格说据目前的发现只限于岱海周围）则存在着另一种特色鲜明的文化共同体，有学者称其为“老虎山文化”的“老虎山类型”[②]。实际上此种遗存并不见于别处，很可能只限于岱—黄区，“老虎山文化”可专指此类。该文化分为四段，1、2 段与阿善文化晚期亦即庙底沟二期年代相当；3 段以斝式鬲的形成为标志，当已进入龙山时代的最早阶段。我们看到，老虎山文化 1 段与海生不浪类型末段之间存在缺环，即相当于阿善文化早期（仰韶晚期末段）这段时间此区很可能是农业文化的空白区，其原因我们曾有解释[③]。既然有过这样一个断层，老虎山文化就不会是由岱—黄区海生不浪型直接发展演变来的，

---

① 张忠培、关强：《“河套地区”新石器时代遗存的研究》，《江汉考古》1990 年第 1 期。

② 田广金：《内蒙古中南部龙山时代文化遗存研究》，《内蒙古中南部原始文化研究文集》，海洋出版社，1991 年。

③ 戴向明：《“海生不浪类型”文化过程论》，《古代文明》（第 7 卷），文物出版社，2008 年。

那么它又是怎样突然在这里兴起的呢？老虎山文化的形成包含着多种因素：单耳釜形斝当是受南面庙底沟二期文化釜形斝的影响出现的，但并非简单的接受和模仿，而是体现着一种再创造；小口高领鼓肩双耳篮纹壶与晋中义井类型末段的同类器如出一辙，显然是直接来自后者；施“五花大绑”式附加堆纹的筒状罐、敛口瓮、侈口鼓肩或鼓腹的绳纹或篮纹夹砂罐、斜腹盆、折口钵、豆等，这些种类繁多的器物应是受阿善文化的影响出现的因素，不过其中的大部器型都有较大的变异而形成了自己独特的形制风格；数量很多的素面双耳鼓腹罐、大口尊等是新出现的器物，这里还出现了最早的甗，当是在釜形斝的形制基础上创造出来的。可见老虎山文化主要是西面的阿善文化和南面同期文化的部分因素于岱—黄区相遇后经过交汇、融合、再创造而形成的一种新型的文化共同体，它的起源和形成机制同本地前期的海生不浪类型有着相似性。

豫中地区，这个时期的遗存以大河村五期和王湾二期四段为代表①。以前许多人都将这类遗存划入庙底沟二期文化的范畴，实际上其陶器群的主体部分与本地前期一脉相承，衔接紧密，没有突变，文化面貌较前没有发生质的变化；与庙底沟二期文化也判然有别。所以它仍属“秦王寨文化”的范畴，可称其为“秦王寨晚期文化”（但洛阳以东偃师二里头的此期遗存却存在较多的庙底沟二期文化因素②，估计洛阳—偃师之间是两个文化交汇并存的地带）。那么也就是说，当庙底沟二期文化兴起从而完成了对仰韶晚期文化的否定之时，与其相邻的豫中地区却没有发生相应的改变，秦王寨文化持续稳定地发展下来，这种现象是耐人寻味的。

此时豫北冀南区的情况如何？是“大司空文化”的直接延续，还是演变为一种新的文化类型？限于资料，这里的文化面貌目前还不太清楚。

天水以西的甘青地区，马家窑文化继续按自己的轨迹独自发展。约公元前2700～前2600年，马家窑类型转化为半山类型③。如此，两者相交接的年代与庙底沟二期文化起始的时间也不吻合，也就是说，与庙底沟二期相对应的是马家窑类型的晚期和半山类型的早期。

此时在山东境内，大汶口文化已进入其晚期。

综合上述分析可知，在庙底沟二期这个阶段，黄河流域各地区文化的发展呈现出多姿多彩的局面，最突出的是原仰韶晚期文化的进一步分解，在其肌体内分化出若干

① 严文明：《从王湾看仰韶村》，《仰韶文化研究》，文物出版社，1989年；郑州市博物馆：《郑州大河村遗址发掘报告》，《考古学报》1979年第3期。

② 中国社会科学院考古研究所二里头工作队：《河南偃师二里头遗址发现龙山文化早期遗存》，《考古》1982年第5期。

③ 转化的年代参见李伊萍：《半山、马厂文化研究》，《考古学文化论集》（3），文物出版社，1993年。

个小型文化：半坡晚期类型分化出庙底沟二期文化、常山下层文化和案板三期遗存，义井类型则在这个阶段的晚期被庙底沟二期文化所同化，而在海生不浪类型分布范围内先后演化出阿善文化、孕育出老虎山文化。其他地区的文化虽有程度不同的变化，但基本都是按各自原有的轨迹平稳地过渡下来的。因此原仰韶晚期文化范围内的变动就成为这个时期黄河流域文化格局演变最剧烈、最动人的部分。另外，各地区文化的转变在时间上有许多是不相吻合的，变化的节奏不一，区域间文化发展的不平衡性和非同步性在这一阶段表现得尤为突出。

八

公元前2500年左右，黄河下游的大汶口文化在经历了近两千年的漫长岁月之后，终于发生质的飞跃，转化为高度发达的龙山文化。与其相对应，黄河中上游的文化也发生了相应的转变。史前文化的发展进入了最后一个时期——龙山时代。这是一个动荡不安的时代，文化的流转变动、交汇融合、相互渗透、相互冲击表现得空前剧烈。此期间文化发展的总态势同以往那种总是由中间向四周影响为主的单一局面有所不同，而是周围几大文化板块向中间挤压，中间亦向周围反弹，群雄逐鹿中原，文化格局因此而再一次重新组合。

位于黄河上游的西北地区有与黄河中游不同的文化发展趋向。人们曾普遍认为其文化发展的谱系是：马家窑文化（马家窑类型→半山类型→马厂类型）→齐家文化，近年的考古发现和研究使人认识到马家窑文化并非齐家文化的直系前身，两者分属于不同的文化系统，各自有着独自的发展线索。《半山、马厂文化研究》一文（以下简称《半马》，将马家窑文化的三个类型分别称为“文化”，本文仍称它们为“类型”），对马家窑文化，特别是半山、马厂类型的内涵及其发展演变的过程做了富有成效的探讨①。此文认为，半山类型中、晚期在公元前2500年左右至前2300年以后，马厂类型则在公元前2300年以前至前2040年之间，两者年代上有些许交错，这大概因为不同区域半山类型转化为马厂类型在时间上有早晚之别（对于半山类型与马厂类型的相互关系，还有学者提出不同看法②）。《半马》的研究表明，“兰州及洮河中下游是半山文化分布的中心区”，“中期以后，文化有由南向北迁移的趋向”，晚期“其分布主要集中在兰州附近及黄河沿岸”。到马厂类型阶段，文化“分布的中心区在湟水流域至兰州一线”，

① 李伊萍：《半山、马厂文化研究》，《考古学文化论集》（3），文物出版社，1993年。

② 陈雍：《关于半山文化和马厂文化关系的讨论》，《考古学文化论集》（3），文物出版社，1993年。

而且在河西走廊马厂类型遗存的数量、规模都大大超过了半山类型。这种从早到晚文化分布重心大面积北移的原因何在？《半马》认为“至迟在马厂文化阶段，一支与其有别的文化已插足于这一地区并发展为齐家文化。很可能由于这一文化的存在及其逐步北渐，遏止了马厂文化在洮河及青海境内黄河沿岸的发展，迫使它向北及西北方向寻找自己发展的空间”。

关于齐家文化起止的绝对年代目前还难以准确界定，已有的^{14}C测年表明，它主要存在于公元前第三千纪后半叶，在相当一段时间里与马厂类型平行，其晚期当已进入公元前第二千纪初。那么齐家文化是怎样起源和发展起来的？《齐家文化的研究》一文提出了一些线索①。有学者认为，齐家文化是直接由常山下层文化发展来的②。但对常山下层文化的认识目前还主要限于泾河上游的镇原常山下层遗存，渭河上游常山下层文化的整体面貌还不很清楚，常山下层遗存的时空范围很可能并不能代表这一文化的全貌，它同齐家文化之间似还有较大缺环。但齐家文化占有绝对优势的各种双耳、单耳罐又确可追溯到常山下层一类的遗存中，两者间确应存在着渊源关系。然而，常山下层文化分布在泾、渭上游的陇东，齐家文化则从陇东一直延展到青海东部的湟水流域和河西走廊地区，这应如何解释？对此目前我们只能做出这样的逻辑推断：齐家文化最初兴起于陇东，进而迅速大规模向西扩展（其向西发展的原因可能与关中客省庄文化的西进有关），迫使马厂类型北移，并有与马厂类型交错分布的现象，两者互有影响。

在渭河中下游（关中地区），继庙底沟二期文化、案板三期遗存之后发展起来的是客省庄文化（或称客省庄二期文化）。《试论客省庄二期文化》（以下简称《客二》）一文对该文化做了较全面、详细的分析③。以前对客省庄文化的来源、它与庙底沟二期文化的关系一直有不同看法。《客二》再次肯定客省庄文化来源于陕西庙底沟二期文化，基本是正确的（该文所说的庙底沟二期文化包括案板三期遗存）。按本文的认识，更准确地说应是客省庄文化直接起源于关中西部的庙底沟二期文化（以浒西庄为代表）和案板三期遗存，是两者共同结合发展的产物。如《客二》所阐明，客省庄文化的大部分器形都可在这两类遗存中找到源头。不过应该指出的是，许多双耳、单耳罐等应直接来源于本地前期的同类器，但部分双大耳罐、高领折肩罐等则可能是受齐家文化的影响而形成的，而鬶、鬶形盉等则当是来自东方的因素。客省庄文化中最具代表性的器物是高体单耳鬲和双耳深腹罐形斝，后者显然是由浒西庄庙底沟二期文化中的罐形斝演变来的。单耳鬲的最初形态是三足分开、足与腹有明显分界的单耳斝式鬲，实际

① 张忠培：《齐家文化的研究》，《考古学报》1987年第1、2期。

② 胡谦盈：《论常山下层文化》，《中国原始文化论集》，文物出版社，1989年。

③ 梁星彭：《试论客省庄二期文化》，《考古学报》1994年第4期。

上就是釜下加三空足。对于它的起源和形成问题已有人做过解说[①]，认为是由本地前期的某种斝同釜灶等结合而形成的，以后又经历了由单耳斝式鬲到成熟形态的单耳鬲（腹足无分界）的演化过程[②]。大部分学者都同意客省庄文化以西安为界可分为东、西两区（西安左近包括在西区），而我们稍加注意就会发现，早期的单耳斝式鬲主要存在于关中西部区，关中东部几乎不见。由于客省庄文化的大部分器形都可在关中西部的两种遗存中找到源头，因此我们认为，客省庄文化很可能最早兴起于关中西部，随后才扩展到关中东部，并西进到泾、渭上游的陇东地区。

客省庄文化是一支以单耳鬲为代表的考古学文化，与其遥遥相对，在陕北、晋中北、冀西北、内蒙古中南部（主要指鄂尔多斯东部的黄河两岸）这一广阔地域内，还存在着另一种以双鋬鬲为特色的文化，《三北地区龙山文化研究》（以下简称《三北》）称之为“游邀文化”[③]。该文指出，这一地区龙山时代“考古学文化的面貌呈现出高度的一致性，这种一致性是由以双鋬耳为特色的鬲、斝、盉、甗、瓮、罐、盆、甑等器物构成的陶器群作为主要标志”。它将这个地区“龙山时代”的遗存分为三期，早期又分早、晚两段。早期早段遗存实际上相当于庙底沟二期，分属于以白燕二期为代表的晋中庙底沟二期文化、阿善文化、老虎山文化等；至晚段以双鋬耳斝式鬲的流行为标志，进入游邀文化的范畴。《三北》认为，三北地区作为一个统一的考古学文化区域始自这一时期。那么，游邀文化是怎样形成的？受当时材料限制，包括《三北》在内的以往的研究都没有解决这个问题。有学者认为，庙底沟二期文化的釜形斝为晋中地区的居民首先提供了空足三足器的模式，由此导致的结果是，晋中地区成为黄河流域最先产生双鋬耳斝式鬲的中心区域[④]。但庙底沟二期文化中的釜形斝与龙山早期的双鋬耳斝式鬲形制上相差实在太大，很难认为两者有必然的联系，而且游邀文化早期的其他器形同晋中庙底沟二期文化的其他器形间也缺乏传承关系。如果我们把眼光往北移，就会发现游邀文化同岱海周围的老虎山文化实则有着渊源关系。老虎山文化的1、2段年代相当于庙底沟二期，至3段，单耳釜形斝在继续流行的同时，演化出了形态最早的斝式鬲，以此为标志当已进入龙山时代的最早阶段。游邀文化早期的大部分器物都可在该文化中找到源头：早期的双鋬斝式鬲当由老虎山3段F27：1那样的斝式鬲演变而来，矮体单耳斝式鬲当来自老虎山的单耳釜形斝，游邀遗址H159：13小罐上的“五花大绑”式的附加堆纹与老虎山筒状夹砂罐上的纹饰完全相同，晋中所见的大口尊、高

① 王世和、张宏彦、莫枯：《论案板三期文化遗存》，《考古》1987年第10期。

② 参见王立新：《单把鬲谱系研究》，《青果集——吉林大学考古专业成立二十周年考古论文集》，知识出版社，1993年。

③ 许永杰、卜工：《三北地区龙山文化研究》，《辽海文物学刊》1992年第1期。

④ 许伟：《晋中地区西周以前古遗存的编年与谱系》，《文物》1989年第4期。

领折肩罐、矮领鼓腹绳纹罐、敛口瓮等也与老虎山文化从早就有的这些同类器一脉相承（图三）。总之，游邀文化主要是承袭老虎山文化发展起来的，双鋬鬲的最初形态当形成于岱海周围。老虎山文化1～4段衔接紧密，不可分割，其3、4段的器类较游邀文化早期远为丰富，两者风格面貌相差很大，所以老虎山晚期遗存不应包括游邀文化的范围。老虎山文化似只截止于龙山时代早期或稍晚，中期以后突然中断，而它向外传播流布并经衍变而兴起的游邀文化却持续发展起来。造成这一历史事件的原因尚有待探索。游邀文化中期新出现了“瓮式斝”，这种富有独创性的器物成为游邀文化中极富特色的器类之一，另外此时斝式鬲已变为成熟形态的鬲；晚期最突出的变化是新出现了高领鬲、花边鬲、无鋬耳鬲和三足瓮。晚期当已进入夏的纪年。至于游邀文化不同地区间的差异、在其发展过程中与南边其他文化间的相互影响、龙山时代结束之后三北地区所发生的变化等问题，《三北》等文章已多有所论[①]，兹不赘述。

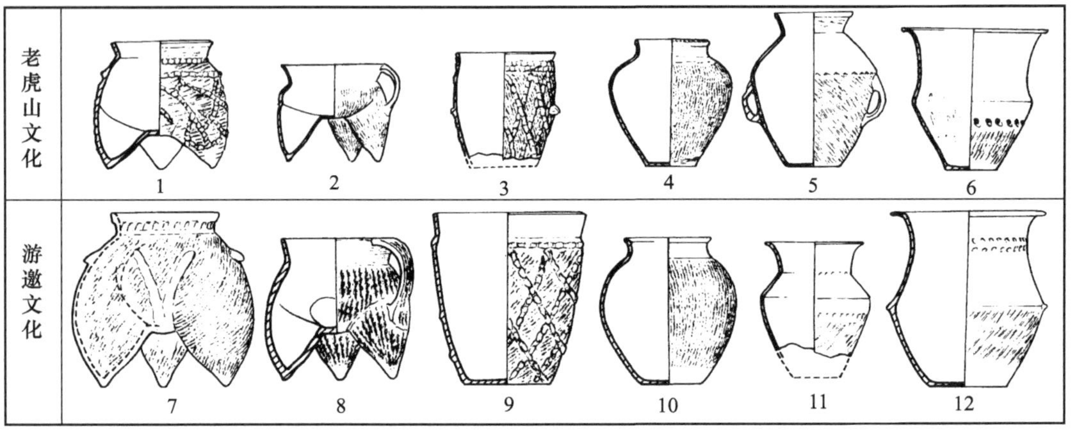

图三　老虎山文化与游邀文化陶器比较

（器物图分别引自田广金：《内蒙古中南部龙山时代文化遗存研究》，《内蒙古中南部原始文化研究文集》，海洋出版社，1991年；许永杰、卜工：《三北地区龙山文化研究》，《辽海文物学刊》1992年第1期）

1. 老虎山（F27：1）　2. 板城（F7：11）　3、5. 西白玉（T3③：3、T1③：5）　4、6. 园子沟（F3026：9、F2007：9）　7、9. 游邀（H291：1、H159：13）　8. 杏花村（H317：1）　10～12. 白燕（722⑨：3、H219：15、H219：3）

客省庄文化和游邀文化两种“鬲文化”在龙山时代文化发展史中所起的作用是巨大的。《三北》对此有过精辟论述：“中国龙山时代有两个陶鬲中心，一个是三北地区的双鋬矮体鬲，一个是泾渭流域的单耳高体鬲，这两个中心的交互作用，构成了传说时代黄土高原的文化格局。”

① 杨杰：《晋陕冀北部及内蒙古中南部龙山时代考古学文化初探》，《内蒙古中南部原始文化研究文集》，海洋出版社，1991年。

两支文化向外发展的直接结果是单耳鬲东进和双鋬鬲南下，于晋南、晋西南豫西相交汇，并与两地庙底沟二期文化的后裔结合，分别形成了“陶寺类型”和“三里桥类型”①。一方面，两个类型正因为拥有相似的形成机制，所以具有很强的共性。这种共性在早期表现得更强一些，双鋬鬲、单耳鬲、斝、釜灶、侈口筒状夹砂罐、双腹深腹盆、浅腹盆、单耳杯、豆等是两者共有的主要器类，而且其中的大部分形制都较相似。两个类型的晚期器物各自承袭前期而来，有些器物的形制发生了一定改变，器类上也各有增减，两者间的差异有所增大。不过总体上讲，它们之间的共性还是主要的，应属于同一考古学文化，我们暂称之为“陶寺·三里桥文化”。另一方面，两者间的区别也是较显著的，造成这种区别的原因主要有二：一是晋南庙底沟二期文化（陶寺早期遗存）与晋西南豫西的庙底沟二期文化原本就有所不同，陶寺早期特有的盆形斝和“扁壶”为陶寺类型所继承，而不见于三里桥类型，三里桥类型的斝则直接承袭的是当地庙底沟二期文化中那种典型的亚腰折腹釜形斝；二是三里桥类型因与豫中地区的“王湾三期文化”相邻近，受其影响（这种影响也正是三里桥类型形成机制中多于陶寺类型的一种外在力量），出现了一些为陶寺类型所不见的器物，如双耳瓮、方格纹侈口鼓腹罐等，此外，三里桥类型的双腹盆也直接受王湾三期文化的影响而形成，其形制有别于陶寺类型的同类器。两个类型在器物组合、形制特征上还有其他一些差别，兹不一一列举。凡此皆说明，两者乃是属于同一文化的两个相对独立的类型。此外，晋东南的所谓“小神类型”②似也可纳入到这一文化的范畴之中。

洛阳—郑州之间的豫中地区，继秦王寨晚期文化之后发展起来的是王湾三期文化③。这个文化的主要器类亦即它的本体因素是：三矮足圆腹罐形鼎、侈口鼓腹罐、直领或侈口鼓肩瓮（有耳和无耳两种）、双腹盆、甑、亚腰釜形斝、细柄豆和形式多样的盆、钵、碗等。这些器物基本上都可在秦王寨文化中找到源头，只是形制特征发生了很大变化，风格面貌与前期迥然不同。其中斝在秦王寨文化晚期（相当于庙底沟二期）偶见于洛阳—偃师一带，此时由西向东扩散到了王湾三期文化的整个分布区。除此而外，王湾三期文化中还有一些外来的因素，其中主要是受东面龙山文化的强烈影响而形成的，如甗、敞口浅腹盆、粗圈足浅盘豆、单耳直筒杯、鬶、盉等，这些因素东部多于西部。而“陶寺·三里桥文化”对它的影响则较微弱，单耳罐形杯可能是由那里传入的。另外洛阳周围偶见单耳鬲和双鋬鬲，但也只限于此。总体上看，王湾三期文化

① 关于两者的分期、特征等情况可参见宋建忠：《山西龙山时代考古遗存的类型与分期》，《文物季刊》1993 年第 2 期。

② 宋建忠：《山西龙山时代考古遗存的类型与分期》，《文物季刊》1993 年第 2 期。

③ 可参见王震中：《略论“中原龙山文化”的统一性与多样性》，《中国原始文化论集》，文物出版社，1989 年。

是排斥鬲的，就像陶寺·三里桥文化排斥鼎一样。

豫北冀南和豫东皖西北两个地区的龙山时代遗存通常被称为“后岗二期文化”和“造律台类型”（或称“王油坊类型”）[①]。后岗二期文化的陶器主要由四种因素构成：①侈口鼓腹罐的形制同王湾三期文化的很相近，很可能受其影响而形成，三矮足圆腹罐形鼎、直领双耳瓮、亚腰形斝等也当来自王湾三期文化；②甗、V形足和鸟头形足鼎、敞口浅腹盆、粗圈足浅盘豆、鬶、单耳直筒杯等显然来源于龙山文化；③这里存在一些罐形斝、少量的有耳或无耳鬲，当是从山西境内渗透过来的；④一些盆、钵、罐等器物有不见于其他文化的自身特点，很可能是继承本地前期文化的因素，只是因为这里相当于庙底沟二期的文化面貌尚不清楚，目前无法准确说出其间的变化过程。由此可见，后岗二期文化是由多种因素交汇、融合而形成的一种混合性的文化。类似的情形亦出现在豫东皖西北区，这里也受到王湾三期文化和龙山文化的强烈影响，两者相交融构成了造律台类型陶器的主体部分，而这部分陶器又基本不出后岗二期文化的范畴，这就使得造律台类型与后岗二期文化具有很强的共性。但这里远离鬲的传播区，所以不见鬲，斝也罕见，而另外却继承了本地大汶口文化中的一些因素[②]，这种形成机制上的差异造成了它与后岗二期文化面貌上的差别。基于上述分析，我们暂且仍称这种遗存为“造律台类型”。

至此，龙山时代黄河流域文化发展的脉络、文化格局之形势已经清晰地显示出来。黄河上游的西北地区有着独自的文化发展趋向，马家窑文化的半山、马厂类型和齐家文化分别向北、向西扩展，与中原无争。而黄河中下游地区则是另外一种局面，兴起于关中地区的客省庄文化，崛起于三北地区的游邀文化，雄踞于黄河下游的龙山文化，或许还包括远在长江中游的石家河文化，位于西、北、东、南四个方位的这几大文化集团，对中原形成包围之势并产生强烈冲击，它们东渐西进，南下北上，生动地展示了群雄逐鹿中原这一波澜壮阔的历史景象。而位于中原核心地带的豫中地区，至少从仰韶晚期始就形成了以鼎、侈口鼓腹罐等为代表的稳定、深厚的文化传统。这一传统一直未被冲断，此时又发展起了王湾三期文化这一实力强大的文化共同体，在周围几大文化板块向中原挤压的同时，它亦顽强地向周围反弹和扩展，其结果是与其他文化相混合、交融，分别在晋南、晋西南豫西和晋东南形成了陶寺·三里桥文化，于豫北冀南形成了后岗二期文化，于豫东皖西北形成了造律台类型等几个混合性的文化类型。在这种对峙的局面中，在文化的流转变动、相互影响、相互冲击空前剧烈的历史场景

---

① 王震中：《略论“中原龙山文化”的统一性与多样性》，《中国原始文化论集》. 文物出版社，1989年。

② 李伯谦：《论造律台类型》，《文物》1983年第4期。

中，最终在位于漩涡中心的豫中地区诞生了中国历史上第一个王朝——夏。

考古发现和研究表明，龙山时代是一个经济文化高度发展的时期，也是一个社会结构进一步发生深刻变革的时期。贫富分化、社会分层加剧，权力越来越集中在少数人手里，原始共产制过渡为军事民主制，并向国家迈进。不同的集团除和平交往以外，为了各自的利益和势力的扩张还必然会发生频繁的冲突，战争成为国家得以孕育和形成的酵母。在这一背景下，王湾三期文化正处于各种势力之争的漩涡的中心，受周围几个文化——很可能也是几个大的利益集团——的激荡和影响，为了求生存图发展，势必需要一个强有力的集权统治者（阶层），而社会内部的分化也最终导致了军事民主制的瓦解和王权的出现，于是启杀益而代之，禅让制为王位世袭制所取代，夏王朝应运而生，中国历史上的王权统治由此拉开了序幕。

王湾三期文化的后继者为二里头文化是显而易见的。但关于什么是夏文化，长期以来学术界众说纷纭。按照传统看法，夏王朝当诞生于公元前两千年之前，也就是龙山时代之末，因此我们倾向于同意这样一种认识：二里头文化很可能是“太康失国”“后羿代夏”以后的夏文化，而以煤山二期为代表的由王湾三期到二里头文化的过渡性遗存则可能是初期的夏文化①。如此，则当夏之初期，龙山时代的许多考古学文化尚处于其末期，其后继者与夏并存（当然，这期间夏的势力范围有所扩大，最明显的是晋西南豫西被夏所占据，成为其重要领地）。在夏之初期，其他文化集团或许还处于军事民主制之末，或许也已出现了王权统治。

九

本文对黄河流域新石器时代考古学文化发展演变的历史、各阶段文化格局不断地组合与重组的演进过程的探讨无疑是一种粗线条的勾勒，文中涉及的各考古学文化共同体，绝大部分是早已被学术界所确认和熟知的，只是在一些具体的认识上多有分歧。毫无疑问，考古学文化首先是根据它们所包含的陶器而被辨识和确立的，然后人们才去探究其他生活用具、生产工具、宗教和艺术用品、房屋、墓葬、窖穴等遗存的特征和在不同文化个体间的异同，并在比较中对该文化进行反证或修正，进而再从这些遗存中进一步挖掘反映古人社会、精神领域等方面的信息。在所有遗存中，陶器是古人最常接触、最熟悉，本身也最易变化、形制最丰富的东西，而事实证明，处在不同时空单位的文化个体间，其陶器群的组合结构、形制特征确实存在着明显的差异，因而

① 李伯谦：《二里头类型的文化性质与族属问题》，《文物》1986 年第 6 期。

陶器也就成了确认考古学文化最重要的指征，成了古代文化共同体（尤指新石器时代）为今人所辨识的一种外在“语言”，这正是本文论述的基础。文化是人的行为的一种外在体现，文化表象背后隐含的是人的活动，因此我们讲文化发展演变的历史，在一定程度上也就反映了人的不同群体之活动、发展、变化的历史。然而这种反映终究是模糊的，不确切的，因为文化共同体并不能与人的共同体完全等同。但我们又感到，不同层次的文化共同体与不同层次的人的共同体之间定有内在的联系，怎样揭示这些联系，使人的群体行为活生生地显现出来，迄今考古学家还没有找到一条有效的途径。这是考古学的困难所在，然而也是其魅力所在。

最后，对黄河流域新石器时代文化发展的历史、文化格局不断地组合与重组的动态变化过程做一简要回顾和总结也许是必要的。新石器时代早期处于农业发生、发展的初期，由于考古发现的不足，文化面貌尚不清楚，估计在自然条件较优越的地方当存在一些小型的农业居址，各地会有自己的文化特点，不过相互间可能处于相对封闭的状态。新石器时代中期前段，黄河下游有后李文化，中游有磁山、裴李岗文化，渭河流域有老官台文化的早期遗存（大地湾一期），尽管社会、文化各方面较前可能有了长足的进展，但彼此间的交流仍然很少；中期后段，后李文化演化为北辛文化，由于其势力的扩张，冲断了磁山文化的传统，而在豫北冀南（中）形成了一种与之相近的遗存（北福地一期甲类），裴李岗文化至此似也突然中断，这样总体形势便演变为北辛文化与老官台文化晚期（北首岭类型）东西并立的局面。到仰韶时代早期，渭河流域和豫北冀南先后兴起了半坡文化和后岗一期文化，两者都以强劲的势头向外扩展；在此之前，陕北，晋中北、冀西北、内蒙古中南部这一地域辽阔的北方区，由于自然条件较差，很可能不是史前农业的发祥地，长期以来一直是农业文化的空白区，而半坡文化和后岗一期文化的对外发展则填补了这一空白；两大文化集团在黄河中游相对峙，而在黄河下游与它们并存的是北辛文化晚期（后李二期）及其后继者大汶口文化早期遗存。仰韶早期后段，在晋西南豫西于当地半坡文化基础上崛起了庙底沟文化，它迅速发展壮大，对外形成强大的辐射波，通过直接和间接的影响，到仰韶中期，将整个黄河中游和上游的一部分区域都纳入其文化范畴之内，于各地形成了各具特色的庙底沟文化，只有黄河下游的大汶口文化未被冲断而仍按自身的轨迹发展。至仰韶晚期，庙底沟文化衰落瓦解，在黄河中游分化、涌现出多个独具特色的文化类型，而在天水以西至青海东部的黄河上游地区，从庙底沟文化分离出来的马家窑文化已初具规模，此外，黄河下游仍为大汶口文化，这一时期可以说是一种“群雄并立、各自为政”的文化格局。庙底沟二期，最大的变化是原仰韶晚期文化的进一步分解，其他文化虽有变化，但基本是一种内部的衍变。此期尖底瓶消失，斝出现，以及相应的一些变化，标志着仰韶时代的结束和向新时代的过渡。到龙山时代，黄河上游并存着马家窑文化的晚期类型和新兴的齐家文化，而在黄河中游，于关中和“三北”地区发展起来的客省庄文化、游邀文化，连同黄河下游的龙山文化，齐向中原冲击，与从豫中向外扩展的王湾三期文化相碰撞、交融，加上它们各自之间的交汇、融合，从而形成了几个混合性的文化类型，在这场互相角逐的局势中，最终于漩涡中心——豫中地区孕育出了夏王朝。

（原载《考古学报》1998 年第 4 期）

陕晋豫地区仰韶早期文化的有关问题

仰韶文化的发现与研究与中国现代科学考古相伴而生，在学科发展史上可以说历史最为悠久，但迄今对于该文化的许多方面仍有不同认识，甚至围绕该文化的体系结构等问题也存在分歧，对此笔者曾系统阐述过自己的看法①。近年随着一些新材料的发表，又出现了一些新的观点，而且事关中原地区仰韶文化的整体架构，有必要就有关问题再重新谈一下自己的看法。本文主要涉及仰韶文化中心即陕晋豫相邻地区的两个相关问题，一个是仰韶早期文化时空范围的界定，另一个是仰韶早期向中期文化的转变。

一

仰韶早期阶段除了人们熟知的半坡文化（或半坡类型）以外，自20世纪70年代末以来，在陕晋豫地区（即晋南豫西和陕西关中地区）又先后发现并逐渐辨识出一种面貌相近的文化遗存，主要见于陕西的宝鸡北首岭②、临潼零口③，山西的垣曲古城东关④、翼城枣园⑤，河南的新安荒坡⑥、灵宝底董⑦等处，人们一般视之为一种单独的考古学文化，分别有“北首岭文化”“枣园文化”“零口村文化”等不同的称谓，最近又有人统称这类遗存为“初期仰韶文化”。在中原史前文化的发展序列上，这类遗存或被视

① 戴向明：《黄河流域新石器时代文化格局之演变》，《考古学报》1998年第4期。

② 中国社会科学院考古研究所：《宝鸡北首岭》，文物出版社，1983年。

③ 陕西省考古研究所：《临潼零口村》，三秦出版社，2004年。

④ 中国历史博物馆考古部、山西省考古研究所、垣曲县博物馆：《垣曲古城东关》，科学出版社，2001年。

⑤ 山西省考古研究所：《翼城枣园》，科学技术文献出版社，2004年。

⑥ 河南省文物管理局、河南省文物考古研究所：《新安荒坡》，大象出版社，2008年。

⑦ 魏兴涛：《灵宝底董仰韶文化遗存的分期与相关问题探讨》，《中国国家博物馆馆刊》2011年第1期。

为新石器时代中期到晚期之间的“过渡阶段”①,或认为跨越了前仰韶和仰韶早期两个阶段②,或单列为仰韶文化初期阶段③,或认为仍属于仰韶早期④。这类遗存的后继者在关中为半坡类型，在晋南豫西为东庄类型。除芮城东庄村⑤外，属于东庄类型的遗存还主要见于晋南的翼城北橄⑥、垣曲古城东关⑦和豫西的三门峡南交口⑧、灵宝底董⑨等地。也有人把相当于东庄类型一类的遗存（北橄一、二期）视为最早的庙底沟文化，由此直接将“枣园文化”与仰韶中期的庙底沟文化联系起来⑩。为便于说明问题，下面拟就上述各主要遗址的年代序列及对应关系、彼此间文化面貌的区别与联系等方面做一番简要的梳理分析。这里首先将梳理的结果制成一份图表（图一），后面进行具体的解析。

迄今所知陕西关中地区仰韶早期遗存最详细、完备的分期方案见于赵宾福的《半坡文化研究》⑪，这为梳理关中各有关遗址的年代序列提供了一个可以参照的标尺。该文将半坡文化分为三期，第一期以北首岭遗址中的77M3、77M4、77M6、77M12、77M13、77M17等单位为代表，是使用小口平底瓶的时期；这一期又细分为三段，其实可以简化为分别使用折唇口和杯形口平底瓶的两段。后来我们知道与之相类的遗存还见于宝鸡福临堡、华县老官台、临潼零口等遗址。第二期见于西安半坡、临潼姜寨、华县元君庙、华阴横阵等遗址，是流行形态丰满的杯形口尖底瓶的时期，又可细分为三段。第三期除仍存在于上述几个遗址外，还见于渭南史家村等地，是形体渐趋萎缩的杯形口尖底瓶与葫芦形瓶并存的时期，又可细分为两段。这三期我们可暂时分别称

① 孙祖初：《中原地区新石器时代中期向晚期的过渡》，《华夏考古》1997年第4期。

② 田建文、薛新民、杨林中：《晋南地区新石器时期考古学文化的新认识》，《文物季刊》1992年第2期。

③ 韩建业：《初期仰韶文化研究》，《古代文明》（第8卷），文物出版社，2010年。

④ 戴向明：《试论庙底沟文化的起源》，《青果集——吉林大学考古系建系十周年纪念文集》，知识出版社，1998年。

⑤ 中国科学院考古研究所山西工作队：《山西芮城东庄村和西王村遗址的发掘》，《考古学报》1973年第1期。

⑥ 山西省考古研究所：《山西翼城北橄遗址发掘报告》，《文物季刊》1993年第4期。

⑦ 中国历史博物馆考古部、山西省考古研究所、垣曲县博物馆：《垣曲古城东关》，科学出版社，2001年。

⑧ 河南省文物考古研究所：《三门峡南交口》，科学出版社，2009年。

⑨ 魏兴涛：《灵宝底董仰韶文化遗存的分期与相关问题探讨》，《中国国家博物馆馆刊》2011年第1期。

⑩ 田建文、薛新明、杨林中：《晋南地区新石器时期考古学文化的新认识》，《文物季刊》1992年第2期；宋建忠、薛新民：《北橄遗存分析——兼论庙底沟文化的渊源》，《考古与文物》2002年第5期；薛新明、宋建忠：《庙底沟文化渊源探析》，《中原文物》2003年第2期。

⑪ 赵宾福：《半坡文化研究》，《华夏考古》1992年第2期。

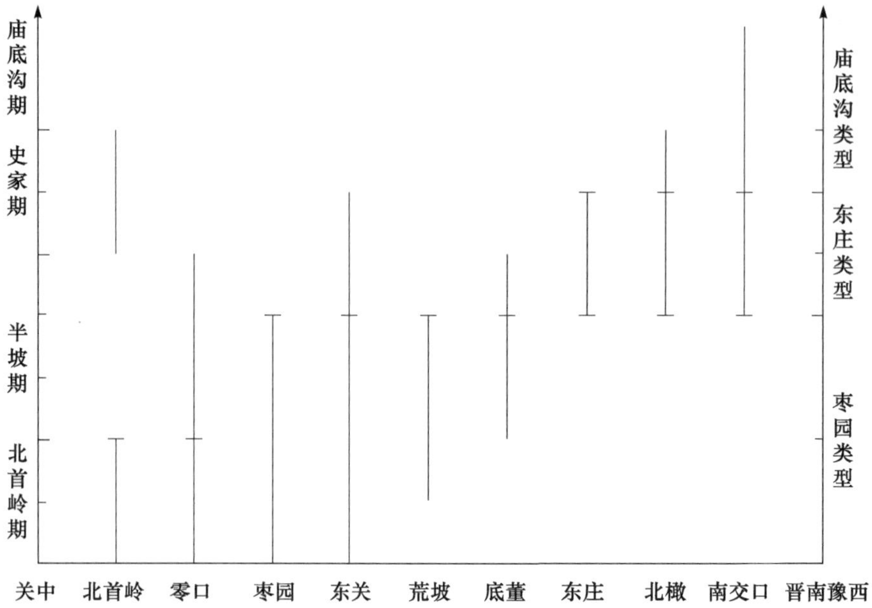

图一　陕晋豫仰韶早期相关遗址年代对应关系示意图

之为“北首岭期”“半坡期”“史家期”。

以此来衡量，北首岭遗址除有早期遗存外，还有晚期史家期的遗存。零口遗址也同样包含折唇口和杯形口平底瓶两种，并随后接续杯形口尖底瓶，因此该遗址就差不多跨越了北首岭期和半坡期两个时期（但不见史家期遗存）。

晋南枣园与古城东关的发掘报告分别将使用小口平底瓶的遗存分为三期，从各种器物的特征和变化情况看，具体分期虽还有可调整之处，但两者大体同时并行。总结几种典型器物的变化规律，偏早阶段（约为枣园一、二期，东关一期的早、中段）的小口瓶曲颈鼓肩或溜肩，偏晚阶段（约为枣园三期，东关一期的晚段）则衍变为溜肩鼓腹瘦长体或器身呈枣核形；夹砂罐偏早时腹部微鼓、形体瘦高，偏晚时腹部鼓凸、形体较胖；各种钵偏早阶段普遍较深，偏晚阶段则变得较浅；亚腰形器座偏早时腰部内曲较深呈细腰形，偏晚则器壁微曲呈粗腰形。

与之相比较，关中北首岭和零口的小口平底瓶皆为曲颈鼓肩，基本不见形态瘦长呈枣核形的平底瓶，但其后半坡期偏早阶段的杯形口尖底瓶的器身却呈枣核状，显示出与枣园和东关晚期平底瓶相同的时代特征；其他同类可比的如部分夹砂罐、圜底和平底钵、器座及细长颈的蒜头壶、圆腹鼎等也都呈现与晋南偏早阶段相似的特点，而不见偏晚阶段的特征。由此可以推断，晋南枣园、东关一期一类的遗存比关中北首岭期遗存延续的时间要长，其偏晚阶段应当已经进入了半坡期。换句话说，当关中由北首岭期转入半坡期之后（由平底瓶变为尖底瓶，其他器物的特征及整个器类的组合也有所改变，如鼎、亚腰形器座消失），在晋南并没有发生相应的变化，而是仍旧沿袭了原有的文化传统（只是器物的具体形态有所改变，见前文）。这样，晋南枣园一类遗存的晚期就与关中半坡期有一段并行的时间（图一）。

豫西处于晋南与关中之间，受到双方的影响，但此时总体的文化面貌更接近晋南。这里与枣园相近的遗存主要见于荒坡和底董。两个遗址都不见枣园和东关早期阶段的曲颈鼓肩小口平底瓶，而只有溜肩瘦长体或枣核形的平底瓶，因此其形成的时间也许略晚于晋南（底董较荒坡出现得可能更晚一些），而与枣园、东关的中晚期同时。

晋南豫西紧接枣园一类遗存之后发展起来的是“东庄类型”，如前所述，这类遗存主要见于东庄村、北橄、古城东关、南交口、底董等地。北橄一、二期与东庄类遗存相当；有人将东庄村遗存进一步分为两期①，从最具年代特征的小口尖底瓶、敛口罐（瓮）等器物看，这两期恰与北橄一、二期相对应；而北橄三、四期差不多已具备仰韶中期庙底沟文化的所有特征，应是最早的庙底沟文化遗存。底董遗址一、二期分别为枣园类遗存的中晚期和东庄类遗存的早期，由此也提供了两者前后相继的直接证据。这种现象还见于古城东关遗址的一、二期，只是两者间并无直接的地层关系；东关二期所见尖底瓶则分别与东庄村的两期相当。南交口仰韶文化一、二期分别属于东庄类遗存和庙底沟文化遗存，这样它同北橄一样展示了东庄类型与庙底沟文化之间的早晚关系。如此，从枣园、东关到北橄、南交口，就几乎涵盖了晋南豫西相应时段里完整的文化变迁过程。

与关中相比较，东庄村一期、北橄一期、底董二期、南交口Ⅰ～Ⅱ段皆与半坡期的晚段大体同时（由此还可推知枣园类遗存与东庄类遗存相接的时间大概就在半坡期的晚段），主要特征是尖底瓶的杯形口较直或微内曲、底部尖锐或弧钝，尤其是南交口Ⅱ段尖底瓶的整体形态与半坡期晚段的非常相似；东庄村二期、北橄二期、南交口Ⅲ段与史家期的早段大体同时，主要特征是尖底瓶口部呈“压扁”的形状、底部微内曲呈尖纽状（表现出史家期早段的特征），并且出现了史家期特有的标志性器物葫芦口瓶（瓶口呈窄小的尖嘴状特征亦见于史家期早段）。古城东关二期也有上述两种尖底瓶，似经过了相同的发展过程。继此之后，可以推断北橄三、四期和南交口仰韶二期的早期与关中史家期的晚段大体同时共存。

从前笔者曾推测以古城东关一期为代表的枣园类晚期遗存与东庄类型有过一段交错并存的时间②，现在看这种认识缺乏依据，在底董遗址显示的是两者前后相接的关系。

---

① 赵春青：《山西芮城东庄村仰韶遗存再分析》，《考古》2000年第3期。

② 戴向明：《试论庙底沟文化的起源》，《青果集——吉林大学考古系建系十周年纪念文集》，知识出版社，1998年。

综合以上分析，就可以得到上述各主要遗址的相对年代关系，以及关中和晋南豫西两个地区的发展序列（参见图一）。

二

有了以上各遗址的年代对应关系，下面就可横向比较它们文化面貌的区别与联系、文化属性、发展阶段等问题。

在相当于关中北首岭期的阶段，从晋南豫西到关中的文化面貌有着高度的相似性。一方面，这类遗存中陶器的基本组合为小口平底瓶、蒜头细颈壶、圜底和平底钵、敞口盆、各种夹砂罐、亚腰形器座、圆腹鼎、矮体大口或高体小口的尖底缸等，笼统看可统归为一个考古学文化，因“枣园文化”的称谓出现较早，枣园遗址又几乎贯穿了该文化的始终而具有代表性，可以使用这个名称。但另一方面，在这个文化内，不同地区间的文化面貌存在着一定的差异，总的看，可以分为晋南豫西和关中两大块。两者陶器的区别主要在各种夹砂罐，晋南的较单调，主要为侈口、腹微鼓的素面高体罐；关中的种类则较多，有形体与晋南豫西相近但遍饰刮划纹的高体罐，还有不见于后者的素面和绳纹鼓腹罐，上腹饰弦纹的鼓腹胖体或直腹瘦高体罐、敞口缸等。因此，可以将该文化分为“枣园类型”和“零口类型”①。豫西处于晋南与关中之间,受到两者影响，特别是新安荒坡，地处豫西的东部，可能还受到来自豫中一些因素的影响；但总的看，豫西更接近于晋南。从目前资料看，关中东部的零口与关中西部的北首岭也有差异，零口的刮划纹罐、圆腹鼎、亚腰形器座等不见于北首岭，不过这些差别是次要的，两者的共性仍是主要的。

这两个类型后来走上了不同的发展方向。一方面，关中的零口类型（即上文所说的“北首岭期”遗存）演变为半坡类型（包括前文的“半坡期”和“史家期”遗存），并且两者间是一个连续的渐变过程。从北首岭期晚段瘦高的杯形口小平底瓶到半坡期早段的杯形口尖底瓶，以及蒜头细颈壶，各种圜底和平底的钵、盆，夹砂罐、缸或瓮等主要的器物，前后衔接得都很紧密，两者间是一脉相承的关系。而另一方面，从北首岭期的晚段开始，关中的杯形口曲颈鼓肩瓶与晋南豫西的环形口溜肩瓶相并峙，两者的分异更加明显。所以从这个角度看，仍可将零口类型（或北首岭期遗存）视为半坡文化的早期阶段。零口类型和半坡类型的遗存还见于南郑龙岗寺，由此可知在陕南的汉中地区也同样存在这样一个转化过程。

① 韩建业：《初期仰韶文化研究》，《古代文明》（第8卷），文物出版社，2010年。

与此相对照，在晋南豫西接续枣园类型之后的是东庄类型，但两者间并非自然演变的结果。晋南东庄、北橄等形体瘦长的杯形口尖底瓶应是半坡类型的杯形口尖底瓶与枣园类型晚期枣核状平底瓶相结合的结果，而豫西南交口等地形体较短粗的尖底瓶则酷似半坡类型的同类器物；圜底和平底的钵、盆等延续了两地共有的特征，但其上的彩色纹饰在此前的枣园类型中很罕见，应直接来自半坡类型，在半坡类型晚期（史家期）的许多遗址中就已蕴含着后来成为庙底沟文化主体彩色花纹的早期形态；部分侈口鼓腹素面罐似与枣园类型有一定的渊源关系，但敛口和侈口的高体绳纹罐和宽沿矮体罐显然更多受到半坡类型的影响；其他如葫芦口瓶、圜底翻沿盆等则是由关中直接传入的。总的来看，东庄类型应是半坡类型繁荣期向晋南豫西强势扩张、与当地枣园类型的后继者相结合的结果，但其中来自半坡类型的因素占有较明显的优势，因此即使现在看来，将东庄类型称为半坡类型的"关东变体"仍是有道理的。这样，我们可以将半坡类型和东庄类型合称为"半坡文化"。

如果单从关中地区来看，零口类型与半坡类型前后相继，似可在原来所说的仰韶早期之前再划分出一个"初期阶段"。但是，由前文分析可知，晋南豫西的枣园类型比零口类型延续的时间要长，与其后的半坡类型还有过一段相当长的共存时间。也就是说枣园文化作为一个整体与半坡文化并非完全是前后相继的关系，枣园文化虽出现较早，但随后在较长时间里又与关中形成的半坡文化同时并存。再者，如果将晋南豫西的枣园类型单独划为一个仰韶初期阶段，那么这里的仰韶早期就只有存在时间较短的东庄类型，与其前后相比就显得很不对称。有鉴于此，我们不主张将枣园文化单列为早于半坡期的一个发展阶段。即便是"初期仰韶文化"的提出者也认为仰韶初期只包括枣园一、二期和东关一期的早、中段，而将枣园三期和东关一期晚段归入仰韶早期。因此，与其在仰韶早期之前再添加上一个初期阶段，莫如将枣园文化和半坡文化合为一个大的发展阶段，仍旧统称为"仰韶早期阶段"。而且，如果考虑到北首岭期（或零口类型）与半坡期紧密的衔接关系而可以将其视为半坡文化的有机组成部分，那么就更不宜将种类遗存单独列为仰韶"初期阶段"了。

这样界定出的仰韶早期阶段或仰韶早期文化，在关中包括零口类型（或北首岭期）及其后继者半坡类型（半坡期与史家期），在晋南豫西包括枣园文化的枣园类型和随后受关中半坡文化影响形成的东庄类型。

还有人将北首岭期一类的遗存归属于前仰韶时期，因此认为枣园文化跨越了前仰韶和仰韶早期，同时也就跨越了新石器中、晚期两个阶段。其实这类遗存与北首岭下层为代表的老官台文化晚期遗存有着根本的不同。前者的曲颈小口瓶、敞口盆、圆腹鼎、亚腰器座及一些罐类等主要器物不见于后者，后者饰绳纹的三足罐、圈足碗等代表性器物又不见于前者。这两类遗存间缺乏直接的联系。而前面的叙述已清楚地表明，北首岭期与半坡期衔接紧密而应归入仰韶时期，也即属于新石器时代的晚期。如此，所谓新石器时代中期向晚期的过渡阶段也就不存在了。

关于枣园文化的来源问题，已有学者做过探讨[①]，认为该文化（包括枣园类型和零口类型）与新石器时代中期的老官台文化（或称白家文化）有一定的渊源关系，但其形成受裴李岗文化的影响更大。这一认识大体不误。由此也可以反映在新石器时代中期主要分布于豫中地区的裴李岗文化较之其他相邻的文化更显发达、强势，因而对陕晋豫地区仰韶早期文化的形成发挥了更多的作用。

三

本文要讨论的最后一个问题是仰韶早期向中期的过渡，即庙底沟文化的形成问题。这是已被多位学者探讨过的一个老问题，笔者本人也曾发表过意见，这里拟就有关的材料和观点再做些说明。

以前笔者曾提出，仰韶中期的庙底沟文化最早起源于晋南豫西（这里的庙底沟文化可称“庙底沟类型”），是在半坡文化的关东变体东庄类型的基础上发展而成，形成的时间约在半坡文化晚期即史家期的晚段。此后随着庙底沟文化的繁荣壮大，迅速扩展到了关中及周围邻近地区，于各地形成了特色不同的庙底沟文化诸类型[②]。现在这一基本认识仍未改变。

关于东庄一、二期，北橄一、二期，南交口仰韶一期等代表的“东庄类型”的相对年代，或认为偏早部分与半坡期（晚段）相当、偏晚部分与史家期相当，或认为整体相当于史家期。本人则认为东庄类型延续的时间是从半坡期的晚段到史家期的早段，具体的分析已如前述。有关这类遗存认识分歧的关键在于对其形成机制、文化性质的不同认定。

一种意见将东庄村一、二期视作不同性质的遗存，认为东庄一期是与半坡类型（实指半坡期）同时、分布于晋南豫西的仰韶早期遗存“东庄类型”，二期则属于与“史家类型”（史家期）同时的庙底沟文化早期，后者源于前者[③]。若作如是观，则与东庄村遗存大体对应的北橄一、二期也应分属于两个不同的文化了。我们不同意这种看法。过去曾认为东庄村遗存属于半坡文化向庙底沟文化过渡性的遗存，兼具两个文化

---

① 韩建业：《初期仰韶文化研究》，《古代文明》（第8卷），文物出版社，2010年。

② 戴向明：《试论庙底沟文化的起源》，《青果集——吉林大学考古系建系十周年纪念文集》，知识出版社，1998年。

③ 赵春青：《山西芮城东庄村仰韶遗存再分析》，《考古》2000年第3期。

的特征。现在看来这类遗存实则是在关中半坡文化的强烈影响下形成的，之后又生发出自己的特点，孕育出了一些庙底沟文化的因素，其中最主要的就是环形双唇口尖底瓶的初始形态。但总体看，东庄一、二期器类组合基本未变，各种器物的形态虽有变化，同时也有很强的连贯性；从早到晚尖底瓶的变化清楚地展示了由杯形口逐渐“压扁”为环形双唇口的过程，但到二期还仍然存有杯形口的孑遗。因此不宜将这两期分割为两个不同的文化，而应作为一个整体看待，统称为“东庄类型”。

另一种意见认为北橄一到四期皆属庙底沟文化，这四期遗存一脉相承，属同一文化的不同发展阶段；而与北橄一、二期相近的东庄村遗存则包括北橄遗存和半坡文化的双重特征，是两类遗存在此碰撞、融合的结果；北橄遗存的直接源头是枣园文化，故此也就认为庙底沟文化来源于枣园文化①。

就北橄遗址本身而言，可以说从一期到四期是一个连续演变的过程。但即便如此，三、四期与一、二期相比也有较大的变化，主要表现在尖底瓶由逐渐“压扁”的杯形口变为早期的环状折唇口，彩陶数量明显增多且构图趋于繁复，罐（缸）的种类有所增加且形态有较大变化，另外还新出现了釜、灶等庙底沟文化的典型器物。总的看，北橄一、二期含有较多半坡文化的特征，而三、四期已具备庙底沟文化的基本特点。前面已指出，在晋南豫西与北橄一、二期大体同时或部分共时的还有古城东关二期，东庄一、二期，南交口仰韶一期和底董二期，它们之间虽互有区别，但相互间拥有更多的共性，因此才统称为“东庄类型”。北橄、东庄村、南交口可以作为各自所在地域的代表，反映了东庄类型从北到南的差异；可以说，在晋南豫西越往南受半坡文化的影响就越多一些，而越往北则孕育出的早期庙底沟文化因素更多。然而，不能说包括北橄一、二期在内的东庄类型属于庙底沟文化的早期。庙底沟文化的起始只能从北橄三、四期算起。

关于北橄一、二期遗存的来源，可以看到其杯形口尖底瓶、葫芦口瓶、多样的彩陶花纹、圜底翻沿盆、各种夹砂绳纹（或线纹）罐等典型特征都是来自关中半坡文化的直接影响，而非源自前期的枣园文化。枣园文化的枣园类型流行的是环形口平底瓶，彩陶罕见，夹砂罐以素面为主，部分有少量弦纹，而罕见绳纹。这些都说明包括北橄一、二期在内的东庄类型是在半坡文化的强势影响下、结合了部分枣园文化的因素形成的，而不是直接源自枣园文化。坚持庙底沟文化源于枣园文化者一直认为，庙底沟文化中的折唇口尖底瓶来自枣园文化的折唇口平底瓶，其实仔细辨析，枣园、东关、

① 田建文、薛新明、杨林中：《晋南地区新石器时期考古学文化的新认识》，《文物季刊》1992年第2期；宋建忠、薛新民：《北橄遗存分析——兼论庙底沟文化的渊源》，《考古与文物》2002年第5期；薛新明、宋建忠：《庙底沟文化渊源探析》，《中原文物》2003年第2期。

荒坡和底董属于枣园文化晚期的小口平底瓶主要是圆凸唇的环形口，而与北橄和东庄的扁状杯形口及其衍变出的环状折唇口缺乏逻辑上的联系。吊诡的是，枣园文化早期的小口瓶有细巧的内折唇，竟与庙底沟文化晚期小口瓶的内折唇有些相似之处，也许正是这种“隔代遗传”的现象导致了人们认识上的误差。

在晋南豫西接续东庄类型之后的是以北橄三、四期和南交口仰韶二期的早段为代表的庙底沟文化早期遗存，而这类遗存却不见或罕见于关中及其他地区。从年代发展序列上看，庙底沟文化早期与关中半坡文化史家期晚段大体同时。从文化面貌演变的逻辑关系看，关中的半坡文化晚期不可能发展为早期的庙底沟文化。晋南豫西从东庄类型到庙底沟文化早期则有清晰的变化线索与演变过程，因此我们认为庙底沟文化最初是在晋南豫西形成的。在早先的文章中笔者已对这样的认识有过详细的分析[①]，此处不再赘述。

（原载《仰韶和她的时代——纪念仰韶文化发现90周年国际学术研讨会论文集》，文物出版社，2014年）

① 戴向明：《试论庙底沟文化的起源》，《青果集——吉林大学考古系建系十周年纪念文集》，知识出版社，1998年。

试论庙底沟文化的起源

庙底沟文化，是指仰韶中期以陕西关中、晋中南、豫西部分地区为分布中心，分布和影响几乎遍及整个黄河中游的考古学文化。它以双唇口尖底瓶，彩陶曲腹盆、钵，形态各异的夹砂罐、釜、灶，以及弧线、圆点、三角、勾叶等构成的绚丽多姿的彩陶图案这样一组特色鲜明的类型品为突出特征。关于这一文化的起源，以及它与半坡文化的关系等问题，学术界一直有着不同的认识。一种看法认为，半坡文化和庙底沟文化（或称仰韶文化半坡期和庙底沟期）是先后相继的两个发展阶段，后者是在前者的基础上发展起来的。另一种意见则认为，半坡文化和庙底沟文化各有来源，同时并存。其中前一种观点较为流行，为大多数人所接受。这些，都是大家所熟知的。

20 世纪 90 年代初，在晋南（临汾地区）的翼城枣园、侯马褚村发现了一种新型的考古遗存，发现者称之为“枣园 H1 遗存”[①]，并认为它是庙底沟文化的直接前身，提出了庙底沟文化起源于晋南、来源于“枣园 H1 遗存”的新见解[②]。

通过对上述观点的评析和有关材料的分析，笔者曾在一篇文章中认为，庙底沟文化首先起源于晋西南豫西地区，是由芮城东庄村那样的“半坡文化”演变而来的，发生转变和初步形成的时间约在半坡文化晚期阶段；此后又层层向外扩展，于不同地区形成了各具特色的庙底沟文化。“枣园 H13 遗存”并非其直系前身[③]。

随后，又见到一些后来公布的新材料，产生了一点新想法，觉得对原有认识需做些补充修正和进一步的说明，且新见的材料有利于更直观地说明问题，为此，有必要对这一问题重新做一番审视和分析。

---

① 山西省考古研究所：《山西翼城枣园新石器时代早期遗址调查报告》，《文物季刊》1992 年第 2 期；山西省考古研究所：《山西侯马褚村遗址调查试掘简报》，《文物季刊》1993 年第 2 期。

② 田建文、薛新民、杨林中：《晋南地区新石器时期考古学文化的新认识》，《文物季刊》1992 年第 2 期。

③ 戴向明：《黄河流域新石器时代文化格局之演变》，《考古学报》1998 年第 4 期。

一

我们原来的分析，主要是以东庄村遗存作为突破口来论证庙底沟文化的起源及其与半坡文化的关系的。但东庄村遗存具有很强的过渡性，在它之前这一区域的半坡文化是什么样子，在其后初步形成的庙底沟文化的最早形态又是什么样子，以前我们都不清楚。这些缺环的存在，使得问题的解决显得不太圆满，且带有一些推测性。

晋南翼城县北橄遗址的发掘弥补了这些不足[①]。北橄遗存以其内涵的丰富性、连贯性、完整性，直观地展示了庙底沟文化的形成过程。

北橄遗址的发掘报告将出土的遗存分为四期，代表连续发展的四个阶段。我们认为其分期是基本正确的。为便于说明问题，现依据原报告的分期选取其中一些主要陶器制成分期图（图一）。

一至四期皆以泥质陶为主，夹砂陶次之；以红陶为大宗，灰陶较少。泥质陶瓶皆饰有线纹，夹砂陶器上则绝大部分施绳纹，其他较常见的纹饰还有弦纹和鹰头状装饰。彩陶施于钵、盆之上，以黑彩为主，红彩较少。主要器类有泥质陶钵、盆、尖底瓶、罐，夹砂陶罐、盆和少量的鼎等。

第一期常见的器形，泥质陶有直口钵、敛口钵、直口盆、敛口盆、敞口盆、宽沿盆、杯形口尖底瓶和少量的缸、罐等，夹砂陶有敛口罐、侈口罐、敛口盆、敞口盆和少量的鼎等。钵一部分为素面，一部分口沿外侧施一周条带形彩纹。盆上施彩的较少，所见母题花纹有直边三角、弧边三角、线条、圆点等。杯形口尖底瓶的口部较矮、扁，形体瘦长。夹砂罐以敛口罐为主，侈口罐较少。

第二期器形组合变化不大。钵上新出现了由弧线、弧边三角构成的彩陶图案，而在许多彩陶片上仍可辨出由线条、三角等组成的变体鱼纹。这一期最显著的变化是出现了双唇口尖底瓶，且与杯形口尖底瓶同时共存。另外还新出现了葫芦口瓶。夹砂陶中侈口罐的数量明显增加。

第三期较前变化较大。彩陶中条带纹的数量明显减少，其他花纹显著增加，由原来较规整的几何形纹饰演变为主要由弧线、圆点、三角、勾叶等组成的较复杂的花卉纹。彩陶盆明显增多。直口钵减少，敛口钵增加。尖底瓶中杯形口消失，只见双唇口。夹砂陶中敛口罐剧减，以侈口罐为多，新见直壁缸。此外又新出现了釜、灶。

第四期发生了进一步的演变。彩陶数量激增，彩陶钵上的条带纹已经不见，主要

---

① 山西省考古研究所：《山西翼城北橄遗址发掘报告》，《文物季刊》1993 年第 4 期。

是各种繁缛的花卉型图案。许多盆、钵，特别是彩陶盆、钵的下腹部开始收缩内曲，曲腹盆、钵的形态已露端倪。尖底瓶的内唇由原来的凸唇变为平唇，整个口部折唇上举呈环盖形。夹砂陶以侈口罐为主，敛口罐消失，为直壁缸取代。

这四期一脉相承，紧密相连，没有缺环。第四期的陶器充分表现出了庙底沟文化的典型特征，但从类型学角度看，尖底瓶、曲腹盆、钵、形体矮胖的夹砂侈口罐等典型器物和彩陶花纹的形态特征，都要早于庙底沟遗址①和近年重又发掘的西阴村遗址②所出的同类器，因此我们同意北橄和西阴发掘报告中所说的北橄庙底沟文化遗存的年代较两者略早的认识。而北橄三期陶器所表现出的则是庙底沟文化刚刚脱胎出来的初始形态。

那么，作为北橄三、四期所代表的早期庙底沟文化前身的北橄一、二期究竟是一种什么性质的遗存呢？这是解决庙底沟文化起源问题的关键所在。

北橄报告认为：北橄一、二期遗存不属于半坡文化的范畴，而与三、四期属同一考古学文化，其直接源头是“枣园 H1 遗存”，在其形成过程中接受了半坡文化的强烈影响；庙底沟文化起源于晋南，北橄遗存正是这一文化的早期遗存。

现在，首先让我们来看一看什么是“枣园 H1 遗存”。

“枣园 H1 遗存”的发现者将其分为早、晚两段，早段以翼城枣园 H1 为代表，年代与宝鸡北首岭 77M3、77M17 相当，属新石器时代早期的最后一段；晚段以侯马褚村一期为代表，与半坡文化早期同时③。北首岭 77M3、M17④属老官台文化晚期的北首岭类型向半坡文化过渡性的遗存，鉴于它与半坡文化的联系更为紧密，我们认为将其划为半坡文化早期更合适。因此我们赞同将半坡文化分为早、中、晚三期⑤（晚期即所谓的“史家类型”）。如此，则枣园 H1 和褚村一期的年代应分别与半坡文化的早、中期大体同时。

其实早在 20 世纪 80 年代中期，在属运城地区（晋西南）的垣曲县古城镇东关遗址就发现了与“枣园 H1 遗存”同一性质的遗存，只是直到近年才有资料发表，这就是简报中所称的“东关Ⅳ区仰韶早期遗存”⑥。与枣园 H1、褚村一期一样，东关早期陶

① 中国科学院考古研究所：《庙底沟与三里桥》，科学出版社，1959 年。

② 山西省考古研究所：《西阴村史前遗存第二次发掘》，《三晋考古》（第二辑），山西人民出版社，1996 年。

③ 田建文、薛新民、杨林中：《晋南地区新石器时期考古学文化的新认识》，《文物季刊》1992 年第 2 期；山西省考古研究所：《山西侯马褚村遗址调查试掘简报》，《文物季刊》1993 年第 2 期。

④ 中国社会科学院考古研究所：《宝鸡北首岭》，文物出版社，1983 年。

⑤ 赵宾福：《半坡文化研究》，《华夏考古》1992 年第 2 期。

⑥ 中国历史博物馆考古部、山西省考古研究所、山西省垣曲县博物馆：《山西省垣曲县古城东关遗址Ⅳ区仰韶早期遗存的新发现》，《文物》1995 年第 7 期。

器的主要器形亦为小口双耳壶、彩带纹钵（以红彩为主）、盆、夹砂罐、鼎等（图二）。东关的陶壶（简报称之为瓶）有两种：一种鼓肩斜收腹，与枣园的那件复原器相近；一种溜肩鼓腹，与褚村的相似。但两者的形态较之枣园、褚村的都更加瘦长。东关的夹砂罐比枣园、褚村的腹部都外鼓；其彩带纹钵多数为圜底或近似圜底，而枣园、褚村则以平底钵为大宗。种种迹象表明，东关早期遗存的年代比褚村一期似还要晚一些，可以作为这种遗存发展的第三阶段。东关遗存本身还可分早晚两段[①]，早晚各见一件蒜

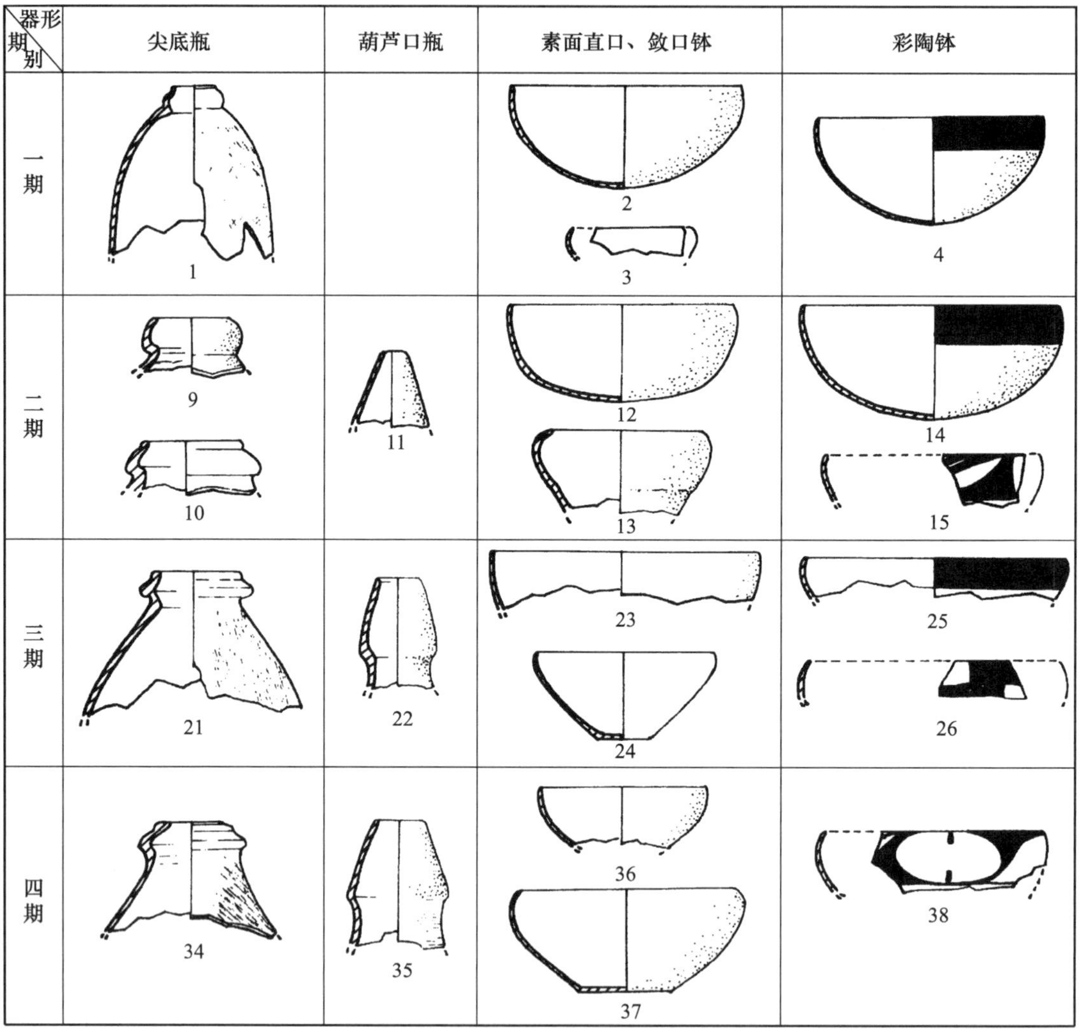

图一　北橄遗址陶器分期图

① 许志勇：《关于古城东关仰韶早期文化遗存的几个相关问题》，《中国历史博物馆馆刊》1996年第1期。

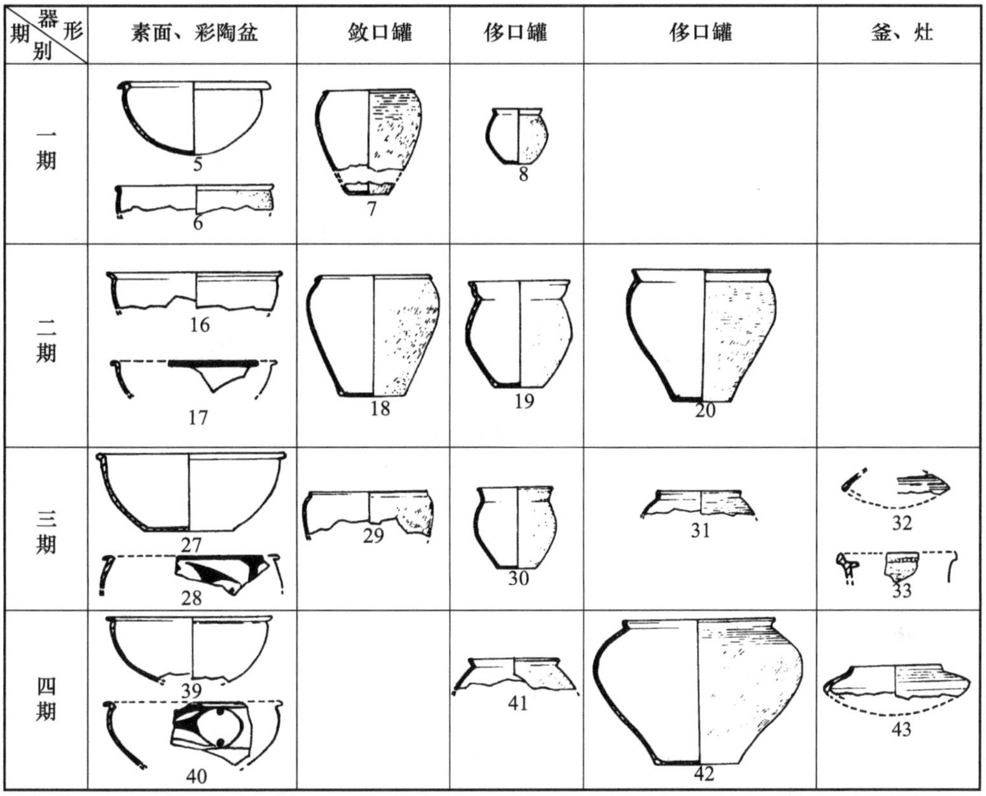

图一　北橄遗址陶器分期图（续）

（引自山西省考古研究所：《山西翼城北橄遗址发掘报告》，《文物季刊》1993 年第 4 期）

1～4. H34：27、H34：21、H34：32、H34：25　5、6. H25：2、H25：6　7. H25：9　8. H38：3　9、11、12、14、16、17. H32：15、H32：23、H32：5、H32：4、H32：10、H32：18　10. ⅡT1302④：6　13. ⅡT603⑤：1　15. H44：1　18、20. F2：2、F2：3　19. H32：25　21～23、25、27、28. 采 H2：7、采 H2：8、采 H2：10、采 H2：11、采 H2：1、采 H2：19　24. ⅠT102③：3　26. ⅡT1302②：2　29～31、33. 采 H2：22、采 H2：2、采 H2：23、采 H2：26　32. ⅡT603③：3　34、37、39、40. H10：4、H10：1、H10：6、H10：8　35. T10④：1　36. 采 H1 ：3　38. T11④：4　41. T11⑥：3　42. H1：5　43. T5②：2

头壶（早期的尚未发表），分别与关中半坡文化中、晚期的相似（如姜寨一、二期[①]），说明其年代也与半坡文化中、晚期相应。

“枣园 H1 遗存”的主要陶器壶、钵、盆、部分夹砂罐、鼎等几乎都可以在半坡文化和后岗一期文化中找到相近或有关的器物，两个文化对它的影响是显而易见的。但它与两者的差异又是主要的，其陶器的形态特征和组合结构有很强的自身特点（尤其是小口平底壶，大量的“红顶钵”，早、中期腹壁较直的夹砂罐等）。因此它是分布在晋南、晋西南，夹在东西两大文化集团之间并受其影响，同时又保持有自身特色的

① 半坡博物馆等：《姜寨》，文物出版社，1988 年。

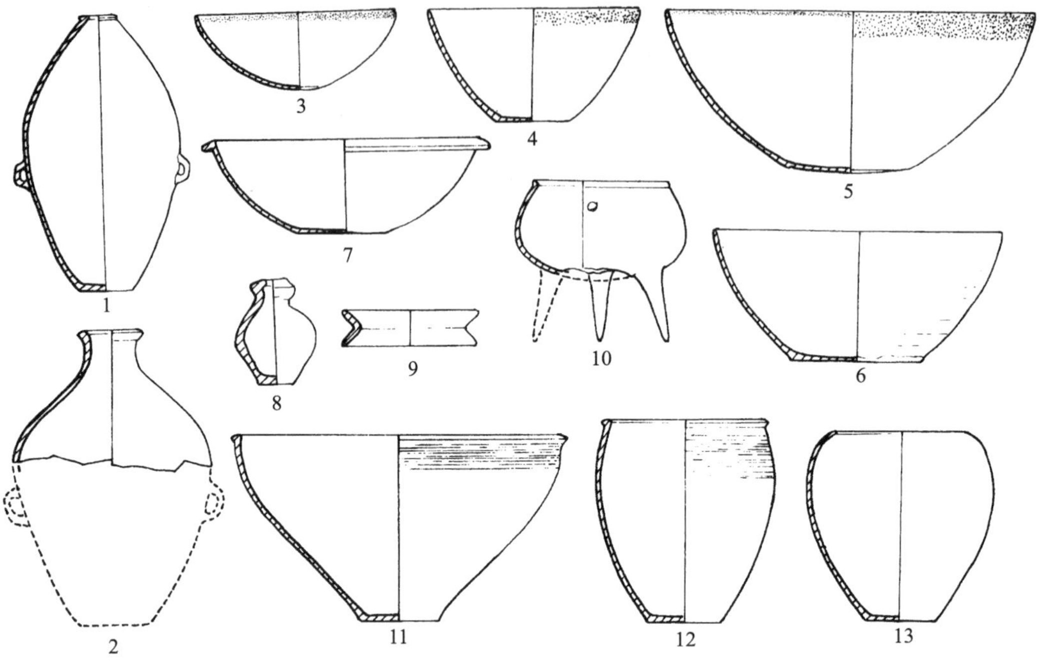

图二　垣曲古城东关遗址早期陶器

（引自中国历史博物馆考古部、山西省考古研究所、山西省垣曲县博物馆：《山西省垣曲县古城东关遗址Ⅳ区仰韶早期遗存的新发现》，《文物》1995 年第 7 期）

1、2. 小口双耳壶（H40：163、H20：21）　3～6. 钵（F1：4、H20：30、H40：176、H40：131）
7. 盆（H40：168）　8. 蒜头壶（M9：4）　9. 器座（H40：138）　10. 鼎（H233：6）
11. 缸（H40：179）　12、13. 罐（H40：173、H85：11）

一种文化个体。东关遗址经过大规模发掘，出土的遗迹、遗物都很丰富，且发现、发掘的年代又最早，所以不妨将包括枣园 H1、褚村一期在内的这一类遗存称为“东关类型”。

二

在翼城北橄、垣曲古城东关早期资料公布之前，枣园 H1 遗存发现之初，有学者就明确提出庙底沟文化来源于“枣园 H1 遗存”，半坡文化的影响是次要的。北橄遗存发现后，又认为北橄一、二期与三、四期性质同一，其直接源头仍是“枣园 H1 遗存”。那么，现在就让我们来分析一下北橄一、二期陶器群的构成因素及其来源。

北橄一期有一件双耳壶的下半部残体，与古城东关 H40：163（属东关早段）相似，年代应相近；且此期尚无流行于半坡文化晚期的葫芦口瓶，因此其年代应在半坡文化中期范围内。杯形口尖底瓶显然来自关中地区的半坡文化，但关中的较短粗，而这里的形体瘦长，很可能是受本地东关类型那种小口双耳壶的影响所致。陶钵基本上皆为圜底，施彩带者绝大部分为黑彩，这与东关类型中大量的红顶平底钵形成鲜明对照，其来源亦应是关中的半坡文化。夹砂罐多为敛口，东关类型中敛口罐则罕见（只在东关遗址有个别发现），而这种罐包括侈口罐都可以在关中找到原型，但变异也较大，自身特点很强。彩陶花纹中由三角、线条、圆点组成的图案（包括变体鱼纹）更是东关类型中绝对不见的，而与关中半坡文化有着直接的联系。其他如盆、鹰头状装饰等因素亦来自关中。因此，北橄一期遗存直接来源于关中的半坡文化，到达本地后与东关类型发生接触，吸收了其部分因素，同时也产生了较大变异，如尖底瓶变得瘦长、存在大量的条带纹钵、彩陶中不见极富特色的拟像鱼纹、夹砂罐以敛口为主等。此外，埋葬习俗也有很大变化，如婴儿葬在土圹墓内、不用瓮棺、成人墓中不置任何随葬品等。总之，北橄一期一类遗存乃是关中半坡文化流入晋南等地之后形成的一种地方变体，其主体来源不可能是“枣园 H1 遗存”（东关类型）。

这种半坡文化的变体到北橄二期发生了进一步的演变。此期开始出现半坡文化晚期流行的典型器物葫芦口瓶，说明其年代已进入后者的纪年。这一期杯形口尖底瓶尚存，同时新出现了双唇口尖底瓶，而且此处再一次清楚地展示了杯形口尖底瓶以“逐渐压扁”的方式转化为双唇口尖底瓶的过程（见图一）。双唇口尖底瓶的口部与“枣园 H1 遗存”中小口平底壶口部细致小巧的作风相去甚远，两者间不会有直接的渊源关系。夹砂罐的变化也很显著，侈口罐猛增，尤其是报告中所说“A 型侈口罐”鼓肩、下腹略内收的特征是一种新见的风格，为东关类型所不见，其形成既有关中的影响，又具自身特色，这种罐后来成为本地区庙底沟文化中的一种典型器物。彩陶花纹中，此期除仍有由线条、三角等组成的几何形纹饰（或称变体鱼纹）外，还演化出了由弧线、弧边三角等构成的花卉型图案，而这种图案乃是后来庙底沟文化彩陶中一种基本的母题花纹。其他如盆、钵、敛口罐、鼎等皆承前期而来，变化较小。总之，北橄二期是本地半坡文化的变体向庙底沟文化过渡阶段的遗存。它与前期紧密衔接，具有很强的半坡文化特征，同时又孕育出了庙底沟文化的主要因素。

这种过渡性遗存还见于晋西南的芮城东庄村①和豫西的陕县三里桥遗址②,对此早有学者做过分析③。尤其是东庄村陶器，亦体现了两种尖底瓶的转化过程和两种风格的彩陶花纹共存与演变的过程。

---

① 中国科学院考古研究所山西工作队：《山西芮城东庄村和西王村遗址的发掘》,《考古学报》1973 年第 1 期。

② 中国科学院考古研究所：《庙底沟与三里桥》，科学出版社，1959 年。

③ 张忠培、严文明：《三里桥仰韶遗存的文化性质与年代》,《考古》1964 年第 6 期；张忠培：《试论东庄村和西王村遗存的文化性质》,《考古》1979 年第 1 期。

从前严文明先生曾将分布于晋南豫西等地的半坡文化变体称为“东庄类型”[①],现在仍可沿用这一名称来涵盖北橄一、二期一类的遗存。

到北橄三期，随着杯形口尖底瓶的消失，釜、灶的出现，由弧线、圆点、三角、勾叶等组成的各种繁缛的彩陶花纹对几何形变体鱼纹的取代，以及其他一些相应的变化，庙底沟文化脱胎而出，一种新的文化语言符号完成了对旧有模式的否定。这种遗存目前还见于与北橄相邻的南橄遗址[②]。

至此我们至少可以说，在晋南、晋西南和豫西三门峡地区（以下简称晋南—豫西区），庙底沟文化是由当地半坡文化的变体孕育、演变而来的。发生转变和初步形成的时间当与半坡文化晚期同时。庙底沟文化的直系前身不可能是“枣园H1遗存”。而庙底沟文化的崛起最终消除、取代了东关类型的存在。

三

庙底沟文化的分布范围很广，但从遗址的规模、分布的密集程度，文化面貌的典型特征看，可以同晋南—豫西区相比拟的，只有陕西关中的渭水流域。然而在渭水流域，半坡文化经历了由起源到兴盛、到衰变的完整的演变过程，特别是杯形口尖底瓶由丰满渐至萎缩的变化非常明显[③]，很难想象庙底沟文化形态丰实、形体瘦长的双唇口尖底瓶是由半坡文化晚期那种已经退化了的杯形口尖底瓶演变来的。曲腹盆、钵、釜、灶等亦非源自本地。曾有学者撰文分析，认为甘肃秦安大地湾遗址庙底沟期的花卉纹是由半坡期的写实、写意鱼纹逐渐演变来的[④]。我们也认为，两种风格的花纹间存在着转化关系，但这种转化应首先是在晋南—豫西区出现的，那里的北橄、东庄村遗存都充分体现了两种花纹的共存与渐变关系。大地湾及其他地方的转变，恰应是在接受了晋南—豫西区的信息之后才完成的。所以，渭水流域的庙底沟文化不是本地区原半坡文化自然演变的结果。

而且，无论是在渭河流域还是在其他地区，都不见北橄二期、东庄村遗存代表的半坡文化向庙底沟文化整体过渡的遗存，也不见北橄三期那种庙底沟文化初始形态的遗存。与此相对照，晋南—豫西区则不存在作为整体的半坡文化晚期即所谓“史家类型”的遗存。正当渭河流域的半坡文化进入其晚期之时，晋南—豫西区已开始了向庙

① 严文明:《略论仰韶文化的起源和发展阶段》,《仰韶文化研究》，文物出版社，1989年。

② 山西省考古研究所:《翼城四遗址调查报告》,《文物季刊》1992年第2期。

③ 赵宾福:《半坡文化研究》,《华夏考古》1992年第2期。

④ 杨建华:《大地湾遗址仰韶文化彩陶纹饰试析》,《中原文物》1991年第2期。

底沟文化的过渡，并很快完成了这种转变。

因此，无论是从时间上，还是典型文化因素的来源上，渭水流域和其他地区都不具备典型庙底沟文化起源地的可能，这一文化的最初发祥地只能是晋南－豫西区。长期以来，特别是近年的考古工作表明，晋南－豫西区庙底沟文化遗址分布密集，规模大，文化特色鲜明，显示了这个盛极一时的文化中心区应有的景观。

以前，人们曾在姜寨、大地湾、王家阴洼、白泥窑子等遗址发现过少量半坡与庙底沟文化因素相共生的现象[①]。许多人将其视为前者向后者过渡的特征，也有人认为是两者同时并存的证据。现在看来，这些现象既有各地原有文化自然演变的成分，也有早期庙底沟文化因素向外渗透、传播的影响。而且重要的是，各地皆不见北橄二期、东庄村那种两种因素大量共生、整体过渡的遗存。因此，绝不能认为各地的庙底沟文化都是由当地半坡文化演变来的。

除这些零星因素外，各地所见庙底沟文化的年代都不早于北橄四期。这进一步说明，北橄三期甚至四期的部分年代与半坡文化晚期同时。晋南—豫西区以外各地庙底沟文化对半坡文化的最终取代当在北橄四期及其以后。

从上文分析中，我们可以得出半坡文化、东关类型、包括东庄类型及早期庙底沟文化的北橄遗址三者间大体的年代对应关系：

半坡文化：早期 …… 中期早段 …… 中期晚段 …… 晚期早段 …… 晚期晚段
东关类型：枣园H1 …… 褚村一期 ……东关早段 …… 东关晚段
北橄遗址： 北橄一期 …… 北橄二期 …… 北橄三、四期

显然，认为半坡文化与庙底沟文化各有来源、并行发展的观点是不能成立的，只能说半坡文化晚期与庙底沟文化早期于不同地域曾同时并存。而追本溯源，孕育庙底沟文化的母体乃是半坡文化。

同样，笼统地说庙底沟文化来源于半坡文化，也显得过于简单和不准确。因为不同地区庙底沟文化的形成背景和形成机制都不尽相同，表现形式也不完全一样，尤其不能认为各地庙底沟文化都是由当地半坡文化自然发展来的。

我们的结论是，关中的半坡文化在其中期流入、传播到晋南—豫西区（应伴随着人口的大量迁移），这部分“半坡人”在脱离母体易地而居之后，受到当地土著文化东关类型和其他因素的一些影响，同时自身产生变异，形成了一个相对独立的文化群体（东庄类型）。这一群体的自我意识逐渐增强，最终需要用一种新的文化语言符号来标

① 赵宾福：《半坡文化研究》，《华夏考古》1992 年第 2 期。

明自身的独立性。于是到半坡文化晚期阶段，这里的文化面貌发生了根本的转变，庙底沟文化脱胎而出。晋南—豫西区的临汾盆地、运城盆地、豫西黄河谷地，土质肥沃，水源丰富，自然条件优越；而这里的土著文化东关类型却力量单薄（迄今为止发现的遗址数量仍很少）。因此，庙底沟文化兴起以后，很快就繁荣发达起来，并最终将东关类型推出了历史舞台。

这一充满生机的文化群体发展成熟、壮大之后，对外形成了强大的辐射波。首先直扑晋中，在那里出现的是典型的庙底沟文化；同时，将其新的文化信息向西方反馈。与晋南—豫西区地域相邻的渭河流域，本就与其有着天然的血缘关系。这里已然衰老的半坡文化在来自东方的生机勃勃的新文化的冲击下，很快就发生了转变，充分吸收了双唇口尖底瓶、曲腹盆、钵、釜、灶，以及华丽繁缛的花卉型彩陶花纹等典型因素，同时又保留沿用了从本地前期承袭下来的不同形态的夹砂罐、瓮和素面盆、钵等器物，形成了本地区内容丰富，既具典型性又有自身特点的庙底沟文化。其他地区，如陕南、豫西伊洛流域、豫中、豫北冀南、晋北、内蒙古中南部等地，也都程度不同地吸收了庙底沟文化的一些典型因素，并保持延续了自身的一些传统，或生发出一些新的因素，或受其他文化的一些影响，各种力量相组合，从而形成了各具特色的“庙底沟文化”。其详情已超出本文范围，此不赘述。

（原载《青果集——吉林大学考古系建系十周年纪念文集》，
知识出版社，1998 年）

庙底沟文化的时空结构

庙底沟文化遗存的发现最早可追溯到1921年瑞典人安特生对河南渑池仰韶村遗址的发掘[①],因此可以说它的发现是与中国近代科学考古学的发端同时起步的。不过直到20世纪50年代以前,"仰韶文化"一直是个很笼统的概念,对于它的年代分期和类型的划分尚无明确的认识。50年代后期到60年代前期,随着对半坡、庙底沟等一系列遗址的大规模发掘,仰韶文化"半坡类型""庙底沟类型"的概念才得以提出并逐渐被确定下来。但狭义上的"庙底沟类型"分布范围只限于陕、晋、豫的部分地区。以后随着新资料的不断增加,人们发现北到内蒙古中南部、南至陕南和豫西南、西达甘肃中部和青海东部、东抵豫北冀南一带,都存在着与庙底沟类型相类似的遗存。尽管这些遗存的面貌不尽一致,但几乎都可以纳入到同一个考古学文化的范畴里面,于是后来又有了"庙底沟文化"的称谓。现在可以明确地说,"庙底沟文化"实即指分布在上述区域内的仰韶中期文化。

庙底沟文化在文化发展谱系和社会结构的演变等方面都处于一个承前启后的重要时期,但迄今对它的系统的综合性的研究还很少。本文拟在区域类型的划分和编年分期的基础上,对庙底沟文化形成、发展、转化与分解的全过程做一番梳理分析,以期对该文化的时空结构取得一个基本的认识。

一、区域类型的划分

庙底沟文化分布范围如此广大,几乎覆盖了整个黄河中游及其外围的一些地方,各地文化面貌又不尽相同,自然是可以划分出不同的地方类型的。在全面检索资料的基础上,我们认为庙底沟文化至少可以分为如下9个区。

1. 晋南豫西区

主要包括晋南的临汾地区、运城地区和豫西的三门峡地区,此外晋中地区虽与上

① 安特生:《中华远古之文化》,《地质汇报》第5号,1923年。

述各区小有差异，但总体面貌非常接近，亦应纳入此区范围。晋东南的长治地区似也可归入此区，但由于整体面貌不很清楚，尚不敢做最后的肯定。

本区经过发掘的典型遗址主要有：陕县庙底沟①、渑池仰韶村②、芮城西王村③、夏县西阴村④、垣曲小赵⑤、翼城北橄⑥、新绛光村⑦和《晋中考古》中的相关遗址⑧等。

在该区域的陶器群中，泥质陶器主要有尖底瓶、葫芦口平底瓶、敛口和敞口的素面及彩陶钵、彩陶曲腹盆、素面折沿盆、叠唇盆、鸡冠耳盆、彩陶罐、敛口瓮、亚腰形器座等，夹砂陶器主要有线纹矮体罐、高体罐、弦纹罐、素面鼓腹罐、缸、釜、灶、釜形鼎、杯、器盖等，其中以泥质尖底瓶、钵、盆、夹砂线纹罐的数量最多，构成了陶器群中的主体部分。该区彩陶花纹数量、种类繁多，特色鲜明，其中以庙底沟遗址出土的彩陶最为丰富，对此严文明先生有过详细的分类⑨，兹不赘述。该区房屋皆为单间建筑，以半地穴方形房子为主，还有少量半地穴或地穴式圆形房子，另外偶见方形或圆形地面式房屋。成人墓葬多为土坑竖穴墓，以单人一次葬为主，合葬墓和二次葬少见；葬式主要为仰身直肢，头向不尽一致，但多数朝北、西或西北；除个别墓有少许随葬品外，绝大部分墓葬没有任何随葬品。此外还常见儿童瓮棺葬。

与该区域其他地区相比，晋中地区庙底沟文化陶器组合中缺乏釜、灶、鼎这几种炊器。此外在其他一些细节上也存在着一些差异。因此晋中地区在晋南豫西这个大的区域中具有相对的独立性，可以作为一个亚区划分出来而与其他地区相区别。

---

① 中国科学院考古研究所：《庙底沟与三里桥》，科学出版社，1959年。

② 河南省文物研究所、渑池县文化馆：《渑池仰韶遗址1980～1981年发掘报告》，《史前研究》1985年第3期。

③ 中国科学院考古研究所山西工作队：《山西芮城东庄村和西王村遗址的发掘》，《考古学报》1973年第1期。

④ 山西省考古研究所：《西阴村史前遗存第二次发掘》，《三晋考古》（第二辑），山西人民出版社，1996年。

⑤ 中国社会科学院考古研究所山西工作队：《山西垣曲县小赵新石器时代遗址的试掘》，《考古》1998年第4期；中国社会科学院考古研究所山西工作队：《山西垣曲小赵遗址1996年发掘报告》，《考古学报》2001年第2期。

⑥ 山西省考古研究所：《山西翼城北橄遗址发掘报告》，《文物季刊》1993年第4期。

⑦ 山西省考古研究所、新绛县博物馆：《山西新绛光村新石器时代遗址调查》，《文物季刊》1996年第2期。

⑧ 国家文物局、山西省考古研究所、吉林大学考古学系：《晋中考古》，文物出版社，1999年。

⑨ 严文明：《论庙底沟仰韶文化的分期》，《考古学报》1965年第2期。

2. 渭河流域区

包括渭河流域全境及其以西的甘肃中部、青海东部的部分地区。

本区经过发掘的典型遗址主要有：华县泉护村[①]、华阴西关堡[②]、渭南北刘[③]、蓝田泄湖[④]、铜川李家沟[⑤]、扶风案板[⑥]、岐山王家咀[⑦]、宝鸡福临堡[⑧]、秦安大地湾[⑨]、天水师赵村与西山坪[⑩]、民和胡李家[⑪]等。

该区域的陶器有与晋南豫西区特征相近的泥质尖底瓶、平底瓶、敛口钵、彩陶盆、素面折沿或叠唇盆、彩陶罐、敛口瓮，夹砂绳纹高体罐、缸、釜、灶、器盖等；但不见或少见晋南豫西区的夹砂矮体罐、弦纹罐、鼎等；同时又有晋南豫西区所不见的泥质直壁或微鼓腹的陶缸、鼓形和盂形器座、夹砂高领罐等。共有的器类也存在着一些细节上的差异。泥质钵、盆、尖底瓶、夹砂罐亦为数量最多的陶器。彩陶花纹与晋南豫西区非常接近，但似不及后者发达，一些具体的纹样存在一定的差别。本区房屋、墓葬的特点与晋南豫西区基本相同。

由于本区域分布范围狭长，在渭河流域下、中、上游及西部诸地区之间一定存在着一些细部差异，可以划分出若干个亚区来。只是受资料限制，目前还不能将这些差别讲得很清楚。

3. 郑洛区

包括伊洛流域至郑州以南的豫中地区及黄河北岸的部分地区。

---

① 黄河水库考古队华县队：《陕西华县柳子镇第二次发掘的主要收获》，《考古》1959 年第 11 期。

② 中国社会科学院考古研究所陕西工作队：《陕西华阴西关堡新石器时代遗址发掘》，《考古学集刊》(6)，中国社会科学出版社，1989 年。

③ 西安半坡博物馆、渭南市博物馆、陕西省考古研究所：《渭南北刘遗址第二、三次发掘简报》，《史前研究》1986 年第 1、2 期。

④ 中国社会科学院考古研究所陕西六队：《陕西蓝田泄湖遗址》，《考古学报》1991 年第 4 期。

⑤ 西安半坡博物馆：《铜川李家沟新石器时代遗址发掘报告》，《考古与文物》1984 年第 1 期。

⑥ 西北大学文博学院考古专业：《扶风案板遗址发掘报告》，科学出版社，2000 年。

⑦ 西安半坡博物馆：《陕西岐山王家咀遗址的调查与试掘》，《史前研究》1984 年第 3 期。

⑧ 宝鸡市考古工作队、陕西省考古研究所宝鸡工作站：《宝鸡福临堡》，文物出版社，1993 年。

⑨ 甘肃省博物馆文物工作队：《甘肃秦安大地湾遗址 1978 至 1982 年发掘的主要收获》，《文物》1983 年第 11 期。

⑩ 中国社会科学院考古研究所：《师赵村与西山坪》，中国大百科全书出版社，1999 年。

⑪ 中国社会科学院考古研究所甘青工作队、青海省文物考古研究所：《青海民和县胡李家遗址的发掘》，《考古》2001 年第 1 期。

本区经过发掘的典型遗址主要有：郑州大河村[①]、西山[②]、荥阳点军台[③]、青台[④]、尉氏县椅圈马[⑤]、洛阳王湾[⑥]、新安槐林[⑦]、汝州洪山庙[⑧]、阎村[⑨]、中山寨[⑩]等。

该区域陶器的自身特点较强。除了有与上述两区相近的泥质尖底瓶、盆、钵、器座、夹砂素面罐、釜、釜形鼎、器盖以外，还有前两区不见的泥质豆、双耳罐、夹砂罐形鼎、盆形鼎等，而基本不见前两区的泥质彩陶罐、敛口瓮、夹砂线纹或绳纹罐、缸、杯等。钵、盆、素面夹砂罐、鼎构成了陶器组合中的主体部分，而与前两区相比最显著的不同是尖底瓶的数量较少（且有折唇口和双唇口两种），鼎的数量和种类较多，夹砂罐以素面鼓肩者为多（部分肩部饰有弦纹）而基本不见线纹或绳纹罐。彩陶不及上述两区发达，纹样有些自身特点，特别是到较晚阶段还出现了许多极富自身特色的新鲜的纹饰，这在后文还将谈到。该区房屋主要为平地式单间方形房子，偶见套间房。墓葬特点与前两区相似，不同的是这里还见部分成人瓮棺葬，有的墓地甚至以瓮棺葬为主，葬具主要为带纽的“伊川缸”。

该区分布范围较大，可以划分出几个有着细微差异的亚区来。大致说来有如下几个：①郑州左近到偃师之间的嵩山以北地区，这里的陶器及其他一些特征最具代表性，亦为其他地区所常见。②尉氏、新郑一线往南的许昌地区，这里有一些自身特色，比如最明显者有不见于其他地区的小口双耳罐。③嵩山以西、以南，伏牛山以北的伊河、北汝河上游地区，成人瓮棺葬和作为葬具的“伊川缸”主要就流行于这一地区。④洛阳附近至渑池一线及其以南的部分地区，这里毗邻晋南豫西区，因此包含有许多晋南豫西的文化因素，或者说具有晋南豫西和郑洛区的双重特点。

---

① 郑州市博物馆：《郑州大河村遗址发掘报告》，《考古学报》1979年第3期。

② 国家文物局考古领队培训班：《郑州西山仰韶时代城址的发掘》，《文物》1999年第7期。

③ 郑州市博物馆：《荥阳点军台遗址1980年发掘报告》，《中原文物》1982年第4期。

④ 郑州市文物工作队：《青台仰韶文化遗址1981年上半年发掘简报》，《中原文物》1987年第1期。

⑤ 郑州大学考古系、开封市文物工作队、尉氏县文物保管所：《河南尉氏县椅圈马遗址发掘简报》，《华夏考古》1997年第3期。

⑥ 严文明：《从王湾看仰韶村》，《仰韶文化研究》，文物出版社，1989年。

⑦ 河南省文物管理局、河南省文物考古研究所：《黄河小浪底水库考古报告》（一），中州古籍出版社，1999年。

⑧ 河南省文物考古研究所：《汝州洪山庙》，中州古籍出版社，1995年。

⑨ 临汝县文化馆：《临汝阎村新石器时代遗址调查》，《中原文物》1981年第1期。

⑩ 中国社会科学院考古所河南一队：《河南汝州中山寨遗址》，《考古学报》1991年第1期。

4. 豫西南区

主要指河南西南部的南阳地区。

本区经过发掘的典型遗址主要有淅川下王岗①、邓州八里岗②等。

该区域的陶器主要有泥质素面和彩陶钵、圈足碗、豆、素面和彩陶盆、器座、壶及极少的尖底瓶，夹砂素面鼓腹罐、鼎（有罐形、釜形、盆形）、杯、缸、瓮、器盖等。其中以钵、器座、罐、鼎的数量最多。彩陶不发达，纹样简单。房屋以八里岗发现的平地起建的多间套长排房子最富特色。墓葬除单人一次葬外，还常见多人二次合葬墓，并有少量单人二次葬、数人一次合葬墓；葬式以仰身直肢为主，个别为俯身和侧身葬；头向绝大部分朝西或西偏南；多数墓都有随葬品，以陶器为主，并且多为小型明器。同时亦有儿童瓮棺葬。本区陶器组合与形态特征同与其邻近的郑洛区有较多的相似性，但总体的文化面貌仍具鲜明个性而自成一格。

5. 内蒙古中南部区

主要指集宁、丰镇一线至河套和鄂尔多斯的东部地区。

本区经过发掘的典型遗址主要有准格尔旗官地、鲁家坡、清水河县后城嘴、庄窝坪、白泥窑子、商都县章毛勿素③等。

陶器主要有泥质尖底瓶、素面和彩陶钵、盆、罐，夹砂线纹或绳纹鼓腹罐、弦纹罐、瓮、缸、火种罐、器盖等。其中泥质尖底瓶、钵、盆、夹砂罐为最常见的陶器。彩陶不发达，数量、种类都较少。这里的陶器与晋南豫西区有一些相似之处，又有强烈的地方特征。房屋都为单间半地穴式方形房子。墓葬情况不明。

6. 晋北区

主要指大同盆地及其周围地区。

这一区域史前考古的工作很不充分，经过发掘的庙底沟文化的遗址主要有大同马家小村④。该遗址的陶器皆出土于几座残破的房子，器类较简单，主要有泥质尖底瓶、

---

① 河南省文物研究所、长江流域规划办公室考古队河南分队：《淅川下王岗》，文物出版社，1989年。

② 北京大学考古实习队、河南省南阳市文物研究所：《河南邓州八里岗遗址发掘简报》，《文物》1998年第9期。

③ 诸遗址发掘资料皆见于内蒙古文物考古研究所：《内蒙古文物考古文集》（第二辑），中国大百科全书出版社，1997年。

④ 山西省考古研究所、大同市博物馆：《山西大同马家小村新石器时代遗址》，《文物季刊》1992年第3期。

钵、盆、罐、瓮，夹砂罐等。这里的陶器有许多自身特点，如尖底瓶有环状双唇口和矮领单唇壶形口两种，钵、盆尚见圜底者，夹砂罐有侈口折沿鼓腹罐和敛口双耳罐两种。彩陶纹样较简单，且许多钵上饰有黑色或褐色的宽彩带。房子皆为单间半地穴式方形或长方形房屋。墓葬尚无发现。

7. 冀西北区

主要指河北西北部的张家口地区。

该区经过发掘的遗址也很少，主要有蔚县三关①等几处。陶器主要有泥质尖底瓶、葫芦口平底瓶、素面和彩陶钵、盆、双耳壶，夹砂线纹和弦纹罐、瓮等，并且同样有一些自身特点。彩陶多为残片，整体面貌不清。房屋发现有五边扇形半地穴式单间房子。墓葬情况不详。

8. 豫北冀南区

包括河北南部和河南北部的部分地区。

本区出土的庙底沟文化的遗存尚十分贫乏，整体面貌不很清楚。这究竟是由于工作不充分，还是由于这个阶段本地文化的衰微造成的？这是今后需要重点解决的一个课题。从已经发现的一点零星的迹象看②，泥质尖底瓶、敛口钵、盆、夹砂罐等同样具有强烈的庙底沟文化的特征，同时这里也有一些自己的特色。因此暂且将这里作为庙底沟文化的一个相对独立的区域而单独划出。

9. 陕南区

主要指秦岭以南的陕西南部地区。

本区经过发掘的典型遗址主要有西乡何家湾、汉阴阮家坝、紫阳马家营③等。陶器主要有泥质彩陶和素面钵、彩陶和素面盆、彩陶罐、尖底瓶、器座，夹砂绳纹罐、缸、釜、灶、釜形鼎、器盖等，总体面貌与渭河流域有一些相似之处，又有来自郑洛区的影响，同时还有一些自身特点。房屋和墓葬的情况尚不明了。

---

① 张家口考古队：《一九七九年蔚县新石器时代考古的主要收获》，《考古》1981年第2期。

② 赵印堂、杨剑豪：《曲阳县附近新发现的古文化遗址》，《考古通讯》1955年第1期；河北省文物研究所：《河北平山县考古调查简报》，《文物春秋》1990年第3期。

③ 诸遗址发掘资料皆见于陕西省考古研究所、陕西省安康水电站库区考古队：《陕南考古报告集》，三秦出版社，1994年。

二、各区陶器的编年与分期

一方面，由于各区域陶器的组合和形态特征不尽一致，即便是各区同类型的陶器之间往往也存在着一些风格特点上的差异，因此下面将分区讨论陶器的编年与分期问题，并以此来表示各区庙底沟文化发展的时序和阶段性的变化。另一方面，由于一些区域之间共有的部分典型器物（如尖底瓶）具有很强的共同特点并遵循相同或相似的演变轨迹，这使得我们又能够在一些不同区域的陶器之间作出比较并大体确定它们之间的年代对应关系。此外需要说明的是，根据目前所见的资料，只有晋南豫西区、渭河流域区、郑洛区、豫西南区可以做出较详细的年代分期，其他各区皆难以凭自身资料进行准确的编年分期。而上述四区中后三个区都有典型遗址的分期结果直接提供比较好的分期基础，只有晋南豫西的情况稍微复杂一些，因此下面的讨论也就以晋南豫西区为重点。

（一）晋南豫西区

1. 典型遗址分析

1）翼城北橄

位于临汾盆地的东部，面积近 40 万平方米，发掘面积 775 平方米。发掘报告将出土的遗存分为连续发展的四期，并认为第一、二期的年代约与关中的半坡文化晚期（即“史家类型”）相当，但不属于半坡文化的范畴，而与三、四期一样属性质同一的考古学文化,其直接源头是晋南地区的“枣园 H1 遗存”[①]。笔者同意原发掘报告的分期结果，但对遗存的年代、文化性质和来源看法不同。笔者认为，北橄一期的年代应略早于半坡文化晚期，约与中期偏晚阶段相当，是关中的半坡文化传入晋南等地之后形成的一种地方变体，其来源并非“枣园 H1 遗存”。北橄二、三期甚至四期的部分年代与半坡文化晚期（“史家类型”）相当。二期遗存的性质与芮城东庄村的相同，是由当地半坡文化的变体向庙底沟文化过渡阶段的遗存，但含有较多的半坡因素。三期遗存则是刚刚脱胎而出的庙底沟文化的初始形态，并接续发展到第四期。关于这些认识，

① 山西省考古研究所:《山西翼城北橄遗址发掘报告》,《文物季刊》1993 年第 4 期。

本人曾有过较详细的论述[①]，此不多言。这样，北橄遗址中只有第三、四期遗存属于庙底沟文化的范畴，并代表了该文化的早期形态（陶器分期请参阅发掘报告）。

2）夏县西阴村

位于运城盆地的东部，面积30万平方米。西阴遗址的第一次发掘是于1926年由李济先生主持的[②]。这次发掘在中国考古学史上具有特殊的意义，但在当时的情况下还不可能对出土遗存做出精确的年代分期。1994年山西省考古研究所又对该遗址进行了第二次发掘[③]，发掘面积576平方米，所获属于庙底沟文化（发掘报告称为“西阴文化”）的遗存十分丰富。本文的分析只限于第二次发掘的资料。

原报告将所谓“西阴文化”遗存分为两大期，一期以F1、F4为代表（明确划入此期的只此两个单位），二期又分为以Y1为代表的早组和以H30、H32为代表的晚组。这只是一种粗略的划分。本文拟从典型器物的分型定式入手，做进一步的讨论。这些典型陶器主要有泥质尖底瓶、钵、盆、敛口瓮，夹砂罐、缸、釜、器盖等。

尖底瓶　大多为口部残片，根据口部的变化可分三式。

Ⅰ式：内折唇长而高翘，表面有较明显唇棱，折唇下颈部顶端的器壁明显外撇；外唇圆突。标本有G1：28、H27：4。

Ⅱ式：内唇较长，折度较大，唇棱多很明显，颈部顶端的器壁较直或微斜；外唇凸出，内外唇间有明显分界。标本H4：13、H39：33、采HI：7，H34：32、H34：33。

Ⅲ式：内唇短而微向内折，唇棱多不明显，颈部顶端器壁仍较直或微斜；外唇凸出。标本H32：19、H30：42、H30：43。

敛口钵　钵有敛口、直口或敞口、折口钵等数种，除敛口钵外，其他形态变化皆不明显。敛口钵按腹之深浅又可分为两型。两型的变化规律相同，且基本同步。

A型　浅腹。可分五式。

Ⅰ式：腹壁圆鼓。标本F4：6。

Ⅱ式：腹壁外鼓。标本G1：15。

Ⅲ式：腹壁较直或微鼓。标本H4：1、H39：8。

Ⅳ式：腹壁缓曲微内凹。标本H26：2、H26：18、H30：5、H30：11、H33：49。

Ⅴ式：腹壁急收内凹，曲度较大。标本H30：2、H30：3、H30：6、H30：7、H30：8、

---

① 戴向明：《试论庙底沟文化的起源》，《青果集——吉林大学考古系建系十周年纪念文集》，知识出版社，1998年。

② 李济：《西阴村史前的遗存》，清华学校研究院丛书第3种，1927年。

③ 山西省考古研究所：《西阴村史前遗存第二次发掘》，《三晋考古》（第二辑），山西人民出版社，1996年。

H30：10、H33：50。

B 型　深腹。可分四式。

Ⅰ式：腹壁较直或微鼓。标本 H4：3、H39：4、采 H1：1。

Ⅱ式：腹壁缓曲微内凹。标本 H26：14。

Ⅲ式：腹壁急收内凹，口、腹分界处转折较缓。标本 H30：13、H33：47。

Ⅳ式：腹壁急收内凹，口、腹分界处呈急折状。标本 H30：4、H30：54。

彩陶曲腹盆　按腹之相对深浅可分两型。

A 型　浅腹，腹径略小于口径，下腹皆微内曲。可分三式。

Ⅰ式：腹相对较深，上腹较直，下腹缓曲。标本 Y1：2。

Ⅱ式：腹似略变浅，腹壁圆缓斜收。标本采 H1：3、采 H1：4。

Ⅲ式：腹较浅，腹壁缓曲斜收，收分较大。标本 H34：6、H34：40。

B 型　深腹，腹壁曲度大，下腹明显内凹。可分三式。

Ⅰ式：腹径大于口径。上腹鼓凸，最大宽径靠下。标本 G1：9、H39：20。

Ⅱ式：腹径大于口径。上腹圆鼓，最大宽径约在上腹中部。标本 H34：44、H34：45、H30：63。

Ⅲ式：腹径与口径约略相等。上腹微鼓，最大宽径靠上。标本 H33：7、H33：36。

素面斜腹盆　宽侈沿，腹壁平缓斜收。按腹之深浅可分两型，每型的变化规律又都是由深及浅。

A 型　浅腹。可分四式，变化趋向是由相对较深渐次变浅。Ⅰ式标本 G1：1、H27：5，Ⅱ式标本 H39：42，Ⅲ式标本 H34：9，Ⅳ式标本 H26：4。

B 型　深腹。可分两式，由深到相对较浅。Ⅰ式标本 H40：2、H39：40，Ⅱ式标本 H34：7、H34：8。

鸡冠耳盆　腹部有一对鸡冠形耳。可分宽沿和窄沿两种，两者其他特征相近，变化规律相同。这里只论前者。宽沿者又可分三式。

Ⅰ式：腹较浅，侈口，腹壁微鼓。标本 H4：6、H4：7。

Ⅱ式：腹较深，口微侈，腹壁斜直。标本 H30：19。

Ⅲ式：深腹，敞口。标本 H33：4、H33：8。

敛口瓮　敛口鼓肩，腹壁内曲。可分四式。

Ⅰ式：形体较小，肩部略鼓呈溜肩状。标本 H39：39。

Ⅱ式：形体有大有小，肩部鼓度增大，但仍呈溜肩状。标本 H34：39、H34：43、H26：19、H30：21。

Ⅲ式：形体较大，肩部圆鼓呈拱肩状。标本 H30：22、H33：39。

Ⅳ式：形体较大，肩部更加鼓凸，腹壁急收内曲。标本 H30：23。

线纹矮体罐　夹砂罐的种类较多，但除饰线纹的矮体罐外（相对于瘦腹高体罐而言），其他皆因数量过少或形态变化不明显而难以分式。线纹矮体罐大多肩部还有弦纹，口沿多略呈上宽下窄状。可分为两型。

A型　鼓腹罐。可分四式。

Ⅰ式：腹部圆鼓近球形，最大腹径在中部。标本F4：1。

Ⅱ式：腹部圆鼓，下腹微曲，最大腹径中间略偏上。标本H40：3、Y1：11。

Ⅲ式：溜肩鼓腹，最大腹径在上部。标本H39：55、H34：25、H34：26。

Ⅳ式：溜肩鼓腹，最大腹径上移靠近颈部，下腹斜收。标本H32 ： 6、H32：21。

B型　鼓肩罐。可分两式。

Ⅰ式：肩部鼓凸，肩径明显大于口径。标本H40：4、Y1：10。

Ⅱ式：肩部圆缓，肩径略大于口径。标本H32：4、H32：5。

缸　形体较大，腹部相对较直，所见者皆施线纹，许多口沿下还有横弦纹。可分三式。

Ⅰ式：直口，腹壁略斜收。标本H34：27。

Ⅱ式：侈沿，上腹较直。标本H33：28、H33：29。

Ⅲ式：侈沿，腹壁微鼓。标本H30：47。

釜　此指原报告所称的“A型釜”。仅见两件，分为两式。两者皆口部微向内斜，广折肩，肩部饰弦纹。

Ⅰ式：肩部略下斜，腹较深。标本H39：16。

Ⅱ式：肩部较平，腹较浅。标本H34：13。

器盖　可分三式。

Ⅰ式：形体较矮、宽扁，器壁弧度较小。标本H39：19。

Ⅱ式：形体略高，器壁上鼓，弧度较大。标本H34：17、H34：18、H34：19。

Ⅲ式：形体较高，折肩斜壁。标本H33：1、H33：2。

以上共讨论了10种陶器型式的划分。同时我们还注意了彩陶花纹的分类并试图区分型式以展示其变化规律，但因所见彩陶大部分为器物残片，加上一些器物图没有表现出图案的整体性，故此多数情况下难以确定图案单元从而复原出完整的图案。而在可看出单元图案的彩纹中，又多缺乏同类型可比者而无分期意义。因此，据现有资料很难对彩陶花纹本身分型定式，这里只好暂且搁置不论。现按出土单位将上述讨论过的陶器的共存关系列表如下（表一）。

报告中列举了有叠压打破关系的数组遗迹单位，但查对它们所包含的典型器物，有同类型可比陶器的只有H32、H39这一组，这几乎是确定早晚关系的唯一地层依据。在这组层位关系中，两个单位都出式别不同的尖底瓶和A型线纹矮体罐，并由此首先

表一 西阴遗址陶器共存关系表

器物 / 单位	尖底瓶	敛口钵		彩陶盆		素面斜腹盆		鸡冠耳盆	敛口瓮	线纹矮体罐		缸	釜	器盖
		A 型	B 型	A 型	B 型	A 型	B 型			A 型	B 型			
F4		Ⅰ								Ⅰ				
G1	Ⅰ	Ⅱ			Ⅰ	Ⅰ								
Y1				Ⅰ						Ⅱ	Ⅰ			
H27	Ⅰ					Ⅰ								
H40							Ⅰ			Ⅱ	Ⅰ			
H4	Ⅱ	Ⅲ	Ⅰ					Ⅰ						
H39	Ⅱ	Ⅲ	Ⅰ		Ⅰ	Ⅱ	Ⅰ		Ⅰ	Ⅲ			Ⅰ	Ⅰ
采 H1	Ⅱ		Ⅰ	Ⅱ										
H34	Ⅱ			Ⅲ	Ⅱ	Ⅲ	Ⅱ		Ⅱ	Ⅲ		Ⅰ	Ⅱ	Ⅱ
H26		Ⅳ	Ⅱ			Ⅳ			Ⅱ					
H30	Ⅲ	Ⅳ、Ⅴ	Ⅲ、Ⅳ		Ⅱ			Ⅱ	Ⅱ、Ⅲ、Ⅳ			Ⅲ		
H33		Ⅳ、Ⅴ	Ⅲ		Ⅲ			Ⅲ	Ⅲ			Ⅱ		Ⅲ
H32	Ⅲ									Ⅳ	Ⅱ			

可以确定这两种器物的早晚演化顺序，即尖底瓶由Ⅰ式发展到Ⅲ式，A 型矮体罐由Ⅰ式发展到Ⅳ式。其余各类、型器物，根据它们与这两种陶器的直接或间接的共存关系，以及它们彼此之间的共存关系，都可一一确定其变化的逻辑顺序，即皆为从Ⅰ式顺次向后由早及晚地演化。下面就按照“表一”所列的共存关系讨论各遗迹单位的编年与分期问题。

H4、H39 和采 H1 中的陶器凡属同类型者皆为同式，可划为年代相同的一组。

H30 与 H33 这两个单位，所出同类型的陶器或者式别相同，或互有早晚，难以在整体上作年代的区分，可看作是同一时期的。H32 与 H30 共出Ⅲ式尖底瓶，年代亦应相当。如此可将这三个单位划归年代相同的一组。

对比上述两组，后者所含各器物在逻辑序列上都晚于前者，又知 H32 打破 H39，因此 H32 这一组要晚于 H39 这一组。

H34 所出器物很丰富，除有少数与 H39 组、H32 组相同外，大部分或晚于前者或早于后者，其年代应介于两者之间。H26 的几件陶器皆晚于 H39 组；与 H32 组相比虽共有 AⅣ敛口钵，但其 BⅡ敛口钵却不见于 H32 组诸单位，其年代应早于后者。这样可将 H34、H26 合并为年代介于 H39 与 H32 之间的单独的一组。但它与 H39 组面貌更接近一些。

G1 和 H27、Y1 和 H40 分别共出式别相同的同类型器，虽然这两组单位之间无同类型可比者，但它们共同特点是所含器物绝大部分都早于 H39 组，所以将它们归为年代相同的一组。

F4 只见两件典型陶器：AⅠ敛口钵和 AⅠ线纹矮体罐。它们都早于 G1 这一组的同类型器。F4、F1 还各出一件形态相同的敞口浅腹圜底钵，而这种圜底钵不见于其余各单位。故此，尽管这两个单位出土器物过少而难知其整体的面貌，我们还是可以将它们划为单独的一组，并且是目前已知西阴遗存中年代最早者。

归纳上述分析，可将“表一”中所列诸遗迹单位分为年代不同的五组，亦即从早到晚发展的五个阶段。第 1 段只有 F1、F4；第 2 段有 G1、H27、Y1、H40；第 3 段有 H4、H39、采 H1；第 4 段有 H26、H34；第 5 段有 H30、H32、H33。其中第 4 段与第 3 段共有Ⅱ式尖底瓶、AⅢ线纹矮体罐，尤其是共有形态相似的最具年代标识意义的尖底瓶，所以可将这两段合并为一个大的时期。这样上述五段可以归并为四期：第一期为 1 段，第二期为 2 段，第三期包括 3、4 段，第四期为 5 段。现以图示之（图一）。

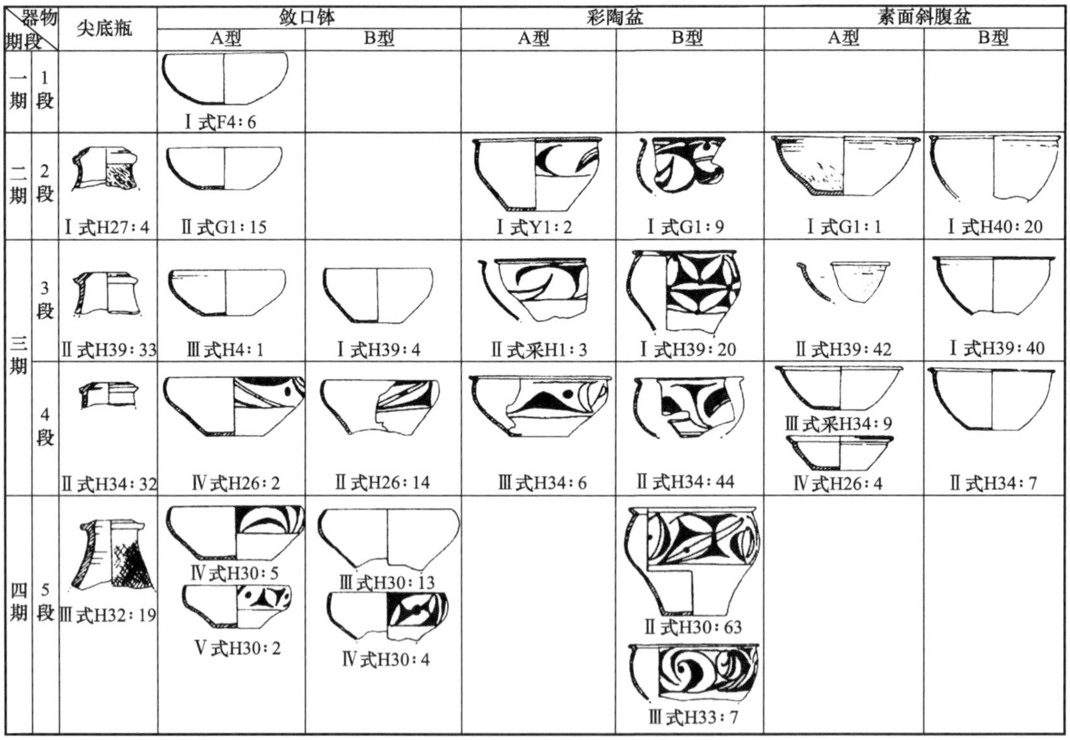

图一　夏县西阴村庙底沟文化陶器分期图

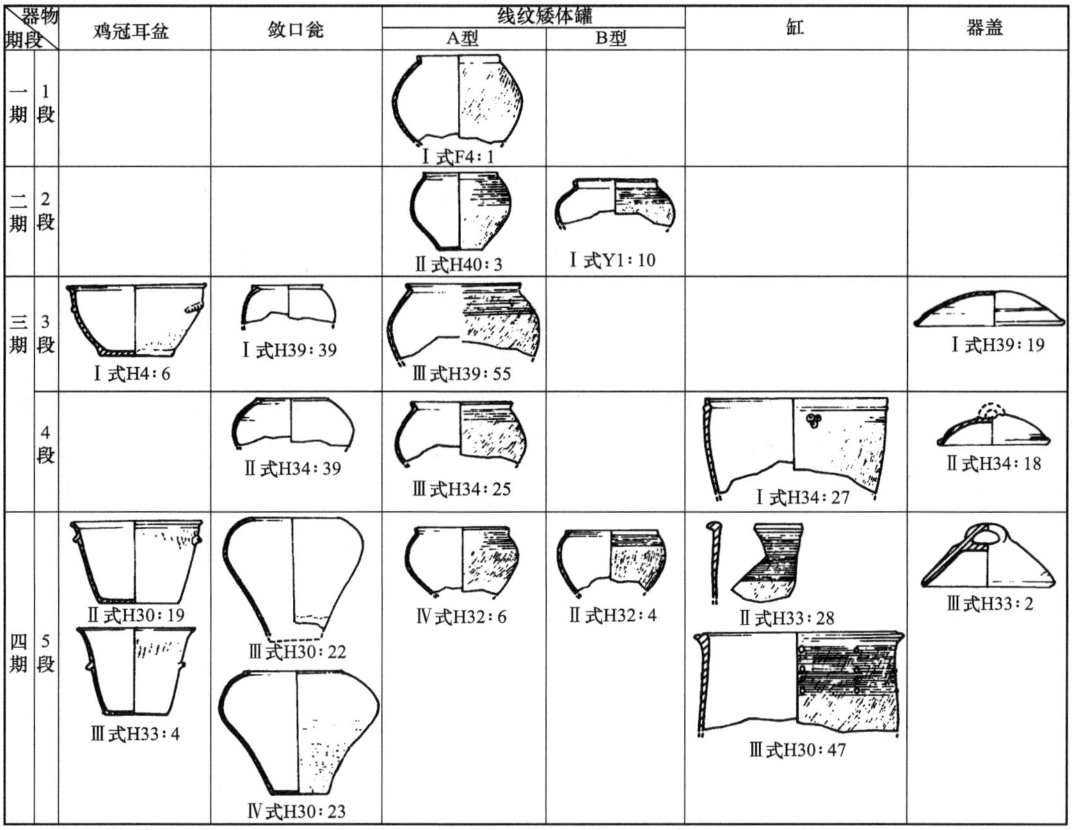

图一　夏县西阴村庙底沟文化陶器分期图（续）

［器物图引自山西省考古研究所：《西阴村史前遗存第二次发掘》，《三晋考古》（第二辑），山西人民出版社，1996 年］

与北橄遗址相比较，第二期的陶器无论是器物类型还是形态特征大多与北橄四期的非常接近，两者无疑属于年代相当的同一时期的遗存。

第一期两个单位的年代应早于北橄四期。检索北橄一至三期的陶器，都难以找到与 F4 所出两件典型器相同或相近的器物（有的虽风格相近而形态不同，有的因器体过残而难以比较），所以仅据这两件陶器很难确定其相对年代。这一期若与北橄三期相当，则在庙底沟文化范围之内，并且是该文化最早一期的遗存；若早于北橄三期，则超出了本文所界定的庙底沟文化的范围。好在无论怎样，都不影响我们对本区域文化分期的整体认识。

3）陕县庙底沟

位于豫西黄河谷地，面积约 24 万平方米，共揭露 4480 平方米[①]。严文明先生曾著

① 中国科学院考古研究所：《庙底沟与三里桥》，科学出版社，1959 年。

专文讨论该遗址庙底沟文化遗存的分期问题，文中将这种遗存分为两期，第一期又分为早、晚两段①。本文采纳这一分期结果。与本文对西阴遗址的分期相比较，可以得出两者的年代对应关系。

在两个遗址据以分期的典型器物中，有一部分是属类型相同或相近的。较明确的有庙底沟的A型碗（也可分为浅腹与深腹两种）与西阴的敛口钵、庙底沟A型小口瓶与西阴的尖底瓶，它们的变化规律亦基本一致。庙底沟的夹砂罐也可分为高体与矮体两种，但矮体罐只见鼓腹者，这两种罐的形态变化似都与西阴A型矮体罐的变化规律相同，即最大腹径有逐渐上移的趋势。此外两者间可比较的还有釜。

比较上述几种两遗址共有的典型器物，庙底沟遗址第二期的两式A碗、尖底瓶、矮体夹砂罐，都与西阴四期的同类器形态接近，风格相同。此外，西阴四期还有一件器座（H30：24）也同庙底沟第二期的相似。这些足以说明两者属于同一时期。庙底沟一期2段的尖底瓶、矮体罐的形制特征同于西阴三期中的同类器（但它们是西阴3、4段所共有的）；属于2段的H12出有三件形态不同的釜，其中肩部较平者介于西阴3、4段的两件釜之间，两件斜肩釜则分别同年代更早的北橄三、四期的釜相似，看来釜并不是一种变化敏感的器物，难以据其断代。所幸的是庙底沟的A型碗为此提供了依据。庙底沟1段可用来比较的只有AⅠ碗，其腹壁较直的特点与西阴3段BⅠ敛口钵相同；庙底沟2段的AⅡ碗腹壁微凹的特点与西阴4段的敛口钵形态相近。由此可以基本认定庙底沟一期的1、2段分别同西阴三期的3、4段年代相对应。这一结论还应得到西阴2～5段、庙底沟1～3段乃是连续发展、没有缺环的认识的支持。

归纳上述分析可知，庙底沟遗址庙底沟文化遗存的一期（1、2段）、二期（3段）分别与西阴遗址的三期（3、4段）、四期（5段）年代大体相当。

4）垣曲小赵

位于运城地区东端，黄河北岸，面积约15万平方米，经过两次发掘②。1993年试掘面积仅70平方米。揭露出的庙底沟文化遗迹只有1座房子和4座瓮棺葬。据报告中的探方平、剖面图及文字介绍，可知如下一组层位关系：M3～M5打破F1，F1打破T1③A层。对照报告所发表的器物图，可将这部分遗存分为年代不同的两组。一组包括各探方的3～5层，它们所包含的典型器物（有尖底瓶、敛口钵、夹砂矮体罐、素面

① 严文明：《论庙底沟仰韶文化的分期》，《考古学报》1965年第2期。

② 中国社会科学院考古研究所山西工作队：《山西垣曲小赵新石器时代遗址的试掘》，《考古》1998年第4期；中国社会科学院考古研究所山西工作队：《山西垣曲小赵遗址1996年发掘报告》，《考古学报》2001年第2期。

宽沿斜腹盆等）都与西阴二期或北橄四期的相对应。另一组是 4 座瓮棺葬，层位上晚于上述地层，它们都以尖底瓶为葬具，方向一致，排列有序，且出于 M4、M6 的两件尖底瓶的口部形态接近而明显不同于 T1⑤：26 尖底瓶的口部，应与西阴三期的相当，只是不能确知是属于哪一段的。层位上介于两者之间的 F1，可以用来比较的标型器只有一件敛口钵的残体（F1：4），其形制与出土于地层中的相似，年代或与后者相近。这样至少可以将这些遗存分为两期，分别与西阴二、三期相对应。

1996 年第二次发掘面积为 632 平方米，出土的庙底沟文化遗存远比前次丰富，发掘报告将这类遗存分为两期，但略显粗略。检索发掘资料，却缺乏将这批陶器进行详细编年的较好的层位关系。与西阴分期相比较，除与第一次发掘所出陶器一样存在着同西阴二、三期相对应的遗存外，还明显有与西阴四期性质同一、年代相当的遗存。比如用作瓮棺葬具的几件尖底瓶（W1～W3）的形态尤其是口部的特征明显晚于第一次发掘出土的 4 座瓮棺葬的尖底瓶，而同西阴四期的同类器相近。这样小赵遗址实际包含了与西阴二、三、四期年代相当的遗存。

以上四处遗址是该区域经过较大规模发掘，有较好的层位关系和共存关系，依自身资料能进一步分期的典型遗址。除此之外，我们还注意到了王建新先生等人对渑池班村遗址庙底沟文化遗存的分期[①]，他们将这类遗存分为两期四段，比较起来，大体与本文西阴 2～5 段的年代相当。

2. 分期

以上讨论了晋南豫西区经过较大规模发掘的、资料较为丰富的一些典型遗址的陶器分期。现将各遗址的分期结果及年代对应关系列表如下：

表二　晋南豫西区典型遗址分期对照表

期、段 \ 遗址		北橄	西阴	庙底沟	班村	小赵
一	1	三	一 ？			
二	2	四	二（2）		1	√
三	3		三（3）	一（1）	2	√
	4		三（4）	一（2）	3	
四	5		四（5）	二（3）	4	√

这些遗址的分期结果相互对照补充，便大体反映了该区域庙底沟文化发展的几个阶段及各期的文化面貌。根据表二所列各遗址的共时性与历时性的关系，可以将该区

① 王建新、张晓虎：《试论班村仰韶文化遗存的分期及相关问题》，《考古与文物》2001 年第 3 期。

域庙底沟文化遗存明确地划分为四期 5 段。其他遗址的材料亦不出此范围。其中属于第一期的资料较少，除北橄遗址外，根据尖底瓶口部标本判断（在确定调查资料的年代关系时，尖底瓶是最有效的一种标型器，一方面因其富于变化且特征鲜明，更重要的是它的变化主要体现在口部，依口部残片就可断代），包含此期遗存的遗址尚有翼城南橄（H1）[①]、新绛光村[②]、灵宝铸鼎塬遗址群中的干头[③]等遗址。此期尖底瓶口部特征是，内唇高翘，唇缘向上凸起，外唇突出，折唇下颈部顶端的器壁明显外撇。第二期遗址的数量明显增多，但以第三、四期的最丰富，兹不一一列举。这种情形反映了本区庙底沟文化逐渐繁荣发展的过程。

3. 关于晋中地区陶器的编年与分期

现在就晋南豫西区当中具有相对独立性的晋中地区的陶器编年与分期问题做一专门讨论。该地区有关庙底沟文化遗存的资料主要见于《晋中考古》一书[④]。书中汇集了汾阳、孝义、娄烦、离石、柳林五个县考古调查、试掘、发掘的资料。从自然地理看，前三个县位于太原盆地的西部，后两个县的遗址则分布在吕梁山西侧至黄河东岸之间。不过两地间庙底沟文化遗存的面貌没有明显的区别。书中报道的涉及庙底沟文化（该书称为“西阴文化”）的遗址共有 10 处，由于多数遗址仅限于小规模的试掘，故所出遗存大都不很丰富。检索这批资料，各遗址几乎都不能凭自身材料做进一步的分期，不同遗址之间可共系统比较的材料也不多。尽管如此，该书结语部分还是通过比较分析，详细讨论了各遗址之间的年代关系，将这批遗存划分为 4 段。

本文试图通过上述对晋南豫西区典型器物的认识与分期结果，对晋中的资料重新加以比较分析。比较的基础是两个区域所共有的典型器物具有相同或相近的形态特征和风格特点。

段家庄 H2、H3 所出尖底瓶口部皆同于上述第三期的尖底瓶，而 H3 的几件敛口钵（腹壁较直或微鼓）又可确定为第 3 段的。

童子崖 F3：3 敛口钵腹壁较直，同样为第 3 段的形态；童子崖 H7：1 敛口瓮肩部圆缓的形态与 3 段的同类型器相同（见于庙底沟遗址 1 段，参见严文明：《论庙底沟仰韶文化的分期》图表一）。

---

① 山西省考古研究所：《翼城四遗址调查报告》，《文物季刊》1992 年第 2 期。

② 山西省考古研究所、新绛县博物馆：《山西新绛光村新石器时代遗址调查》，《文物季刊》1996 年第 2 期。

③ 河南省文物考古研究所、中国社会科学院考古研究所河南一队、三门峡市文物工作队等：《河南灵宝铸鼎塬及其周围考古调查报告》，《华夏考古》1999 年第 3 期。

④ 国家文物局、山西省考古研究所、吉林大学考古学系：《晋中考古》，文物出版社，1999 年。

杨家坪 F1 所出尖底瓶、吉家村 F1 所出夹砂线纹罐皆为三期的特点；杨家坪 F1 和吉家村 F1 还各出一件形态相近的敛口“盆形瓮”，肩部转折相对较急，腹壁收分较大，有别于童子崖 H7：1 敛口瓮，而与庙底沟 2 段敛口瓮相似；此外杨家坪 F1：4 夹砂器盖也与西阴 4 段的接近。故此推断杨家坪 F1、吉家村 F1 的年代都相当于第 4 段。

马茂庄诸遗迹单位多缺乏可比较的典型器物，难以确切断代。只有 H103：3 器盖与前述杨家坪 F1：4 明显不同，其腹壁较直、器体较高的形态与西阴 5 段的器盖近似，这似乎暗示着该单位的年代属于第 5 段。

杏花村 H262 所出器物，正如《晋中考古》结语所言，无疑属该区域庙底沟文化遗存中最晚的一段。晋南豫西区继庙底沟文化四期（5 段）之后，目前所见最早的遗存应是侯马乔山底“西王村上层文化”为代表的一类遗存[①]。杏花村 H262：3 鸡冠耳敛口夹砂罐与乔山底 T3F1：29 敛口罐相像。但 H262 所出尖底瓶内唇虽已退化，却无乔山底那种敞口、外唇尖薄的形态，整体上仍与西阴 5 段的接近；彩陶花纹虽趋简化，却与乔山底那些简单、草率、高度线条化的花纹不同，整体上亦保留着前期的风格特点。总之，H262 所出陶器整体面貌与乔山底仰韶晚期遗存相比差别很大，仍可划入庙底沟文化范畴之内，年代大致与第 5 段接近。又因它与马茂庄 H103 之间没有可比较的同类型器物，难知其早晚关系，故暂将两者合并为同一阶段。

归纳以上分析，晋中地区庙底沟文化遗存大体可分为三段，分别与上述分期当中的 3、4、5 段相对应。这三段同样可以合并为相应的两期。这一分期结果与《晋中考古》的划分略有出入。需要指出的是，这里只讨论了包含有具分期意义的典型器物的诸遗迹单位，对其他单位及采集品则未论及。

（二）渭河流域区

该区域发掘过的庙底沟文化遗址有许多，但大部分所含庙底沟文化的遗存并不丰富，受资料限制，大多难以做进一步的分期。目前最可资利用的材料当首推《宝鸡福临堡》发掘报告[②]。该遗址不但发掘规模大，出土遗存丰富，而且报告对材料的报道系统、全面，并做了较深入细致的分期研究，其分期结果应是可信的。这就为我们分析其他遗址提供了一个可以参照的标尺。

《宝鸡福临堡》将出土的遗存共分为三期（墓葬除外），第一期为“庙底沟类型”，

---

① 山西省考古研究所侯马工作站：《山西侯马乔山底遗址 1989 年Ⅱ区发掘报告》，《文物季刊》1996 年第 2 期。

② 宝鸡市考古工作队、陕西省考古研究所宝鸡工作站：《宝鸡福临堡》，文物出版社，1993 年。

第三期属仰韶晚期的“西王村类型”，第二期则是两者之间的过渡遗存，并称之为“福临堡二期类型”。按照本文的认识，第二期仍属庙底沟文化的范畴，并与第一期共同构成了连续发展的早晚两期。报告将第一期遗存又进一步分为前后两段（见报告结语部分）。与晋南豫西区相比较，福临堡的陶器在器物种类和许多同类型器物的细部特征方面都存在着一定差异，尽管如此，依据少数可以直接比较的标型器，仍然可以判定两者之间的年代对应关系。其中特征最突出的仍属小口尖底瓶。第一期前后两段的尖底瓶虽略有不同，但都不出晋南豫西区第三期的范畴。第二期为内唇退化、但仍保持了原有风格特点的双唇口尖底瓶，其形态与晋南豫西区第四期的尖底瓶相近或相同。因此，福临堡一、二期的年代分别与晋南豫西区三、四期的相当，并由此可以推知，福临堡一期前、后两段也应与晋南豫西区三期的 3、4 段相对应。

检索其他遗址的资料，各遗址庙底沟文化陶器的变化皆不出福临堡一、二期的范畴。因此福临堡一、二期也就代表了渭河流域区庙底沟文化遗存的分期。详情可参见发掘报告结语部分所附图一三九“陶器分期图”。

（三）郑洛区

该区域经过发掘的庙底沟文化遗址也很多，而且许多遗址的发掘简报或报告对出土遗存做了较详细的分期，并且绝大部分都将这个阶段的遗存分为两期。前文中已经指出，郑洛区至少可以划分出 4 个文化面貌各有特色的亚区来，不同地区的遗址之间往往器类相同而形态各异，因此要想全面比较各遗址之间的陶器特征是比较困难的。但是，通过各地区一些遗址之间或多或少存在的共有的典型器物的比较，仍然可以大致确定它们的年代对应关系。

郑州大河村是最早进行了年代分期并最具代表性的一处典型遗址[①]，其中第一、二期遗存属庙底沟文化。与之相比较，荥阳点军台的面貌与之最接近[②]，可比的器物也较多，例如点军台第一期的口部呈压扁式的环状杯形口尖底瓶、敛口钵、器座、大口罐形鼎，第二期的罐形敛口钵及所饰的对钩状彩陶花纹、大口盆形鼎等器物，都分别与大河村一、二期的同类器非常接近，年代亦相当。郑州西山遗址[③]虽与大河村相距不远，但器物形态风格却多有差异，不过通过部分鼎、夹砂罐及尖底瓶与大河村和点军台相比较，仍可约略确定它们的年代关系，即西山第二、三组分别与大河村和点军台

① 郑州市博物馆：《郑州大河村遗址发掘报告》，《考古学报》1979 年第 3 期。

② 郑州市博物馆：《荥阳点军台遗址 1980 年发掘报告》，《中原文物》1982 年第 4 期。

③ 国家文物局考古领队培训班：《郑州西山仰韶时代城址的发掘》，《文物》1999 年第 7 期。

的一、二期相对应。

观察以上几处遗址庙底沟文化遗存早晚两期的陶器，可以总结出几种主要的典型器物的变化规律来。尖底瓶早期为口部弯曲内敛的环状杯形口（如大河村 T11⑥B：114，点军台 W6），晚期为口部内折、内外唇间形成硬夹角的折唇口（如大河村 T11⑤：88、T11⑤：89，西山 W136：1）。敛口钵早期口部微向内敛、腹壁较直或微鼓，晚期口部内敛较甚、腹壁程度不同地内曲。釜形鼎早期肩部器壁较平直，晚期则呈微鼓状。罐形鼎早期腹部圆鼓或呈扁圆形，最大腹径略偏上；晚期腹部略下垂，最大腹径下移。夹砂罐早期肩部圆鼓，晚期肩部鼓凸，最大肩径略下移（图二）。此外彩陶花纹的变化也很明显，早期为弧线、弧边三角、勾叶、圆点等组成的图案，与晋南豫西等地的花纹风格相同；晚期则新出现了诸如"睫毛纹"（实为镶嵌于主体花纹四周的放射状短线）、"互"字形纹、网格纹等新鲜的纹样。

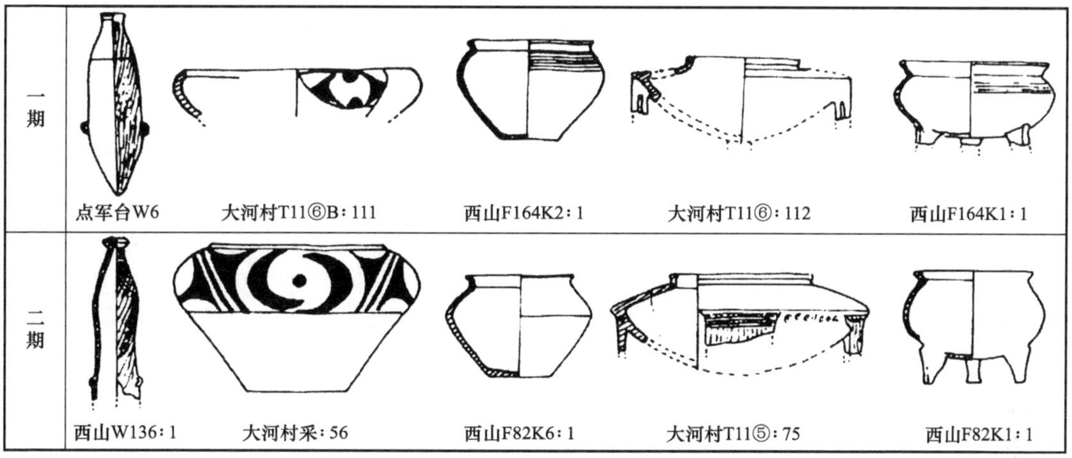

图二 郑洛区庙底沟文化典型遗址陶器分期示意图

（器物图分别引自郑州市博物馆：《郑州大河村遗址发掘报告》，《考古学报》1979 年第 3 期；郑州市博物馆：《荥阳点军台遗址 1980 年发掘报告》，《中原文物》1982 年第 4 期；国家文物局考古领队培训班：《郑州西山仰韶时代城址的发掘》，《文物》1999 年第 7 期）

即便分布于各亚区的面貌各异的其他遗址难以同前述诸遗址的陶器作直接的比较，但以上述几种典型器物的特征和变化趋向来衡量，仍然可以大致判断出这些遗址同前述诸遗址之间的年代对应关系。由此我们认为尉氏县椅圈马第二、三期①和汝州中山寨第二、三期②亦分别与大河村一、二期年代相当。

① 郑州大学考古系、开封市文物工作队、尉氏县文物保管所：《河南尉氏县椅圈马遗址发掘简报》，《华夏考古》1997 年第 3 期。

② 中国社会科学院考古所河南一队：《河南汝州中山寨遗址》，《考古学报》1991 年第 1 期。

综合上述分析，就可以将整个郑洛区庙底沟文化遗存分为早、晚两期（一、二期），并得出各典型遗址间的年代对应关系（表三）。

表三　郑洛区典型遗址分期对照表

分期＼遗址	大河村	点军台	西山	椅圈马	中山寨
一期	一期	一期	第二组	二期	二期
二期	二期	二期	第三组	三期	三期

本区的尖底瓶除存在由环状杯形口演变为折唇口的序列外，还存在着典型的双唇口尖底瓶的变化序列。如新安槐林遗址庙底沟文化遗存也可分为早、晚两期[①]，早期以H3为代表，晚期以H8为代表，两者所出尖底瓶分别同晋南豫西区三、四期的尖底瓶形态相似。此外本区的敛口钵早、晚期的形态特征和变化趋势也与晋南豫西区三、四期的相近。凡此皆说明郑洛区庙底沟文化的一、二期（早、晚期）与晋南豫西区三、四期的年代大体相当。

（四）豫西南区

该区经过发掘的庙底沟文化遗址主要为淅川下王岗[②]和邓州八里岗[③]。两个遗址都包含有仰韶早、中、晚三个时期的遗存。下王岗发掘报告将仰韶文化二期的墓葬又划分为早、中、晚三期，其中早期所见彩陶花纹多为直边三角组成的几何形图案，颇似半坡文化晚期的彩陶风格，故其年代应在半坡文化晚期年限之内，而中、晚期无疑已进入了庙底沟文化的范畴。八里岗发掘简报将该遗址仰韶文化遗存划分为五段，并认为“一、二两段当晚不过半坡类型，三、四两段和庙底沟类型应同时，第五段大抵可延宕于半坡晚期的早段”。由此可知本区庙底沟文化时期的遗存也可分为早、晚两期。

如果单纯将这里仰韶中期的遗存与晋南豫西等地“典型的”庙底沟文化相比较，我们已很难将其文化属性定义为庙底沟文化了，而应看作是另一支颇具特色的考古学

① 河南省文物管理局、河南省文物考古研究所：《黄河小浪底水库考古报告》（一），中州古籍出版社，1999年。

② 河南省文物研究所、长江流域规划办公室考古队河南分队：《淅川下王岗》，文物出版社，1989年。

③ 北京大学考古实习队、河南省南阳市文物研究所：《河南邓州八里岗遗址发掘简报》，《文物》1998年第9期。

文化。但这里的陶器群中主体器物的构成和形态特点与郑洛区颇多相似之处，因此本文暂且仍将其划入庙底沟文化的范畴之内。由于其自身特点突出，很难将这里的陶器与其他区域直接进行比较从而确定它们之间的年代关系，我们只能依据它与郑洛区相近的文化特征和发展变化的轨迹，初步推断本区庙底沟文化的早、晚两期大致与郑洛区的早、晚两期相对应，亦即相当于晋南豫西的三、四期。

（五）其他区域

内蒙古中南部区、晋北区、冀西北区、豫北冀南区、陕南区已发掘过的庙底沟文化遗址由于都缺乏较好的层位关系而难以进行细致的分期研究，这里只能将这些区域的材料同其他有关区域的分期相比较做一些笼统的讨论。

内蒙古中南部所出陶器虽有自己的特点，但与晋南豫西区颇多相近之处，可以做些比较分析。尤其尖底瓶虽具自身风格，却显示了与晋南豫西区相近的特征和变化轨迹。如清水河县庄窝坪遗址发掘简报所列的Ⅰ～Ⅳ式尖底瓶[①]，大体代表了本区尖底瓶的早晚关系和演变顺序（图三），其中Ⅰ、Ⅱ式尖底瓶的口部特征与北橄三期的很相似，而且与F3：2Ⅰ式尖底瓶共出的还有F3：3口部饰一周彩带的圜底敛口钵，这在晋南豫西区也只见于北橄四期以前。准格尔旗鲁家坡F9、清水河后城嘴F13所出的尖底瓶、敛口钵、夹砂罐[②]似也不晚于北橄四期。庄窝坪Ⅲ、Ⅳ式尖底瓶则分别同晋南豫西区三、四期的尖底瓶相似。由此可见，内蒙古中南部应存在与晋南豫西区一～四期相对应的遗存。当然这一认识并非最终结论，尚需将来的新材料给予进一步的检验。

1　2　3　4

图三　清水河县庄窝坪遗址尖底瓶的演变

［引自乌兰察布博物馆、清水河县文物管理所：《清水河县庄窝坪遗址发掘简报》，《内蒙古文物考古文集》（第二辑），中国大百科全书出版社，1997年］

1. Ⅰ式（F3：2）2. Ⅱ式（H13：1）3. Ⅲ式（T18②：1）4. Ⅳ式（T2②：2）

---

① 乌兰察布博物馆、清水河县文物管理所：《清水河县庄窝坪遗址发掘简报》，《内蒙古文物考古文集》（第二辑），中国大百科全书出版社，1997年。

② 内蒙古文物考古研究所：《准格尔旗鲁家坡遗址》；内蒙古文物考古研究所、清水河县文物管理所：《清水河县后城嘴遗址》，两篇皆见《内蒙古文物考古文集》（第二辑），中国大百科全书出版社，1997年。

晋北区发掘过的庙底沟文化遗址目前只有大同马家小村一处①。该遗址的陶器皆出土于几座残破的房子，这几座清理出的房子相互间没有任何直接相连的层位关系，因此也就失去了排比陶器早晚关系和分期的依据。比如F2和F3所出尖底瓶的口部形态就完全不同，前者为环状双唇子母口，后者为矮领单唇壶形口，但我们无法确切判断两者是同时的还是相互间有早晚关系，并且由于它们形制特殊，也无法同其他地区的尖底瓶进行直接的比较。不过根据其他一些特征，仍然可以粗略估计出这批陶器的年代范围。如F1所出圜底盆、腹部圆鼓的夹砂罐都不晚于北橄四期，F2、F3、F4所见口部饰一周宽彩带的圜底钵也主要见于北橄四期以前，而F3的双耳敛口罐也只是北橄三期以前的风格。所以这几座房子所出陶器的年代基本不出北橄三、四期即晋南豫西区第一、二期的范围，而与第三、四期相当的遗存还有待今后的发现。当然这些认识也只是初步的推论而非定论。

检索冀西北区、豫北冀南区和陕南区所发现的少量的、不系统的资料，据少许能够断代的器物判断，都不超出晋南豫西区三、四期的年代界限。其详情容以后有新资料增加时再予论述。

三、庙底沟文化发展过程诸问题

庙底沟文化最初是怎样起源与形成的？又是如何发展壮大乃至传播广远的？最后又是怎样转化和分解为其他考古学文化的？对于庙底沟文化发展过程中这些关键性的问题，本文拟在分区与分期、时空框架已基本建立起来的基础上，进行一些简要的探索分析。

综合上述分区与分期的结果，现将各区域的分期及年代对应关系列表如下（表四）。

表四　庙底沟文化各区域的分期及年代关系对照表

分期＼分区	晋南豫西	渭河流域	郑洛区	豫西南	内蒙古中南部	晋北区	冀西北	豫北冀南	陕南区
一	一				√	√			
二	二				√	√			
三	三	一	一	一	√	?	√	√	√
四	四	二	二	二	√	?	√	√	√

① 山西省考古研究所、大同市博物馆：《山西大同马家小村新石器时代遗址》，《文物季刊》1992年第3期。

这份表格较清楚地展示了庙底沟文化的时空关系。依据陶器的变化，可以将庙底沟文化的整个发展历程划分为4个时期。其中晋南豫西区的发展序列最完整，内蒙古中南部和晋北区很可能也存在着与一至四期相对应的遗存，而其他各区只有相当于三、四期的遗存。据此，可将庙底沟文化的发展过程划分为前、后两个阶段。第一阶段包括一、二期，是庙底沟文化形成与初步发展的时期；第二阶段包括三、四期，是庙底沟文化繁荣发展的时期。

从庙底沟文化的这种时空结构中我们可以看出，晋南豫西区不但处于庙底沟文化的核心地带，被周围其他区域所环绕，而且是该文化最早的勃兴之地。这再次印证了我们以前的认识：庙底沟文化首先兴起于晋南豫西，是在半坡文化的晚期（史家期）由其关东变体东庄类型演变来的，此后才逐渐扩展到了其他区域。关于庙底沟文化起源与形成机制的认识笔者曾有过详细的论述①，这里不再多谈。

内蒙古中南部和晋北区虽然也可能存在着庙底沟文化早期阶段的遗存，但这两地处于该文化的边缘区，而且不像晋南豫西那样存在着由其前行文化向庙底沟文化逐渐演化的清晰的轨迹，因此不可能是庙底沟文化最早的发源地。并且无论是遗址的数量、规模，还是文化内涵的丰富程度，这两地都无法同晋南豫西相比。从晋中到内蒙古中南部在仰韶早期受到半坡文化和后岗一期文化的双重影响，到庙底沟文化的早期面貌皆发生了根本的改观（推测晋中地区也应存在庙底沟文化早期阶段的遗存）。我们认为庙底沟文化于晋南豫西形成以后，一部分人很快就沿汾河谷地、黄河谷地及其他通道北上，迁移到了晋北和内蒙古中南部。这部分人所带来的庙底沟文化与当地土著文化相结合，同时自身产生变异，形成了本地富有特色的庙底沟文化。因此，庙底沟文化向北的传播应是以一种类似“殖民”的方式直接进入的。

在庙底沟文化诸区域中，渭河流域区与晋南豫西区的文化面貌最接近。这不但因为两者地域相邻，更因两者本就有着天然的血缘联系和文化上的同源关系，即孕育庙底沟文化的母体是半坡文化，而关中地区的半坡文化应是以移民的方式输入到晋南豫西的。当庙底沟文化在晋南豫西兴起之时，渭河流域的半坡文化已呈衰微之势，所以新兴的庙底沟文化得以将其新鲜的、充满活力的文化因子向西方反馈，最终改变了渭河流域的文化面貌。这种文化输出可能是在两个地域间和平交往的过程中进行的，也可能是通过武力征服的方式完成的。

郑洛区既包含有大量的典型庙底沟文化的因素，同时也保留沿用了以大河村前

① 戴向明：《试论庙底沟文化的起源》，《青果集——吉林大学考古系建系十周年纪念文集》，知识出版社，1998年。

三～前一期为代表的本地仰韶早期的一些传统[①]，最富特征的就是各种形态的鼎，而且本区主体陶器群的组合结构也与晋南豫西有很大的不同。因此郑洛区虽然与晋南豫西相毗连，但后者对前者的影响也主要是技术和文化输出的方式而非大规模移民的方式。

豫西南区则更多地延续了本地前行文化的传统，这里庙底沟文化的因素可能直接来自郑洛区的影响。

陕南区一些典型的庙底沟文化因素很可能是从渭河流域传入的。同时这里又多见渭河流域所缺乏的釜形鼎，当是来自郑洛区的因素。所以说陕南区庙底沟文化的形成应当受到了渭河流域和郑洛区的双重影响。

冀西北和豫北冀南区的庙底沟文化遗存由于发现过少，整体面貌不甚清楚，故此这两地的庙底沟文化究竟是由何种方式传入和形成的，尚不敢断定。

总之，庙底沟文化以晋南豫西为核心向外传播，既有直接的方式，也有通过其他区域间接向外扩散的方式；既有技术与文化输出的方式，也可能有移民、殖民甚至武力征服的方式。如此，庙底沟文化最终发展成为中国史前时代一支覆盖面最广的考古学文化。至于庙底沟文化为何有如此大的扩张力，这同当时社会结构的变化有怎样的内在联系，将另外撰文做专门的讨论。

到仰韶晚期阶段，这一空前繁盛的文化共同体最终分化瓦解了。各地文化的独立性和自身特征日益鲜明而突出，在上述诸区域内出现了许多面貌各异的新的文化类型，此不一一列举。值得一提的是，侯马乔山底“西王村上层文化”[②]、福临堡三期前段[③]、西山第四组[④]所代表的遗存，都具有向各自所在的晋南豫西、渭河流域、郑洛区的仰韶晚期文化过度的性质，从中我们可以清晰地看到在这几个主要区域内，庙底沟文化是如何向其后续文化转化的。

［原载《文物研究》（第十四辑），黄山书社，2005 年］

---

① 郑州市文物考古研究所：《1982、1985 年河南郑州市大河村遗址发掘》，《考古学集刊》（11），中国大百科全书出版社，1997 年。

② 山西省考古研究所侯马工作站：《山西侯马乔山底遗址 1989 年Ⅱ区发掘报告》，《文物季刊》1996 年第 2 期。

③ 宝鸡市考古工作队等：《宝鸡福临堡》，文物出版社，1993 年。

④ 国家文物局考古领队培训班：《郑州西山仰韶时代城址的发掘》，《文物》1999 年第 7 期。

“海生不浪类型”文化过程论

引　　言

海生不浪类型，是指分布于内蒙古中南部的仰韶晚期遗存。其地域范围大体上西至包头—伊金霍洛旗一线，东边与冀西北的张家口地区相邻近，北抵大青山南麓至商都—化德一线，南达内蒙古与晋、陕交界处（图一）。其年代与关中半坡晚期类型相当，但具有鲜明的自身特点。因近年在命名上存在着分歧，本文在未论及其文化性质与命名问题之前，暂称之为“海生不浪遗存”。这类遗存从被发现、获得初步认识到深入细致的研究经历了一个很长的过程。

海生不浪遗存首先发现于20世纪50年代末。1957年发表的清水河县棋子峁、田家石畔两个遗址的部分彩陶片是目前所知的最早资料[①]。此后，1961年发表的清水河白泥窑子、台子梁和1963年发表的达拉特旗瓦窑村三处遗址的资料[②]，以及1962年发表的清水河、托克托县境内黄河沿岸的调查材料中[③]，皆含有这种遗存。但限于当时的认识水平，人们对这种含有彩陶的遗存只是笼统地称之为仰韶文化，对其年代与性质尚未能有进一步的识别。

严文明先生于1964年编著的《中国新石器时代》讲义中指出：“另外还有一些遗存，如内蒙古河套地区以海生不浪为代表的一类遗存和山西太原义井的遗存等……也许是可以另立类型的。”[④]海生不浪遗址是1962年首次调查发现的[⑤]，在当时学术界对以其为代表的一类遗存的认识尚处于模糊状态的时候，严先生首先将其甄别出并作为一个新

---

① 李逸友：《清水河县和郡王旗等地发现的新石器时代文化遗址》，《文物参考资料》1957年第4期。

② 汪宇平：《内蒙古清水河县白泥窑子村的新石器时代遗址》、《清水河县台子梁的仰韶文化遗址》，《文物》1961年第9期；《内蒙古伊盟达拉特旗瓦窑村的新石器时代遗址》，《考古》1963年第1期。

③ 洲傑：《内蒙古中南部考古调查》，《考古》1962年第2期。

④ 严文明：《中国新石器时代》，教学讲义，1964年铅印本，文物出版社，2017年。

⑤ 内蒙古历史研究所：《内蒙古中南部黄河沿岸新石器时代遗址调查》，《考古》1965年第10期。

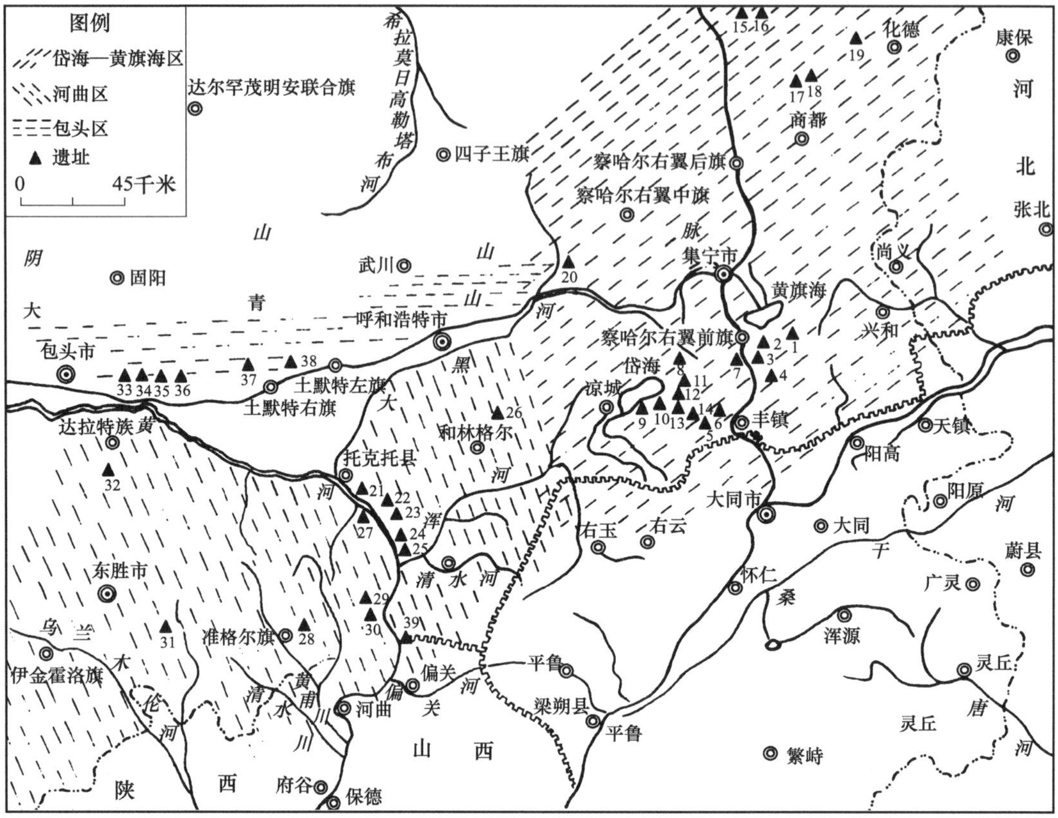

图一　海生不浪类型分区及主要遗址分布示意图

（引自魏坚：《试论庙子沟文化》图一，《青果集》，知识出版社，1993 年）

1. 庙子沟　2. 大坝沟　3. 大西沟　4. 许武家　5. 后河湾　6. 23 号地　7. 自家沟　8. 绿化树　9. 孤子山　10. 王墓山　11. 黄土坡　12. 黄上西坡　13. 大坡　14. 平顶山　15. 单毛乌素　16. 风旋卜子　17. 狼窝沟　18. 棒槌梁　19. 德善　20. 大窝南山　21. 海生不浪　22. 贼池　23. 章盖营　24. 白泥窑子　25. 台子梁　26. 中二十家子　27. 石口子　28. 吕家坡　29. 张家圪旦　30. 二里半　31. 朱开沟Ⅶ区　32. 瓦窑　33、34. 阿善　35、36. 西园　37. 威俊　38. 纳太　39. 老牛湾新庄窝

的类型提出来，无疑是卓有见地的。此后，“海生不浪类型”一名逐渐为学术界所接受和使用。

20 世纪 70 年代，对这类遗存的发现和研究进展甚微，只是在 1978 年有人发表了托克托县三处遗址（以海生不浪遗址为主）的调查材料，并认为“这种文化遗存是仰韶文化在内蒙古的继续和发展,而又具有鲜明的地域特点的一种原始文化类型”[①]。这种认识在当时也是很可贵的。

进入 20 世纪 80 年代以后，随着一系列遗址的大规模发掘和调查资料的增多，对此种遗存的研究逐步走向深入。

① 吉发习：《内蒙古托克托县新石器时代遗址调查》，《考古》1978 年第 6 期。

1984年召开的"内蒙古西部地区原始文化座谈会",可以说是对20世纪80年代前半期内蒙古中南部田野考古工作成果的一个总结,与会学者的发言代表了当时学术界对这一地区原始文化的认识水平[①]。当时已发掘或试掘的含海生不浪遗存的遗址有:包头阿善[②]、清水河县白泥窑子L点[③]、准格尔旗张家圪旦[④]等。根据这些资料,严文明先生等概述了海生不浪遗存的特色、年代关系、起因等问题。

其后,田广金先生通过对朱开沟Ⅶ区[⑤]与阿善二、三期遗存的比较,将内蒙古中南部仰韶晚期遗存"划分出朱开沟Ⅶ区和阿善两个类型"[⑥]。

1985～1987年内蒙古文物考古研究所大规模发掘了察右前旗庙子沟遗址[⑦],1986年乌盟文物站在凉城县岱海周围的调查中亦发现了有海生不浪遗存的遗址[⑧]。这些遗址的发现、发掘首次向人们展示了岱海—黄旗海地区仰韶晚期的文化面貌,扩展了海生不浪遗存的分布范围,丰富了其内涵。后来在庙子沟遗址的发掘简报中,作者提出将内蒙古中南部仰韶晚期遗存分为"庙子沟类型""阿善类型""海生不浪类型"三个类型[⑨]。

1988年包头西园遗址的发掘[⑩]给这一地区的仰韶晚期遗存补充了新的内容,使人们得以对其有一个更全面、清楚的了解。

同年,张忠培、关强先生所作《"河套地区"新石器时代遗存的研究》一文(以下简称《河套》),对河套左近新石器时代遗存的编年与谱系进行了深入细致的分析,并将这里的仰韶晚期遗存命名为"海生不浪文化"[⑪]。

1989年召开的"内蒙古中南部原始文化研究会暨园子沟遗址保护科学论证会",是内蒙古中南部原始文化研究的又一次盛会。这次会议的成果已经汇集出版[⑫]。就这个地

① 俞伟超、张忠培、刘观民等:《内蒙古西部地区原始文化座谈会发言辑录》,《内蒙古文物考古》1986年第4期。

② 内蒙古社会科学院蒙古史研究所、包头市文物管理所:《内蒙古包头市阿善遗址发掘简报》,《考古》1984年第2期。

③ 崔璇:《白泥窑子考古纪要》,《内蒙古文物考古》1986年第4期;崔璿:《内蒙古清水河白泥窑子L点发掘简报》,《考古》1988年第2期。

④ 内蒙古文物考古研究所、伊克昭盟文物工作站:《内蒙古准格尔煤田黑岱沟矿区文物普查述要》,《考古》1990年第1期。

⑤ 田广金:《内蒙古伊金霍洛旗朱开沟遗址Ⅶ区考古纪略》,《考古》1988年第6期。

⑥ 田广金:《内蒙古中南部新石器时代文化特征和年代》,《内蒙古文物考古》1986年第4期。

⑦ 内蒙古文物考古研究所:《内蒙古察右前旗庙子沟遗址考古纪略》,《文物》1989年第12期。

⑧ 乌盟文物站凉城文物普查队:《内蒙古凉城县岱海周围古遗址调查》,《考古》1989年第2期。

⑨ 内蒙古文物考古研究所:《内蒙古察右前旗庙子沟遗址考古纪略》,《文物》1989年第12期。

⑩ 西园遗址发掘组:《内蒙古包头市西园新石器时代遗址发掘简报》,《考古》1990年第4期。

⑪ 张忠培、关强:《"河套地区"新石器时代遗存的研究》,《江汉考古》1990年第1期。

⑫ 内蒙古文物考古研究所:《内蒙古中南部原始文化研究文集》,海洋出版社,1991年。

区的仰韶晚期遗存而言，与会学者的发言及提交的论文全面、深入、系统地论述了遗存的编年、文化特征、与诸邻地区的关系、地方类型的划分、文化命名等问题。另外，文集中所公布的岱海地区和鄂尔多斯地区仰韶时期遗址的调查、试掘资料，为全面认识这两个地区仰韶晚期的文化面貌和进行编年与分期提供了重要资料。

其后，魏坚先生于 1993 年发表的论文《试论庙子沟文化》①（以下简称《试论》），综合论述了这类遗存类型的划分及其特征、分期、文化的命名、源流等问题。

迄今为止，内蒙古中南部仰韶晚期遗存的发现和研究虽然取得了丰硕成果，但仍有许多问题有待进一步解决、许多新的课题需要探索。比如，在以往的研究中对这类遗存的编年与分期存在着分歧，所以有必要进一步探讨；人们将这类遗存划分为三个“地方类型”，但这种区域性差异是怎么形成的？进一步，这种遗存又是怎样起源、形成的？其形成与分化同当时的自然环境和人文环境、背景有着什么样的内在联系？对其文化性质、命名问题应如何认识？等等。

为解决有关的学术课题，1992 年夏北京大学考古系与内蒙古有关单位合作，联合发掘了托克托县海生不浪遗址②。通过这次发掘及对相关材料的研究，我们逐步形成了一些新认识。

本文后面将分上、下两篇对海生不浪遗存形成、发展、转化的整个过程做全面探讨。上篇主要分析实物遗存所能直接体现出的诸如遗存的编年与分期、分区、各阶段文化因素的构成与变动等“文化现象”，即通过这些现象来再现文化发展过程，并讨论文化性质与命名问题；下篇则着重对文化过程中若干现象的成因做出解释。

上篇　文化过程——现象的复原及文化性质、命名问题

一、编年与分期

以前详细探讨过海生不浪遗存编年与分期的文章共有三篇。《河套》一文，由于当

① 魏坚：《试论庙子沟文化》，《青果集——吉林大学考古专业成立二十周年考古论文集》，知识出版社，1993 年。

② 北京大学考古系、内蒙古文物考古研究所、呼和浩特市文物事业管理处：《内蒙古托克托县海生不浪遗址发掘报告》，《考古学研究》（三），科学出版社，1997 年。

时材料尚不丰富，它所排比的大部分器物序列并不完整，有缺环。其后田广金《内蒙古中南部仰韶时代文化遗存研究》[①]（以下简称《研究》）和魏坚《试论》二文，对这种遗存的编年、分期都做了详细探讨，但《研究》未涉及庙子沟、大坝沟等遗址的材料，而《试论》缺乏对岱海周围遗址的分析，都不尽全面。对比三文，它们对同一材料的分析结果也是有出入的。

本文将参照海生不浪遗址的陶器分期，重新对各遗址逐一分析，进行编年排序，最后得出这类遗存总的期、段的划分。

下面除先介绍海生不浪遗址外，我们将按岱海—黄旗海区、河曲区、包头区顺序分析各遗址。

（一）海生不浪遗址

海生不浪遗址仰韶晚期遗存器类丰富，形态多样，几乎包含了这类遗存所有的典型陶器：泥质陶器有小口双耳罐、喇叭口尖底瓶、敛口钵、折口钵、折腹钵、侈口盆等，夹砂陶器有鼓腹罐（以前曾被称为夹砂罐、侈沿夹砂罐、夹砂折沿罐等）、筒形罐、缸、瓮等。其中小口双耳罐又可分为四型（A型翻沿，B型折沿，C型厚唇侈口，D型窄薄沿），敛口钵分为两型（A型宽敛口，B型窄敛口），鼓腹罐分为两型四个亚型（A型方唇，B型圆唇；Aa、Ba型宽沿，Ab、Bb型窄沿），筒形罐分为两型（A型无凸唇，B型有凸唇）。各类、型器物皆有完整的演变序列。在发掘报告中，我们根据遗迹间的叠压、打破关系，典型器物间的共存关系及对器物形态变化的比较，将这个遗址的仰韶晚期遗存共分为三期。第一期典型的组合包括各类、型的Ⅰ式；第二期的组合基本为各类、型的Ⅱ式（A型敛口钵、折腹钵尚见Ⅰ式，折口钵为Ⅱ、Ⅲ式）；第三期的组合主要为各类、型的Ⅲ式（A型敛口钵尚见Ⅰ、Ⅱ式，折腹钵尚见Ⅱ式，折口钵为Ⅳ式）。本文将这三期改称为第①、②、③段（表一；图二）。

表一　海生不浪遗址各段典型陶器型式表

器类 / 段	小口双耳罐				尖底瓶	敛口钵		折口钵	折腹钵	侈口盆	鼓腹罐				筒形罐
	A型	B型	C型	D型		A型	B型				Aa	Ab	Ba	Bb	
①段	Ⅰ	Ⅰ	Ⅰ	Ⅰ	Ⅰ	Ⅰ	Ⅰ	Ⅰ	Ⅰ		Ⅰ	Ⅰ	Ⅰ	Ⅰ	Ⅰ
②段	Ⅱ	Ⅱ	Ⅱ	Ⅱ	Ⅱ	Ⅰ、Ⅱ	Ⅱ	Ⅱ、Ⅲ	Ⅰ、Ⅱ	Ⅰ	Ⅱ	Ⅱ	Ⅱ	Ⅱ	Ⅱ
③段	Ⅲ	Ⅲ	Ⅲ	Ⅲ	Ⅲ	Ⅰ、Ⅱ、Ⅲ	Ⅲ	Ⅳ	Ⅱ、Ⅲ	Ⅱ	Ⅲ	Ⅲ	Ⅲ	Ⅲ	Ⅲ

① 田广金：《内蒙古中南部仰韶时代文化遗存研究》，《内蒙古中南部原始文化研究文集》，海洋出版社，1991年。

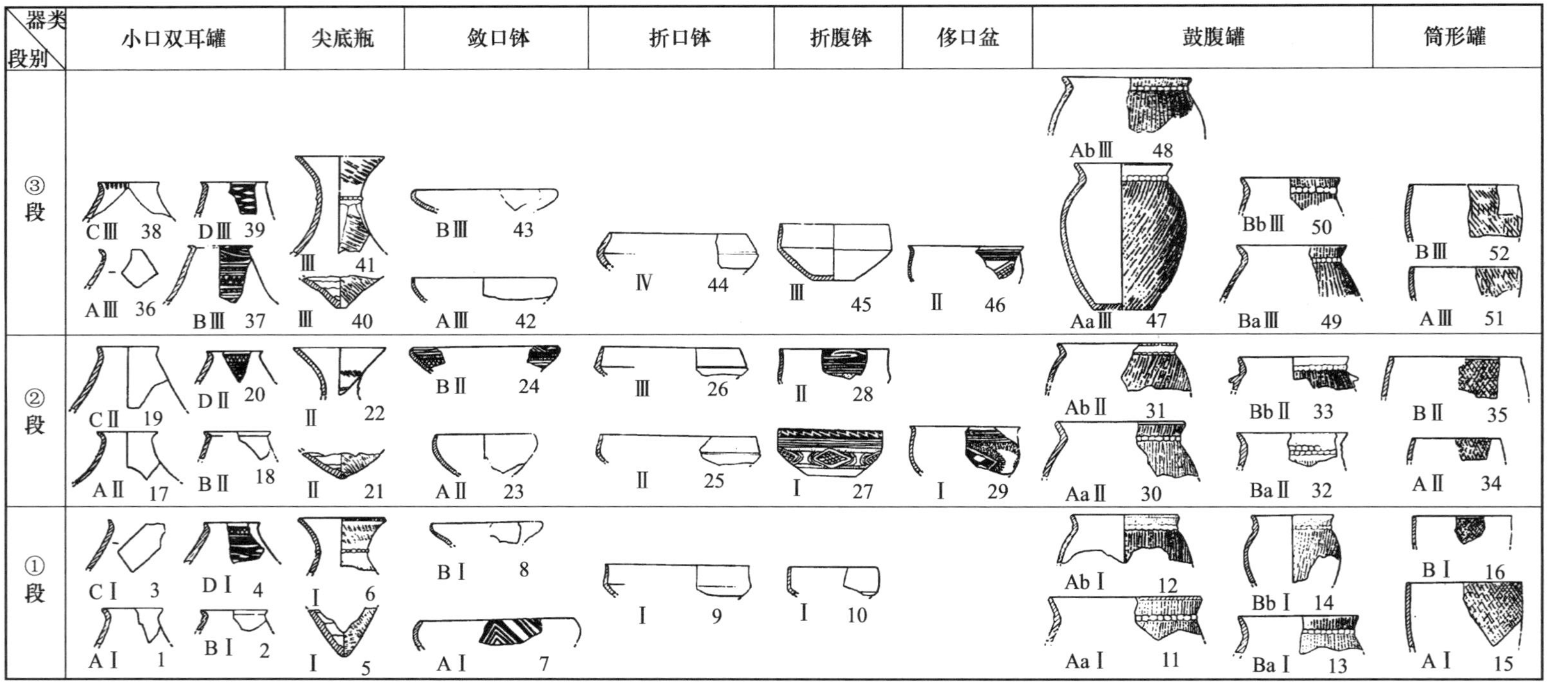

图二　海生不浪遗址陶器分段图

（自绘）

1～16. 第①段陶器（H35：1、T1409⑤：4、H41：7、T1509④：6、F10：3、F10：1、T1409⑤：1、T1509④：9、H41：10、F10：11、H41：2、T409⑤：6、T1509④：1、H41：1、H41：4、F10：13） 17～35. 第②段陶器（H30：10、F6：12、H30：9、H34：4、T1509③：34、T1509③：32、H34：9、H34：13、H15：8、T1507④：14、H34：29、H34：12、H34：11、F9：1、F6：2、H30：6、F6：1、T1509③：12、T1408④：18） 36～52. 第③段陶器（F5：19、qG1：1、T1509②：11、H33：11、qG1：5、qH2：1、T1507③：14、T1203③：17、qH7：7、qH4：1、qG1：2、qF1：3、T1405③：1、qH6：5、H33：3、F5：17、T1309③：5）

各种典型陶器从早至晚都有着较为清晰的发展变化规律：各型小口双耳罐口沿外翻、折、侈的程度渐趋增大；尖底瓶由方唇渐变为圆唇，底角由锐渐钝且最后微现纽形底；敛口钵 A、B 两型口部的变化趋向相反，A 型口沿内敛程度由重渐轻，B 型则是由轻渐重，但两者腹部的变化都是由深变浅；折口钵口部由轻内折渐为重内折，且从第②段始口、腹相折处出现凹槽或起凸棱；折腹钵的上腹由直壁直腹到曲壁直腹最后为直壁内折；侈口盆口沿由较窄到较宽，腹部外鼓程度渐轻；各型鼓腹罐口沿外折程度均是由轻渐重；两型筒形罐皆是颜色由深渐浅，纹理间距由密渐疏，由直口直腹到敛口曲腹。缸、瓮因大部分标本过于残碎，口部特征变化不鲜明，故此这里未能总结出它们的演变规律。

（二）岱海—黄旗海区（以下简称岱—黄区）

1. 红台坡上遗址

据《内蒙古岱海地区仰韶时代文化遗址的调查》[①]（以下简称《调查》），红台坡上遗址“局部地区除表土层外，有两层堆积。……除 H4 压在 H3 之上，为耕土层下露口外，余者均二层下露口。但 H4 出土的陶片很少，与其他遗迹中出土的陶片难以截然区分”。对于 H3，文中没有明确交代其开口层位，但它所出小口双耳罐口部残片与其余遗迹中的同类器相比有很强的共性，或为圆凸唇，或为窄厚沿，与其他遗址的都明显不同，故也难以将 H3 同 2 层下开口的各遗迹截然分开。其他各遗迹出土的器物亦难以区分出早晚。因此，我们同意《研究》所说的“限于资料，把以上各单位暂归为一组，称之为红台坡上组”。

红台坡上组遗存在形制、风格上与海生不浪遗址（后文中凡是简称“海址”的皆代表海生不浪遗址）第①段明显不同，前者应早于后者，而且是目前所知海生不浪遗存中最早阶段的遗存，理由是：红陶所占比例较高，彩陶数量相对较多；H1∶23 直领鼓腹罐、F3∶2 大口鼓腹罐尚保留有本地庙底沟期夹砂鼓腹罐那种大口、宽沿、小平底、中腹部饰附加堆纹的作风；F2∶2 筒形罐敞口斜腹的形态与后来筒形罐由直口直腹到敛口曲腹的变化轨迹相衔接，且其交错线形纹呈窄带状饰于腹上部，也体现了早期形态的特点；小口双耳罐口部或为圆凸唇，或为窄厚沿，据实物观察在做法上不似后来那样规整、成熟，随意性较大，而且 F2∶1 小口罐（无耳）正如《研究》所指出，“从造型看类似两个曲腹盆扣在一起，曲腹盆的形制接近庙底沟类型的同类器”，这些

① 田广金：《内蒙古岱海地区仰韶时代文化遗址的调查》，《内蒙古中南部原始文化研究文集》，海洋出版社，1991 年。

都表现了这种新出现器形的早期形态的特征；F1：2 和 H1：12 敛口钵分别相当于 A、B 型敛口钵，从其口部特征看虽然都与海址③段的相近，但两者皆为深腹，这又是早期特点；所见折腹钵皆是腹部直壁外敞，而这种器物上腹由外敞渐趋内折的演变规律证明它属早期形态；H1：13 侈口盆口微侈、腹外鼓较甚的特点也与后来侈口盆的变化趋向相连接，且明显早于海址②段所见的Ⅰ式侈口盆。此外，红台坡上所见半地穴式房基进深大于间宽、中间只一圆形坑灶，由海生不浪遗址所揭示的间宽与进深之比渐大、由半地穴式发展为浅穴式甚至地面式、皆设双灶的房基的变化情况，也表明红台坡上房基形制早于海址①段。

总之，红台坡上组作为早期遗存，与海生不浪遗址所展示的各典型遗物、遗迹的发展变化规律相一致，而且充分体现了这类遗存初始形态的特点（图三）。

2. 大坝沟和庙子沟遗址

据《试论》称："大坝沟主要遗存均开口于②层下，遗迹有打破关系。"文中根据这种层位关系并结合庙子沟遗址的材料，将两个遗址的遗存分为三期，即"大坝沟②层下主要遗存为第Ⅰ期，庙子沟主要遗存和大坝沟②层下部分遗存为第Ⅱ期，大坝沟②层和庙子沟部分遗存为第Ⅲ期"。通过观察比较我们的认识有所不同。

第Ⅰ期陶器皆为大坝沟遗址的，其中 F9：4 鼓腹罐大口、宽沿，小平底、中腹饰两个鸡冠耳的特征与红台坡上 F3：2 大口鼓腹罐相同，而其腹部微折且环绕一周附加堆纹、上腹部饰交错绳纹的作风又与红台坡上 H1：23 直领鼓腹罐相近；这种罐当是红台坡上组那两种罐的直接后继者，应早于海址①段。与这件罐共存的是 F9：1 小口双耳罐，它与红台坡上 F2：1 小口罐相比变化较大，只是凸圈状圆鼓的中腹尚与后者保持了相同的风格；另外与红台坡上同类器相比其口沿变化亦较大，制作规整，手法娴熟；其为宽侈沿（相对较宽），与海址①段 BⅠ式相近，但更宽，更竖直一些，因此它晚于红台坡上组而早于海址①段。H25：1 敛口钵口部特征与海址①段 BⅠ式相近，但不似后者那样曲腹，年代或许略早。H16：9 筒形罐口微敞、上腹微斜的形态特征恰好介于红台坡上组与海址①段的同类器之间。因此我们同意将上述几个单位中的几种器物划为一组，称之为大坝沟 F9 组。大坝沟 F9 组年代晚于红台坡上组而早于海生不浪遗址第①段。

《试论》中第Ⅲ期陶器属于大坝沟遗址的有 3 件。T2 ①：12 敛口钵口部特征与海址 AⅠ式相近，T3 ②：3 鼓腹罐与海址 AbⅠ式相似，这说明大坝沟存在着与海址①段年代相当的遗存，我们称之为 T3 ②组。T2 ②：10 筒形罐，其形态特征似与海址②段的同类器接近，但尚难以据此一件器物判别其年代关系。如此，目前所见大坝沟的遗存至少可分为早、晚两组（图三；表二）。

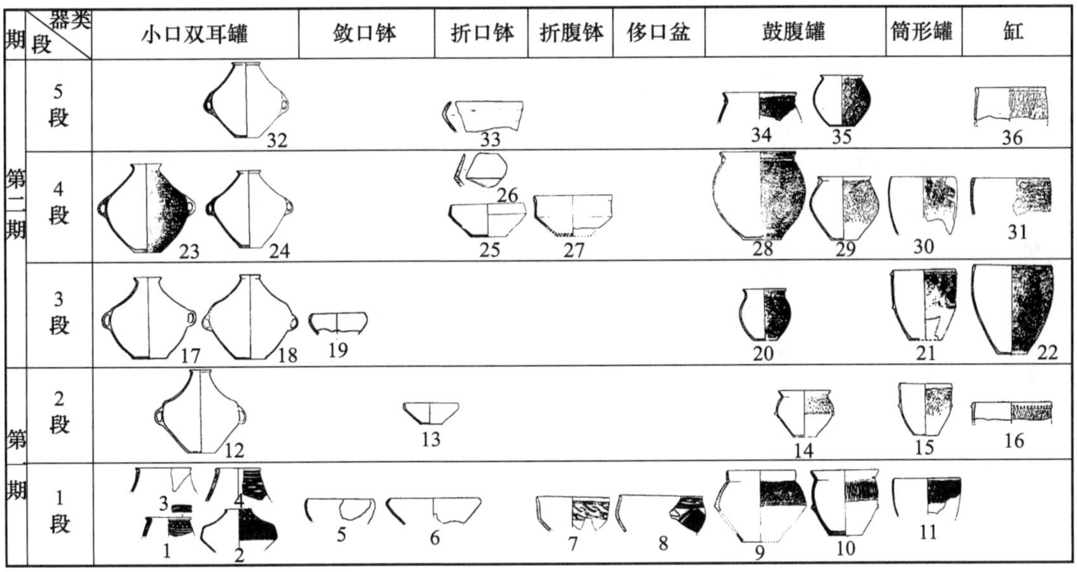

图三 岱—黄区陶器分段、分期图

（器物图分别引自田广金：《内蒙古岱海地区仰韶时代文化遗址的调查》，《内蒙古中南部原始文化研究文集》，海洋出版社，1991年；魏坚：《试论庙子沟文化》，《青果集》，知识出版社，1993年；内蒙古文物考古研究所：《内蒙古察右前旗庙子沟遗址考古纪略》，《文物》1989年第12期）

1～11. 红台坡上遗址（H3：1、F2：1、F3：3、H3：8、F1：2、H1：12、H1：18、H1：13、H1：23、F3：2、F2：2） 12～16、19. 大坝沟遗址（F9：1、H25：1、F9：4、H16：9、H4：5、T2①：12） 17、20、22、25、29、35、36. 庙子沟遗址（F8：4、H13：6、H5：2、M15：1、H81：4、M23：3、H98：28） 18、21、23、28、30、31. 东滩遗址（F4：7、F2：3、F6：1、H5：5、H1：9、F6：11） 24、26、27、32～34. 王墓山上遗址（F1：11、H1：8、H1：20、T1②：11、T2②：5、T2②：1）

表二 各遗址各组遗存年代关系对照表

期段	遗址	岱海—黄旗海区					河曲区					包头区	
		红台坡上	大坝沟	东滩	王墓山上	庙子沟	海生不浪	朱开沟Ⅶ区	白泥窑子	张家圪旦	《鄂尔多斯》	阿善	西园
一	1	红台坡上组						H7014组					
	2		F9组								√		
二	3		T3②组	F4组		H91组	①段		F5组		√		F35组
	4			F6组	H1组	M15组	②段	F7004组	G1组		√	4层组	F26组
	5				2层组	H98组	③段		H13组	H1	√		F4组

再看庙子沟遗址。据简报称[①]，此遗址“遗迹分布均匀，未见有叠压打破现象”。通过比较可以看出，H91：5小口双耳罐近于“翻沿”，与海址AⅠ式相近。F8：4小口双

① 内蒙古文物考古研究所：《内蒙古察右前旗庙子沟遗址考古纪略》，《文物》1989年第12期。

耳罐口沿外翻度与 H91：5 相当。H5：3 敛口钵口部特点则与海址 AⅠ式相似。H13：6 鼓腹罐接近于海址 AaⅠ式。H31：6 折腹钵为敞口，乃早期特点，其年代不晚于海址①段。H58：2 筒形罐虽整个上腹微向内敛，但其直口直壁的特征仍与海址①段同类器相近。上述遗迹的年代大体上都与海址①段相当，称之为 H91 组。

M15：1 折口钵为Ⅱ式，这种钵在海址只存在于②段，M15：2 敛口钵为 AⅠ式，在海址各段中均有发现，所以此墓年代应以 M15：1 为准。H81：4 鼓腹罐与海址 BaⅡ式相近。这组遗存我们命名为 M15 组，年代与海址②段相当。

M23：3 鼓腹罐与海址 BaⅢ式相近。H98：13 小口双耳罐的整体形态与下文王墓山上 T1 ②：11 较接近。这两个单位的年代相当于海址③段，称之为 H98 组。

如此看，庙子沟遗存可分为与海址①～③段年代相当的三组（图三；表二）。

3. 东滩遗址

据《调查》报道，该遗址共清理出房址 6 座，灰坑 5 个。《研究》将这些单位划分为以 F6 和 H5 为代表的“DF6 组和 DH5 组”早晚两组。将这些遗迹中出土的陶器与海生不浪遗址的各段相比照，我们对其年代和早晚关系的看法有所不同。

F6：1 小口双耳罐口部特征同于海址 AⅡ式。H5：2 鼓腹罐为大口（口径似大于腹径）、束颈、口沿很宽且较低平，它与海址各型鼓腹罐相比当为同类不同型的器物，无法直接确定其年代；但与其共存的 H5：5 鼓腹罐与海址 AaⅡ式相近。因此 F6、H5 都与海址②段年代相当，属同一阶段的遗存。此外，F5：2 鼓腹罐、H3：6 折腹钵分别相当于海址的 AaⅠ式鼓腹罐、Ⅱ式折腹钵，亦属此段。H1：9 筒形罐的形态同于海址②段 AⅡ式；而 H1：8 小口双耳罐口沿外翻程度却与海址①段 AⅠ式相近，可视其为混入晚期遗迹中的早期器物残片，那么 H1 的年代应与上述诸遗迹相同。这组遗存我们称之为 F6 组。

F4：7 小口双耳罐口沿与大坝沟 F9：1 较相似，但从整体形态上看，较之后者其颈部较短粗，肩部内凹程度相对较小，这种变化与岱—黄区此种器物的变化趋向相一致，因此其年代应略晚，当与海址①段年代相当。F3：2 敛口钵的作风与海址①段 AⅠ式有别，但两者口部内敛程度相近，年代也应相当。F2：4 折口钵的形态似介于海址Ⅰ、Ⅱ式之间，但与其共存的 F2：3 筒形罐的整体形态与海址①段的同类器相近，则其年代亦应同于海址①段。这样，上述三个单位可划为一组，命名为 F4 组。

另外，从《调查》公布的东滩几座房址的线图看，F4 进深略大于间宽，中间坑灶旁边有一地面附灶残迹，这种形态介于大坝沟 F9 组和海址①段之间；F3 近于方形，前后双灶，与海址①段的相近。F6 则是间宽明显大于进深，双灶，且原文所说的打破

F6 的 H5 实际上应是同于海址中的那种属于房屋建制一部分的袋形窖穴，如此看 F6 与海址②段房址基本相同。房屋基址的这种变化也证明了它们的早晚关系。

因此，东滩遗址的遗存可分为以 F4 和 F6 为代表的早、晚两组，分别与海址①、②段年代相当（图三；表二）。

4. 王墓山上遗址

据《调查》载，此遗址"可分三层堆积。清理房址 1 座（WF1）灰坑 2 个（WH1、WH2），均开口于第二层下"。《研究》认为"第②层下各单位出土的遗物与东滩 DH5 组近似，归入 DH5 组"。"第②层……出土遗物的作风却与第②层下有别，称之为王墓山上②组"。我们同意这样的划分。

H1 的典型器中，H1：20 折腹钵近似于海址的Ⅱ式，H1：7、H1：8 两件折口钵则分别与海址Ⅱ、Ⅲ式相近；至于 H1：17、H1：19 两件鼓腹罐，形体矮胖，颈部内侧硬折成棱，整个口沿的断面呈直面三角形，这种罐与海生不浪遗址那几型鼓腹罐显然有别，当是同类异型器。H2：7 鼓腹罐的形制与 H1：19 基本相同。F1：11 小口双耳罐口沿外侈度近似于海址 BⅡ式，且从其整体形态看亦晚于东滩遗址中与海址①段年代相当的 F4 组 F4：7 的小口双耳罐。因此 H1、H2、F1 为同一时期的遗存，相当于海址②段，称之为 H1 组。

第 2 层的陶器，T1 ②：11 小口双耳罐口沿特征与 F1：11 相近，但其整体形态当晚于后者；T2 ②：1 鼓腹罐近似于海址 AaⅢ式；T1 ②：6、T2 ②：5 折口钵与海址Ⅳ式相近。这几件器物的年代皆相当于海址③段，称之为 2 层组。

这样，王墓山上遗存可分为与海址②、③段年代相当的两组（图三；表二）。

5. 小结

综合上述分析，可以得出岱—黄区各遗址各组遗存的年代对应关系，并由此可将这一地区的仰韶晚期遗存分为 5 个阶段（图三；表二）。其中第 3、4、5 段分别与海生不浪遗址的第①、②、③段年代相当。

纵观这 5 段，有三点需说明：

（1）至少从第 3 段始，小口双耳罐可以分为两型，一型与海址 A 型相同，口沿较宽，向外翻卷；另一型口沿与海址 B 型相似但又有别，与 B 型不同的是，其口沿相对较宽，薄厚均匀，口沿内侧面既不内凹，亦不外凸，较平直，可将其单分出来称为 E 型，并且此型罐发展至最后一段时肩颈曲线圆滑，无明显凹痕，这也与 B 型不同（此型罐有东滩 F4：7，王墓山上 F1：11、T1 ②：11，庙子沟 H91：3、H5：4、H98：3 等，其演变序列可参见图三）。

（2）通过各组排比，可以看出夹砂陶缸的变化似是由直口而渐趋内敛，最大腹径逐渐下移，与筒形罐的变化情况相似。这在海生不浪遗址中是未能观察出的。

（3）这个地区房屋基址的变化有较清晰的脉络可循，即由1段（红台坡上组）的进深大于间宽、单坑灶→2段（大坝沟F9组）进深大于间宽、除坑灶外有的尚在墙角处设壁灶→3段（以东滩F4组为代表）进深略大于间宽、坑灶旁设一地面附灶，或是房基近方形，前后双灶→4段（以东滩F6为代表）间宽大于进深、前后双灶、灶后有一袋状窖穴。第5段房基尚未有明确的资料发表，但可将海生不浪遗址的③段作参照。

（三）河曲区

1. 朱开沟遗址Ⅶ区

在发掘简报中，作者依据层位关系并结合出土遗物，将朱开沟Ⅶ区遗存分作两期[①]，其中只“第一期文化遗存”属仰韶晚期阶段（F7002应除外）。简报中有典型器物图发表的主要单位有：H7014、H7012、F7004。从简报中所获得的层位关系对这几个单位年代的进一步划分并无直接的作用，所以还要借助与其他遗址材料的比较。

H7014中的尖底瓶只为一残底；两件鼓腹罐应是本地“白泥窑子第一种文化”（庙底沟期）晚期同类器的直接后继者，其中H7014：5饰线形纹，不同于后来此类器上的绳纹；H7014：4为铁轨式口沿，尚保留有庙底沟期的作风，这些都体现了它们刚刚由庙底沟期转化而来的特点（参见图七），那么H7014应与同处于仰韶晚期初始阶段的红台坡上组年代相当，至于两者间面貌上的差异，后文将作解释。

H7012：1折口钵口部内折度与海址Ⅱ式相同。F7004：17、F7004：19鼓腹罐与海址AaⅡ式相近；F7004：20尖底瓶亦与海址Ⅱ式近似。

如此，朱开沟Ⅶ区具有与红台坡上组和海址②段年代相当的两组遗存，分别称之为H7014组和F7004组（参见图四；表二）。

2. 白泥窑子遗址L点

此遗址仰韶晚期遗存主要见于L点发掘简报和一篇发掘纪要[②]，即两文中所称的

---

① 田广金：《内蒙古伊金霍洛旗朱开沟遗址Ⅶ区考古纪略》，《考古》1988年第6期。

② 崔璇：《白泥窑子考古纪要》，《内蒙古文物考古》1986年第4期；崔璿：《内蒙古清水河白泥窑子L点发掘简报》，《考古》1988年第2期。

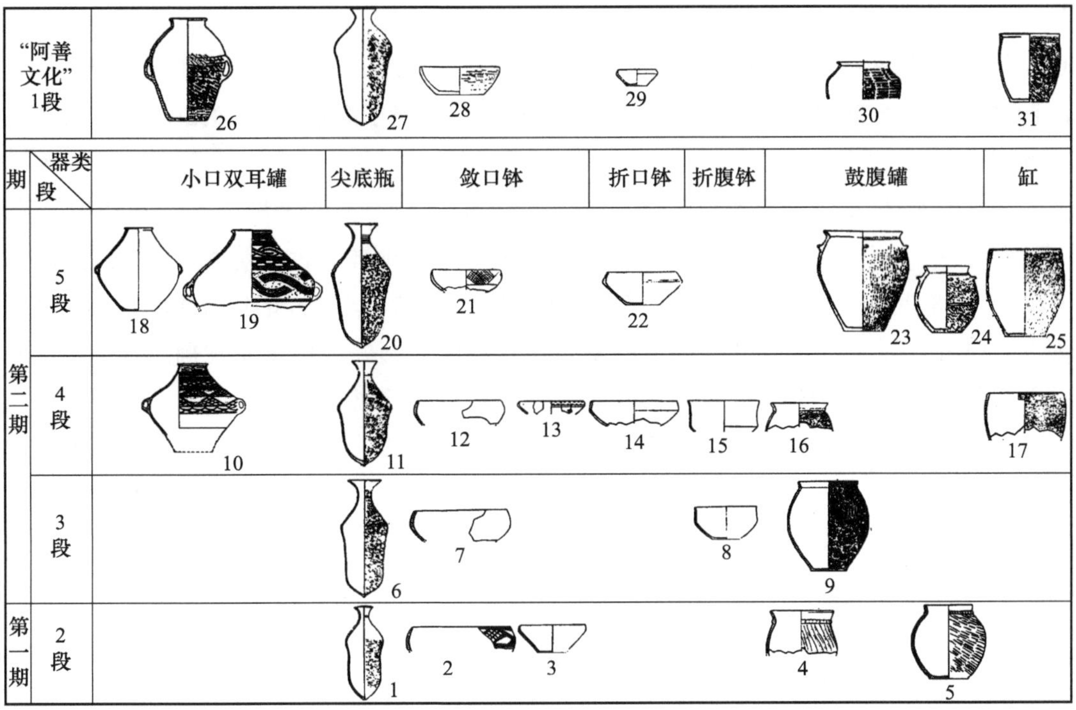

图四 河曲区陶器分段、分期图

（器物图分别引自王志浩、杨泽蒙：《鄂尔多斯地区仰韶时代遗存及其编年与谱系初探》，《内蒙古中南部原始文化研究文集》，海洋出版社，1991 年；崔璿：《内蒙古清水河白泥窑子 L 点发掘简报》，《考古》1988 年第 2 期；田广金：《内蒙古伊金霍洛旗朱开沟遗址Ⅶ区考古纪要》，《考古》1988 年第 6 期；内蒙古文物考古研究所、伊克昭盟文物工作站：《内蒙古准格尔煤田黑岱沟矿区文物普查述要》，《考古》1990 年第 1 期）

1～8、12、18、21、27.《鄂尔多斯》调查资料（WN：1、82ZSC：16、85DSW：40、87DQK：2、85DSW：25、87DQK：10、82ZSC：11、5DSW：41、83ZHX：9、83ZSW：1、82ZSC：2、85DSW：37） 9、10、13、15、26、29、30. 白泥窑子 L 点（F5：40、G1：17、T7④：2、G1：04、H3：2、H3：1、H3：4） 11、14、16、17、28、31. 朱开沟Ⅶ区（F7004：20、H7012：1、F7004：19、F7004：15、H7008：7、H7008：6） 19、20、22～25. 张家圪旦 H1：6、H1：3、H1：2（后三件编号不详）（注：朱开Ⅶ区 H7014 组、海生不浪遗址陶器图另见图七、图二）

“白泥窑子第二种文化”。关于 L 点的层位关系，《河套》中已有总结。面对这部分遗存年代的进一步划分，《河套》《研究》《试论》三者间是有很大差别的。

根据 L 点简报发表的“第二种文化陶器图”，对这些陶器有进一步分组意义的层位关系是：

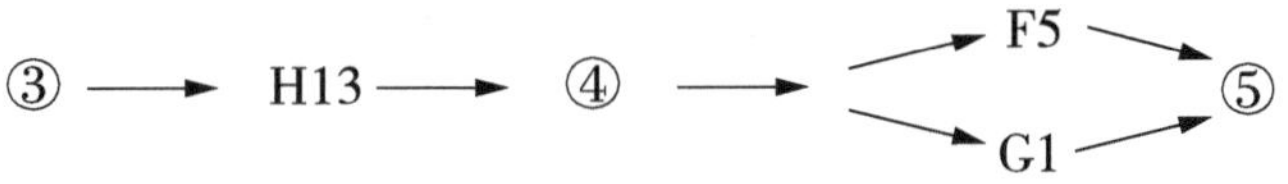

F5 出有两件鼓腹罐 F5：40、F5：34，皆与海址①段 AbⅠ式相近。G1：17 小口双耳罐与海址 BⅡ式相近；G1：04 折腹钵上腹壁内屈，其特点同于海址Ⅱ式。T7④：46

折腹钵，上腹微敞，形制似早于海址Ⅰ式，但在海生不浪遗址中亦存在着晚段含有早段形制折腹钵的情况；况且 G1 开口于 T1 的 4 层下，那么 T1④层的年代不可能早于 G1，因此这层及其所出的折腹钵的年代应与 G1 相若，相当于海址②段。T2 ④ : 24 缸也应属此段。

H13 打破第 4 层，而 H13 : 01 缸较之 T2 ④ : 24 缸口部明显内敛，所以其年代应晚于后者；至于 H13 : 11 敛口钵虽属 AⅠ式，但此种钵在海址③段中亦是存在的。T9A ④ : 08 折口钵虽出于“第④层”，但按其形态当与海址③段的Ⅳ式相同，那么很可能 T9A④层与前面涉及的几个探方的第 4 层并不属于同一层位（原发掘简报中也没有谈及发掘区内层位的统一）；H11 : 44 折口钵形制与其近似。

这样，白泥窑子 L 点仰韶晚期遗存可分为与海址三段相当的三组，分别称之为 F5 组、G1 组、H13 组（图四；表二）。那篇发掘纪要所公布的一点材料大部分是采集品，各器物的形制皆不出这三组的范畴。

3. 张家圪旦遗址

此遗址的资料目前仅限于清理的一个灰坑 H1 的一组陶器[①]，我们称之为张家圪旦 H1 组。H1 所出陶器数量、种类均较多，特征上也有差异，但那些器形较完整的典型器在年代上却有着一致性。H1 : 3 尖底瓶为圆唇、广肩，底角较钝且微现纽状，与海址Ⅲ式近似。H1 : 2 为Ⅳ式折口钵。H1 : 6 小口双耳罐口沿较特别，为圆厚唇，难以直接同哪一型相比；但其粗颈、圆肩、体态圆滑的特点却与岱—黄区展现的末段小口双耳罐的形态相同。两件形体完整的鼓腹罐，较大一件口沿特点与海址 BaⅢ式相近；较小一件的口沿与海址 BbⅢ式相似。H1 : 9 缸基本同于白泥窑子 H13 组的同类器。总之，上述器物皆与相当于海址③段的同类器物相同或相近。另有两件鼓腹罐和两件缸，有的形制较早，但它们皆为器物残片，很可能是从早期堆积中混入 H1 的。因此，以其所包含的最晚遗物为准，H1 的年代应相当于海址③段（图四；表二）（注：H1 部分器物编号得自于《试论》和《河套》，原简报中没有编号）。

4. 调查资料及其他

这个地区仰韶晚期遗存的调查资料以《鄂尔多斯地区仰韶时代遗存及其编年与谱系初探》[②]（以下简称《鄂尔多斯》）一文所公布的最为丰富、集中。仔细检查这部分陶

---

① 内蒙古文物考古研究所、伊克昭盟文物工作站：《内蒙古准格尔煤田黑岱沟矿区文物普查述要》，《考古》1990 年第 1 期。

② 王志浩、杨泽蒙：《鄂尔多斯地区仰韶时代遗存及其编年与谱系初探》，《内蒙古中南部原始文化研究文集》，海洋出版社，1991 年。

器，其中属于海生不浪遗存的陶器中，除筒形罐外，几乎具备了海生不浪遗址所见的各类、型的典型器物，而且其年代范畴大部分在海址①～③段之内，只极少数敛口钵、尖底瓶、鼓腹罐或可早于海址①段而相当于大坝沟 F9 组阶段（如该文中图九，1；图十，1；图十四，1、3 等）。因此，《鄂尔多斯》中的海生不浪遗存可分为与大坝沟 F9 组和海址①～③段年代相当的四组（图四；表二）。

这里需指出的是，《鄂尔多斯》中排出了这一地区仰韶晚期尖底瓶的演变序列，除Ⅳ式形制晚于海址③段的同类器，年代可能已进入庙底沟二期早段外，其余Ⅰ～Ⅲ式年代则应分别相当于大坝沟 F9 组阶段和海址①、②段。

5. 小结

综合上述分析，加上海生不浪遗址的陶器编年，可获得这一地区各遗址仰韶晚期遗存的年代对应关系，并由此可将它们划分为五个阶段（图四；表二）。这五段分别与岱—黄区的五段年代相应。其中早期遗存发现较少，需指出的是准格尔旗南壕遗址[①]以ⅠH2 为代表的一组遗存与大坝沟 F9 组陶器特征接近，应与本区第 2 段年代相当。

另外，通过图四可以看出完整形态的尖底瓶（第 1 段的不详）的演变轨迹：除已知口、底的变化情况外，整个体态由瘦渐胖，肩部逐渐向外延展，腹部由亚腰渐变得斜直。

本地区房屋基址的演变情况，与岱—黄区具有同步相似性（可参见海生不浪遗址发掘报告）。

（四）包头区

1. 阿善遗址

据发掘简报[②]，以第 4 层为代表的遗存即"阿善二期遗存"属仰韶晚期。对于简报中所公布的"第二期陶器"，没有可资利用的层位关系。《河套》《研究》《试论》都将这部分遗存分作两段，但在具体的划分上却互不相同。

F2：01 小口双耳罐应属 E 型，其形态似介于岱—黄区 3、4 段同型器之间，但从其凹肩不显等特点看更接近于 4 段，即与海址②段年代相当。H121：03 鼓腹罐的形制与海址 AaⅡ式相近。T10④：02 折口钵为Ⅱ式。T20④：04 敛口钵近似于海址 AⅡ

---

① 内蒙古文物考古研究所：《准格尔旗南壕遗址》，《内蒙古文物考古文集》（第一辑），中国大百科全书出版社，1994 年。

② 内蒙古社会科学院蒙古史研究所、包头市文物管理所：《内蒙古包头市阿善遗址发掘简报》，《考古》1984 年第 2 期。

式。因此，上述几个单位的年代都应与海址②段相当，可命之为阿善④层组（图五；表二）。

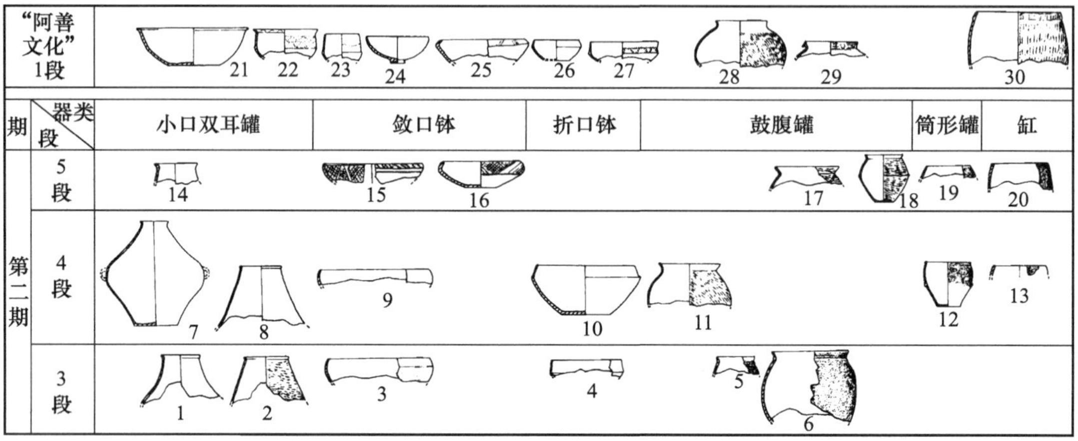

图五　包头区陶器分段、分期图

（器物图分别引自内蒙古社会科学院蒙古史研究所、包头市文物管理所：《内蒙古包头市阿善遗址发掘简报》，《考古》1984 年第 2 期；西园遗址发掘组：《内蒙古包头市西园新石器时代遗址发掘简报》，《考古》1990 年第 4 期）
1～6、8～10、12～21、24、25. 西园遗址（H36：2、H58：1、F31：2、F35：4、F35：9、F31：6、H44：15、H9：1、H44：1、F26：10、H10：1、H92：5、F4：18、H7：1、H92：2、F4：4、F4：16、F22：4、F20：6、F8：7、F21：10） 7、11、22、23、26～30. 阿善遗址（F2：01、H121：03、T17③：02、T9③：02、T5③：05、H31：04、H10：05、T5③：04、H55：01）

2. 西园遗址

据发掘简报[①]：“开口于第④层下，以 F35、H18、F26、H36 等为代表的第二段遗存和以 F22、H44、F4、H92 等为代表的第三段遗存为第二期。”这第二期便为仰韶晚期遗存。据《研究》所述，第三段与第二段的某些遗迹间有叠压打破关系。

在做进一步的讨论之前需特别指出，简报中在介绍鼓腹罐和筒形罐时，文字部分与“图八　二期陶器”图之间存在着多处单位号与图中序号不相符的现象。仔细检查文中对器物特征和大小的描述，将文字与图相对照，并结合《研究》在引用这些器物时所使用的单位号，对几处错误应作如下修改：文字部分，“（图八，11）”应作“（图八，9）”，“（图八，9）”应作“（图八，11）”，BXF35：6 后面所附“（图八，8）”应作“（图八，10）”；图版部分，“3、8”筒形罐的单位编号两者应对换。

回过头来我们再分析其中的陶器。

F35：9、F35：6 当分别相当于 AbⅠ式、BaⅠ式鼓腹罐，F35：4 折口钵与海址Ⅰ式相似。F31：6 鼓腹罐与海址 BaⅠ式相近，F31：2 敛口钵亦接近于海址 AⅠ式。H36：2

① 西园遗址发掘组：《内蒙古包头市西园新石器时代遗址发掘简报》，《考古》1990 年第 4 期。

小口双耳罐为翻沿，其外翻度与海址AⅠ式相当。H58：1小口双耳罐为窄折沿，与海址BⅠ式相近。如此，这几个单位的年代应都与海址①段相当，可称之为F35组。

F26：2和F26：10分别为Ⅲ式折口钵、BⅡ式筒形罐。H44：1、H44：15分别为Ⅲ式折口钵和BⅡ式小口双耳罐。因此这两个单位的年代相当于海址②段，称之为F26组。H9：1敛口钵为AⅡ式，H10：1缸的口部特征也与相当于海址②段的同类器相近，那么亦可将这两个灰坑暂归入这一组。

F4：16筒形罐口部内敛较甚，年代应晚于F26中的同类器；F4：4鼓腹罐近似于海址BbⅢ式；F4：18敛口钵为AⅢ式。H92：5小口双耳罐与海址AⅢ式相近，H92：2鼓腹罐当与BaⅢ式近似。F22：4缸最大腹径靠下，与相当于海址③段的同类器近似。H7：1敛口钵为BⅢ式。F34：1、H40：2两件鼓腹罐亦皆与海址BbⅢ式相似。如此，上述遗存年代应都相当于海址③段，称之为F4组。

此外，T906④：2尖底瓶底部特征与海址Ⅰ式的尖底瓶相似，很可能属混入晚期地层中的早期器物残片。

这样，西园仰韶晚期遗存可分为与海址①～③段年代相应的三组（参见图五；表二）。

3. 小结

综合上述分析，可知阿善与西园各组遗存同海生不浪遗址各段之间的年代对应关系，并且它们的年代范围皆在海址三段之内，不见更早阶段的遗存（参见图五；表二）。

需指出的是：①西园T906④：2残底是两遗址简报中唯一的尖底瓶标本，因此这里很可能不存在尖底瓶完整的演变序列。②陶器中钵类的数量最多。③从西园F26、F4看，此地区的房基址具有自身特点，皆为单灶，但其间宽与进深之比似也是由小到大。

（五）期别的划分

综合三区遗址分析的结果，将它们所含各组遗存的相对年代关系对应起来，便构成了内蒙古中南部仰韶晚期遗存的编年序列，并由此可分为五个发展阶段（参见图三～图五；表二）。

第1段红台坡上组遗存，正如前文在遗址分析时所指出的，其陶色、纹饰、各典型器的形态和房基形制等方面都具有此种遗存初始形态的特点。而朱开沟Ⅶ区H7014组，《河套》认为属关中“半坡四期文化”的地方变体，但实际上它就是仰韶文化晚期早段具有地方特色的一种遗存，是应排除在“海生不浪遗存”之外的（后文有详论），那自然它与本地后来各段的遗存有质的差别。

第 2 段大坝沟 F9 组在岱—黄区具有承前启后的性质。其陶器以褐陶为主，彩陶数量很少，这与岱—黄区后来的情况相似。但从具体器物看，小口双耳罐口沿虽已具有后来那种规范化的做法，但其颈部曲度大，凹肩特甚，与后来的相比变化很大，整体形态上与红台坡上组的更相近；鼓腹罐正如在遗址分析时指出的，是直接从红台坡上组继承而来的，与后来的有根本的差别；这组的房基进深大于间宽，房中间只有单灶，也与红台坡上组的近似。总之，大坝沟 F9 组虽具有过渡性，但同红台坡上组更接近一些，而与后一段相比则变化较大。河曲区第 2 段陶器形制，与后一段的同类器相比亦有较大差别。

各区第 3～5 段器物在形态上虽有变化，但变化幅度较小，连接紧密，风格上具有一致性，没有突变。

归纳上述分析，可将海生不浪遗存的五个发展阶段分为两期：第 1～2 段为第一期，第 3～5 段为第二期（图三～图五；表二）。

有关这类遗存的绝对年代，目前已知的 ^{14}C 年代数据主要见于阿善遗址的三个[①]，因数量过少而难以对整个年代做出准确的判断。据中原地区仰韶晚期的年代并结合本地特点，可推测其年代范围大体在公元前 3500～前 3000 年之间。

二、分　　区

在上一节中为突出不同地区的特点和差别，在进行遗址分析时实际上已经作了“区”的分别，即在这种遗存的分布范围内划分出了岱—黄区、河曲区、包头区（即包头以东的大青山西段南麓区）三个地方区域。其中河曲区以前通常被笼统称为“鄂尔多斯地区”，但实际上它只限于达拉特旗—伊金霍洛旗以东至黄河东岸一带，即鄂尔多斯区的东北部，恰为黄河弯曲处的一片，故称“河曲区”较合适。鄂尔多斯地区西北部的文化面貌尚不清楚；其南部的鄂托克前旗、乌审旗境内，存在着与海生不浪遗存有别的另一种具有地方特色的仰韶晚期遗存（详见《鄂尔多斯》），但发现于乌审旗的 WN：1 尖底瓶同河曲区尖底瓶具有一致的形制作风，这说明两者间存在着交流关系，故此本文用它来比拟河曲区第 2 段尖底瓶的形态（参见图四）。

将海生不浪遗存划分为三区，并非始于本文，而是早就有人做出的成果，这在前言中已有所述及。只是《研究》与《试论》在给予这三区的命名上略有不同。但二者

---

① 中国社会科学院考古研究所实验室：《放射性碳素测定年代报告（一〇）》，《考古》1983 年第 7 期；《放射性碳素测定年代报告》（十一），《考古》1984 年第 7 期。

在这三区的划分上是基本一致的，并且都总结了三区的各自特征，尤以《试论》较为详尽，而且《试论》还比较精确地划定了三区的分布界限（参见图一）。

对于三区间的差异，本文在这里只想强调或补充几点：

（1）从典型陶器组合看，岱—黄区不见尖底瓶，筒形罐数量相对较多；河曲区尖底瓶数量较多且序列完整，筒形罐很少；包头区小口双耳罐数量相对较少，尖底瓶则更少见且很可能不存在一个完整的演变序列，筒形罐亦很少，突出特点是钵类的数量最多。

（2）从某些器物的具体形制看，第二期岱—黄区的小口双耳罐基本上只见 A、E 两型，并以 E 型最多，序列最完整；河曲区除 E 型外其他各型具备；包头区目前只见 A、B、E 型。岱—黄区的鼓腹罐略显肥胖，河曲区的似略显瘦长，包头区的则兼而有之。三区间筒形罐的形态也有所不同。

（3）从彩陶看，岱—黄区除第 1 段的红台坡上组彩陶数量较多，其后各段皆很少；河曲区至少后三段仍保持有相对较多的彩陶；包头区所见第二期的陶器中彩陶则一直很少。

（4）从已知材料看，至少在第二期岱—黄区与河曲区的房屋基址经历了大体同步的变化过程，每一阶段里形制相似。而包头区的房基则与二者有别，西园所见属后二段的房基皆为单灶，且无前两区之间宽明显大于进深的特征。

总体上看，岱—黄区与河曲区相比差别较大，而包头区既有自己的独自特点，又兼有前两区的一些特色。此外，河曲区由于地域较广阔，地理形势变化多样，加之文化背景因素，本地区南北之间、东西之间、河岸与高原腹地之间在文化面貌上呈现出复杂多变的现象。由于受材料限制，目前还不能将这些变化讲得很清楚。但有一点值得注意：本区靠南的朱开沟Ⅶ区与老牛湾新庄窝遗址[①]大体在同一纬度上，在这一线左近小口双耳罐是少见的，而在北半部黄河两岸的某些遗址中，又确有可能存在着尖底瓶数量较少的现象，因此南北差异可能显得更为突出。

三、各区各阶段文化因素分析——文化过程的再现

1. 第一期遗存分析

第 1 段红台坡上组器物，按其来源可分为四种。A 种，只有小口双耳罐一种陶器

---

① 北京大学考古系、雁北地区文物工作站、偏关县博物馆：《山西大同及偏关县新石器时代遗址调查简报》，《考古》1994 年第 12 期。

（包括无耳的 F2：1），乃是没有明确祖型的新出现的因素，但其创制可能受周边地区小口双耳器影响并参考了庙底沟期的曲腹盆，此外有的彩陶花纹如绞索纹等也是新出现的。B 种，由内蒙古中南部仰韶文化前期即庙底沟期继承下来的因素，有直领鼓腹罐和大口鼓腹罐、敛口钵、宽沿斜腹盆等。C 种，来自大司空类型的因素，有折腹钵、侈口盆等。D 种，来自红山文化的因素，包括筒形罐及一些彩陶花纹，如垂鳞纹、带状交错钩形纹等（图六）①。据《调查》的统计，B、C 两种来自仰韶文化系统内部的因素与 A、D 两种新出现和来自外部文化的因素数量上约各占一半；B、C 相加以种类多取胜，而 A、D 各自在器物群中都占有较高的比例，A 种尤为大宗器物，且 A 种小口双耳罐显然是作为取代尖底瓶的一种“重器”使用的。因此单就红台坡上组来说很难对其文化归属或命名给予一个明确的认定，其在创新的同时又具有强烈的混合味道。

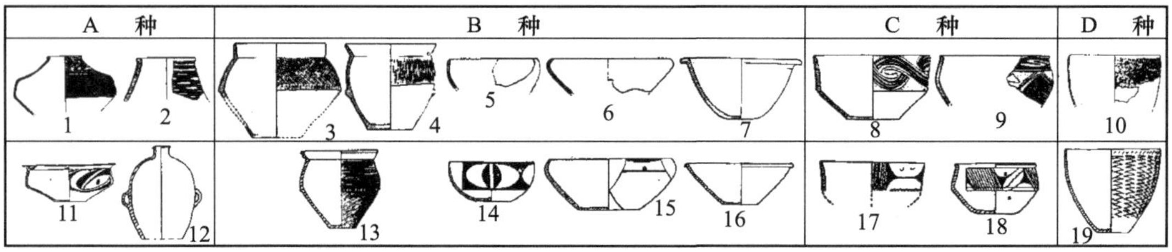

图六　红台坡上组各种因素来源示意图

（器物图来源参见有关本图的注释）

1～10. 红台坡上（F2：1、H3：8、H1：23、F3：2、F1：2、H1：12、H4：1、C：1、H1：13、F2：2） 11、14、15. 白泥窑子 J 点（T9②：01、T2②：03、采：92） 12. 蔚县三关（F4：1） 13、16. 王墓山下（H1001：1、F1001：19） 17、18. 磁县下潘汪（H141：5、H99：2） 19. 赤峰西水泉（F13：31）

岱—黄区第 2 段大坝沟 F9 组是红台坡上组的直接后继者，只是它的夹砂陶缸有可能是受到了河曲区同类器的影响而出现的。

河曲区第 1 段朱开沟Ⅶ区 H7014 组，据前文分析，应是由所谓的“白泥窑子第一种文化”（庙底沟期）晚期的同类器直接延续发展而来的（图七）②，其鼓腹罐同岱—黄区 1 段红台坡上组的那两件鼓腹罐形制上迥然不同，而且有尖底瓶的存在，说明这两

① 图六中的陶器分别引自：《内蒙古岱海地区仰韶时代文化遗址的调查》，《内蒙古中南部原始文化研究文集》，海洋出版社，1991 年；《内蒙古清水河白泥窑子 C、J 点发掘简报》，《考古》1988 年第 2 期；《一九七九年蔚县新石器时代考古的主要收获》，《考古》1981 年第 2 期；《内蒙古中南部仰韶时代文化遗存研究》，《内蒙古中南部原始文化研究文集》，海洋出版社，1991 年；《磁县下潘汪遗址发掘报告》，《考古学报》1975 年第 1 期；《赤峰西水泉红山文化遗址》，《考古学报》1982 年第 2 期。此外，本文涉及的红山文化的彩陶可参见张星德《红山文化分期初探》（《考古》1991 年第 8 期）图七“第二群”的彩陶花纹。

② 图七中白泥窑子 J 点陶器出处同上注《内蒙古清水河白泥窑子 C、J 点发掘简报》。

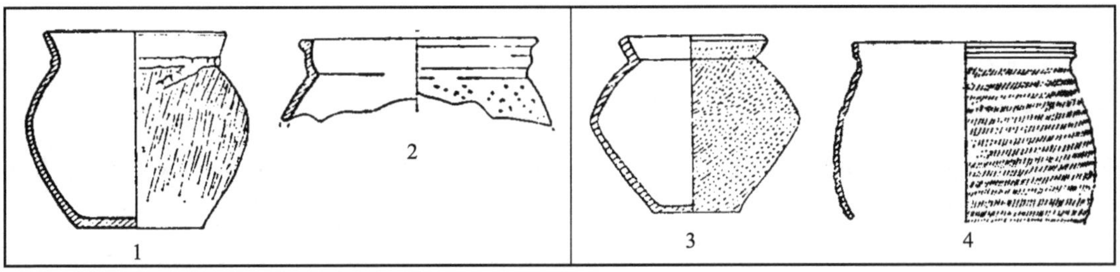

图七 朱开沟Ⅶ区 H7014 组因素来源图

（器物图引自田广金：《内蒙古伊金霍洛旗朱开沟遗址Ⅶ区考古纪要》，《考古》1988 年第 6 期；
崔璿、斯琴：内蒙古清水河白泥窑子 C、J 点发掘简报，《考古》1988 年第 2 期）

1、2. 朱开沟Ⅶ区（H7014：5、H7014：4） 3、4. 白泥窑子 J 点（T14②：24、T22②：38）

组在仰韶晚期的初始阶段就开始出现了分化。此外，在目前所能见到的河曲区的所有材料中，都没发现有早于第 2 段的小口双耳罐、折腹钵、折口钵、筒形罐等与岱—黄区相同的因素。因此我们认为河曲区第 1 段遗存，当是从本地区前期仰韶文化（庙底沟期）直接发展而来的，是仰韶文化晚期早段一种比较单纯的、具有地方特色的遗存，还未受到岱—黄区的影响。因而尽管两区庙底沟期的文化面貌基本一致（可参考《研究》中的陶器图），但在后来的一段时间里却走上了不同的发展道路，两者性质有别。

河曲区第 2 段遗存中，尖底瓶、敛口钵、鼓腹罐、缸等（见于《鄂尔多斯》）当是承接本地前一阶段的因素，而小口双耳罐、折腹钵等（见于南壕 H2）则应是由岱—黄区传入的。由于受材料限制，目前尚未见这两种因素完全共存的例子，所以此时两者是否已融为一体，尚不清楚，但两区间的交流当已发生。

包头区第一期尚处于空白阶段。

2. 第二期遗存分析

至第 3 段，各地的文化面貌都发生了很大的变化，三区之间发生了密切的关系，文化发展进入了一个新的时期。

岱—黄区大部分因素仍是由本地前一段继承下来的，但鼓腹罐的形制并非前一段大坝沟 F9 组那样的鼓腹罐自然延续的结果，其口径相对较小、圆鼓腹、颈部围一周链条形附加堆纹的作风当是受河曲区同类器直接影响而形成的，这说明此时河曲区的仰韶因素更多地渗入了这里。综合《调查》中东滩、王墓山上陶器的统计结果可以判断，较之第一期，此时鼓腹罐在陶器群中占有更高的比例，夹砂陶缸的数量也有所增长，而筒形罐的数量减少。这些变化导致了仰韶文化因素在这里已居于主导地位，使得本地“海生不浪遗存”的仰韶色彩骤然变浓，究其原因应是河曲区因素向此地强烈渗透、影响的结果。

河曲区第3段的文化面貌亦发生了很大变化，除器物形制上较前一段变化较大外，来自岱—黄区的因素和源于本地的因素已完全融为一体，且各自的实力相差不大，而其中属于仰韶文化的因素比之小口双耳罐、筒形罐这些所谓新因素和外来文化的因素更占有绝对的优势。

此时包头区汇聚了岱—黄区和河区曲的主要因素而又形成了自己的一些特色，突出表现为尖底瓶、筒形罐极少而钵类的数量最多。当然，总体上看亦是仰韶因素占主导地位。

无疑，至少在第3段河曲区和包头区就已经完全形成了有别于岱—黄区的“海生不浪遗存”；但三者间的差异是次要的，共性是主要的，性质同一。在以后的第4、5段里，尽管各区的器物在形态上和构成因素的比例上都有所变化，但变化很小，基本上是按第3段里所形成的文化格调平稳发展的。

至此想谈及一下海生不浪遗存发展过程中同周围其他文化、类型的关系。除上面在分析其因素来源时已涉及它与红山文化、大司空类型的密切关系外，主要在第二期里出现的叠置的三角纹、勾叶形纹等也见于红山文化年代相当于仰韶晚期的遗存中①，说明两者在同时期里仍有交流。其连缀菱形纹夹菱形网格纹亦见于晋中白燕一期（属“义井类型”）②，且《鄂尔多斯》里还有个别的与晋中四段相近的小口双耳壶③，这说明两者发生过联系，“义井类型”的某些因素曾渗透到河曲区一带。河曲区二期某些鼓腹罐带鸡冠形双耳，这种作风最早见于关中地区；而本地喇叭尖底瓶的形成与发展直接受关中的影响，那么两者的关系自不言而喻了。此外，个别遗址中见少量高领小口双耳鼓肩罐④，与西北马家窑文化的同类器较相似，那么两者间是否也曾有过联系？这值得将来注意。

四、文化性质、命名的讨论及其特性的再认识

对海生不浪遗存的文化性质与命名问题，目前学术界主要存在着两种认识。一种

① 参见张星德《红山文化分期初探》(《考古》1991年第8期）图七“第三群”彩陶。

② 晋中考古队:《山西太谷白燕遗址第一地点发掘简报》,《文物》1989年第3期。

③ 许伟:《晋中地区西周以前古遗存的编年与谱系》,《文物》1989年第4期。

④ 内蒙古文物考古研究所:《准格尔旗南壕遗址》,《内蒙古文物考古文集》(第一辑)，中国大百科全书出版社，1994年。

认为它具有鲜明的自身特征，应命名为一个文化，有的称之为“海生不浪文化”①（早在 1983 年就有人提过“海生不浪文化”的名称②，只是由于缺乏科学论证，并没引起重视），有的称之为“庙子沟文化”③。严文明先生则认为这种遗存主要是从本地仰韶前期遗存发展起来的，应属于仰韶文化后期的一个地方类型，倾向命名为“海生不浪类型”；随后严先生又进一步指出它“现阶段可以划为仰韶文化后期的一个地方类型，也可以划分为一个独立的考古学文化。作为一个类型，它是有一定程度特化的并具有一定独立性的；作为一个文化，它是由当地仰韶前期遗存发展而来，并且同仰韶后期遗存保持密切联系的”④。

综合本文前一节的文化因素分析，除河曲区第 1 段和包头区第一期可能尚未形成“海生不浪遗存”以外，三区其余时段的遗存都为各具特色而又性质同一的“海生不浪遗存”。这种遗存是多种因素相聚合、创新的结果，而最终又是起源于岱—黄区的早期海生不浪遗存同河曲区仰韶晚期早段遗存相融合、播散的结果。总体上看，仰韶文化的因素——包括来源于本地的和外地的——始终保持着强大的实力，奠定了其文化内涵的基调，尤其是在其发展过程中的后一个时期里更占有相当大的优势。因此，我们赞同将这种遗存归属为仰韶文化晚期的一个地方类型。

严文明先生提出过划分考古学文化类型的三项原则，即“除考虑一般性原则外，还要尊重历史，照顾全局”。一般性原则，是指“存在于一定时间和一定地区”，“具有一定特征的共同体”，但这一原则对于划分文化和划分类型“并没有什么不同”⑤，海生不浪遗存自然够得上是这样的一个共同体。从历史的角度看，这种遗存早已被称为“海生不浪类型”，并在很长时间里被学术界所使用，而 1992 年我们对海生不浪遗址又进行了正式发掘，并证实它确为一处典型器类齐全且序列完整、内涵丰富的具有代表性的遗址，加上前边所得出的结论，我们赞同仍称之为“海生不浪类型。”

---

① 张忠培、关强：《“河套地区”新石器时代遗存的研究》，《江汉考古》1990 年第 1 期；田广金：《内蒙古中南部仰韶时代文化遗存研究》，《内蒙古中南部原始文化研究文集》，海洋出版社，1991 年。

② 崔璇、斯琴：《内蒙古中南部新石器至青铜时代文化初探》，《中国考古学会第四次年会论文集》，文物出版社，1985 年。

③ 魏坚：《庙子沟与大坝沟有关问题试析》，《内蒙古中南部原始文化研究文集》，海洋出版社，1991 年；《试论庙子沟文化》，《青果集——吉林大学考古专业成立二十周年考古论文集》，知识出版社，1993 年。

④ 严文明：《内蒙古中南部原始文化的有关问题》，《内蒙古中南部原始文化研究文集》，海洋出版社，1991 年。

⑤ 严文明：《内蒙古中南部原始文化的有关问题》，《内蒙古中南部原始文化研究文集》，海洋出版社，1991 年。

但这一类型正如严先生所指出的是有其特殊性的，有着很高的特化程度。那么应怎样从全局的、宏观的角度来认识它呢？这就需要将其放在整个仰韶文化的体系当中，在比较中加以识别。

对仰韶文化，学术界似主要存在着两种不同的见解。一种认为“仰韶文化”体系庞杂，形态多样，不同时期、不同地域间的遗存差异很大，应分解为若干个不同的考古学文化；“仰韶”不应该是一个文化的名称，而可用作一个时代的代称。另一种坚持“仰韶文化”作为一种特定的考古学文化仍是成立的，其分布范围因时而变，尽管不同地域、不同时期里存在着差别，但相互间更有着内在的联系，同时期里遗存可以划分为若干个地方类型。我们基本持后一种看法。

豫北冀南区在仰韶文化的体系当中是有其特殊性的。此区几乎始终不见尖底瓶。后岗类型中有大量的鼎、釜等器物，显见是受到了东方北辛文化的强烈影响。其后的钓鱼台类型，在当时仰韶一体化的大趋势下，才表现出众多的仰韶腹心地区庙底沟期的因素。到仰韶文化晚期，分化的趋势变强，大司空类型更是呈现出独具特色的文化面貌，来源尚不清楚的、以饰弧线三角夹平行线纹为主的大量的折腹盆、折腹钵和敛口钵构成了其文化因素中的主体部分，使得它有别于仰韶文化的其他类型而自成一格，具有很高的独立性。而来自大司空类型的折腹钵、折口钵等又成为海生不浪类型的一个重要组成部分，这种标志着大司空类型特色的因素从某种意义上讲并未起到强化海生不浪类型“仰韶性”的作用。但海生不浪类型与大司空类型不同的是，从总体上看，它尚有众多的尖底瓶、敛口钵、鼓腹罐、缸等起源于仰韶文化内部的因素。因此如果说大司空类型已经游离于仰韶文化的边缘，那么海生不浪类型尚在其范围之内。

我们还可以将海生不浪类型同与其邻近的义井类型相比较。所谓“义井类型”，是指主要分布于晋中地区的仰韶晚期遗存，因太原义井遗址的最先发掘而得名①，其后太谷白燕遗止的发掘和研究使得我们对它的编年序列、文化面貌有了清楚的认识②，这种遗存应包括晋中西周以前古遗存编年的“第4～7段”③。除在其形成的初始阶段即“第4段”尚见少许尖底瓶外，以后便消失，被小口双耳鼓肩壶所取代。此类小口双耳壶曾见于冀南、冀西北庙底沟期的仰韶文化中④，两者间或许有着直接的渊源关系，因此它同海生不浪类型小口双耳罐在起源上有着质的不同。另一种大宗器物夹砂罐，

---

① 戴尊德：《太原义井村遗址清理简报》，《考古》1961年第4期。

② 晋中考古队：《山西太谷白燕遗址第一地点发掘简报》，《文物》1989年第3期；《山西太谷白燕遗址第二、三、四地点发掘简报》，《文物》1989年第3期。

③ 许伟：《晋中地区西周以前古遗存的编年与谱系》，《文物》1989年第4期。

④ 孔哲生、张文军、陈雍：《河北境内仰韶时期遗存初探》，《史前研究》1986年第3、4期（合刊）。

应是由仰韶文化庙底沟期的同类器演变而来的，它同海生不浪类型的夹砂鼓腹罐在形制上较相似，但不同的是前者在早期附有两个鸡冠耳，并且大都周身环绕数道附加堆纹。这两种典型陶器构成了义井类型陶器群中的主体部分。此外也见一些折腹钵、折口钵等，显然也是受大司空类型影响而出现的。其典型器物的组合情况与海生不浪类型岱—黄区有相似之处。但两者明显不同的是，义井类型几乎所有的器物——包括小口双耳壶、夹砂罐、折口钵、折腹钵和其他种类的盆、碗、罐等，不管是起源于本地的还是来自周边地区的——都是从仰韶文化系统内部继承来的，所以它较之海生不浪类型更为“仰韶化”，是一种面貌较单纯而又有一定特化程度的仰韶文化晚期的地方类型。

因此，在仰韶文化的体系中，就其特化程度和独立性而言，海生不浪类型高于义井类型而低于大司空类型；但若论三者所具有的仰韶文化的特性，海生不浪类型则强于大司空类型而弱于义井类型。

五、发 展 去 向

《河套》一文，除把朱开沟Ⅶ区“H7008 组”排除在外，认为是“西王Ⅲ期文化的地方变体”以外，还将其余的河曲区和包头区继海生不浪类型之后出现的遗存称为“阿善文化”，并将这种遗存分为两期，晚期又分为早、晚两段。这种遗存的年代大体与中原地区庙底沟二期相当。

海生不浪类型晚期遗存的直接后继者，在河曲区有两条线索：一是朱开沟Ⅶ区“H7008 组”，一是白泥窑子“LH3 组”（参见图四）。这两组由于缺乏同类可比的器物，目前尚难断定是否为面貌、性质同一的遗存，不过从海生不浪类型时期南北的差异判断，两者间应该是有所区别的。在包头区的直接后继者，当是“阿善三期早段”中的“③层组”，西园遗址“第三期遗存”中也有部分属此类（参见图五）。从图中可以看出，这一时期两区间的差别仍是存在的。

与海生不浪类型晚期和阿善文化二期相比较，上述各组遗存（“阿善文化”一期）具有承上启下的特点。不过它们的器物组合、形制特征与海生不浪类型相比已经发生了质的变化，而与后来的二期遗存更为接近。比如这第一期的陶器已不见海生不浪类型那种小口双耳鼓腹罐，而在河曲区有双耳鼓肩罐出现；敛口钵已变为斜腹钵，折口钵变得形体扁薄，鼓腹罐的形制也发生了根本性的变化，筒形罐已不见；包头区还新出现了宽沿斜腹盆、圈足碗等；绳纹极少见，代之而起的是大量的蓝纹。

在岱—黄区，继海生不浪类型之后，现在所见到的最早遗存为老虎山、园子沟、西白玉等遗址的早段[①]。《河套》认为此段遗存的年代与“阿善文化”的最晚一段年代相当。这段遗存中的部分夹砂罐、缸、瓮、折口钵等因素尚能体现出与海生不浪类型有着一定的渊源关系，然而就整体来说，无论是器物的组合情况，还是陶器的形制、纹饰特征，都发生了根本的转变，而且二者间的缺环是显而易见的。那么在这个缺环里（相当于阿善文化1、2段），此区在文化上确实是属于空白区，还是实际存在而目前尚未发现？这是个值得注意的问题。

下篇　若干现象的解释

在上篇中，我们以海生不浪类型的陶器编年为基础，就其发生、发展、区域特征的形成以至最后的转化这一全过程进行了详细的探讨。但所有这些实际上都是海生不浪类型文化发展过程中实物遗存所直接反映出的“文化现象”。如果只停留在对这些现象的再现或复原上，那么我们对文化和文化发展过程的理解就是肤浅的，就是只知其然而不知其所以然。因此要对文化进行深层次的剖析，要揭示现象背后隐含的内在的动因，就需要对诸多现象的成因做出解释。

就海生不浪类型而言，我们可以对它的许多现象提出质问，如为什么“此时此地”于岱—黄区首先形成了红台坡上组那样的遗存，而它又排斥尖底瓶却创制了小口双耳罐？与其同一阶段在河曲区为什么呈现出另外一种文化面貌，并且是使用尖底瓶的？后来两者是怎样聚合的，融为一体之后为什么岱—黄区仍始终不用尖底瓶而河曲区却始终保持沿用了这种器物？为什么包头区在第一期呈现出文化上的“空白”，而在第二期里又表现出一些地方特色？为什么岱—黄区在海生不浪类型之后有很大一段缺环？等等，这些现象的解释对于深入理解海生不浪类型的文化演变过程无疑是十分重要的。

海生不浪类型所处的特殊的自然地理和人文地理位置，特定的自然环境和文化环境、背景及其文化现象的一些特殊表现，加之近年来考古学和地理学研究所取得的丰硕成果，为我们解释上述诸多现象提供了条件。

① 田广金：《凉城县老虎山遗址1982～1983年发掘简报》，《内蒙古文物考古》1986年第4期；《内蒙古中南部龙山时代文化遗存研究》，《内蒙古中南部原始文化研究文集》，海洋出版社，1991年。

一、气候的演变

近年施雅风等对中国全新世"大暖期"的气候波动与重要事件的研究取得了最新成果："根据70年代以来中国全新世孢粉及其他古植物、古动物、古土壤、古湖泊、冰芯、考古、海岸带变化等多方面资料，推断中国全新世大暖期（Megathermal）出现于8.5～3kaBP……其间有多次剧烈的气候波动与寒冷事件。……7.2～6 kaBP为稳定的暖湿阶段，即大暖期的鼎盛阶段（Megathermal Maximum）。夏季风降水及新疆与蒙古，北方降水显著增加，植被空前繁茂，为仰韶文化的盛期。6～5kaBP是气候波动剧烈，环境较差的阶段，出现强降温事件，影响文化发展。5kaBP后，气候和环境较前改善，文化遗址数量猛增。4.0kaBP左右，气候一度恶化，出现大洪水灾害，此后直到3kaBP左右气候仍相当暖湿。"对于同本文年代直接相关的6～5kaBP这一阶段，进一步认为"一方面承继着前阶段暖湿气候特点，保存着暖湿生物遗迹……另一方面，敦德冰芯记录显示存在3次降温事件……Denton称5.8～4.9kaBP为第二新冰期，冷锋出现于5.3kaBP左右"①。

这里所总结的是大范围（全中国）、大时间尺度下全新世大暖期的气候波动情况，而中国幅员辽阔，地理环境复杂多变，不同地区间往往存在着局地气候差异，并且在较小的时间尺度上气候波动也常常表现不一。

海生不浪类型分布于长城沿线以北的内蒙古中南部，这里历来属于农牧交错地带，而且正处于中国北方季风尾闾区，是环境演变的敏感地带。近些年北京师范大学地理系对这一带晚更新世以来的环境演变进行了重点研究，取得了一系列的成果。

据史培军等研究，鄂尔多斯地区（包括河曲区东岸部分）全新世的气候变化尤其是降水的干湿波动明显存在着大约2000年的周期，只是温度的变化"在距今4000年前后略有不同"②，"此外，总的看来温度变化远不及降水频繁，同时间尺度的温度变化幅度小于降水变化幅度"（图八、图九）③。他们的研究又进一步认为，这一地区1万年来的相对多雨期为距今8600～7250年、6950～5400年、4600～3400年，少雨期为距

① 施雅风、孔昭宸、王苏民等：《中国全新世大暖期的气候波动与重要事件》，《中国科学》（B辑）1992年第12期。

② 史培军：《地理环境演变研究的理论与实践——鄂尔多斯地区晚第四纪以来地理环境演变研究》，科学出版社，1991年。

③ 张兰生、史培军、方修琦：《中国北方农牧交错带（鄂尔多斯地区）全新世环境演变及未来百年预测》，《中国北方农牧交错带全新世环境演变及预测》，地质出版社，1992年。

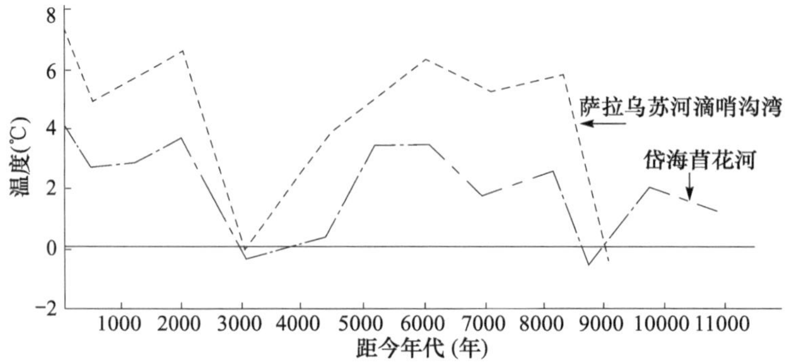

图八　鄂尔多斯地区 10000 年冷暖变化过程

（引自张兰生、史培军、方修琦：《中国北方农牧交错带（鄂尔多斯地区）全新世环境演变及未来百年预测》，《中国北方农牧交错带全新世环境演变及预测》，地质出版社，1992 年）

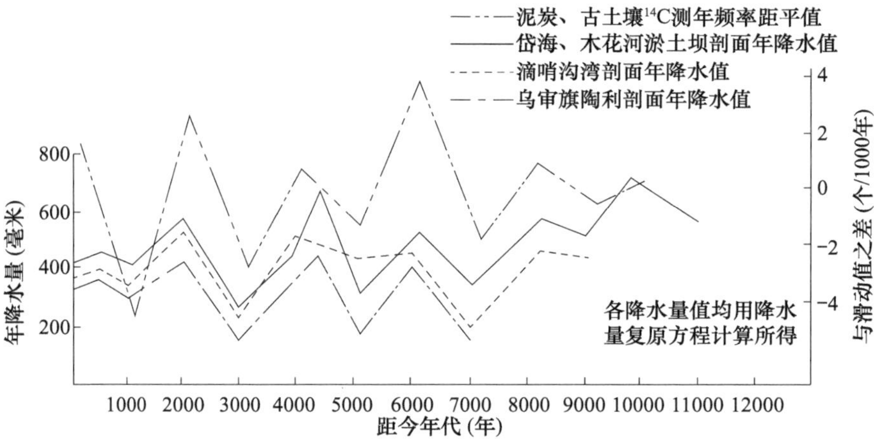

图九　鄂尔多斯地区 10000 年干湿变化过程对比

（引自张兰生、史培军、方修琦：《中国北方农牧交错带（鄂尔多斯地区）全新世环境演变及未来百年预测》，《中国北方农牧交错带全新世环境演变及预测》，地质出版社，1992 年）

今 8900～8600 年、7250～6950 年、5400～4600 年、3600～2600 年（图一〇）[①]。史培军还根据多个取样点重建了鄂尔多斯地区中全新世温湿期（距今 6000 年前后）和凉干期（距今 5000 年前后）年平均气温和降水量的空间分布[②]，由此可知这一地区的降水量是由东向西、由东南向西北递减的，因此偏于东部的河曲区的气候状况应优于偏于西北的包头区。据张兰生、史培军等人研究，集宁至二连浩特一线是北方季风尾间区

① 史培军、方修琦、赵烨等：《10000 年来河套及邻近地区在几种时间尺度上的降水变化》，《黄河流域环境演变与运行规律研究文集》，地质出版社，1991 年。

② 史培军：《地理环境演变研究的理论与实践——鄂尔多斯地区晚第四纪以来地理环境演变研究》图 7-13、图 7-14，科学出版社，1991 年。

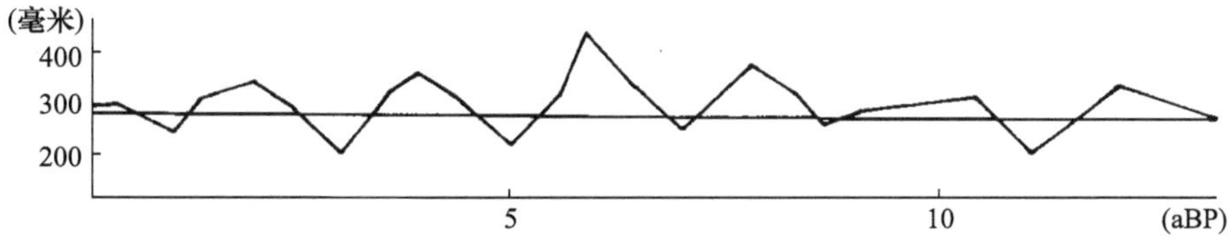

图一〇　北大池剖面反映的河套及邻近地区 13000 年来的降水变化
（引自史培军等：《10000 年来河套及邻近地区在几种时间尺度上的降水变化》，《黄河流域环境演变与运行规律研究文集》，地质出版社，1991 年）

东西分异的重要分界线，这一线以东的内蒙古东部和以西的中南部在全新世特别是距今 5500 年以来的气候变化往往相异甚至相反①。而岱海、黄旗海地区正处于这条界线左近，因此这里的气候状况同鄂尔多斯地区相比当有一定的差异。综合图八～图一〇考察，距今 9000 年以来岱海地区的气温一直明显低于鄂尔多斯地区，而其降水量则高于后者；而图九又显示两者的年降水值有着基本一致的高低变化规律。

又据刘清泗、李华章研究②，岱海、黄旗海的"湖面波动与本区气候变化密切相关，气候波动与湖面波动具有较好的同步对应关系"，因此两湖的湖面水位变化曲线在一定程度上也就可以表征气候的波动情况（图一一、图一二）。此外他们通过岱海东河沿剖面和黄旗海八台沟剖面的孢粉分析，进一步推断出中全新世（8000～3000 aBP）环境的演变情况。根据地理学的认识，"可以利用松、桦优势带的交替出现，说明气候温凉变化的情节……认为桦属占优势为寒冷期，而松属占优势为温暖期"。据此得出岱海地区"直至 7000aBP 以后，松属愈占优势，到 6000aBP 前后达到最高点，并保持到 5000 aBP"。但在距今 6000 年以后，松属所占的比例是逐渐降低的，说明气候渐趋寒凉（图一三）。

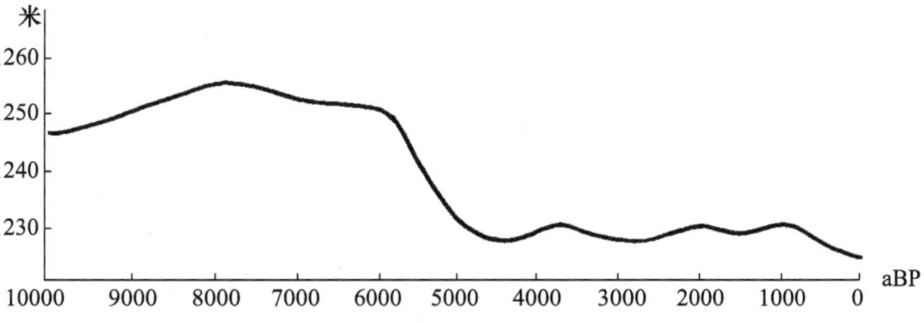

图一一　10000 年来岱海湖面水位变化曲线
（引自刘清泗、李华章：《中国北方农牧交错带（岱海—黄旗海地区）全新世环境演变》，《中国北方农牧交错带全新世环境演变及预测》，地质出版社，1992 年）

---

① 张兰生、史培军、侯乐峰等：《中国北方季风尾闾区全新世不同时期降水变化及其区域分异规律的研究》，《中国生存环境历史演变规律研究（一）》，海洋出版社，1992 年。

② 刘清泗、李华章：《中国北方农牧交错带（岱海—黄旗海地区）全新世环境演变》，《中国北方农牧交错带全新世环境演变及预测》，地质出版社，1992 年。

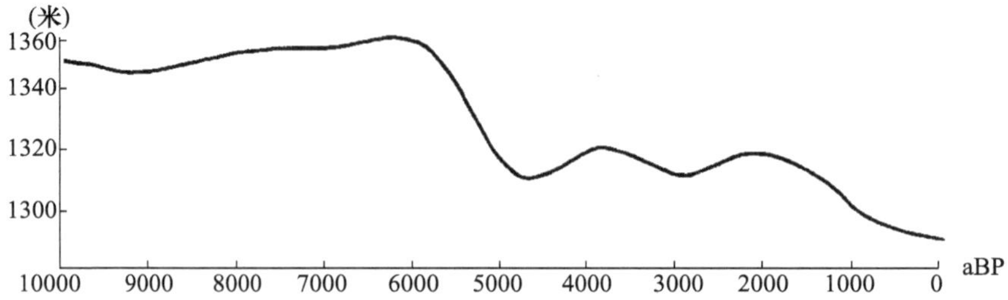

图一二　10000 年来黄旗海湖面水位变化曲线
（引自刘清泗、李华章：《中国北方农牧交错带（岱海—黄旗海地区）全新世环境演变》，《中国北方农牧交错带全新世环境演变及预测》，地质出版社，1992 年）

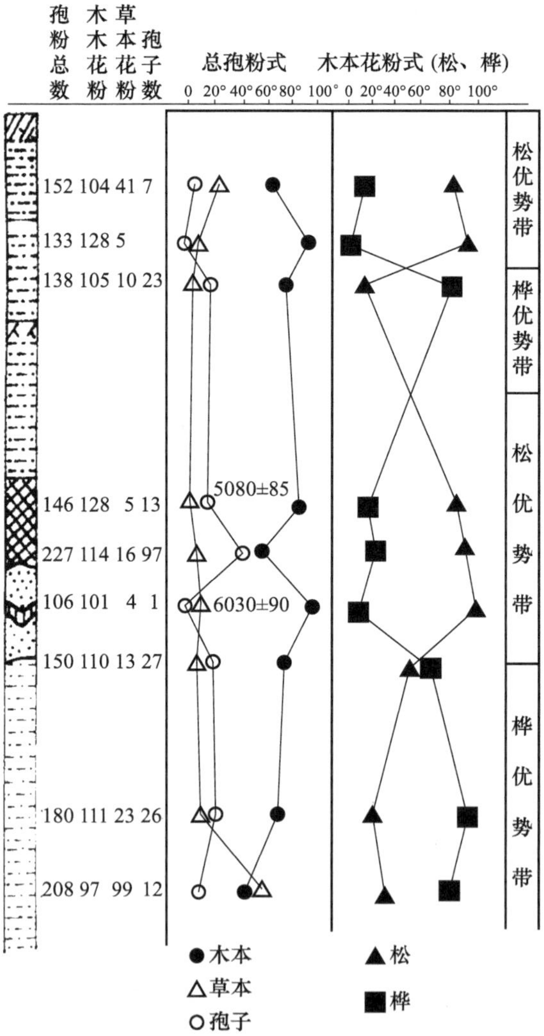

图一三　岱海湖盆东河沿剖面孢粉式及松、桦优势带变化图
（引自刘清泗、李华章：《中国北方农牧交错带（岱海—黄旗海地区）全新世环境演变》，《中国北方农牧交错带全新世环境演变及预测》，地质出版社，1992 年）

对黄旗海地区的情况论述得更详尽："(大约 7000～6500 aBP)处于最为温暖湿润的时期。6000～5400 aBP，初期桦粉多于松粉……反映气温有下降；中斯时桦粉、松粉数量有所增加……说明气候稍有好转。晚期花粉含量减少……反映气温有所降低。5400 aBP 以后，乔木花粉又有所增加……反映为短暂的温暖期，随后……气候向干旱转化。到 5000 aBP 前后孢粉组合发生明显变化，乔木花粉急剧减少或缺失……反映出向寒冷气候转化。"而正是在这距今 5000 年前后，岱海、黄旗海地区都曾发生一次明显的降温事件，使得岱海、黄旗海湖面以较大幅度下降。直到距今 4500 年左右湖面才开始回升。

综合上述分析可知，鄂尔多斯地区与岱—黄区的气候演变有着基本一致的规律，并且同全国范围大暖期气候的波动情况亦大体相符。在同本文有关的年限里，距今 6000 年左右或稍早的一段时间里，内蒙古中南部各地的气候温暖湿润，为全新世最适宜期；以后气温、降水皆渐趋降低，但在距今 5400 年左右以前尚属湿润期，之后转入凉干期；距今 5000 年前后的一段时间，气温、降水皆处于低谷，气候寒冷干燥；直到距今 4600 年甚至更晚才逐渐变得暖湿。在这种气候波动中，岱—黄区与鄂尔多斯地区之间又存在着东西相异的局地气候差异，表现为前者气温低于后者，而降水量则是前者高于后者。参考现代的气候资料，又可推知包头区气温似介于岱—黄区和河曲区之间，而降水量则是三区中最低的。

总之，距今 6000 年以后内蒙古中南部的气温、降水趋于降低，距今 5500～5400 年是由温湿向凉干演化的一个转变期，在此期间随着气候带向东南摆动，农牧交错带亦随之南移，这一过程一直持续到距今 4600～4500 年。而在同一时期里，岱—黄区的植物生长环境又优于鄂尔多斯地区，更优于包头地区。

二、地理形势及地貌特征

海生不浪类型所在的内蒙古中南部，从大的自然、人文地理环境看，往北越过阴山山脉便是广袤的大草原，仰韶时期这里也许就已生长一种非农业文化；其东部是以燕山山脉为主体的冀北山地，从岱—黄区往东北绕过冀北山地，到内蒙古东部的西拉木伦河流域，就成了红山文化的势力范围；南面分别是太行山脉和以吕梁山为主体的晋西山地，以及同鄂尔多斯高原连成一片的陕北高原，其间有黄河和其他多条山间河谷、沟谷同中原地区的仰韶文化相沟通；西面在黄河弯曲处以里为鄂尔多斯高原的西部区，以外是由黄河及其支流冲积而成的"后套平原"，再向西则是辽阔的沙漠与戈壁，这一带的文化面貌不太清楚，估计是史前文化的薄弱地带。因此，从自然地理角度看，海生不浪类型所处地域实际上就是周围这些山脉、高原、荒漠所环绕的中间地带；从人文地理角度看，它又属仰韶文化的北部边缘区，与红山文化和可能游弋于北方草原上的非农业文化相邻近。

在海生不浪类型分布区之内，其间被黄河一曲及其支流冲积成的“前套平原”（又称“土默川平原”）所分割。东部一片为岱—黄区，亦即周围几大山系余脉的交汇区，地形上表现为低山丘陵，其间镶嵌着岱海、黄旗海两大湖泊，此区的仰韶遗址主要分布在岱海东面、黄旗海南面的缓坡地上。土默川平原以南为河曲区，呈沟谷纵横、波状起伏的高原地貌，遗址的分布以黄河两岸最为集中，高原腹地较少。平原以北包头区的遗址一线排开，散布于大青山西段南麓的山前高台地上，背倚险峻的高山，下面直切平原。所以从自然地理角度看，这三区也恰好是三个各具特征、相对独立的地理单元（参见图一）。

这种特定的自然、人文地理形势及其内部特征，加上气候的因素，促使海生不浪类型形成了那样一种复杂的文化面貌，呈现出许多特殊的现象。

三、文化背景、环境

在仰韶文化早期，豫北、冀南的后岗类型和关中半坡类型的因素就已传播到内蒙古中南部，两者相交融，形成了本地的一些自身特征。

距今约6000～5500年是仰韶文化发展的鼎盛期，各地区的文化面貌呈现出惊人的相似性，到处可见仰韶中心区因素的影响和渗透，文化发展显示出了一体化的趋势。这个时期特别是早期阶段的气候仍然温暖湿润，仰韶腹心地区即关中和晋南豫西的庙底沟类型获得空前发展，继续沿黄河河谷及其他通道北上，对内蒙古中南部产生强烈冲击，加上本地自身的衍变，使这里形成了一种有些自身特点的庙底沟期遗存。

仰韶文化晚期出现了分化的趋势，散布于周边地带的各地方类型相对仰韶中心区来说独立性大大增强，海生不浪类型所处的文化环境趋于复杂，而此时也正是气候由暖湿转向凉干的时期。其北面、东北面的情况上一节已作了交代。与其相邻的冀西北的张家口地区，仰韶晚期的文化面貌尚不很清楚。此时河北南部为大司空类型。海生不浪类型岱—黄区以南，晋中为义井类型的本土，雁北地区亦属其文化势力所波及的范围[①]。河曲区以南，在鄂尔多斯高原的南部，前文曾指出，存在着有别于海生不浪类

① 关于雁北地区的情况，可参见北京大学考古系、雁北地区文物工作站、偏关县博物馆：《山西大同及偏关县新石器时代遗址调查简报》，《考古》1994年第12期。

型的另一种仰韶晚期遗存，它有敛口钵、盆、尖底瓶、夹砂鼓腹罐（与海生不浪类型的形制不同）等（详见《鄂尔多斯》），不见小口双耳罐、折口钵、折腹钵、筒形罐等海生不浪类型的因素。陕北地区仰韶晚期的面貌尚不清楚。再往南便是半坡晚期类型的分布区。上述几个地区的几种遗存，对海生不浪类型复杂面貌的形成都起到了或大或小的作用。

四、海生不浪类型文化过程中若干现象的解释

1. 红台坡上组遗存的成因

前文已谈到，仰韶文化晚期开始出现分化趋势，以前庙底沟期仰韶腹心区对外强大的辐射波至此开始减弱，出现了"各自为政"的局面。内蒙古中南部位于仰韶文化的北部边缘，此时又正值气候由暖湿向凉干转化的阶段，那么本地文化对这些变化的反应必然是敏感的。岱—黄区处于这一边缘地带的东北角，且远离仰韶腹心区的农人北上传播的主要通道即黄河谷地，这里在庙底沟期本就是仰韶文化势力范围内的一个薄弱环节，发现的遗址较少，因此一俟仰韶中心区对外影响减弱，此地必然会成为仰韶传统最易发生变异的地区。不过原有的仰韶居民显然并没有完全退出或消失，红台坡上组中起源于本地的鼓腹罐、敛口钵、宽沿斜腹盆等就是明证。

前文中已交代过，由于受季风影响，内蒙古中南部和东部的气候变化往往是相异的，距今5500年以后当中南部的气候开始向凉干转变时，东部却仍然保持着相对温湿的特征，而且自有红山文化以来，东部的气候就一直是温暖湿润的。在这种优越的自然环境中，经过长期发展，到仰韶晚期初段，红山文化当已具有相当强的实力，并开始向外扩张。而此时与其相对邻近的岱—黄区又发生了那样的一种变动，因此分布于西拉木伦河流域的红山文化得以趁虚而入，渗透到了这个地区。

但红山文化传入此地后并没能一枝独秀。豫北冀南的大司空类型，位于华北平原上，这里土地肥沃，其间又有丰富的水源，此时即使气候有所变化，也不会对农业生产造成重大影响，优越的自然条件使这个类型一经形成便迅速发展起来，同时必然会向外扩展。但它的东、南、西三面皆是大汶口文化和仰韶文化开发已久、人口稠密、文化发达的地区，因而对它的接收也必定是有限度的。受三方挤压，为形势所迫，它势必要沿太行山东麓一侧向北发展。红台坡上组中折腹钵、侈口盆的存在，表明仰韶晚期之初大司空类型的部分农人就已穿过太行山北部的山间河谷地带而到达岱—黄区了，而且我们知道这条传播途径从后岗类型时候起就是存在的。

这样，在仰韶晚期之初，源自本地的因素同来自周边其他文化、类型的因素首先

与岱—黄区相碰撞、聚合了。据《调查》的统计推断，在红台坡上组的文化结构中，来自红山文化、大司空类型及本地前期仰韶文化的因素差不多势均力敌，并没有哪一种能够唯我独尊，一统天下，因此它们只能相互适应，彼此相容，进而融结为一体，其结果便是形成了一种新的文化共同体。而这种新的文化群体一经形成，显然并没有只是以一种简单的混合形式存在，而是产生了强烈的独立意识和自我认同感，这主要表现在对尖底瓶的排斥和小口双耳罐的创制上。

小口双耳罐作为那样一种特定的器物并不是凭空产生的。这类小口双耳鼓腹器在庙底沟期主要存在于太行山以东河北境内的仰韶文化中，包括冀南的钓鱼台类型和冀西北的庙底沟期遗存①，此外红山文化中也一直使用这类器物②，只是它们相互间形制有别罢了。海生不浪类型小口双耳罐的创制当受到了它们的启发，其早期颈肩凹曲、腹部凸圈状外鼓的特征，应是在大模样参照后者的基础上实行的一种再创造，而并非简单直接的模仿。此外红台坡上组 F2：1 那件小口罐的造型“类似两个曲腹盆扣在一起”③，似也进一步暗示了此类器物起源、创制的复杂性。值得注意的是，晋中的义井类型也是逐渐使用小口双耳壶来代替尖底瓶的，但它同海生不浪类型的差别在于其小口双耳壶似与河北境内庙底沟期的同类器有着较明显的渊源关系。

总之，仰韶晚期之初首先于岱—黄区形成了红台坡上组这样的遗存，具有自然、人文等多方面因素的影响。气候的变迁，仰韶文化中心区影响的减弱，周边红山文化、大司空类型等的渗透和传播，各种因素的碰撞、融合最终导致了文化再造和自我标榜。于是，一种既延续了旧传统、又孕育出了新因子的新的文化类型于此时此地应运而生。

那么，为什么此时河曲区形成的是另外一种文化面貌呢？

2. 朱开沟Ⅶ区 H7014 组的成因

河曲区地处黄河前套的弯曲处，与陕北高原连成一体，直接受到仰韶文化腹心区沿黄河河谷北上的冲击，因而有着浓厚的仰韶文化的传统，这一带也发现有较多的庙底沟期的遗址。到仰韶晚期之初，鄂尔多斯地区尤其是河曲区的气候尚较湿润，自然条件仍适合农业的发展。因此本地前期的仰韶文化得以延续下来，而且在仰韶晚期大分化的趋势下也发生了相应的改变，这便形成了以朱开沟Ⅶ区 H7014 组为代表的一组

① 孔哲生、张文军、陈雍：《河北境内仰韶时期遗存初探》，《史前研究》1986 年第 3、4 期（合刊）。

② 中国社会科学院考古研究所内蒙古工作队：《赤峰西水泉红山文化遗址》，《考古学报》1982 年第 2 期。

③ 田广金：《内蒙古中南部仰韶时代文化遗存研究》，《内蒙古中南部原始文化研究文集》，海洋出版社，1991 年。

遗存。从喇叭口尖底瓶的形制特征等方面可以肯定，此时关中地区的半坡晚期类型可能仍对它施加着一定的影响。这时红山文化和大司空类型的因素还没有传达于此；海生不浪类型红台坡上组刚刚形成，很可能只局限于岱—黄区而尚未能向外扩展。于是，这时在河曲区就形成了仰韶文化晚期一种较单纯并有些地方特色的遗存。

3. 海生不浪类型第 2 段两种现象的解释

一种现象是从已有的一点线索我们知道，此时河曲区出现了与大坝沟 F9 组相若的遗存，这说明海生不浪类型经过第 1 段的积累，到第 2 段发展壮大起来，开始渗透到河曲区。只是受材料限制，尚难知道这两个地区不同面貌的文化因素是否已充分地融为一体了。

另一种现象是，在大坝沟 F9 组中当已存在夹砂陶缸，而此种器物在红台坡上组中尚未发现，那么很可能是从河曲区传入的（此种器物同白泥窑子遗址庙底沟期晚段的同类器当有着直接渊源关系）。果真如此的话，此时岱—黄区在向外扩展的同时也当受到了河曲区因素的影响，只不过这种影响可能较微弱罢了。

4. 第一期包头区呈现“文化空白”的原因

包头区迄今尚未发现相当于海生不浪类型第一期的遗存。其原因无非有两种可能：一种是实际存在但还没有发现或辨别出；另一种可能是在整个第一期或者至少是第 1 段，此地确属农业文化的空白区（不排除非农业文化存在的可能性）。

包头区地处仰韶文化影响的最边缘地带，而且背后是险峻的高山，面前则是黄河泛滥平原，人们生活在狭窄的山前高台地上，活动范围很有限。另外包头的气候条件在海生不浪类型的三区中是最差的，降水量较低。这种不良的自然环境在史前生产力较为低下的情况下，显然是不利于农业文化发展的。此地仰韶文化的传统较为薄弱，仰韶前期的遗址发现极少。当仰韶晚期初段中原地区对本地的影响迅速减弱时，又逢这里的气候开始变得更加低温少雨，因而很容易造成原本就不多的农业居民的迁移；而海生不浪类型尚属形成之初，只囿于岱—黄区而未波及于此。所以，在第 1 段这里成为农业文化的空白区是很有可能的。至于到第 2 段岱—黄区海生不浪类型的因素是否已传播于此，目前尚难判断。

5. 第二期两种现象的解释

1）河曲区与岱—黄区形成差异的原因

从第 3 段开始，河曲区的文化结构表明来自岱—黄区的因素大规模进入，同本地因素相结合，从而形成了河曲区海生不浪类型特有的文化面貌。而此时河曲区对岱—黄区的影响也增强了，主要表现在岱—黄区的鼓腹罐接受了河曲区的形制作风。但是在这一过程中两区间最大的差异也是最关键的问题在于：既然已相互交流融合在一起了，作为同一文化类型，为什么在整个第二期里岱—黄区还始终排斥尖底瓶而河曲区却一直保留沿用了这种东西？

道理很简单。从前文中我们知道，海生不浪类型最早在岱—黄区形成之后，便产生了强烈的自我认同和独立的意识，它一开始就是排斥尖底瓶的。以后这种观念在其“本土”范围内显然是传递下来了，所以尽管同河曲区发生了交流而受到了某些影响，但它还是拒绝接受在典型仰韶文化中最具标识性的尖底瓶。而在河曲区，一直有着浓厚的仰韶文化传统，第 1 段出现的是不同于红台坡上组的另外一种使用尖底瓶的仰韶晚期遗存。以后岱—黄区的因素大量涌入这里，但它并没有将本地原有的因素完全同化掉或使之消失，相反，两者融合在一起而成为同一文化共同体了，本地原有的尖底瓶、鼓腹罐、缸等得以一直延续下来。这说明“岱—黄区的海生不浪类型”一经远离本土，到达仰韶传统浓厚、实力较强的河曲区，便无法再维持它的“独立性”了，只能与使用尖底瓶的仰韶晚期居民融为一体。于是，其结果便是又形成了一个相对独立的文化群体。

2）包头区地方特色的成因

最晚从第 3 段始，已繁荣发展起来的海生不浪类型就进入了包头区。从其文化结构我们知道，包头区既兼有岱—黄区和河曲区的因素，又表现出了自己的特点。这表明其他两区的部分人群迁入此地后，共处在这个相对独立的地域范围内，岱—黄区那种自我独立的意识和河曲区浓厚的仰韶传统在此都变得淡薄了，因此这一新组成的群体既不绝对地排斥尖底瓶，但也很少使用它，同时又生长出了自己的一些地方特色，突出表现就是以钵为大宗器物。

6. 海生不浪类型转化后岱—黄区出现缺环之原因

距今 5000 年左右，河曲区和包头区的海生不浪类型转化为“阿善文化”，然而在岱—黄区，继海生不浪类型之后却出现了一段文化上的缺环。这也无非有两种可能：其一是实际存在而尚未发现，不过多年的工作证明这种可能性比较小；其二是这段时间里确实无农业居民在此定居。前文提到，在距今 5000 年左右的一个时期里岱—黄区发生过一次强降温事件，使得湖面急剧收缩，环境恶化，因此势必对农业生产造成极大的不良影响，本地海生不浪类型的后继者迁徙他乡是很有可能的。

五、余　　论

综观海生不浪类型的发展过程及三区的差异，可以获得几点重要认识：

第一，尽管进入仰韶晚期后内蒙古中南部的气候越来越趋于凉干，但显然这种气候、环境的变迁并没能阻止当地文化的发展。岱—黄区、河曲区的人们依然逐渐发展壮大并向外传播，乃至后来环境最差的包头区也有了海生不浪类型的先民来居住，人们在这里顽强地生存、繁衍下来。

第二，我们依据整体的文化面貌、文化结构将三区内相关联的遗存统称为“海生不浪类型”，但这三区在文化因素的构成特别是人群的组成，以及人们的自我意识之观念等方面都是有着较大差距的，为较低层次上的三个相对独立的文化共同体。就相对于典型仰韶文化的独立性而言，岱—黄区要高于另外两区，包头区居中；就所具典型仰韶文化的特色而言，河曲区则高于另外两区，包头区仍居其中。总之，无论从哪方面看，海生不浪类型这三区都是色调不一的。

第三，通过对海生不浪类型文化发展过程的梳理和若干现象的解释，可以看出，它的发展受到自然和人文环境等多方面因素的影响。在所有要素中，气候对文化的发展常常起着影响、制约作用，特别是在这种气候变化的敏感地带，它在海生不浪类型形成和转化期所起的作用似乎更大，有时甚至是决定性的（如岱—黄区海生不浪类型直接后继者的消失）。但是海生不浪类型形成、发展、分化的决定性因素，还是这三区所处的特定的人文环境、背景及文化本身内在机制的运转、变动。

［原载《古代文明》（第 7 卷），文物出版社，2008 年］

晋南龙山到夏商时期考古学文化的演变

本文所说的晋南包括运城盆地和临汾盆地及其周边区域。这两个地区自然景观相像，而且自古以来就有着近似的人文传统，明显有别于晋中北和晋东南。晋南地处中原文化区与北方文化区相交接的地带，从史前晚期的龙山时代到夏商时期，南、北不同的地理单元内呈现出纷繁复杂的文化面貌，且有各自不同的演变脉络。其中特别关键的是对各地龙山和夏商时期的文化遗存该如何定性，它们各自是怎样形成的，各地龙山文化是如何向本地二里头时期文化过渡或转变的，两种遗存相衔接的相对年代与绝对年代关系如何，各区域二里冈时期文化又有怎样的变化，都还是些未经系统研究或存在分歧的问题，本文试就这些问题做一概略的分析。需要指出的是，本文所说的夏商时期分别指中原二里头文化和二里冈文化所代表的时段；而相当于晚商殷墟文化时期的遗存在晋南罕有发现，因此本文的讨论暂不涉及。

龙山到夏商时期晋南地区的考古学文化可以分成这样几部分来考察：一是中条山以南的黄河谷地，二是中条山以北、鸣条岗以南的运城盆地南部，三是鸣条岗到峨眉岭之间运城盆地的北部，四是峨眉岭、绛山以北到霍山之间的临汾盆地（图一）。下面分别述之。

1. 中条山南麓黄河谷地

中条山南麓濒临黄河的区域有山西垣曲、平陆、芮城和黄河南岸的河南省三门峡地区，发现的遗址主要分布在东面的垣曲小盆地和西面黄河两岸的三门峡盆地（夹在中条山与崤山之间的黄河谷地）两个相对独立的地理单元内。发掘过的龙山期遗址主要有山西垣曲古城东关[①]、丰村[②]、龙王崖[③]，芮城南礼教[④]、清凉

---

① 中国历史博物馆考古部、山西省考古研究所、垣曲县博物馆：《垣曲古城东关》，科学出版社，2001年。

② 中国社会科学院考古研究所山西队：《山西垣曲丰村新石器时代遗址的发掘》，《考古学集刊》（5），中国社会科学出版社，1987年。

③ 中国社会科学院考古研究所山西工作队：《山西垣曲龙王崖遗址的两次发掘》，《考古》1986年第2期。

④ 中国科学院考古研究所山西工作队：《山西芮城南礼教村遗址发掘简报》，《考古》1964年第6期。

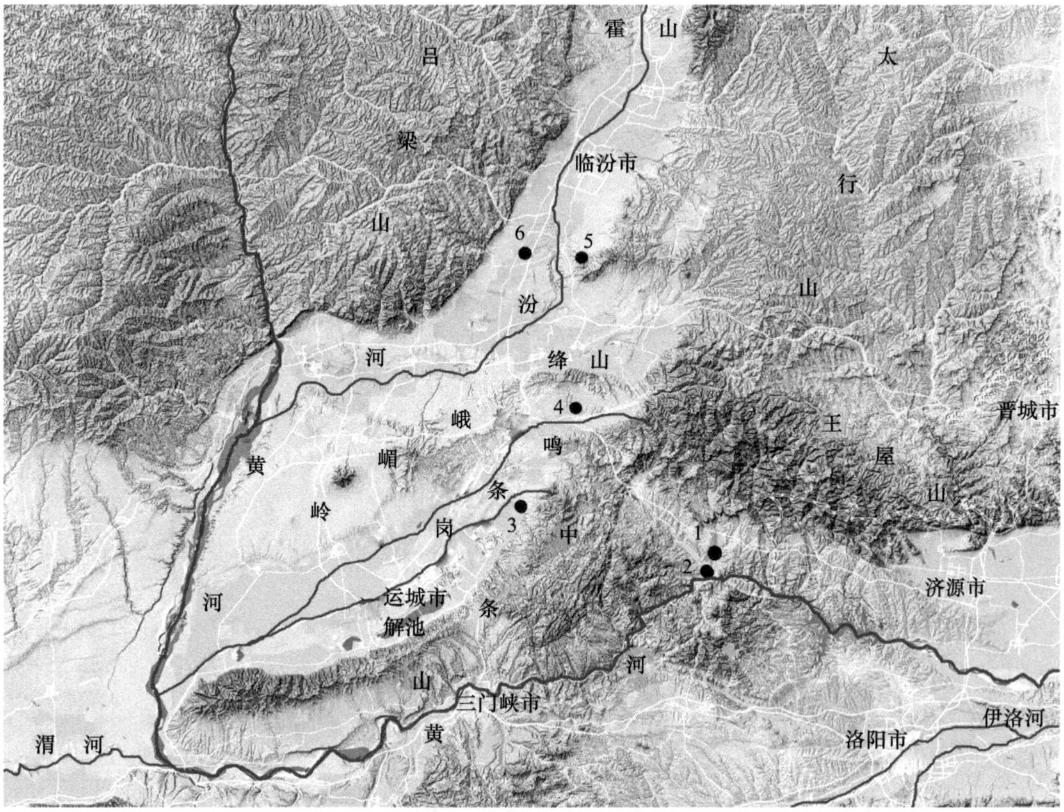

图一 晋南地形与主要遗址分布

1. 垣曲古城东关 2. 垣曲古城南关 3. 夏县东下冯 4. 绛县周家庄 5. 襄汾陶寺 6. 襄汾大柴

寺[①]，以及河南陕县三里桥[②]等。这些遗址出土龙山期陶器主要有双鋬鬲、单把鬲、釜灶、敛口灶、折腹斝、敛口斝、侈口深腹罐（早期）、折沿深腹罐（晚期）、双耳罐（瓮）、素面小罐、单把罐、小口折肩罐、圈足罐（晚期）、罐形甑、双腹盆、斜腹盆、宽沿深腹盆、单把杯、碗、豆、圈足盘、簋、盉、大口缸、器盖等（图二）。其中双鋬鬲、敛口斝等应是源自北方龙山文化的因素，数量较少的小口折肩罐、圈足罐等更多出现在陶寺类型中（详见下文），单把鬲的出现则受西面客省庄文化的影响，折沿深腹罐、双耳罐、罐形甑、双腹盆、圈足盘等来自豫中的王湾三期文化，釜灶、折腹斝、侈口深腹罐、素面小罐、单把罐、单把杯、斜腹盆、宽沿盆、碗、豆、大口缸、器盖等则承自本地区前期的庙底沟二期文化，还有新出现的数量很少的簋、盉、敛口灶（或为器座）等。因此这类遗存的形成是本地传统与周边其他多种文化因素相结合的结

① 山西省考古研究所、山西运城市文物局、芮城县文物旅游局：《山西芮城清凉寺史前墓地》，《考古学报》2011年第4期。

② 中国科学院考古研究所：《庙底沟与三里桥》，科学出版社，1959年。

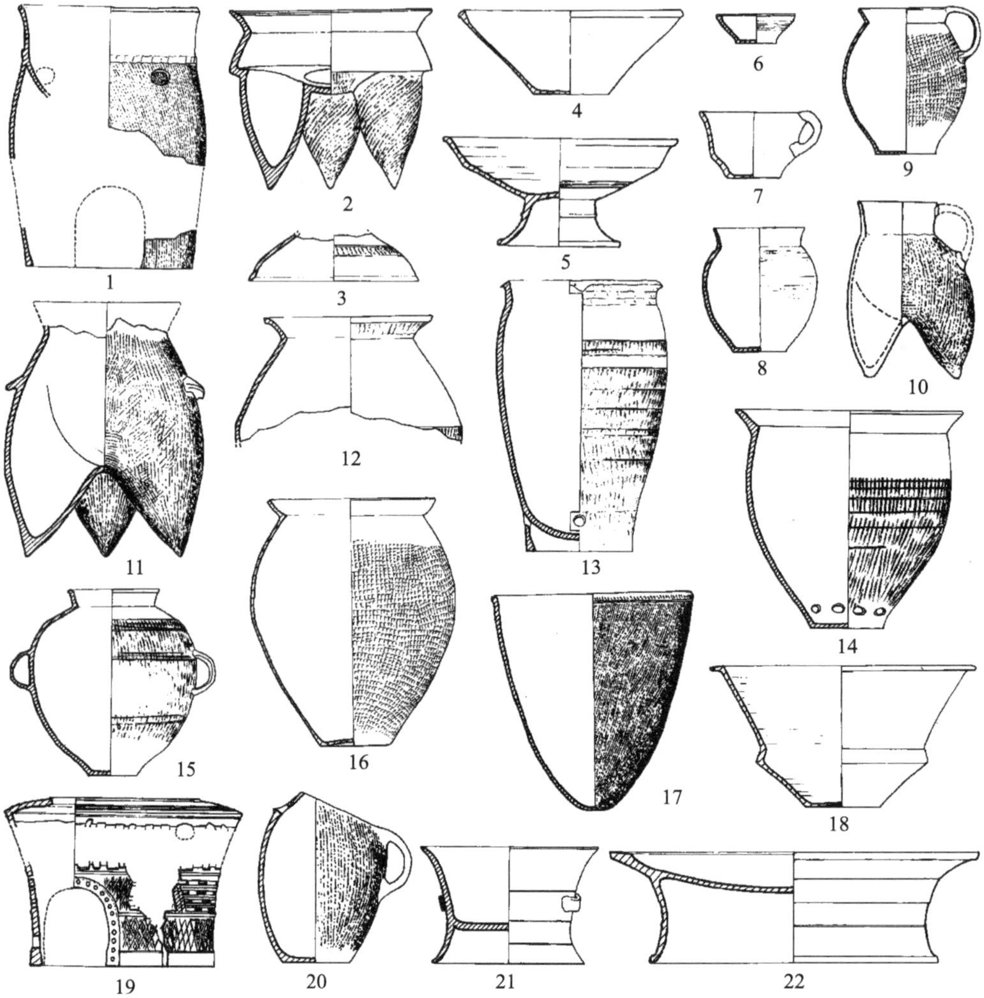

图二　垣曲古城东关龙山期陶器

（引自中国历史博物馆考古部、山西省考古研究所、垣曲县博物馆:《垣曲古城东关》，科学出版社，2001 年）

1. 釜灶（ⅠH196：15） 2. 折腹斝（ⅠH103：1） 3. 器盖（ⅣH174：17） 4 斜腹盆（ⅣH61：18） 5. 豆（ⅣH111：39） 6. 碗（ⅢH9：6） 7. 单把杯（ⅣH111：105） 8. 小罐（ⅢH43：13） 9. 单把罐（ⅢH43：9） 10. 单把鬲（ⅣH111：58） 11. 双鋬鬲（ⅠH220：19） 12. 折肩罐（ⅣH111：71） 13. 圈足罐（ⅢH43：1） 14. 罐形甑（ⅠH265：8） 15. 双耳罐（ⅢH43：4） 16. 折沿深腹罐（ⅣH33：20） 17. 大口缸（ⅣH111：56） 18. 双腹盆（ⅣH61：19） 19. 敛口灶（ⅠH140：100） 20. 盉（ⅣH127：5） 21. 簋（ⅠH109：21） 22. 圈足盘（ⅣH111：54）

果，自身的特色反而不强。但也正是由于这种混合的特性，使得它作为一个整体而有别于周围其他任何一个考古学文化，所以过去人们称之为中原龙山文化的“三里桥类型”，现在看仍然是成立的。其中偏东的遗址如垣曲盆地诸遗址拥有较多王湾三期文化的因素，而偏西的遗址如芮城南礼教则更多表现出关中客省庄文化的特征，概因地域相邻、各自所受影响不同而已。

本区域发掘过的二里头时期遗址以垣曲古城南关为代表①，主要器物有侈口深腹罐、圆腹罐、折沿深腹圜底罐、小口罐、大口尊、小口瓮、敛口瓮、侈口深腹盆、敞口斜腹盆、刻槽盆、盆形甑、大口尊形瓮、甗、豆、杯、器盖等，还有少量的鼎、鬲、大口缸、三足瓮、盘、斝、盉、爵等（图三）。这些器类中的绝大部分都与河南郑洛地区二里头类型的非常相似②，但二里头类型常见的鼎、捏口罐、三足盘等这里却少见，鬲、斝、盉、爵的数量也很少，两者间有一定差别，不过总体面貌仍表现出典型的二里头文化特征，而有别于广布于晋南地区的“东下冯类型”（详见后文）。古城南关二里头遗存主要属于二里头文化的晚期，少部分可以早到二里头二期③。在整个中条山南麓已知的二里头文化遗存中都罕见早到二里头一期者，由此可以推断本区域龙山文化很可能延续到了二里头一期。不过，从龙山到二里头，本区域前后两群陶器间却少有共性，两者间没有多少直接的传承关系，这里的二里头文化应该是整体从黄河以南的中原腹地传移过来的，从而取代了本地原有的龙山期文化。

本区域的二里冈期遗址仍以古城南关商城为代表，其主要陶器与郑洛地区的二里冈文化大同小异，也是中原早商文化向本地直接传输的结果；从二里头到二里冈文化的过渡与转变，这里也同郑洛地区一样经历了相似的过程，既有较大的变异、也有很多的传承，此前论者颇多，这里无需多赘。

2. 运城盆地南部

中条山以北、鸣条岗以南的运城盆地南部，包括夏县、运城盐湖区、永济市南部等地，发掘过的龙山期遗址主要为夏县东下冯④。东下冯龙山期陶器主要有单把鬲、双鋬鬲、敛口斝、甗、折沿深腹罐、小口折肩罐、大口缸、敛口瓮、单把罐、单把杯、敞口深腹盆、双腹盆、甑、豆、碗、敞口杯等（图四）。其中敛口斝和小口折肩罐较多，属于陶寺类型的特点，但却不见陶寺特有的肥足鬲、扁壶、圈足罐等器物；而这里的折沿深腹罐、大口缸、双腹盆等罕见于陶寺而常见于三里桥类型，单把鬲较多、形态瘦高也是三里桥类型的特点而有别于陶寺的同类器；其他大部分器类则是陶寺与三里桥共有的（只是这里暂未发现两者较常见的釜灶，以及三里桥类型较常见的折腹斝、双耳罐等）。也就是说，东下冯龙山遗存兼具陶寺与三里桥类型的特点，但缺乏陶寺最富特色的器物，而具备三里桥类型中的主要器类，其文化性质应该归属于三里桥类型的范畴。

---

① 中国历史博物馆考古部、山西省考古研究所、垣曲县博物馆：《垣曲商城》（1985～1986年度勘查报告），科学出版社，1996年。

② 中国社会科学院考古研究所：《偃师二里头》，中国大百科全书出版社，1999年。

③ 常怀颖：《夏商时期古冀州之域的考古学研究》，北京大学博士学位论文，2010年。

④ 黄石林、李锡经、王克林：《山西夏县东下冯龙山文化遗址》，《考古学报》1983年第1期。

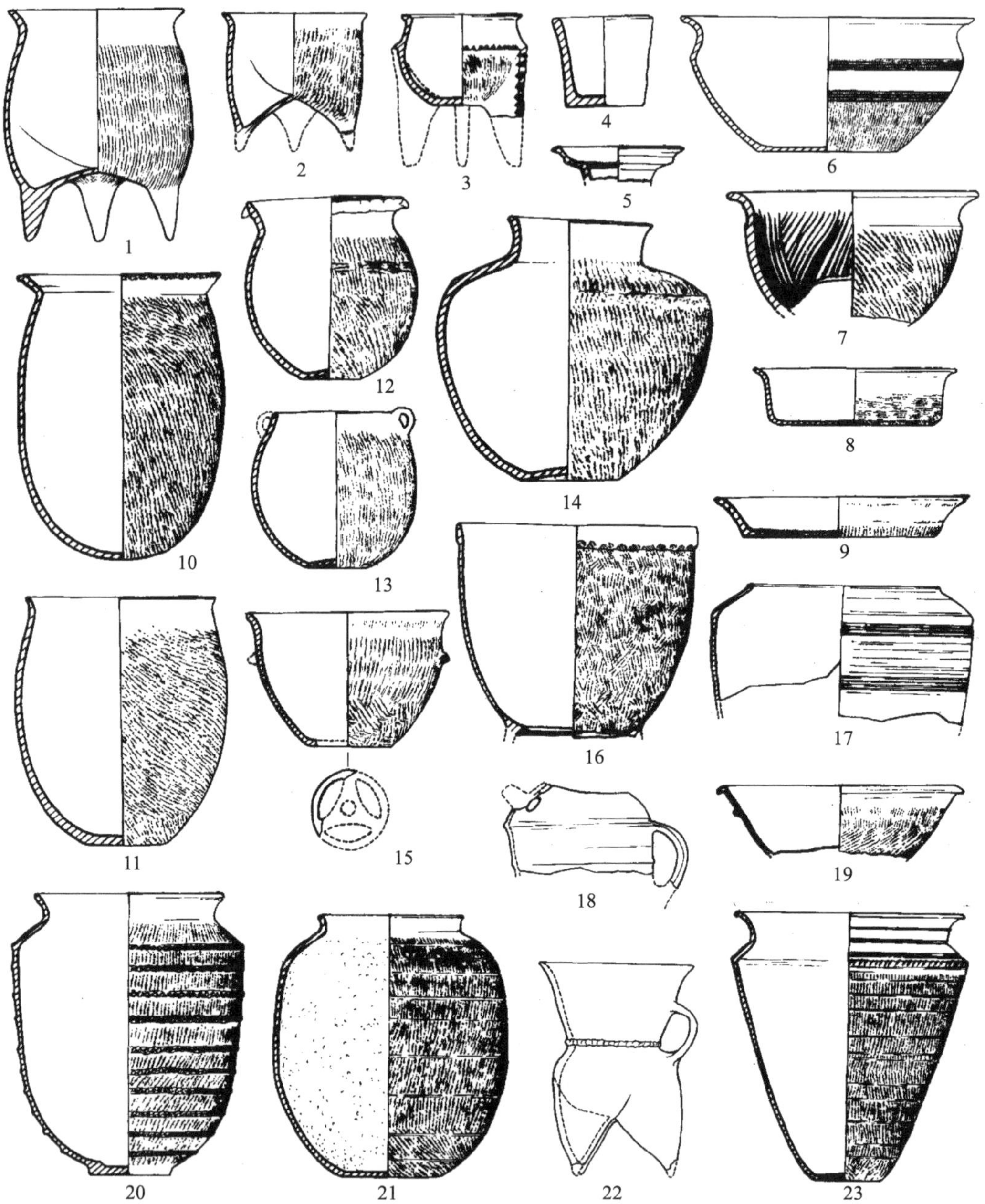

图三　垣曲古城南关二里头期陶器

（引自中国历史博物馆考古部、山西省考古研究所、垣曲县博物馆：《垣曲商城》（1985～1986年度勘查报告），科学出版社，1996年）

1、2. 鬲（H469：33、H250：29） 3. 鼎（H303：29） 4. 杯（G16下：2） 5. 豆（H188：4） 6. 深腹盆（F8下：58） 7. 刻槽盆（H319：3：55） 8. 直腹盆（H193：6） 9. 盘（H153：86） 10. 圜底罐（H173：6） 11. 侈口深腹罐（H153：85） 12. 圆腹罐（H303：34） 13. 双耳罐（H303：36） 14. 小口罐（H319：3：38） 15. 甑（H153：56） 16. 甗（H161：18） 17. 敛口瓮（H153：96） 18. 盉（H199：3） 19. 斜腹盆（H264：27） 20. 大口瓮（H108：1） 21. 小口瓮（H303：51） 22. 斝（H250：42） 23. 大口尊（H319：3：50）

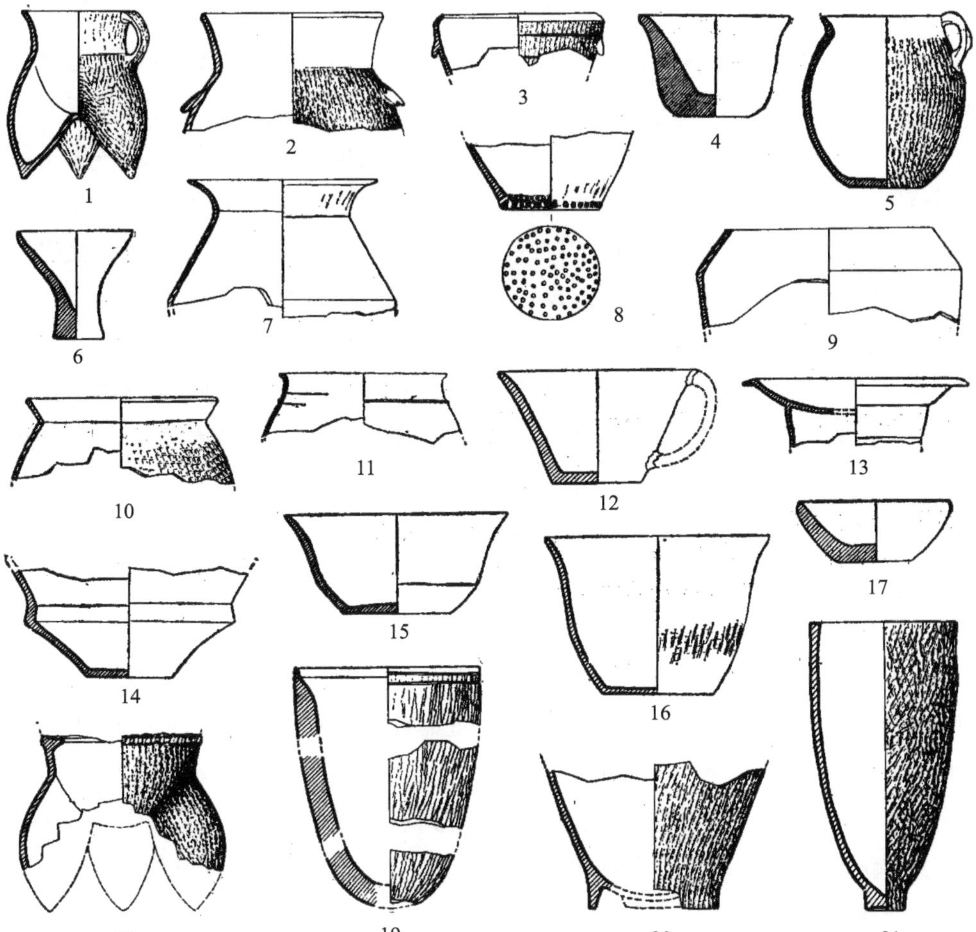

图四　夏县东下冯龙山期陶器

（引自东下冯考古队：《山西夏县东下冯龙山文化遗址》，《考古学报》1983 年第 1 期）

1. 单把鬲（H240：13） 2. 双鋬鬲（H240：15） 3. 敛口斝（T209③：19） 4、6. 杯（T203③：5、T234③：1） 5. 单把罐（T208③：8） 7. 折肩罐（T202③：10） 8. 甑（T206③：15） 9. 敛口瓮（T213③：4） 10. 折沿深腹罐（H240：17） 11. 小罐（T209③：13） 12. 单把杯（H240：21） 13. 豆（H251：1） 14. 双腹盆（T210③：2） 15. 碗（T210③：3） 16. 深腹盆（H251：2） 17. 钵（H240：20） 18. 甗（H240：16） 19. 大口圜底缸（H221 等拼合） 20. 瓦足瓮（T208③：5） 21. 大口小底缸（T209③：3）

这里二里头期遗存以东下冯Ⅰ～Ⅳ期遗存为代表①。其中的大部分器类都与垣曲古城东关和偃师二里头陶器相同或近似，属于典型的二里头文化因素，包括鼎、圆腹罐（分别有双鋬、单耳、双耳罐）、折肩罐、深腹罐、大口尊、深腹盆、（双鋬）斜腹盆、

① 中国社会科学院考古研究所、中国历史博物馆、山西省考古研究所：《夏县东下冯》，文物出版社，1988 年。

甑、小口罐（瓮）、大口瓮、敛口瓮、缸、器盖、豆、盘、爵、盉等；部分属于其特有而不见或不同于二里头的器物，包括大口高领鬲、大口单把鬲、敛口高领鬲式斝、甗、蛋形瓮、三足瓮等；而二里头的球腹罐形鼎、圜底深腹罐、三足盘等基本不见于东下冯，二里头流行的矮领瓮、觚、爵、盉等在东下冯也少见；两者共有的一些器类也存在一些差别（图五）。正是由于这样的特点，人们一般将这类遗存称为二里头文化的“东下冯类型”①（也有将其视为独立于二里头的另一考古学文化的②）。发掘报告将东下冯二里头文化遗存分为四期，并认为与二里头遗址的一～四期年代大体对应③，这得到了许多人的赞同。不过若将二里头一期分为早、晚两段④，东下冯一期的一些典型器物如鼎、圆腹罐、大口尊等所表现出的形制特征只与二里头一期偏晚阶段相当，而不见早到一期早段者。本区域没有发现东下冯龙山文化向二里头文化过渡的遗存，两者之间的缺环也许并不存在，所以我们推测，东下冯龙山期文化应延续到了二里头一期的早段，与其后兴起的东下冯类型年代衔接。但同时显而易见的是，两者相比确实共性很少，变化非常大。东下冯类型的形成不是本地龙山文化直接延续的结果，而是受到二里头文化的直接影响，两者主体面貌相似；也有其他外来因素的有力介入，如大口高领鬲、单把鬲、高领斝、甗、蛋形三足瓮等一批风格独特的器物应源自北方（晋中北及陕北等地）的影响，特别是直接受到邻近的晋中地区的冲击，彼处的陶鬲、斝就常见大口高领的作风⑤；此外东下冯类型与豫北冀南的下七垣文化也有些相似之处⑥,或许是互有影响的结果；而源自本地的文化传统只有少量的存留。总体看，与中条山南麓不同，本区域“东下冯类型”的形成是以二里头文化为主体、同时也受到了晋中等其他地区文化的强烈影响、综合多种因素再创造的结果。

---

① 邹衡：《试论夏文化》，《夏商周考古学论文集》，文物出版社，1980年；李伯谦：《东下冯类型的初步分析》，《中原文物》1981年第1期；刘绪：《东下冯类型及其相关问题》，《中原文物》1992年第2期。

② 郑杰祥：《夏史初探》，中州古籍出版社，1988年；张立东：《论辉卫文化》，《考古学集刊》（10），地质出版社，1996年。

③ 中国社会科学院考古研究所、中国历史博物馆、山西省考古研究所：《夏县东下冯》，文物出版社，1988年。

④ 张海：《公元前4000至前1500年中原腹地的文化演进与社会复杂化》，北京大学博士学位论文，2007年。

⑤ 相关资料出处可参见常怀颖：《夏商时期古冀州之域的考古学研究》，北京大学博士学位论文，2010年。

⑥ 李伯谦：《先商文化探索》，《庆祝苏秉琦考古五十五年论文集》，文物出版社，1989年；王立新、朱永刚：《下七垣文化探源》，《华夏考古》1995年第4期。

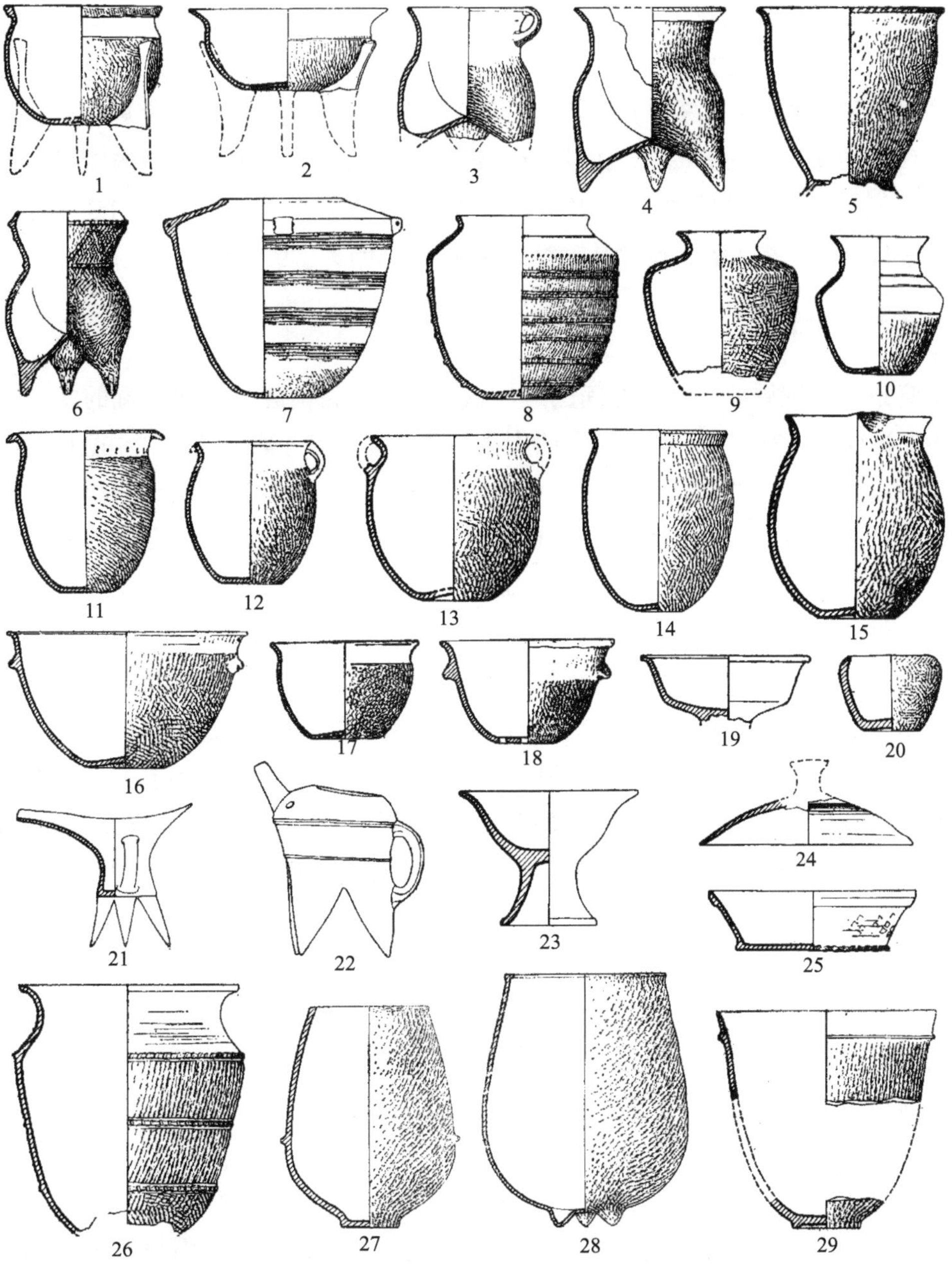

图五　夏县东下冯二里头期陶器

（引自中国社会科学院考古研究所、中国历史博物馆、山西省考古研究所：《夏县东下冯》，文物出版社，1988 年）

1、2. 鼎（H1∶10、H41∶53）3、4. 鬲（H501∶13、H61∶2）5. 甗（H27∶4）6. 斝（H505∶3）7. 敛口瓮（H42∶3）8. 大口瓮（H42∶4）9. 小口罐（H41∶60）10. 高领罐（H413∶32）11. 双鋬罐（M503∶1）12. 单把罐（H41∶35）13. 双耳罐（T5508∶4∶3）14. 深腹罐（H535∶14）15. 捏口罐（F591∶1）16、17. 盆（H413∶102、H407∶1）18. 甑（H402∶2）19、23. 豆（H62∶6、H515∶1）20. 钵（H535∶17）21. 爵（M401∶2）22. 盉（M401∶3）24. 器盖（H41∶47）25. 盘（H15∶89）26. 大口尊（H413∶102）27. 蛋形瓮（H418∶36）28. 三足瓮（H23∶2）29. 缸（F568∶12）

东下冯二里冈期遗存中既有鬲、尊、甗、盆、甑、豆、簋、盘、敛口瓮、缸等较典型的中原二里冈文化的器物，也有一些罐、壶、蛋形三足瓮等不同于二里冈的器物，可以称之为早商文化的“东下冯类型”①。但该类型不应包括中条山南麓垣曲古城南关商城为代表的遗存，两者的文化面貌有一定差别（后者更与中原典型的二里冈文化相近）。早商东下冯类型的形成也是中原二里冈文化直接影响的结果，同时还保存、延续了本地区特有的一些传统，比如从前期延续下来的蛋形三足瓮等器物。

3. 运城盆地北部

从鸣条岗到峨眉岭、绛山之间的运城盆地北部，目前经过正式发掘的龙山时期的遗址主要是绛县周家庄②。这里龙山期陶器与北部襄汾陶寺遗址龙山“中晚期”陶器非常接近，表现出相似的文化面貌。其中与陶寺共有的主要器类有肥足双鋬鬲、瘦足双鋬鬲、单把鬲、敛口斝、釜灶、甗、折肩罐、溜肩罐、鼓腹罐、圈足罐、深腹盆、浅腹盆、单把罐、单耳杯、豆、碗、圈足盘、扁壶等（图六），这些构成了两者陶器群中的主体。两者间也存在一些小的差异，如陶寺的夹砂小口鼓腹罐、大口缸、折腹盆、敛口圆腹斝、直口折肩罐等在周家庄少见或不见；陶寺有较多的扁壶，周家庄扁壶的数量较少；周家庄相对较多的溜肩罐在陶寺很少；周家庄的单把鬲大多为高领、形体较高，陶寺单把鬲则大多为矮领、形体较矮胖；两者簋、单把罐的形制也有差别。总的看，周家庄龙山期遗存无疑可纳入“陶寺类型”，只是还有一些自己的特点，概因其地域偏南、受到南面三里桥类型较多影响的缘故。周家庄的发掘使我们了解到，至少运城盆地的北部在龙山时期已被陶寺类型所覆盖，这修正了以往认为陶寺类型不出临汾盆地的看法。

本区域发掘过的夏商时期遗址主要有绛县柳庄，出土遗物较少且普遍较残碎。根据发掘简报的认识，该遗址出土的夏商遗存年代分别相当于二里头晚期和二里冈期，文化面貌也与晋南这两个时期的“东下冯类型”基本相同③。这说明中条山以北的整个运城盆地在夏商时期的文化面貌皆已趋同。

4. 临汾盆地

临汾盆地南隔绛山（又称紫金山）与运城盆地相通，北隔霍山与晋中相邻，在龙

① 王立新：《早商文化研究》，高等教育出版社，1998年。

② 中国国家博物馆田野考古研究中心、山西省考古研究所、运城市文物保护研究所：《山西绛县周家庄遗址2007～2012年勘查与发掘简报》，《山西绛县周家庄遗址居址与墓地2007～2012年的发掘》，两篇皆刊于《考古》2015年第5期。

③ 山西省考古研究所、国家博物馆考古部、运城市文物局：《山西绛县柳庄夏商遗址发掘报告》，《华夏考古》2010年第2期。

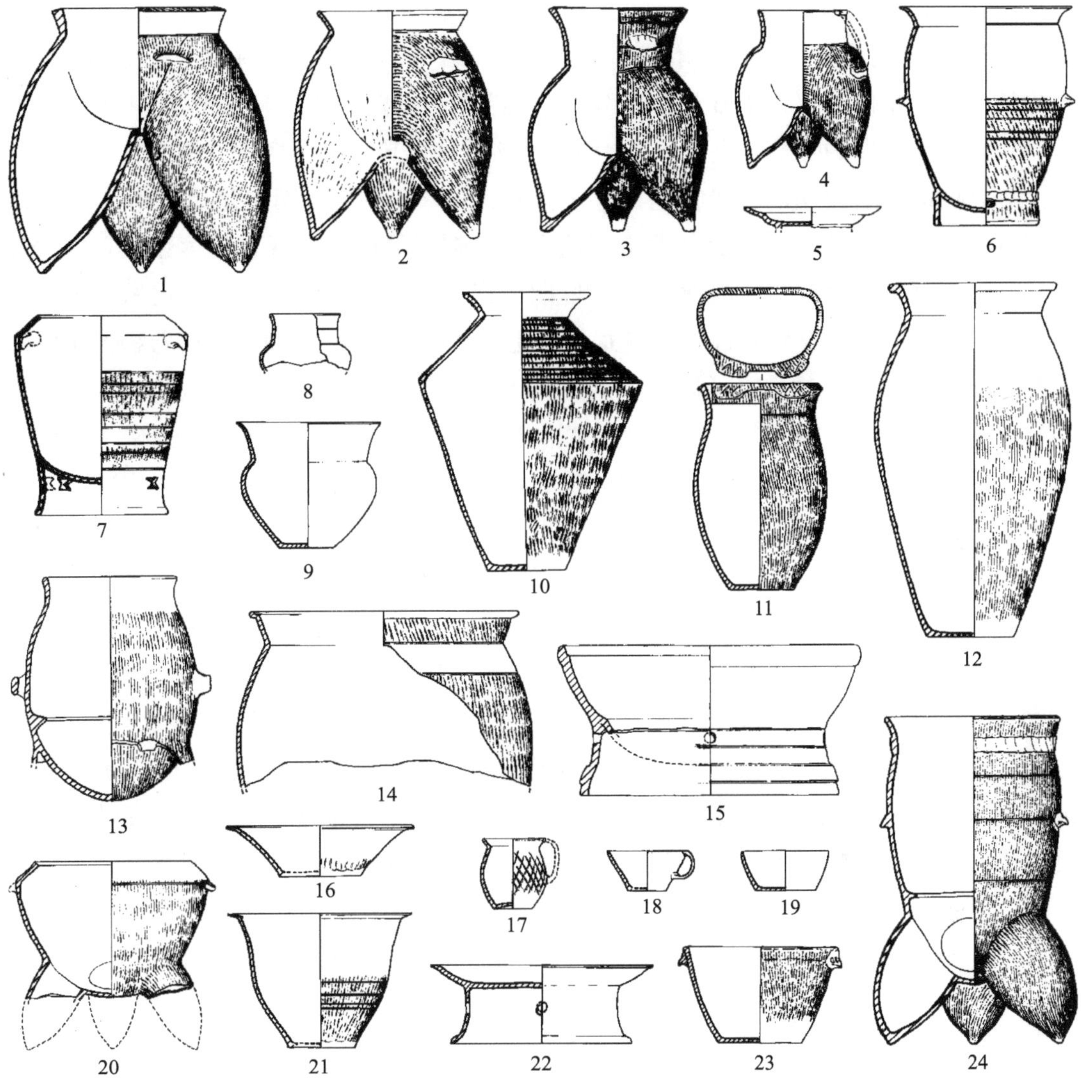

图六　绛县周家庄龙山期陶器

（引自中国国家博物馆田野考古研究中心、山西省考古研究所、运城市文物保护研究所：《山西绛县周家庄遗址2007～2012年勘查与发掘简报》;《山西绛县周家庄遗址居址与墓地2007～2012年的发掘》，两篇皆刊于《考古》2015年第5期）

1. 肥足鬲（W5：1） 2. 矮领瘦足鬲（W71：1） 3. 高领瘦足鬲（H96：2） 4. 单把鬲（W24：1） 5. 豆（H288：25） 6. 侈口圈足罐（H33⑤：28） 7. 敛口圈足罐（H33⑥：27） 8. 高领罐（H82⑨：1） 9. 尊（H174③：14） 10. 折肩罐（W105：2） 11. 扁壶（H96：1） 12. 溜肩罐（H223⑥：24） 13. 釜灶（H223⑥：6） 14. 鼓腹罐（F11③：1） 15. 簋（T1009⑦：12） 16. 浅腹盆（H33③：32） 17. 单把罐（H82②：11） 18. 单把杯（H95：3） 19. 碗（TG9③a：15） 20. 敛口斝（H216⑧：11） 21. 深腹盆（F2：7） 22. 圈足盘（F31：1） 23. 双鋬盆（H203②：3） 24. 甗（H33⑤：25）

山时代和夏商时期处于中原文化与北方文化直接接触、碰撞与融合的区域。这里龙山时代的遗址以襄汾陶寺为代表[①]，另外出土遗存较丰富的还有曲沃、翼城交界处的方城—南石遗址[②]。陶寺“龙山时代”遗存可分早、中、晚三期，发掘者一般将其视为一个连续发展的整体而称为龙山文化的“陶寺类型”[③]或“陶寺文化”[④]。“陶寺早期”年代相当于庙底沟二期的晚期阶段[⑤]，文化面貌与晋南豫西典型的庙底沟二期文化有许多相似之处，同时又有鲜明的自身特色，有学者将其归入庙底沟二期文化的范畴[⑥]。“陶寺中晚期”则是以肥足鬲为代表的龙山期遗存，与陶寺早期相比既有延续性又有很大的变异，笔者赞同将两者区别开来。陶寺早期遗存可以视为庙底沟二期文化的一个地方类型，陶寺中晚期遗存则可称为晋南龙山文化的“陶寺类型”。陶寺类型器物的主体来源可分四个部分：一是从本地陶寺早期延续下来的因素，包括釜灶、盆形斝和敞口折腹斝、小口折肩罐、深腹盆、浅腹盆、宽沿折腹盆、豆、碗、扁壶、单把杯、单把罐、夹砂罐和缸等；二是受北方（晋中北、陕北、内蒙古中南部等地）龙山文化冲击影响而形成的新因素，主要有双鋬鬲、矮体单把鬲、敛口罐形或釜形斝、甗等；三是少量源自中原腹地王湾三期文化或通过南邻三里桥类型传递过来的双腹盆、圈足盘等，还有来自中原或东方的极少的鬶、盉；四是本地新流行的圈足罐、直口折肩或折腹罐、簋、三足杯，还有极富特色的肥足鬲等（图七）。实际上，在陶寺类型的文化来源与构成中，与三里桥类型有许多相同或相似之处，两者都是在当地庙底沟二期文化基础上、分别受北方和中原龙山期文化强烈影响而形成的，并且互有渗透。只是陶寺更多受到北方龙山文化的影响，而三里桥更多表现出中原龙山文化的特征；另外陶寺类型在接受外来影响的同时又多有变化而形成了许多鲜明的自身特点，这是它与三里桥类型的不同之处。但总的看两者的文化面貌表现出了很多的共性，因此笔者曾将他们合称为“陶寺－三里桥文化”[⑦]，现在看仍是可行的。这样整个晋南地区龙山时代遗存就可合并

① 有关资料参见解希恭主编：《襄汾陶寺遗址研究》，科学出版社，2007年。

② 中国社会科学院考古研究所山西工作队：《山西曲沃县方城遗址发掘简报》，《考古》1988年第4期；山西省考古研究所：《山西翼城南石遗址调查、试掘报告》，《三晋考古》（二），山西人民出版社，1996年。

③ 高天麟、张岱海、高炜：《龙山文化陶寺类型的年代与分期》，《史前研究》1984年第3期。

④ 张岱海：《陶寺文化与龙山时代》，《庆祝苏秉琦考古五十五年论文集》，文物出版社，1989年；何驽：《陶寺文化谱系研究综论》，《古代文明》（第3卷），文物出版社，2004年。

⑤ 韩建业：《晋西南豫西西部庙底沟二期—龙山时代文化的分期与谱系》，《考古学报》2006年第2期。

⑥ 卜工：《庙底沟二期文化的几个问题》，《文物》1990年第2期。

⑦ 戴向明：《黄河流域新石器时代文化格局之演变》，《考古学报》1998年第4期。

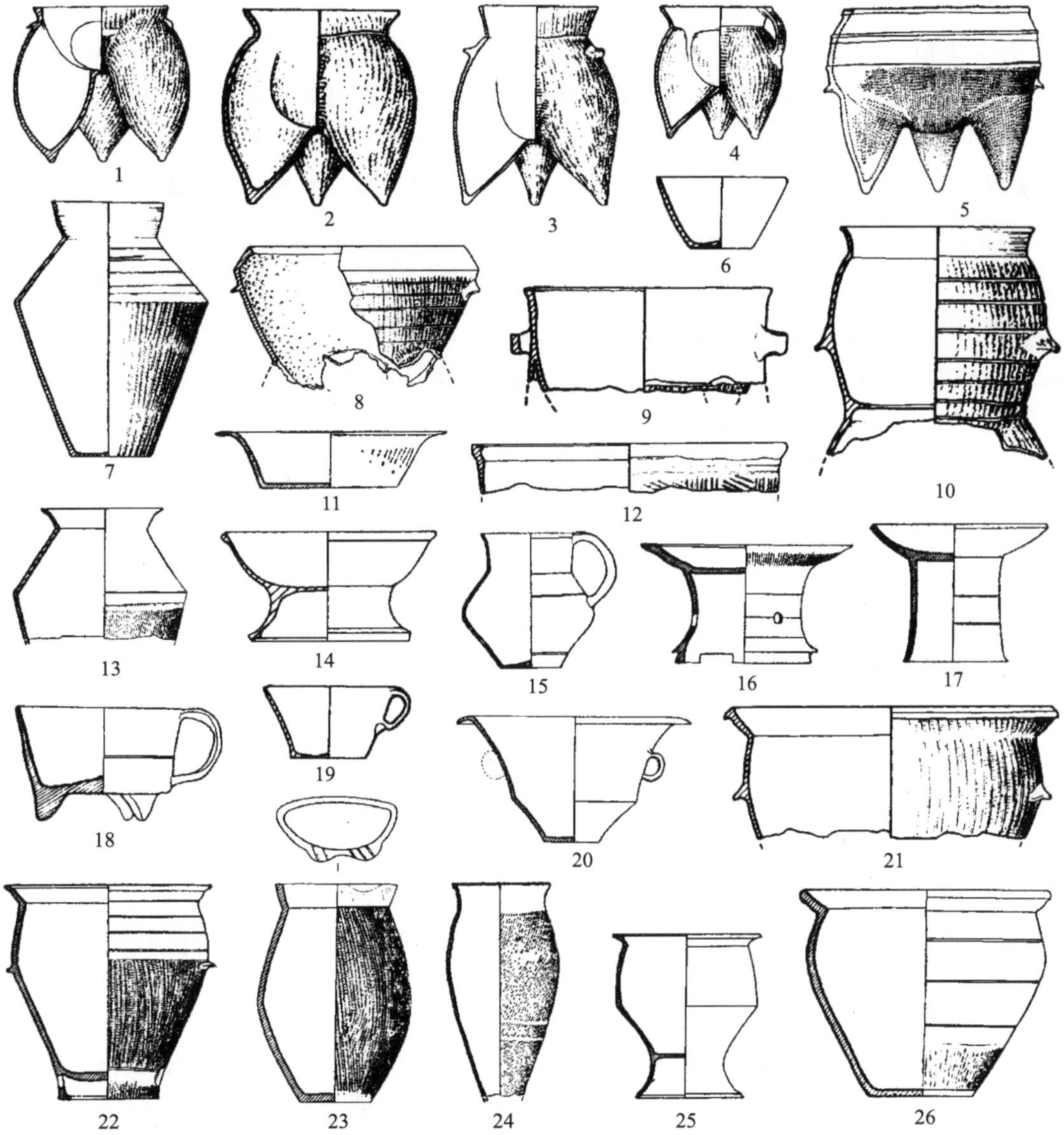

图七　襄汾陶寺龙山期陶器

（有关器物图来源文章参见解希恭主编：《襄汾陶寺遗址研究》，科学出版社，2007年）

1. 肥足鬲（ⅠH6：36） 2. 矮领瘦足鬲（ⅡH22：12） 3. 高领瘦足鬲（ⅡH22：1） 4. 单把鬲（ⅠT5126③：3） 5、8. 斝（ⅢH303：13、ⅠHG8：66） 6. 碗（ⅡT7③B：6） 7. 直口折肩罐（ⅠH6：35） 9. 釜灶（ⅡH18：17） 10. 甗（ⅡH10：4） 11. 浅腹盆（M296：1） 12. 缸（ⅠT5026⑤：6） 13. 侈口折肩罐（ⅢH321：5） 14. 圈足盘（ⅡF10：1） 15. 单把罐（ⅣT404④：8） 16、17. 豆（ⅢH301：3、ⅢH303：19） 18. 三足杯（ⅢH303：20） 19. 单耳杯（ⅡH22：8） 20. 折腹盆（ⅢH303：17） 21. 深腹盆（ⅠH20：2） 22. 圈足罐（ⅢH303：14） 23. 扁壶（采集） 24. 溜肩罐（ⅢH365：36） 25. 簋（ⅢH303：18） 26. 大口折沿罐（ⅣH401：23）

为一个考古学文化，当然其中包括两个相对独立的“陶寺类型”和“三里桥类型”。

临汾盆地发掘或调查过的二里头期遗址已有多处[①]，其中出土遗物最丰富、最有代表性的为襄汾大柴[②]。大柴的陶器主要有大口高领鬲、单把鬲、斝、甗、单耳罐、双鋬圆腹罐、深腹罐、小口折肩罐、大口折肩瓮、大口尊、深腹盆、双鋬盆、甑、敛口瓮、蛋形三足瓮、器盖、钵、盘、豆、壶、爵等（图八），这些都与运城盆地东下冯遗址的同类器非常接近，只是不见东下冯的鼎、敛口高领鬲式斝、盉等。综合考察这些遗址，临汾盆地此期遗存无疑可归入二里头文化的东下冯类型。但这些遗存形成的年代比运城盆地的东下冯又略晚一些，最早只能到二里头的二期[③]。由此可以推断，临汾盆地龙山期文化即陶寺类型的年代也应延续到了二里头的一期。而且同样的，本地区的二里头文化也非前期陶寺类型的自然演变，而是东下冯类型由南往北推进、替代的结果。

临汾盆地已发现和发掘过的二里冈期遗址数量不多，材料也较零散不成系统，难以反映这个时期整体的文化面貌。从已有的一点资料看[④]，可能既有南面早商文化东下冯类型的因素，也有来自北面晋中早商时期白燕类遗存[⑤]的影响，但对其文化性质目前还无法确切地认定。以前人们多将临汾盆地的早商遗存笼统归入“东下冯类型”，其实并无充足的资料和过硬的证据，这个问题还是留待将来资料充足后再定为宜。

5. 总结：晋南龙山到夏商时期考古学文化的谱系与年代

总结上述分析，晋南地区龙山到夏商时期的遗存在年代、谱系关系、文化面貌与文化性质等几个方面都表现出了纷繁复杂的特征。

龙山时期大致以运城盆地中部的鸣条岗为界，往南的运城盆地南部到中条山南麓和豫西黄河谷地为“三里桥类型”，往北的运城盆地北部到整个临汾盆地为“陶寺类型”（这样的认识不仅来自前述多个发掘过的遗址，也可以得到运城盆地调查资料的支持[⑥]），

---

① 中国社会科学院考古研究所山西工作队：《晋南二里头文化遗址的调查与试掘》，《考古》1980年第3期；北京大学历史系考古专业山西实习组：《翼城、曲沃考古勘察记》，《考古学研究》（一），文物出版社，1992年。

② 中国社会科学院考古研究所山西工作队：《山西襄汾县大柴遗址发掘简报》，《考古》1987年第7期。

③ 常怀颖：《夏商时期古冀州之域的考古学研究》，北京大学博士学位论文，2010年。

④ 侯马市博物馆：《山西省侯马市上北平望遗址调查简报》，《华夏考古》1991年第3期；侯马市博物馆：《山西侯马市古文化遗址调查报告》，《文物季刊》1992年第1期。

⑤ 晋中考古队：《山西太谷白燕遗址第一地点发掘简报》，《文物》1989年第3期。

⑥ 中国国家博物馆田野考古研究中心、山西省考古研究所：《运城盆地东部聚落考古调查与研究》，文物出版社，2011年。

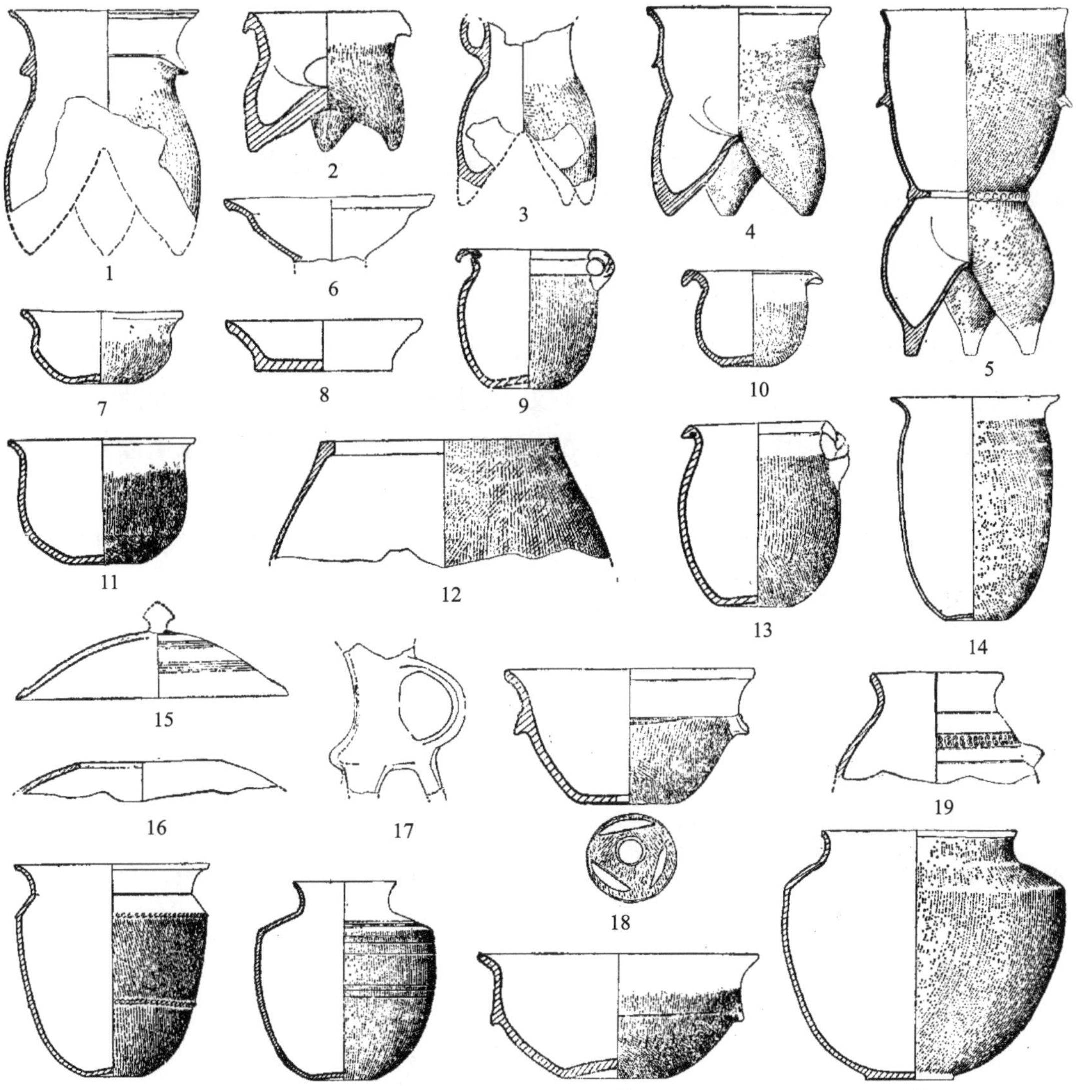

图八　襄汾大柴二里头期陶器

（引自中国社会科学院考古研究所山西工作队：《山西襄汾县大柴遗址发掘简报》，《考古》1987 年第 7 期）

1、2. 鬲（H5：28、H11：11） 3. 单把鬲（H3：13） 4. 斝（H7：4） 5. 甗（H5：27） 6. 豆（H5：29） 7. 钵（H5：20） 8. 盘（21） 9、13. 单耳罐（T2④B：17、T3④B：4） 10. 双鋬罐（T2④B：16） 11. 深腹盆（T3④B：3） 12. 蛋形瓮（H6：3） 14. 深腹罐（H3：11） 15. 器盖（H11：14） 16. 敛口瓮（H5：30） 17. 爵（H4：1） 18. 甑（H5：14） 19. 壶（T3④B：8） 20. 大口尊（H7：3） 21. 小口罐（H5：24） 22. 双鋬盆（H5：19） 23. 大口瓮（H5：26）

两者共性颇多，合在一起又可称为“陶寺－三里桥文化”。其中运城盆地南部以东下冯为代表的三里桥类型遗存含有相对较多的陶寺类型的特点，而运城北部以周家庄为代表的陶寺类型遗存则表现出一些与陶寺遗址有别、却与三里桥类型相近的特征，这体现了两个类型各从南、北相向交互渗透的局面。两个类型的形成又都是本地传统与周边同时期各文化因素相结合的结果。比较而言，三里桥类型直接受王湾三期文化的影响而具有较多的中原龙山文化的特征，陶寺类型则直接受到“三北龙山文化”的冲击而表现出较浓厚的北方龙山文化的色彩；此外陶寺类型显得更为发达而多有创新，这当与陶寺等大型中心聚落所代表的更复杂的区域政体的形成有关。

整个晋南地区从龙山到二里头的转变都不是本地文化传统自然延续或演变的结果，而是来自中原郑洛地区的二里头文化直接取代原有文化，或结合本地少量因素并吸收周边地区特别是北方的文化因素，再综合创造出新的文化类型。具体地说，中条山南麓及豫西黄河谷地表现为较典型的二里头文化，同时小有变异，这里已知的发现反映二里头文化对三里桥类型全面的取代是在二里头二期之时，不过从中条山以北的情况判断，中条山南麓或许也存在能够早到二里头一期晚段的遗存。中条山以北，首先在运城盆地的南部形成了二里头文化的“东下冯类型”，年代在二里头一期的偏晚阶段，东下冯类型是以二里头文化为主体、同时大量吸收晋中等地同期文化因素而形成的。继而东下冯类型北扩，到二里头二期时覆盖到了临汾盆地，同时也发生了一些小的变化，从中可以看到这里受到晋中地区的影响比其南面的运城盆地更多一些。另外还可以看出，晋南地区的龙山期文化——包括三里桥类型和陶寺类型，都至少延续到了二里头一期，其中越靠北可能延续的时间越长。

到了早商时期，与中原地区二里冈文化取代二里头文化大体同步，晋南地区的文化面貌也发生了相应的改变。从南往北，中条山南麓以垣曲商城为代表，表现为较典型的二里冈文化；中条山以北的运城盆地则是以二里冈文化为主体、结合部分土著因素（包括从前期延续下来的北方因素）而形成的早商文化的“东下冯类型”；北部的临汾盆地此时期的文化面貌尚不清晰，约略可以看出既有来自南边东下冯类型的因素，也有源自北边晋中地区的影响，对其文化性质的认定尚需假以时日。

关于龙山时代的绝对年代，以往普遍的看法是在公元前2500～前2000年之间，后来随着测年数据的增多而又认为其下限可以延续到公元前1900年左右（至少在中原文化区如此），往下则与二里头文化衔接；二里头文化的年代为公元前1900～前1600（或接近公元前1500）年[①]，其后则进入了二里冈文化即早商文化的纪年。就晋南地区而言，早先所测龙山遗存的数据大多与此相符，如古城东关、东下冯为数不多的 ^{14}C 测年主要都落在上述龙山时代绝对年代值的区间里（见发掘报告）；但古城南关和东下冯二里头期遗存却缺乏可靠的测年数据。陶寺早期测年数据集中在公元前2500～前2300

① 仇士华、蔡莲珍、冼自强、薄官成：《有关所谓“夏文化”的碳十四年代测定的初步报告》，《考古》1983年第10期。

年，中晚期数据有前后倒置或交错的现象，但主要集中在公元前2400～前1800余年之间[①]。陶寺早期相当于庙底沟二期的晚期，陶寺中晚期即“陶寺类型”为龙山时代遗存，上述测年较以往认定的庙底沟二期（下限）和龙山纪年都略偏晚。襄汾大柴二里头期遗存有两个测年数据，分别为公元前1955年和公元前1965年[②]，比二里头文化早期的上限又偏早一些。

近些年随着^{14}C测年设备的改进和技术的提高，新的测年数据似乎普遍较以前的偏晚一些，这首先体现在中原腹地龙山和二里头文化的测年上，如禹州瓦店主要测年数据在公元前2300～前1730年之间[③]，登封王城岗新的测年集中在公元前2200～前1770年左右[④]。河南新密新砦遗址的“新砦期”（新砦二期）测年集中在公元前1880～前1700年之间[⑤]。“夏商周断代工程”所测二里头一～四期的数据在公元前1880～前1520年之间，多数数据集中在公元前1800～前1530年之间[⑥]。后来以河南龙山文化晚期—新砦期—二里头一期先后衔接发展为前提，根据系列样品的拟合，提出新砦期的上限不早于公元前1850年，二里头文化的上限不早于公元前1750年[⑦]；其后将新砦与二里头遗址的测年数据总的拟合之后，又认为“新砦早期”约为公元前1870～前1790年，“新砦晚期”约为公元前1790～前1720年，二里头遗址一～四期的积年约在公元前1735～前1530年之间，并进一步推断新砦早期年代上限不早于公元前1870年，二里头一期年代上限不早于公元前1750年[⑧]。

上述对新砦、二里头年代拟合的前提是认为从河南龙山（王湾三期文化）到新砦期、再到二里头文化是前后相继的关系，但这只是学术界的一种看法[⑨]。另一种看法

① 高天麟、张岱海、高炜：《龙山文化陶寺类型的年代与分期》，《史前研究》1984年第3期。

② 中国社会科学院考古研究所山西工作队：《山西襄汾县大柴遗址发掘简报》，《考古》1987年第7期。

③ 河南省文物考古研究所：《禹州瓦店》，世界图书出版公司，2004年。

④ 北京大学考古文博学院、河南省文物考古研究所：《登封王城岗考古发现与研究》（2002～2005），大象出版社，2007年。

⑤ 北京大学震旦古代文明研究中心、郑州市文物考古研究院：《新密新砦——1999～2000年田野考古发掘报告》，文物出版社，2008年。

⑥ 夏商周断代工程专家组：《夏商周断代工程1996～2000年阶段成果报告》（简本），世界图书出版公司，2000年。

⑦ 仇士华、蔡莲珍、张雪莲：《关于二里头文化的年代问题》，《二里头遗址与二里头文化研究》，科学出版社，2006年。

⑧ 张雪莲、仇士华、蔡莲珍、薄官成、王金霞、钟建：《新砦——二里头—二里冈文化考古年代序列的建立与完善》，《考古》2007年第8期。

⑨ 赵春青：《关于新砦期与二里头一期的若干问题》，《二里头遗址与二里头文化研究》，科学出版社，2006年。

则认为，新砦一期属于典型的王湾三期文化晚期遗存，新砦二期早段文化面貌虽有变化，但年代仍相当于龙山末期，新砦二期晚段相当于二里头一期早段，新砦三期相当于二里头一期晚段；也就是说，所谓“新砦期”（原报告中的“新砦二期”，实际上还应包括第三期）事实上与二里头一期有一段交错并行的关系，二里头文化最早形成于洛阳盆地而非嵩山东部[①]。那么，上述对新砦期下限和二里头一期上限测年进行拟合的前提就不存在了。因此，我们倾向于认为新砦二～三期的年代约在公元前1870～前1700年之间，而二里头一～四期年代约在公元前1800余年（最早不超过公元前1880年）到公元前1530年之间，两者有部分纪年是重合的。以此上推，早于二里头一期的整个中原龙山文化的纪年约在公元前2300～前1800年；除了二里头文化兴起的洛阳盆地，中原其他地区——包括晋南等地，龙山文化的下限都应该进入了二里头一期的纪年，即延续到了公元前1800年左右或更晚（最晚下限不超过公元前1700年左右）。

以此观察晋南地区最新的测年结果，其中绛县周家庄龙山遗存的测年集中在公元前2200～前1750年之间，其晚期显然已进入二里头一期的年代。周家庄龙山遗存可分早、晚两大期[②]，大致与陶寺中、晚期相对应，那么可以说陶寺的晚期也已进入二里头初期的纪年之内。

由此我们可以进一步判断，随着陶寺国家在二里头一期阶段的衰落，二里头二期之后的二里头国家政体又相继兴起，两者是一前一后的早晚交替关系[③]。但在这兴废之间是否有着相互关联的历史原因，尚需进一步深入的探讨。

（原载《庆贺徐光冀先生八十华诞论文集》，科学出版社，2015年）

① 张海：《公元前4000至前1500年中原腹地的文化演进与社会复杂化》，北京大学博士学位论文，2007年；戴向明：《中原龙山到二里头时期文化与社会发展阶段的二个问题》，《庆祝张忠培先生八十岁论文集》，科学出版社，2014年。

② 中国国家博物馆田野考古研究中心、山西省考古研究所、运城市文物保护研究所：《山西绛县周家庄遗址居址与墓地2007～2012年的发掘》，《考古》2015年第5期。

③ 戴向明：《陶寺、石峁与二里头——中原及北方早期国家的形成》，《夏商都邑与文化（二）——“纪年二里头遗址发现55周年学术研讨会”论文集》，中国社会科学出版社，2014年。

中原龙山到二里头时期文化与社会发展阶段的两个问题

中原地区继龙山时代之后发展起来的主要是二里头文化。二里头文化以环嵩山地区为核心，覆盖河南大部，并直接影响到晋南、陕东等地。关于二里头文化是如何起源与形成的，它与之前的王湾三期文化及“新砦期”遗存的关系如何？从龙山时代到二里头时代环嵩山地区的社会经历了怎样的变化，如何看待该区域文化与社会的演变同史书所载夏王朝相关联的问题？这些就是本文所要着重讨论的内容。

一、对“新砦期”及其与二里头一期遗存关系的认识

龙山时代，在中原的腹心即环嵩山地区分布着王湾三期文化，其周围则环绕着晋南豫西的陶寺－三里桥文化、陕西关中的客省庄文化、豫北冀南的后岗二期文化、豫东的造律台文化以及从长江中游蔓延到豫南的石家河文化（后被王湾三期文化所取代）。随着龙山时代的结束，原来诸强争胜的局面也随之终结，从环嵩山地区继之而起的二里头文化逐渐发展成为中原乃至整个中国境内罕见的强势文化共同体。然而，二里头文化是如何起源与形成的，很长时间里学界的认识一直是模糊不清的，有关夏文化的长久争论并没能有助于这个问题的解决；近些年随着资料的增加和研究的深入，对该问题的探讨有了很大的进展，但分歧颇大。近年人们围绕早期夏文化讨论的一个关键问题，是“新砦期”的存在与否及其年代、性质的归属，这又直接牵涉二里头文化的起源与形成问题。

二里头文化可以分为不同的类型，除了环绕嵩山的二里头类型，其他类型包括哪些，目前学界有不同的认识。较早时期人们一般认为二里头文化只包括二里头类型和晋南的东下冯类型[①]。后来随着新发现的增多和认识上的深入，一些学者主张二里头文

① 邹衡：《试论夏文化》，《夏商周考古学论文集》，文物出版社，1980年；李伯谦：《东下冯类型的初步分析》，《中原文物》1981年第1期。

化应包括更广大的地域范围和更多的类型，近年较有代表性的观点是将二里头文化分为二里头类型、东下冯类型、豫东的牛角岗类型、豫东南的杨庄类型和豫西南的下王岗类型[①]。此外也有将东下冯看作是独立于二里头之外的另一支考古学文化的[②]。但无论怎样划分，多数人都认同二里头文化的最初发源地是在嵩山周围的伊洛—郑州地区，这里的二里头类型是探讨二里头文化起源与形成的关键所在。

二里头类型以二里头遗址一至四期遗存为代表[③]。二里头类型主要分布在嵩山周围，该地区早于二里头的是龙山时代的王湾三期文化，两者分布地域大部分重合，年代衔接紧密，文化构成因素也有许多传承之处，因此很多学者都认为二里头文化的形成与王湾三期文化有着较密切的渊源关系。但由于二里头类型中还有许多王湾三期文化所没有的因素，有些是新出现的，有些则来自周围的其他文化，而且其整体文化面貌与王湾三期文化相比有较大的突变，这就导致了在二里头文化形成问题上的一些不同认识。特别是自“新砦期”遗存发现之后，更是引起了很大的争论。

争论的焦点围绕“新砦期”与二里头一期的关系展开，各家说法可以归纳为以下五种：

（1）认为“新砦期”独立存在，年代介于河南龙山晚期和二里头一期之间，并且是两者间的过渡遗存，性质属于二里头文化，后来又将其分离出来称为“新砦期文化”[④]。赵春青在此基础上又进一步指出，“新砦期”遗存只分布于环嵩山地区的东部，主要是在本地王湾三期文化和造律台类型基础上发展起来的，而后再发展到二里头文化一期；环嵩山西部的伊洛流域和洛阳盆地则由当地的王湾三期文化（其下限拖到了新砦期）直接演变到二里头文化一期，而周边其他地区均由当地的龙山文化晚期遗存（其下限拖到了二里头一期）直接演变为二里头文化二期；最先跨入二里头时代的是环嵩山地区的东部，“新砦期”是从王湾三期文化向二里头文化过渡性的遗存，可将其独立命名为“新砦二期文化”[⑤]。

（2）同意“新砦期”早于二里头一期，但认为整个新砦期遗存与王湾三期文化和

---

① 中国社会科学院考古研究所：《中国考古学·夏商卷》，中国社会科学出版社，2003年。

② 郑杰祥：《夏史初探》，中州古籍出版社，1988年；张立东：《论辉卫文化》，《考古学集刊》（10），地质出版社，1996年。

③ 中国社会科学院考古研究所：《偃师二里头——1959年～1978年考古发掘报告》，中国大百科全书出版社，1999年。

④ 赵芝荃：《试论二里头文化的源流》，《考古学报》1986年第1期。

⑤ 赵春青：《关于新砦期与二里头一期的若干问题》，《二里头遗址与二里头文化研究》，科学出版社，2006年；北京大学震旦古代文明研究中心、郑州市文物考古研究院：《新密新砦——1999～2000年田野考古发掘报告》，文物出版社，2008年。

造律台类型联系更多，归入王湾三期文化后期末段为宜，可称为“王湾三期文化新砦类型”；二里头文化的形成以西进的新砦类型为基础，又融合了洛阳盆地附近部分土著因素和束颈圆腹花边罐等齐家文化因素[①]。

（3）否认“新砦期”作为过渡遗存的存在，认为其属于二里头文化一期（或一期早段），可算是二里头文化的一个地方类型；二里头文化主要来源于河南龙山文化（王湾三期文化），同时受到了周边其他文化的强烈影响[②]。

（4）将“新砦期”与二里头一期遗存合并成一个独立于王湾三期文化和二里头文化之外的考古学文化——“新砦文化”[③]。许宏赞同这种划分和定性，但他强调汝颍区的新砦期晚段与伊洛区的二里头一期早段有同时并存的可能，新砦期遗存与二里头一期遗存既有早晚之别，又有地域上的差异；“新砦文化”的形成是承袭了当地龙山文化传统，并大量吸纳了东方文化因素；二里头文化（二期以后）则是西方文化因素大量渗入及东西方文化真正融合而形成的典型的二里头文化面貌[④]。

（5）张海对“新砦期”和二里头一期遗存进行了细致周密的分析，按区域分析了它们的年代和谱系关系。他将“新砦类遗存”分为早晚两段（顾问[⑤]、赵春青等也有类似的划分），并认为分别与龙山晚期和二里头一期（早段）同时。与“新砦晚类遗存”并行的，在洛阳盆地为二里头文化一期，在颍河中上游、沙汝河流域等地则是兼具“新砦晚类”因素与二里头一期早段因素的龙山文化晚期遗存。他将中原各地的“新砦类遗存”一并划入中原龙山文化晚期的范畴，认为“新砦早类遗存”主要是在继承王湾三期文化的基础上，大量吸收泛东方和部分泛西北和南方文化系统的因素发展起来的；“新砦晚类遗存”是新砦早类遗存的延续，只是相对缺少泛西北文化传统的因素；二里头文化是在部分继承本地龙山文化晚期因素的基础上，大量吸收周边地区的文化因素，并加以重新整合创新而形成。两者不属于一个考古学文化，而二里头文化的兴起与扩张最终取代了“新砦类遗存”[⑥]。

---

① 韩建业：《论二里头青铜文明的兴起》，《中国历史文物》2009 年第 1 期。

② 邹衡：《试论夏文化》，《夏商周考古学论文集》，文物出版社，1980 年；《二里头文化的首和尾》，《中国历史文物》2006 年第 2 期；董琦：《虞夏时期的中原》，科学出版社，2000 年；李维明：《二里头文化一期遗存与夏文化初始》，《中原文物》2002 年第 1 期。

③ 杜金鹏：《新砦文化与二里头文化——夏文化再探讨随笔》，《中国社会科学院古代文明研究中心通讯》2001 年第 2 期。

④ 许宏：《嵩山南北龙山文化向二里头文化演进过程管窥》，《中原地区文明化进程学术研讨会文集》，科学出版社，2006 年；《“新砦文化”研究历程述评》，《三代考古》（二），科学出版社，2006 年。

⑤ 顾问：《“新砦期”研究》，《殷都学刊》2002 年第 4 期。

⑥ 张海：《公元前 4000 至前 1500 年中原腹地的文化演进与社会复杂化》，北京大学博士学位论文，2007 年。

以上讨论主要围绕这样几个问题展开："新砦期"是否成立及其文化属性如何，它的时空范围及其与二里头一期的关系，"新砦期"和二里头一期遗存的形成。

各家说法中有一点是比较一致的，就是都认为"新砦期"或"新砦类"遗存主要分布在嵩山东部的郑州地区。在龙山时代，环绕嵩山分布的王湾三期文化以嵩山为界可分为南、北两个类型，即北面郑洛区的"王湾类型"和南面汝颖区的"煤山类型"，两者在器物组合、形制特点和纹饰特征等方面都存在一定差异，其中最突出的是王湾类型中罐多鼎少，而煤山类型则流行使用鼎为炊器[①]。到了龙山晚期以后，区域间的差异又扩大到了郑州地区。从龙山晚期到二里头一期，嵩山东部的郑州地区、西北部的洛阳地区及南部的颍河和沙、汝河流域，文化面貌及发展变化的轨迹都是不尽相同的。要搞清楚新砦期和二里头一期遗存的来源和相互关系，首先应分别梳理这几个区域从龙山到二里头文化发展演变的脉络。

洛阳盆地内王湾三期文化的王湾类型至少可以分为前、后或早、晚两大期（参见前引韩建业、张海文），主要陶器有深腹罐、乳足鼎、斝、鬲、高领罐、瓮、深腹侈口盆、双腹盆、刻槽盆、碗、甑、豆、圈足盘、单耳罐、单耳杯、盉、小罐、器盖等，纹饰以篮纹为主，其次为方格纹和绳纹。二里头文化的二里头类型可分四期[②]，主要器类有深腹罐、圆腹罐、高领罐、捏口罐、侧装高足盆形和罐形鼎、尊、瓮、缸、深腹侈口盆、浅腹敞口盆、刻槽盆、甑、豆、三足盘、觚、爵、盉、器盖等；这四期主要器类的组合保持了基本的稳定，各类型器物前后演变的脉络清楚，衔接紧密，毫无疑问属于一个考古学文化；至于其间一些次要器类略有增减，陶色由深到浅，纹饰从开始的篮纹居多到逐渐趋于消失、绳纹很快占有绝对优势，各类器物形态的改变等方面的变化，都属于该文化不同发展阶段中局部性的演变，文化构成的主体因素始终没有发生根本的变化。

然而，若拿二里头类型与王湾类型相比，却有相当大的转变。如王湾类型中常见或较常见的乳足鼎、斝、鬲、双腹盆、圈足盘、单耳罐等在二里头类型中从一开始或很快就消失了，而二里头类型新出现的大量的圆腹罐、捏口罐、侧装高足盆形和罐形鼎、尊、三足盘、爵等却不见于王湾类型，即便是共有的深腹罐、瓮、盉等器物的形制风格也发生了非常大的改变，只有高领罐、深腹侈口盆、浅腹敞口盆、刻槽盆、甑、豆、某些器盖等较少的器类有较强的延续性；另外两者在陶色、质地、装饰风格等方面也都有很大的差异或根本的不同。这些方面论者颇多，不必细述。总之，尽管在洛

---

① 韩建业、杨新改：《王湾三期文化研究》，《考古学报》1997 年第 1 期。

② 中国社会科学院考古研究所：《偃师二里头——1959 年～1978 年考古发掘报告》，中国大百科全书出版社，1999 年。

阳盆地内已发现多处二里头类型遗存叠压在王湾类型遗存之上的堆积现象，二者年代前后衔接，没有缺环，文化面貌也有部分的沿袭承接，但两个文化间并非直接的传承递嬗关系。正如李伯谦先生所说，“二里头文化不是河南龙山文化的自然延续，河南龙山文化也不是形成二里头文化的全部来源”①。

郑州地区龙山时代的文化面貌与洛阳盆地很相似，只因有相对较多的乳足鼎、平底碗、长颈壶等而更接近于煤山类型，但到“新砦期”却发生了很大的变化。本地区从龙山晚期到二里头初期阶段的演变以新密新砦遗址表现得最充分。新砦发掘报告将有关的遗存分为连续发展的三期②。新砦一期属于典型的王湾三期文化晚期遗存。二期即所谓的“新砦期”，典型遗址有新砦和巩义花地嘴③，可进一步分为早、晚两段（见前引赵春青、张海文）。早段的主体因素承自新砦一期代表的本地王湾三期文化，主要器类有乳足鼎、深腹罐、小口高领罐、大口瓮、深腹盆、刻槽盆、甑、碗、豆、圈足盘、弧壁器盖等；同时又渗入了很多来自造律台文化、后岗二期文化乃至山东龙山文化等东方诸邻近文化的因素，如侧装三角足罐形鼎、甗、子母口瓮、壶、敞口单耳杯、折壁器盖等，此外还有很少的来自西北和南方的文化因素，而王湾三期文化中较常见的双腹盆、斝等消失；纹饰仍以篮纹为主，次为方格纹，绳纹较少。总体上看，新砦二期早段遗存保持了王湾三期文化的基本特色，并受到了豫东、豫北等地龙山时代诸文化的强烈影响，其年代不会超出龙山时代的范围，大体与河南龙山期的末段相当。

与早段相比，新砦二期晚段的器物组成没有太大的变化，各类器物的形态也是紧密衔接。不同的是晚段又从尊形瓮中演化出了一种折肩大口尊，并新出现了子母口鼎等少量其他几种器物；纹饰仍流行篮纹和方格纹，而绳纹有明显的增加。总的来看，这两段遗存紧密关联，是一个不可分割的整体。但与各地区王湾三期文化最晚阶段包括新砦二期早段的同类器物比较，我们会发现新砦二期晚段的器物特征也有较明显的变化，同时又与二里头一期有许多共同之处，最显著的如深腹罐口部变大、下腹由原来的瘦削而渐圆鼓，小口高领罐和大口瓮由鼓肩而变折肩，豆盘变深，敞口平底盆变浅，等等。因此可以推断，新砦二期晚段已经进入二里头一期的年代范畴。

再看紧接新砦二期之后的新砦遗址第三期遗存。第三期出土的遗迹和遗物都较少，但也基本能够反映其文化面貌。从已有资料看，新砦三期陶器的主体部分直接承自新

---

① 李伯谦：《关于早期夏文化——从夏商周王朝更迭与考古学文化变迁的关系谈起》，《中原文物》2000 年第 1 期。

② 北京大学震旦古代文明研究中心、郑州市文物考古研究院：《新密新砦——1999～2000 年田野考古发掘报告》，文物出版社，2008 年。

③ 郑州市文物考古研究所、北京大学考古文博学院：《河南巩义市花地嘴遗址“新砦期”遗存》，《考古》2005 年第 6 期。

砦二期，主要有深腹罐、尊形瓮、侧装三角形高足鼎（包括子母口鼎）和少量的乳足鼎、折壁与弧壁器盖、深腹盆、甑、敛口钵、瓮、豆等，这些器物具有新砦二期晚段的风格并与其形态相近而略有变化，显然是一脉相承的结果。除此之外，新砦三期还有少量属于二里头文化第一期的典型器物，主要是花边圆腹罐，其中多数为侈口高领的作风，与二里头一期晚段的特征相同（个别圆腹罐带有一期早段的特点），这类器物不见于新砦二期而是三期新出现的。新砦三期的各类器物形态变化不大，存在时间较短，也可以说是新砦二期发展的余绪，其年代大体与二里头一期晚段相当。综合前面的有关认识，可以进一步推定新砦二期晚段主要相当于二里头一期早段。此外，新砦二期晚段与二里头一期早段的主要器类风格一致、形态相近，有人视为早晚衔接的结果①，有人则看作是同时期的共同特点②。本文的分析支持后一种观点。

总结上述分析，可以看到新砦遗址的一至三期既连续发展又有很大的变化。其中最主要的变化发生在新砦一、二期之间，由于外来文化的强烈介入而导致文化面貌出现了相当大的改变。从新砦二期早、晚两段到新砦三期，虽然文化的构成因素有所增减，三期时又有少量二里头文化特有因素的渗入，并且原有的一些器类减少而简化了，但文化的主体面貌变化不大，可以将新砦三期与二期视为一个整体而归属于性质同一的一类遗存。新砦三期器物群中直接源于二里头文化的因素只有少量的花边圆腹罐，而不见二里头特有的捏口罐、三足盘、觚等其他器类，其整体面貌更接近于新砦二期而非二里头。那么，所谓“新砦期”这类遗存就还应包括新砦三期。这类遗存年代纵跨龙山时代末期到整个二里头一期。

除了新砦、花地嘴这种包含典型的“新砦类遗存”的遗址，整个嵩山东部郑州地区“新砦期”的情况则比较复杂。其中多数遗址如荥阳竖河③、郑州大河村④、新密黄寨⑤等只有少量“新砦类”因素（主要指源自造律台等东方文化的那些特有器类）。少数如新密古城寨含有侧装高足鼎、甗、壶、折壁器盖等较多的新砦类因素，但同时又有斝、双腹盆等不见于新砦遗址的王湾三期文化因素⑥，文化面貌介于“新砦期”与典型的王

① 赵春青：《关于新砦期与二里头一期的若干问题》，《二里头遗址与二里头文化研究》，科学出版社，2006年。

② 张海：《公元前4000至前1500年中原腹地的文化演进与社会复杂化》，北京大学博士学位论文，2007年。

③ 河南省文物研究所：《河南荥阳竖河遗址发掘报告》，《考古学集刊》（10），地质出版社，1996年。

④ 郑州市文物考古研究所：《郑州大河村》，科学出版社，2001年。

⑤ 河南省文物研究所：《河南密县黄寨遗址的发掘》，《华夏考古》1993年第3期。

⑥ 河南省文物考古研究所等：《河南新密市古城寨龙山文化城址发掘简报》，《华夏考古》2002年第2期。

湾三期文化之间。新砦是一处总面积达 100 万平方米的龙山末期遗址，花地嘴新砦期遗址残存面积约 30 万平方米，而古城寨是一处与新砦邻近的面积约 18 万平方米的龙山晚期城址，它们应属于不同级别的大型中心聚落。由此观之，在郑州及左近地区，似乎只有在这些等级较高的大型遗址中才存在充分或较多的“新砦类”因素，其他普通遗址只有很少或较少的“新砦类”因素。这反映东方外来文化的大规模冲击和渗透主要局限在高等级的聚落中，普通聚落则是在基本保持本地王湾三期文化主要传统的基础上而略有变化。因此，有人以“新砦现象”来表述这种在特定时期发生在特定遗址上的特殊遗存①，是有一定道理的。这里需要特别说明的是，在二里头一期早段亦即新砦期晚段，在荥阳竖河、新密黄寨等遗址已见圆腹罐等很少的二里头文化特有因素。到二里头一期晚段即新砦三期阶段，有的遗址如新密黄寨有较多的圆腹罐等二里头因素，但整体看与新砦类遗存更接近；有的遗址如竖河，除了较多的圆腹罐，还有捏口罐等二里头文化特有的因素，整体面貌与典型的二里头文化更为接近。这可能反映在此阶段二里头文化因素的侵入在远离新砦的聚落要多于新砦及其附近的聚落，属于两者交错并存的时期。这种此消彼长的态势到二里头二期最终发生了根本的改变，此时在整个郑州地区二里头文化已完全取代了“新砦期”遗存的存在。

在嵩山以南的颍河和沙、汝河流域，在新砦二期阶段主要是含有少量“新砦类”因素的本地王湾三期文化的延续；二里头文化的因素从一期早段到一期晚段逐渐增多，到一期晚段时这里已基本呈现出二里头文化的主体面貌②，其对本地区的侵占速率似乎要快于郑州地区。总的看，本地区的二里头文化是次生的，不会是该文化的发源地。

通过以上的梳理可以看到，嵩山东部郑州地区的文化发展脉络最为复杂。这里是“新砦类”遗存的发生地和主要分布区，这种遗存是以本地王湾三期文化为主、在大量吸收造律台等东方邻近的龙山期文化因素的基础上演变而成的，年代从龙山期末段一直延续到二里头一期，形成了本地区特有的“新砦现象”（见前引张海文）。不过既然这类遗存在大型和普通遗址中都有程度不同地存在，那么也可以将分布在郑州及左近地区的这类遗存单独称为一个“新砦类型”。这个类型包括新砦二期和三期为代表的遗存的总和。因其与王湾三期文化的密切关系，我们同意将其归属为该文化晚期的一个地方类型。本地区二里头文化完成对新砦类型的全面取代是在二里头二期以后，相对晚于二里头类型的其他分布区，这与此地新砦类型及其大型中心聚落的强势存在应有

---

① 张海：《公元前 4000 至前 1500 年中原腹地的文化演进与社会复杂化》，北京大学博士学位论文，2007 年。

② 张海：《公元前 4000 至前 1500 年中原腹地的文化演进与社会复杂化》，北京大学博士学位论文，2007 年。

直接的关系。另外也由此可知，既然本地区从新砦类型到二里头类型不是直接传承的结果，而是后者取代前者并且出现较晚，那么这里当然也不会是二里头文化的发源地。本地区最早的二里头时期遗存中都不见系统、完整的二里头文化器物群，与典型的二里头一期文化面貌相比都有一定差距，这也进一步说明二里头文化不会是在这里起源的。

正如人们已经认识到的，二里头文化一期早段主要局限在洛阳盆地，同时期其他地区还都处于龙山时代的末期；到二里头文化一期晚段才扩展到环嵩山周围的大部分地区（见前引张海等人文章）。这样一个发展过程已经清晰地表明二里头文化最早只能是在洛阳盆地起源的。但在洛阳盆地内，二里头类型的大部分主要器类并非直接源自王湾类型。经比较发现，二里头一期器物中的多数与“新砦类型”有直接的联系，如侧装高足鼎、子母口鼎、深腹罐、小口高领罐、大口尊、小口瓮、甑、刻槽盆、深腹侈口盆、浅腹敞口盆、深腹豆、盉、折壁器盖等；其中只有少数的盆、罐、鼎、鬶、弧壁器盖等或许与本地的前期文化有较近的渊源关系。在新出现的器类中，三足盘、觚等应当是直接受东方海岱区文化影响形成的，花边圆腹罐是源自西北齐家文化的因素，捏口罐、爵等则属于二里头新创制的特有因素。从这种文化因素的来源与构成可以看出，二里头类型是以西进的新砦类型为主体，融合部分土著因素，同时大量吸收来自西北、东方及周边其他地区的文化因素，并进一步综合创新而形成[①]。

乍一看，因为二里头一期与新砦二期遗存如此相像，似乎可以将他们划入到一个考古学文化范围内；但考虑到二里头一～四期是一个不可分割的整体，而新砦类型又与本地的龙山期文化有着紧密的联系，因此还是将“新砦类型”归属为王湾三期文化晚期的一个地方类型为宜。其中一个值得注意的现象是，位于嵩山以北的巩义花地嘴，介于郑州与洛阳之间，与偃师二里头更接近，不但聚落规模较大，而且出有玉璋、钺、铲、琮等高等级物品，与其后的二里头文化玉器有密切的关系。花地嘴只发现有“新砦期”早段的遗存，晚段消失，而同时在其西部的洛阳盆地兴起了二里头一期聚落，这一兴一废，似乎暗示着两者间紧密相关的内在联系。

由上可知，二里头文化最早是在洛阳盆地形成，尔后才扩展到周边地区的。二里头兴起之后，其社会群体与聚落规模快速膨胀，其文化覆盖的区域迅速扩展，最晚到二里头二期就已囊括环嵩山周边的所有区域，并最终导致新砦作为大型区域中心聚落的消失和“新砦类型”的终结。豫东的牛角岗类型、豫东南的杨庄类型、豫西南的下王岗类型，以及晋南的东下冯类型，都应该是二里头文化迅速扩张过程中与当地龙山期文化的后裔结合、同时又融合其他方面的一些因素发展而形成的。

---

① 韩建业：《论二里头青铜文明的兴起》，《中国历史文物》2009 年第 1 期。

二、从龙山到二里头：文化和社会的演变与夏文化、夏都和夏王朝的问题

环绕嵩山的河南中西部是王湾三期文化和二里头文化的核心分布区，从文化地理上该区域又可分为嵩山西北的洛阳盆地、嵩山以东的郑州地区、嵩山南部的颍河上游和沙汝河流域三大块。上一节分别梳理了这三个地区从龙山到二里头时期文化发展演变的脉络，重点讨论了“新砦类型”与“二里头类型”的关系，以及他们各自的来源与形成机制。接下来的问题是，在这一漫长的过程中，该区域的聚落形态和社会形态发生了怎样的变化？文化的演变与社会结构的变化有着怎样的联系？又当如何看待与之密切相关的史书所载夏文化、夏都与夏王朝的问题？

在切入这一问题之前，首先有必要讨论一下有关的概念和理论模式。

早在 1985 年，苏秉琦先生在结合辽西考古资料谈当时考古工作重点和大课题的时候，提出了“古文化、古城、古国”这三个概念，他强调“这个提法是把考古学区系类型的理论转化为实践的中心环节”[①]。其后，基于区系类型学说和围绕古文化、古城、古国几个关键课题的具体实践，他在 20 世纪 90 年代前期的几次讲话中又提出从氏族到国家，国家的起源、形成与发展经历了三部曲：古国、方国到帝国[②]。按他的解释，“古国指高于部落以上的、稳定的、独立的政治实体”，是一种“原始的国家”；而方国是“比较成熟、比较发达、高级的国家”，包括夏商周三代，最后直至秦汉统一建立帝国。他认为“在距今五千年前后，在古文化得到系统发展的各地，古城、古国纷纷出现，中华大地社会发展普遍跨入古国阶段”[③]。显然，这是苏秉琦先生以本土化的概念对中国远古社会发展进化阶段的概括总结。这个理论对 20 世纪 90 年代以后学术界有关中国文明的起源和发展、各区域远古社会发展阶段的探索产生了深远的影响。此后，又有一些学者提出了类似的见解，如严文明、张忠培先生都将中国早期文明社会的发展分为“古国”（公元前 3000 年稍早到龙山时代“万国林立”的区域组织）、“王

① 苏秉琦：《辽西古文化古城古国——兼谈当前田野考古工作的重点或大课题》，《辽海文物学刊》1986 年创刊号。

② 苏秉琦：《中国考古学的黄金时代即将到来——纪念北京大学创设考古专业四十年》，《中国文物报》1992 年 12 月 27 日；《北京大学“迎接二十一世纪考古学”国际学术讨论会上的讲话（提纲）》（1993 年）和《国家起源与民族文化传统（提纲）》（1994 年），皆载于《华人·龙的传人·中国人——考古寻根记》，辽宁大学出版社，1994 年。

③ 苏秉琦：《中国文明起源新探》，生活·读书·新知三联书店，1999 年。

国”（夏商周三代国家）、“帝国”（秦汉以后）三个阶段[①]。总之，“古国”是与在更广大范围内形成了统一政权、王位世袭的夏商周王朝所不同的前王朝社会；而夏商周三代则是王国与周边诸方国或诸侯国并存的局面。尽管在使用的概念上略有差别，但几位先生关于古代社会发展阶段的思想实有本质的一致性。他们的理论都表达了古代社会从低级到高级、从简单到复杂的演化过程，其中的一个关键之处是指出在原始的氏族部落与夏商周这样的国家社会之间，还存在着一个“古国”阶段。

现代西方学术界有关社会进化的理论中，影响最大的当首推塞维斯在 1962 年提出的“游团—部落—酋邦—国家”的社会发展模式[②]。在其后几十年的时间里，这个理论模式既被广泛地应用，同时也受到了很多的质疑和非议，一些人认为这种阶梯式、分类型的进化模式掩盖了社会发展变化的复杂性，也不足以涵盖世界不同地区多样化的发展道路[③]。但经过长久的讨论之后，迄今这个模式仍是人们观察不同社会发展演变过程的难以回避的参照系。与之比较，笔者认为上述几位先生有关中国古代社会发展阶段的理论与塞维斯的模式有着实质上的相似性，表述的都是从相对简单的氏族部落社会经过中间形态的复杂社会，再演变到早期国家的过程。那么，据个人理解，“古国”即与“酋邦”大体相当。酋邦是具有一定人口规模和地域范围、具有一定等级分化和控制体系的前国家的复杂社会[④]；而国家与酋邦最大的区别是在最高首脑之下还有一套分层与分工的官僚管理机构和维护国家统治的法律、制度和暴力工具。落实到考古遗存上，一个国家组织应具有多层级的聚落系统，大型都邑性中心聚落，多功能的大型高级建筑群（包括宫殿、宗庙和其他礼仪建筑）及王墓或王族墓区，满足贵族需要的高端手工业和稀有贵重的奢侈品，等等[⑤]。按照这样的认识，与酋邦相当的古国就还不

---

① 严文明：《黄河流域文明的发祥与发展》，《华夏考古》1997 年第 1 期；张忠培：《中国古代的文化与文明》，《考古与文物》2001 年第 1 期。

② Service, Elman R.. *Primitive Social Organization*. New York: Random House, 1962.

③ Blanton, Richard, Gary Feinman, Stephen Kowalewski and Peter Peregrine. A Dual-Processual Theory for the Evolution of Mesoamerican Civilization. *Current Anthropology*, 1996, 37(1): 1-14; Feinman, Gary and Jill Neitzel. Too Many Types: An Overview of Prestate Societies in the Americas. In *Advances in Archaeological Method and Theory*, edited by Michael B. Schiffer. New York: Academic Press, 1984, 7: 39-102; Yoffee, Norman. Too Many Chiefs? In *Archaeological Theory: Who Sets the Agenda*? edited by Norman Yoffee and Andrew Sherratt. Cambridge: Cambridge University Press, 1993: 60-78.

④ Carneiro, Robert L.. The Chiefdom: Precursor of the State. In *The Transition to Statehood in the New World*, edited by Grant D. Jones and Robert R. Kautz. Cambridge: Cambridge University Press,1981: 45; Earle, Timothy K.. The Evolution of Chiefdom. In *Chiefdoms: Power, Economy, and Ideology*, edited by Timothy Earle. Cambridge: Cambridge University Press, 1991: 1-15.

⑤ Flannery, Kent V.. The Ground Plans of Archaic States. In *Archaic States*, edited by Gary M. Feinman and Joyce Marcus. Santa Fe: School of American Research Press, 1998:15-58.

是严格意义上的国家社会组织。

龙山时代，中原地区考古遗存反映的一个突出变化是涌现出了众多的城址，到目前已发现大大小小十几座，其中属于王湾三期文化的主要有新密古城寨和新砦、登封王城岗、博爱西金城、温县徐堡、平顶山蒲城店、郾城郝家台共 7 座[①]。其中，王城岗、古城寨和新砦集中分布在嵩山南麓和东南王湾三期文化的中心区域，其他几座则位于该文化北部和南部的边缘地带。从城址的规模看，小的如郝家台仅有数万平方米，较大者如王城岗、西金城有 30 余万平方米，其余几座为十几万平方米。规模最大的为龙山末期的新砦，总面积有约 100 万平方米，城墙内面积约 70 万平方米[②]。从城址的内容看，多数城内的聚落结构尚不清楚或了解得很有限，仅知在王城岗、古城寨、新砦等城址内有大型建筑基址，但缺乏高等级建筑群和贵族大墓的迹象。与学界公认的作为中原早期国家都邑的二里头相比较，上述这些城址都还不具备成为王国都城的条件。而与新砦二期城址共存过一段时间的二里头一期聚落，面积只有 100 余万平方米[③]，与新砦大小相当，而且缺乏大型建筑等高等级遗存的发现，其发展水平应当还没有超过新砦。综上，笔者认为上述所有这些龙山时代城址（以及二里头一期聚落和其他大型遗址）所代表的区域社会组织都还没有发展成为早期国家，尚属于酋邦或古国阶段。在整个中原文化区，率先发展成国家的是陶寺中期大城及其整合的区域集团，继之而起进入国家社会的是二里头二期之后的二里头都邑及其政体。以上认识笔者曾有专门的论述，在此撮要述之，不再详论[④]。

学术界一般认为，龙山时代相当于古史传说中的尧舜禹时代，也可以说是中国历史上的“英雄时代”。张忠培先生认为这个时代“国”与“国联”并存，一些地方割据政权彼此对抗、兼并，最后形成了以尧、舜、禹为代表的少数几个政权，他们经协调相互关系、谋取共同利益而建立了“国联”组织，其首领实行“轮流坐庄”的方式，这就是所谓“禅让制”的实质内涵[⑤]。龙山时代环嵩山地区王湾三期文化面貌高度相似，说明在本区域各群体间有着频繁的交流、互动关系，而不同集团间的竞争也是在所难免的；同时，这些城址（及其他区域性的中心聚落）之间大小差别显著，反映不同社会集团的规模有大有小、势力有强有弱，那么在不同的集团间很可能会形成有主有从

① 魏兴涛：《中原龙山城址的年代与兴废原因探讨》，《华夏考古》2010 年第 1 期。

② 赵春青：《中国史前城址研究的过去、现在与未来》，《中国社会科学院古代文明研究中心通讯》2011 年第 21 期。

③ 许宏、陈国梁、赵海涛：《二里头遗址聚落形态的初步考察》，《考古》2004 年第 11 期。

④ 戴向明：《中原地区龙山时代社会复杂化的进程》，《考古学研究》（十），科学出版社，2012 年。

⑤ 张忠培：《中国古代的文化与文明》，《考古与文物》2001 年第 1 期。

的联盟组织，即张先生所说的“国联”。

中原地区从龙山到二里头时代，牵涉史籍所载夏都和夏王朝的问题，落实到考古遗存上，还有一个何者为夏文化的问题。这个问题讨论了几十年，至今仍聚讼不已。讨论中形成了一个基本的共识，就是绝大多数学者都赞同二里头文化的一至四期属于夏文化；但对于夏文化的上限，却主要存在两种不同的观点。一是认为夏王朝始于二里头一期，结束于二里头四期，即二里头文化一至四期为夏文化①。二是认为二里头一至四期的 ^{14}C 测年少于据史书所推定的夏王朝的积年，因此二里头文化不能涵盖整个夏文化，早期夏文化应包括河南龙山文化王湾类型（即王湾三期文化——笔者注）晚期和“新砦期”遗存；并由此进一步推断登封王城岗龙山期城址为禹都之“阳城”，新砦遗址为代表的“新砦文化”是“太康失国”“后羿代夏”期间的夏文化，以二里头遗址为代表的二里头文化是“少康中兴”到夏桀灭亡时期的夏文化②。

这两种观点各自都有很多的支持者，且论者各有所据，预计这样的争论和观点的分歧还将长久地持续下去。之所以会出现这种局面，是因为没有过硬的证据来做出最终的裁断。所谓“过硬”的证据，就是指可以证明何者为夏都的文字资料，就像甲骨文能够证明安阳小屯为殷墟、小屯文化为晚商文化那样。

这样讲并不是说在没有发现文字的情况下就绝对不能证实某些历史事件和史迹。比如二里头作为夏王朝的都邑、二里头文化为夏文化就得到了多数人的认同，但这样的认识经历了一个很长的过程。首先是殷墟甲骨文的发现证实了殷都和晚商文化的存在，后来郑州和偃师商城的陆续发现又揭示了早期商都和早商文化。尽管考古上一直还没有发现或识别出相当于夏朝的文字，但人们根据商史的确认也都认为史书关于夏史的记载也非虚言。那么在史籍所述夏民族活动范围内，早于早商文化的即是二里头文化，而二里头文化又是占据中原的唯一强势文化共同体；同时，二里头作为该文化唯一特大型都邑性聚落，也是中原其他同时期聚落所无法比拟的。这样史书所载就与考古发现相吻合，完全可以证实二里头作为夏都和二里头文化作为夏文化的问题。但二里头文化是全部的夏文化，抑或只是晚期的夏文化；二里头是唯一的夏都，抑或只是晚期的夏都，则是目前考古发现所难以给予肯定回答的。

按照第一种观点，夏文化就等同于二里头文化，此前的王湾三期文化至多算是“先夏文化”，那么二里头就应当是自禹或启以后的唯一夏都。根据考古发现和本文的

① 邹衡：《试论夏文化》，《夏商周考古学论文集》，文物出版社，1980年；《二里头文化的首和尾》，《中国历史文物》2006年第2期。

② 李伯谦：《夏文化探索与中华文明起源与形成研究》，《文明探源与三代考古论集》，文物出版社，2011年。

认识，龙山时代在环嵩山地区应存在着许多以城址和其他大型聚落为代表的区域集团，直到二里头一期偏早阶段在嵩山的东部可能还存在着与之并峙的新砦集团；二里头在整个环嵩山地区建立了统一的政权并发展为国家社会，很可能是在二里头二期之后。因此，不管是以禹还是启作为夏代的开创者，如果将他们视为二里头聚落的创建者，那么他们所建立的组织就仍然属于“古国”或“酋邦”社会，夏发展为国家则是稍后的事；如果认为他们就是夏王朝的第一代国王，那么其年代当在二里头二期之时，此前则是夏朝立国的前奏（属于从古国到王国的过渡阶段）。究竟哪种情况属实，这是目前考古学所难以证明的。

对于第二种观点，同样可以做出与考古发现相符合的逻辑推断。登封王城岗是环嵩山中心地带规模最大、结构最复杂的一座龙山期城址，先是有两座并列的小城，后来又出现了近35万平方米的大城，小城和大城内似都有一些较大的夯土建筑基址，其地望与文献所记夏代阳城相符，并且附近发现有战国时期的陶文可证东周阳城就在此地，因此许多人认为这里就是“禹都阳城”之所在①。比王城岗稍晚的新砦遗址规模更大，除了可能存在城墙外，还有内外三重壕沟环绕，而且在中心部位发现有大型建筑基址；如前文所述，以新砦二、三期为代表的新砦类型渗入了很多来自造律台文化等东方文化的因素，这恰与“后羿代夏”的历史记载相符，那么新砦就是来自东方的后羿集团“因夏民以代夏政”所建立的统治中心。再往后，随着洛阳盆地内二里头集团的崛起，夏王朝终又回归正统，这代表了“少康中兴”以后的史事。以上便是据第二种观点对夏文化、“夏王朝”发展过程的解释。但这样的解释也只能视为部分史籍的记述与现有考古发现基本相符的逻辑推断，还不能说是确凿无疑的事实了。如果史书中关于夏代史迹的这部分记载真实可信，那么我们倾向于支持上述的认识。

对于上述这种推理所得的结果，我们需对其间的社会发展阶段做出如下的说明。那就是说，即便我们承认王城岗为禹都阳城，新砦为后羿代夏之所居，二里头是少康中兴以后的夏都，但依据现有的考古发现，我们也只能认为从禹到少康，亦即从王城岗、新砦到二里头一期，夏人所建立的政治集团都还不是国家社会，而是尚处于古国或酋邦阶段。直至二里头二期之后，也就是少康之后的某一代国君，夏集团才最终发展壮大而成为国家形态的社会组织。如此，可以说夏人立国经历了一个很长的历史。自龙山时代起，环嵩山地区的王湾三期文化面貌高度相似，可以推想该地区的人民在频繁的交流互动中形成了文化上的认同感，这也许就是“夏人”的由来；但同时他们

---

① 河南省文物研究所、中国历史博物馆考古部：《登封王城岗与阳城》，文物出版社，1992年；北京大学考古文博学院、河南省文物考古研究所：《登封王城岗考古发现与研究》（2002～2005），大象出版社，2007年。

又分属于不同的政治集团。不同的集团在相互竞争与联合对外的争斗中也会形成联盟组织，而其中势力强大的集团的首领就可能充当盟主，如王城岗、新砦等都有可能成为过联盟的中心，从中甚至还能看到外来势力的侵入与干预。这样通过长期不断的竞争与合作，原来那些规模较小的区域组织逐渐被整合进势力强大的集团中，到龙山末期形成了新砦与二里头两大集团东西对峙的局面，稍后则是二里头的崛起最终将新砦集团覆盖消融，而发展成为规模庞大、结构复杂的国家社会组织。这也许就是所谓“夏人”由“古国”（或酋邦）到“王国”发展演变的真实历史情形。

我国有着丰富的历史文献，充分利用文献资料、结合考古学进行历史的复原研究，我们有着得天独厚的优势。以史籍记载为线索来探寻考古遗迹，或将考古发现与历史文献相对应的研究，可以称之为考古学研究中的“历史索引法”。这种方法和研究路径在中外考古学界都已经取得了非凡的成果，国外如著名的古希腊特洛伊城的发现，中国如夏商周都邑和周代一些诸侯国都邑的发现与确认等。然而，我们不能就此推而广之，认为通过这种方法可以搞清所有商代以前传说时代的历史；不能因为甲骨文已确认了商王世系的真实性，就认为史书所记夏王朝的世系就是确凿无疑的了。商王世系确定了，但商王朝存在了多少年并没有形成一致的看法；同样，夏朝存续的年代究竟有多长，也是未经证实或有很大争议的问题。这些从“夏商周断代工程”前前后后的争论中可以看得很清楚。在这种情况下来讨论夏代的纪年和夏文化的内涵，肯定难以取得确定的结果。同理，对于更早的“五帝时代”也可以进行类似的考证，比如将文献记载与考古发现相对照，许多人认为山西襄汾陶寺遗址就是尧都；这种可能性当然存在，不过也只是略备一说，其真实可靠性还需大量的证据来证明。由此可以看出，研究夏以前的历史，这种按图索骥、对号入座式的“历史索引法”是有很大的局限性的。相反，在历史记载模糊不清、充满疑问或文字资料缺失的情况下，即使撇开何者为夏的问题，我们也可以充分利用考古资料，基本搞清这段历史的文化面貌、社会结构和发展状态，而且随着出土遗存的不断增加，还能够继续补充、完善或修正我们的认识，从而使得相关的认识不断接近历史的真实。比起何者为尧舜之都、何者为夏都等“名”的问题来，上述考古学所探索的是更加“实”的问题，也是真正值得花大力气去努力探索的研究方向。

（原载《庆祝张忠培先生八十岁论文集》，科学出版社，2014 年）

社会的发展

裴李岗墓地新探

自河南新郑裴李岗墓地的资料发表以来[①]，作为一处中原地区前仰韶时期的墓地，引起了学术界的普遍关注，并有多人撰文做过研究。许多研究主要集中在陶器、墓葬的分期上[②]，但也有人对墓地的结构布局及其所代表的社会组织等问题做过详细的探讨[③]。笔者亦怀着极大的兴趣对照原发掘简报、报告和有关的论述做了仔细的分析，并得出了一些不同的认识。故在此拟以陶器编年、墓葬分期为基础，对墓葬排序、墓地的结构布局及反映出来的社会组织状况重新做一全面的梳理和检讨，以求教于学术界。

一、典型器物形制分析

通过对《77 裴》《78 裴》《79 裴》[④]三篇简报、报告所发表的器物图及其型式划分的分析，可看出它们的分类、定式都是不尽准确的，不能真实反映器物间的横向区别和纵向变化的逻辑顺序。以壶为例，《77 裴》中的“I式壶”包括了 M8：2、M2：1、

---

① 开封地区文管会、新郑县文管会：《河南新郑裴李岗新石器时代遗址》，《考古》1978 年第 2 期；开封地区文物管理委员会、新郑县文物管理委员会、郑州大学历史系考古专业：《裴李岗遗址一九七八年发掘简报》，《考古》1979 年第 3 期；中国社会科学院考古所河南一队：《1979 年裴李岗遗址发掘报告》，《考古学报》1984 年第 1 期。三篇简报、报告在文中将分别简称为《77 裴》《78 裴》《79 裴》。

② 方孝廉：《裴李岗文化陶器分期和年代分析》，《论仰韶文化》，《中原文物》1986 年特刊；杨肇清：《关于裴李岗·磁山文化的定名及其年代问题的探讨》，《华夏考古》1987 年第 1 期；金家广：《试论裴李岗新石器时代早期墓葬的分期——读裴李岗遗址发掘资料记》，《考古与文物》1987 年第 2 期；丁清贤：《试论裴李岗文化的分期》，《文物春秋》1990 年第 2 期。

③ 朱延平：《裴李岗文化墓地初探》，《华夏考古》1987 年第 2 期；《裴李岗文化墓地再探》，《考古》1988 年第 11 期。

④ 开封地区文管会、新郑县文管会：《河南新郑裴李岗新石器时代遗址》，《考古》1978 年第 2 期；开封地区文物管理委员会、新郑县文物管理委员会、郑州大学历史系考古专业：《裴李岗遗址一九七八年发掘简报》，《考古》1979 年第 3 期；中国社会科学院考古所河南一队：《1979 年裴李岗遗址发掘报告》，《考古学报》1984 年第 1 期。

M7：1、M6：1四件，而这四件壶的形态是有很大差别的，不能划为同一式；《78裴》M27、M14、M16中的三件壶分别为“Ⅰ、Ⅲ、Ⅳ式”，后一件与前两件大异其趣，不能纳入同一变化轨迹；《79裴》将双耳壶（不包括双耳三足壶）分成A、B、C三类，这实际上仍很粗糙，不能充分体现陶壶演化的多条线索，也就不能准确反映出它们各自发展变化的规律来，而且在式别的划分上亦有不妥。我们对器物分型定式，就是为了尽可能准确地恢复它们原有的横与纵的差别和发展变化的本来面貌，否则是没有意义的，而且会给进一步的分析造成极大的困难。因此有必要对裴李岗墓地的器物（包括石斧、石镰、石磨盘等几种典型的石器）重新做一番整理。整理所据的第一手资料只能是已发表的器物图（包括图版照片），“墓葬登记表”中所附无图的各器物只在最后参考使用。

《79裴》结语部分列有“裴李岗墓葬打破、叠压关系一览表”，其中大部分因无同类器可比而难以直接利用。剩余的两组，一是M80→M89，各含三足钵一件，却无图发表；另一组M82→M103→M87，其中M82、M87各含一件双耳壶，然而形态迥异。故这两组亦难直接使用。所以，只能依据形态学的方法通过观察、分析、比较来重新分型定式。此外据原报告所说，《79裴》所有的墓葬都分属于上、下两层，这一具有普遍意义的层位关系，加之各组叠压、打破关系所提供的那些墓葬的相对早晚关系，已经足可以使我们确定各型中各式器物的早晚顺序而不致颠倒。

各类器物的型、式划分如下（图一）：

1）双耳壶（不包括双耳三足壶）

分A、B两型。

A型　圜底。分三个亚型。

Aa型　半月形耳，横向扁圆腹。分四式。从早至晚颈部由长变短，口部由直口变为侈口，腹腔由大变小。

Ab型　纵向长圆形腹，最后变为扁圆形。分六式。由半月形耳变为瘤状耳，颈部由长渐短，口由微外敞到竖直再变为微内敛。

Ac型　纵向长圆腹，半月形耳，短颈，口微向内敛。分三式。器身由瘦长变得较圆鼓，由尖底到圜底。

B型　平底。分三个亚型。

Ba型　直颈。分六式。颈部由短变长，由直口变为微侈口，器身由竖向长圆形到近圆形。

Bb型　敞口，斜颈。分五式。颈部由长变短，器身由近圆形到竖向长圆形；最后出现假圈足。

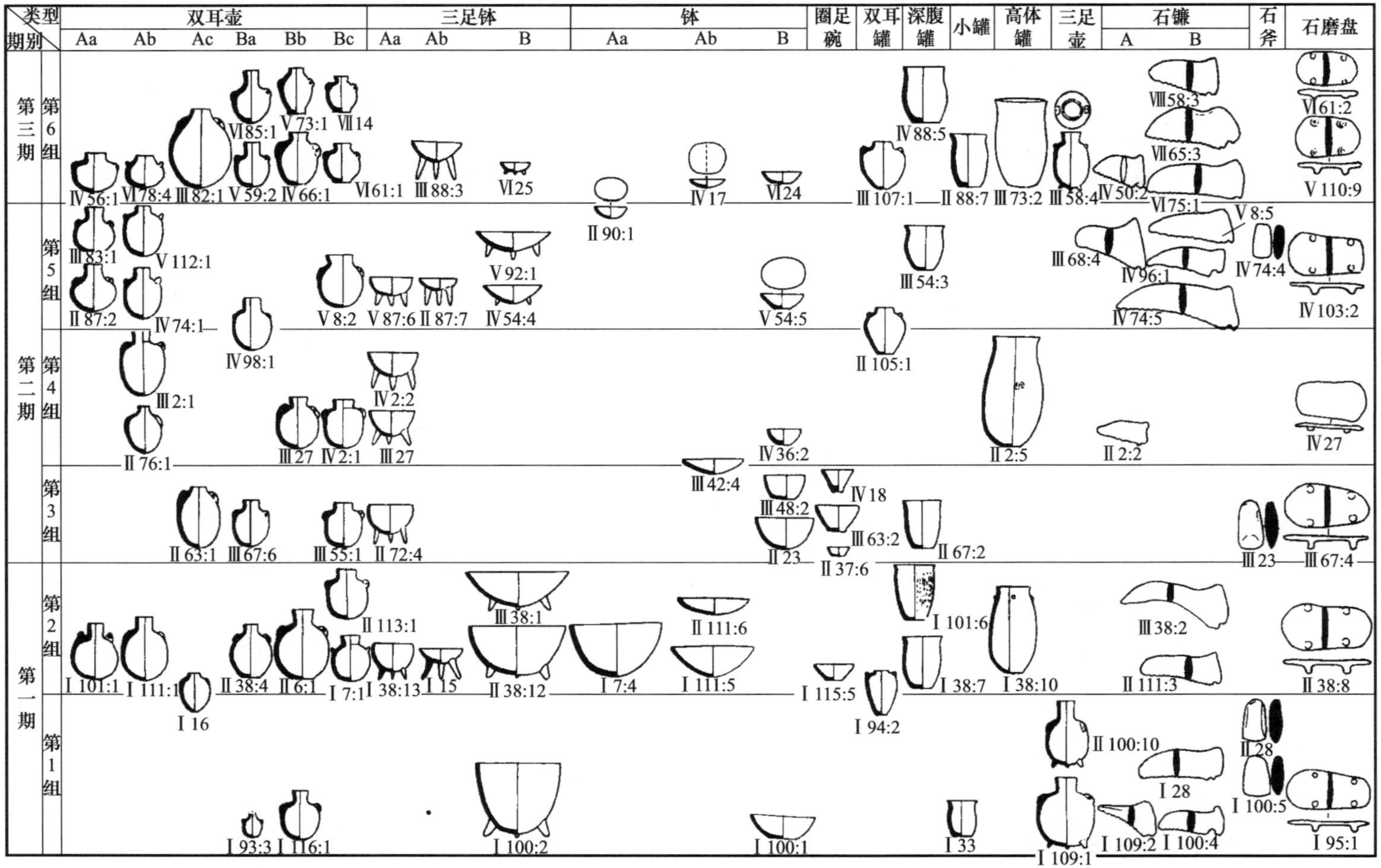

图一　裴李岗墓地典型器物分期

（器物图引自开封地区文管会、新郑县文管会：《河南新郑裴李岗新石器时代遗址》，《考古》1978 年第 2 期；开封地区文物管理委员会、新郑县文物管理委员会、郑州大学历史系考古专业：《裴李岗遗址一九七八年发掘简报》，《考古》1979 年第 3 期；中国社会科学院考古所河南一队：《1979 年裴李岗遗址发掘报告》，《考古学报》1984 年第 1 期）

Bc 型　敞口，粗斜颈。分七式。腹壁由圆形到近于竖直再渐变得圆鼓；最后出现假圈足；口部外敞程度由小渐大。

2）三足钵

分 A、B 两型。

A 型　高三足。分两个亚型。

Aa 型　腹部较深。分五式。腹壁由外鼓变为斜直向下收缩，腹由深渐变得相对较浅。

Ab 型　腹部较浅。分三式。至晚期有变深趋势。

B 型　矮三足。分六式。腹部由深变浅。

3）钵

分 A、B 两型。

A 型　圜底。分两个亚型。

Aa 型　深腹。分两式。由深变得相对较浅。

Ab 型　浅腹。分四式。由大变小，由较深到很浅。

B 型　平底。分六式。由深变浅，由大渐小，腹壁由缓曲斜下收到向上敛又渐为斜直下收。

4）圈足碗

假圈足。分四式。由浅到深，腹壁外敞程度由大渐小。

5）双耳罐

瘤状耳。分三式。口部由矮变高，器身由瘦高到矮胖。

6）深腹罐

皆侈口。分四式，Ⅱ、Ⅲ式间有缺环。从Ⅰ～Ⅱ式趋于瘦高，腹壁较直；至Ⅲ、Ⅳ式变胖，腹壁外鼓。颈部从硬折变得缓曲。

7）小罐

体小。分二式，Ⅱ式比Ⅰ式略显瘦长。

8）高体罐

瘦高形，侈口，腹壁微外鼓。分三式。口径由小于腹径渐变得大于腹径。

9）三足壶

分三式。腹部由圆鼓渐变得瘦长（另有一座上层墓 M104 出有一件 三足壶，形态与下层I式相似，可能是早期形态至晚期的沿用）。

10）石镰

分二型。
A 型　短体。分四式。前端由窄渐宽，刃部由弧形内凹渐变得平直。
B 型　长体。分八式。形体由窄渐宽，刃部由微内凹到明显内凹再渐变得平直。

11）石斧

分四式。由宽渐窄，由厚渐薄。

12）石磨盘

分六式。由窄长渐宽短。

从上述分析中，可知各型器物都有着较明显的演化规律，从而也验证了据以排序的所有墓葬都分属于上、下两层这一地层关系的正确性。为什么裴李岗墓地与一般遗址不同，具有几乎覆盖整个墓地的、连贯均匀的两个大地层呢？据《79 裴》“地层堆积”部分的记录，T103、T103A 表土层（即耕土层）只出有少许近代陶片而无早期遗物，第二层红黏土中陶片罕见，第三层浅黄土则不见遗物；T104 情况与其基本相同。由此可知，第二层红黏土、第三层浅黄土都是自然堆积而非人为堆积的文化层，所见零星陶片只不过是人们在此偶尔活动的结果。此外报告所说“地面上很难见到陶片，周围断崖也很少发现灰土和遗物”的情况也证实了这一点。又据《77 裴》载，第二层红黏土“出有碎陶片和烧土碎块等”；《78 裴》载，第二层红黏土含有“少量的烧土碎块和木炭屑等”，第三层浅黄土亦含少许陶片。从报告中我们知道第一、二次发掘的墓葬也就是整个墓地的东区，上述发现并不能改变对地层乃自然堆积的确认，而只能说明在东边这一片墓地里有过一些用火迹象，并且我们有理由推测这种用火行为是与埋葬有关的。因此，裴李岗墓地始终是作为一个单纯的墓地使用而被排除在人们生活区之外的，地层除被墓打破外基本未受其他扰动，所以保持了完整的自然堆积层。

二、墓 葬 分 期

现在将前面述及的各器物的共存关系列表如下（表一）。

表一　裴李岗墓地出土器物共存关系表

器形 式别 墓号	双耳壶						三足钵			钵			圈足碗	双耳罐	深腹罐	小罐	高体罐	三足壶	石镰		石斧	石磨盘
	Aa	Ab	Ac	Ba	Bb	Bc	Aa	Ab	B	Aa	Ab	B							A	B		
33																Ⅰ		Ⅰ				
93				Ⅰ																		
109																		Ⅰ	Ⅰ			
95																						Ⅰ
100									Ⅰ			Ⅰ						Ⅱ		Ⅰ	Ⅰ	
116					Ⅰ																	
28																				Ⅰ	Ⅱ	
111		Ⅰ		Ⅰ					Ⅱ		ⅠⅡ									Ⅱ		
101	Ⅰ														Ⅰ							
1																						Ⅱ
12									Ⅱ													
38				Ⅱ			Ⅰ		ⅡⅢ						Ⅰ		Ⅰ			Ⅲ		Ⅱ
7						Ⅰ			Ⅲ	Ⅰ					Ⅰ							
15								Ⅰ	Ⅲ													
113						Ⅱ																
6					Ⅱ																	
115													Ⅰ									
16			Ⅰ		Ⅰ																	
94														Ⅰ								
23												Ⅱ									Ⅲ	
37													Ⅱ		Ⅱ							
63			Ⅱ										Ⅲ									
18													Ⅳ		Ⅱ							
67				Ⅲ											Ⅱ							Ⅲ
72							Ⅱ															
55						Ⅲ																
48												Ⅲ										
27					Ⅲ		Ⅲ															Ⅳ
76		Ⅱ					Ⅲ															
36							Ⅲ					Ⅳ										
2		Ⅲ				Ⅳ	Ⅳ										Ⅱ		Ⅱ *			

续表

器形 式别 墓号	双耳壶						三足钵			钵			圈足碗	双耳罐	深腹罐	小罐	高体罐	三足壶	石镰		石斧	石磨盘
	Aa	Ab	Ac	Ba	Bb	Bc	Aa	Ab	B	Aa	Ab	B							A	B		
74		Ⅳ																		Ⅳ	Ⅳ	
47	Ⅱ																					
54									Ⅳ			Ⅴ			Ⅲ							
87	Ⅱ						Ⅴ	Ⅱ														
83	Ⅲ																					
112		Ⅴ																				
80		Ⅴ																				
92									Ⅴ													
96																				Ⅳ		
8						Ⅴ														Ⅴ *		
68																			Ⅲ			
103																						Ⅳ
98				Ⅳ																		
105														Ⅱ								
42											Ⅲ											
90										Ⅱ												
104																		?				
59				Ⅴ																		
66					Ⅳ																	
50																			Ⅳ			
75																				Ⅵ		
110																						Ⅴ
56	Ⅳ																					
78		Ⅵ																				
82			Ⅲ																			
85				Ⅵ																		
73					Ⅴ												Ⅲ *					
61						Ⅵ																Ⅵ
14						Ⅶ																
107														Ⅲ								

续表

器形式别 墓号	双耳壶						三足钵			钵			圈足碗	双耳罐	深腹罐	小罐	高体罐	三足壶	石镰		石斧	石磨盘
	Aa	Ab	Ac	Ba	Bb	Bc	Aa	Ab	B	Aa	Ab	B							A	B		
88								Ⅲ							Ⅳ	Ⅱ						
25									Ⅵ													
24												Ⅵ										
65																				Ⅶ		
58																		Ⅲ		Ⅷ		
17											Ⅳ											

注：“*”器物的型式为据图版照片所定。“？”器物的式别难定。其中M8：5石镰兼有线图、照片，相差较大，以照片为准

通过图一、表一所列各器物的型、式及其共存关系无相互矛盾这一事实，可知各种器物组合所构成的早晚顺序亦即代表了墓葬的编年，这就为期、组的划分奠定了基础。

参照图一、表一，可将下层墓分为两组，分别以M100、M38为代表。M100的B型三足钵、B型石镰与M38同类器相比差别较大，有早晚关系。

M93：3BaⅠ壶早于M38：4BaⅡ壶，将M93归入M100组（即第1组）。M33、M109中的三足壶形态上虽早于M100同类器，但它们之间也有较强的共性，且M33、M109各自共出的器类简单，又无与之相同的其他墓，没有再分组的必要，故将两墓亦并入M100组。M28的BⅠ石镰与M38：2BⅢ石镰差别较大而与M100：4BⅠ石镰属同一式别，所以它与M100同时。M95：1Ⅰ式石磨盘早于M38同类器，也归入M100组中。

M101的Ⅰ式深腹罐，M12的BⅡ三足钵，M111的BⅡ三足钵，M7的Ⅰ式深腹罐、BⅢ三足钵，M15的BⅢ三足钵，M1的Ⅱ式石磨盘，都与M38的同类器相同，年代相当。M113的BcⅡ壶晚于M7同类器，但只此一墓，也只能归入M38组（即第2组）。

下层墓还包含有两组打破关系：M15→M19，M115→M116。这两组除表现了它们本身的早晚关系外，还进一步证明了下层墓具有分组的可能性。M15已知属M38组，那么M19当早于此组而属于M100组。据报告，M6开口于红黏土层下，当属于下层墓，而它的BbⅡ壶晚于M116BbⅠ壶；又据M115打破M116的关系，可以认为M116属M100组，M6、M115属M38组。

这样属于第1组（M100组）的墓有：M100、M93、M33、M109、M28、M95、M19、M116，共8座。属于第2组（M38组）的墓有：M38、M101、M12、M111、M7、M15、M1、M113、M6、M115，共10座。属于下层墓而未能定组别的墓有M16、M94（因这两墓的陶器缺乏与其他下层墓的共存关系和比较关系）和M99（没

有典型器物图）三座。以上包括了第一、二次发掘简报中没有叙明层位关系的部分下层墓。

上层墓据所出器物的早晚关系和共存关系可分为四组。

M37、M63、M18 分别出有Ⅱ、Ⅲ、Ⅳ式圈足碗；但 M37、M18 又同出有Ⅱ式深腹罐，而深腹罐是一种变化较敏感的器物，这就说明 M37、M18 相隔时间不会太久，应视为同一时期的墓，定为第 3 组，M63 亦属此组；此间圈足碗的变化节奏较快，出现了三式。M67 也出有Ⅱ式深腹罐，当属第 3 组。

M27、M2 分别出有 AaⅢ、AaⅣ三足钵，这两式钵共性较多（皆深腹、浑圆底、腹壁斜向下收），而与其前后的 M72：4AaⅡ三足钵（深腹、圆尖底、腹壁缓曲下收）、M87：6AaⅤ三足钵（浅腹，底较平）差别较大，故将这两座墓合为一组（即第 4 组）。M36、M76 都出有与 M27 相当的 AaⅢ三足钵，因此这 2 座墓也属于第 4 组。又知 M27Ⅳ式石磨盘晚于第 3 组 M67Ⅲ式石磨盘，且差异较大，所以第 4 组晚于第 3 组。

M55：1BcⅢ壶早于 M2：1BcⅣ壶，M72：4AaⅡ三足钵早于 M27 的 AaⅢ三足钵，M48：2BⅢ钵早于 M36：2BⅣ钵，即 M55、M72、M48 所出器物都早于第 4 组的同类器，那么这 3 座墓应归入第 3 组。M23 的 BⅡ钵虽早于 M48 的 BⅢ钵，但与下层的同类器相比它们之间的共性还是较强的，皆深腹、腹壁上收，故将 M23 也并入第 3 组中。

至此，可知属于第 3 组的墓有：M37、M63、M18、M67、M55、M72、M48、M23，共 8 座。属于第 4 组的墓有：M27、M2、M36、M76，共 4 座。

属于第 5 组的墓有：M87、M74、M54、M47、M83、M8、M112、M80、M68、M92、M96、M103，共 12 座。这些墓所出的都是晚于第 4 组各墓所出同类器、而又早于第 6 组各墓所出同类器的器物，或与这些器物共存的其他器物。如 M87：6AaⅤ三足钵晚于第 4 组 M2：2AaⅣ三足钵且差别较大，与其共存的有 M87：7AbⅡ三足钵和 M87：2AaⅡ壶。另外，M47：Ⅰ壶与 M87：2AaⅡ壶相近，可视为同一式别，两者同时；又 M83：1AaⅢ壶的形制与 M87：2AaⅡ壶很接近而与晚于它的 M56：1AaⅣ壶差别很大，那么 M83 也应与 M87 同组。M74：1AbⅣ壶晚于 M2：1AbⅢ壶且差别很大，M112 和 M80 的 AbⅤ壶与 M74：1AbⅣ壶的形制则很接近而又与晚于它的 M78：4AbⅥ壶差别很大，所以 M112 和 M80 应与 M74 同组。这样，虽缺乏共存关系和与第 4 组直接相比的器物的 M83、M112、M80 也就应属于 M87 和 M74 所在的第 5 组。

其实，第 5 组的确立首先是以第 6 组即最晚一组的确立为前提的。第 6 组的墓葬中只有 4 座有组合关系，它们是 M61、M88、M58、M73（参见表一）；其余各墓只有单个器物（指图而言）。但各墓所出器物均为各类、型器中最晚的一式或二式、三式；而且最为重要的是，许多器类所属不同型、式的器物间都具有相同的风格，而与早期各组相比形态风格上则发生了明显变化。A 型壶、B 型壶、三足壶的腹腔较前明显变小，形状也发生了显著变化，由原来的圆鼓、丰满变得瘦小；或变为扁圆形（Aa、Ab壶），或缩小成球形（Ba、Bc 壶），或呈瘦长状（Bb 壶、三足壶）。唯一的例外只有M82：1AcⅢ壶，它之所以被放入此组，是因存在着它打破第 5 组 M103 的层位关系，而且从 Ac 型壶的变化趋势看也确实是由早期的瘦小渐变为此时的胖大的。B 型三足钵、Ab 型钵、B 型钵的形体也都骤然变小。石镰由原窄体变为宽体。石磨盘则是明显变短，变小。此组中还有些器类、型含有两式以上的器物，那也是因为它们彼此风格相同、形制相近而与早期同类器相比差异很大才合为一组的。至于 M107、M88 两座墓则是因为它们所出器物都为最晚且与第 5 组同类器有很大的不同而划归此组的。

这样按上述标准确定的第 6 组的墓有：M56、M78、M82、M59、M66、M85、M73、M61、M14、M107、M88、M25、M24、M58、M50、M75、M65、M110、M17，共 19 座。

第六组墓所出器物相互间虽大多缺乏组合关系，但它们都属各类、型器物的最晚形态，与前组相比差异都很大，而且彼此间许多有相同的风格，这种风格又与早期器物的风格相迥异，那么按此标准将它们聚合为一组应是符合类型学的基本原则的。形制相近、风格相同实际上也是一种组合关系。

确立了第 6 组，那么介于第 4、6 组之间的第 5 组也就自然成立了，因为第 5 组的器物形态上既晚于第 4 组且差别很大，又与第 6 组存在着更大的不同。

至此，我们将裴李岗墓地绝大部分含有典型器物图的墓葬进行了分组。分组时有些墓只是据相对的早晚关系或层位关系、彼此间差异或相似的程度确定组别的，而缺乏共存关系；但由于我们尽量精细地分组，各组间的时间间隔不会太久，那么利用上述关系确定组别的墓应基本是可靠的。分组即是在陶器编年的基础上尽可能细致地排比出墓葬形成的早晚顺序，以为整个墓地的分期、探讨墓地的形成与布局打下基础，其中的大部分组别器类不全，不能完全代表某一个时期内的文化面貌及其变化情况，因此不都具有分期的意义。分期需要在更高层次上对各组综合考察、概括。

下层墓与上层墓相隔了整整一个自然堆积层形成的时间，朱延平分析这是由于抛荒、休耕导致“弃地迁徙”造成的，间隔期为 10 年左右①。因为下层墓与上层墓的器物在形态上能够相互衔接，一脉相承，所以我们认为这种认识是合理的，间隔期不会比这更久。同时从另一角度讲，上层第 3 组与下层第 2 组的器物间又存在着较大差别，故此可将两组之间作为一个分期的界限。下层第 1 组器类过于简单，难以单独划为一期，因此，我们将第 1、2 组亦即所有的下层墓合为一期即本墓地的第一期。上层墓第 3、4、5 组大部分同类或同型的器物间有较多的共性，而且彼此风格相同，应视为一个

① 朱延平：《裴李岗文化墓地再探》，《考古》1988 年第 11 期。

文化期，为本墓地的第二期。只是此期许多类、型的器物形态变化较多，所跨时间应相对较长。第6组墓葬根据前文分组时的分析，有其独自的特点，应单独划出，作为本墓地最后一期即第三期。

上层墓中还有几座虽也有典型器物图，但由于缺少明确的比较关系而难以确切归组，它们是：M98、M105、M42、M90、M104，共5座。M98：1BaⅣ壶晚于第二期第3组、早于第三期的同类器，年代应在第4、5组之间，属于第二期；M105：1Ⅱ式双耳罐、M42：4AbⅢ钵都各自晚于第一期、早于第三期的同类器，也可将它们归入第二期；对于M90、M104则难以推断出它们的期别了。

裴李岗墓地三次发掘共揭露出114座墓。以上对有典型器物图发表的墓做了分期，包括不定组或期的墓在内，共有69座。

对其余的45座墓，还可以根据三篇简报、报告所附"墓葬登记表"中各墓器物的式别，依具体情况判断出其中一些墓的相对年代，以在分析墓地的结构布局时参考使用。

《77裴》墓葬登记表没有附上器物的式别，因此对其中的M3、M4、M5无法推断其年代归属。

《78裴》"附表一"中的M31，出土器物为"壶Ⅴ式1件，三足器残2件，罐Ⅲ式1件"，壶、罐的式别都与M33相同，两件相印证，说明原简报对M31、与M33出土器物形制相同这一判断应是准确、可信的，那么M31与M33年代相当，属于第1组。M20、M21、M34都出有"壶Ⅰ式1件"；查简报中器物图，"Ⅰ式壶"为M27所有，即为本文的BbⅢ壶，属第4组；此型壶在第3、5组空缺，而属于第2组、第6组的BbⅡ、BbⅣ壶又与其差别较大，所以"Ⅰ式壶"应与本文的BbⅢ壶的形制不会有太大出入，将这3座墓的年代定为第二期当是可靠的。

《79裴》中的M99属下层墓，出有"三足钵（Ⅴ2）、双耳壶（Ⅰ）"，双耳壶有图，但形制不规整，难做判断的依据；查其"Ⅴ式三足钵"当与本文BⅢ式三足钵相近，属第2组，不会混同于第1组的、腹部极深的BⅠ三足钵。M43、M69、M81、M86、M108五座墓（皆为上层墓），都出有"Ⅶ式双耳壶"，查原报告器物图"Ⅻ式双耳壶"包括M38：4、M67：6两件，分别为本文的BcⅡ、BcⅢ壶，而M38乃下层墓，那么这5座的"Ⅶ式双耳壶"当与同属上层墓的M67：6壶更相近；M67属第二期第3组，则将5座墓的年代定于第二期应不成问题。又知M37→M43，M37为第二期最早一组即第3组墓，则这应是同组墓的互相打破现象，M43亦应属第3组。M64、M77两墓（皆为上层墓）只出"Ⅺ式双耳壶"，查原报告图"Ⅺ式双耳壶"包括M55：1、M113：1两件，分别为本文的BcⅡ、BcⅢ壶，这两式壶形态相似，M64、M77所出的壶应与之相近；但M113为下层墓，则这两墓的年代当与M55一样同属第二期。M53出有"Ⅰ式圈足壶"，查原报告图，此种壶只M73：1一件，为本文BbⅤ壶，属第6

组；此壶形态独特，不易与其他壶混同，而且只见于第 6 组，因此可以肯定 M53 属于第 6 组。

经过上述判断，各期又分别增加了一些墓。属第一期的有：M31（第 1 组）、M99（第 2 组）两座；属第二期的有：M20、M21、M34、M43（第 3 组）、M69、M81、M86、M108、M64、M77 十座；属第三期的有 M53 一座。除 M99 前文已提到外，共新增加了 12 座墓。因这种判断带有一定的推测性，又无器物图进行准确比较，所以对于其中的大部分只能确定它们的期别而不便精确到某一组。

对剩余没有分期的 33 座墓，限于简报、报告所提供的情况只好暂付阙如。

三、墓葬排序、墓地布局及结构的分析

从《79 裴》图四“裴李岗墓葬分布图”上，我们看到整个墓地分为东、中、西三个墓葬比较集中的分布区。

据简报、报告介绍，裴李岗遗址位于双洎河一个河湾北岸的岗地上，一条水渠由南向北通过遗址中部，水渠以西为墓葬区，以东基本上是居住区。第一、二次发掘所揭露的墓葬除 M8 外都属墓地的东区。从“墓葬分布图”看，在这两次发掘范围内，除东北角散落着几座墓外，东墓区的东、南、北三面皆为空地，西面紧挨中墓区，说明此墓区已基本被完整揭露；东北角几座墓没有呈现集中分布、形成另一墓区的趋势，因此可归到本墓区里。中墓区和西墓区之间原为岗脊，后因修水渠被平掉，并有器物出土，说明这里曾有过墓；但从图中判断这一岗脊宽度至多 10 米稍强，从其他墓区面积看，这里不会存在一个单独的墓区；此地与西区间还有一片空地，不会属西区，它虽靠近中区，但中区墓到近岗脊处渐趋稀疏，所以岗脊上的墓如属中区也不会太多，可能只是零星数座；M110、M111 距中、西区都很远，大概与岗脊上的墓同类。中墓区南、北两面墓葬较稀疏，已到边缘，所以现在所看到的中墓区也基本上是完整的。西墓区的墓集中分布于中央，四个角落只零星散落着数座墓，亦应到了边缘，这说明西区也已基本被全部揭露。因此，裴李岗墓地包括了三个较为完整的墓区。

将各墓所属组别或期别标在“裴李岗墓地形势图”上（图二，墓框外的 1、2、3……数字为组别，一、二为未定组别墓的期别），经仔细观察、分析、比较，我们对墓地的形成、布局等问题有了许多清楚的认识。

（1）东、中区都含有从早至晚各个时期的墓，说明这两区始终是并行使用的。西区不见下层墓，因此是从二期始新开辟的一个墓区。各区墓葬皆呈环形分布，排列在相应的轨道上。

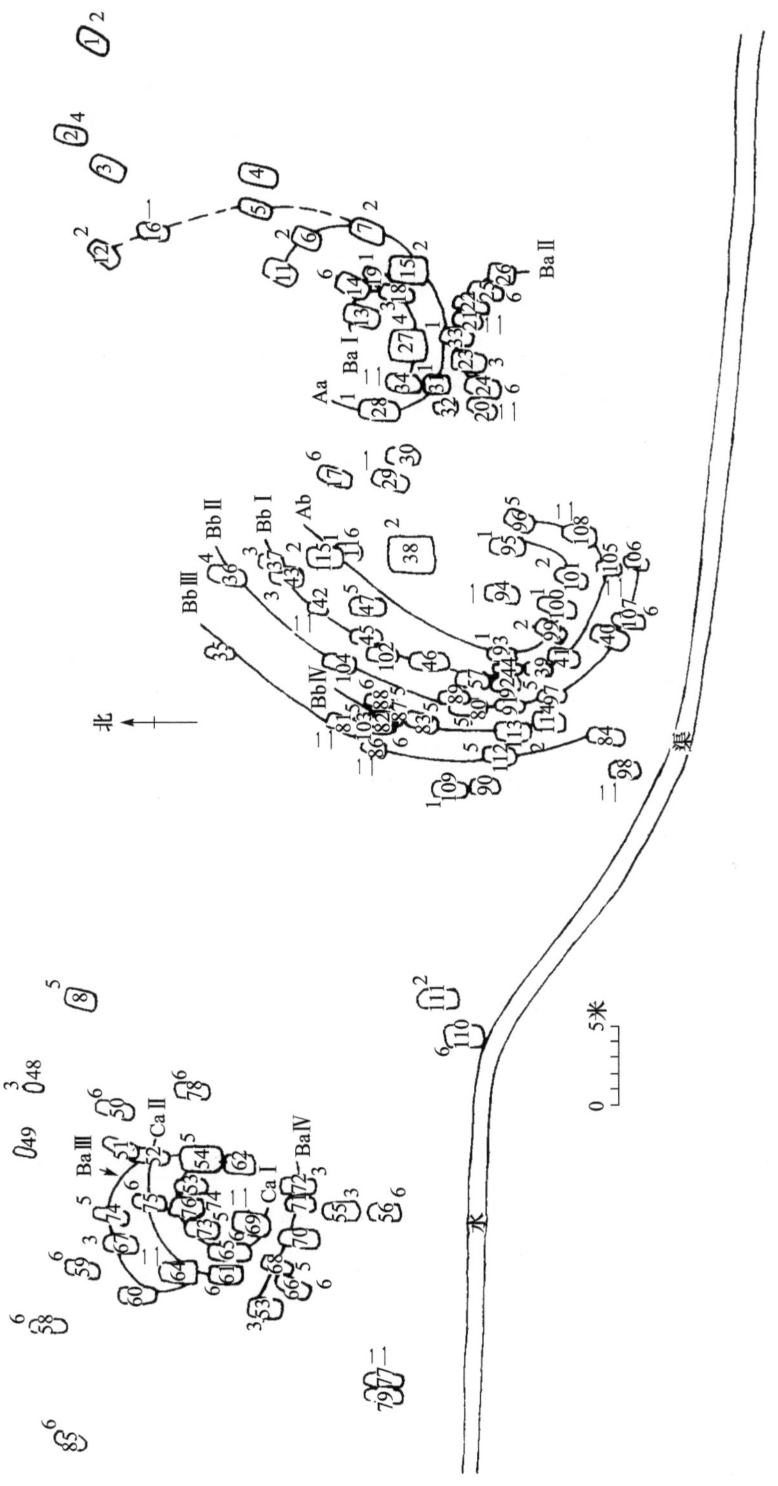

图二 裴李岗墓地形势图
（底图引自中国社会科学院考古所河南一队：《1979 年裴李岗遗址发掘报告》，《考古学报》1984 年第 1 期）

（2）如此众多的墓能安排有致而极少有相互叠压打破现象，上、下层墓的分布又连贯一致，皆呈环形排列，且墓向统一，这说明：①此墓地乃同一群体的人在不同时期里所使用的一块墓地；②从一开始人们在墓地布局上就是遵循一定“规制”统筹安排的，而且当人们时隔10年左右时间重新回到此地时，显然很准确地就确定了原有墓葬的位置、范围，并接着安排新的墓。

（3）东墓区一期墓排列在一个带分叉的半环形轨道上（Aa），缺口面向西北，埋葬顺序为由西向东。自M7往上，原单一轨迹分化为两支。按此M11和M5、M16应都属第二组墓。个别墓散落于轨道之外，M1就是一例。

中墓区一期墓亦分布在一个半环形轨道上（Ab），缺口朝东北。M93至M116间有一段很长的空白区，可能是由于时间关系未及填充。在此轨道上第1组和第2组的墓有规律地交错分布。散落于此轨道之外的有M94、M109、M113三座。属于第2组的M38为整个墓地中规模最大、随葬品最多的一座墓，位于中墓区所有墓葬环绕的中心位置。

（4）东墓区二期墓排列在北、南两个相背的半环形轨道上，缺口分别向西北（BaⅠ）、向南（BaⅡ）。其中BaⅠ轨道位于一期轨道（Aa）的里侧，与Aa平行，且缺口方向一致；BaⅡ轨道则是顺着一期墓M33的两侧排列而成的。东区三期墓没有再分出单独的轨道，而是排列在二期轨道上。散落在外面的至少有M2、M17、M30几座。

中墓区二期墓分布在与一期轨道相平行的四条半环形轨道上（BbⅠ、BbⅡ、BbⅢ、BbⅣ）。四条轨道都或多或少地含有第5组的墓葬，BbⅠ、BbⅡ轨道上还分别有第3组和第4组的墓，说明这四条轨道不会是完全按时间顺序形成的。在已确定组别的墓中，中区里属第3组的墓只有2座，属第4组的墓只有1座，显然这与实际数目相差较远，还应有一些墓为第3组和第4组的。中区已知为第3、4组的墓分别分布在BbⅠ、BbⅡ两条轨道的北端，而第5组墓皆在各轨道中部或南端，那么很可能其余第3、4组墓大多也在北半部。如此，中区二期墓的埋葬顺序大体是从北向南的；而且至少BbⅠ这条位于里侧的轨道是在上层墓一开始出现时就已规划确定了的，BbⅡ的出现可能与其同时或稍晚，而BbⅢ、BbⅣ则有可能是在二期最后一段时间里形成的。当然，由于有许多墓未能明确组别，这种关于中区二期墓形成过程的认识带有一定的推测性。中区三期墓亦未形成单独轨道，而是排列在二期的几条轨道上，并且数量不会多。

（5）西墓区二期墓分布在北、南两个相向的半环形轨道上，缺口分别朝南（BaⅢ）、朝北（BaⅣ）。按此，处于这两个轨道上的M52、M60、M70、M71应属二期。每个轨道的里侧都有一向前凸出的墓（M76、M69），似是处于各自环绕的中心位置。另有M55散落在外。三期墓一部分位于两个半环形轨道的里侧，也没有单独成轨，而是与向前凸出的二期墓又构成了两个半环形轨道（CaⅠ、CaⅡ）。这样位于CaⅠ

轨道上的 M53 等亦应属三期墓。另一部分三期墓松散地分布于二期两条轨道的周围，不成轨迹。另外还有几座墓散落在离中心区较远的地方。

西区是从二期始才启用的墓地，而它与东、中区一样当属于同一群体的人们，那么它应是从后二者中分化出的一块墓区。我们回过头再看东区，属于第二期的墓至多有八九座，这么少的死者与此区所经历的时间是不相符的（时间跨度后面将讲到），东墓区人还应另有葬地；而中区已确定为二期的墓就有 16 座，在其未定期别的 17 座墓中还应有相当多一部分属二期，这样的墓数与其延续的时间是相符的（不会另有葬地）。所以，西区中的二期墓地应当是东墓区的人新开辟的，与东墓区同时使用，并且中心似已转移到西区。西区处于二期墓里圈的三期墓因与前凸的二期墓结合构成了两个半环形轨道，说明它们属于同一个群体。西区分布在二期两个轨道外围的三期墓，当为中墓区人所葬。因为中墓区已定为三期的墓只见 3 座，加上未定期墓中的三期墓，按比率算大概也不会超过 10 座，数量较少；而西区外围的三期墓在排列上又不在里面诸轨道上，具一定的独立性，所以划为中区所有是合理的。另外，到三期时东、中两区的埋葬中心似已逐步转向了西区。

至此可知，西墓区含有三重结构：位于最里面的、由第二和第三期墓共同组成的两个平行轨道；围于其外的二期墓的两个相向轨道；分布于四周的三期墓。它们分属于东、中两个墓区的人们的群体所有。随着时间向晚推移，东、中两墓区在西区呈现出了合而为一的趋势。在仰韶文化半坡类型墓地中，同一共同体的人们（氏族或胞族）使用同一块墓地而不再明显分区的现象已较常见，如元君庙墓地为一胞族墓地[①]，其中的两个氏族虽有自己相对独立的墓区，但表面上并无明显分界而是连为一体的；又如横阵墓地为一氏族墓地[②]，它非但不分区，而且整个氏族里的所有家族都共同使用一个合葬坑。裴李岗墓地不管代表一个胞族还是一个氏族，其晚期出现的这种趋势也许就暗示了向仰韶早期此种墓地格局的转化。

综合上述分析可知：第一，裴李岗墓地包含着以东墓区和中墓区为代表的两个相对独立的群体，我们暂分别称之为东群和中群；西墓区分属于这两个群体，暂分别称之为东群西区墓和中群西区墓。各区的绝大部分墓葬都排列在一定的半环形轨道上，但这些轨道的缺口方向有别，东群的朝北或朝南，中群的则朝东偏北。此外还有极少数墓散落于轨道之外（各区、各期都有），这种状况是由于埋葬制度不十分严格、还是墓主死因特殊或身份特别而造成的？我们无法确知。第二，不同墓区，不同时期的墓在排列方式上有同有异：①东群、中群一期墓的分布基本上实行的都是单轨制，但

① 严文明：《半坡类型的埋葬制度和社会制度》，《仰韶文化研究》，文物出版社，1989 年。

② 严文明：《横阵墓地试析》，《仰韶文化研究》，文物出版社，1989 年。

墓葬排列的顺序不同，东群墓从早至晚由西向东顺序排列，而中群墓则是交错排列。②东群二、三期墓形成了数条半环形轨道。位于东区的北、南两条（BaⅠ、BaⅡ）相背而列，其中当以北边的BaⅠ为主体，因其与一期轨道平行，环绕于内，并且轨道上也有M27这样一座大墓（一期轨道上的大墓为M15）；西区相向分列于北、南的两条轨道（BaⅢ、BaⅣ）应与东区的两条是相对应的，在北边的轨道（BaⅢ）上亦有M54这样一座规模较大的墓；西区内圈以三期墓为主体的两条轨道（CaⅠ、CaⅡ）被围于二期轨道的里面，并与北边的BaⅢ平行，这种早期环绕晚期轨道的格局又与东区主体部分相同，表明了由分化走向统一的趋势。③中群中区二、三期墓亦呈多轨排列，与东群不同的是它们都与一期轨道相平行，并有一个共同的环绕中心（M38）；这四条轨道出现的时间可能有早（BbⅠ、BbⅡ）、晚（BbⅢ、BbⅣ）之别，与东群情形相似；中群西区三期墓分布于此区东群墓的周围，并仍保持了相对独立的态势。④在最晚一个时期里，两个群体的墓区呈现出合而为一的趋势，即他们除继续使用原有墓区外，还开始共同使用一个墓区（西区）。

四、社会组织结构的分析

要想了解裴李岗墓地及其所包含的两个群体各自代表什么样的社会组织，就必须知道他们的年平均人口数量。又因不同期别所跨时间长短不同、两个群体的规模大小似也有差异，所以在计算人口数量时还应分群、分期地进行。

据《横阵墓地试析》推算年均人口数量的模式[①]，首先要知道当时人的平均寿命，求出死亡率，同时推测出墓地延续的时间，算出年均死亡人数，最后就可据：死亡率 $=\frac{\text{年均死亡人数}}{\text{年均人口数}}$ 得出平时存在的经常性人口数。

由于墓地中大部分墓的人骨保存不好，只有部分墓内还能见到不完整的人骨或骨灰痕迹，或仅剩几枚牙齿，因此给鉴定死者的性别、年龄造成了很大困难。不过，《77裴》中的8座墓人骨保存得还是比较好的，故此简报认为它们“全为成年人墓”。《78裴》则“从朽骨痕迹及墓坑等情况看，大部分为成年人墓”。《79裴》没有做出此种推断。据我们分析，墓地中绝大部分墓葬的形制、规模、随葬品的数量等都较相近，而且除M38外（似为一成人与小孩合葬墓，仅此一例）再未发现有婴儿和孩童死者的迹象，结合《77裴》《78裴》的推断，认为墓地中的大部分死者都为成年人（以13岁以上者为成年）是较为可信的。裴李岗文化诸墓地中都未见有死者为婴儿和孩童的介绍。

① 严文明：《横阵墓地试析》，《仰韶文化研究》，文物出版社，1989年。

那么很可能这两类死者是另有葬地或另作处理的。

因为没有裴李岗墓地死者年龄方面的数据，朱延平曾在《裴李岗文化墓地再探》一文中推算出了同属裴李岗文化的长葛石固墓地死者的“平均亡龄”，并以此作为裴李岗人的平均寿命[①]。因石固墓地已鉴定年龄的死者中没有12岁以下的小孩，所以《再探》根据半坡类型横阵墓地中平均8岁的孩童占孩童和成年人死者总数的8%或10%、平均2岁的婴儿占死者总数的40%这一比例，将裴李岗时期这两类死者的比例分别定为相应的10%和45%；然后结合“石固墓地死者年龄统计”（23例）和“石固北墓地死者年龄统计”（16例），分别推算出裴李岗时期死者的平均寿命为16.02岁或15.3岁，由此得出死亡率为6.2%或6.5%。本文认为这一推断是较为准确的。又因“最集中且鉴定较多的是石固北墓地”，那么石固北墓地死者年龄构成情况应更与实际相符，所以本文只取用据“石固北墓地死者年龄统计”得出的死亡率6.5%。

《横阵墓地试析》指出：“从历史时期考古遗存的分期来看，基本器物形制普遍发生变化从而可据以分期的年限起码要40～50年，原始时期的年限可能更长。”根据本文对裴李岗墓地陶器的分期，从一期到二期第3组之间器物形制虽发生了较大变化，但部分器物还有着较强的共性（如Bc型壶、石磨盘等）；且一期多数器物变化较单调，大部分器物尤其是各型陶壶只有单一形制；再除掉上、下层墓之间10年左右的间隔期，那么，一期延续的时间应短于40～50年，定为30～40年较为合适。第二期包括第3、4、5三组，器物形态多样、变化较多，尤其是从第5组到第三期（6组）之间几乎所有器物形制都发生了明显变化，因此按上述标准其延续的时间可定为50～60年。第三期较之于一期器物形制似更显单纯，变化较少，有的器物虽分了二式或三式，但它们彼此的共性还是很强的，故此，第三期延续的时间也就在30年左右。综合三期的年代，整个裴李岗墓地使用的时间为110～130年。

据《再探》表六，可知平均年龄为8岁的孩童约占死者总数的6%；婴儿的比例如前文所指为45%；暂设裴李岗墓地死者皆为成年，约占总数的49%。至此，根据死亡率、墓地各期的年代、婴儿孩童成年人在死者中各自所占的比例等数据，我们就可以推算出以东、中两墓区为代表的两个群体不同时期里的平均日常人口数。

东群一期：由已定期的10座墓加上处于其分布轨道上的M5、M11，至少有12座。那么年均死者数为0.61～0.82，年均人口数为9.4～12.6人，如不按比例加进婴儿和孩童的数量，那么计算出的年均人口数只有5.7～6.8人，以原始共产制时期最基本的社会组织单位——家族来衡量，这个数目也嫌太少（横阵墓地每个家族年均人口数在10～18人之间，平均为14人），因此裴李岗墓地已揭露出的墓葬中很可能不含婴儿

① 朱延平：《裴李岗文化墓地再探》，《考古》1988年第11期。

和孩童在内，而在计算年均死者数和年均人口数时应将其包括进去。

东群二期：东墓区已定期的7座墓加上南边BaⅡ轨道上可能还有的1座，约有8座；西墓区已分期的10座墓加上处于其北、南两个轨道上的M52、M60、M70、M71，至少有14座，则东群二期墓共有22座左右。那么，其年均死者数0.76～0.89人，年均人口数为11.7～13.7人。

东群三期：东墓区已定期的3座加上BaⅠ轨道上的M13、南边BaⅡ轨道上可能还有的1座，约有5座墓；西墓区已定期的4座加上处于CaⅠ轨道上的M53、M62，约有6座。这样东群三期墓共有11座左右。则年均死者数约为0.76人，年均人口数为11.7人。

中群一期：共有11座墓，年均死者数为0.57～0.76人，年均人口数8.9～11.6人。

中群二期：已定期的墓有16座。中区还有17座墓未能分期，因中群二期墓皆集中于此区，且到三期时的墓葬的分布重心可能已逐渐转向西区，加之三期时间短，墓本来就少，所以估计未定期的17座墓中至少有10座属于二期。那么，中群二期墓当有26座或稍多。则其年均死者数0.88～1.1人，年均人口数为13.5～16.9人。

中群三期：在中区，已定期的墓有3座，17座墓未定期墓中估计约有5座属三期，那么中区三期墓约有8座；在西区，分布于东群墓周围的7座墓属中群。这样中群三期墓约有15座。则其年均死者数约为1人，年均人口数为15.4人。

通过上述分析可知，以东墓区为代表的群体在不同时期里日常人口数最少为9人，最多为14人，其间没有太大变化；以中墓区为代表的群体在不同时期里日常人口数最少为9人，最多为17人，其间略有增长，但幅度不大。换句话说，这两个群体的日常人口数基本都为十几个人，这样的数目只能与较小家族的人口量相符。所以这两个群体即为两个家族，裴李岗墓地即由两个家族的墓区所组成。统一家族的更高一级的社会组织是氏族。基于前文所述两个群体的墓葬在结构、布局上的相同特征，这两个家族当属同一个氏族；又鉴于它们之间诸多的不同点，那么这两个家族还有一定相对的独立性。故此，裴李岗墓地即为两个相对独立的家族的墓区所组成的氏族墓地。到最晚一个时期，出现了两个家族开始趋向统一使用一个墓区的迹象。

另外，东群各时期代表家族主体的轨道上都有一座较大的墓，墓主当是家族的头领或地位尊贵者。M38似为一成年与小孩的合葬墓，规模最大，随葬器最丰，是中区墓环绕的中心，而且在整个墓地中似都处于一种显赫地位，因此墓主很可能是超越家族头领的人物，或许是氏族的首领，或许是氏族历史上受人尊崇的重要人物；当然，也不完全排除他只是中群家族的地位显要者。

现在我们所知道的这个氏族只由两个家族组成，日常人口数至多在30人，可见这个氏族是很小的。这种状况是因为这一时期本来人口就少、氏族规模就小，还是因为尚有其他家族墓区没被发现、揭露造成的？据《78 裴》称：紧靠水渠东边 10 米左右范围内有墓葬迹象。这里紧挨东边的居住址，范围又狭小，不似有一个单独的墓区存在，那么其墓葬迹象是否为未发现的小孩墓？对这些问题目前尚无法做出确切判断，而有待于将来工作的解决。

（原载《华夏考古》1996 年第 3 期）

陶寺墓地分析

山西襄汾陶寺遗址是龙山时代中原文化区一处规模最大、结构最复杂、内涵最丰富的遗址，对了解史前末期高度复杂的大型区域政体的社会发展状况及其演变过程有着不可替代的重要作用。自20世纪70年代末以来30多年的考古工作积累了大量的发掘资料，笔者以往的研究中曾对陶寺有过概括性的分析①。最近出版的《襄汾陶寺——1978～1985年考古发掘报告》（以下简称《报告》）全面公布了早年的发掘和研究成果，其中尤以墓葬遗存最为丰富②。除此以外，21世纪初还在陶寺“大城”南部的“中期小城”内发现了另一片墓地，并揭露出若干墓葬。本文拟对这两批墓葬资料做一番系统的梳理分析，旨在对陶寺墓地反映的社会结构及其变化重新解读并提出一些新的认识。

下面首先分析《报告》所报道的早年发掘的那片墓地，行文中以“陶寺大墓地”指代；然后再论及近年发掘的“中期小城”内相对较小的墓地，文中以“小城墓地”指代。

一、墓葬分期及年代问题

据《报告》，在陶寺遗址区东南部、南沟沟头与赵王沟之间，存在着一处面积达4万余平方米的大型墓地。在已发掘的近5000平方米范围内，共发现1300余座墓葬，许多地段墓葬分布密集且存在复杂的叠压打破现象；但大多数墓没有任何随葬品，少数有随葬品的墓中只有42座出有数量不等的陶器，而这部分有陶器的墓葬相互间却不存在任何叠压打破关系。《报告》依据陶器型式的排比和组合关系将这42座墓划分为6组（参见《报告》图4-215、表4-47）。

《报告》将陶寺龙山时代遗存即所谓“陶寺文化”分为早、中、晚三期。早期主要

---

① 戴向明：《中原地区龙山时代社会复杂化的进程》，《考古学研究》（十），科学出版社，2012年；《陶寺、石峁与二里头——中原及北方早期国家的形成》，《夏商都邑与文化（二）——“纪年二里头遗址发现55周年学术研讨会”论文集》，中国社会科学出版社，2014年。

② 中国社会科学院考古研究所、山西省临汾市文物局：《襄汾陶寺——1978～1985年考古发掘报告》，文物出版社，2015年。

相当于垣曲古城东关庙底沟二期（简称“庙二”）的偏晚阶段（详见后文），中晚期则属于一般所说的“龙山时期”。《报告》中墓葬分期的第六组4座墓属于晚期，其余5组的38座墓葬基本都属于早期，两者间互不衔接，其中还相隔未确认出的中期。检视报告对各类器物型式的划分和分期（组），虽可大体排比出各种器物的演变方向和早晚顺序，但仍有一些不恰当之处。为更准确把握这些墓的早晚关系和下葬顺序，本文对几种数量较多或变化敏感的典型陶器重新分类定式，并根据他们的共存关系重新排比各墓的早晚和划分组别（详见图一；表一）。

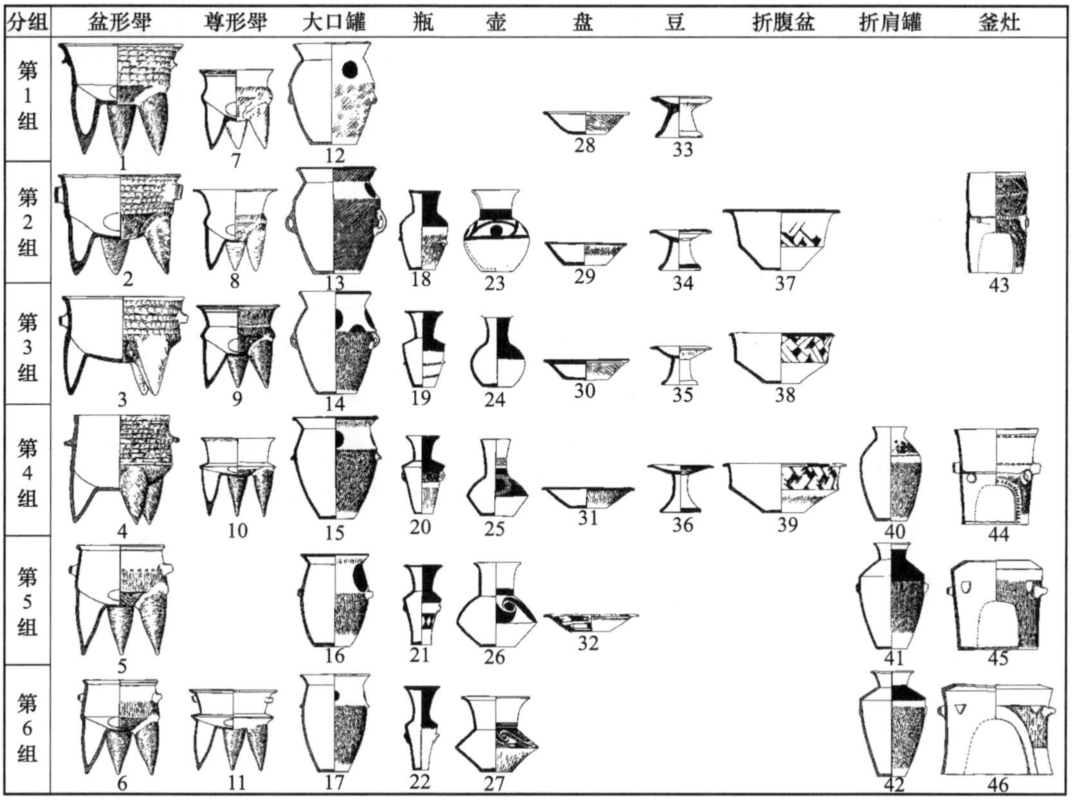

图一　陶寺早期墓典型陶器编年与分组示意图

（本文插图凡未注明出处者皆引自中国社会科学院考古研究所、山西省临汾市文物局：《襄汾陶寺——1978～1985年考古发掘报告》，文物出版社，2015年）

盆形斝：1. M2115：9　2. M2035：10　3. M2043：9　4. M2014：7　5. M3016：13　6. M3015：30；尊形斝：7. M2115：6　8. M2053：5　9. M2027：1　10. M2001：6　11. M3015：36；大口罐：12. M2112：5　13. M2168：13　14. M2095：5　15. M2001：44　16. M3016：7　17. M3002：8；瓶：18. M2103：25　19. M3414：4　20. M2092：18　21. M2003：5　22. M2013：2；壶：23. M2079：4　24. M2180：6　25. M2092：20　26. M3016：1　27. M3015：42；盘：28. M2112：6　29. M2168：28　30. M2180：11　31. M2014：15　32. M3016：9；豆：33. M2115：15　34. M2079：3　35. M2095：3　36. M2001：35；折腹盆：37. M2079：6　38. M111：1　39. M3073：28；小口高领折肩罐：40. M3073：29　41. M3016：3　42. M3015：13；釜灶及灶：43. M2079：15　44. M2001：56　45. M3016：15　46. M3015：28

表一　陶寺早期墓出土陶器编年与分组

分组	墓号	盆形斝	尊形斝	大口罐	瓶	尊	壶	小口高领折肩罐	折腹盆	盘	豆	釜灶	鼎	土鼓
第1组	2115	Ⅰ	Ⅰ								Ⅰ			
	2112	Ⅰ		Ⅰ						Ⅰ				
第2组	2079	Ⅱ					圆腹Ⅰ		Ⅰ		Ⅱ	Ⅰ		
	2103	Ⅱ	Ⅱ	Ⅰ	Ⅰ		圆腹Ⅱ		Ⅰ	Ⅱ	Ⅰ			
	2202		Ⅱ			Ⅰ			Ⅰ					
	2063		Ⅱ						Ⅱ				Ⅰ	
	2053		Ⅱ										Ⅱ	
	2135												Ⅲ	
	2168	Ⅱ		Ⅰ						Ⅱ	Ⅰ、Ⅱ	Ⅱ		
	2172	Ⅱ	Ⅲ	Ⅰ	Ⅰ	Ⅰ			Ⅰ		Ⅰ、Ⅱ	Ⅲ		
	2035	Ⅱ	Ⅲ	Ⅰ		Ⅱ					Ⅰ			
第3组	1111	Ⅲ							Ⅱ					
	2098				Ⅱ									
	2043	Ⅲ	Ⅲ	Ⅰ	Ⅱ						Ⅱ			
	2027	Ⅲ	Ⅲ											
	2180	Ⅲ	Ⅲ	Ⅰ	Ⅱ		圆腹Ⅲ			Ⅱ	Ⅰ			
	2095			Ⅰ							Ⅱ			
	2105				Ⅱ									
	2178				Ⅱ									
	2005				Ⅱ									
	3414				Ⅱ									
第4组	2039								Ⅲ					
	2092	Ⅲ		Ⅱ	Ⅲ		折腹Ⅰ			Ⅲ	Ⅲ			
	2014	Ⅱ、Ⅳ		Ⅱ						Ⅲ				
	2245				Ⅲ									
	3072	Ⅳ		Ⅱ		Ⅳ				Ⅲ	Ⅲ	Ⅳ		Ⅰ
	3073			Ⅱ				Ⅰ	Ⅲ	Ⅲ	Ⅲ			
	2001	Ⅳ	Ⅳ	Ⅲ	Ⅲ	Ⅲ	折腹Ⅱ	Ⅱ		Ⅲ	Ⅳ	Ⅳ		
第5组	2003				Ⅳ									
	2023				Ⅳ									
	3016	Ⅴ		Ⅳ			折腹Ⅲ	Ⅱ		Ⅲ		Ⅴ		Ⅰ

续表

分组	墓号	盆形斝	尊形斝	大口罐	瓶	尊	壶	小口高领折肩罐	折腹盆	盘	豆	釜灶	鼎	土鼓
第6组	2013				Ⅴ									
	3009				Ⅴ									
	3002	Ⅴ	Ⅳ	Ⅴ			折腹Ⅳ	Ⅲ						Ⅱ
	3015	Ⅴ	Ⅳ	Ⅴ			折腹Ⅴ	Ⅲ				Ⅴ		
	3032													Ⅲ

现就图一和表一所示早期各类典型陶器主要形态特征的变化情况进行简单的概述。

盆形斝　由斜壁大敞口到腹部渐趋竖直，再到器身斜向内倾。

尊形斝　腹部由丰满圆鼓渐变为扁折腹，领部由高敞渐趋矮直，足部由较丰满渐至瘦长。

大口罐　由折肩微鼓腹、体态丰满，到折肩下移而渐变为溜肩，再变为无肩鼓腹、体态也渐趋瘦长。

瓶　肩部由宽渐窄、由微鼓到斜直，腹部由微鼓到斜直再到弧形内凹，口径由小于肩径渐至大于肩径，颈部、器身和整个形体皆由较丰满渐至瘦长。

尊　颈部由细渐粗，口径由小于肩径到与肩径略等，器身由瘦高渐矮胖。

壶　包括圆腹壶和折腹壶两种。圆腹壶由球形腹变为扁圆腹，颈部由粗矮变细高。折腹壶由腹壁外鼓钝折到上腹直壁、下腹微内凹而形成锐折，颈部由细且直变为粗且外敞。从圆腹壶到折腹壶当属于前后衔接、同一序列的演变关系。

小口高领折肩罐　领部由较矮变高敞，肩部由微鼓、转角圆钝到直壁、转角锋锐，腹部亦由微鼓渐趋斜直，整个形体也是渐趋瘦高。

折腹盆　器体由高变矮、由深腹变得相对较浅，口沿由宽变得较短。

盘　器壁斜度趋大，口径增大，由微折或平折沿变为斜沿外翻。

豆　豆柄由矮、粗渐至细、高。

釜灶　器体由高变得相对较矮，上身釜部由深变得较浅、由微敛口变成微侈口，下部灶壁由较直到内倾、再到略外敞；最后釜、灶分离，变为器座形的敛口单体灶。

鼎　由敞口到直口再到曲壁侈口。

土鼓（异形器）　由短粗矮胖变为细长瘦高。

另有单耳罐形斝、单耳小罐、折肩罐、圆腹罐、带耳折腹小罐、双折腹盆、敞口盆等器类，或因数量较少，或变化特征不明显而难以分辨出清晰的演变序列。

以上各类器物排比出的早晚顺序与原报告有些大致相符，有些则有较大出入。

表一罗列了各墓所出典型陶器样式的共存关系。根据各类陶器式别的排序和彼此

间的组合关系，这里将早期36座墓分成6组，分组的一个主要原则是每组多数器类的式别比较单一，或部分有变化者并不同步，而不同组别之间多数器类式别发生了同步变化。另外还有M1756、M2025两墓因各自只有一件残陶器而未能定式、分组；此外，原报告所分第六组4座墓葬仍依《报告》而暂归属于晚期。上述这6组所包含的具体墓葬与《报告》所分6组有较大差异。下面按顺序对各组陶器的组合及变化情形做一些概要说明。

第1组：只有2座墓。为所见器类的Ⅰ式。

第2组：大约9座墓。有的器物仍为Ⅰ式，有的出现了Ⅱ、Ⅲ式。有同类不同式别器物之间的墓葬很可能存在相对的早晚关系。其中M2135只有一件Ⅲ式鼎，是否属于这一组并不能确定，也可能晚至下面几组；但因已知其他几件鼎都出现在这一组，故暂将此墓归入该组。

第3组：大约10座墓。大多数器类样式单一，极少数出现两式。其中M2095有Ⅰ式大口罐和Ⅱ式豆，同样的组合也可能出现在第2组，这里暂归此组但有不确定性。

第4组：大约7座墓。约有一半的器类含有两个式别，而这种变化主要出现在大墓M2001与其他墓葬之间，由此似可将M2001单立为稍晚的一组；但其Ⅲ式尊似又早于另一个大墓M3072的Ⅳ式尊，两者所含器物互有早晚，说明年代可能很接近，故将该墓暂归此组。

第5组：大约3座墓。但明确的只有M3016一座，另两座M2003、M2023都只有一件Ⅳ式瓶，因其紧接上一组M2001Ⅲ式瓶之后而暂归此组，但不能排除其属于前后组别的可能性。

第6组：大约5座墓。多数器类样式单一，少数含有两个式别。其中M2013、M3009只有一件Ⅴ式瓶，按顺序排到此组，但也不能排除其属于前组的可能性。

以上尽可能细致的分组是为充分体现各墓下葬的先后顺序，进而为后面有关墓地布局和形成过程的分析打下基础。对上述各组进行总体的观察，还可进一步将这6组墓分为前、后两大阶段。前段包括第1、2、3组，后段包括第4、5、6组，两段之间绝大部分器类的样式都发生了新的变化，且所有大型墓葬都出现在第4组以后的后段，并出现了土鼓、彩绘龙纹陶盘等高等级器物。

以上6组的相对年代和早晚顺序，可以借助垣曲古城东关遗址的编年分期来确认。古城东关（以下简称东关）是晋南地区庙底沟二期（以下简称庙二）到龙山时期陶器编年序列最完整、清楚的一处遗址[①]，可以作为本地区其他同期遗址分期断代的一个参

---

① 中国历史博物馆考古部、山西省考古研究所、垣曲县博物馆：《垣曲古城东关》，科学出版社，2001年。

照系。陶寺墓地第1组Ⅰ式尊形斝，2、3组的Ⅱ式、Ⅲ式尊形斝，分别与东关庙二中、晚期的同类器相似；陶寺第4、6组Ⅳ式尊形斝扁折腹的特征则与东关龙山早期同类器相近。陶寺第4组Ⅳ式釜灶，第5、6组Ⅴ式单体灶，都可在东关龙山晚期见到相类者，只是两者的形态特点有所差异，而在东关龙山早期也有与之相似的残器；再参照前述与这两式釜灶共存的尊形斝及其他器类的年代特征，推断陶寺第4～6组当已进入东关龙山早期（图二）。

陶寺中晚期文化面貌较早期发生了相当大的变化。其中陶寺中期最早形态的宽裆斝式鬲（ⅢC：02）与垣曲古城东关龙山早期的凸弧裆斝式鬲（ⅠH83：1）风格相似，年代应大体相当。因此可以说陶寺中期起始的年代也大约在东关龙山早期阶段（偏晚），与上文所述陶寺早期后段紧密衔接。以此类推，从陶寺中期偏晚到陶寺晚期，其年代与东关龙山晚期应约略相当（图二）。

综上可知，陶寺墓地早期前段大约始于东关庙二中期而跨越庙二晚期，早期后段则已进入到了龙山早期；或者笼统地说，陶寺墓地早期大致从东关庙底沟二期的中期一直延续到了龙山初期。而基于上述比较，陶寺墓地早期第1～6组的早晚顺序也由此得以确定。此外，继陶寺早期之后，陶寺中晚期则大体从东关龙山早期偏晚一直延续到了龙山晚期。

二、墓葬分类与墓室空间分析

《报告》根据墓葬规模、葬具、随葬品等方面的差异，将“陶寺大墓地”有条件分辨规格的770座墓葬分为六类（占已发掘墓葬总数的58.8%，其余墓因遭破坏较严重，无法准确分类），其中一类墓又分甲、乙两型，二类墓分为四型，三类墓分三型，四、五、六类墓未再分型；称一类墓为“大型墓”，二、三、四类墓为“中型墓”，五、六类墓为“小型墓”，并进一步判断，一类甲型墓的墓主应是具有“王”者地位的方国首领人物，一类乙型墓属王室成员，二、三类墓的墓主分属不同等级的贵族，四类墓介乎贵族与平民之间，属低级贵族或平民中的富有者，五、六类墓则是平民。

“陶寺大墓地”所见死者绝大多数都是成年人，如报告所言婴幼儿当另有处置。各类墓葬一般皆为竖穴土坑、单人仰身直肢，墓主一般处于墓室中间位置，头向东南，下面对墓室空间分析所称上下、左右等方位都以此葬式为准。另据报告判断，高等级的大中型墓原本多有二层台，但因墓地遭后世破坏严重而大多无存；普通平民墓则没有二层台。

下面以《报告》的分类为基础，对陶寺墓地的墓葬分类重新调整，然后结合墓地

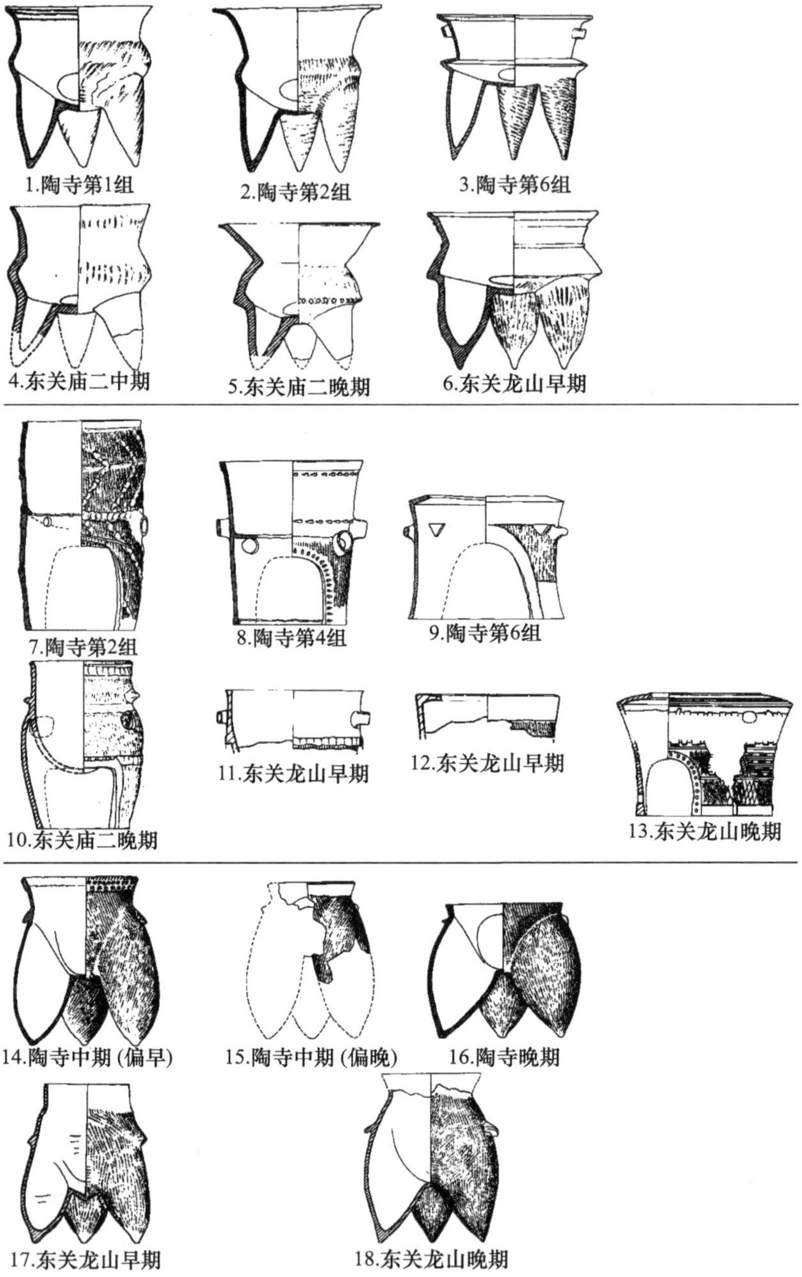

图二　陶寺与古城东关部分典型陶器年代对应关系示意图

（陶寺陶器引自中国社会科学院考古研究所、山西省临汾市文物局：《襄汾陶寺——1978～1985 年考古发掘报告》，文物出版社，2015 年；古城东关陶器引自中国历史博物馆考古部、山西省考古研究所、垣曲县博物馆：《垣曲古城东关》，科学出版社，2001 年）

尊形斝：陶寺：1. M2115：6　2. M2053：5　3. M3015：36；东关：4. ⅠH275：1　5. ⅠH91：1　6. ⅠH198：11

釜灶及灶：陶寺：7. M2079：15　8. M2001：56　9. M3015：28；东关：10. ⅠH200：9　11. ⅠH143：1　12. ⅠH143：2　13. ⅠH140：100

鬲：陶寺：14. ⅢC：02　15. H430：6　16. H301：8；东关：17. ⅠH83：1　18. ⅠH220：19

的结构、布局再来探讨墓葬等级和社会阶层划分问题。重新调整后的墓葬分类包括以下六类。不同类别的墓葬在墓室规模、葬具，随葬品的有无、多寡、种类以及空间配置等方面都有较固定的规制，从中可以窥见部分丧葬礼仪和随葬内容的功能区分。

（1）一类墓 6 座，即报告中的一类大墓。其中甲种大墓 5 座，似均为男性，集中分布在Ⅱ、Ⅲ发掘区内的西北墓区；乙种大墓只发现 M2001 一座，墓主似为女性，位于东南墓区。墓圹长 3、宽 2 米多、残深 1～2 米。据保存较好者判断，这些大墓都应有木棺，棺内撒朱砂，随葬品在七八十件以上，甚至多达一二百件，包括彩绘木案、俎、匣、盘、豆、觚、仓形器等（漆）木器，彩绘“龙纹”盘、罐、壶、尊、瓶、盆、豆等高级陶器，斝、灶、罐、杯等日用陶器，玉石钺、瑗（环）和组合镶嵌的头饰及腕饰，成套石斧、锛、凿、研磨盘和磨棒、V形厨刀，石、骨、蚌镞，还有肢解后分散放置的猪骸骨等。此外甲种大墓还有鼍鼓、石磬、陶异形器（土鼓），乙种大墓则缺乏这几种被称为礼乐重器的东西。一类大墓的年代集中在早期后段（图三、图四）。

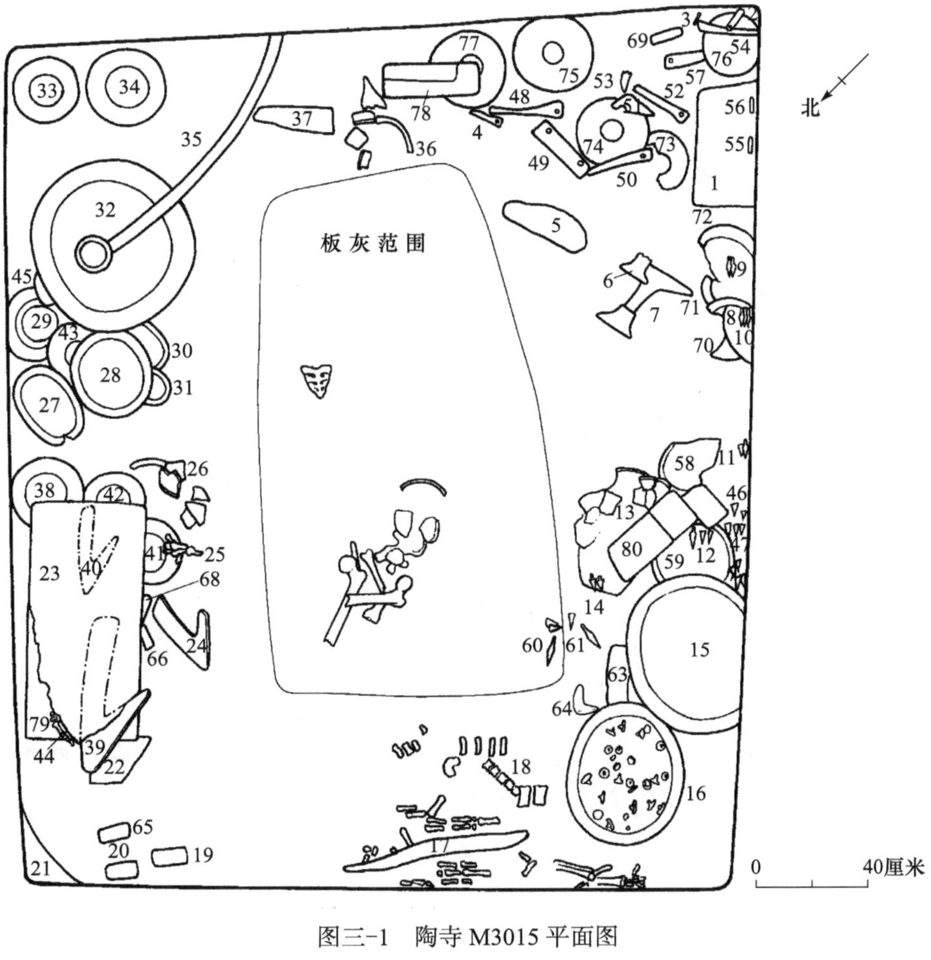

图三-1　陶寺 M3015 平面图

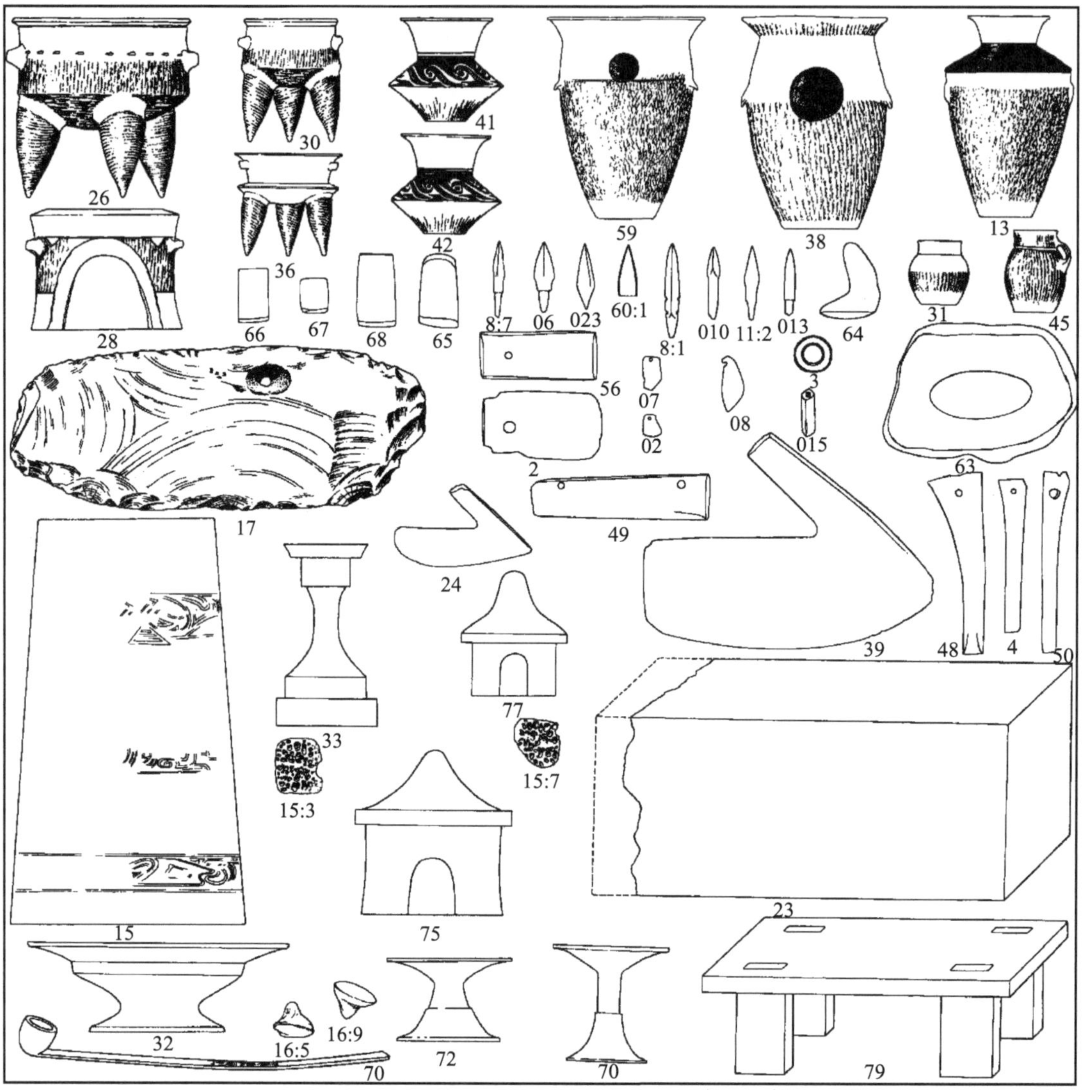

图三-2　陶寺 M3015 随葬器物组合

1、5. 麻布彩绘遗迹　2、51、55～57. 玉石钺　3. 玉环　4、48、50、52～54、69. 骨匕　6、7、21、33、34、70～73、84、85. 木豆　8、9、11、12、14、46、47、60～62. 石骨镞　10、22、37、78、80. 彩绘木器痕迹　13、29. 小口高领折肩罐　15、16. 鼍鼓　17. 石磬　18、25、44. 猪骨　19、20、65～68. 石锛　23. 木匣　24、39、40. 石厨刀　26、30、36. 陶斝　27、38、58、59. 大口罐　28. 陶灶　31、45. 鼓腹小罐　32. 木盘　35. 木斗　41、42. 彩绘陶壶　43. 木盆　49. 双孔石刀　63. 石研磨盘　64. 石磨棒　74～77. 木仓形器　79. 木俎

6 座大墓都遭到了程度不同的毁坏，那些被捣毁严重的墓很可能存在器物位移现象（即遭破坏时一些器物脱离了原本的位置）；M2001、M3015 保存尚好，下面的空间分析主要参照这两座墓。其中尸骨保存较完整的只有属于一类乙种的 M2001，因头骨和盆骨也仅存残迹，性别鉴定（据下肢骨）推测为疑似男性；但此墓没有钺、镞等武

器和斧、锛等工具，相反却在左下角有专属女性墓的彩绘陶瓶，故报告合理地判断墓主是女性的可能性更大。其他几座一类甲种大墓，死者或骨骼残缺不全，或被毁无存，M3015、M3002从残存的骨骼判断为男性，其余几座因有与这两座墓相同的武器、工具、鼍鼓、石磬等也可推定为男性。M2001棺内墓主只有随身佩戴的饰物，包括玉骨组合头饰、绿松石镶嵌的腕饰、蚌指环、已炭化的腰饰和臂饰，其豪华程度胜于二级女性墓；其余几座男性墓中心部位皆被捣毁而不见棺内遗物，但推测至少也像二类男性墓那样有贴身放置的玉钺。

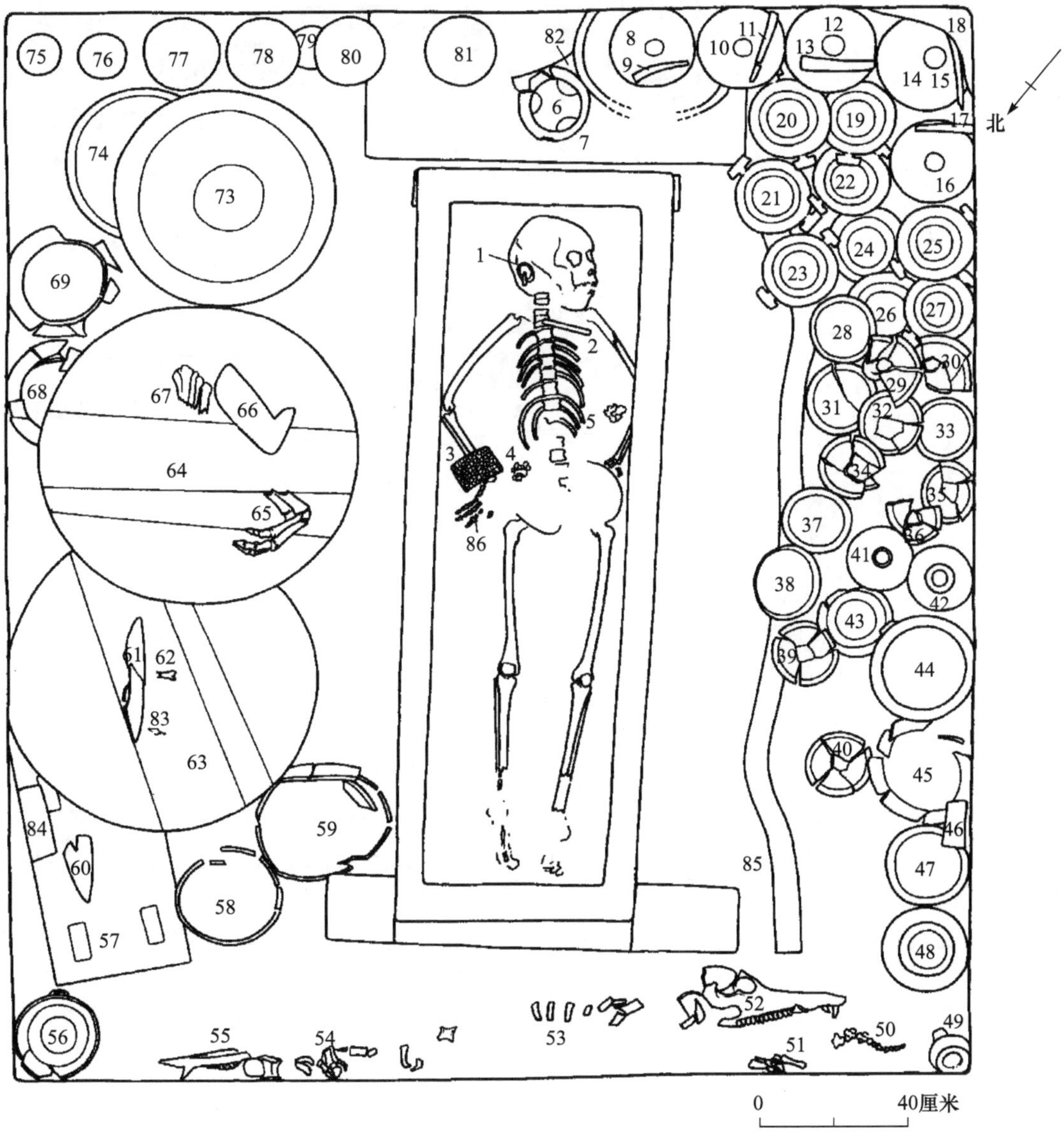

图四-1　陶寺M2001平面图

图四-2　陶寺 M2001 随葬器物组合

1、2. 玉骨组合头饰　3. 腕饰　4. 腰饰　5. 臂饰　6. 折腹斝　7. 木案　8、10、12、14、16. 木仓形器　9、11、13、15、17. 骨匕　18、82、85. 木器　19～27. 木豆　28～40、71. 陶豆　41、42. 陶壶　43、72. 陶尊　44、45、68、69. 大口罐　46. 彩绘条痕　47. 陶盂　48. 小口高领折肩罐　49. 陶瓶　50～55、62、65、67. 猪骨　56. 陶灶　57. 木俎　58、59. 盆形斝　60、61、66. 石刀　63、64. 圆木案　70. 单耳小罐　73. 木盆　74. 龙纹陶盘　75～81. 高柄木豆　83. 骨镞　84. 彩绘痕迹　86. 蚌指环

墓主头顶都应有彩绘木案，案上摆设木觚（饮酒器）、尊形陶斝（温酒器）；墓主左上方紧靠墓壁有一排数个木仓形器、上置骨匕，右上方紧靠墓壁是一排数个高柄木豆（可称高柄杯，器表一般经过朱绘或有精美彩绘）。报告推测仓形器可能是某种食器模型，而高柄木豆的礼仪作用也大于实用价值；这两种木器分置案的左右（部分叠置其上），与案上的木觚和陶尊斝一道构成祭奠墓主的礼仪用器。其中有的墓在案的右侧放置彩绘陶壶和小口高领折肩罐（M3016），有的在案的左侧置一大口圜底陶缸（M3073），如果这些器物不是被毁墓者移动的结果，则显示了祭奠仪式中用器及其表达内容方面的局部变化。以上内容当属设案置器、专门祭奠和供奉死者用的饮、食器具，在葬仪中有其独特的功能。

墓主头部右侧放置彩绘龙纹陶盘、大型木盆，再往下的身体右侧有大口罐、小口折肩罐、小罐、尊、壶、灶、盆形斝等；左侧紧接仓形器往下有多件木豆、陶豆，再往下也有大口罐、小口折肩罐，有的还有陶壶、尊等；一般彩绘陶壶、盆形斝、左右两侧的大口罐等都是成对放置。墓室右下方有成套的刀、俎（有的有数件大厨刀），其上或周围散落一些肢解的猪骨，有的俎上还有大型木匣（柜）；其中 M2001 的右侧还有 2 件大型圆木案，案上也有大石刀和猪骨，似是额外增加的两套刀俎。以上墓主两侧与饮食相关的器具包括厨具、炊器、饮食和盛食器、盛储器等，下葬时许多容器内当有相应的食物和饮料。此外在墓主足下近墓室底端通常都散置一些肢解的猪骨。

男性墓主左上方一般有玉石钺数件，左侧有成束的石镞、骨镞，保存较好的 M3015 多达 115 件，这些属武器类。另外，在墓室右下角还放置数件到十数件石斧、锛、凿等工具（有的只有其中的一、二种），左下方或右下方有研磨盘和磨棒一套。女性墓 M2001 不见武器、工具，但墓室左下角有一件彩绘陶瓶。

此外，男性大墓在墓室左下方放置一对鼍鼓、一件土鼓（陶异形器），其旁还有一件大型石磬。这些通常被解读为礼乐器，为最高等级贵族所专属。这些礼乐器很可能也是在宴饮和祭祀典礼等仪式中使用，可谓早期贵族“钟鸣鼎食”之礼仪的肇始（图三）。

M2001 尽管是女性，缺乏男性大墓中的礼乐器，但饮食器具超多，特别是木豆、陶豆等尤其多，而且华丽的彩绘木器、陶器占比较高，还有额外多出的两套大型圆案（俎），墓室的场面看起来非常奢华。这些器物和刀俎远超出其个人和家庭所用，应是为了显示墓主及其家庭极丰的财富和极强的宴飨能力。这表明在男性主导的陶寺社会，拥有某种特殊身份的女性同样可以享有崇高的地位（图四；图版 8）。

（2）二类墓 13 座，即报告中的二类甲型墓。除一座 M1111 位于墓地北部的第Ⅰ发掘区，其余都集中分布在Ⅱ、Ⅲ发掘区的东南部。墓圹长 2.5～3、宽 1.4～2 米，因大多遭不同程度破坏，深浅不一。多有木棺或尸殓痕迹。经鉴定过的 6 座墓的人骨中只有一座为女性，其余为男性，两者用器和空间布置大同小异。据保存较好的统计，此类墓随葬各种器物在20～50件之间，包括多件彩绘（漆）木器、彩绘陶器和一般日用陶器，少量玉石器、骨器，还有分解的猪骸骨或多副猪下颌骨。器物种类不超出一类大墓所见者，且没有鼍鼓、石磬、“龙纹”盘等高等级器物，其他种类的随葬品在规格、数量等方面也往往低于一类大墓。此类墓的年代皆属早期（图五）。

男性墓主一般有随身玉钺一件，置于胸腹部或右手部位，M2168显示钺首横置、钺柄朝下，当属象征权力的权杖。女性墓M2092无钺，但头顶有镶嵌绿松石的骨笄；M2043无钺而有骨笄，也应是女性。男性墓则不见随身佩戴的饰品。

墓主头顶上方置一长方形木案，案上摆放1～3件木觚，个别的还有木杯和木斗，皆为饮酒器；尊形斝的位置由身体一侧（左或右）渐至头的一侧（左或右），再移至头顶上方，有的套装于灶内，报告认为应是温酒器。头的左上方即案的左侧一般有彩绘陶豆或高柄木豆（高柄杯）、木仓形器和骨匕，头的右上方即案的右侧固定摆放一件大型彩绘折腹陶盆，有的还有尊、豆等，这些当是饮食器。以上内容亦属祭奠仪式中的用具。

墓主右侧摆放盆形斝（有的还有罐形斝、鼎等）、豆、盘、壶、尊、瓶、罐等炊器、盛食器和盛装饮料的器物，左侧有豆、盘、罐（有的还有木桶）等盛食器，个别将盆形斝或尊形斝置于左侧。墓室右下方或左下方一般摆放一对大口罐（个别的为一件），个别的置于左侧，应属于盛储类器物；右下方或右侧还置刀、俎一套，个别的置于左下方，属于厨事用具，其上面和周围常散见少量猪头骨、下颌、肋骨、蹄腿等。以上环绕墓主周围的主要也是与炊事、饮食、存储食物等有关的食用器具。

个别墓在右侧或左侧放置一簇石镞，属于武器。有的在右侧或墓底部有石斧、锛1、2件，还有几座在左侧见一件短柄石铲（用途不明），这些属于工具类。女性墓不见武器和工具，但在墓室左下角置彩绘陶瓶一件，属于女性专用品。

另外，M2172、M2180保存有局部生土二层台，台上都有成组摆放的猪下颌骨。其中M2180只见一组18副，M2172有五组计58副。这些猪下颌数量多而又分组放置，很可能是来自不同家族的助葬品。

根据前面墓葬的编年分期，一类墓到早期后段才出现，早期前段等级最高的是二类墓。所以也可以说，一类大墓实际上是到早期后段二类大墓的“升级版”，两者的空间布局、用器种类和基本内容既有较强的延续性，也有一些差异和变化。一类大墓与二类大墓的区别除了随葬的器具数量更多、品质更好，最主要的还是新出现了一些高级物品，如彩绘龙纹陶盘，还有男性墓中的鼍鼓、土鼓、石磬等。

总结上述一、二类大墓的随葬内容与空间布置，主要有彰显墓主权力的权杖，置案设奠的祭器，表明墓主生前尊贵的身份和丰厚的财富、同时也供其死后于冥界享用

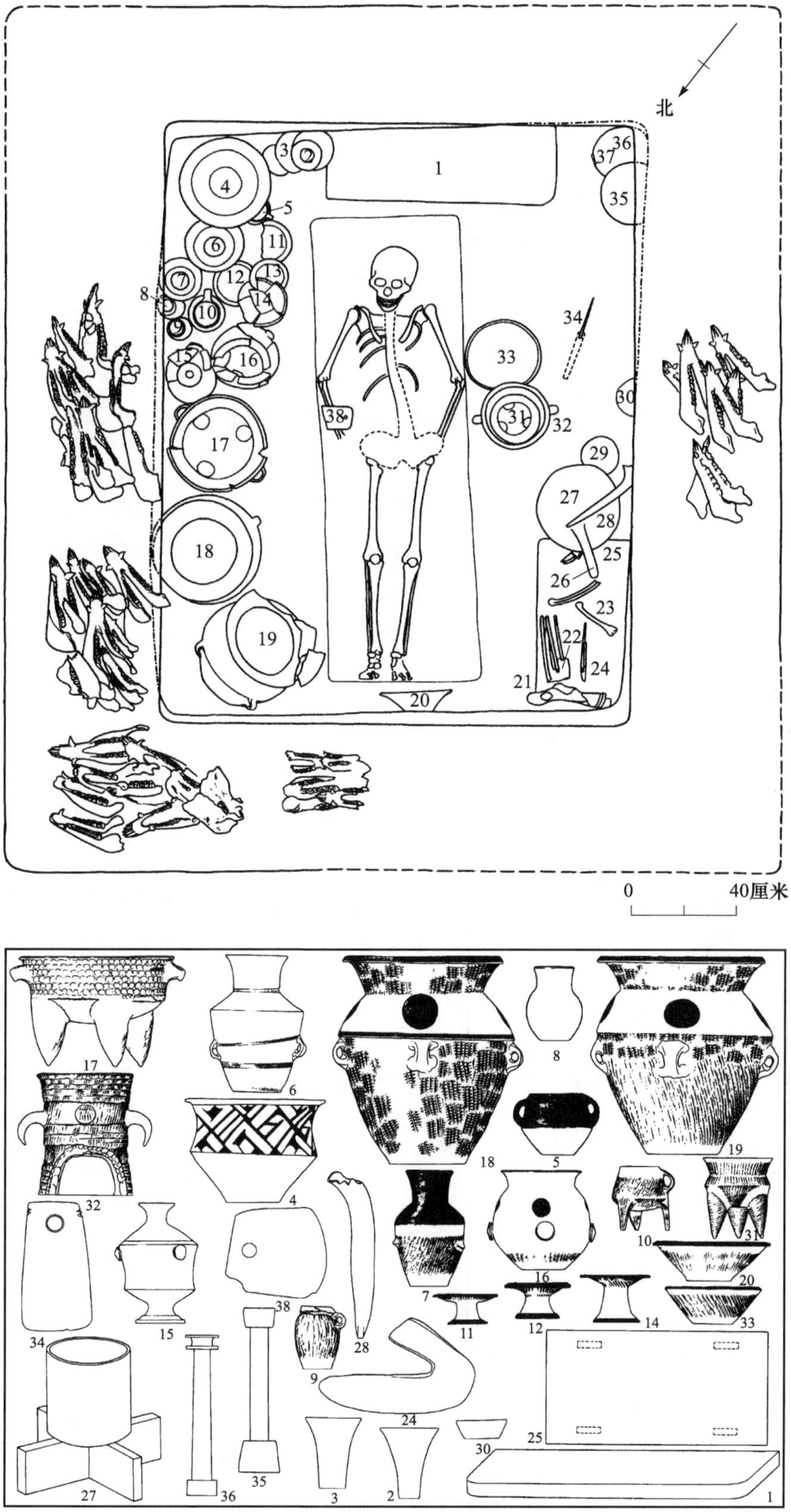

图五　陶寺 M2172 平面图及随葬器物组合

1. 木案　2、3 木觚　4. 折腹盆　5. 折腹罐　6. 尊　7. 瓶　8. 壶　9. 单耳小罐　10. 单耳罐形鼎　11～14. 豆　15. 簋　16. 圆腹罐　17. 盆形斝　18、19. 大口罐　20、33. 浅腹盆　21. 猪头骨　22. 猪肋骨　23. 猪腿骨　24. 石刀　25. 木俎　26. 木勺　27. 木桶形器　28、37. 骨匕　29. 木器　30. 木碗　31. 尊形斝　32. 灶　34. 石铲　35、36. 高柄木豆　38. 玉钺

的与饮食有关的器具和其内的饮料与食物，以及武器与工具（这在二类墓中并非固定配置，似是在特殊情形下使用），此外还有来自其他族人襄礼助葬的肉食品（猪下颌）。这两类墓当属陶寺早期社会中的高级权贵。众多与饮食有关的器具（以及朽烂无存的食物）可能还意在着力显示墓主生前和死后下葬时其家族（或家庭）所具有的强大的宴飨能力。张弛指出这些随葬品所体现的葬仪内容主要包括饮食（宴饮）和武力两类①。也可以说，墓室所见丧葬内容本质上主要凸显的是墓主超常的财富与权力，以及高贵的身份和地位。这也进一步表明财富与权力相伴而生、密不可分，同时还往往需要靠武力来获取和维系。

（3）三类墓可分甲、乙两种。甲种明确见有 4 座，即报告中的二类丁型，另外还有 5 座破坏较甚但与其性质相仿的墓葬（报告中所说“二类中不便分型的几座墓”）。大多位于一类大墓的左右，长 2～2.5、宽 1～1.5 米，一般有木棺，性别可辨者皆为成年女性，推测属于大墓墓主的妻妾或近侍。随葬品主要是玉骨组合的头饰和绿松石镶嵌的腕饰等精致的贴身饰物，另外一般在左下角还置彩绘陶瓶一件，属女性专用物品。此种墓主要见于早期后段（图六）。

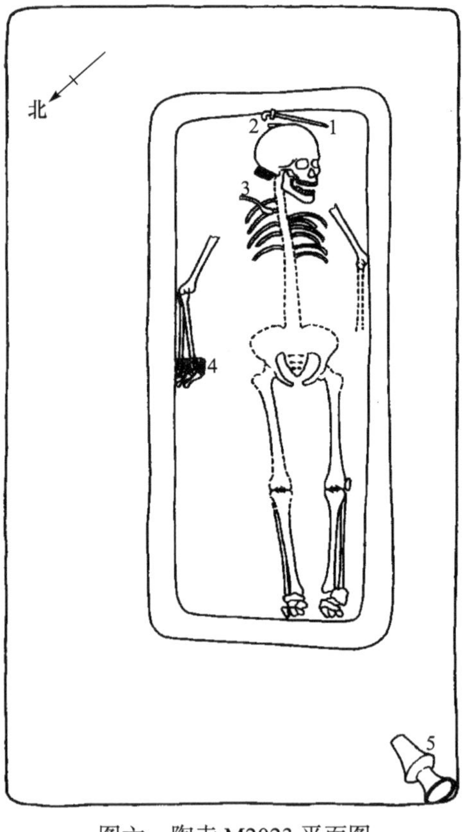

图六　陶寺 M2023 平面图
1～3. 组合头饰　4. 腕饰　5. 陶瓶

乙种即报告中三类乙型墓中的少数几座，主要分布在Ⅱ、Ⅲ发掘区东南部，其中 M2105、M2178、M2005、M2024 集中在一排，另一座 M2010 则位于其南侧一排。规模与甲种相近或略小，且少见木棺痕迹，墓主亦皆为女性。随葬品也主要是玉石及骨质的头饰、腕饰（个别还有臂饰），有些墓的左下角亦有朱绘或素面陶瓶一件。与甲种墓相比略显简单，但也应是高级权贵的配偶。此种墓所知者皆属早期。

（4）四类墓 7 座，即报告中的二类乙型墓。主要位于Ⅱ、Ⅲ发掘区的中部和东南部，墓室长 2.3～2.9、宽 1～1.5 米，多有尸殓遗迹，个别有木棺，墓主皆为男性；随葬品主要

① 张弛：《陶寺与龙山大墓的葬仪》，《社会权力的起源——中国史前葬仪中的社会与观念》，文物出版社，2015 年。

是数件木容器和陶容器，多数都有石、骨镞一束，牲体只用猪的下颌骨（数量多寡不等）。此类墓几乎不见玉石钺，表明墓主生前不能像一、二类墓主那样掌握实质的权力（至少没有展示出“军事权力”）。这类墓主要见于早期前段（图七）。

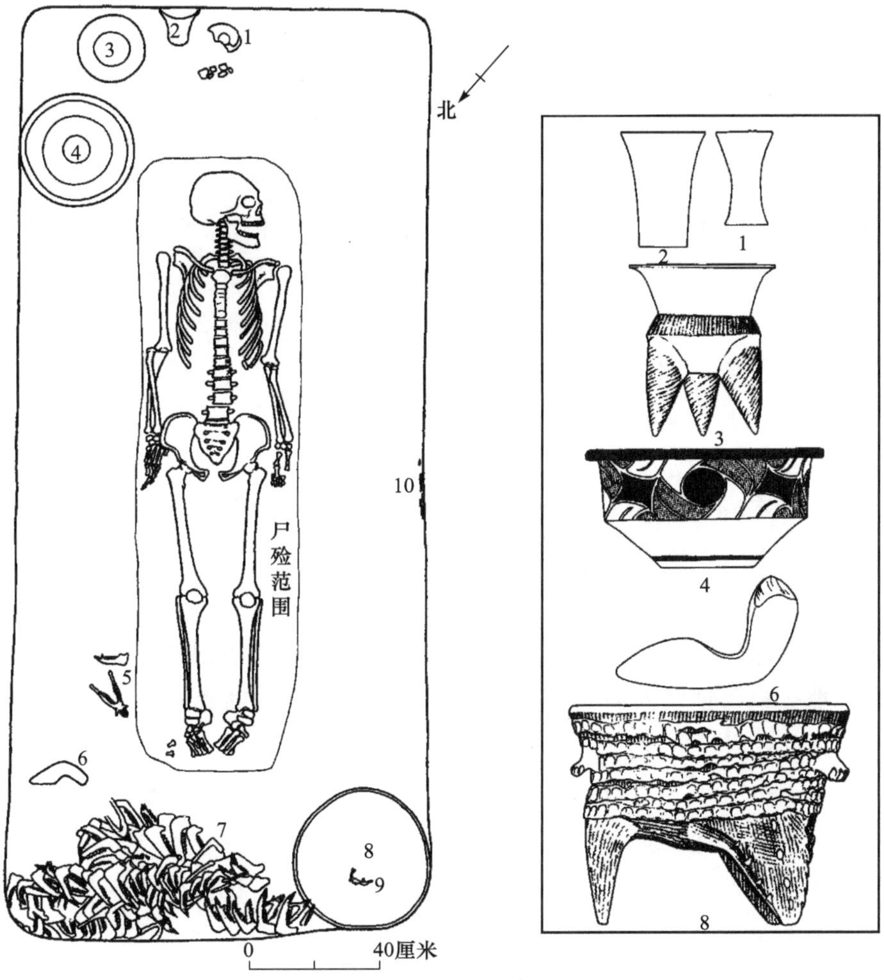

图七　陶寺 M2063 平面图及随葬器物组合

1. 陶觚　2. 木觚　3. 尊形斝　4. 折腹盆　5、7. 猪下颌骨 86 副　6. 石刀　8. 盆形鼎　9. 猪骨　10. 镞 9 枚

四类墓可以说是二类大墓的“简化版”。所见 7 座男性墓，除 M2112 的胸腹部有一件残石钺，其余几乎都没有随身携带或佩戴的物品。个别头顶上方有木案、上置木觚，有的只见木觚、陶觚和尊形斝，有的则头顶靠近墓壁而无物（个别将木觚置于头的右侧）。身体两侧较常见的有尊形斝、盆形鼎或盆形斝、折腹盆（个别为彩绘），随葬器物稍多者还偶见陶钵、盂、尊、壶、豆、盘、小罐、大口罐等（一般只有其中少数几件），个别的甚至还有一两件高柄木豆和仓形器（M2202）。在墓室左侧靠墓壁处

一般有一束十几枚石镞，个别的则置于墓室顶端。一些墓室底端摆放数副至数十副数量不等的猪下颌，数量多者可能也包含助葬品。综观这类墓的器用设置，仍是饮食器与武器两类，既有对二类大墓的模仿，同时也显得较随意、简单，一般缺乏隆重的祭奠场面，也缺少刀俎、华丽的漆木器和彩绘陶器各类“摆阔”的器具；少量几件器物满足自用尚可，却没有显示出宴飨他人的能力（或者这种能力有限而没有被着力强调）；墓主多有武备，却无实质的“军权”。综合来看，此类墓主很难称得上是“贵族”，应属平民中的地位较高者；或者称其为“低级贵族”也未尝不可。

报告归入这类墓中的M2200是很特殊的一座。此墓规模不亚于一类大墓，且保存有完整的二层台，墓室中央有外髹黄色颜料的独木舟式木棺，棺内墓主颅顶有由数十枚细小牙片镶嵌或穿缀在红色麻布上的装饰物，墓主为35岁左右的男性。墓室左侧紧贴墓壁斜竖一根细长的圆木杆，长达2米多，表面涂成朱红色；紧靠木杆下端竖立着一束骨镞，箭杆共存17根，也是涂成朱红色，箭头18枚，锋端插向墓底。足端及两侧近足端二层台上连续摆放着13组猪下颌，除右侧第一组为9副、左侧最后一组为13副，其余每组皆为10副，共计有132副猪下颌，这些也当是来自不同群体（家族）的助葬品。此墓墓室阔大且有数量惊人的助葬品，但自身随葬品却简单而又独特。墓主生前等级不高，但很可能是勇猛的战士，并因赫赫战功而受人尊崇，死后虽没有象征财富的饮食器具随葬，却有象征其身份和战功的武器（那根长木杆可能也是与作战有关的用具），并被破例安葬在阔大的墓室中，而且还享受到了很多群体的助葬。若这一推测不误，那么也可证明人们给予身份高贵或特殊死者的助葬品，一般主要限于猪下颌，而不包括墓室内的器物。

（5）五类墓也分甲、乙两种。甲种有125座，即报告中的三类甲型。分散于各墓区，一般长2米多、宽0.6～1米，也有略小或略大者，少数有木质葬具或尸殓痕迹；多为男性，很少一部分为女性，随葬品都以玉石器为主。此类墓可判定年代者绝大部分都属于陶寺晚期。

甲种墓随葬品主要有置于体上或体侧的玉石钺、双孔刀，穿戴或佩戴在手臂上的璧、连璜璧、琮、环等（所见皆在右手臂，有的似握于右手中）；有些还有玉石质的头饰件，个别还有项饰和腕饰，少数墓还有少量的石、骨、蚌镞；几座墓的头端有小型壁龛，内置一件猪下颌（图八）。此类墓125座中约有70座出土玉石钺，大多数只有1件，少数2件，个别的稍多；持钺者绝大部分属于男性，只极少数为女性。出双孔刀的只有5座墓。出玉石璧的有60余座，四分之三属于男性，少数为女性；佩戴玉璜、联璜璧、琮的都是很少一部分墓，而且也都是男性明显多于女性。

乙种即报告所分三类乙型墓中的多数（本文所分三类乙种之外的墓），大概有10余座。与甲种和其他小墓相混杂，分散于各墓区，规模与甲种相同，少数有木棺或尸敛痕迹；以女性为主，少数为男性。随葬品主要是随身饰物，包括玉石和骨质的头饰、臂环、镶嵌腕饰和指环等，大多只有其中的二三件。与三类乙种的区别除规模较小外，主要是不见高等级女性在墓的左下角固有的陶瓶。此类墓年代大多难以确定，估计多数与甲种同时。

这两种墓可能属于平民中有一定身份或较富裕者，而拥有玉石钺的墓主还有可能是高级武士一类的人物；除随葬品简单，其平民身份从墓葬规模和在墓地中的排列情况都能得到较充分的反映（详见后文）。

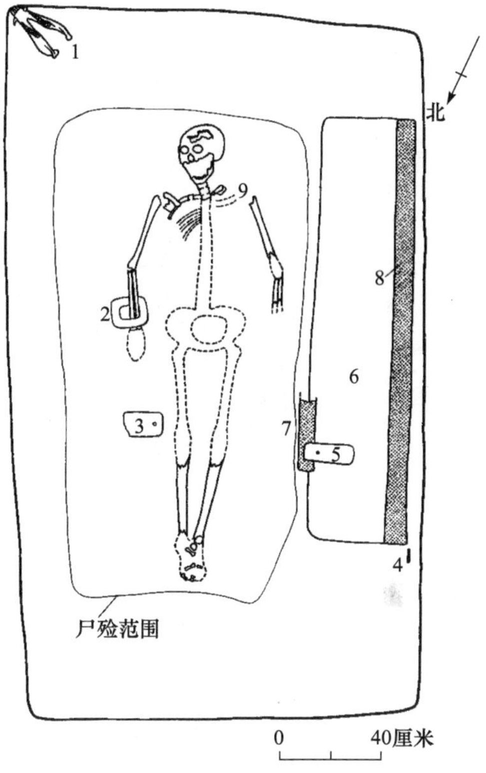

图八　陶寺 M3372 平面图
1. 猪下颌骨　2. 石璧　3～5. 石钺　6. 炭化物　7. 钺木柄　8. 木器　9. 头饰

（6）六类墓共有 585 座，包括报告中的四、五、六类，都是陶寺墓地中最普通的小墓。一般长 2 米左右、宽 1 米左右（大多不足 1 米）。分散在各墓区，男女都有。原四类墓 29 座，有木棺，但一般没有随葬品（图九）。原五类墓 254 座，无棺，但少数有殓尸的编织物；部分墓有极少的低等级的随葬品，其中多数是随身佩戴的骨笄、石质头饰件和骨质的臂环、指环等饰物，极少数墓有个别的陶器、石质工具或少量的石、骨、蚌镞等武器，还有很少的墓随葬少量的猪下颌（图一〇）。原六类墓 302 座，无葬具，没有任何随葬品。此类墓应分属早、中、晚各个时期。总的看，这些墓都属于一般的平民，他们生前的身份或富裕程度也许有些微的差别，但应属同一社会等级。

另外还有报告中的二类丙型属于一个二次葬的特例，不具代表性；报告所分的三类丙型墓 6 座，大多尸骨凌乱不全，且与动物牺牲共埋或被埋有动物的坑打破，应属与祭祀有关的特殊墓例。这两种墓不具有与上述墓葬同等的分类意义。

综合上面的分析，基于墓葬分类的等级划分应区分男女两个序列，并且可归结为贵族与平民两个阶层。一、二类墓属于贵族阶层，其中一类墓皆属早期后段，二类墓则主要属早期前段、少数为早期后段，两者或有短期的交错共存；三类甲、乙两种女性墓则分别与一、二类男性大墓相对应匹配，共同构成贵族阶层的完整组合。高等级大型墓葬中也有极少数的女性（如 M2001），说明在男性主导的社会中只有个别女性在特殊情形下（高级权贵的配偶或女首领）才能够享有与男性相似的社会地位和权利；

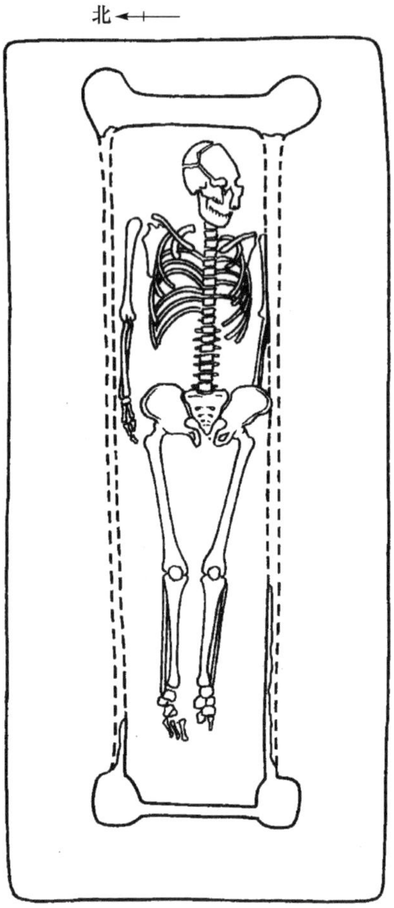

图九　陶寺 M2391 平面图

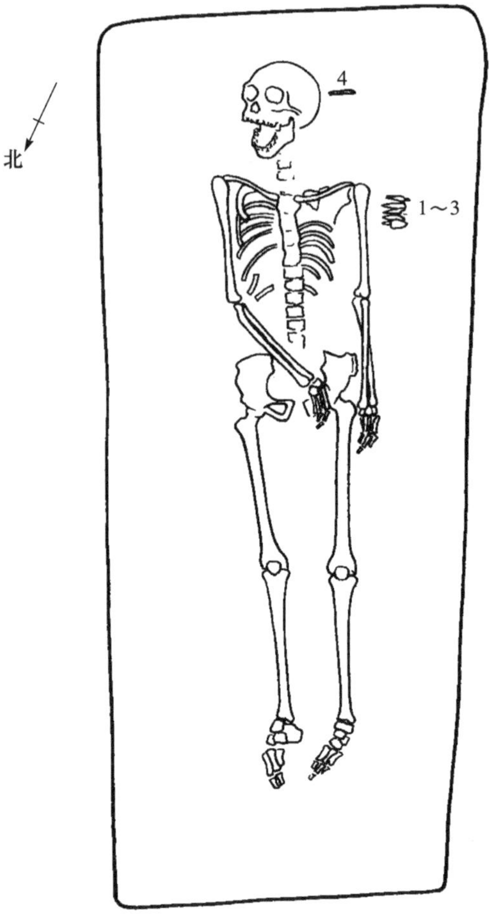

图一〇　陶寺 M3074 平面图
1～3. 石、蚌、骨镞　4. 骨簪

在大部分情况下，女性墓相对小、随葬品少、葬制简单，普遍处于附属地位。四类和五、六类墓皆属平民阶层，同时又有等级高低之别。四类墓应属于普通宗族中地位较高的男性，其中有成套随葬品的四类墓还有可能是其所在宗族的首领，因此也可称其为低级贵族；五类墓普遍随葬玉石质的饰物，应是平民中有较高身份的人，并且男性明显多于女性，其中应包括高级武士一类的人物；而六类墓则是处于社会最底层的民众，葬制简陋，男女间已经看不出有什么明显的差异。

一类和二类墓可称为大型墓，三、四类按规模和随葬品都可归为中型墓，五、六类为小型墓。显而易见，在陶寺社会中女性地位普遍低于男性，高级贵族多数为男性，他们的妻妾或近侍的葬制却很简单，明显要低一个等级。

从各类墓的年代看，一至四类墓皆属早期；五类墓可定年代者多属晚期，可能还有相当部分属中期，属于早期的大概很少；六类墓在各期都应有相当多的存在。

陶寺墓地不同等级墓葬的规模、形制、随葬内容和空间设置等方面所反映出的丧葬制度，正如报告所言，已经初具“礼制”的特征，这种丧葬礼仪制度的主要目的在于“明身份、序等级”。

然而，上述墓葬分级的社会意义只有放到整个墓地相应的时空范围内才能看得更清楚。

三、墓地布局及社会结构蠡测

据《报告》称，“陶寺大墓地”已发掘部分占墓地总面积不足六分之一，这就为了解整个墓地的布局与结构造成了很大困难。我们只能假设已知墓葬等级能够代表陶寺、至少是陶寺早期社会实际的情况，然后再结合发掘区内墓葬排列与组合的空间布局来窥探其社会结构。

报告根据少数有陶器墓的分期，结合各墓上下叠压打破的层位关系、填土中陶片的年代、同排墓年代相近等项内容，认为可判明或推定期属的早期墓有 71 座，晚期墓 336 座，合计 407 座，在发掘的 1309 座墓中只占 31%。其中同样应大量存在的中期墓则几乎没有能够确认出来的。

据报告可知，第Ⅰ发掘区处于墓地中北部，其北端墓葬较稀疏，或许已接近墓地北界。该发掘区的主体部分墓葬分布则异常密集，上下叠压打破关系非常复杂，从中虽可看出墓葬成排分布，但由于延续时间长，较晚的墓排叠压在早期墓排之上，这里的墓又因极少有陶器而不能确切地分期，故此很难按时间早晚梳理出墓葬的排列顺序与组合关系来。此外，这片发掘区罕见高等级的墓葬（只在北端有一遭严重破坏的二类墓 M1111），据此可初步认定这里始终是普通平民的族墓地，而只有个别的显赫人物或宗族首领才能享有厚葬的待遇。

报告称Ⅱ、Ⅲ发掘区处于墓地中部偏西。从墓葬分布图观察（报告图 4-5），在发掘区的西部边缘墓葬较稀疏，西北和西南部甚至已有大片空白，可知其西端当已接近墓地的西部边界，发掘区实处墓地的中西部。Ⅱ、Ⅲ发掘区这片相连的区域所展示的墓地结构要远比Ⅰ区复杂得多。

像陶寺这种大型墓地的形成肯定是有意规划和管理的结果，但在漫长的岁月里因社会或其他方面的变动而造成在原地反复埋葬，出现大量晚期墓叠压在早期墓之上的现象，要想分辨出其中隐含的某种秩序、布局和结构，实属不易。尽管如此，报告的作者仍然在这方面做出了难能可贵的探索。报告在墓葬分期的基础上，经仔细观察，在Ⅱ、Ⅲ发掘区范围内分辨出 10 余排早期墓和部分期属不明的成排墓（其中可能包含部分中期和晚期墓排），又确认出成排和成组分布的晚期墓10余排、组，并分别制成两张墓葬排列组合示意图（报告图4-217、图4-218）。报告将Ⅱ、Ⅲ发掘区内的早期和部分期属不明的墓排分成东南、西北和中部三个墓区（参见报告表4-50），并讨论了各区墓排的早晚和埋葬顺序、与性别的对应关系、各等级墓的分布情况等。尽管还有很多的墓排或组合没有能够识别出，但这两张图及相关的讨论，为我们进一步的研究提供了非常好的基础。

本文根据对陶器和墓葬的再分期，以及对墓葬等级的再划分，再结合墓地中男女分布状况，下面拟重新审视墓地的布局与结构问题。为便于观察，首先将早期墓的组别（年代）和大中型墓的等级标示在图一一上（报告图4-217）。

1. 东南墓区

这里最醒目的是打头的M2115至M2027一排7座，此排靠南的M2115和M2112为2座四类墓，年代属早期第1组；往北的5座都是二类墓，分属早期第2、3组；另外北端与此排略有错位的M2035或许也同此排相关；该排除M2027性别不明，其余皆为男性，可见这一排主要安葬的是高级男性贵族。紧邻其东南侧的M2111至M2039一排5座，除个别为六类小墓，其余包括3座三类乙种和1座二类墓，年代分属早期第3、4组，还有1座三类乙种M2024也应属此排；除二类墓M2039性别不明，其余都鉴别或推定为女性（有的人骨无存，但随葬女性专用的彩绘陶瓶），可见此排安葬的主要是有一定身份的女性。由此推知，上述两排墓很可能存在男女之间的对应关系，特别是在其中的二类男性墓和三类乙种女性墓之间，两者共同构成某种组合，或许就是同一家族不同辈分的男女或夫妻。这两排墓主要形成于早期前段，并由西南往东北方向顺序下葬；据报告称有的墓排还要继续向西南延伸45～50米，因此上述两排西南方向还应有更多的早期前段墓，而往东北方向在发掘区之外是否有早期后段墓则未可知。

往东南的M2092至M2025一排9座，包含有大中小各类墓，其中等级最高的是一类乙种大墓M2001，其两侧各有1座年代相近的三类甲种墓（M2003和M2023），另外还有1座二类墓、1座三类乙种墓和几座六类小墓；这些墓所知者皆为女性（其中M2001根据随葬内容推定为女性），主要形成于早期后段，而在发掘区之外西南方向或许还有早期前段者。与其相邻的东南面M2095至M2014一排4座，除1座为三类甲种，其余3座皆为二类大墓；这几座墓因破坏严重，墓主性别不明，但从已知墓例可推测二类墓主要为男性，三类甲种墓M2013则应属女性（出彩绘陶瓶）；此排墓的年代包括早期前段到后段，大致也是从西南向东北先后下葬。以上两排墓之间或许也存在某种男女对应的配伍关系。这里需要指出的是，若M2001墓主为女性权贵，那么其两侧的2座三类甲种女性墓就不会是妻妾，而应是其近侍。

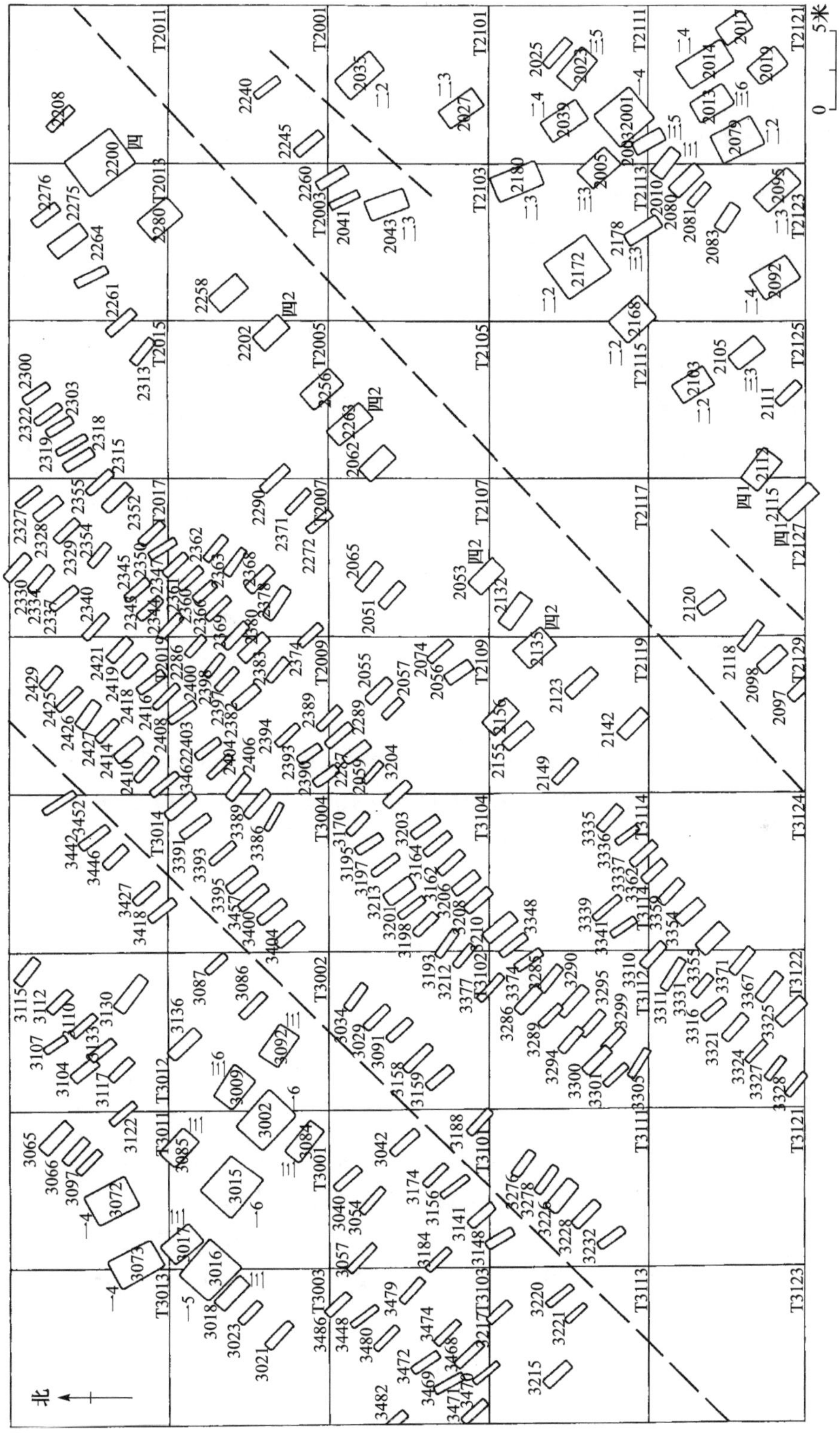

图一一　"陶寺大墓地"Ⅱ、Ⅲ发掘区分区、墓排分布示意图

说明：图中墓葬旁边标注的"一～四"为墓葬类别（等级），"1～6"为墓葬组别（年代）。

再往东南面，紧靠发掘区东南角还有一排，除报告列举出的M2019和M2017，可能还有M2020和M2038；这几座墓人骨不存，也没有发现随葬品，有关他们性别、年代的详情已不可知。若是女性，则也可能与其西北面的一排大墓，或者其东南面未揭露出的一排墓存在配伍、对应关系。

显然，本墓区在发掘区之外还应有相当大的面积和相当多的墓葬尚未揭露。

2. 中部墓区

该区有两组明显的男女分排埋葬而又相互对应的组合。一组位于该墓区的东南边缘。其中首排是M2142至M2208一排13座，其中有5座四类墓，其余为六类墓，但这里的六类墓大多规模较大而与同排的四类墓相近，且墓间距也较大；除1座鉴定为女性、3座性别不明，其余9座皆为男性，故此排主要安葬的是以四类墓为代表的等级较高的族人，年代所知者集中在早期前段。与该墓排相对应的是紧挨其西北侧的M3325至M2276一排25座墓，皆为六类小墓；除一座为男性、两座为疑似男性、3座性别不明，其余皆为女性。此排M2149至北端M2276这一段，墓葬间距较稀，与其旁侧的M2142至M2208一排正相对照，这两排的男女间显然应存在一定的组合关系；此排靠南段的M3325至M3335这10座墓则可能与紧挨其西北侧的一短排墓存在更紧密的联系（见下文）。

报告将M2142至M2208一排划为东南墓区最靠西的第一排，显然是不合适的。此排与东南区的M2115至M2027一排间距很大（10多米），又与明显属中部墓区的M2149至M2276一排平行对应、男女搭配而形成组合，故应归属中部墓区。两区之间空白地带还存在两短排小墓，即M2097至M2120一排及M2041至M2240一排，彼此相隔较远，各有4座，皆为女性。其中靠西南一组归属不明，应当是较晚阶段出现在“中间”地带的，而非最初规划的结果。东北一组则可能是发掘区东北部另一墓区的一个组成部分，实际上在附近还有情况类似的其他小墓排，都应属于东北区“侵入”到东南和中部墓区的一部分（详见后文）。

中部墓区另一明显的男女墓排组合是M3305至M2300一排34座，以及M3301至M2327一排28座。前者除3座鉴定为女性、1座性别不明，其余皆为男性；后者除1座为疑似男性、3座性别不明，其余皆为女性。这两排的西南端出现大片空白，似乎已到尽头，而东北方向还应向外延伸。这些皆为六类小型墓，年代主要属早期，但不排除有极少数属中晚期。这两排墓分布密集、平行排列，甚至墓排呈现的弧度和走向都高度一致，显示了极密切的男女两排间的组合关系。

该组与上一组之间还有一排小墓，即M3328至M2362一排17座，其中5座男性、8座女性、4座性别不明。此排可分为有间隔的南北两段，南段10座男多女少，北段7

座皆为女性。从空间位置看，南段 M3328 至 M3339 贴近其东南侧的 M3325 至 M3335（女性为主），两者间应存在相互对应的组合关系；北段 M2057 至 M2362 靠近其西北侧的 M3305 至 M2300 一排，似是该组合中女性墓的延续或补充。总之，这两段墓都有可能是在较晚阶段填充到两组之间的，而各自有所归属。

上述墓组的西北边还有两排小墓也应属中部墓区。一排是 M3386 至 M2330，4 女、6 男、4 座性别不明，共 14 座，男女混葬，但墓排较短，集中在东北段。最靠西北的一排 M3232 至 M2429，25 座，15 名男性、5 名女性、5 座性别不明，看来是以男性为主、间杂少量女性的墓排。这两排墓之间是否存在某种对应关系不是很清楚，从男女同排混葬、而男性又多于女性的现象推测，一是与这两排对应的一些女性很可能被安葬在别处了；二是这两个男女混葬的墓排形成的时间相对较晚，总体上要晚于上述男女搭配明显的两组墓。也就是说，大概在早期后段以后，最初男女分排对应组合的埋葬方式发生了改变，至少执行得不是那么严格了，并逐渐改为男女混合同排埋葬。

这种推测可以从西北墓区墓葬的排列方式得到进一步的证明。

3. 西北墓区

与东南和中部墓区相比，西北区墓葬的排列方式和组合关系都发生了很大的变化。其中最突出的是出现了几座一类甲种大墓，共发现 5 座，墓主皆为男性，年代皆属早期后段，从第 4 组到第 6 组，由西北往东南顺序下葬。最初（早期第 4 组）是两座大墓同排（M3072 和 M3073），附近是否有同时期的中小型墓不是很清楚。稍后（早期第 5、6 组）就变成每排只有一座大墓了，每座大墓的两侧都有 1、2 座三类甲种墓，很可能是大墓墓主的妻妾；再往两边延伸则主要是一些六类小型墓（个别为五类墓），男女同排混杂。这些墓葬的形成可能从早期后段一直延续到中晚期，包括报告所分的 A、B、C、D 四小排也应有部分早期墓，而非像报告判断的都属晚期，并且这几小排与处于同一排列位置上的大墓 M3015 应存在较紧密的关联性；此外排列在几座大墓两边、与之属同一“布局”而密切相关的小型墓还应有更多（要超出图一一所显示部分，参见报告图 4-5）。

此区东南边缘的 M3221 至 M3452 一排 15 座墓，亦是男女混葬，报告划归中部墓区。但此排有一座三类甲种墓 M3092，与其北侧的 M3009 位置相应；它的旁边有一片较大的空地，正与北侧的大墓 M3002 位置相应，应该是为大墓预留的位置。因此这一排的规划与组合应该与其西北侧相邻的 M3002 一排是相同的，而不同于东南面属中部墓区的小墓排，故应划归西北墓区。

总体来看，西北墓区各墓排应该是以大型墓为中心形成的。大型男性墓皆处于墓区的中央位置，两侧安置属于他们妻妾的中型墓，再往两边则是男女混合的小型墓。大中型墓从西北向东南由早至晚依次下葬，他们的位置都应该是预留出来的；两侧的小墓则是先后出现、有早有晚，但估计大多应相对晚于同排的大墓。被 M3015、M3002、M3085、M3009 等大中型墓打破的几座小墓，应是稍早时期埋在此处的，但当有大墓出现时，这里就开始重新统一规划了（参见报告图 4-5）。顶级贵族大墓不再排在同一排，而是各居一排；与之同排的不再是同等级、同性别的人，而是处于附属地位的家族或宗族内的普通成员，其葬制几乎与平民无异。这似乎说明社会等级的分化已深入到了宗族甚至是家族的内部，即使是同宗同族，只有首领及其妻妾的地位凸显，而其他人至少在死后不能享有贵族的礼遇，由此也很难判断这些一般成员生前是否属于“贵族阶层”。

4. 东北墓区

除上述几个墓区，在Ⅱ、Ⅲ发掘区东北部 T2011、T2013、T2015，T2001、T2003，以及 T2101、T2103 几个探方内，密集分布着众多的小墓，它们与东南和中部墓区有局部的交错，但总的分布形态显示这里似乎单独存在着一个墓区，并且该墓区相当一部分应延展到了发掘区之外。这些墓葬按朝向较明显地可以分为偏南—北和偏东—西两个方向，常见后者叠压前者，前者应主要属早（中）期，后者应主要属（中）晚期，前者的数量明显多于后者（参见报告图 4-5）。这些墓大致也成排分布，但不甚整齐，又加叠压打破关系复杂而显得较凌乱，不易将每排都分辨得很清楚。前文提到这里靠近东南墓区的 M2041 至 M2240 一排小墓很可能是东北墓区的一部分，实际上附近还有其他墓排也属类似情况，如其南侧的 M2044 至 M2036 一排。这两排墓似都以女性为主，但这些墓排揭露并不充分，因此很难判断是否存在男女分排组合的情况，何况再往北还有男女混合的墓排。从一些墓打破少数与之交错的东南和中部墓区早期墓葬的现象推断，已暴露出来的东北区的这些墓可能普遍晚于早期前段，是稍晚“侵入”到那两个墓区边缘的结果。至于附近零星分布的个别二类大墓如 M2043（女性，孤零零自己一排）是属于本区还是东南墓区，则难以做出确切的判断。但总的看，东北墓区是以普通平民的小墓为主体构成的。

5. 关于中晚期墓地

上述各区排列有序的墓葬应主要形成于早期，可能有少量延续到了中晚期。到中晚期阶段，整个墓地的格局似发生了极大的变化。从报告制作的Ⅱ、Ⅲ发掘区晚期墓分布示意图看（图一二；报告图 4-218），可辨识出的晚期墓的数量远少于早期墓，还有很多未能识别出的晚期及大量的中期墓未能标示到图上，这样必然会影响到对中晚期墓地整体布局的认识。仅从此图观察，晚期墓的分布显得较凌乱，远不像早期墓地布

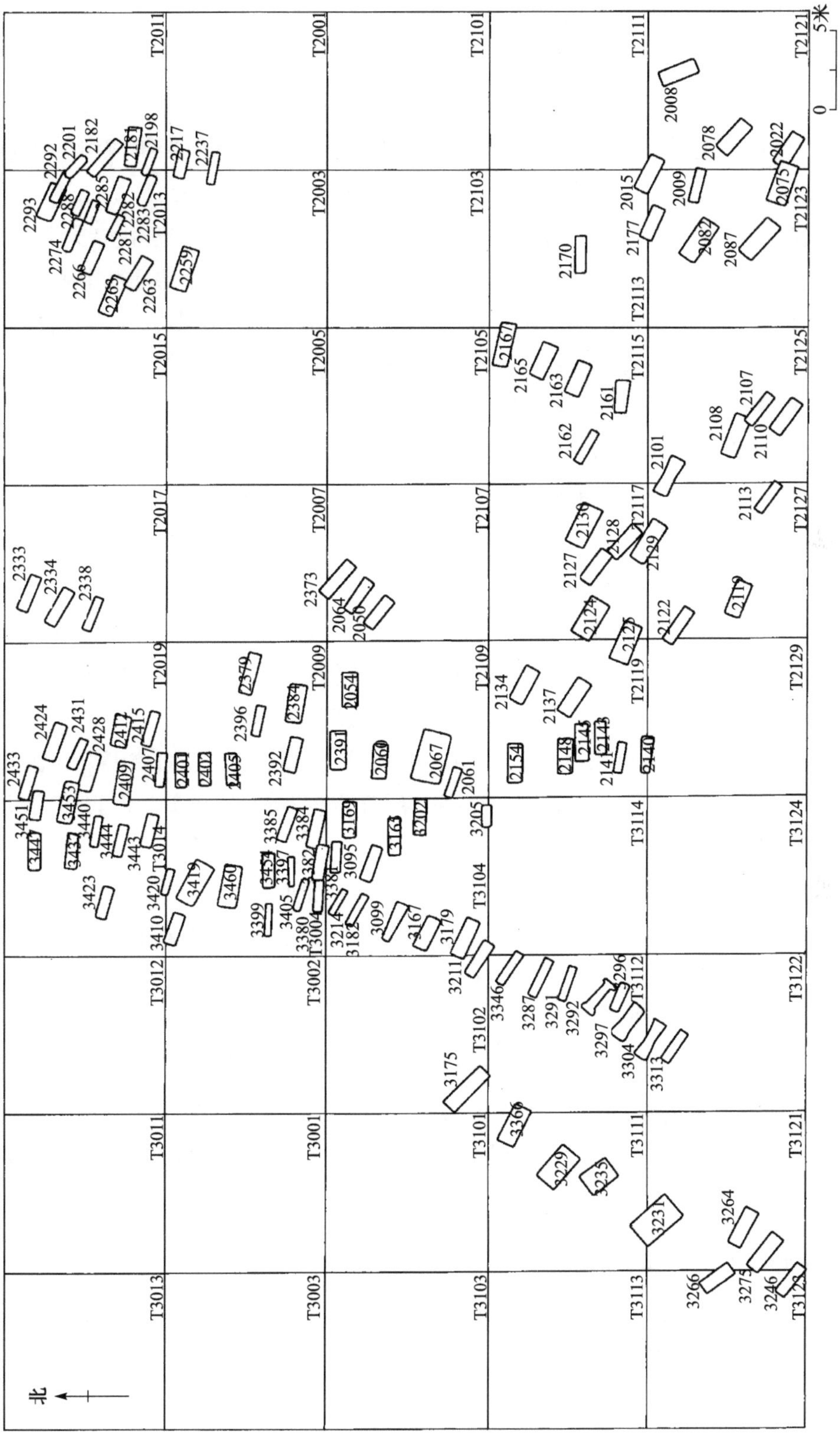

图一二 “陶寺大墓地”Ⅱ、Ⅲ发掘区部分晚期墓分布示意图

局那样严整有序，从中很难对墓地内区、组的划分和墓葬间的组合关系进行较精确的分析，只能综合各种信息得出一些概要的认识。

从图一二可以看出，大部分情况下晚期墓也是成排分布的，这些墓排长短不一，长者有十几座墓，短者只有数座；有些墓排列不整齐，但显示出聚集成组的特点；有的地方分布密集，有的地方较稀疏。其中很多晚期墓方向偏东—西，据此还可以进一步识别出较多一些的晚期墓。另外前文据报告指出，五类墓可判定年代者大多属晚期，而在年代未知者中还当有不少的中期墓，总之五类墓的样式应主要是在中晚期流行开来的；据此将所有五类墓标示到图上（报告图 4-5），也可增加对中晚期墓分布的了解。综合这些分析结果，可以粗略看出中晚期墓的分布概况，从而获得以下几点认识。

首先可以看出，Ⅱ、Ⅲ发掘区内的中晚期墓地似仍然可以分为东南、东北、中部和西北几个墓区。东南区的墓葬显得较稀疏、分散，即便同排的墓间距也相对较大，而且墓圹普遍较大，延续了早期的特点（尽管都属小型墓），但与本区早期墓相比方向略有变小（略偏东—西）。东北区的墓普遍较小，斜向排列，有些排聚集成组，与早期相比墓向也是略偏东—西。中部区也大多是规模很小的墓，排列较密集，成排或成组分布在不同方位，其中很多墓已接近或呈现东西向。西北区除靠南部有少量墓圹较大外，其余大部分也是普通小墓，大多也是不甚整齐地斜向排列，或也聚集成组，其中一个显著特点是这里集中了半数以上的五类墓；这些墓“环绕”在早期大墓周围，与其他六类小墓一起，大概可以分为北、中、南几组，每组内分布都较密集，彼此间甚至有较多的叠压打破关系；本区中晚期墓一部分方向也略有变小，但很多变化不大（图一三）。

从西北区墓葬的分布形态可以看出，在陶寺中晚期，人们对早期大墓的位置是基本清楚的，而且当时人们对这些大墓仍怀有敬畏之心，并有意避开大墓、环绕其周围埋葬，故此这些大墓所在的中央区域一直少有中晚期小墓侵入，大墓被小墓打破的事例并不多见。也就是说，这里的中晚期小墓可能仍是本区早期人群的后裔，他们尽管已失去了统治的权威，但仍有意维护着祖先的荣光；而且这里的平民也普遍享有较高的待遇，大量连续分布的五类墓说明他们中的很多人能够拥有玉石饰品或象征一定身份的特殊物品（如玉石璧、琮等），还有不少的持钺者则可能是高级武士。

6. 从墓地看社会结构及其演变

总结上述分析并做进一步的探讨，我们对墓区的划分，各区墓葬排列与组合关系及其反映的社会组织，墓葬等级及其反映的社会等级制度，墓地布局变化及其反映的社会结构的变化，都有一些不同于报告的新的认识。

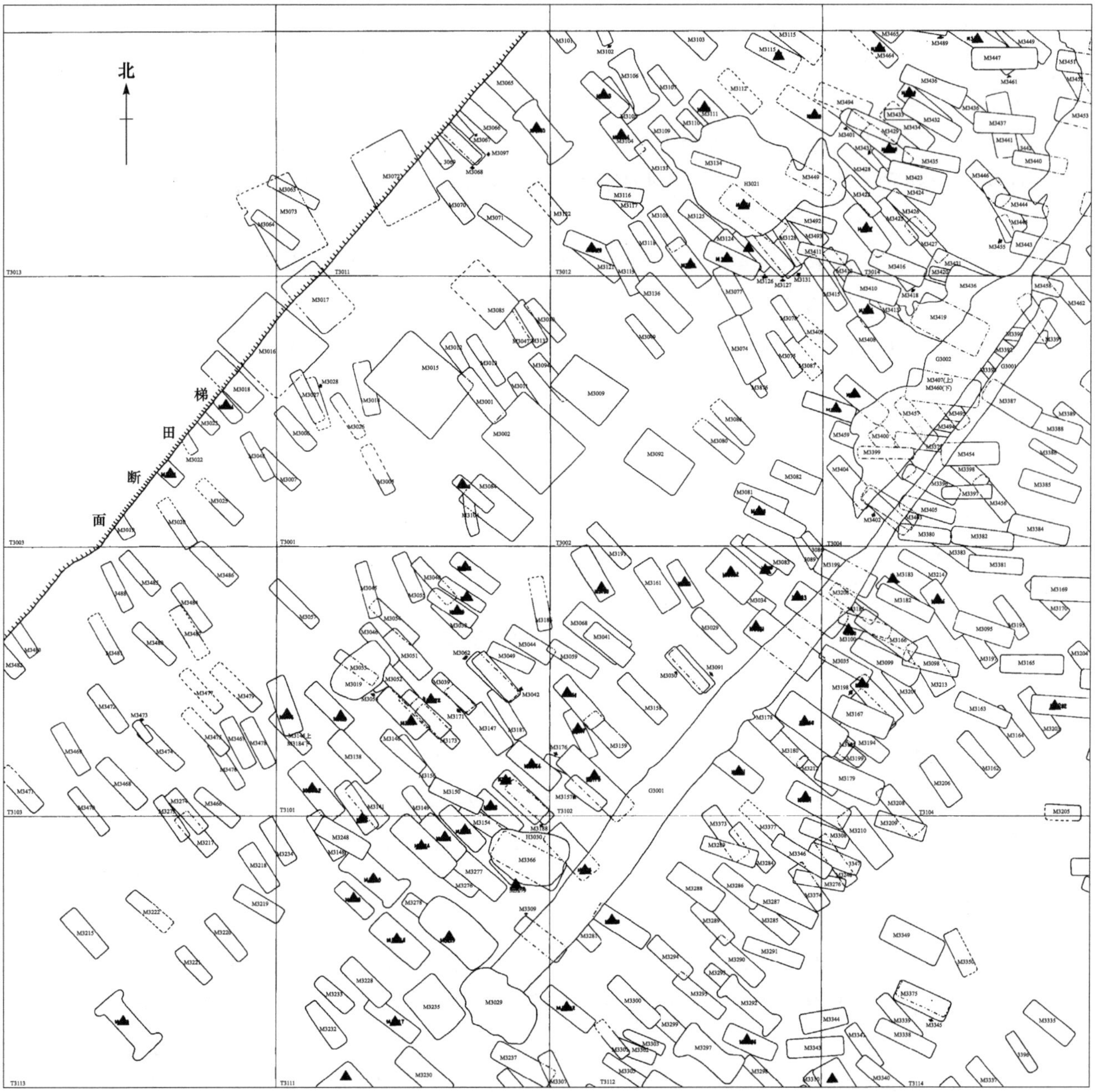

图一三 “陶寺大墓地”Ⅱ、Ⅲ发掘区西北墓区及五类墓分布示意图

说明：墓框中标注“▲”符号的为五类墓

本文基于报告对墓区的划分做了局部的调整，详情已如前述（参见图一一）。从整个墓地情况看，在Ⅱ、Ⅲ发掘区内最初（早期前段）可能只规划了东南和中部两个墓区，大约从早期后段开始才出现东北和西北墓区；而在第Ⅰ发掘区从一开始还应有另外一个墓区。考虑到墓地的规模要远大于已发掘的区域，那么在这片面积达4万余平方米的大墓地内应该存在多个这样的墓区，当然如前所示，这些墓区并非一开始就都出现了，而是随着时间的推移逐渐增多形成的；其中可能既有内部血缘集团因增长繁殖而出现的分支和分立，可能也有外来者因整合、吸纳而出现的迁入和融合。

在早期阶段，东南和中部两个墓区都见明显的按性别分排埋葬的组合关系，每个墓区都包含两个以上的组合；到早期后段这样的组合逐渐变为男女同排。而历史上看，凡正常情况下，死后葬在一起的人一般都是出于血亲和姻亲关系（战争、瘟疫等灾难情况除外，殉葬和作为牺牲者除外，特殊的政治隶属关系除外，特殊群体——如刑徒、僧侣等的集体墓地除外，近现代社会中的公共墓地亦除外），那么，这里的每个组合可能都包含着血亲和姻亲关系在内的同一大家族的成年男女死者；但也不排除有些长墓排组合包含有不同家族的男女死者（因揭露不充分，对各区不同墓排组合的长度和墓数不清，故难以做出确切判断）。如果每个墓区确实都包含有多个家族，那么一个墓区就应代表一个较大的宗族组织，而整个墓地也就有多个宗族（氏族公社）存在。能够把多个宗族的死者统一规划到一个大墓地里，说明在整个墓地之上，亦即在整个陶寺聚落之上，必然存在着一个高高在上的超越性的社会公权力。

前文已指出，陶寺墓地表现出强烈的男性为主导、女性附属于男性的社会结构。在贵族墓葬的男女组合中，女性墓一般都明显低于男性墓的等级。从东南和中部墓区的墓葬组合中不难发现，同一家族成员的身份往往保持着稳定的传续，因此同排墓大多表现为规格相近的墓葬等级，特别是居主导地位的男性墓排更是如此。女性墓排的情况略显复杂，有时一排中会混杂有不同等级的墓葬，这主要出现在东南墓区；除明显附属于男性的三类和六类墓，稍晚时（早期后段）还偶见二类甚至一类大墓（M2001），这两类墓主显然享有比一般贵族女性更高的地位，是男性本位社会中的特例；但同时这两类女性大墓一般不见象征权力的玉钺，可见她们并不掌握实际的社会权力。

东南墓区已揭露出的几排早期墓葬大多属于等级较高的贵族成员，但其中实际上又可分为几个类别（如前所述主要体现在男女之间和不同女性之间），可见在上层贵族内也是可以区分高低等级的，至少在埋葬制度中如此；本墓区在发掘区之外还有很大一片区域未揭露，推测其中当有更多不同等级的墓葬。中部墓区主体为六类小墓，属于社会底层的普通民众，但此区东南边缘一排四类为主的男性墓，却呈现出与其他族人不同的较高的等级，这些死者有可能是中部墓区所属宗族中居主导地位家族的首领，但在整个墓地所代表的社群中却不属于高级贵族。因此从一开始陶寺墓地就可分为高级权贵、低级贵族和普通平民等三个以上的社会等级。墓葬及其包含的丧葬制度是社会现实的折射，即使不完全是镜像性的反映，但也不会与现实无关。不同的墓葬等级说明死者在现实生活中的身份地位肯定是有差别的，这种差别在早期前段主要体现在不同的宗族和家族之间，到早期后段还深入到了同一家族内，这一变化过程在陶寺墓地可以看得比较清楚。

自早期后段以后，各区虽然仍有较整齐的墓排存在或延续，但按性别、等级分排埋葬的制度开始被打破，新出现的墓排往往包括不同性别、不同等级的死者，这一点在新出现的西北墓区表现得最为明显。西北墓区以一类大型男性墓为中心安葬死者，每座大墓两侧排列的应是与其关系亲近的同族人，但男女混杂，除了贴近大墓身边的三类中型墓（墓主妻妾），其他都是普通的小型墓。如果几座大墓确系同一家族不同辈分世袭延续的族群首领，那么两边那些小墓也应属于与之相同的大家族；再晚些时候（中晚期阶段），那些聚集在大墓周围的众多小墓又可能是在该家族基础上扩展起来的一个宗族。在早期后段，一方面顶级贵族大墓又“上升”了一个等级，变得更大、更复杂、更奢华了（在东南墓区也出现了一座这样的一类大墓 M2001），另一方面同时是否还存在等级较低的贵族墓葬则不是很清楚（只知与早期第 4 组一类大墓大体同时，在东南墓区可能还有二类大墓，但中部墓区的四类墓是否延续到了早期后段，受发掘区域限制并不能确定），我们只能根据社会发展的连续性推断这种低级贵族墓是应该依然存在的。

同样是在早期后段以后形成的东北墓区，以及可能从一开始就存在的第Ⅰ发掘区所见墓区，除个别墓为高等级的二类大墓（大概是所在宗族的首领一类人物），其余皆为小型墓。总体看，不同时期不同墓区所代表的不同宗族，在整个陶寺社会中的地位是不相同的。早期前段居主导地位的应该是东南墓区的上层贵族，早期后段处统治地位的则是西北墓区的高级权贵。同样，一些宗族内部不同家族的地位也是有区别的，例如中部墓区，M2142 至 M2208 一排与 M2149 至 M2276 一排形成的组合就应高于其他墓排的组合。

从早期前段到后段，顶级大墓在墓地中的位置及墓主的社会身份都发生了某种变化。前段级别最高的二类大墓主要见于东南墓区，但在其他墓区也偶有出现，如第Ⅰ发掘区的 M1111；在东南墓区又分别见于两排男性墓，说明此类墓可能属于不同家族，墓主属高级贵族，但不一定都是聚落的最高首领；换句话说，顶级权贵与其他高级贵族成员在葬制上没有根本的区别，其地位尚未单独凸显出来。后段西北墓区的 5 座一类甲种大墓则明显不同，不但墓圹更大、随葬品更丰富，而且很快便各自成排而非共用一个墓排，他们集中在墓区的中央位置，周围被小墓环绕，显示出了“唯我独尊”的崇高地位。这种前后的变化应该是社会权力越来越集中的表现。

一个难以回答的问题是，稍晚形成的西北墓区是由哪一群人组成的，他们是从其他地方迁移过来的，还是从某一墓区（如东南墓区）分离出来或转移至此的？对此很难给出确切的判断。与此相关的一个问题是，如果东南墓区早期前段的某些二类大墓、西北墓区早期后段的一类大墓的墓主，确属本墓地亦即本聚落的最高首领，那么他们是同一家族或同一宗族内延续传递下来的吗？还是彼此先后出自不同的家族或宗族，从而存在前后替代关系？如果是后者，那就说明到早期后段陶寺聚落的统治集团发生了转换。对此，同样难以给予准确的回答。

到陶寺中晚期，上述几个墓区（也包括第Ⅰ发掘区）因墓葬的分布都较凌乱，不易看出整齐有序的规划布局，但可看出一些较独立的墓排或墓组的存在（参见图一二）。这应是以家族为单位埋葬的反映，是家族地位凸显的表现，而不同于之前以大的宗族为单位统一规划墓地布局的情形。另外，这片墓地到中晚期基本不见大中型贵族墓葬，所见皆是五、六类平民小墓，若未发掘部分都是此种情形，那只能说明居于统治地位的贵族集团已发生转移。事实上近年在陶寺南部“小城”内发现的一片中晚期墓地及贵族大墓也有助于证明这一点（详见后文）。正是由于上述原因，即社会生活中家族地位的上升和宗族作用力的减弱而导致墓地格局的变化，统治集团的转移而导致墓地管理的松弛，再加上年代的漫长久远导致记忆的模糊甚至缺失，还有各墓区地域范围的限制，这片墓地到了中晚期才出现大量小墓叠压打破早期墓葬的现象。但如前文所言，人们对早期大墓方位的记忆则一直是比较牢固的。

本墓地中晚期另一个显著特点是出现了大量的五类墓。此类墓在早期可能只有极少的存在，到中晚期数量较多，其中约三分之二集中在西北墓区，其次为第Ⅰ发掘区，其他墓区都很少。如前所述，此类墓主要随葬玉石制品，其中女性一般有玉石质头饰和腕饰或臂饰，男性墓则多见穿戴或佩戴在手臂上的玉石璧、璜、琮等，还有半数以上的男性随葬钺。这类墓的规模都不大，或者分散地与六类小墓混杂在一起，或彼此较密集地聚集成组（如西北墓区，参见图一三），与此前和同时期的贵族墓都有根本的区别，应是平民中较富裕或社会地位相对较高的人。其中璧、璜、琮类在早期极少见，而是到中晚期才在陶寺社会中流行开来的，应是财富或较高身份的标志物。而持钺者人数较多（约有 70 座墓出土），平民中的持钺者当为高级武士；他们在一些区域特别是西北墓区有集中分布的现象，似乎可以说到陶寺中晚期出现了一个武士“阶层”（群体）。同时还可看出，早期阶段拥有顶级权贵的西北墓区，到中晚期这里的族众仍然普遍拥有较高的身份和地位。

四、陶寺“中期小城”墓地分析

除了《报告》公布的 20 世纪七八十年代发掘的这片“陶寺大墓地”资料，21 世纪初还在陶寺“中期小城”内发现了另一片墓地。该墓地在前述墓地东南方向数百米外，位于“中期小城”的北部，钻探出的墓地面积约有1万平方米（图一四）。但只做了规模很小的发掘，在墓地中部和南边各开一个探方，发掘面积仅有67平方米，清理出陶寺中晚期墓葬22座。有关这些墓葬分布及出土的详情尚无报道，只对其中最引人注目

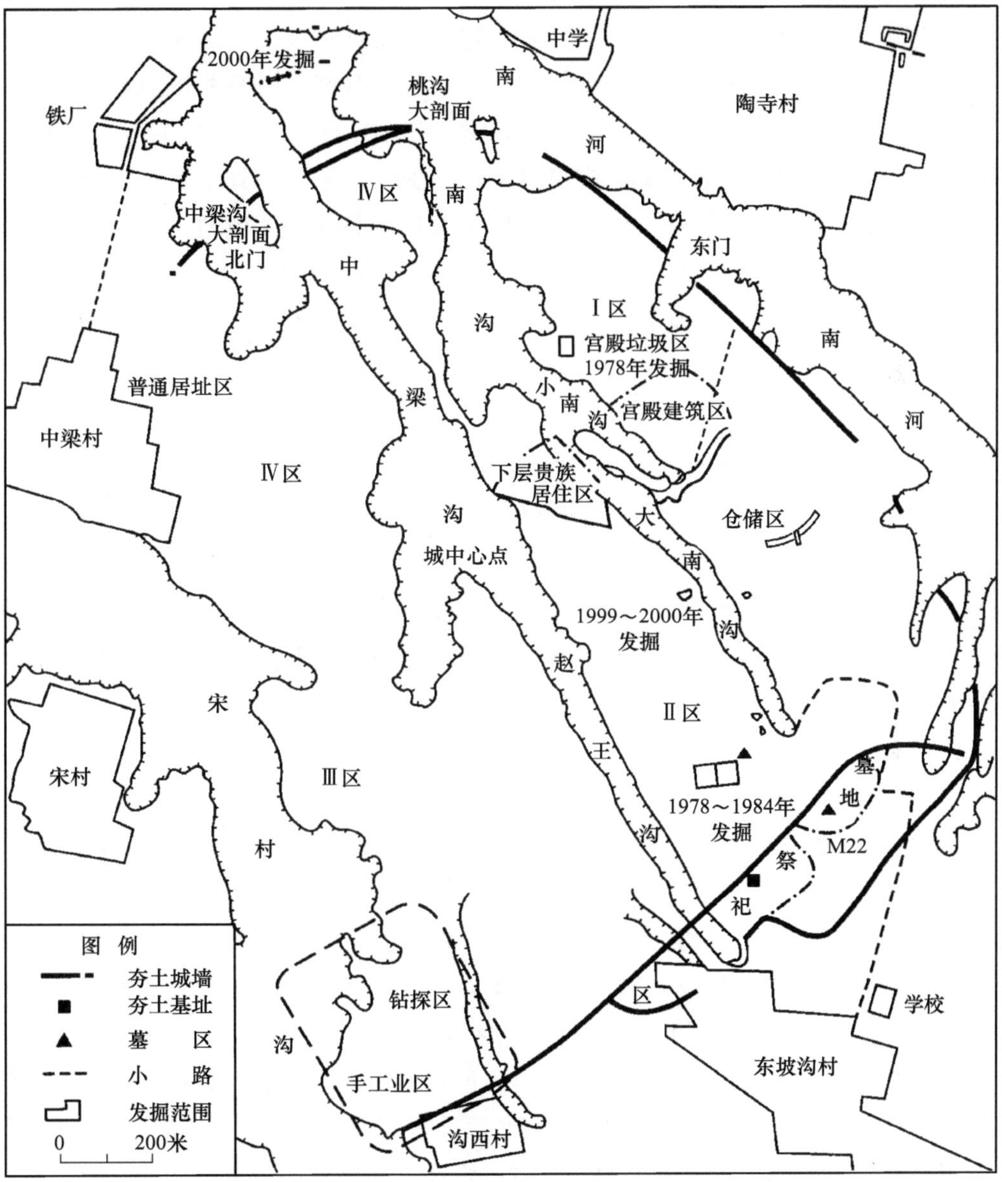

图一四 陶寺遗址平面图

（引自何驽：《2010年陶寺遗址群聚落形态考古新进展》，《中国社会科学院古代文明研究中心通讯》第21期，2011年）

的中期大墓ⅡM22有过较详细的单独介绍①。

M22为一长方形竖穴土坑墓，长5、宽3.65、深7米，东南—西北向（方向140°），与前述早期墓葬方向相同。墓壁四周涂抹草拌泥，墓底中央有整木挖凿出来的彩绘船形棺；近墓室底部有11个壁龛，其中南北两壁各4个、东壁1个、西壁2个，内置随葬品（图一五；图版9）。此墓在陶寺晚期就被盗扰毁坏，扰坑（ⅡH16）直抵棺室，棺内只残余少量墓主骨骸和部分随身物品。扰坑对墓室的破坏程度缺乏详细报道，但从棺外的东、北两侧有较多空白判断，很可能有许多随葬品被盗走了，这可能包括棺附近的一些彩绘陶器和漆木器等；所余主要是棺的南、西两侧的刀俎、猪骸等，而贴近四周墓壁及壁龛内的随葬品应得以大部分保留下来。另外在墓圹填土中还发现一具被“腰斩”的青年男子骨架，但不清楚此人是在盗扰后才填埋进去的还是原来就随葬的人牲（H16坑底还有5个人头骨）。在劫后所余的随葬品中，除棺内数十件残余的玉石小件等物品，墓室其他部位共出土72件（套）随葬品，包括彩绘陶器8件（有盆、罐、簋等）、玉石器18件套（有钺、戚、琮、璜、璧、玉兽面、青石大厨刀等）、骨镞8组、红彩草编物2件、漆木器25件（包括案、盒、箱、豆、觚形器、红彩漆筒、漆杆、木弓等），以及猪10头（皆劈为两半）、公猪下颌1件。根据出土陶器和墓内填土所出陶片特征，发掘者判断此墓年代为陶寺中期偏晚。

从墓室的空间结构和随葬品的出土位置观察，棺内残存玉钺碎块、木柄、玉璜、绿松石饰件、子安贝等46件，发掘者认为扰坑内的玉钺、管、绿松石片等20件物品也应出自棺内。这些物品主要属于墓主随身佩戴的饰物和携带的武器，其中应包括手持或贴身放置的权杖（玉钺）。

在墓室东侧（实为东南，即头端），紧贴墓壁中央显著位置立一完整公猪下颌骨，其两侧近墓底处各对称竖立3件彩漆柄玉石兵器——钺。与此相关，顺此再往两边延展，墓室东北角有1件红彩漆筒形器，内立细木棍一根，靠近东南角则竖置漆杆1根。将这一排器具连带起来观察，这些有可能属于与祭祀典礼相关，或是墓主生前使用的一排仪仗器，凸显的是“王者”的威仪。另外，靠近漆杆的旁边，倚南壁东部还有装在红色箭箙内的骨镞7组、木弓2张，则属实用的武器。至于墓主头顶上方是否像早期大墓那样设案置器，有专门的祭奠场面，从现有资料不能做出清楚的判断。

在墓室南侧（实为西南），棺与南壁之间排列着青石大厨刀4柄、素面木案板（俎）7块，刀下均有猪骨和皮肉朽灰。墓室西部（实为西北）则摆放着属于10头个体的20爿猪骨，棺西侧置1件多槅木盒，靠近西北边还有1件带漆木架的彩绘陶盆。与

① 中国社会科学院考古研究所山西队、山西省考古研究所、临汾市文物局：《陶寺城址发现陶寺文化中期墓葬》，《考古》2003年第9期。

图一五　陶寺ⅡM22 及部分随葬品
（引自中国社会科学院考古研究所山西队、山西省考古研究所、临汾市文物局：
《陶寺城址发现陶寺文化中期墓葬》，《考古》2003 年第 9 期）
1. 彩绘陶簋　2. 玉璧　3. 玉戚　4. 石钺　5. 玉兽面　6. 玉琮　7. 璜形玉佩

早期大墓相似，这些物品都是供奉死者、与宴饮相关的食具和食物，只是劫后所余不能清晰完整地展示相应的器物。

但有关的器用制度却能从四周壁龛的出土物中得到补充认识。与早期大墓明显不同的是，M22 四周有许多壁龛，龛中放置许多物品，包括漆木器、彩绘陶器、红彩草编物和玉器等。除了南面两个和西面一个壁龛内没有发现外（或许当初有食物而朽烂无存），在其他壁龛中都有多寡不一的器物。东边一个龛内有漆豆2件、红彩草编篮1件。南边一个龛内有1件漆木盒，内盛玉戚2、玉琮1件，另一龛内有骨镞1枚。北1龛内置1件彩漆大箱，内有3件彩绘漆觚形器，箱顶置玉璜3组、玉兽面1组；北2龛主要置彩绘陶器，有圈足盆1件、折肩罐1对（其中之一罐口盖一件玉璧）、小口圆肩罐1对、双耳罐1件；北3龛出彩绘陶簋1件；北4龛有红彩草编物和漆器各1件。西1龛内置猪肉[①]。总的看，壁龛内的器物一类主要是与饮食相关的彩绘陶器、漆木器和草编物等盛器，另一类主要是象征财富或起装饰作用的玉器。

与早期大墓相比，M22规模要大许多，结构更复杂，墓室和葬具更显华丽。从发表的器物看，彩绘陶器和玉器也更显精美。此墓随葬内容及其反映的丧葬礼仪与早期大墓相比既有变化，也有很强的延续性和相似性。张弛认为这些随葬品仍可分为宴饮食物及食具和武器两类，与早期一类甲种大墓所展示的葬仪内容没有本质的区别[②]。但实际上两者在一些细节方面有所不同，如M22东壁即墓主头顶上方一排仪仗兵器就不见于早期大墓，这反映M22更加刻意彰显由武力所展示的威权。而早期大墓中的鼍骨、土鼓、石磬等礼乐器在M22中缺失，不知是此时已摒弃不用还是被毁墓者盗走了。

继这次发掘后不久，在M22北侧不远处又清理出陶寺中期墓葬6座，包括中型墓4座和穿插其间的小型墓2座。中型墓长3米多，宽1米多到2米多，深2～4米，规模与早期大墓相仿，多有壁龛，龛内放置彩绘陶器等物品。小型墓内也见少许绿松石、玉镯等随身佩戴的饰物。这些墓在陶寺晚期被严重捣毁，尸骨散乱，随葬品散落周围，可知毁墓当源自不同群体间的报复行为。墓内残存和周围散落的遗物主要是些玉石器（包括玉戚、璧、环和绿松石等装饰品）、彩绘陶器（罐、盆、壶等）、铜环、骨器等[③]，反映这些墓葬的等级普遍较高。按照上文对早期墓地的认识，其中的小型墓与邻近的中型墓（应为贵族大墓）之间也可能存在男女配偶关系。

紧邻这片墓地的西南面，还揭露出一处半圆形大型夯土建筑基址ⅡFJTI，背靠“北

① 中国社会科学院考古研究所山西队、山西省考古研究所、临汾市文物局：《陶寺城址发现陶寺文化中期墓葬》，《考古》2003年第9期。

② 张弛：《陶寺与龙山大墓的葬仪》，《社会权力的起源——中国史前葬仪中的社会与观念》，文物出版社，2015年。

③ 中国社会科学院考古研究所山西队、山西省考古研究所、临汾市文物局：《2004～2005年山西襄汾陶寺遗址发掘新进展》，《中国社会科学院古代文明研究中心通讯》2005年第10期；王晓毅、严志斌：《山西抢救性发掘陶寺墓地被盗墓葬》，《中国文物报》2005年11月9日；王晓毅、严志斌：《陶寺中期墓地被盗墓葬抢救性发掘纪要》，《中原文物》2006年第5期。

城墙”，面向东南塔儿山方向（参见图一四）。据介绍，这处建筑在陶寺晚期时就已剩被削为平面的地基部分，但整体轮廓仍完整清晰，总面积约1740平方米。这座建筑基址的结构十分复杂，发掘者认为是兼观象授时和祭祀功能为一体的建筑①。但因这处建筑只残余基础部分，其上的结构难以知晓，所以推定为“观象台”的说法尚有较大争议；而该基址与其东北面的墓地，包括中期大墓M22及附近其他的贵族墓葬相毗邻，故推测其为“祭坛”也许更为适当。这处“祭坛”更加有助于说明M22不同凡响的特殊地位。

据报道，在“小城”内的这片墓地里，中期大墓M22及其附近清理出的一些中小型墓集中在墓地西南部，而墓地中东部主要是普通的小墓；晚期小墓散布整个墓地，打破中期墓葬堆积，很可能晚期墓与中期墓不属于同一人群②，或者至少前后墓地格局发生了很大的变化。仅就中期墓地而言，该墓地西南端应是贵族茔域，并与中东部大量的小墓相分隔；假如前文有关中型墓与旁侧小型墓属配偶关系的判断能够成立，那么这里发现的皆为贵族墓葬，而没有属于平民阶层的真正的小墓。果如此，那就说明此时贵族成员与普通族众进一步分离而形成了单独的墓区，其超拔的地位更加凸显，这与早期相比是一个非常大的变化。

总的看，受发掘规模和材料报道的限制，目前我们对M22所在墓地及其所在墓区的详细情况还远不能获得一个清晰的认识。已知的情况显示，M22的存在犹如“鹤立鸡群”，不但其规模、随葬品的豪华程度远超其他墓葬，而且似与其他不同家族甚至同家族的人群（包括其他一般贵族墓）相对隔离，独占一隅，已显露出“孤家寡人”的态势。这样的态势已显现出后世所见“王陵区”的雏形。即便此时还没有出现单独的“王陵区”，但如果说M22及与之相关联的墓葬形成了相对独立的“王族墓地”或“王族墓区”，则是很有可能的。

五、余　　论

从陶寺遗址分布图可看出，两片墓地相距并不很远，区域相邻，都分布在遗址东南部地势较高之处，因此“小城墓地”可以看作是“陶寺大墓地”在中晚期的扩展（参见图一四）。下面综合前文对两片墓地的分析，进一步讨论陶寺社会的特质及其变化。

① 中国社会科学院考古研究所山西队、山西省考古研究所、临汾市文物局：《山西襄汾县陶寺城址发现陶寺文化大型建筑基址》，《考古》2004年第2期；《山西襄汾县陶寺中期城址大型建筑IIFJTI基址2004～2005年发掘简报》，《考古》2007年第4期。

② 何驽：《都城考古的理论与实践探索——从陶寺城址和二里头遗址都城考古分析看中国早期城市化进程》，《三代考古》（三），科学出版社，2009年。

在陶寺早期前段，墓地以大的宗族为单位划分墓区，各区男女分排埋葬、对应组合，其间应隐含着不同的家族组织，地位相同或相近的家族成员分男女同排而葬。整个墓地严整有序，统一规划，显示存在统领整个墓地亦即整个聚落的高高在上的权力组织，而这一组织的主导者就应是东南墓区二类大墓代表的高级贵族成员，但同时其中的聚落（集团）首领还没有特别地显现出来。

到早期后段，随着西北墓区的出现，顶级贵族大墓的核心地位开始凸显，墓葬排列方式也发生了相应的改变。顶级权贵及其配偶的大中型墓居于中央，依辈分分排下葬，两侧则渐次分布同家族一般成员的小墓，而且男女开始同排混葬。这样一种新的埋葬方式很快就波及其他墓区。可见，打破原有的埋葬秩序、建立起新的埋葬制度，应该就是这些高级贵族主导的，目的是凸出其显贵的身份和地位，同时也表明社会集权性发展到了一个新的高度。

早期一、二类大墓应有过一段时间的交错并存（如在早期第4组阶段），同时可能还有其他墓区低级贵族的四类墓，可见“贵族阶层”就可分为2、3个等级，这还不包括处于附属地位的三类女性墓；而属于“平民阶层”的主要是六类墓，也许还有少量五类墓。因此可以说，至少在陶寺早期后段就已初步形成了金字塔形的社会等级结构。处于这一金字塔顶部的就是早期后段西北墓区的那几座一类大墓。这几座大墓较之二类大墓规模更大、随葬品更丰富和奢华，在群体中唯我独尊的位置更突出，也彰显其财富与权力更加集中，因此很多人认定这就是早期的“王墓”。

然而正如笔者以前就曾论证过的，陶寺早期这些大墓的墓主还不是“王”，以陶寺早期聚落为中心建立起的区域组织虽然已经发展成为高度复杂的政体，但此时尚未脱胎蜕变为“王国”[①]。简言之，陶寺早期聚落只有数十万平方米，整合的地域范围有限，其所在群落最多只能划分出三层聚落等级；遗址内可能已经形成以上层贵族为主的核心居住区，但尚不见宫室、宗庙等体现王权的多功能大型组合建筑群；最后，更重要的是，即如本文所示，陶寺早期后段的顶级大墓虽相对集中，但仍然与普通家族成员的小墓混葬在同一墓地、同一片墓区，这些高级权贵仍然受到血缘族群关系的束缚，死后归葬到族墓地里，这表明他们仍首先是族群的首领，然后才是整个集团的首领，尚未超越于大的血缘群体之上而成为高高在上的“王”，与后世的君王仍有本质的区别。总之，陶寺早期聚落和墓地所反映出的整体社会结构，应该说仍然没有超出一个“复杂酋邦”的范畴。

到了陶寺中期以后，这样的社会形态应有了根本的变化。以陶寺中期聚落为代

---

① 戴向明：《中原地区龙山时代社会复杂化的进程》，《考古学研究》（十），科学出版社，2012年。

表的区域政体已经率先发展成为中原地区最早的国家社会，对此笔者以前同样有过论述[①]。概括地说，陶寺中期聚落急剧扩大到了400余万平方米，出现大型防御工程，“城”内面积近300万平方米，它所整合的区域组织的范围很可能覆盖了整个临汾盆地，并形成了四层聚落等级；陶寺核心“宫殿区”内应包含多组功能有别的大型建筑，其外围可能还有专门的手工业作坊区；而最具指示性的是其南端“小城”内出现了孤峰独秀般的王者级别的大墓M22，旁边还有与之相关联的大型“祭坛”。

专就墓地而言，原来规整有序的布局到陶寺中晚期稍显凌乱，大的墓区的界限不再那么明朗，一些墓葬聚集成组的现象成为常态，显示大型宗族的凝聚作用在减弱，而小型家族的地位进一步凸显。与这种社会组织结构的变化——同时也当意味着社会生产与生活方式的变化——相关联，社会财富和权力越来越向少数权贵集中，并最终出现了M22这样的“王墓”。虽然M22可能还没有完全脱离族群的归属，与后世如殷墟独立的王陵区还有相当大的差异[②]，但似乎已经与其他族众有了相对的隔离，显示出超越血缘族群之上的一种初级状态。因此如果说商王朝已经发展成为成熟的早期国家，那么陶寺中期聚落代表的区域组织就只能是初始状态的早期国家，这不仅体现在墓地结构和王墓的规模与形态，还体现在整个聚落的规模和复杂性等诸多方面。这样一种随时间推移而呈现的早期国家形态日趋复杂的变化，也恰恰符合历史发展的“逻辑”。

与早期大墓相似，M22的随葬内容或丧葬仪式依然以宴饮和武力为主，集中体现的是墓主的财富与权力。而财富与权力本质上仍是通过武力来获取和维护的，这一点被随葬的弓箭和其他武器，尤其是东壁上一排仪仗兵器淋漓尽致地展现出来。与早期大墓不同的是，M22规模更大、结构更复杂，墓室和葬具更显华丽，随葬品也更奢华。而东壁上的仪仗器还刻意凸显出王者的威仪，这在以前的大墓里未曾有过，也是M22作为王墓地位更加突出的表现。另外早期大墓所出的日用陶器、石质工具和武器等普通物品此时基本不见，主要随葬高等级的玉器、漆木器、彩绘陶器和编织物等，并享有更加奢侈的供祭和宴饮场面。这些都有助于说明墓主的身份已完全超越世俗事物和芸芸众生之上，而蜕变成了真正的“王者”。

陶寺墓地中晚期另一重要现象也有利于说明早期国家社会的形成，那就是所谓“武士阶层”的出现。前文指出，“陶寺大墓地”到中晚期出现了很多的五类墓，其中很大一部分出有玉石钺，较集中地分布在西北墓区和第Ⅰ发掘区，其他墓区也有少量存

① 戴向明：《中原地区龙山时代社会复杂化的进程》，《考古学研究》（十），科学出版社，2012年；《陶寺、石峁与二里头——中原及北方早期国家的形成》，《夏商都邑与文化（二）——“纪年二里头遗址发现55周年学术研讨会”论文集》，中国社会科学出版社，2014年。

② 中国社会科学院考古研究所：《殷墟的发现与研究》，科学出版社，1994年。

在，墓主以男性为主，似属高级武士，因此我们认为此时有可能形成了一个较一般民众身份略高的“武士群体”，尽管他们还不一定是专职的战士，而且很可能也不会是战士的全部。这些人或者因其家族相对较富裕，或者因其家族曾有过显贵的身份，或者因其本人拥有特殊的技能，故此时成为有着较固定身份的“武士”。若这一判断不误，那就说明到中晚期阶段，陶寺集团内部开始拥有了较常备的武装力量，而这是国家社会形成的一个非常重要的标志。

然而，陶寺中、晚期之间的社会似乎又有很大的变化。陶寺晚期聚落似遭到过重创，大型防御工程（城或壕）被毁或遭废弃，一些大型设施如祭坛、宫殿建筑等也遭毁弃；特别是早中期的贵族大墓都被盗扰，此时只见小墓而没有再发现大中型贵族墓葬。这些迹象表明陶寺聚落到晚期曾遭受过外族入侵，并呈衰落之势。但晚期的陶寺集团是否仍然延续了中期形成的国家社会，还是已经彻底衰败而导致陶寺国家的最终瓦解和消亡，或是政体的中心有所转移，仅凭目前已知资料还不能给予确切的回答。

综合本文的分析，可以看出陶寺墓地较清晰地展示了龙山时代陶寺社会的阶段性变化。从陶寺早期前段、后段到中期、晚期，每个阶段都有不同，反映了陶寺集团从崛起到兴盛、再到衰落的完整过程。其中最大的变化出现在早期和中期之间，即从所谓酋邦到早期国家社会的跃进。由墓地揭示出的这一演变过程，极大地丰富和印证了此前我们所取得的相关认识，加深了对陶寺社会不同阶段特质的理解，其中很多细节是很难从居址等其他方面的材料中获取的，而且墓葬资料对陶寺各阶段社会性质的认定也是不可或缺的。这正是陶寺墓地最重要的价值所在。

（原载《南方文物》2019 年第 6 期）

中原地区早期复杂社会的形成与初步发展

在人类早期历史发展的长河中，有几个重要的事件或阶段性变化尤为引人注目，除了以农业出现为标志的新石器革命及其后的城市革命、国家的起源等，复杂社会的形成与发展也是多年来学界讨论的一个热点问题，甚至是西方考古学界研讨的核心问题之一。与此相关，近些年来我国学者围绕中国文明的起源做了大量研究，在这一探讨的过程中一些学者也涉及社会复杂化的内容，但整体上看这一问题受到的关注仍显不足，对出现于史前时期的这种特定社会形态尚缺乏明确的界定和论证。有鉴于此，这里首先拟对中原地区早期复杂社会的形成与初步发展做一番梳理和分析。限于篇幅，本文的研究暂截止于仰韶时代，以后的状况容另外撰文讨论。

“社会复杂化（social complexity）”或“复杂社会（complex society）”是当代西方考古学中一个常见的基本概念和术语，意指社会从简单到复杂的变化过程，以及社会发展到某种程度的特定状态。这样一种概念和研究理念近年来也逐渐出现在中国考古学文献中。社会复杂化有两个方面的含义，一是指社会系统内部横向的分异程度，即构成一个社会系统成分的多少及相互关系的复杂性；二是指社会系统内纵向的等级差异，这常常与政治组织结构密切相关[①]。后一方面通常是人们讨论的重点内容，并有“简单社会”（如游团和部落）和“复杂社会”（如酋邦和国家）的定性之分。

综合众多学者的研究，按照我们的理解，早期复杂社会主要包含两方面的内容。其一，是指人类社会群体内部出现了制度化的不平等，如许多人意识到的，绝对平等的社会也许从来不存在，甚至在很多动物特别是灵长类动物群中也都程度不同地存

① Blanton, R. E., S. A. Kowalewski, G. Feinman, and J. Appel. *Ancient Mesoamerica*. Cambridge: Cambridge University Press, 1981; Hill, J. N., W. N. Trierweiler, and R. W. Preucel. The evolution of cultural complexity: A case from the Pajarito Plateau, New Mexico. In *Emergent Complexity: The Evolution of Intermediate Societies*, edited by J. E. Arnold. International Monographs in Prehistory, Ann Arbor, Michigan, 1996: 107-127.

在着不平等现象。在人类早期的群体中，基于性别、年龄、个人魅力与威望、家庭地位、专门知识和特殊技能等方面的不平等乃是普遍现象。超出这些近乎自然属性的不平等现象之外，基于自利性、欲望的膨胀和生产过剩等因素，人类社会又发展、建立了社会性的不平等关系；最初这样的不平等只是个别现象，有学者甚至将这种社会不平等的起源追溯到旧石器时代晚期，证据是在俄国和欧洲旧石器时代晚期的个别遗址中出现了“厚葬”现象①。但此时这种现象还只是在特殊自然环境与历史条件下形成的个例，并非普遍出现了制度化的不平等。我们这里所指称的“制度化社会不平等（institutionalized social inequality）”，是指基于竞争而在社会政治、经济、精神领域等方面形成的普遍、永久和以某种“制度”或体制来保障的社会不平等，社会群体内部出现了等级的划分和阶层的差别。这样的不平等主要发生在以农业为经济基础的社会中，因此对其起源与初步发展的探索也主要集中在新石器时代。在这种社会群体内部，居于统治或支配地位的“贵族”往往以贵重、稀罕或外来的奢侈品，以及精致考究的居址、墓葬等物化的形式来表现、强化其身份和地位。其二，社会复杂化还体现在社会群体之间的等级分化、主从关系。世界上许多地区的研究表明，人类社会的发展经历了以家庭（族）为基本单位的小规模的游动团体，到以血亲关系为纽带组成的、具有较强自治性的稳定的定居村落，再到超村落的区域政体这样一个演变过程②。其中超村落社群组织或区域政体的出现是复杂社会形成的重要标志，这种社会组织的早期形态通常被称为酋邦，其发展的高级阶段即为国家③。这种社会组织，不管出于什么样的原因，都是以某种方式（经济的、军事的或意识形态的）整合在一起，由若干普通的小村落围绕一个或数个大型中心构成（较复杂的组织中还包括次级中心），这样在中心聚落与普通村落之间就形成了主导与服从、控制与被控制的等级关系，社群内也就出现了不同层级的社会精英与普通人之间的分化，前面所述的制度化的社会不平等也由此而得以实现。

由此可见，复杂社会的本质特征是超村落区域政体的形成，以及这种政体内部等

---

① Hayden, Brian. Richman, Poorman, Beggerman, Chief: The Dynamics of Social Inequality. In *Archaeology at the Millennium: A Sourcebook,* edited by Gary M. Feinman and T. Douglas Price. New York: Kluwer Academic/Plenum Publishers, 2001: 244-246.

② Johnson, Allen W. and Timothy Earle. *The Evolution of Human Societies: From Foraging Group to Agrarian State*. Stanford: Stanford University Press, 2000.

③ Carneiro, Robert L.. The Chiefdom: Precursor of the State. In *The Transition to Statehood in the New World*, edited by Grant D. Jones and Robert R. Kautz. Cambridge: Cambridge University Press, 1981: 37-75; Drennan, Robert D., and Christian E. Peterson. Patterned Variation in Prehistoric Chiefdoms. *Proceedings of the National Academy of Sciences*, 2006, 103:3960–3967.

级的划分、阶层的出现和制度化的不平等社会关系。而围绕这样一种社会结构和网络体系的核心内容是对他人进行永久性控制、支配的权力的出现，或者说是特权阶层的形成。那么，如何通过考古遗存来确认这种权力的存在、表现方式及其来源途径，将成为我们关注的重点问题。需要指出的是，鉴于上述研究内容，本文将以聚落考古的思路、方法为主要依托，来探讨不同时期社会关系和社会结构的变化。

本文所说的中原地区，不是严格地理学意义上的概念，而基本等同于史前考古学文化区系中的“中原文化区”，主要涉及山西南部、陕西和陇东的渭河流域、河南的大部及河北的南部（图一）。这一狭长区域也是黄河中游史前文化最发达的地区。此外，地处河套左近的内蒙古中南部和汉水中游的南阳盆地这一南一北两个区域，由于与中原仰韶文化有着千丝万缕的联系，资料又较丰富，故此在本研究中也有所涉及。本文采用严文明先生对中国新石器时代的分期方案作为大的编年框架[①]，在此基础上进行分阶段的讨论分析。

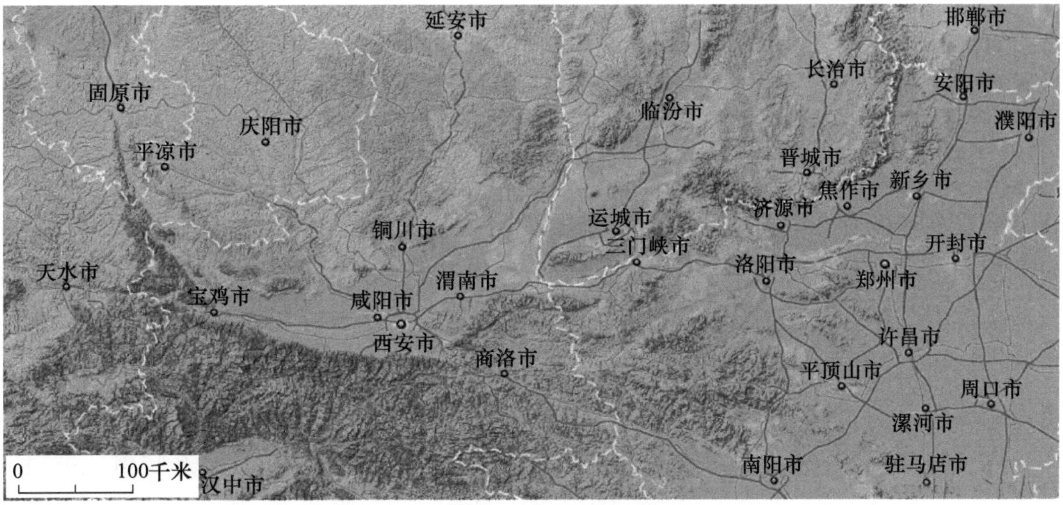

图一　中原及邻近地区地理形势图

一、新石器时代中期

距今1万余年前到公元前7000年左右的新石器时代早期，是农业从起源到初步发展的时期，渔猎和采集经济还占有相当大的比重。已发现的属于这个时期的遗址数量很少，就全国范围来说，零星分布在华北、中原和华南地区。这些遗址不管是洞穴型

① 严文明：《略论中国文明的起源》，《文物》1992年第1期。

的还是旷野型的，规模都很小，反映当时的人们生活在很小的群体之中，所发现的考古遗存也还未见任何等级分化的迹象。因此，下面的分析将从资料较为丰富、人类的群体社会也获得了较充分发展的新石器时代中期开始。

新石器时代中期（约公元前7000～前5000年），黄河中游自西向东依次分布着老官台文化、裴李岗文化和磁山文化，这也是广义上的大中原地区。这几个文化都已发现一些具一定规模的定居村落，出土的工具中与农业有关的生产和加工工具占了主要部分，而且河北武安磁山遗址出土的大量粟作遗存说明此时在某些情形下粮食生产已达到很高的水平①。聚落内居址和墓地已有了明确的区划。不过这个时期的遗址大都规模很小，多在数千到数万平方米之间；聚落内的房屋大多很简陋，形状多不甚规整，面积也很小，即便有少数房子相对较大，如河南舞阳贾湖有几座20～40平方米的房子②，有的还分成多间，但都是些普通住房，并不见高规格的建筑。

从目前所见资料看，上述几个文化中以裴李岗文化的聚落资料相对较丰富，居址和墓地都有可观的发现，可以反映此时整体的社会状况。首先从几个经过系统或仔细调查的区域来看，河南灵宝铸鼎塬的调查面积有200多平方千米，发现的前仰韶遗址只有2处③。巩义伊洛河流域的调查局限在坞罗河和干沟河两个支流④，调查面积约124平方千米，发现的裴李岗文化遗址5处，遗址面积2000～7000平方米，零星而分散。洛阳盆地调查项目集中在盆地东部偃师附近的伊洛河流域⑤，与前述巩义调查区相邻，调查面积约638平方千米，而裴李岗文化遗址只有4处，面积最大不过数万平方米，空间上很分散。山西垣曲盆地的调查在200余平方千米的范围内只在黄河南岸的渑池县境内发现了3处该时期的遗址，面积皆在5万平方米以下⑥。这些区域调查的结果表明裴李岗时期遗址数量相对较少、规模较小、分布稀疏，尚看不出有区域性聚合组织的出现。

在已发现和发掘过的裴李岗文化遗址中，河南新郑市唐户遗址是个特例，据报道

① 河北省文物管理处、邯郸市文物保管所：《河北武安磁山遗址》，《考古学报》1981年第3期。

② 河南省文物考古研究所：《舞阳贾湖》，科学出版社，1999年。

③ 河南省文物考古研究所、中国社会科学院考古研究所河南一队、三门峡市文物工作队等：《河南灵宝铸鼎塬及其周围考古调查报告》，《华夏考古》1999年第3期。

④ 陈星灿、刘莉、李润权等：《中国文明腹地的社会复杂化进程——伊洛河地区的聚落形态研究》，《考古学报》2003年第2期。

⑤ 中国社会科学院考古研究所二里头工作队：《河南洛阳盆地2001～2003年考古调查简报》，《偃师二里头遗址研究》，科学出版社，2005年。

⑥ 戴向明：《陶器生产、聚落形态与社会变迁——新石器至早期青铜时代的垣曲盆地》，文物出版社，2010年。

该遗址总面积140万平方米，裴李岗文化遗存分布面积达30万平方米[①]，是已知裴李岗文化遗址中最大的一个。该遗址最近发掘的主要收获是揭露出一批裴李岗文化时期的房址，总共有63座，这些房址最大不过10余平方米，呈狭长形状分布在河边阶地上，从现已揭露的部分看大致有4、5个房屋组，房屋组之间有明显的间隔，每组有十几个房子（有的尚未充分暴露而数量略少），房子周围有很多的灰坑（包括窖穴），房子之间有叠压打破关系的并不多见，每组房屋约略有一种向心的布局（图二）。如果各组内的房子大部分是同时使用的，那么每组房屋大约可以居住30～50人，大概代表着一个家族这样的继嗣群体，整个聚落就可能存在由数个家族组成的更高一级的社会组织（如氏族或家族联盟）。但实际上不同的房屋组之间可能有相对的早晚关系[②]，若如此则这些房屋组形成和存在的时间有先有后，那么该聚落实际的规模可能并不像现在看起来那么大。在每组房屋内部和各房屋组之间尚看不出有什么等级或规格的差别。因此该遗址尽管总的面积较大，但还不能说已有中心聚落的性质。

裴李岗文化遗存中发现最多的是墓地，主要有新郑裴李岗[③]、沙窝李[④]、密县莪沟北岗[⑤]、郏县水泉[⑥]、长葛石固[⑦]、舞阳贾湖等处。这些揭露较充分的墓地少则几十座、多则百余座甚至数百座墓葬，都可分为不同的墓群或墓区，各群中的墓大多成排（或成组）分布（图三）。据研究应普遍存在着家族和氏族等层级的社群组织[⑧]。这和唐户等居址所见的情形相似。这些墓葬多数都有随葬品，其中绝大部分只有很少的几件，但也有少

① 郑州市文物考古研究院、河南省文物管理局南水北调文物保护办公室：《河南新郑市唐户遗址裴李岗文化遗存2007年发掘简报》，《考古》2010年第5期。

② 信应君：《河南新郑唐户遗址裴李岗文化聚落考古新发现与初步认识》，《中国聚落考古的理论与实践》（第一辑），科学出版社，2010年。

③ 开封地区文管会、新郑县文管会：《河南新郑裴李岗新石器时代遗址》，《考古》1978年第2期；开封地区文物管理委员会、新郑县文物管理委员会、郑州大学历史系考古专业：《裴李岗遗址一九七八年发掘简报》，《考古》1979年第3期；中国社会科学院考古所河南一队：《1979年裴李岗遗址发掘报告》，《考古学报》1984年第1期。

④ 中国社会科学院考古研究所河南一队：《河南新郑沙窝李新石器时代遗址》，《考古》1983年第12期。

⑤ 河南省博物馆、密县文化馆：《河南密县莪沟北岗新石器时代遗址》，《考古学集刊》（1），中国社会科学出版社，1981年。

⑥ 中国社会科学院考古研究所河南一队：《河南郏县水泉裴李岗文化遗址》，《考古学报》1995年第1期。

⑦ 河南省文物研究所：《长葛石固遗址发掘报告》，《华夏考古》1987年第1期。

⑧ 朱延平：《裴李岗文化墓地初探》，《华夏考古》1987年第2期；朱延平：《裴李岗文化墓地再探》，《考古》1988年第11期；戴向明：《裴李岗墓地新探》，《华夏考古》1996年第3期；赵春青：《郑洛地区新石器时代聚落的演变》，北京大学出版社，2001年。

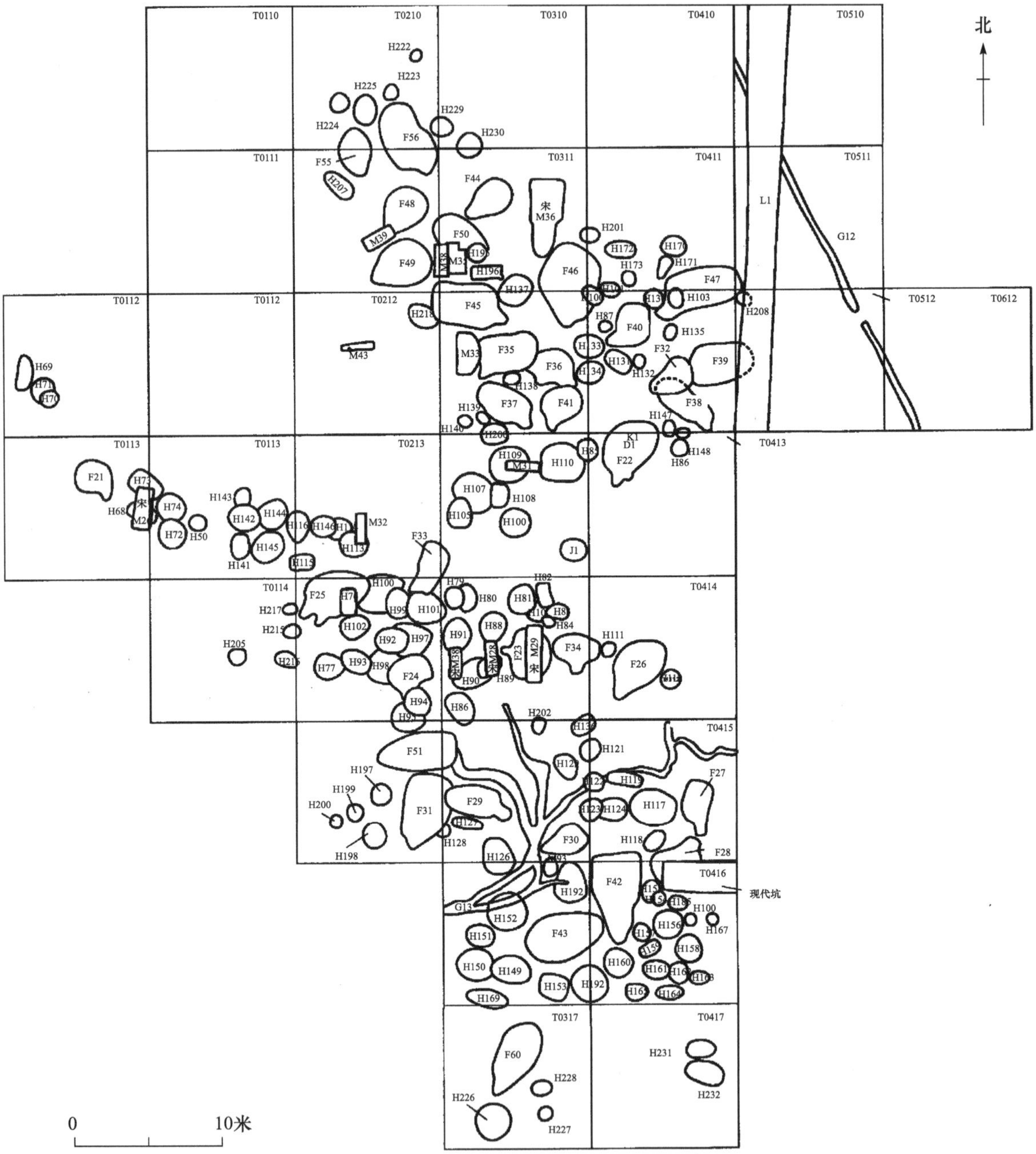

图二　河南新郑唐户裴李岗文化聚落局部

（引自郑州市文物考古研究院、河南省文物管理局南水北调文物保护办公室：《河南新郑市唐户遗址裴李岗文化遗存2007年发掘简报》，《考古》2010年第5期）

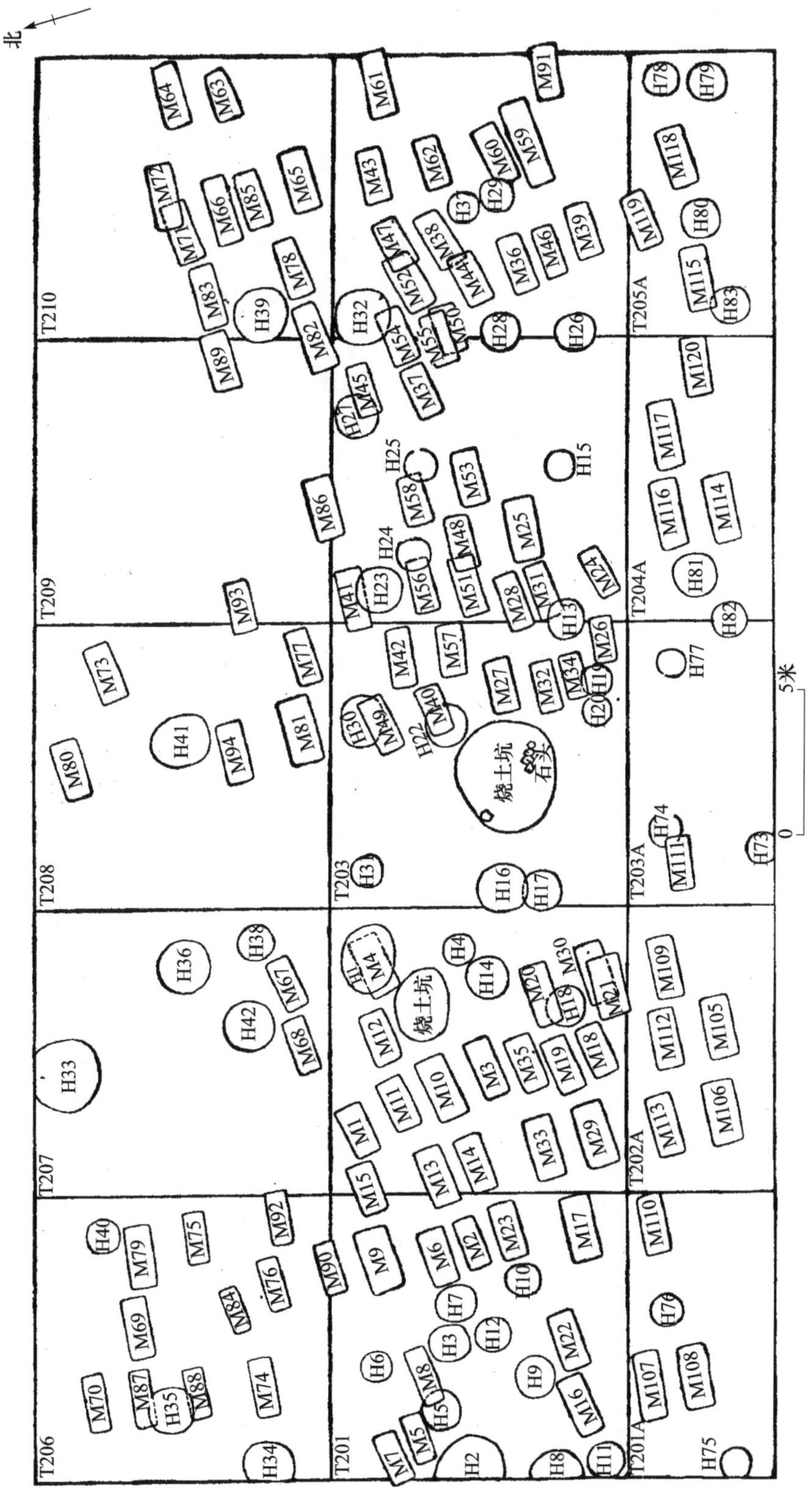

图三　河南郏县水泉裴李岗文化墓地

（引自中国社会科学院考古研究所河南一队：《河南郏县水泉裴李岗文化遗址》，《考古学报》1995年第1期）

数规模相对较大的墓出有10件左右到30余件器物。那些随葬品较丰富的单人墓葬，除有的可能因墓主生前拥有某种特殊技能而随葬与之相关的较多物品（如石制品或渔猎工具、制皮与缝纫工具等），有的则似乎体现着某种社会权力的存在。据有学者研究，在一些较大的墓中存在着随葬较多大型三足钵的现象，显示的是一种分配粮食的权力；但这样的权力只局限在墓群所代表的最小一级的继嗣群体中[①]。果如此，我们看到具有一定经济支配形态的权力已经出现，掌握此种权力的人很可能就是各家族的首领。其实，即便在很原始的状态下，任何一个人类群体都会存在“首领”人物，只是在一个简单社会中这样的首领只为群体生产与生活的组织者和协调者，而不一定拥有多少特权。裴李岗文化墓地中所见“厚葬”现象，随葬品都是些普通的日常生产工具和生活用具，并无标示特殊地位和权力的贵重物品；以较多的日常用品和与产品分配有关的三足钵来强调其特有的身份和权力形态，恰好说明这种权力是有限的，从某种意义上说这种人更像是一种公共服务者而非凌驾于他人之上的权贵者，而且拥有这种权力的人应只限于少数头领，尚未阶层化或集团化，整个社会仍然处于较为平等的状态。

在裴李岗文化墓地中，地处南部淮河流域的舞阳贾湖遗址所见墓葬显示出了许多特殊性。大部分墓葬只有10件以下的少量随葬品，一般以骨器为主。少数大墓随葬品较丰厚，如M344为一单人葬（壮年男性），随葬品33件，在头骨缺失的部位摆放着8件龟甲和1件骨叉形器，上身左侧有2件骨笛和1件骨饰，右侧有2件陶壶，在小腿和足部附近有骨镖6、骨镞6、牙削2、牙饰1、牙刀3和砺石1件。M282为2人（皆为壮年男性）、M277为4人（一次葬者为成年女性、其余三个二次葬者为成年男性）合葬墓。一般每个这样的合葬墓都有一人为一次葬，占据墓内中间位置；其余为二次迁葬，或在一次葬者的一侧，或偏居一隅，大多尸骨不全。这两墓各有60和66件物品，大部分置于一次葬死者附近或身上（图四）。这些情形说明一次葬者应为丧葬行为的主体对象。两墓的随葬品除两三件壶、罐、钵等陶器和少量的斧、凿、砺石等石器，绝大部分仍为镞、镖、削、板、刀、锥、针等骨、牙器，另外还见龟甲、石子、骨笛等特殊物品。该墓地随葬大量兽骨制作的器物，且多与渔猎、制皮、缝纫等活动有关，遗址中也出有大量的野生动物骨头，说明渔猎经济在这里占有很大的比重。那些随葬品丰富的“大墓”除有较多日常用具外，还常见骨笛、叉形骨器（图版1）和龟甲与石子（有的墓中龟甲内装石子），一般认为这些物品可能与某种神秘的宗教或占卜仪式有关，墓主当为巫师一类的人物[②]。若此说不误，那么在贾湖掌握较多社会资源和社会权力的可能为巫觋一类的人，或者换句话说，掌握了专门的宗教礼仪知识和实施权力的

① 张弛、魏尼：《裴李岗文化墓葬随葬品研究》，《古代文明》（第7卷），文物出版社，2008年。
② 河南省文物考古研究所：《舞阳贾湖》，科学出版社，1999年。

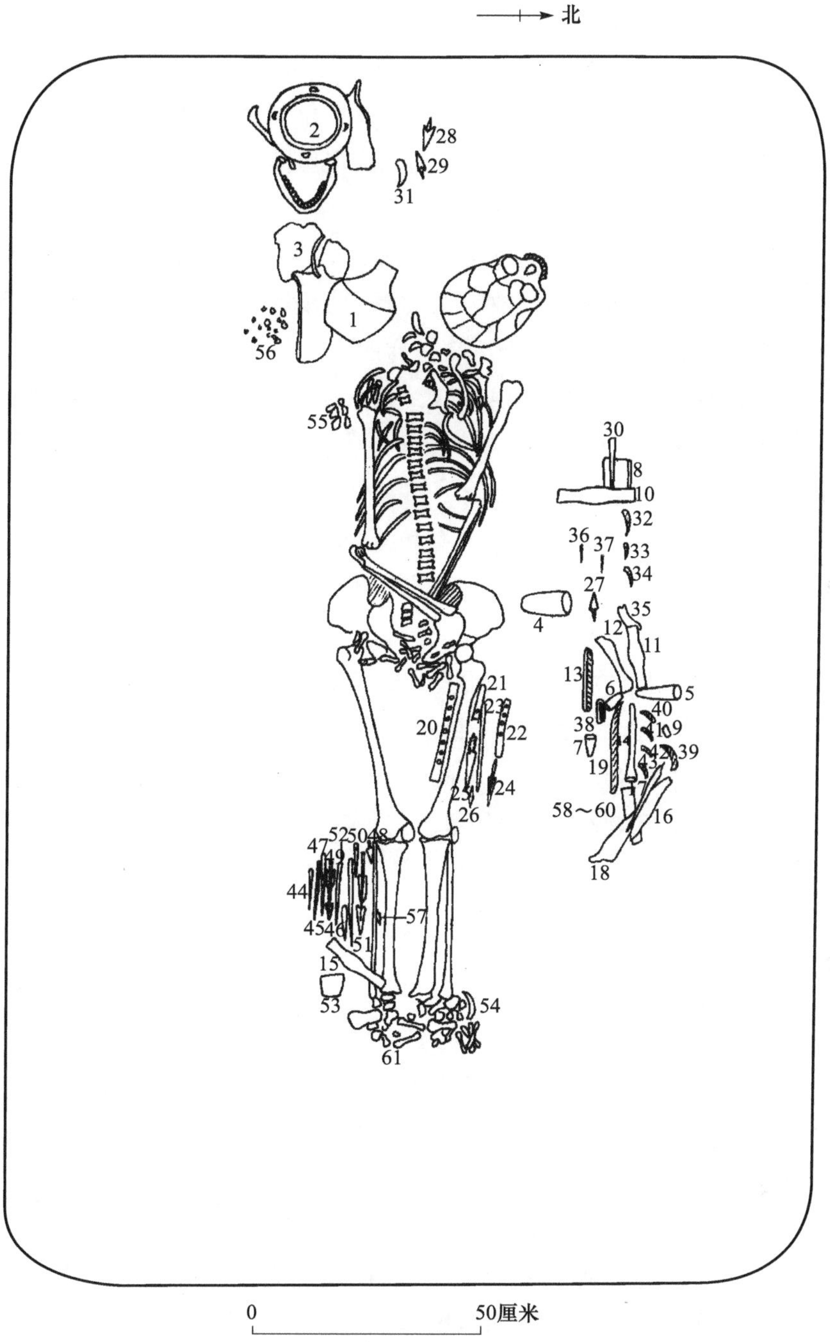

图四 河南舞阳贾湖 M282 平面图

（引自河南省文物考古研究所：《舞阳贾湖》，科学出版社，1999 年）

1～3. 陶壶、罐、鼎 4～7. 石斧、凿 8、9、53. 砺石 10～12、15. 骨板 13、14、38、58. 骨凿 16～19. 骨刀 20、21、22. 骨笛 23、25、44～47、49、51、52. 骨镖 24、26～29、48、50、57. 骨镞 30. 骨锥 31、54. 牙削 32～34. 牙锥 35. 牙刀 36、37. 骨针 39～43. 牙饰 55. 龟甲 56. 石子 59、60. 骨柄 61. 角料

人拥有相对较高的社会地位；但从这种墓同时还出有数量很多的普通工具、武器和生活用具看，这些人生前当非专职的巫师，而会参与和主持生产劳动，特别是捕捞、狩猎等日常事务，那么很有可能，这种人同时兼具世俗经济管理权与超自然的宗教权力。由此还可进一步推断，那种未知的宗教占卜仪式很可能也是渔猎活动的一个组成部分，两者有机结合，都是由相同的人主持实施的。由此可见，地处不同环境、拥有不同经济形态的贾湖，其公共权力的表现也与北边其他裴李岗文化遗址所见世俗化的权力形态有所不同，而具有更多的基于宗教礼仪的意识形态色彩。不过，本质上看，这两者所见权力的功能性而非特权性特征仍然是一样的。

老官台文化遗址中所见房屋多很零散，聚落结构不详；墓葬发现较少，所见者部分有随葬品，随葬器物的种类、数量与裴李岗文化一般小墓相似，但陶器多为明器。磁山文化居址和墓葬的材料相对较贫乏，整体情况不清；最突出的现象是武安磁山遗址发现有 80 座埋藏粮食的灰坑，其中有些坑还同时埋有猪、狗的骨架，因此有学者认为这是一处祭祀遗址[①]。这些灰坑是否都同祭祀有关，还是只限于那些埋有动物的坑，因所见报道过于简略，详情难知。不过，在靠近河北中部的易县北福地所发现的早期遗存中（应属于磁山文化）[②]，许多房址里出土了众多的陶假面具，还有一处所谓的“祭祀场”，这些应与某种宗教礼仪和祭祀活动有关，说明磁山文化可能确实有着浓郁的宗教氛围和祭祀传统，其社会权力当有不同的表现。但总体看，估计这两个文化的社会状况本质上不会超出裴李岗文化所知的范围。

二、仰韶早期

到仰韶早期（约公元前 5000～前 4000 年），陕甘渭河流域继老官台文化之后发展起了半坡文化，该文化向东渗透到了晋南豫西，但在晋南豫西还存在着一种面貌不同的“枣园文化”。在原磁山文化分布的豫北冀南地区，新石器时代中期的后段因黄河下游北辛文化的扩张而发生了改变，到仰韶早期发展为后岗一期文化。此时位于中原腹地的河南中部地区的文化面貌较为复杂，至少不是原裴李岗文化的直接延续，以郑州大河村“仰韶文化前三期至前一期”[③]、长葛石固早期为代表的遗存表明，这里受到西面半坡文化特别是东北面后岗一期文化强势扩张的影响，另外可能还保留沿用了早期裴

① 卜工：《磁山祭祀遗址及相关问题》，《文物》1987 年第 11 期。

② 河北省文物研究所：《北福地——易水流域史前遗址》，文物出版社，2007 年。

③ 郑州市文物考古研究所：《郑州大河村》，科学出版社，2001 年。

李岗文化遗传下来的一些因素①，从而形成了本地区很有特点的一种文化遗存。

在一些区域调查中，有些将仰韶文化视为一个整体而未做早、中、晚的区分，这样便不能分辨仰韶各期遗址的构成与变化情况。但有几处区域调查却可反映这方面的情形。巩义伊洛河流域的调查只在坞罗河上游发现2处小型的仰韶早期遗址，比早先裴李岗文化的还要少②，此种情形似为豫中地区仰韶早期阶段的普遍现象③。其他地区则显示遗址的数量有明显的增长。豫西灵宝铸鼎塬发现的遗址由前期的2处增加到了13处，皆为面积数万平方米的小遗址④。晋南地区尚未发现新石器时代中期的遗址，但到仰韶早期却有了较多的存在。垣曲小盆地发现的仰韶早期遗址共有8处，都在10万平方米以下，空间上较分散⑤。运城盆地东部的区域系统调查覆盖约1500平方千米，所见仰韶早期遗址有24处，可以分为5个相对较集中的群落，每群3～8处聚落（图五）⑥。多数群落内的聚落大小差别不是很大，可能是少数社群组织在长期生存和发展中自然繁衍、增殖的结果，那么在每群内部或许会形成具有亲缘关系的联盟组织；另外还有一种可能，就是这些大大小小的村落皆各自相对独立，而同一群落内的几个村落间结成一个互有婚姻或利益关系的部落组织。但无论如何，这些群落都还不是具有主从结构的区域政体。其中只有位于青龙河上游的一群大小差别较明显，7处远近不等的小型聚落拱卫着位置较居中、面积近15万平方米的较大聚落牯垛，这也许表明具有真正主从关系的社会结构开始萌芽、产生。但因这样的例子尚不多见，也还缺乏聚落内的实证资料，目前还不敢说在仰韶早期（即便是在较晚阶段）就已出现了高度整合的超村落的区域组织。

在前述几个仰韶早期文化中，半坡文化以一批保存好、揭露面积大的聚落和墓地著称，这也为解剖当时的社会结构提供了充分的资料。严文明先生曾对半坡文化（或称仰韶文化半坡类型）的聚落和墓地做过深入系统的研究和总结⑦，迄今仍是这一领域

---

① 戴向明：《黄河流域新石器时代文化格局之演变》，《考古学报》1998年第4期。

② 陈星灿、刘莉、李润权等：《中国文明腹地的社会复杂化进程——伊洛河地区的聚落形态研究》，《考古学报》2003年第2期。

③ 赵春青：《郑洛地区新石器时代聚落的演变》，北京大学出版社，2001年。

④ 河南省文物考古研究所、中国社会科学院考古研究所河南一队、三门峡市文物工作队等：《河南灵宝铸鼎塬及其周围考古调查报告》，《华夏考古》1999年第3期。

⑤ 戴向明：《陶器生产、聚落形态与社会变迁——新石器至早期青铜时代的垣曲盆地》，文物出版社，2010年。

⑥ 中国国家博物馆田野考古研究中心、山西省考古研究所、运城市文物保护研究所：《运城盆地东部聚落考古调查与研究》，文物出版社，2011年。

⑦ 严文明：《仰韶文化研究》（增订本），文物出版社，2009年。参见其中“叁 聚落形态”和“肆 埋葬制度”两部分。

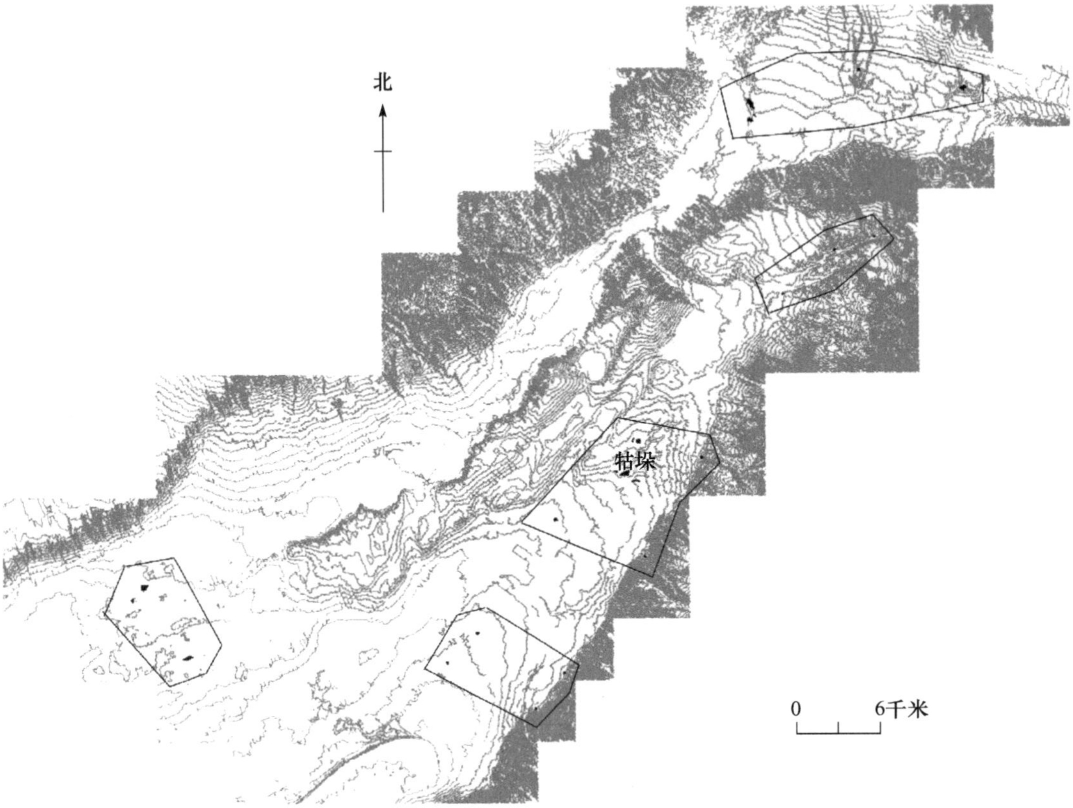

图五　山西运城盆地东部仰韶早期聚落分布图
（引自中国国家博物馆田野考古研究中心、山西省考古研究所、运城市文物保护研究所：《运城盆地东部聚落考古调查与研究》，文物出版社，2011年）

最具代表性的成果。根据这些研究可知，半坡文化中的姜寨①、半坡②、北首岭③、大地湾④等聚落的房屋都成组分布（图六；图版3），但与前期裴李岗文化唐户聚落所见不同，每组房屋中几乎都有一个几十到100多平方米的大房子，然而这种大房子并非高等级的私人专有住所，而很可能是氏族酋长及其家族成员的居所，同时也是集会议事和举行公共活动的场所；每组房屋大概都是由几个家族组成的氏族公社，整个聚落则为几个有亲缘关系的氏族组成的胞族公社；聚落经济以农业为主，兼有渔猎、采集、家畜饲养和各种手工业，显示出自给自足的形态，商品交换和专业化手工业生产并不发达，而以氏族公社所有制为基础的不同级别的所有制（包括家族和胞族公社所有制）是此时

① 西安半坡博物馆、陕西省考古研究所、临潼县博物馆：《姜寨》，文物出版社，1988年。
② 中国科学院考古研究所：《西安半坡》，文物出版社，1963年。
③ 中国社会科学院考古研究所：《宝鸡北首岭》，文物出版社，1983年。
④ 甘肃省文物考古研究所：《秦安大地湾》，文物出版社，2006年。

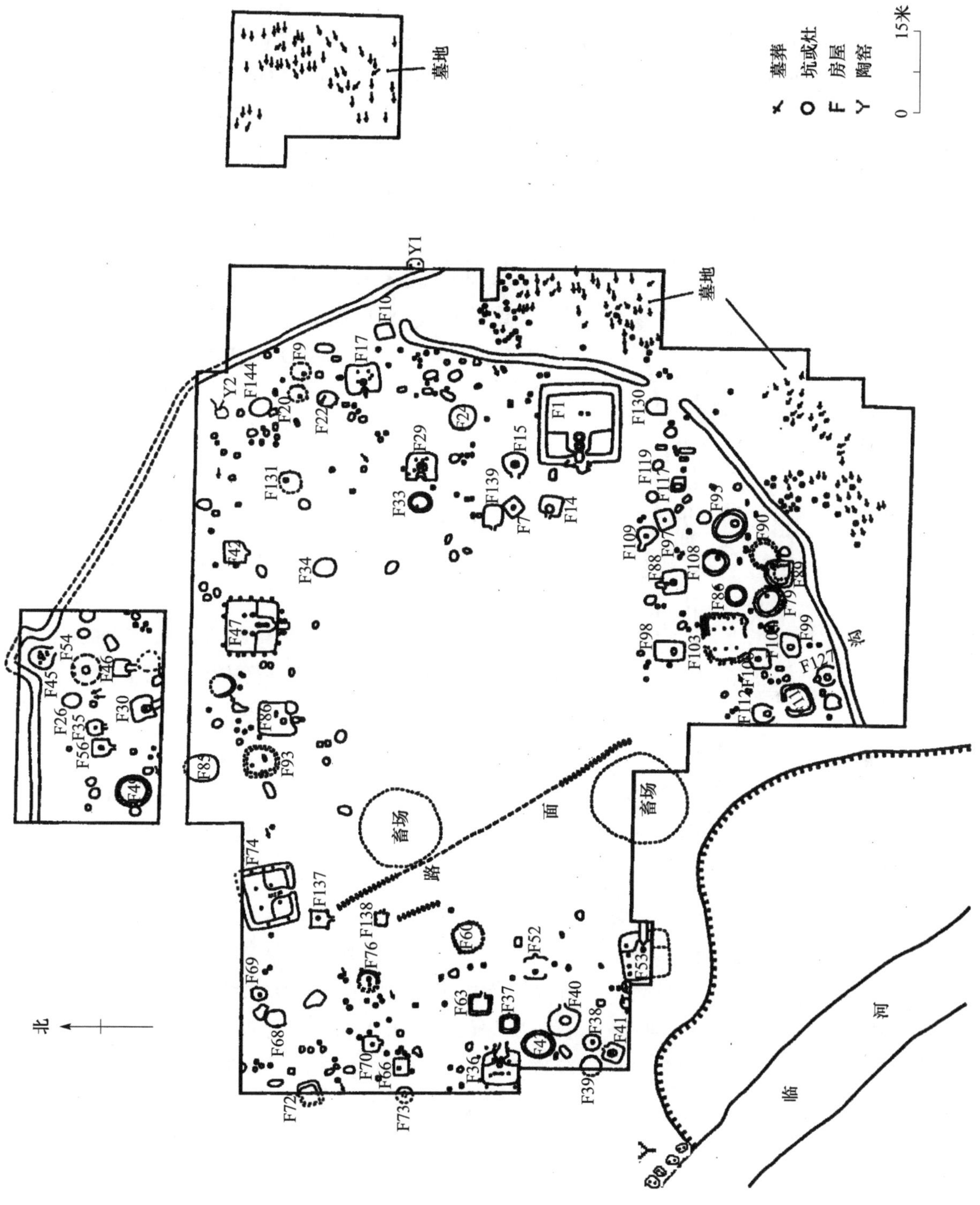

图六　陕西临潼姜寨仰韶早期聚落

（引自西安半坡博物馆、陕西考古研究所、临潼县博物馆：《姜寨》，文物出版社，1988年）

聚落经济的一个显著特点。与居址相对应，半坡文化的许多墓地也反映出大体相同的内容，无论是以合葬墓为主的陕东区，还是以单人葬为主的泾渭区，以及陇东和陕南区，氏族这一级组织都有清楚的体现，而家族和胞族这两级组织也有程度不同的表现；有时不同氏族间甚至家族间的经济状况会有些差别，但都不很显著。一般墓葬或无随葬品或只有少量陶、石、骨制品等，以生活用具为主，次为生产工具和装饰品。少量墓葬随葬较多的器物，但大多也只有 10 件左右的陶器和少量生产工具，与其他墓相差并不悬殊；综合多种因素，还不能说此时已有了明显的贫富或等级的分化。另外我们注意到，随葬陶器较多者也以钵类居多（其次为罐类），其情形类似于裴李岗文化墓地中的“大墓”，也许其社会权力的表现仍主要在经济事务方面。

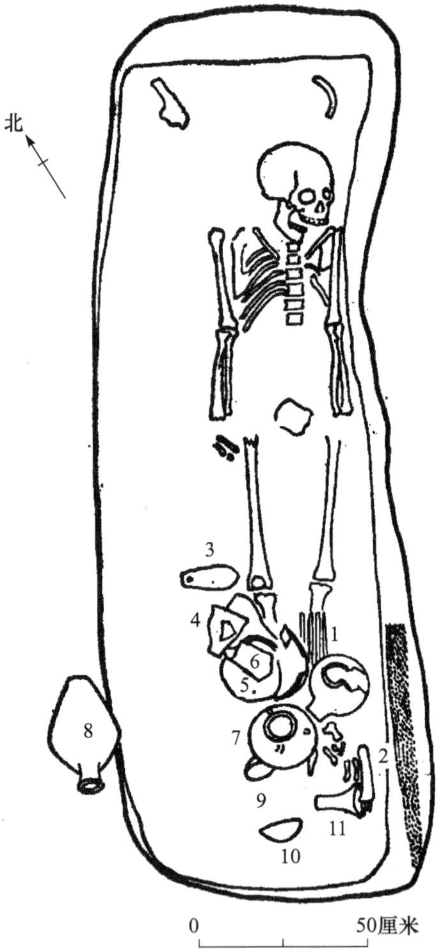

图七　陕西宝鸡北首岭 77M4 平面图
（引自中国社会科学院考古研究所：《宝鸡北首岭》，文物出版社，1983 年）
1、2. 成束骨镞　3. 石斧　4、5. 陶罐　6、9、10. 陶钵　7. 陶鼎　8. 陶瓶　11. 陶杯

半坡文化各墓地中以宝鸡北首岭的“厚葬”现象较为特别①。该遗址仰韶早期的墓葬中，有几座单人墓随葬陶器较其他墓略多（一般只有 4、5 件以下，而这几座有 5、6 件以上，多者达 11 件），而其中的 77M4、77M8、77M11、77M20 还同时出有大量的骨镞（少者 20 余件，多者达 80 余件），其他工具则罕见，墓主皆为成年男性（图七）。这几座墓集中分布（皆位于 77T2 探方内），其中前三座并排而列、紧挨在一起，头向东北，应属同一家族。这几位墓主人生前可能尤擅狩猎，或许还有军事头领或战争勇士的身份，故而获得厚葬武器的待遇；77M4 和 77M11 还各有一件不见于其他墓的较精致的石斧，也许暗示他们确有不同一般的身份和权力。人类群体间的冲突可能由来已久，假如随葬大量骨镞及少见的石斧确与彰显军事才能和权力有关，则北首岭公共权力的获取或表现又不同于前期裴李岗文化及同期半坡文化其他聚落所见的世俗的经济分配权和超自然的宗教权，而是具有较强的军事色彩。

① 中国社会科学院考古研究所：《宝鸡北首岭》，文物出版社，1983 年。

不过这些人仍无特殊物品，随葬的仍是普通的生活用具和武器；仅见的两件石斧是否已有权力象征功能，尚不明确。总的看这种社会权力尚未超出“自然”的状态；这些墓主人生前的身份地位和所拥有的权力性质大概并未突破前期裴李岗文化等所见的状况，仍然没有形成特权阶层。

在中原仰韶早期遗址中，河南濮阳西水坡后岗一期文化墓地展露出的特殊现象非常惹人注目①。该遗址面积5万余平方米，在仰韶早期墓地中发现有三组蚌塑图案，且南北排成一线，相互间隔20余米，图案主题以龙、虎为主。其中北边一组的蚌塑龙虎摆在M45墓主人两侧，按照发掘简报，其东、西、北三面还各有一个向外凸出的小龛，每个小龛内葬有一人，年龄都较小，简报认为这三人是墓主的人殉，反映墓主生前的“地位之高，权力之大”，是早期文明因素的体现（图八；图版2）。严文明先生根据M45的形制特征等认为，三个所谓的殉人实际上可能是三个单独的墓葬，分别与M45发生了打破关系；再参照仰韶早期大的社会背景和发展状况，这三组蚌塑龙虎鹿等图案应当看成是一种宗教遗迹，M45墓主人应是与此有密切关系的巫师，同时还可能是该墓地代表的氏族或部落的酋长，但同文明起源问题没有什么关联②。张光直先生也把这些蚌塑的动物看作是一种原始宗教现象，认为它们与后来道家的“三蹻”是相通的，这种人兽复合图形表现的是巫师及助他上天入地的三蹻的艺术形象③。再退一步讲，即使那三个年轻的死者确为M45内的组成部分，但他们各守一边，与位于南端的墓主分处四个不同的方位，墓主又没有任何随葬品，这仍然更像与某种宗教祭仪有关；另外三个死者或可解释为宗教礼仪中的牺牲或参与者，而非专为墓主殉葬的人。假如那位墓主人生前确系拥有特殊的身份和权力，那么这种权力也是与宗教、巫术等超自然力量密切结合的，但不会是基于贫富和等级分化的特权。而这种浓郁的宗教色彩不禁使我们联想到本区域从前磁山文化的此类特征，显然，两者之间可能有一种传统上的联系。

总之，仰韶早期半坡文化的聚落形态表现出的都是发达的氏族社会的特征，迄今已知所有的居址和墓地都显示出以血缘关系为纽带构成的、较为平等的简单社会形态。后岗一期文化、枣园文化等的聚落资料远不如半坡文化丰富，而已有的发现也没有超出半坡文化发展阶段的迹象。在与中原邻近的汉水中游的南阳盆地，淅川下王岗遗址

---

① 濮阳市文物管理委员会、濮阳市博物馆、文物队：《濮阳西水坡遗址试掘简报》，《中原文物》1988年第1期；《濮阳西水坡遗址发掘简报》，《华夏考古》1988年第1期；濮阳西水坡遗址考古队：《1988年河南濮阳西水坡遗址发掘简报》，《考古》1989年第12期。

② 严文明：《略论中国文明的起源》，《文物》1992年第1期。

③ 张光直：《濮阳三蹻与中国古代美术上的人兽母题》，《文物》1988年第11期。

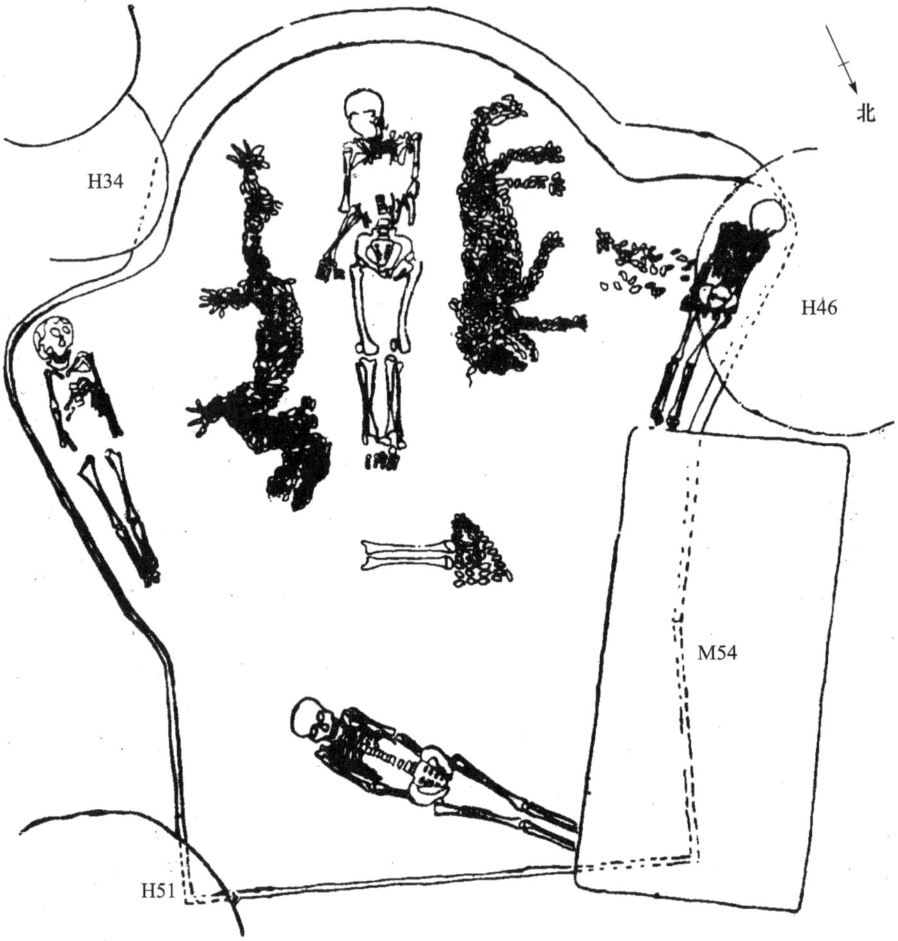

图八　河南濮阳西水坡 M45 平面图
（引自濮阳市文物管理委员会、濮阳市博物馆、文物队：《濮阳西水坡遗址试掘简报》，《中原文物》1988 年第 1 期）

发现有大量的仰韶早期墓葬（下王岗仰韶文化一、二期）[①]，其墓地布局、结构、墓葬中随葬品的状况等方面与半坡文化的非常接近，亦反映出相似的社会特征。

三、仰韶中期

仰韶中期，原半坡文化的关东变体（东庄类型）率先转化为庙底沟文化（约公元前 4000～前 3300 年），随后以晋南豫西及陕东为中心，这一文化以强劲的势头向外扩

① 河南省文物研究所等：《淅川下王岗》，文物出版社，1989 年。

展，笼罩了整个黄河中游，如重瓣花朵般层层铺展开来，于各地形成了特色不同的庙底沟文化诸类型，黄河中游史前文化第一次出现了大范围统一的局面，其影响甚至渗透到了周边更远的黄河上游、黄河下游、东北的辽河流域和长江中游等地[①]。晋南豫西作为该文化的核心区，这里的庙底沟文化起始时间相对较早、结束时间则可能较晚，根据灵宝西坡仰韶中晚期之际墓葬的最新测年结果，其年代下限或可晚到公元前3300年左右甚至更晚[②]。

几个区域系统调查显示，仰韶中期庙底沟文化的聚落数量、组成结构较前发生了非常大的变化。各区聚落数量都明显增加，并前所未有地出现了许多大型中心聚落。河南灵宝铸鼎塬遗址的数量由仰韶早期的13处增长到了18处[③],其中北阳平90余万平方米，西坡40万平方米，有可能属于不同层级的中心聚落。河南巩义境内伊洛河的两个支流坞罗河和干沟河分别有5处仰韶中期的遗址，各自的分布都相对比较集中，其中位于干沟河上游的赵城遗址此期面积达20万平方米，其他遗址都在5万平方米以下，赵城很可能已具中心聚落的性质[④]。山西垣曲盆地内遗址的数量由此前的8处骤增到了24处，而且首次出现了聚落等级的差异，最大聚落有30万平方米[⑤]。山西运城盆地东部的区域系统调查以更大的空间范围展示了此期宏观聚落的状况，聚落数量由仰韶早期的24处猛增到了此期的66处，集中在6个聚落群分布，并且每一群都可进一步分为2、3个聚落组；每个聚落群、有的是在聚落组内都有一个大型中心聚落，面积从数十万平方米到百余万平方米，与其他中、小聚落共同构成2或3层聚落等级；在这些聚落群、组内应大多形成了等级分明、整合性良好的具有独立社会组织意义的区域政体，各区域组织的规模都不是很大，地域范围一般在几十到二三百平方千米之间[⑥]（图九）。

---

① 戴向明：《试论庙底沟文化的起源》，《青果集——吉林大学考古系建系十周年纪念文集》，知识出版社，1998年；《庙底沟文化的时空结构》，《文物研究》（第十四辑），黄山书社，2005年。

② 中国社会科学院考古研究所、河南省文物考古研究所：《灵宝西坡墓地》，文物出版社，2010年。

③ 河南省文物考古研究所、中国社会科学院考古研究所河南一队、三门峡市文物工作队等：《河南灵宝铸鼎塬及其周围考古调查报告》，《华夏考古》1999年第3期；中国社会科学院考古研究所河南一队、河南省文物考古研究所、三门峡市文物工作队等：《河南灵宝市北阳平遗址调查》，《考古》1999年第12期。

④ 陈星灿、刘莉、李润权等：《中国文明腹地的社会复杂化进程——伊洛河地区的聚落形态研究》，《考古学报》2003年第2期。

⑤ 戴向明：《陶器生产、聚落形态与社会变迁——新石器至早期青铜时代的垣曲盆地》，文物出版社，2010年。

⑥ 中国国家博物馆田野考古研究中心、山西省考古研究所、运城市文物保护研究所：《运城盆地东部聚落考古调查与研究》，文物出版社，2011年。

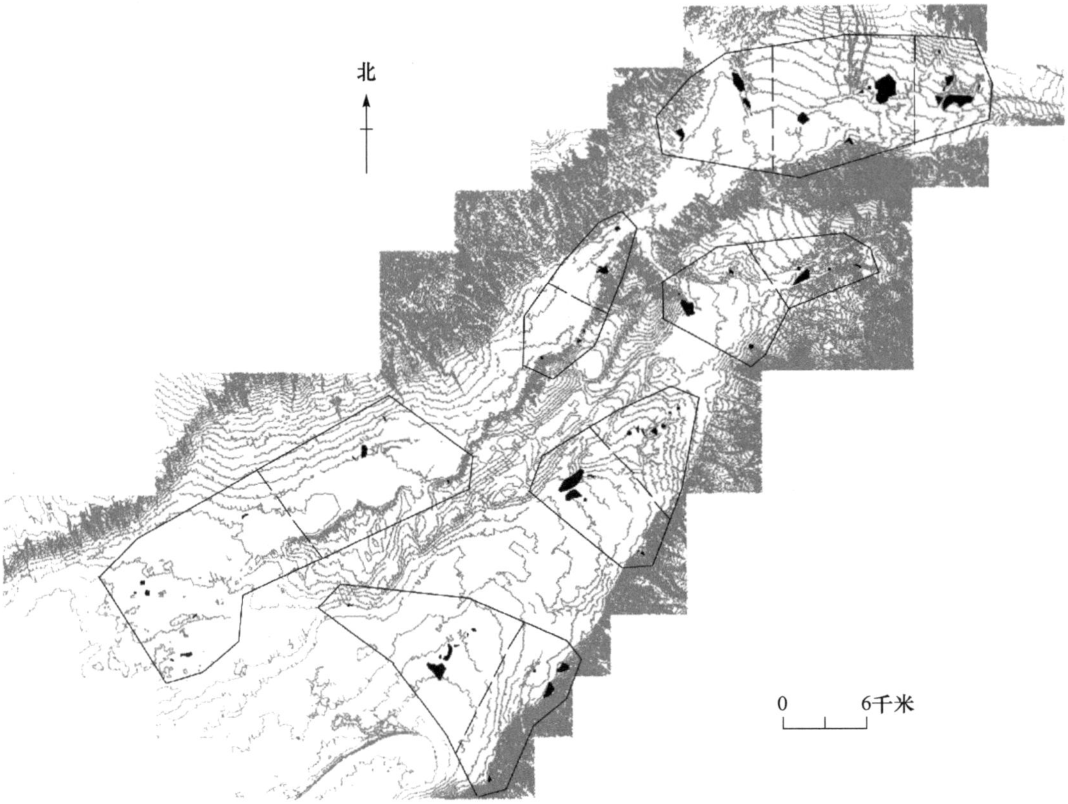

图九　山西运城盆地东部仰韶中期聚落分布图
（引自中国国家博物馆田野考古研究中心、山西省考古研究所、运城市文物保护研究所：《运城盆地东部聚落考古调查与研究》，文物出版社，2011年）

其他地区的一些考古调查也同样反映了从仰韶早期到仰韶中期遗址数量的显著增长，如内蒙古凉城县岱海地区①、陕西宝鸡至咸阳之间的渭河中游地区②、河南的郑州—洛阳地区③和南阳盆地④，等等。这些调查及其他有关资料还显示，此期面积达几十万乃至上百万平方米的大型聚落不只在晋南豫西，在庙底沟文化其他主要的分布区如陕西关中和豫中郑洛地区等地也都有发现，但在这“中原”以外的周边其他地区则少见此种现象，说明庙底沟文化中心与外围区的发展是不平衡的。

① 田广金、郭素新：《环岱海史前聚落形态研究》，《岱海考古（二）——中日岱海地区考察研究报告集》，科学出版社，2001年。

② 中国社会科学院考古研究所渭水考古调查发掘队：《渭水流域仰韶文化遗址调查》，《考古》1991年第11期。

③ 赵春青：《郑洛地区新石器时代聚落的演变》，北京大学出版社，2001年。

④ 北京大学考古文博学院、南阳市文物考古研究所：《白河流域史前遗址调查报告》，文物出版社，2013年。

按照笔者的认识，庙底沟文化的陶器编年可分四个时期[①]。其中第一、二期属早期阶段，三、四期可分别称为中、晚期阶段。早期遗存主要见于该文化的发源地晋南豫西，而同时期其他地区尚处于各自前行文化的晚期。据我们在晋南运城盆地和垣曲盆地的调查，真正属于庙底沟文化早期阶段的聚落数量并不多、规模也不大，与仰韶早期相比未见显著变化。只有到了庙底沟文化的中、晚期阶段，各地文化面貌高度相似，在从陕西渭河流域到晋南豫西、豫中郑洛地区一带的中心区域，聚落数量与规模骤然暴涨，聚落分化才明显地表现出来。而各地区大、小聚落所显示出的社会发展状态又是不相同的。

先看一下中原以外典型聚落的情况。

位于内蒙古中南部的凉城县王墓山坡下遗址，总面积约 7 万平方米，被一条东西向冲沟分为南北两部分，其中北区仰韶中期聚落保存较完整，共发现 21 座房址，由大、中、小三种房屋组成[②]。小房子约有 15 座，大部分在 10～25 平方米之间；中型房子至少有 5 座（ⅠF6、ⅠF9、ⅠF11、ⅠF12、ⅠF13），多在 30～40 平方米之间；大型房子一座（ⅠF7），面积达 90 平方米。各房子出土的陶器表现出高度的相似性（包括形制与组合），而且房子布局清晰、共同构成了一个完整的聚落，因此可以推断其中大部分是同时使用的。若此，那么该聚落当有 100 多人同时共存，三种房屋可能分别代表着小家庭、家族、氏族三级组织。这里的房子很多都是被焚毁而倒塌废弃的，房中的生活用具和生产工具等物件大都较充分地保存下来。几座中型房子都出有数量较多的陶器（成套的生活用具）和石器（主要有石刀等生产工具和磨盘、磨棒等食物加工工具），而小型房子所出陶、石器的数量相对较少。一个有趣的现象是，几座中型房子中都出有 2～3 套完整的体量较大的石磨盘和磨棒，而小房子或者不出此物，或者只有一个很小的磨盘（棒），或者有 1、2 件残断的磨盘（棒），大有“将就用”之意。由此可以判断，只有中型房子才拥有“正式”加工、可能还包括分配食物的权力，并代表一个较完整的生产和消费单位，而小房子则是这几个中型房子的附庸。但几座中型房子间隔均匀地并排而列，小房子散落其前及侧面，表明家族的独立性并没有被刻意凸显，整个聚落强调的仍是整体性和平等的关系，这与半坡文化的聚落相近。但不同者，王墓山聚落中唯一的大房子（F7）远离其他房屋而高居坡上位置，无疑是居高临下、统领全村的核心。我们注意到，这座房子虽然也毁于火灾而倒塌废弃，但并没像其他房子那样出有成套的生活用具和生产工具，可完整复原的器物只有一件置于火塘附近的

① 戴向明：《庙底沟文化的时空结构》，《文物研究》（第十四辑），黄山书社，2005 年。

② 内蒙古文物考古研究所、北京大学中国考古学研究中心：《岱海考古（三）——仰韶文化遗址发掘报告集》，科学出版社，2003 年。

火种罐和一件置于房内窖穴中的中口罐，由此推测这里很可能主要是举行公共活动、集会的地方，而不是普通的住宅。即使它还兼做氏族酋长及其家庭成员的居所，这所统领全村、但形制并无特别之处的大房子体现的仍是一种公共性而非个人化的权力特征，这一点与半坡文化聚落相比亦无本质区别。

仰韶中期在豫西南的南阳盆地开始流行多间套长排房屋。如邓州八里岗遗址总面积约6万平方米，存在一处从仰韶中期偏晚阶段到仰韶晚期偏早阶段的双排房组成的聚落，每排房屋由若干座间套数不等的房子组成，那么一套间房子、一座房子、一排房子和整个聚落就代表了不同层级的社会组织单元[①]。有学者认为由若干套间构成的每座房子的大小规模和间套数差异很大，是否能代表一级独立的组织并不很明确，或者说这种社群组织并不是时时处处被强调；反之每排房子固定的位置和反复原地重建则表明这一级组织是特别被强调的，而这样的一排房屋可能代表着大家族或氏族公社组织，应是聚落中最基本的社会单位[②]。该聚落的房屋虽有大、小之别，但似乎只是代表不同家庭（族）规模的差异，并无等级、规格上的高低之分。因此，八里岗聚落所反映的社会形态本质上仍与仰韶早期的相近。

再看中原的情形。

位于黄河岸边的河南渑池关家遗址面积约9万平方米，揭露出一处保存较完整的仰韶中期聚落[③]，只是目前还不见详细的报道。该聚落的外围有壕沟和河岸断崖环护，沟内中部和西南部为居住区，共发现近20座房基，居住区周围散布着大量的储物窖穴。墓葬集中分布在西北部壕沟两侧和东南部，共有50余座墓葬，基本为单人一次葬，多无随葬品，只个别有少量陶器或绿松石小饰件，另在西南部还集中发现了10个瓮棺葬。遗址的东北部则是加工石器和烧制陶器的场所。显然，这是一处布局清晰、功能多样、有着统一规划的小型村落。居住区和墓葬似都可分为两三片，可见该聚落至少存在居住区—村落，或墓区—墓地两级社会组织。从简略的报道中尚无法得知房子的大小状况和布局详情，但如果这约20座房子接近该聚落同时存在的房屋数，那么不同的居住区就可能代表着至少两个共存的家族，整个村落就可能是一个氏族公社组织。墓葬区的规模也与此相应。家族在生产与生活中或许有一定的独立性，但若石器的制作和陶器的烧制确实集中在一起，那么主要的手工业生产则为全村共同的产业。因此，关家聚落与前期半坡文化聚落相比仍有许多共同之处，包括以血缘关系为基础

① 北京大学考古实习队、河南省南阳市文物研究所：《河南邓州八里岗遗址发掘简报》，《文物》1998年第9期。

② 张弛：《长江中下游地区史前聚落研究》，文物出版社，2003年。

③ 樊温泉：《关家遗址发掘获重要成果》，《中国文物报》2000年2月13日。

的不同层次的继嗣群体、以家族和氏族公社为基础的不同所有制、封闭的格局、较为平等的社会关系，等等。值得注意的是，与西北部的墓葬不同，分布在东南部的墓葬多有生土二层台，且有朱砂涂面的现象，这种不同的葬俗是否也暗示着两个群体（家族）间并非完全平等的地位，尚不明确。

甘肃秦安大地湾遗址第三期遗存属于仰韶中期①。此期聚落只揭露出局部，其整体结构并不很清楚。这里共发现有19座房址，另有残存的灶坑23个。房址也有大、小的差别，并且这些房子和相关的窖穴有成组分布的迹象，其布局与该遗址前期聚落相比有一定的延续性；但不同者此期每组房屋的数量已明显减少，而可以分辨出的房屋组似又有所增加，已揭露部分大概有4组，每组房屋的朝向不同，或相互间有较明显的分界，这说明该聚落基本的社会组成单元可能已开始趋向小型化，或许为具一定独立性的家族公社（图一〇）。

河南汝州洪山庙遗址面积5万余平方米，这里发现一座大型合葬墓M1，长6.3、宽3.5米，局部遭到破坏，墓坑内现存136个瓮棺，估计原有一百七八十个，较密集地排满了墓坑②。棺内盛殓二次葬的人骨，绝大部分为成人，另有少量的儿童和婴儿，因此这是一座男女老幼都有的合葬墓，埋葬的应是一个以血缘关系为基础的群体在一定时间内的死者。如报告所言，这个大型合葬坑内的瓮棺很可能是一次性迁入埋葬的，那么这样一次的集体行为最长应不超出一代人记忆所及的范围，至多也就是几十年。在这样一个时间段内集中合葬近200名死者，其群体规模当不会小于一个氏族组织。据说像M1这样的合葬墓在该遗址至少有3座，另两座早已被破坏③，因此无法判断这3座墓是同时形成还是前后相继的关系，是属于一个还是不同的群体。这些墓中的瓮棺形制较单一，主要为一种带纽的陶缸，很多缸的表面绘有各种彩绘图案，个别的还有泥塑装饰，但看不出个体间有什么等级、地位上的根本差异。

临汝阎村遗址也曾集中发现了一批以缸作葬具的瓮棺葬④，估计其埋葬形式与洪山庙属于一类。其中一件绘有一幅“鹳鱼石斧图”，是目前所见此类葬具上幅面最大、内容最复杂的图案（图一一；图版4），严文明先生认为此缸是一部落酋长的葬具，图画是其权力的标志及对其生前战功的描绘⑤。从这件器物可以看出，一方面即便是像社群首领这样重要的人物，死后也同其他人一样用瓮棺殓葬，但同时其葬具上的特殊图画又表达了不同一般的身份地位；另一方面似又说明，墓主权力的表现主要同战争与

① 甘肃省文物考古研究所：《秦安大地湾》，文物出版社，2006年。

② 河南省文物考古研究所：《汝州洪山庙》，中州古籍出版社，1995年。

③ 赵春青：《郑洛地区新石器时代聚落的演变》，北京大学出版社，2001年。

④ 临汝县文化馆：《临汝阎村新石器时代遗址调查》，《中原文物》1981年第1期。

⑤ 严文明：《鹳鱼石斧图》跋，《文物》1981年第12期。

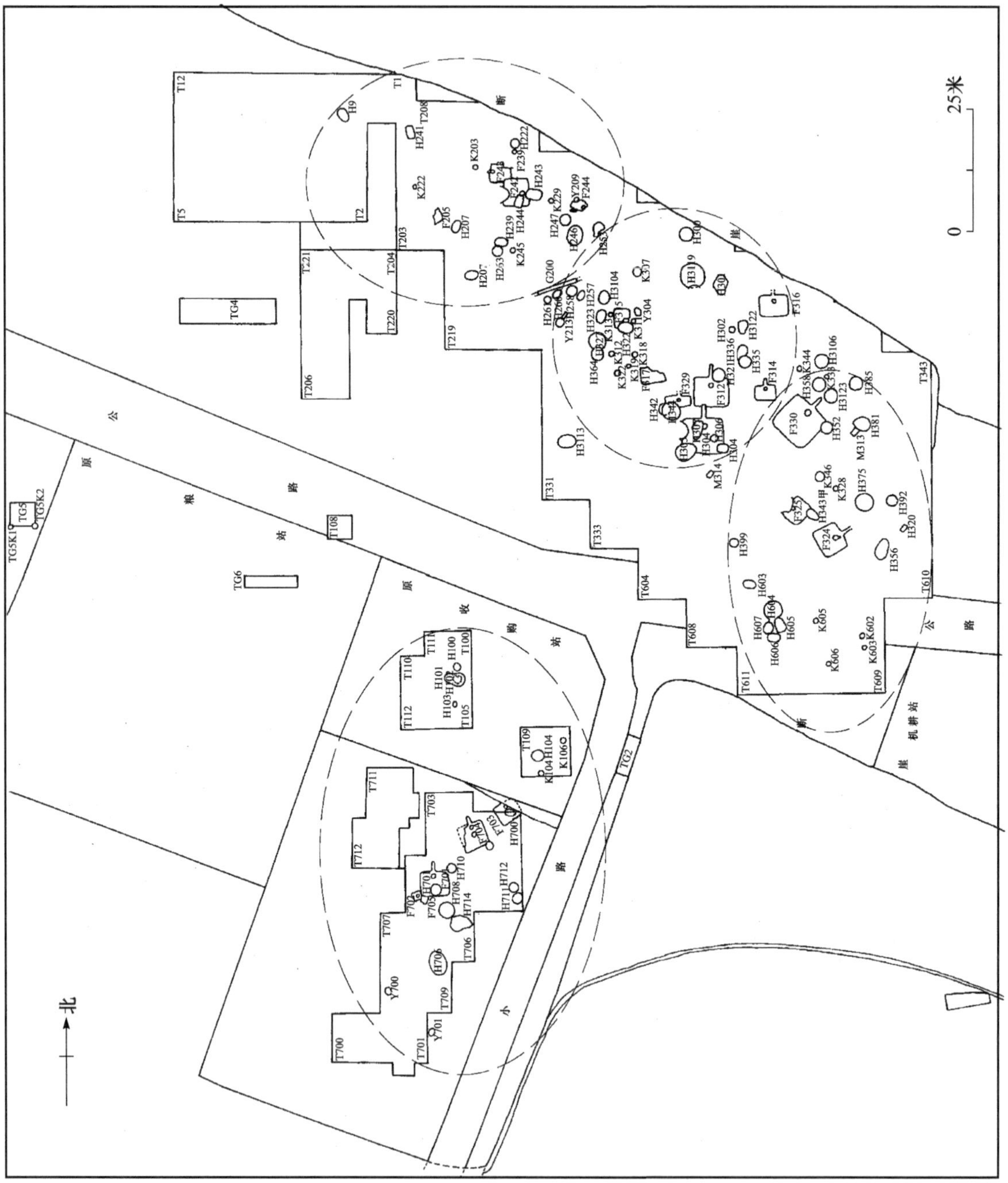

图一〇　甘肃秦安大地湾第二期（仰韶中期）遗迹分布图
（引自甘肃省文物考古研究所：《秦安大地湾》，文物出版社，2006年）

“军事”活动有关。该器物的图画内容还表明，石斧除作为实用器外，在某些情形下已开始具有象征权力的功能，因此确切地说可以称之为“石钺”。

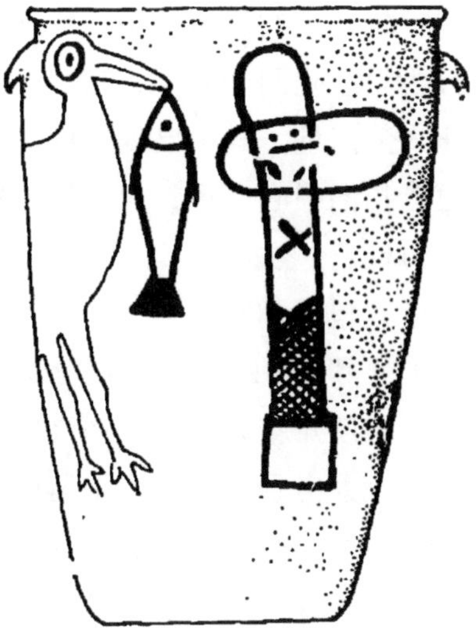

图一一 河南临汝阎村鹳鱼石斧彩陶缸（瓮棺）
（引自临汝县文化馆：《临汝阎村新石器时代遗址调查》，《中原文物》1981年第1期）

陕西高陵县杨官寨遗址总面积达80万平方米，在遗址北部发现一处仰韶中期的环壕聚落，壕内面积24.5万平方米，在庙底沟文化遗址中属于比较大的聚落。在西门址南北两侧的一段壕沟中各有7层堆积，每层的土质、土色尽管不同，但多含小石块、黄土块、红烧土、草拌泥残块、木炭粒、草木灰和兽骨、贝壳等，除最下面一两层外，上面的几层都出有大量完整或可复原的陶器、石器、骨器等，数量从数十件到一百多件，而以陶器最多，其中的人面镂空覆盆形陶器、动物纹彩陶盆、涂朱砂的人面陶塑等为同期遗址中所罕见[①]。这些迹象表明这两段壕沟中的堆积不像是普通的生活垃圾，而可能与某种宗教祭祀活动有关，这也反映了该聚落不同凡响的特殊一面。另外，如此大规模的聚落环壕在同期遗址中很少见，这不同于仰韶早期面积仅数万平方米的小型环壕，其巨大的工程需组织、调动大量的人力才能完成。这些都说明该聚落可能属于一处中心性地点，只是目前对其内部的设施、布局等情况尚不很了解。

河南灵宝西坡遗址的发掘为了解庙底沟文化大型聚落的内涵提供了一些证据。西坡遗址总面积达40万平方米，以仰韶中期的堆积为主。考古队在遗址中部较集中地进行了数次发掘，揭露出多处房址，房内及周围灰坑、窖穴皆出有典型的庙底沟文化器物[②]。从出土物观察，这些遗迹当属于庙底沟文化的中、晚期。这些房子均为带有窄长门道的近方形半地穴式建筑，其中有几个面积在100平方米左右，若放到小型聚落中都可算是大型房子，但在西坡这种规模的房子已发现多处，有的相距还很近，似是

① 陕西省考古研究院：《陕西省高陵县杨官寨新石器时代遗址》，《考古》2009年第7期。

② 河南省文物考古研究所、中国社会科学院考古研究所河南一队、三门峡市文物考古研究所等：《河南灵宝市西坡遗址2001年春发掘简报》，《华夏考古》2002年第2期；河南省文物考古研究所、中国社会科学院考古研究所河南一队、三门峡市文物考古研究所等：《河南灵宝西坡遗址105号仰韶文化房址》，《文物》2003年第8期；中国社会科学院考古研究所河南一队、河南省文物考古研究所、三门峡市文物考古研究所等：《河南灵宝市西坡遗址发现一座仰韶文化中期特大房址》，《考古》2005年第3期；中国社会科学院考古研究所河南一队、河南省文物考古研究院、三门峡市文物考古研究所等：《河南灵宝市西坡遗址庙底沟类型两座大型房址的发掘》，《考古》2015年第5期。

一种较常见的房屋类型。另外还有几座大型和特大型房址。发掘者认为这些房子可以分为早、晚两个时期，较早时期在遗址的中间部位有一个中心广场，广场四角各有1座大型房址，其中已揭露的F105、F106和F108各位于广场的西北、西南和东南，门道皆指向中心广场，房子周围则较空旷；较晚时期聚落布局发生了明显改变，中心广场可能已经失去了其原有的功能和意义，南北不同方位揭露出的房址皆朝向西南或东南，包括100平方米左右的房址F3、F102、F104和面积达169平方米的大型房址F107，其中F104和F107分别叠压着早期大型房址F105和F108[①]。

早期几座大房子都环绕中心广场，附近似都没有同时期其他小型房子，可以判断这几座大房子乃是整个聚落的中心建筑。若它们确曾同时使用过，那么其功能存在两种可能性：一是每座房子都是一个社会群体的代表，二是它们在同一群体控制下的地位、作用有所区别。已揭露出的3座大房子的规模、结构是有明显差异的。位于西北角的F105、位于西南角的F106为特大型房址，南北相隔约50米。这2座房子的主体形状与其他房子相近，皆为带窄长门道的近方形半地穴式单体建筑，但结构与建造工艺更为复杂。F105为一四周带有宽大回廊的巨型建筑，整体占地面积达516平方米，主体房基坑面积约372平方米，室内净面积约204平方米；房基坑现存总深度为2.75米，居住面以下为厚度近2米的夯土夹草拌泥地基，四周墙壁及墙基槽也经夯打，密布柱网；居住面由细泥、料姜和草拌泥等铺垫的数层小薄层构成，多层地面、墙面及部分夯层表面都有辰砂涂朱现象（图一二）。像这样规模宏大、结构复杂、建造工艺精致讲究的建筑，在仰韶中期的房屋中尚属仅见，也是西坡遗址几座面向广场的大房子中最气派的。F106建筑面积约296平方米，室内居住面面积达240平方米，但其外围未见回廊，结构相对简单，半地穴房基坑的深度约0.8米，四周墙基槽最深为1.6米，墙壁也经夯打而成，居住面由7层草拌泥和料姜面构成，底层居住面和墙壁也见涂朱现象。F108被叠压其上的F107所覆盖、打破，整体结构不清，不过根据残留的迹象判断其规模较前两座大房子要小很多、结构也简单一些。若从这四座大房子所处的方位判断，它们像是一种平行对等的关系；但从规模、结构等方面观察，它们应是有地位高低之分，或是在使用功能方面有所差别的。总之都应该是举行世俗或宗教活动的高级礼仪性建筑，而非一般居住生活用房[②]。

若此判断不误，即便这几座大型房子不是聚落内头面人物的专有住宅（这一点尚

① 中国社会科学院考古研究所河南一队、河南省文物考古研究院、三门峡市文物考古研究所等：《河南灵宝市西坡遗址庙底沟类型两座大型房址的发掘》，《考古》2015年第5期。

② 马萧林：《仰韶文化中期的聚落与社会——灵宝西坡遗址微观分析》，《中原文物》2020年第6期。

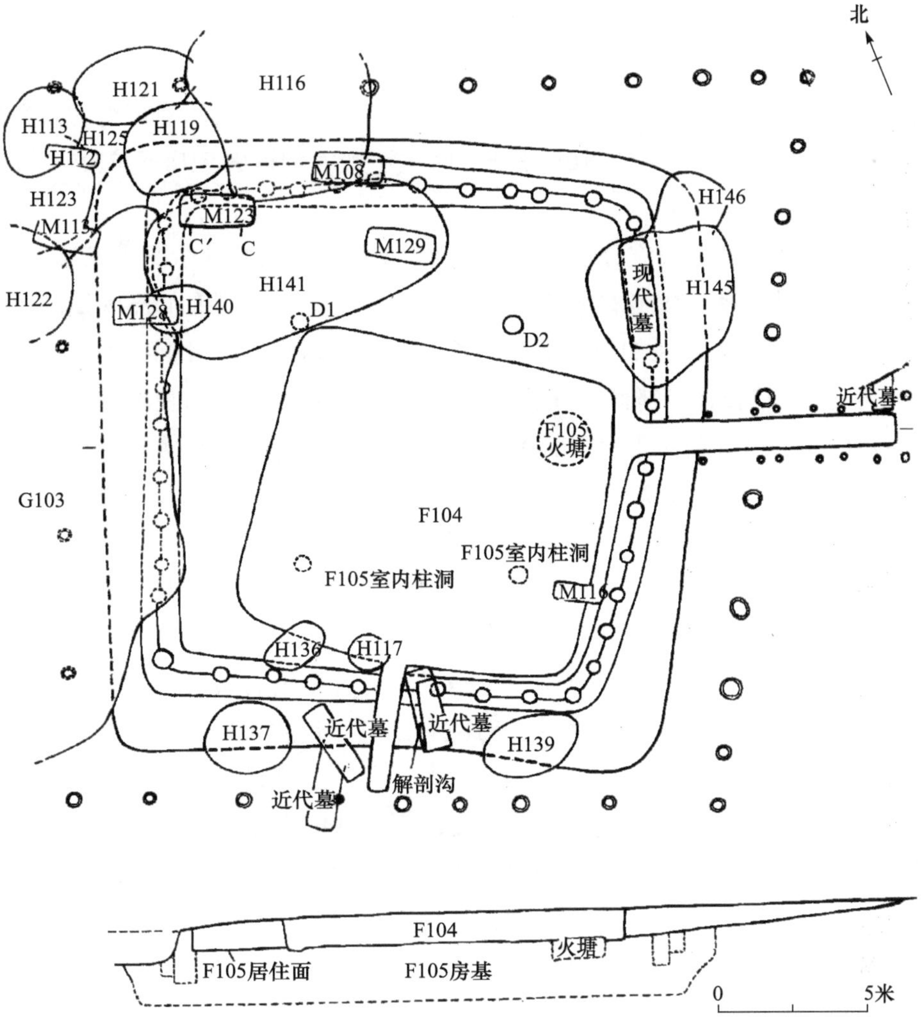

图一二　河南灵宝西坡 F105 平、剖面图

（引自河南省文物考古研究所、中国社会科学院考古研究所河南一队、三门峡市文物考古研究所等：《河南灵宝西坡遗址 105 号仰韶文化房址》,《文物》2003 年 8 期）

不能绝对排除），而主要作为族群精英集会、议事、举行祭祀典礼等活动的专门场所，但殿堂之内活动的组织者、主持者甚至参与者，恐怕也不再是与芸芸众生地位平等的普通成员，而是拥有了超出他人之上的身份，那么可以肯定此时聚落内部的等级分化已经发生。再考虑到西坡在铸鼎塬地区属于主要中心或次级中心聚落（附近还有面积约 90 万平方米的北阳平遗址[①]，究竟是更高层级的中心地点还是与西坡并列的中心聚

① 河南省文物考古研究所、中国社会科学院考古研究所河南一队、三门峡市文物工作队等:《河南灵宝铸鼎原及其周围考古调查》,《华夏考古》1999 年第 3 期；中国社会科学院考古研究所河南一队、河南省文物考古研究所、三门峡市文物工作队等:《河南灵宝市北阳平遗址调查》,《考古》1999 年第 12 期。

落，尚难判定），那么这些大房子所代表的群体恐怕已有整合周围若干聚落的实际地位和能力。

到较晚时段，聚落格局当发生了很大的改变，中心广场及四周环绕的几座大房子被废弃，但同时又在填埋后的F108基础上修建了规模相近的大房子F107，说明仍有核心建筑发挥着类似的功能。

年代略晚的西坡墓地较充分地展示了这种大型聚落内的埋葬情况[①]。西坡墓葬所出陶器中，釜、灶为庙底沟文化的典型器物，细颈壶（瓶）等则有仰韶晚期的风格，而大口缸常见于仰韶晚期阶段的黄淮下游和长江下游。因此虽然发掘报告将这批墓葬的时代归属为仰韶中期的最晚阶段，但同时又指出其具有由中期向晚期过渡的特点。由此可以肯定的是，这批墓葬要晚于前述居址中F105、F106等几座大房子的年代。西坡墓地位于该遗址的西南部，总共揭露出34座墓葬，其中20座墓有随葬品，其余14座墓不见任何随葬品。无随葬品的墓规模都相对较小，有随葬品的墓在形制、规模、随葬器物的种类与数量等方面也有一定差异。随葬的器物包括玉石器、骨器和陶器。有随葬品的墓多数都有成组的陶器，常见者有釜、灶、钵、细颈壶、簋形器、杯等，一般都集中放置在脚下或专设的脚坑中，应是供享死者之用的炊器和饮食器具；其中两座规模最大的墓（M8、M27）还各见一对施有红色彩带的大口缸，像是专供地位最高者的特殊盛储用器。陶器中的簋形器、细颈壶、大口缸等属于仰韶遗址中不常见的器类，釜、灶、钵、杯等多为体量较小的明器，而遗址中常见的尖底瓶、盆、夹砂罐等又不见于这批墓葬中，可见这里随葬的陶器应是专为下葬而准备的，并形成了较为稳定的组合。骨器主要为骨簪一类的饰物，多见于头顶，与等级关系不大；但两件象牙箍或为较稀罕贵重的物品。玉石器主要为玉、石质的钺，位置较固定，一般放置在墓主身体或头部的右侧，与身体平行，刃部朝上（头顶方向），出此器者一座墓只有1～3件，多见于规模较大的墓（图一三）。

西坡遗址因遍布果树，其墓地的发掘主要根据钻探的结果布方；若钻探的结果可靠并且对已探知的墓揭露得较充分，那么现有墓葬的分布应大体能够反映这片墓地的布局与结构。不过西坡墓地的原始地貌可能已遭后世较大破坏，这从墓地北边的M22、M31只残存二层台以下部分可以得到证明，那么有些墓坑较浅、规模较小的墓就有可能已被毁坏无存[②]，但具体数目有多少则难以估计。从现有墓葬的空间分布看，这些墓

① 中国社会科学院考古研究所、河南省文物考古研究所：《灵宝西坡墓地》，文物出版社，2010年。

② 马萧林：《灵宝西坡墓地复原研究》，《仰韶和她的时代——纪念仰韶文化发现90周年国际学术研讨会论文集》，文物出版社，2014年。

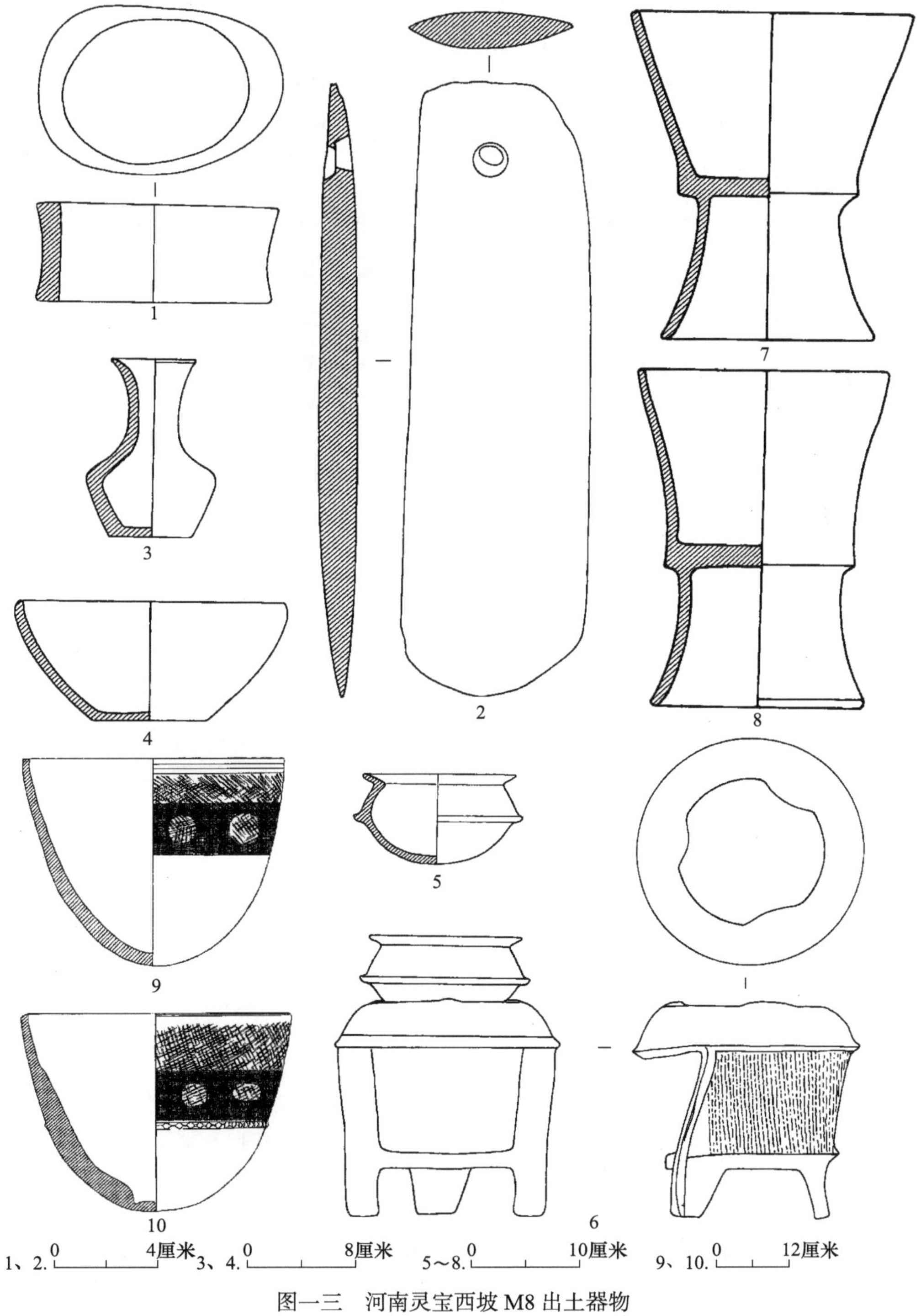

图一三　河南灵宝西坡 M8 出土器物

（引自中国社会科学院考古研究所、河南省文物考古研究所：《灵宝西坡墓地》，文物出版社，2010 年）

1. 器座　2. 玉钺　3. 细颈壶　4. 钵　5、6. 釜、灶　7、8. 簋形器　9、10. 大口缸

排列较稀疏凌乱，但多数墓葬的方向较统一（朝向西北）。既有相对的集中，又可划出彼此分隔的三组：东边一组为 M17、M8、M34 以东各墓，约有 20 座；西边一组为 M23 以西各墓，约有 7 座；南边一组分布在整个墓地的东南，为 M1 以南各墓，现只发现 7 座（图一四）。其中西组墓中只见一位女性，而南组墓中没有女性，与东组墓男女较均衡的比例形成强烈反差（参见原报告图 7-13），由此推测这两个墓组遭破坏缺失的墓可能相对较多，那么西、南墓组原有墓葬的实际数量也许会同东墓组接近。

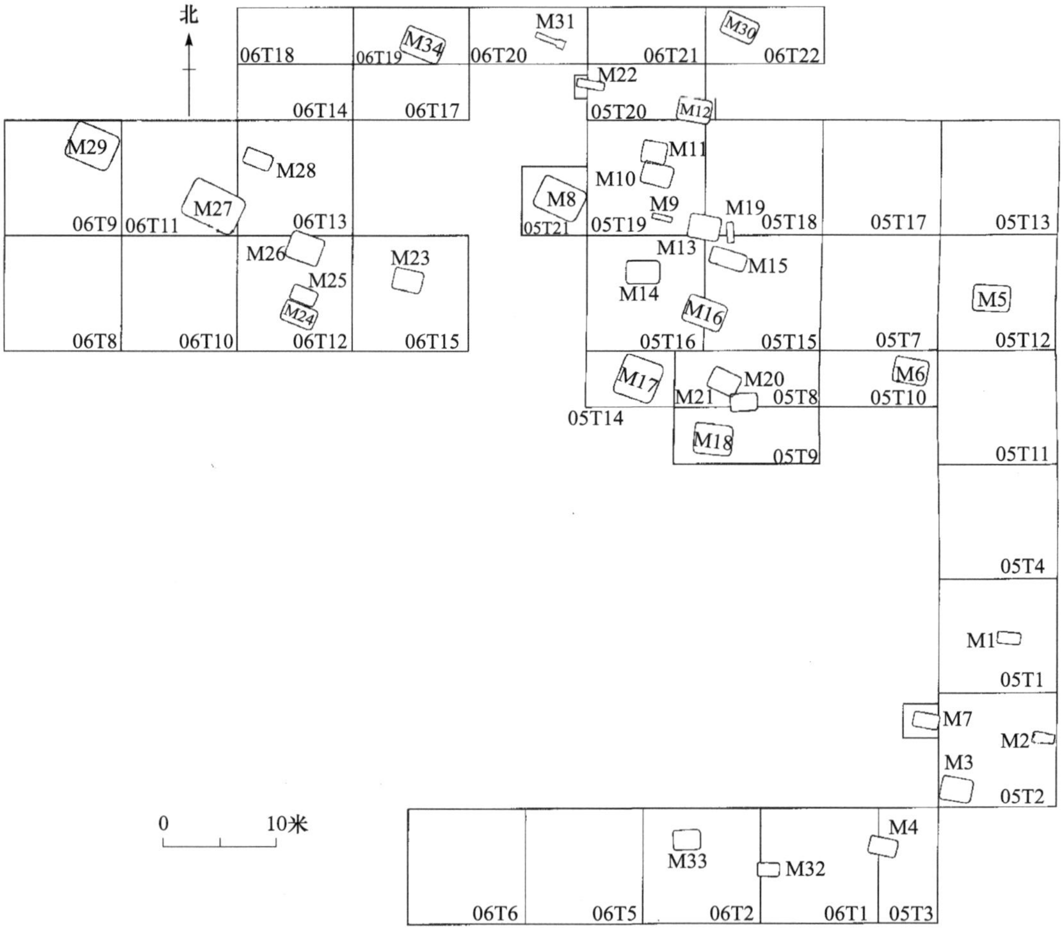

图一四　河南灵宝西坡仰韶墓地墓葬分布图

（引自中国社会科学院考古研究所、河南省文物考古研究所：《灵宝西坡墓地》，文物出版社，2010 年）

发掘报告将有陶器出土的墓分为早晚顺序的三段，但这三段衔接紧密，延续的时间当不会太长。将分期结果带回到墓地中就会发现，东组墓包含有各阶段的墓葬，西、南两组墓只见晚段墓葬（南组只有 1 座墓出陶器，属第三段）；东组墓虽然数量相对较多，但若分到各段，即使是数量最多的第三段的墓葬也不会超过 7、8 座。由此可知，这三个墓组至少在一定的时间段里是同时共存的，从其规模判断，很像是三个不同的小家族在一定时期里的墓地。根据墓葬人骨鉴定结果，该墓地所葬皆为十四五岁以上的成人，早夭的儿童和少年当另有葬地或其他埋葬方式，再考虑到墓地被破坏的程度，那么这几个家族在此时期里实际的死亡人数肯定比墓地所见要多很多。

南边一组墓规模都较小，只有一座墓（M3）出些带盖小杯形器，其余都没有任何随葬品，说明该群体的等级相对较低。东、西两组墓大多规模较大，有随葬品的墓占据多数，而且每组墓中都有2座规模超大的墓，如东组中的M8、M17，西组中的M27、M29（这两座墓结构最复杂，墓室和脚坑之上皆有木板封盖，其上还有封泥，参见图一五；图版6），墓口的长宽都在3米以上，其位置在本组中也都突出靠前，皆分布在各墓组的西部边缘。这些都表明，这两个墓组当属于聚落中高等级的家族，家族成员普遍拥有较高的地位。玉石钺一向被视为权力特别是军事主导权的象征，可能延续了前述临汝阎村瓮棺图画所见那种石斧（钺）的功能；而且正如发掘报告所指出，西坡随葬的玉石钺都无使用痕迹，甚至也没留下装柄绑束的痕迹，进一步说明了其礼

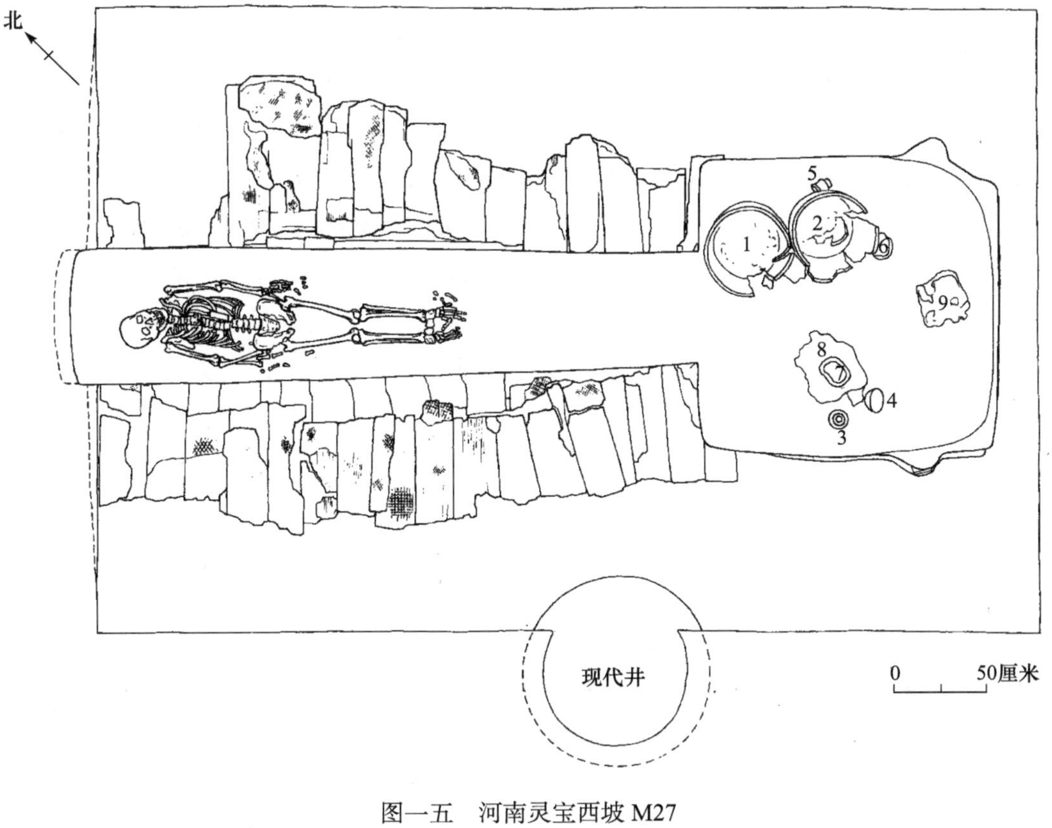

图一五　河南灵宝西坡M27
（引自中国社会科学院考古研究所、河南省文物考古研究所：《灵宝西坡墓地》，文物出版社，2010年）
1、2. 陶大口缸　3. 陶壶　4. 陶钵　5. 陶带盖簋形器　6、9. 陶簋形器　7. 陶釜　8. 陶灶

仪性与象征性的功能，而不仅仅是武器。在西坡20座有随葬品的墓葬中有9座墓出此类器物，其中5个墓主为女性，看来玉钺不是个别首领所专有，更非男性权贵专用之物。这9座含玉钺的墓全部出在东墓组，包括其中两座最大的墓M8和M17，反映此组墓身份较特殊，似是“军事权力”的掌管者；并且早晚都有，说明这种权力在家族中很可能是世袭的。但值得注意的是，东组中一些规模较大的墓却不见玉石钺，如M13、M14、M16、M18，说明并非每个家族成员都享有这样的权力。西组墓的情况则与之相反，此组墓基本不见玉钺，包括最大的M27、M29（两墓的墓主皆为男性），只有一座规模并不很大的M24出有一件石钺，这说明玉钺并非高级墓葬的必备之物，也不是权势与地位的唯一象征物；这组墓代表的家族所拥有的权力形态应当更多指向其他方面。东、西两组墓彼此相邻，结构相近，有可能同属于一个大家族（或氏族），在聚落中当为地位相似的统治者，但各自的职能或掌管的权力或有不同（西组墓还有可能是较晚时期从东墓组中分离出去的）。其内部在墓葬规模、随葬品数量与种类等方面的差异当反映了这些家族成员在整个西坡社群当中所拥有的身份与权力的差别（有些一般成员甚至没有任何随葬品）；也就是说，即便同一家族的成员属于同一社会阶层，但不同个体在社会生活中的地位、职责肯定是有差异的。综合来看，这两组墓中的4座大墓当有较其他家族成员更高的地位，而且很可能属于整个聚落最高层首领一类的人物。由此可以看出，个人与家族的超越性地位是一种有机的结合。与此形成鲜明对照的是南组墓葬的普遍平庸，而且从空间分布看该组墓与上述两组墓相隔较远，应当属于聚落内相对普通的家族成员。但另外，众所周知，在整个黄河中游仰韶中晚期普通的墓葬当中，除豫西南汉水中游的墓葬多见随葬品（似较多继承了渭河流域半坡文化的传统），其他各区所见墓葬绝大多数都无随葬器物，有的也只是很少的一点，而且墓葬规模大多很小（多数仅能容身），因此，相比之下像西坡南组一类的墓葬仍显得比其他普通聚落的规格要高（长多在2米以上，宽多在1米以上甚至2米左右，且多有生土二层台），这与居址中遍布规模较大的房子相对应，进一步反映出该聚落不同于其他小聚落的高等级地位。

总的来看，西坡墓地整体结构显示，以血缘关系为基础的社会可划分出两个等级，而高等级家族中的不同成员在社会中又拥有不同的身份地位和权力职责。另外由于西坡聚落规模较大，延续时间也较长，当不会限于目前所知这一处墓地，比如与前述大房子对应的早期墓地尚未发现，而与现有墓地同时可能还会存在一些普通家族的其他茔地。

西坡墓地揭示的另一重要现象，是首次出现了权势、身份的象征物与外来稀有物品的结合，即玉钺、象牙器等在高级墓葬中的出现。特别是玉钺，其原料当非本地就近出产，而应是通过某种途径由较远或很远的地方输入，权贵者通过对这种贵重、稀有物品的垄断来强化其特殊的身份和地位，表明此时对权力的确认和巩固的手段发生了新的变化；为巩固其统治，社会上层精英开始编织其对外关系的网络体系，服务于“政治”的经济也由此启动。此外，一些大墓中成套的供享陶器的特殊化与固定化、以玉石钺来表明身份的经常化，显露出某种礼制的萌芽。

西坡墓地出土陶器已显露出仰韶晚期的特征，而 ^{14}C 测年数据集中在公元前 3300 余年至公元前 2900 年之间，其下限当已进入仰韶晚期的偏早阶段。但由于西坡墓地属于西坡仰韶聚落连续发展过程中的一个有机组成部分，故此仍放在这一阶段来讨论。另外值得注意的是，对于西坡墓地的布局、形成过程和葬俗的变化，学界还存在着不同的认识[①]。不过，此时在中心聚落内部、中心聚落与普通聚落之间已出现社会等级分化，应当是明显的事实了。

与西坡相似的聚落还见于陕西华县泉护村遗址。泉护村总面积约 60 万平方米，主要为仰韶文化堆积[②]。在第Ⅲ工区属于一期Ⅰ段的遗存中发现一座与西坡大房子极为相似的巨型房址 F201 的残迹，东西宽 15 米，南北残，按近方形推算，复原面积当有 200 余平方米；在属于该遗址范围内的太平庄（泉护村西南邻近村庄）东侧发现一座墓葬 M701，年代属于或略晚于报告中的一期Ⅲ段。M701 先后清理、发掘出较多随葬器物，包括头顶的骨笄 2 件、置于上身右侧的骨匕 14 件、右手部位的石斧和石铲各 1 件，还有集中安放于脚下的陶钵、小口平底瓶、釜、灶、鹰鼎各 1 件，年代特征与西坡大墓相同（图一六）。随葬内容包括头上饰物与随身携带的武器，还有脚下专辟空间放置的炊器和饮食器具（与西坡一样也应置于脚坑中）。此墓随葬较多的骨匕，当属武器；而“石铲”和“石斧”实则与西坡大墓的玉钺功能相近，既是武器，同时也是权力的象征。该墓还有一件罕见而精致的陶鹰鼎（图版 5），造型威猛，颇具权势象征性，与普通日用器在功能上已有根本区别，表明此时开始以特殊的非日用品来表达超越的地位与权力，这种权力显然有别于从前那种“自然属性”的权力。综合来看，此墓的规模、结构和随葬的内容都与西坡大墓相近，展示了墓主不同凡响的显贵身份，很可能是握有“军权”的首领人物。

总之，以西坡墓地为代表的仰韶中、晚期之交的社会已是一个阶层分化明显、等级制度形成的社会。换句话说，如果西坡那些大房子对于确证制度化不平等分层社会的形成尚不很充分，那么至晚在西坡墓地时期这种社会的成熟形态已有了较清晰的表达。

综合上述宏观与微观聚落的研究成果，可以有把握地说，仰韶中期是中原地区复杂社会的肇始，但主要限于庙底沟文化最发达的陕西关中、晋南豫西、可能还有豫中

---

① 马萧林：《灵宝西坡墓地再分析》，《考古与文物》2019 年第 5 期。

② 北京大学考古学系：《华县泉护村》，科学出版社，2003 年。

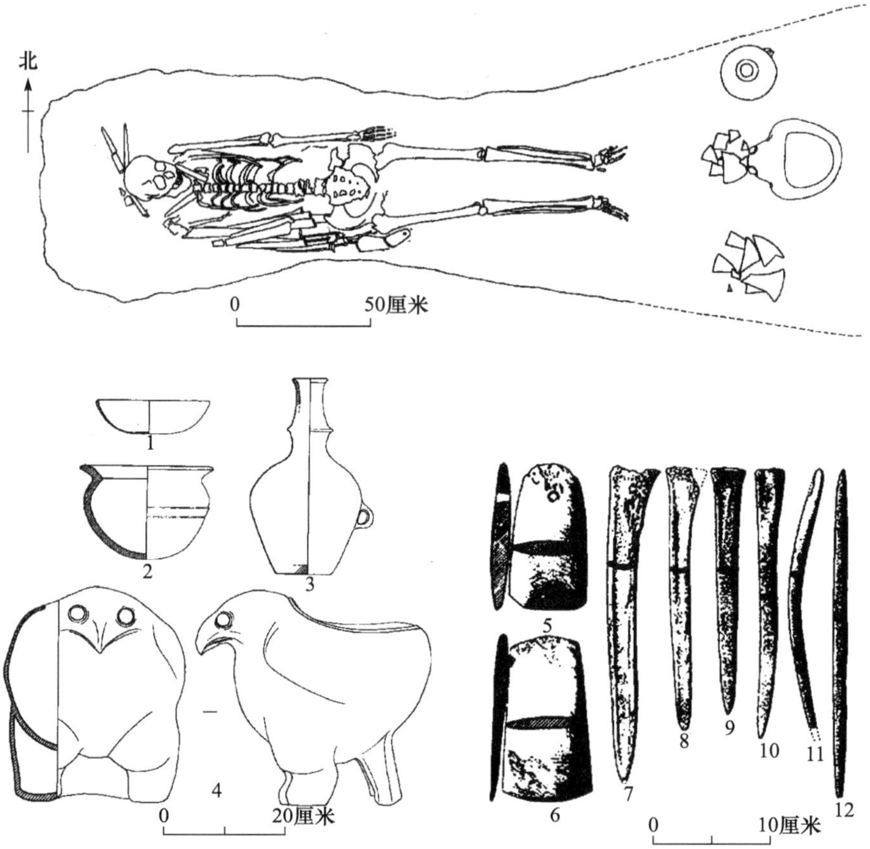

图一六　陕西华县泉护村 M701 及随葬品
（引自北京大学考古学系：《华县泉护村》，科学出版社，2003 年）
1. 陶钵　2. 陶釜　3. 陶小口单耳瓶　4. 陶鹰鼎　5. 石斧　6. 石铲　7～10. 骨匕　11、12. 骨笄

郑洛地区等地，其他外围地区未见实质性的变化。即便是在中心地带，社会复杂化也主要表现在大型中心聚落里，而在小型聚落中尚不见阶层分化的现象；但由于大小聚落构成的是一个具主从关系的有机整体，因此可以说这种超村落的区域团体具有了复杂社会的性质。

四、仰韶晚期

仰韶晚期（约公元前 3300～前 2800 年）中原及周围文化的发展出现了新的趋势[①]，

① 参见许永杰：《黄土高原仰韶晚期遗存的谱系》，科学出版社，2007 年。该书将仰韶晚期遗存分为五期，其中第五期已进入庙底沟二期阶段，第一至四期年代约为公元前 3500～前 2700 年。

此前统一的局面被打破，原来几乎覆盖整个黄河中游的庙底沟文化分解为面貌不同的若干个文化、类型。其中从陕西渭河流域直到晋南豫西，文化面貌仍有着基本的一致性，可统称为仰韶晚期文化（以前分别有半坡晚期类型、半坡四期文化，西王村类型、西王村Ⅲ期文化等不同称谓），而在此区域又主要表现为关中对晋南豫西的影响。郑洛之间的豫中地区则形成了富有自身特色的秦王寨类型（或称大河村类型）。在这以外的周边地区，分别有晋中的义井类型、内蒙古中南部的海生不浪类型、豫北冀南的大司空类型、豫南的下王岗类型等[①]。这些类型其实也可以分别称为不同的考古学文化。

此期中原及周边地区的聚落与社会格局也发生了此起彼伏的新变化，社会发展重心出现了新的转移。从聚落数量看，前述几个地区中有的较前明显减少了，如陕西渭河中游（从 48 到 28 处）、山西垣曲盆地（从 24 到 13 处）、河南灵宝铸鼎塬（从 18 到 8 处）等；有的地区则增加了，如巩义伊洛流域（从 10 到 27 处）、山西运城盆地（从 66 到 81 处）、内蒙古岱海周围（从 4 处到 7 处）等[②]。但无论聚落数量是增加还是减少，一些地区聚落的总规模和中心聚落的规模都显著下降了，反映人口数量似有所回落（图一七）。尤其反差强烈的是，在陕东晋南豫西这个以往的仰韶中心地带，此时几乎不见前期那种上百万平方米的大型遗址，各区域的中心聚落明显变小，说明在原仰韶核心区域社会复杂化并没有沿着仰韶中期所形成的轨迹持续地发展，而是表现为一定程度的“衰退”。然而另一方面，在上述陕晋豫相邻地区呈现衰退的同时，其东、西两侧则发达起来，都新出现了面积达百万平方米、有高等级建筑的大型中心聚落。西面是渭河中上游的关中西部和陇东，甘肃秦安大地湾遗址就是其中的代表，还有近年在陕西凤翔发现的水沟遗址[③]。东面则是郑州附近地区，或者说是郑州—洛阳间的嵩山外围地区，近些年发现多处大型环壕聚落，其中巩义双槐树遗址面积达百余万平方米，主体被三道环壕围绕，中部则有大型夯土高台，台基上有成排的大型建筑，显然是本地区一处高等级的中心聚落[④]。这些大型中心聚落及其所整合的聚落群，展示了仰韶晚期大中原地区社会发展的程度和特点。

下面还是选取一些资料发表较充分的小型和大型聚落进行逐一分析。

在中原之外，内蒙古中南部已发现许多此期保存较好的聚落，如凉城县王墓山坡

---

① 戴向明：《黄河流域新石器时代文化格局之演变》，《考古学报》1998 年第 4 期。

② 这几处区域调查的资料来源可参见上一节相关注释。

③ 张天恩：《渭河流域仰韶文化聚落状况观察》，《中国聚落考古的理论与实践》（第一辑），科学出版社，2010 年。

④ 王胜昔、王羿：《揭开五千年前“河洛古国”神秘面纱》，《光明日报》2020 年 5 月 8 日第 1 版。

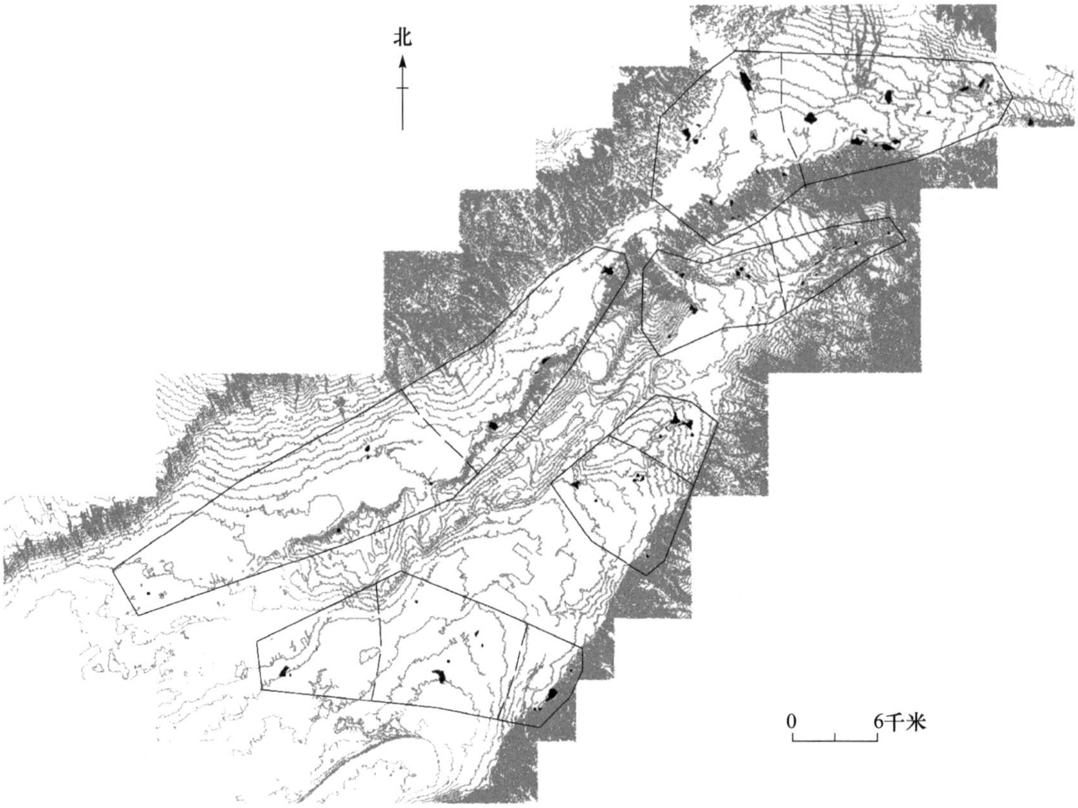

图一七　山西运城盆地东部仰韶晚期聚落分布图
（引自中国国家博物馆田野考古研究中心、山西省考古研究所、运城市文物保护研究所：《运城盆地东部聚落考古调查与研究》，文物出版社，2011年）

上①、察哈尔右翼前旗庙子沟与大坝沟②、准格尔旗白草塔遗址③等。揭露较充分的遗址的房子至少都有几十座，从这些遗址的房屋布局看，有些聚落的房子较紧密地分布在一起（如庙子沟、王墓山坡上等），有的则可以分成不同的居住区（如大坝沟、白草塔等），但每单独一片房子的数量多在十几座以上，说明在聚落中较大的集体仍起到较强的凝聚作用。另外，每个聚落内似都可以进一步划分出不同的房屋组，每组有3、4座左右的房子较紧密地分布在一起，似是一个个的扩大家庭或小家族；一些房子内有储物窖穴，房外周围还有数量不等的窖穴，有些出有成套的生产工具和生活用具，当反

① 内蒙古文物考古研究所、日本京都中国考古学研究会：《岱海考古（二）——中日岱海地区考察研究报告集》，科学出版社，2001年。

② 内蒙古文物考古研究所：《庙子沟与大坝沟》，中国大百科全书出版社，2003年。

③ 内蒙古文物考古研究所：《准格尔旗白草塔遗址》，《内蒙古文物考古文集》（第一辑），中国大百科全书出版社，1994年。

映着不同的所有制形式，也反映房屋组构成了一定级别的生产和消费单位。聚落内房屋的形制都很相近，大小或有些差别，但差别并不显著。这些聚落已不见早先王墓山坡下那种统领整个村落、具有公共集会性质的大房子，也与王墓山坡下浑然一体的聚落格局有所不同，表明聚落生产和生活方式发生了一定的变化。大家庭或小家族的独立性似有所增强，但作用有限，起主导性的可能仍是聚落主体或不同的居住区（应分别代表氏族和大家族）。同时各聚落所见房子和墓葬都未显露出明显的等级分化现象。

豫西南的南阳盆地，在淅川下王岗揭露出一座长达 85 米的连间排房，包括 5 个单间套和 12 个双间套共 17 套房屋①，其性质当与八里岗由多座多套间房屋组成的排房相近，居住在这一排房中的人不管是属于一个大的家族还是一个氏族，整个聚落生活仍都由这样一种较大的血缘公社组织统一安排和管理的，与前期相比无根本变化。

再看中原的情况。山西襄汾陈郭村发现一处仰韶晚期墓地②，共发掘墓葬 62 座，皆为单人一次葬，头向多朝西南，墓葬规模无甚差异。墓葬间有打破关系的并不多见，大致有一定的排列顺序，但并不很整齐，发掘简报将其分为大体对应的两群；因各墓都不见任何随葬品，故难以推断这些墓葬的下葬顺序和组群关系。如果这两群是同时共存的，那么从其规模判断整个墓地就有可能是包括两个家族的氏族墓地。

豫西孟津妯娌遗址是一个不同功能区有明显规划的聚落③。在遗址的北部发现 15 座房址，这些房子似还可进一步分组；遗址中、西部为大量灰坑、窖穴，其中靠南边的几个坑出土了大量的石器、石料和石器半成品，应是加工石器的场所；遗址的南部为一片墓地，共发现 56 座墓，多为单人葬，排列紧凑有序，根据规模、形制（是否有二层台）、葬具、随葬品等方面的差异可分大、中、小三种④。最大的墓长 5.15、宽 4.05 米，二层台内有棺，死者为一青年男性，手臂上套有象牙箍，说明该群体内部（很像是一个氏族或大家族墓地）存在着身份、地位等方面的差异。

河南伊川县伊阙城遗址发现 5 座仰韶晚期的墓葬⑤，单人竖穴土坑墓，头向西南，规模都很大，长 3 米以上，宽 2 米左右，都有二层台，而且有棺有椁，但随葬品并不

---

① 河南省文物研究所、长江流域规划办公室考古队河南分队：《淅川下王岗》，文物出版社，1989 年。

② 山西省考古研究所、襄汾县博物馆：《山西襄汾陈郭村新石器时代遗址与墓葬发掘简报》，《考古》1993 年第 2 期。

③ 河南省文物管理局、水利部小浪底水利枢纽建设管理移民局：《黄河小浪底水库文物考古报告集》，黄河水利出版社，1998 年。

④ 赵春青：《郑洛地区新石器时代聚落的演变》，北京大学出版社，2001 年。

⑤ 洛阳市第二文物工作队：《河南伊川县伊阙城遗址仰韶文化遗存发掘简报》，《考古》1997 年第 12 期。

丰富，最多的M9有3件石斧、1件石铲、1件玉佩饰，M6、M5各有1、2件玉佩饰，M7有1件陶罐和1件陶钵，而M3没有随葬品。5座墓葬排列有序，形制相近，与上述一些遗址发现的普通小墓判然有别，应是某一社群中地位较高者的墓葬。由于这几座墓分布较集中，不排除属于一个高等级家族的可能性。

根据早年工作的报道，郑州大河村遗址面积40余万平方米，发掘面积约5000平方米，属于仰韶晚期的第三、四期遗存有房屋、灰坑、墓葬等①。发掘区分南、北两区，间隔约500米，其中南区房屋数量较多，似成排分布，每期都有两三排以上，但受发掘面积限制，整个聚落有多少排、每排有多少座房屋都还不太清楚。房屋中既有单间的，也有多间套的，但与八里岗不同，同一排房子彼此间并不紧密相连或呈紧凑的排列状态，而是有很大的间隔，常见一座多间房子或几座单间房子构成的一组房子单独存在；每一组房子或一座多间房子周围都有很多的灰坑、窖穴，附近甚至还有成片的墓地（包括瓮棺葬和成人土坑葬），显示出各自独立的态势（图一八）。假如这些房屋组或多间套房子代表的是一个个的大家庭或小家族，那么这样一种小型的社会组织已然突破了大家族或氏族公社的束缚，在聚落生活中显露出了较强的独立性，成为基本的社会组成单位。若从遗址面积看，大河村应属于较大型的聚落，但现已揭露出的几片墓地皆为无随葬品的小墓，连同那些普通的房屋一起都还不能反映出聚落内的等级差异。该聚落真实、全面的社会面貌还有待于进一步揭示。

郑州西山遗址总面积约10万平方米，发掘面积6000多平方米，在其西北部揭露出一座仰韶晚期的城址（这也是迄今所知中原地区最早的史前城址），平面近圆形，有方块版筑夯土城墙（已残），城外有环壕，推测城内面积25000余平方米②。城内已发掘出200余座房基，多已残破，整体布局尚不清楚。在城内西北部发现一略呈扇面形的大型夯土建筑基址，东西长约14、南北宽约8米，周围有数座房基环绕，其北侧是一处面积达数百平方米的广场，由此推测这应是一座功能特殊或等级较高的建筑，城址的建造当与这种建筑所代表的特殊人群或高级人物有直接的关系（图一九）。在城外西部和城内北部各发现一处墓地，城外墓地皆为单人葬，无任何随葬品；城内墓地有多种合葬墓。两处墓地的详情尚未见报道。在房基底部和城墙底部常见埋有陶器、婴儿瓮棺葬的现象，应是奠基遗存；此外，部分废弃的窖穴中埋有兽骨甚至人骨，人骨架有的呈挣扎状，应是祭祀用的牺牲或被捕获的俘虏。在城内东南部还暴露出较多的陶

① 郑州市文物考古研究所：《郑州大河村》，科学出版社，2001年。

② 国家文物局考古领队培训班：《郑州西山仰韶时代城址的发掘》，《文物》1999年第7期；张玉石：《郑州西山遗址发掘的主要收获》，《河南文物考古论集》，河南人民出版社，1996年。

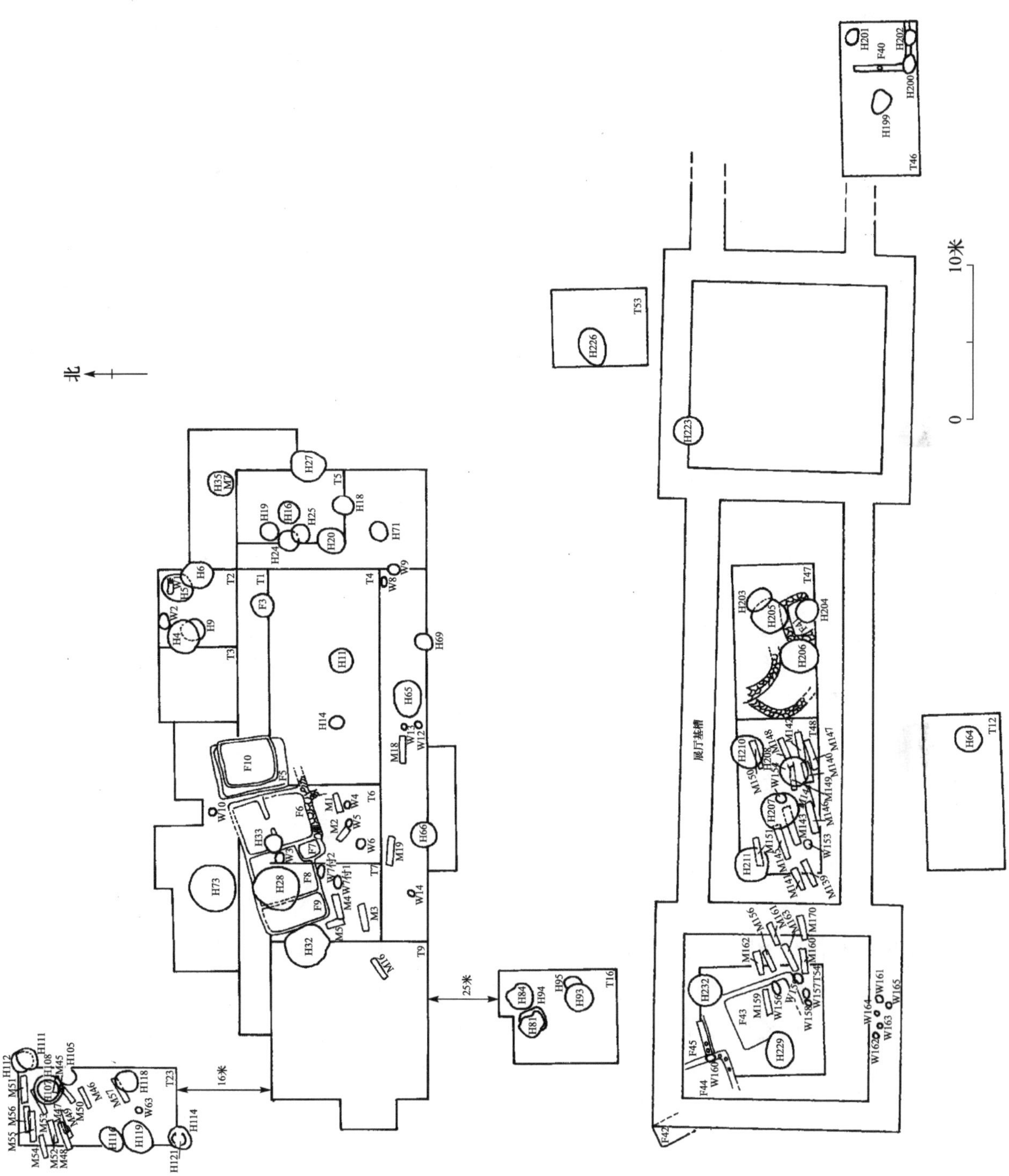

图一八 河南郑州大河村仰韶晚期聚落局部

（引自郑州市文物考古研究所：《郑州大河村》，科学出版社，2001年）

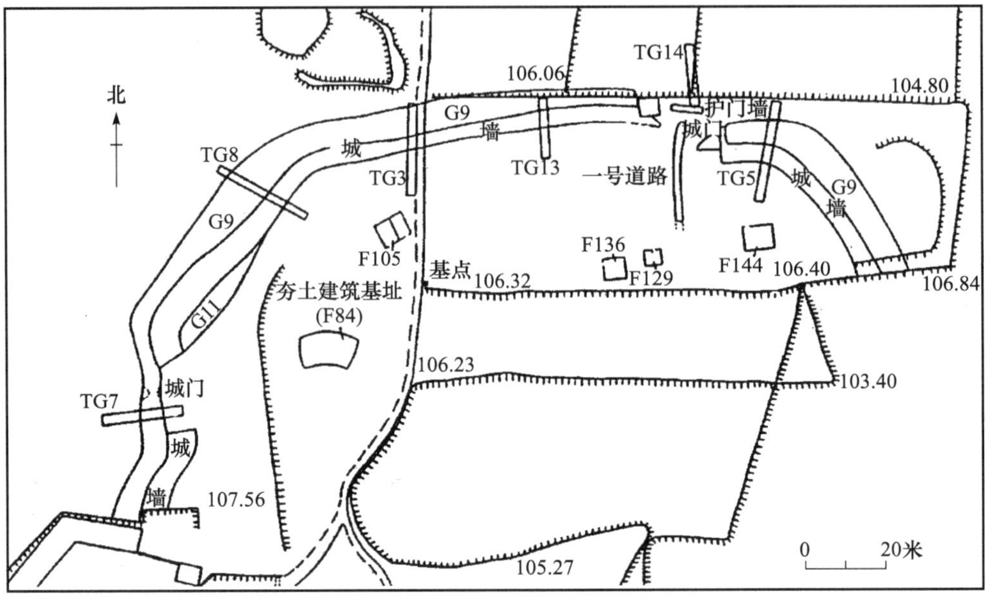

图一九　河南郑州西山仰韶晚期城址

（引自国家文物局考古领队培训班：《郑州西山仰韶时代城址的发掘》，《文物》1999 年第 7 期）

窑遗迹，应是集中烧制陶器的场所[①]。该城址建立在一个较大的聚落之上，但要在短期内完成这样一个规模的工程也许非一般的村落所能胜任，其背后当依托着一个区域组织；城址建造的主要目的也应是为保护这样一个中心聚落及区域集团的上层人物，这些人当掌握着实际的支配权力。城址的建造、各种功能区的规划、大型夯土建筑、以人奠基和祭祀等现象，无不透露出社会等级的分化和高高在上的权力的存在。而城址这种大型防御工事的出现，又反映着当时暴力冲突和社会矛盾的加剧，那么在这里社会权力的运作当与“军事”和战争有着紧密的关系。

甘肃秦安大地湾遗址为了解此期大型中心聚落的社会结构提供了重要依据。大地湾遗址总面积约 110 万平方米，分为山地和河边阶地两部分，其中前者的面积远大于后者，而仰韶晚期遗存几乎覆盖了整个遗址，并以山坡地带的遗存最丰富（图二〇）[②]。该遗址发掘出的仰韶晚期（大地湾第四期）遗迹包括房址 56 座、灶址 11 个、墓葬 15 座、窑址 16 座，以及大量的灰坑和窖穴等。从各发掘区的遗迹分布平面图看，山下河边阶地不见高等级的建筑等设施，只有些零散的小房子和灶址，这些遗迹连同窖穴、墓葬（或无随葬品，或只有极少的随葬器物）、陶窑等似分片成组分布。在遗址中部靠近山脚处的第Ⅸ发掘区内的遗迹似也可分为两组，其中有中型房子的残迹（如 F819），

① 赵春青：《郑洛地区新石器时代聚落的演变》，北京大学出版社，2001 年。

② 甘肃省文物考古研究所：《秦安大地湾》，文物出版社，2006 年。

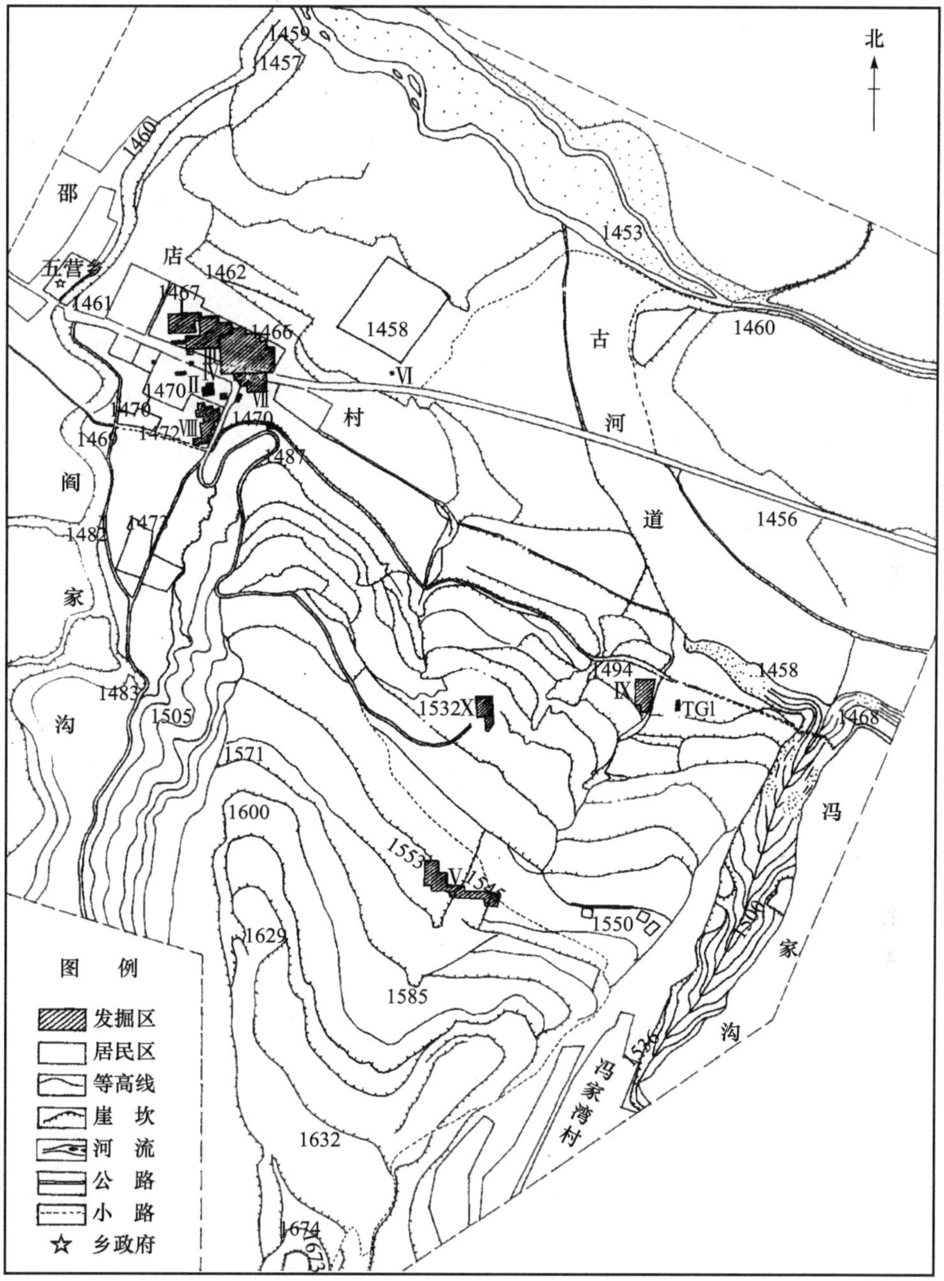

图二〇　甘肃秦安大地湾遗址地形及发掘区位置图
（引自甘肃省文物考古研究所：《秦安大地湾》，文物出版社，2006年）

周围环绕着一些小房子和众多灰坑与窖穴；房子间有较多的叠压打破关系，说明经历了多次毁弃重建的过程。这种房屋组可能代表着聚落内具有一定独立性的最基本的社会组织单位，按其规模应是一个个的家族。遗址的山坡地带显然是该聚落的主体，保存有大量房基，据严文明先生从现场梯田剖面的观察与判断，估计整个遗址有几百座房址（有些房址间有上下叠压关系），而且可以分成几片，每片至少有一座中型房子和若干小房子[①]，那么每一片房屋应代表着次一级的社群组织，其下或许还包括房屋组那样更小一级的单位。

遗址所在山地如畚箕形，在其中轴线上发现有两座高规格的大房子。F405 位于山坡的高端（第 V 发掘区），方向朝北偏东（坡下），略呈长方形，室外两侧有檐廊，共占地约 230 平方米，室内面积约 150 平方米，室内前部正中设一直径 2 米多的大灶台，其后两侧有顶梁大柱，四周墙壁有粗大的附墙柱，墙为木骨泥墙，墙基槽深度和宽度都达 2 米左右，层层夯起，居住面和墙壁内面都抹有一层光洁坚硬的料姜石质光面。房内（包括廊檐地面）出土物中除几件日用器皿，还发现一个磨制精细、汉白玉质地的环状石器，发掘报告判断为“权杖头”，说明这座房子是与权贵者紧密结合的。另外值得注意的是，在距 F405 东南方向 20 余米处，还有一座与其邻近的大房子 F400。根据残存的一半房址推断，其面积在 260 平方米以上，方向亦朝东北，门内左右两侧应有隔出的套间，室内中部偏后有一屏风式内墙，中心部位还应有一个大灶台，房内出土物主要是些日用陶器。从其布局、设施等方面判断，这座大房子很有可能是一处高等级家庭成员的住所（图二一）。

中轴线上另一大房子 F901，出土物年代略晚于 F405，位于半山腰陡崖之上的平缓之处（第 X 发掘区），方向朝南偏西（坡上），与 F405 遥遥相对，是一座规模更宏伟、结构更复杂的建筑。F901 占地 420 平方米，为多间复合式房子，包括前堂、后室、左右厢房和房前广场（图二二；图版 7）。整个房子的建筑面积约 290 平方米，其中主室面积为 126 平方米，居住面为砂石和人造轻骨料混合材料做成，表面打磨得光洁平整，非常坚硬，其外观及实际的硬度极像现代水泥地坪；主室结构与 F405 相似，门内正中也有一直径 2 米多的蘑菇状灶台，其后有两个顶梁大柱，柱洞内径约 0.5、外径约 0.9 米；墙体厚 0.45 米，结构也与 F405 的相似，但工艺更复杂。这座房子的另一特异之处是在房前有一片广场，广场上有两排柱洞，柱洞外侧又有一排青石块，若复原起来每排柱洞和青石块都应为 6 个，可能是与某些典礼仪式等有关的设施。房内遗物大部分紧靠主室后墙放置，还有少部分置于后室和侧室，这显然是为了有意保留主室内的活动空间。出土物中除瓮、缸、罐、钵等日常生活用品，还见四足鼎（盘）、条形盘、喇叭形器、畚箕形器等特异型陶器，其中畚箕形器有人考证可能为量器[②]（图二三）。从图上看房前广场两侧还有其他建筑，因此不排除这座房子还附有“配殿”或其他附属建

① 参见《秦安大地湾》序。

② 赵建龙：《大地湾古量器及分配制度初谈》，《考古与文物》1992 年第 6 期。

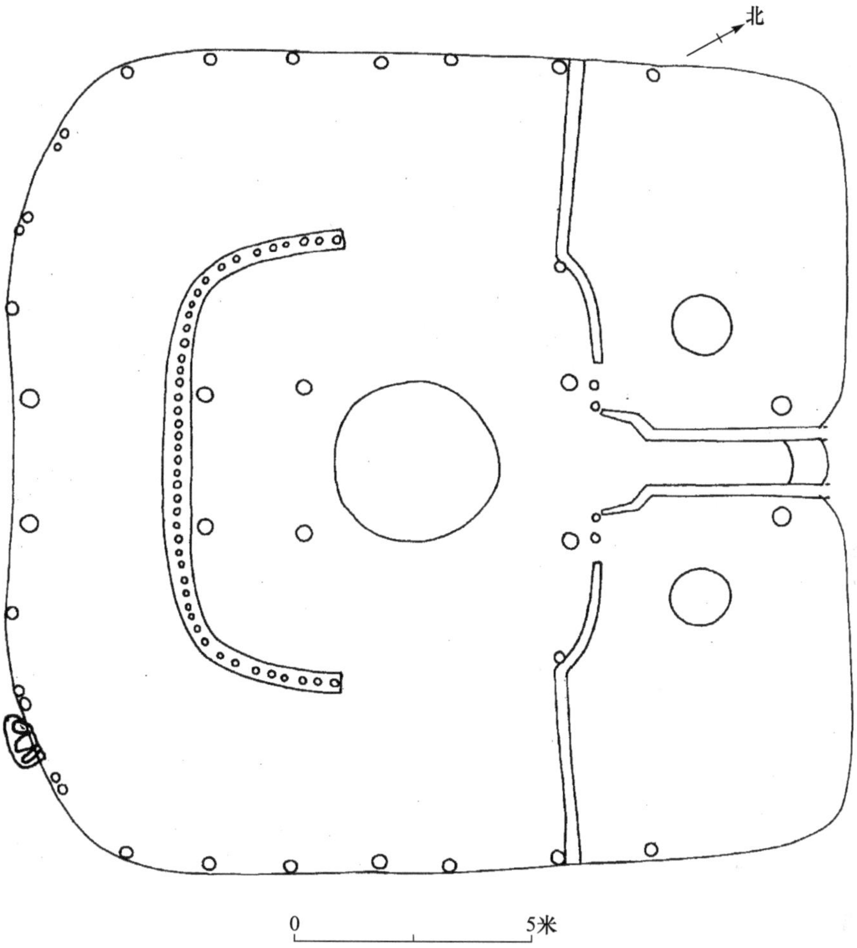

图二一　甘肃秦安大地湾 F400 平面复原推测图
（引自甘肃省文物考古研究所：《秦安大地湾》，文物出版社，2006 年）

筑的可能（参看发掘报告图二七三）。F901 这座可称为原始殿堂的建筑可能是处理重要公共事务，举行大型祭祀、典礼和其他高级活动的场所，甚至可以称为原始的“宫殿”。从大地湾聚落的规模和设施看，它应具有本地区最高中心地点的性质，那么像 F901 这样的中心殿堂也应是整个区域组织的最高活动中心。

同是作为中心聚落里的中心建筑，大地湾与前期西坡遗址的大房子之间有着很大的不同。首先，西坡的几座大房子位于中心广场四周，大有“分庭抗礼”之势，从分布格局看其中的主从关系并不十分凸显；而大地湾 F405、F901 在聚落中的位置更加居中而突出，皆位于“中轴线”上，中心地位非常明确（有研究者认为这两个大房子是前后不同时期的中心建筑①）。其次，西坡几座大房子主体建筑的形制与其他普通住

① 许永杰：《黄土高原仰韶晚期遗存的谱系》，科学出版社，2007 年。

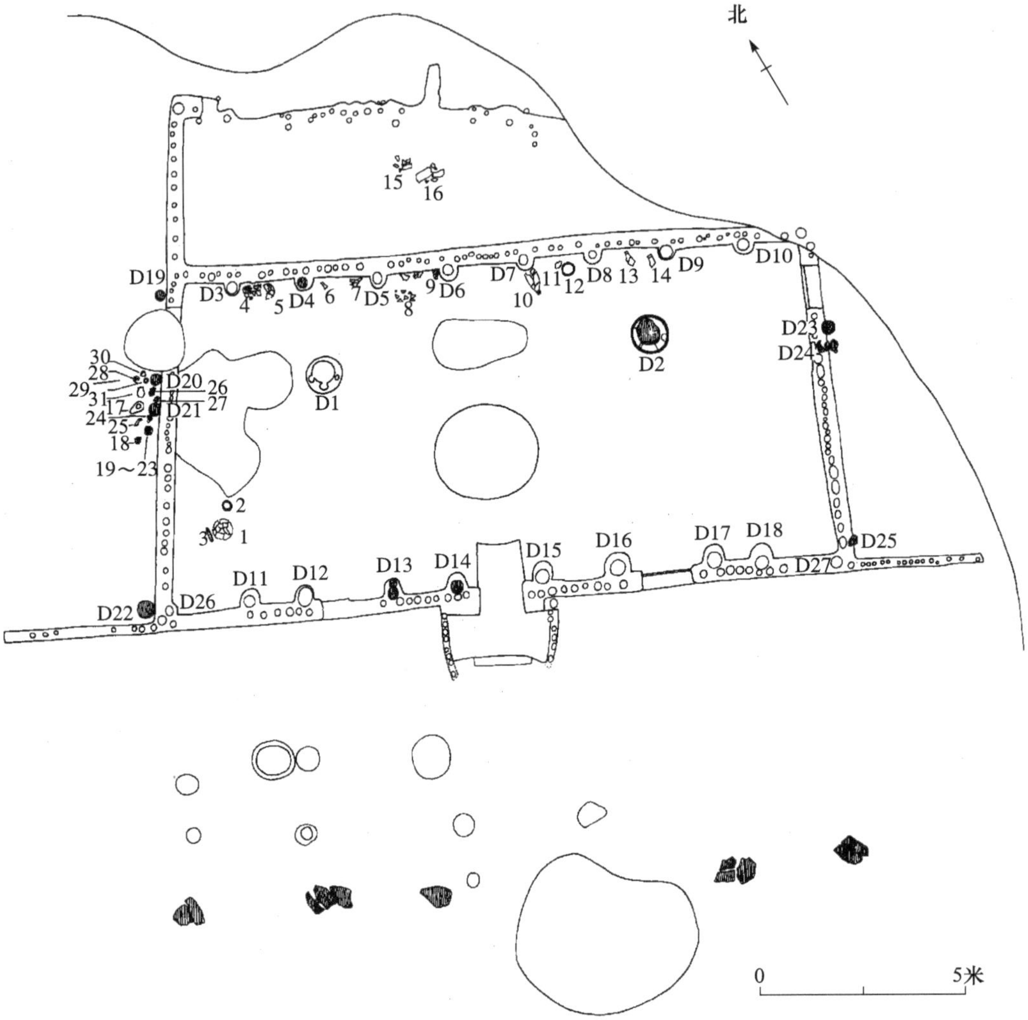

图二二　甘肃秦安大地湾 F901 平面图

（引自甘肃省文物考古研究所：《秦安大地湾》，文物出版社，2006 年，图二七九）

1. 鼎　2、30. 喇叭形器　3. 条形盘　4. 敞口罐　5. 器盖　6. 石刀　7、19～28. 敛口钵　8. 斜沿瓮　9、10. 畚箕形器　11. 研磨石　12. 敛口罐　13、14. 砥磨石　15. 缸　16、18. 瓮　17. 研磨盘　29、31. 侈口罐　D1～D27. 柱洞

房相比差别不大，皆为单间单体建筑，而阔大的空间更多地显示出公共活动场所的特性，据现有的迹象尚难以判断它们是否具有或兼具私人（首领）宅邸的功能；大地湾 F405、F901 特殊的房屋结构和出土物则似乎更能体现公共殿堂与高等级居所相关联的特点。其中大地湾 F901 尤为特别，除了主体殿堂，还附有后室和两厢，且里面都见日用生活器具，包括后室里的瓮、缸等储藏器和侧室里的钵、罐等食用器，而主室里的畚箕形器等称量器具则很可能与房主人掌握粮食分配权甚至收缴贡物的权力有关。故此，我们有理由推测该房子可能会兼作首领人物及其家庭成员的宅邸，若如此，那么

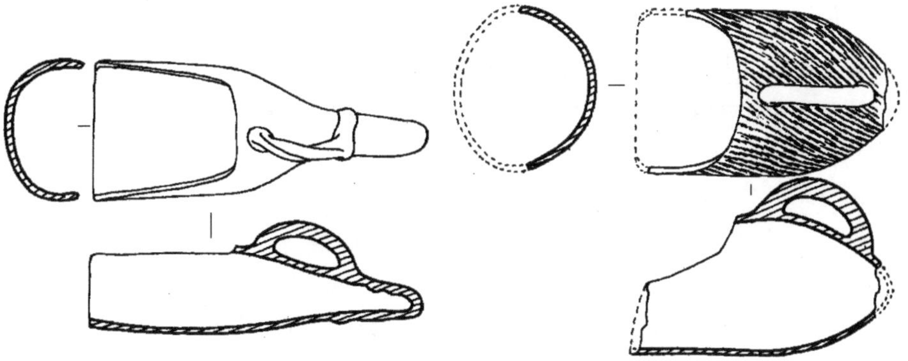

图二三 甘肃秦安大地湾 F901 出土陶畚箕形器
（引自甘肃省文物考古研究所：《秦安大地湾》，文物出版社，2006 年）

这所“原始宫殿”的主人或掌管者就已经成了名副其实的高居庙堂之上的贵族统治者，其身份与地位较之从前更显超越。

从出土器物观察，大地湾仰韶晚期（第四期）聚落开始的年代应能早到西坡墓地时期，同西坡 F107 一类遗存的年代接近或前后衔接；但以 F901 为代表的大地湾聚落鼎盛期的年代则要略晚一些。

这样的大房子在关中西部也有一些线索。陕西扶风案板遗址总面积约 70 万平方米，包含有仰韶中、晚期和庙底沟二期等多期堆积①。在遗址中部一处高台地上发现一座仰韶晚期大型房址 F3，该房址遭后期活动破坏严重，仅保留有墙基槽和部分地面，分为主室和前廊两部分，总建筑面积约 165.2 平方米，主室占地约 134.5 平方米，室内是否有灶或其他设施已不可知。F3 位于遗址中心的最高处，坐北朝南，居高临下，因此发掘报告判断这也是一处举行重要活动和仪式的场所。只是由于这所大房子所处环境背景、该期聚落的布局结构都还不清楚，尚难对其做进一步的推论，不过说它是一处中心聚落里的中心建筑当不为过。

根据上述材料和分析加以概括，仰韶晚期基本延续了仰韶中期社会发展的态势，但也有一些新的变化。此期氏族或大家族在维系社会关系、组织生产与生活等方面可能仍然经常发挥重要作用，但在有些聚落内，一般小家族或大家庭的地位开始凸显，这方面以中原地区的表现更突出，而社会分化则主要体现在家族这个层面上。在此基础上，一些大型聚落、也包括某些现存规模并不很大的聚落出现了等级分化的迹象，而在大型中心聚落内则发展起了较前更富集中性的权力结构。与此相应的是乱葬坑、防御城墙等反映的社会矛盾的日趋激化。仰韶晚期另一显著的变化是各区域组织的规

① 西北大学文博学院考古专业：《扶风案板遗址发掘报告》，科学出版社，2000 年。

模和整合程度有起有落，社会发展的重心出现摆动，原仰韶核心区晋南豫西和关中东部的发展趋势较前有所回落，而东、西两面的郑州地区和关中西部到陇东地区，则呈现出高涨的社会发展势头，将大中原区社会复杂化的发展向前推进了一步。

五、总结与讨论

通过上述分析，我们可以将中原地区早期社会的发展划分为两大阶段，大致以仰韶中期为界，以前属于简单的平等社会，以后则转入复杂的分层社会。但实际的情形要比这简单粗率的划分复杂得多，社会的发展经历了一个既有长期的渐变积累、又有较短期内加速转化的过程。

从有资料可寻的新石器时代中期到仰韶早期，人类经营农业的生存空间逐渐扩展，特别是向北方的延伸比较明显，但各地区包括中原地区聚落的数量都不是很多、规模也都不大，即便有些地区的聚落有丛集成群的现象，但罕见有主从关系的结构系统，相邻社区间存在的至多也就是由“大人”或氏族、部落酋长组成的松散的联盟，而尚未形成具真正政治整合意义的区域组织。各聚落内部也不见明显的等级分化现象，无论是居址还是墓葬，反映的都是以血缘关系为纽带构成的不同层级的社群组织，其中半坡文化成熟发达的氏族社会是这一阶段的代表；聚落内强调的是集体精神、平等原则。少数首领在公共事务中可能拥有不同形态的权力，但这样的权力应是出自群体中日常事务的组织、管理、协调等方面的基本需要，颇具公共服务性质。这些权力在考古遗存（特别是墓葬）中或可识别为产品的分配权，或为宗教礼仪活动的主导权，某些地区到仰韶早期也许随着社群间冲突的频发而又出现了带有较强军事色彩的权力形态；不过这些权力都属于维持社群正常运转的基本需求，具有很强的“自然”属性，而非凌驾于其他成员之上的特权，更未有形成特权阶层的任何迹象。然而也应看到，正是这些原始权力的存在为日后特权的滋生、社会的分化埋下了伏笔。

这种简单的社会形态到仰韶中期开始发生了转变。严文明先生较早就注意到了其中的变化，他在 1999 年发表的文章中更明确指出，最先发生社会分层和分化，从而迈开走向文明的第一步，当始于公元前 4000～前 3500 年左右的庙底沟期[①]。仰韶中期是一个社会发生剧烈变革的时代，但这种变化经历了一个较长的过程，复杂社会的形成并非短时间内一蹴而就。尽管目前还缺乏确切的统计资料，但根据我们在运城盆地东部系统调查中注意到的现象，以及已知的其他调查和发掘资料，可以说在仰韶中期庙

---

① 严文明：《文明起源研究的回顾与思考》，《文物》1999 年第 10 期。

底沟文化的早期阶段（该阶段庙底沟文化主要局限在晋南豫西等地，以及沿黄河谷地北上的内蒙古中南部等地），聚落形态和社会结构尚未发生大的改变。到了庙底沟文化中期以后即其繁荣阶段，该文化的核心区与外围区社会的发展开始出现分异。位于南北两端的内蒙古中南部和南阳盆地，仍不见大型中心聚落的线索，聚落内部结构反映的社会状况与前期仍有本质的相似性，社会分化并未发生。而自关中到豫中一带则不同，在这庙底沟文化的中心地带，各地区的聚落数量迅猛增长，而且涌现出了一些面积达数十万乃至百余万平方米的大型中心聚落，围绕这些中心聚落形成了许多层级明显、主从结构分明、整合性良好的聚落群。根据运城盆地的调查，这些具有独立社会组织意义的群落大小不一，可控地域多在几十到二三百平方千米之间，这应是早期超村落区域政体所能达到的规模范围。

从中原地区已有的发掘资料观察，在庙底沟文化的中晚期阶段，不同等级的聚落所表现出的社会发展状况是不相同的。普通的小型聚落一方面继续保持了以血缘关系为基础的氏族公社的诸多特点，原有的氏族公社组织仍在维系，另一方面家族组织的独立性似已开始显现，在一些居址与墓地中已见单独的存在，氏族组织的约束已有松动的迹象；但在这些小型聚落内社会等级的分化尚无明显的表现。与此同时，一些条件优越的聚落迅速发展壮大，聚集或繁衍起了众多的人口，积聚了较多的财富与能量，在与周围邻近聚落的互动中拥有了中心地位，这样的中心甚至形成了不同等级的差别，从而将一定地域范围内的若干聚落整合成有着主从关系的统一的区域组织，这种组织开始超出单纯的血缘关系而向地缘组织迈进。这些大型聚落内部也随之出现了贵族精英和特权阶层。

大型中心聚落在社会团体的内部事务与对外关系方面，诸如资源调配、祭祀典礼、冲突与战争等活动中都起到了主导作用，而掌握这些权力的个人与集团也就逐渐蜕变为高高在上的统治者（阶层），拥有了操纵和垄断重要社会资源包括他人劳动的特权，从而在一定程度上打破了基于平等原则的血缘关系的束缚，形成了“制度化的不平等”社会。这样的不平等及特权通过凝聚在殿堂般的大房子中的公共权力，通过形制、葬具或随葬品特殊的高等级墓葬而被固定下来，逐渐成为一种“制度”。西坡仰韶中期的大房子与仰韶早期半坡文化和同时期小聚落中的大房子有着根本的不同，不仅规模要大得多，而且形制也有了特殊之处，建筑结构复杂、工艺考究，建造所需工程量很大，这些都需要精心设计、组织大量人力施工，很可能已不再是某一血缘群体的代表，而是整个聚落甚至是超聚落组织的活动中心。像泉护村 M701 那样的大墓也与仰韶早期的“大墓”有着根本的区别，不仅规模大、随葬品较多，而且出现了以前所不见的具权势、地位象征性的特殊物品（陶鹰鼎），墓主人俨然已拥有超越普通成员之上的身份。而西坡墓地中以“族”为单位集中埋葬的大墓，更是通过阔大的墓室、成套的供享器具、象征权力与身份的稀有珍贵的外来物品而体现出了明确的等级制度[①]。

概括地说，到仰韶中期的后半阶段，宏观与微观的聚落形态都展现出了强烈的变化。随着超村落区域组织的形成，中心聚落内制度化不平等社会关系逐渐确立，并且这种变化日渐深入，到该文化的末期或仰韶中晚期之交，复杂社会的成熟形态已表露无遗。按照西方有关复杂社会和社会进化的理论，这样的社会组织可称为“酋邦”。

仰韶晚期总体上延续了前期的社会发展态势，但不同区域呈现出不均衡的发展轨迹，中原地区文化与社会发展的重心发生转移。原本最发达的晋南豫西和关中东部等地此时表现出一定程度的衰退，而在其两侧，东面的郑州地区以及西面的关中西部到陇东地区则出现了发达的新气象，孕育出了像双槐树、大地湾等这样的大型中心聚落。这些聚落展现了此期已知最复杂的社会结构，不同层级和等级的社群组织、不同级别的大房子，特别是气势雄伟如同原始宫殿般的大型建筑，似乎都显露出金字塔般的社会等级秩序和权力结构的雏形。

另外，从聚落的微观层面看，仰韶晚期中原地区无论是普通小村落还是大型聚落，大家庭或家族公社作为聚落生产与生活中的基本组成单位，其相对独立的地位与作用愈益明显，这种现象尽管还不能说十分普遍，但已成为一种发展的趋势；特别是大河村等遗址所见各自分立的房屋组与小型墓地相结合的情形，是此期新出现的现象，更是清楚地说明了这一点。这种基层社会组织的小型化也为私有制的发展、贫富和等级的分化奠定了初步的基础。而内蒙古中南部等北方地区，农业经济虽获得了进一步发展，自身地域性文化特色逐步增强，但仍未形成复杂的社会组织；大家庭或小家族在聚落中的地位也不似中原那般凸显，氏族公社等较大的社会组织仍发挥着较强的支配作用。

仰韶晚期陕晋豫特别是中原腹心地区考古遗存中，一个值得注意的重要现象是出现了许多埋有人骨架的乱葬坑或祭祀坑。乱葬坑在仰韶中期就时有发现，到仰韶晚期明显增多了。如有学者已经注意到的，除前述郑州西山所见以人奠基与祭祀等现象，在洛阳王湾、西干沟、锉李，渑池西河庵，临汝（现为汝州）中山寨，郑州大河村，长葛石固等地，也都发现用灰坑或废弃的窖穴埋人的遗迹[②]。这些“乱葬坑”内的人骨架有的单独存在，有的与动物遗骸共存，有的还呈绑束状或挣扎状（显系活埋所致）。显然，这些乱葬坑掩埋的或是地位卑贱的人，或是非正常死者，或是用于祭祀的人牲，

---

① 其实，泉护村 M701 这座大墓与西坡墓地中的大墓在墓葬形制、随葬品摆放的位置、出土器物的类型与组合等方面都有很多相近之处。泉护村 M701 是在正规发掘区之外清理出来的，所见很可能是墓室底部二层台以下部分，其外围也应有更阔大的墓圹，足下的器物也应是摆放在脚坑中的。

② 赵春青：《郑洛地区新石器时代聚落的演变》，北京大学出版社，2001 年。

其中不排除从敌对外族捕获的俘虏。总之这种现象反映了社会分化和暴力冲突的加剧，说明随着群体内与群体间竞争的日趋激烈，各种社会关系趋于紧张，社会矛盾日益突出，从而加深了社会阶层的分化与社会复杂化的进程。也正是在这种背景下，才矗立起了像郑州西山那样高耸的城墙。

仰韶中晚期的聚落经济较前也发生了很大的变化。随着超村落区域组织的形成，从前那种以自给自足为主的经济形态有所改变，出现了一些较大规模的手工业生产与交换的线索。举例而言，属仰韶中期者，如前述渑池关家遗址存在专门的石器加工场所，在遗址东北部一些灰坑中出土了大量石料、石器、石器半成品和加工后余下的碎屑和小石块；陕县庙底沟遗址则出土了2230多件石盘状器[①]，数量惊人，应存在一处专业性很强的盘状器加工点。属仰韶晚期者，如孟津妯娌遗址也存在一处石器加工点；陕西杨官寨遗址则揭露出一处大规模的制陶作坊区[②]。在该遗址南区一处断崖边上发现有13座房址和穿插其间的若干座陶窑，附近还分布着许多窖穴，其中一座H402出土了72件陶器，包括尖底瓶22、罐19、钵16、盆9、瓮5件，另有1件可能是制陶用的轮盘。尖底瓶分喇叭口无耳瓶和葫芦口双耳瓶两类，从发表的照片看，每类瓶不同个体间的形态、大小都很接近，应是某个陶工或某个作坊集中生产的产品，反映了较高程度的标准化和专业化生产水平（图二四）。这些房子、陶窑、窖穴应共同组成了一处规模较大的制陶作坊区，这样一种超出家庭背景之外的专门的作坊区在从前几乎不见，昭示着专业化生产的发展。而西坡墓地所见玉器，更是反映了贵族手工业的出现和远程交换或贸易网络的形成。上述迹象说明，随着社会结构的变化，一些资源或生产能力优越的聚落开始出现规模较大、强度较高的集中性的手工业生产，其产品分配与流通的范围很可能已超出了聚落本身的需求，从而在一定程度上形成了基于贸易或再分配的、具有互补和互惠性的区域及跨区域的经济形态。而这种经济结构的转变与社会复杂化的发展是密切相关的，或者说正是复杂社会的形成才促进了手工业生产专业化与区域经济和贸易的发展。此外，同时我们还注意到，这个时期中原乃至整个黄河中游地区，专业化手工业生产的规模、产品流通的范围、区域间贸易的广度及对社会经济影响的深度，以及贵族手工业生产和交换在整个政治经济中所占的比重，似都远远不如长江中下游地区那么发达[③]，而这种状况直到龙山时代才有所转变，其中详情则要在以后再做交代了。

在本文所论及的中原各地及相关地区，各时期社会的发展往往是不平衡的。比较

---

① 中国科学院考古研究所：《庙底沟与三里桥》，科学出版社，1959年。

② 陕西省考古研究院：《陕西省高陵县杨官寨新石器时代遗址》，《考古》2009年第7期。

③ 张弛：《长江中下游地区史前聚落研究》，文物出版社，2003年。

图二四　陕西高陵杨官寨 H402 出土尖底瓶
（引自陕西省考古研究院：《陕西省高陵县杨官寨新石器时代遗址》，《考古》2009 年第 7 期）

而言，新石器时代中期似以豫中裴李岗文化的社会发展更充分，但仰韶早期豫中却远不如陕西关中和豫北冀南等地发达；到仰韶中期，晋南豫西到关中一带发展迅猛，豫北冀南等地重又归于沉寂；仰韶晚期社会发展的重心则向东、西两面摆动，以郑—洛嵩山地区和关中西部到陇东的渭河中上游更为发达。可见不同时期各地区聚落、人口和社会组织规模呈现此起彼伏的波动，没有哪个地区始终是直线上升的。况且，就现有的资料也还不足以将每个地区自始至终的发展情形都讲得很清楚。不过，根据我们已掌握的资料可以说，在仰韶中期和晚期，不一定每个地区、每个聚落群都有像西坡、双槐树、大地湾那样大的聚落和高规格的墓葬或建筑，这些可能代表了当时所能达到的最高发展水平和最复杂的社会形态；各时期不同地区存在的大小不一的社会集团，所达到的社会复杂化程度肯定不是整齐划一的。特别是在中原以外的地区，如内蒙古中南部、豫西南的南阳盆地等，仰韶各时期聚落与社会形态的变化远不像中原一带那么剧烈。

综合上述分析，我们可以做出这样的推论，即现有的聚落资料所能展示的变化过程表明，仰韶中期以后社会发生质的变革应是在聚落和人口的数量增长、累积到一定程度之后的结果，并且主要出现在中原地区。也就是说，随着从前那种封闭内敛、自给自足、独立自治的村落不断发展壮大，经过分解与融合的过程，聚落间的社会关系重新组合，在一定的地域范围内，由联盟而转变为政权集中统一的区域组织，集团中重要事务的决断权逐渐转移到人口多、规模大、势力强的中心聚落里面，并与普通的小聚落构成了上下垂直的等级关系。因此，特权的出现、阶层的分化很可能是以超村落区域组织的形成、大小聚落间主从关系的确立为基础和前提，大型聚落的首领在社群的公共事务中获取了越来越多、越来越大的支配权，并且由外而内，这些首领及其家庭（族）在以血缘关系为基础的社群组织之内也逐渐脱颖而出，最终蜕变为高高在上的统治者和特权阶层，而他们所享有的权力与地位也通过各种手段逐步具有了世袭的特性。

进一步讲，围绕社会复杂化发展的核心内容是权力形态的演进与特权阶层的形成。自仰韶中期以后，社会权力的性质与从前那种颇具“自然属性”的权力形态有了根本的不同。如前文所见，社会身份和权力变化的标识较明显地体现在不同时期大型房屋之结构与功能的转化，以及大型墓葬之规模、形制特别是随葬品种类与特性的变化等方面。像杨官寨环壕、西坡和大地湾的巨型大房子、双槐树三道环壕、西山城址等大型公共工程的背后，也都隐含着超越性社会权力的运作。

墓葬是最能体现个人身份地位与权力形态的遗迹现象。从新石器时代中期到仰韶早期，拥有较高身份、地位或社会权力的人只是在墓中随葬相对较多的物品，包括与产品分配有关的盛量用具，与狩猎、战争有关的武器，或是与巫术、占卜、祭祀等有关的道具，总之都是些实用器或仿造的明器。自仰韶中期到仰韶晚期，除了实用器物，有些大墓还出现了以前所不见的具有象征意义的物品及稀有的装饰品等，如阎村瓮棺上的“鹳鱼石斧图”、泉护村 M701 的鹰鼎、西坡大墓的玉石钺、妯娌大墓的象牙箍和伊阙城大墓的玉佩饰等。从日常用品、到象征性物品、再到外来贵重奢侈品，有一个清晰的变化线索，反映着对权力表现与强化的方式的变化，同时也反映了由公共服务性的社会权力到占有较多资源与财富、超越普通人之上的特殊支配权的演变过程。而仰韶晚期众多奠基、祭祀、乱葬坑等褫夺生命的特殊遗迹，又表明特权已发展到可以操控、决断他人生命的程度。

从前文分析可知，在新石器时代中期到仰韶早期的简单社会里面，我们从墓葬中能够观察到多样化的权力形态，包括世俗的经济分配权（其背后还当有组织和协调生产的权力）、狩猎或军事行为的领导权以及宗教礼仪活动中的主导权等。到了仰韶中期以后，随着超村落区域团体的形成，除了大型墓葬、大型建筑等所体现出的掌控经济和役使他人的特权（这应是一切权力的基础），我们更多看到的是与象征军事权力有关的迹象，而与宗教等意识形态色彩相关的权力特征却已罕见。这或许说明，在中原地区，超越性的权力主要因群体间的冲突与战争而产生和强化，以致此种权力形态在整个社会生活中占有了突出的地位；以后笔者会谈到，这样的社会与权力结构同其他一些地区复杂社会的表现是不尽一致的。另外我们还看到，无论是西坡大墓还是大地湾原始宫殿般的大房子，都未显示出那里的权贵者拥有丰厚奢华的个人财富，这也与同时期大汶口文化、崧泽－良渚文化等所见贵族精英有着很大的差别，其个中详情与缘由也得留待将来通过比较分析才能进一步探究了。

［原载《考古学研究》（九），文物出版社，2012 年。
收入本书时根据后来发表的资料做了一些补充、修改］

中原地区龙山时代社会复杂化的进程

本文是笔者此前完成的《中原地区早期复杂社会的形成与初步发展》[①]一文的续篇，两者合在一起，可以表述笔者对中原地区史前社会复杂化发展进程的完整认识。

关于“龙山时代”所涵盖的范围，学术界一直存在两种不同的看法，分歧主要在于中原地区“庙底沟二期”一类遗存的归属。一种将庙底沟二期划归仰韶文化的最晚发展阶段，另一种则将其归入龙山时代的早期。笔者从前在有关的论述中一直将其作为介于仰韶和龙山时代之间的一个单独的发展阶段。这里为叙事的方便将其纳入到龙山时代的大框架里，但实际上也是作为一个专门的阶段加以讨论的。这样，本文的分析就分为“庙底沟二期”和“龙山时期”两个大的阶段。

本文所涉及的中原地区的地域范围与前文相比有所调整。大体来说，龙山时代的中原主要包括陕西关中的渭河中下游、晋南豫西、豫中郑洛地区、豫北冀南和豫东等几个区域（中原地区地理形势可参见前文图一）。以前所涉及的陇东渭河上游因马家窑文化和齐家文化的兴起而从中原文化区中脱离出来，原本深受中原影响的晋中北、陕北到内蒙古中南部等地最终为三北龙山文化所覆盖，而汉水中游的南阳盆地等则在相当长的时间里被纳入长江中游文化圈中，故此皆不在本文讨论之列。

一、庙底沟二期

庙底沟二期中原主要有分布在晋南豫西和陕西关中东部的庙底沟二期文化（约公元前2800～前2300年）[②]，关中西部的“案板三期遗存”，豫中郑洛地区的秦王寨文化晚

① 戴向明：《中原地区早期复杂社会的形成与初步发展》，《考古学研究》（九），文物出版社，2012年。

② 本文所说的庙底沟二期文化不包括“西王村三期”和“泉护二期”一类遗存，这两者归入仰韶晚期。有关庙底沟二期文化的界定可参见卜工：《庙底沟二期文化的几个问题》，《文物》1990年第2期。

期遗存（以大河村“龙山早期”遗存为代表,或称仰韶文化的“谷水河类型”）等[①]。此时的豫北冀南虽有“台口类型”[②],但因考古发现太少,整体文化面貌和聚落形态等方面都不是很清楚。豫东则深受东方大汶口文化强势扩张的影响，已然成为大汶口文化晚期“尉迟寺类型”的分布区域[③]。

庙底沟二期阶段，中原地区的文化格局较前又有较大的变动。就传统上关系密切的陕晋豫三角地带来看，此时文化与社会发展的重心无疑又从关中转到了晋南豫西，庙底沟二期文化以此为中心兴起并向西、向北强势扩张，直接覆盖了关中东部，并进而影响到关中西部和晋中，对东面的豫中地区也有一定的冲击。但同时这里也受到了东邻豫中地区的强烈影响，突出特征是鼎这种从前罕见的三足器此时成为庙底沟二期文化中的重要组成因素；而该文化从早到晚由盆形鼎为主转变为罐形鼎为主，又反映了来自遥远的东方大汶口文化的持续渗透和影响。

晋南的临汾盆地在庙底沟二期阶段经历了较特殊的文化发展历程。庙底沟二期早段临汾盆地与运城地区的面貌非常接近，晚段则差异较大[④]。晚期阶段以陶寺早期遗存为代表，除了继承晋南庙底沟二期文化的一些典型因素，同时还有许多本地特有的因素，另外还受到了北方和东方大汶口文化的一些影响。正是这种文化面貌上的差异，导致了对陶寺早期遗存文化性质的不同认识[⑤]。

晋南豫西的区域调查资料表明，与仰韶晚期相比，庙底沟二期聚落的数量有较明显的增长，包括豫西灵宝铸鼎塬（由仰韶晚期的 8 处到此期的 12 处）[⑥]、晋南垣曲盆地（从前期的 13 处到此期的 17 处）[⑦] 和运城盆地东部（由此前的 81 处增加到了 117 处）[⑧]。但该期各聚落群、组及各组群里中心聚落的规模却仍与前期相似，最大的聚落群所占地域也不过数百平方千米的范围，中心聚落的面积多在二三十万到五六十万平方米之

① 戴向明：《黄河流域新石器时代文化格局之演变》，《考古学报》1998 年第 4 期。

② 严文明：《略论仰韶文化的起源和发展阶段》，《仰韶文化研究》（增订本），文物出版社，2009 年。

③ 栾丰实：《仰韶时代东方与中原的关系》，《海岱地区考古研究》，山东大学出版社，1997 年。

④ 韩建业：《晋西南豫西西部庙底沟二期—龙山时代文化的分期与谱系》，《考古学报》2006 年第 2 期。

⑤ 何驽：《陶寺文化谱系研究综论》，《古代文明》（第 3 卷），文物出版社，2004 年。

⑥ 河南省文物考古研究所、中国社科院考古研究所河南一队、三门峡市文物工作队等：《河南灵宝铸鼎塬及其周围考古调查报告》，《华夏考古》1999 年第 3 期。

⑦ 戴向明：《陶器生产、聚落形态与社会变迁——新石器至早期青铜时代的垣曲盆地》，文物出版社，2010 年。

⑧ 中国国家博物馆田野考古研究中心、山西省考古研究所、运城市文物保护研究所：《运城盆地东部聚落考古调查与研究》，文物出版社，2011 年。

间，显示区域组织的规模较前没有发生本质上的变化。所不同者，以范围较大的运城盆地的调查为例，各群、组内聚落的分布一改前期松散的局面，变得集中而紧凑，整合程度高，显示社会群体内的凝聚力在增强；其中涑水河上游聚落分布密集，几个聚落群之间相互连接紧密，似呈现出更大规模的区域融合之势（图一）。综合有关的资料，无论是在运城盆地还是豫西三门峡地区，各区域组织及中心聚落的规模都有较大差异，反映出各社会团体间发展的不平衡，但总体看都没有大的突破，似乎还没有出现能够统辖更广大地域的特大型中心聚落。

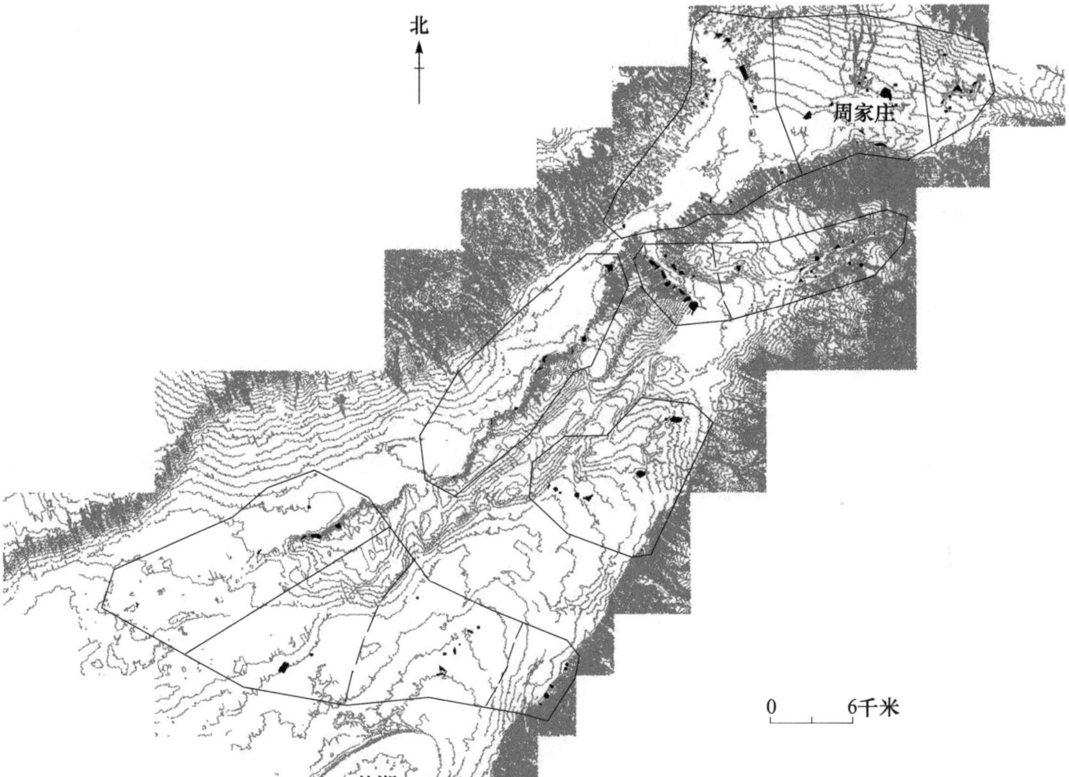

图一　山西运城盆地东部庙底沟二期聚落分布图
（引自中国国家博物馆田野考古研究中心、山西省考古研究所、运城市文物保护研究所：《运城盆地东部聚落考古调查与研究》，文物出版社，2011 年）

在受人瞩目的襄汾陶寺遗址周围也开展了较大规模的区域系统调查[1]。陶寺遗址的

① 何驽：《2010 年陶寺遗址群聚落形态考古新进展》，《中国社会科学院古代文明研究中心通讯》第 21 期，2011 年。

龙山时代遗存可分早、中、晚三期[①]，早期的年代主要相当于庙底沟二期晚段[②]。此次调查没有包括汾河西部，另外可能受到调查资料的限制，现有报道没能严格按期别对所有遗址进行大小的区分和记录，这些都会影响我们对陶寺早期区域聚落形态的观察。根据已知的材料，在调查区域内，位于中间的陶寺为早期最大的聚落，据最新的说法面积有100余万平方米[③]；在其他明确有陶寺早期遗存的遗址中，位于北区的神刘为40万平方米，南区的营里为50万平方米（但这两个皆非单纯的陶寺早期遗址）；其他均为10万平方米以下的较小聚落。初步分析，陶寺应该是塔儿山周围到浍河北岸一群的中心地点，而神刘可能为北边一群的中心、营里可能为浍河以南未经详细调查的群落的中心地点。这样划分出的群体规模均与上述运城盆地的情形相似。至于这几个大型和较大聚落之间是并峙还是有从属关系，目前还难以做出明确判断。但考虑到陶寺早期在晋南同期聚落中规模最大，又有高级大墓等惊人的考古发现（详见后文），那么很可能陶寺已成为临汾盆地内最高等级的中心聚落了。若此，陶寺及其所在群体在龙山早期就有可能率先发展成了晋南乃至中原地区最发达、最强势的社会集团。

与晋南豫西这种繁盛的局面相反，其他地区，包括陕西关中、洛阳盆地、嵩山南麓、豫北冀南等地，已有的考古资料表明此期遗址的数量较仰韶晚期似乎有所减少，且缺乏大型中心聚落，反映各社会群体的规模较小、整合程度也较低。如巩义境内伊洛河的两个支流坞罗河和干沟河分别有2、7共9处龙山早期（庙底沟二期）的遗址，较前期的27处大幅减少，最大者不过5万余平方米[④]。颍河中上游的新、旧调查总共只发现龙山早期遗址10处（非全覆盖系统调查），最大的也不过10余万平方米[⑤]。当然，这样的认识还有待于更多区域系统调查的资料来验证。

上述资料显示，晋南豫西是此期少数聚落与社会获得充分发展的地区，也是中原文化最发达、社会复杂化程度最高的地区之一。目前所知几处高等级聚落与墓地主要集中在晋南，因此下面的分析也以该地区为重点。

迄今所知龙山时代中原地区规模最大、内涵最丰富、结构最复杂的遗址无疑首推山西襄汾陶寺。陶寺位于临汾盆地中部偏南，东南背靠塔儿山，西北遥对汾河。如前

---

① 高天麟、张岱海、高炜：《龙山文化陶寺类型的年代与分期》，《史前研究》1984年第3期。

② 卜工：《庙底沟二期文化的几个问题》，《文物》1990年第2期；罗新、田建文：《陶寺文化再研究》，《中原文物》1991年第2期。

③ 何驽：《制度文明——陶寺文化对中国文明的贡献》，《南方文物》2020年第3期。

④ 陈星灿、刘莉、李润权等：《中国文明腹地的社会复杂化进程—伊洛河地区的聚落形态研究》，《考古学报》2003年第2期。

⑤ 北京大学考古文博学院、河南省文物考古研究所：《登封王城岗考古发现与研究》（2002～2005），大象出版社，2007年。

所述，陶寺龙山时代的遗存可分早中晚三期。在相当于庙底沟二期偏晚阶段的陶寺早期，塔儿山北麓开阔平缓的黄土台塬上就出现了这样一座面积达上百万平方米的大型聚落。在其中部发现大片夯土建筑基址，以大南沟为界，发掘者推测西区为下层贵族居住区，东区为上层贵族宫殿区①；据近年发掘所取得的新认识，宫殿区实际上存在面积约有13万平方米的“宫城”，而且从陶寺早期至少沿用到了中期，据局部建筑甚至有可能到晚期②。而在宫城外东南五六百米处揭露出一片大型墓地（图二）③。

陶寺早期的社会结构在墓葬资料中体现得最为充分。据有关报道，1978～1985年间的田野工作确认了一处面积达3万平方米以上的大型墓地，在约5000平方米范围内揭露出1300余座墓葬，从早期一直延续到中晚期，其中很大一部分属于早期④，但具体数量不详。这些墓葬间存在复杂的叠压打破关系，加上发表的资料有限，墓地的整体布局结构尚不清楚。根据已发表的简报⑤和有关的论述，整个墓地划分为三个发掘区，墓地北部（Ⅰ区北部为代表）与中部（Ⅱ、Ⅲ区中部为代表）应属两个（或两个以上）不同的氏族墓区，每区又大致可区分出若干小片，应是不同家族的茔域⑥。对于早期墓地，论者又依墓葬规模和墓主身份的差异进一步区分为三个相对独立的墓区；早期墓排列整齐，一排少者数座、多者数十座，属同一排的墓规模相当、随葬品的质与量相近，说明死者身份相近；此外还存在按性别分排埋葬的现象⑦（因此墓排不一定代表某一级社会组织单位）。大多数墓头向都朝东南，根据墓葬规模、葬具、随葬品等方面的差异，发掘者将这些墓葬分为三型七种。现对截至1982年夏天发掘出的700余座墓葬的分类结果撮要概述如下⑧：

---

① 中国社会科学院考古研究所山西第二工作队、山西省考古研究所、山西省临汾市文物局：《2002年山西襄汾陶寺城址发掘》，《中国社会科学院古代文明研究中心通讯》2003年第5期。

② 何驽、高江涛：《薪火相传探尧都——陶寺遗址发掘与研究四十年历史述略》，《南方文物》2018年第4期。

③ 何驽：《都城考古的理论与实践探索——从陶寺城址和二里头遗址都城考古分析看中国早期城市化进程》，《三代考古》（三），科学出版社，2009年；高江涛：《中原地区文明化进程的考古学研究》，社会科学文献出版社，2009年。

④ 高炜：《中原龙山文化葬制研究》，《中国考古学论丛》，科学出版社，1993年。

⑤ 中国社会科学院考古研究所山西工作队、临汾市地区文化局：《1978～1980年山西襄汾陶寺墓地发掘简报》，《考古》1983年第1期。

⑥ 高炜、高天麟、张岱海：《关于陶寺墓地的几个问题》，《考古》1983年第6期。

⑦ 高炜：《中原龙山文化葬制研究》，《中国考古学论丛》，科学出版社，1993年。

⑧ 高炜、高天麟、张岱海：《关于陶寺墓地的几个问题》，《考古》1983年第6期。后来又有更细致的分类，参见高炜：《晋西南与中国古代文明的形成》，《汾河湾——丁村文化与晋文化考古学术研讨会文集》，山西高校联合出版社，1996年。

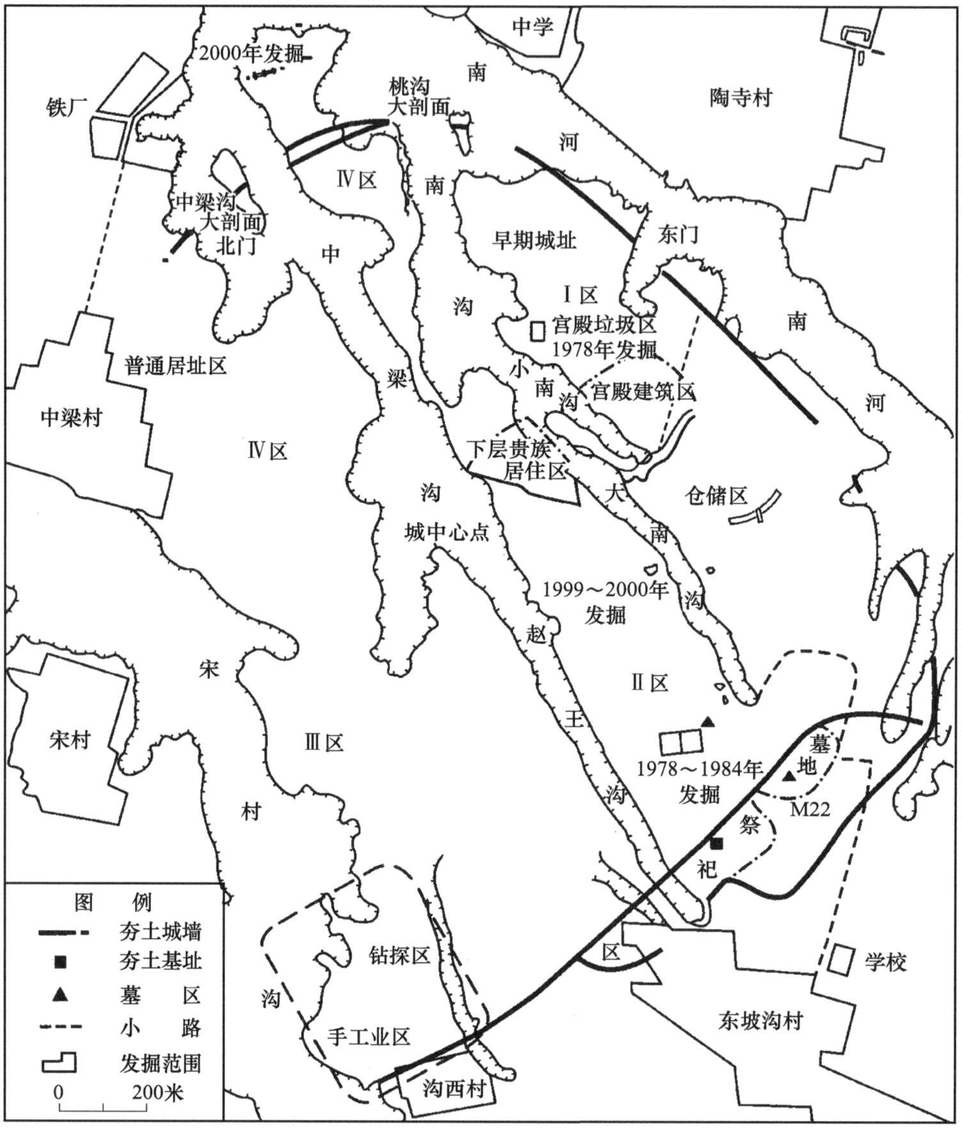

图二　山西襄汾陶寺城址平面图

（引自何驽：《2010年陶寺遗址群聚落形态考古新进展》，《中国社会科学院古代文明研究中心通讯》第21期，2011年）

大型墓9座，墓圹长3米左右、宽2～2.75米、残深1～2米，墓主均为男性。其中甲种大墓5座，集中分布在第Ⅲ发掘区（图三），使用木棺，棺内撒朱砂，随葬品多达一二百件（图四），包括鼍鼓、石磬、陶异形器（土鼓）、彩绘“龙纹”陶盘，彩绘木案、俎、匣、盘、豆、“仓形器”，其他彩绘陶器，玉（石）钺、瑗，成套石斧、锛、镞（图五），整猪骨架等；按功能用途可分为家具（用以置器设奠的木案等）、炊器、食器、酒器、礼乐器、仪仗器与兵器、装饰品、工具等，且在墓中都有大致固定

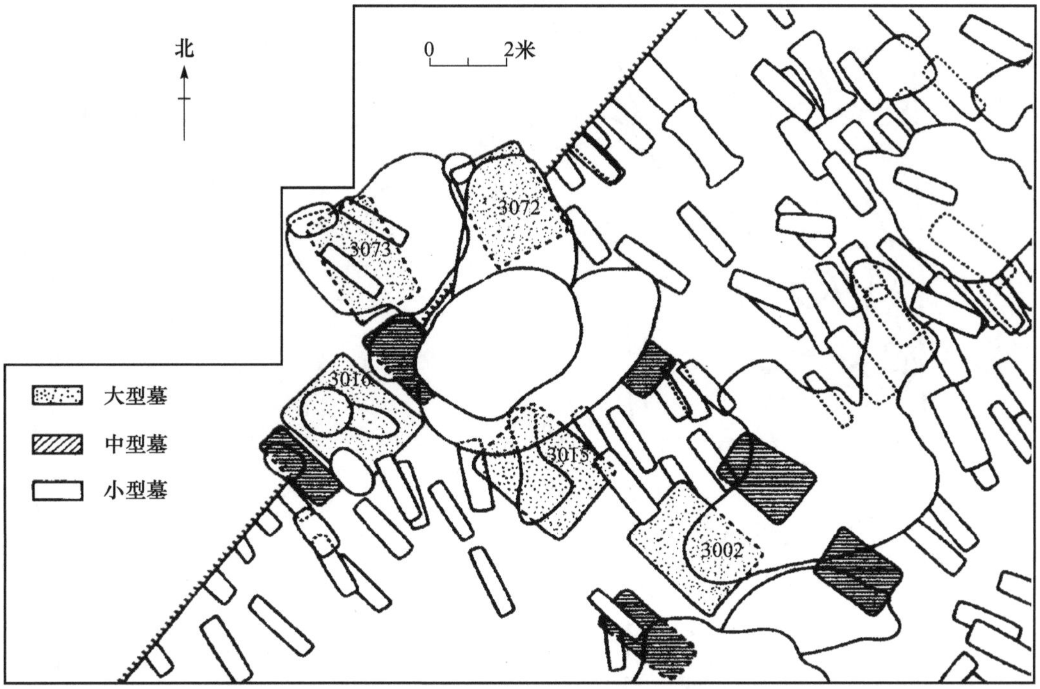

图三 山西襄汾陶寺墓地第Ⅲ发掘区部分墓葬分布图

（转引自高江涛：《中原地区文明化进程的考古学研究》，社会科学文献出版社，2009年）

的位置①。乙种大墓4座，其中所知的M2001应在第Ⅱ发掘区，与甲种的主要区别是没有鼍鼓、石磬、土鼓等。中型墓约80座，长2.2～2.5、宽0.8～1.5米，有浅坑和深坑两种（深者2～3.5米），前者分布于Ⅱ、Ⅲ区中部，后者主要在Ⅰ区北部。中型墓又分三种，甲种（浅坑）多在大墓附近，墓主男女都有（有的女性墓伴随在大墓两侧），使用木棺，有的撒朱砂，随葬品可达二三十件，有成组陶器（包括彩绘陶器一两件）和少量彩绘木器，玉（石）钺、琮、瑗、头饰、佩饰，或有猪下颌骨数副至数十副；乙种包括部分浅坑和大部分深坑中型墓，有木棺，施朱砂，随葬玉（石）钺、瑗、琮、梳、骨笄、猪下颌骨半副或一副，无陶器、木器；丙种主要为浅坑、少量深坑，多有木棺，随葬骨笄或石瑗、钺、猪下颌骨中的一两件，或无任何随葬品。小型墓610多座，一般长2、宽0.4～0.6、深0.5～1米，大多没有葬具，除个别的有骨笄、半副猪下颌骨或一件普通陶器（甲种），绝大部分无任何随葬品（乙种）；但有少量随葬品的小墓在Ⅱ、Ⅲ区中部占到约三分之一，远多于Ⅰ区北部的十分之一。在这些墓葬中，几乎所有的大型墓和高层次的中型墓都属于早期，这片墓地尚未见有中晚期大墓的报道。

① 高炜：《龙山时代的礼制》，《庆祝苏秉琦考古五十五年论文集》，文物出版社，1989年。

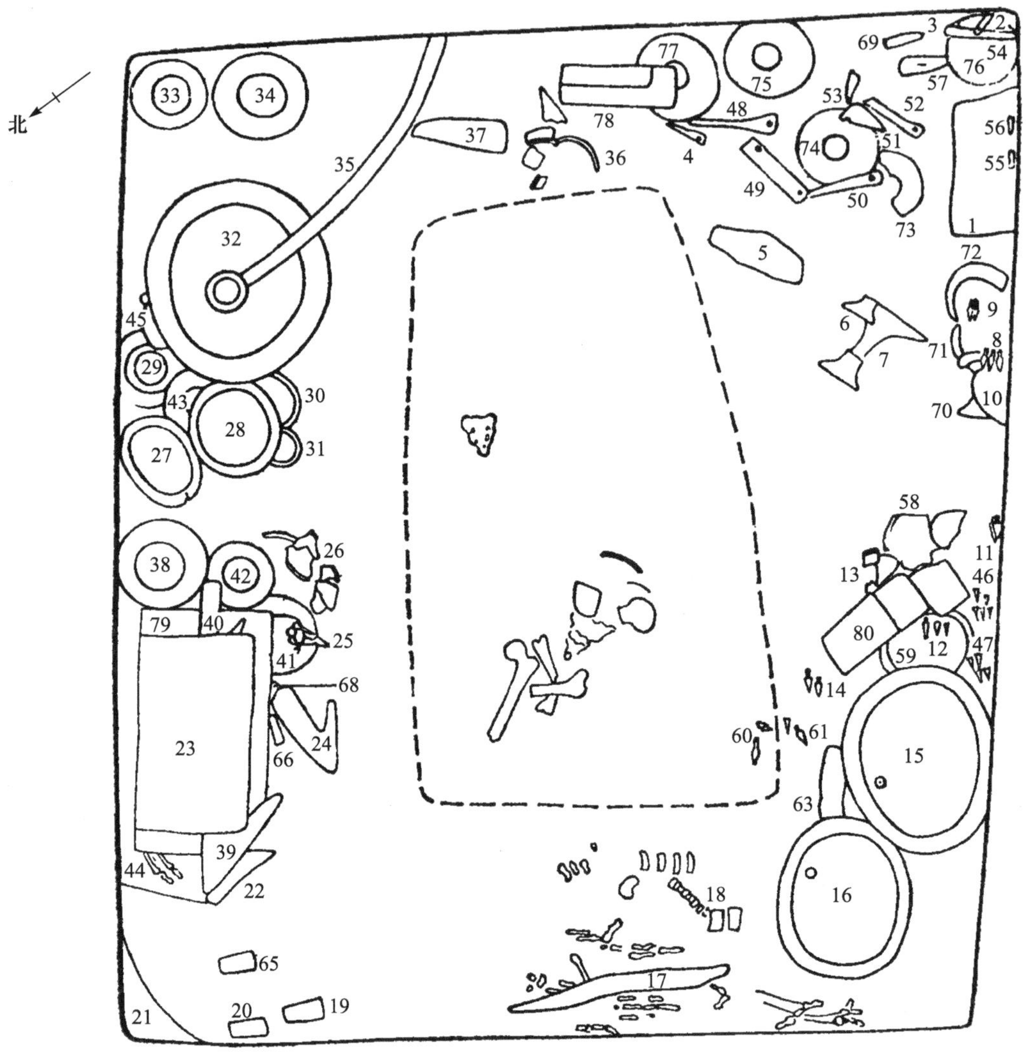

图例：----板灰范围　　　　　　0　　　　50厘米

图四　山西襄汾陶寺M3015平面图

（引自中国社会科学院考古研究所山西工作队、临汾地区文化局：《1978～1980年山西襄汾陶寺墓地发掘简报》,《考古》1983年第1期）

1、5、10、21、22、37、78、80. 彩绘木器痕迹　2、55～57. 石钺　3. 玉瑗　4、48、50、52～54、69. 骨器　6、7、33、34、43、70～73. 木豆　8、11. 石、骨镞　9、12、14、46、47、60～62. 石镞　41、42. 陶壶　13、27、29、31、38、45、58、59. 陶罐　15、16. 鼍鼓　17. 石磬　18、25、44. 猪骨　19、20、65～68. 石锛　23. 木匣　24、39、40、49. 石刀　26、30、36. 陶斝　28. 陶灶　32. 木盘　35. 木斗　51. 玉器　63. 石研磨盘　64. 石磨棒　74～77. “仓形”木器　79. 木俎

根据上述情况做进一步分析，可以得出如下几点主要认识：①在陶寺这种大型中心聚落中存在着大型公共墓地，其中或许可以分辨出氏族、家族等不同层级的社会单位，而大、中、小多个等级的墓葬的分布形态表明不同氏族和家族之间的社会地位是

图五　山西襄汾陶寺早期大墓出土部分器物

（引自中国社会科学院考古研究所山西工作队、临汾地区文化局：《1978～1980 年山西襄汾陶寺墓地发掘简报》，《考古》1983 年第 1 期）

1. 彩绘“龙纹”陶盘（M3072：6） 2. 彩绘陶壶（M3002：49） 3. 大口陶罐（M3015：27） 4. 小口折肩陶罐（M3015：29） 5. 陶灶（M3015：28） 6. 折腹陶斝（M3002：25） 7. 折腹陶罐（M3016：5） 8. 木盘（M3015：32） 9. 木鼍鼓（M3015：16） 10. 土鼓（M3002：53） 11. 玉钺（M3015：2） 12. 石钺（M3015：56） 13. 石研磨盘、棒（M3016：11、12） 14. 玉瑗（M3015：3） 15. 石锛（M3015：67） 16. 石刀（M3015：24）

有差别的；②等级最高的 5 座甲种大墓集中分布在Ⅲ区中部，正如发掘者所指出的，这些墓主可能属于同一氏族乃至同一家族，其墓位排列情况和随葬陶器的细微变化显示他们下葬的时间早晚不同，死者似乎是同一家族中的几辈人，说明陶寺早期或许已有世袭制，即聚落最高首领的身份是在某一家族内世袭传递的，而这几个大墓两侧的 6 座甲种中型墓有可能是大墓墓主的妻、妾[①]。同时我们还可以进一步推断，这几个大、

① 高炜、高天麟、张岱海：《关于陶寺墓地的几个问题》，《考古》1983 年第 6 期。

中型墓不会是他们所在家族的全部成员，家族茔域内还应包括其旁边的一些小墓（见图三），说明社会等级的分化已经深入到了家族内部；③即便是最高等级的贵族死后也仍然葬入家族和宗族墓地中，尚没有形成单独的高级贵族茔区，从而有别于后世的“王陵区”；④多层级的社会等级分化达到了前所未有的高度，这是仰韶中晚期之际灵宝西坡墓地的社会分化程度所不能比拟的[①]，大、中、小墓之间巨大差异所表现出的严格的等级秩序反映了金字塔形的社会结构已经建立（大型墓不足1%，小型墓占80%以上[②]，另有部分中型墓），财富与权力按不同阶层有了极大的差别，而且围绕这种等级秩序发展起了一套较成熟完备的礼制并充分体现在埋葬制度中[③]：鼍鼓、特磬、彩绘龙纹盘等礼仪重器成为最高层贵族（当为集团首领）的专用礼器，各种彩绘陶器、（漆）木器、玉石礼器和装饰品也为高级贵族所专属，而随葬整猪和大量猪下颌又是贵族享有丰厚财富的象征；在不同等级的墓葬中，同类器物的使用在数量和质量上也都有严格的限制；⑤除丙种中型墓，其他大中型墓普遍都随葬玉（石）钺（多在棺内随身放置），说明钺作为权力和身份的象征物拥有了固化的形式，而且权力的获取和表现仍有强烈的军事暴力色彩；⑥贵族依靠家族和宗族的力量攫取和掌控权力，同时又超越于普通族群成员之上而成为特权阶层，高级贵族墓葬一反此前中原简朴的传统而变得非常奢华，与绝大多数普通平民简陋的墓葬形成鲜明对照；而整个墓地的等级结构、5座甲种大墓的形制和随葬内容表明，陶寺早期最高统治者可能已在社会政治、经济、军事、宗教礼仪等多方面独揽大权，其权力的集中性发展到了相当高的程度，这也是西坡墓地所见初级的分化和权力的多元性所无法相比的；⑦高级墓葬中种类繁多、质地多样的礼器或奢侈品，包括彩绘陶器、（漆）木器、玉石器和纺织品，都昭示着为满足贵族需要而发展起了门类多样的高端手工业；即使其中大部分器物是在本地制作的，但像做鼍鼓的鳄鱼皮、制玉的玉料、髹漆的原料等都有可能是通过远程交流或交换而获取的，而高级陶器的彩绘技术与风格则可能源自黄河下游的大汶口文化（甚至与东北的辽河流域也有关联），钺和琮等玉器的使用受到长江下游良渚文化的影响，彩绘（漆）木器似也不是中原传统而可能来自长江流域[④]；所有这些都表明，陶寺集团中的贵族手工业及跨区域的交流网络都获得了前所未有的发展，集团中的上层贵族由此攫取财富、强化身份、掌控权力、享受奢华的生活，这也是社会复杂化深入发展的结果。

---

① 戴向明：《中原地区早期复杂社会的形成与初步发展》，《考古学研究》（九），文物出版社，2012年。

② 高炜：《陶寺考古发现对探讨中国古代文明起源的意义》，《中国原始文化论集》，文物出版社，1989年。

③ 高炜：《龙山时代的礼制》，《庆祝苏秉琦考古五十五年论文集》，文物出版社，1989年。

④ 高炜：《中原龙山文化葬制研究》，《中国考古学论丛》，科学出版社，1993年。

在陶寺西北 25 千米处的汾河岸边，还有一处下靳墓地。这处墓地遭到砖厂取土的严重破坏，1998 年分别由中国社会科学院考古研究所和山西省考古研究所等单位进行了两次抢救性发掘。第一次发掘在 450 平方米范围内发现陶寺文化墓葬 82 座，清理了其中的 53 座[①]。第二次发掘在 2000 多平方米范围内共清理墓葬 480 座，其中除少数墓年代较早（具体年代不清），大多数墓葬也属于陶寺文化[②]。从两篇报道可知，墓地东半部已被砖厂取土破坏，第一次发掘紧邻取土坑的断崖边，那么第二次发掘应在其西边，但两者具体的相对位置不详。虽属同一片墓地，但两次发掘所显示的墓葬布局有明显差异。因随葬陶器极少，缺乏可准确分期断代的器物，故难以知晓两片布局风格有别的墓葬是年代的早晚关系还是属于不同人群的不同墓区；据不同的排列方式判断，属于后者的可能性较大。比较而言，前者整体略显散乱，局部聚集成组，每组约有 10 余座以上墓葬，组内成排分布[③]；后者则排列较整齐，共揭露出 8 排，每排至少有 10 余到 20 余座墓葬，与前者的墓组规模相近（图六）。两次发掘的墓葬都有大小之别，随葬器物也有一定差异，这些差别既存在于不同墓组或墓排之间，也出现于同一墓组或墓排之内。假如不同墓组或墓排（或组、排间的某种组合）代表不同的家族组织（这往往也是墓地中能够分辨出的最小单位），那么社会地位的差别既体现在家族之间、也存在于家族内部。据推测整个墓地总面积在 6000 平方米以上，墓葬总数当在 1500 座以上，很可能包含有多个氏族组织。

两次发掘的墓葬绝大多数头向东南，几乎所有较大型墓和部分小型墓都在早期被盗扰。从残存情况看，随葬器物以玉石器为主，包括钺、双孔刀、镞、璧（多见联璜璧）、璜、环和一些小件饰品及斧、铲等工具，明确见于墓葬中的陶器只有彩绘陶瓶，其他还有一些骨、牙、蚌等质地的装饰品。所见陶器、玉石器的年代特征与陶寺早期大致相当，少数或可晚至龙山时期。较大的墓多数有木棺，有些还带壁龛，随葬品中除有数量稍多、质地较好的玉石器，个别的还有少量木器或彩绘陶瓶及其他饰物。较小墓则没有葬具，亦无壁龛，不见陶器和木器，但部分有少量质地较差的玉石器或骨器，或无任何随葬品。如报告指出，这两种（或者细分为三类）墓分别与陶寺墓地的中、小型墓约略相当。下靳墓地的墓葬分布、头向、墓葬形制和随葬品等情况都与陶寺墓地非常接近，两者拥有相似的葬俗与葬制，表明他们很可能属于同一社会集团下

① 山西省临汾行署文化局、中国社会科学院考古研究所山西工作队：《山西临汾下靳村陶寺文化墓地发掘报告》,《考古学报》1999 年第 4 期。

② 下靳考古队：《山西临汾下靳墓地发掘简报》,《文物》1998 年第 12 期。

③ 墓葬分组可参见高江涛：《中原地区文明化进程的考古学研究》，社会科学文献出版社，2009 年。

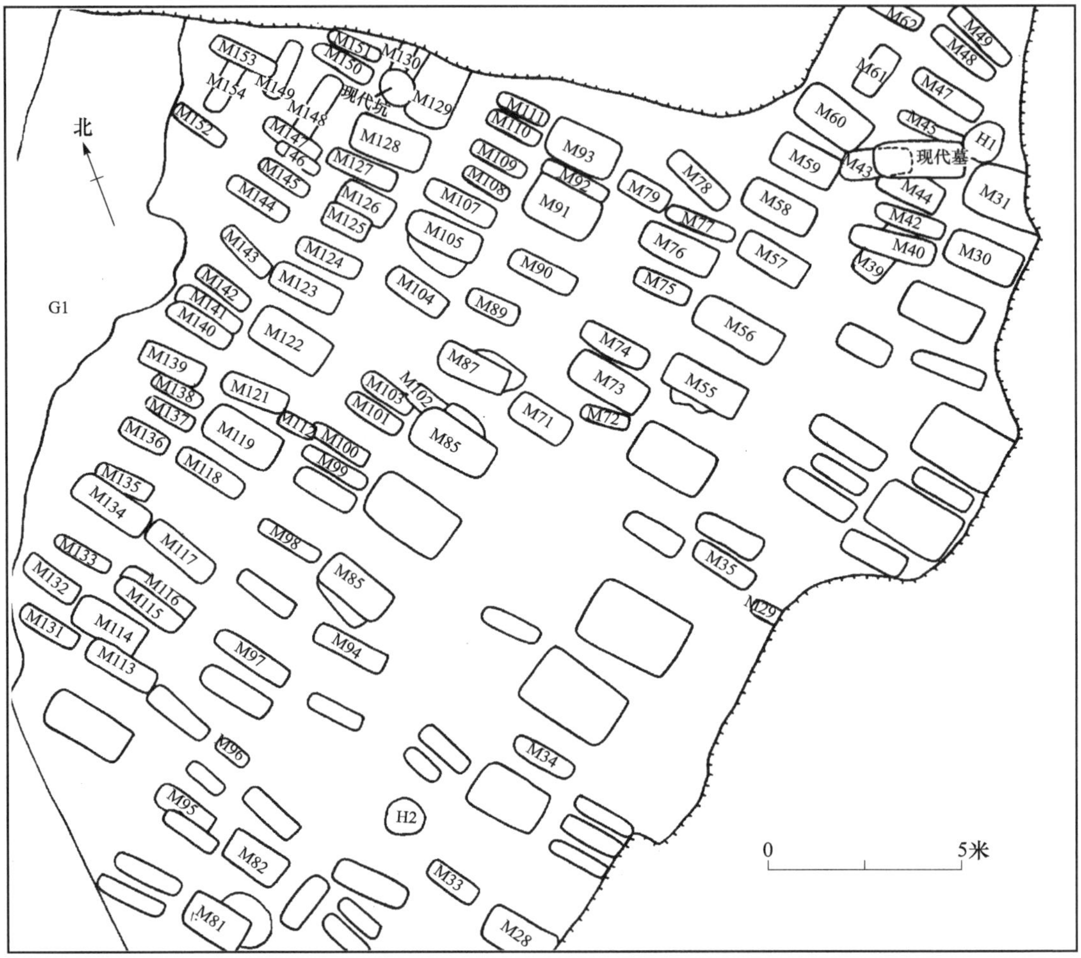

图六　山西临汾下靳墓地局部

（引自下靳考古队：《山西临汾下靳墓地发掘简报》，《文物》1998 年第 12 期）

两个关系密切的群体。只是下靳墓地没有发现陶寺那样的大墓，其整个社群组织的规模与等级明显较陶寺低，有可能是陶寺北面一处次级中心聚落的附属墓地。

这个时期晋南地区还有一处重要的墓地，即芮城清凉寺墓地。清凉寺墓地其实是寺里－坡头遗址的一部分。该遗址位于黄河北侧、中条山南麓，地理位置较偏僻，但从庙底沟二期始却出现了一处等级较高的聚落和墓地。根据调查报告的描述①，推测该遗址庙底沟二期遗存分布面积当在 40 万平方米左右。目前该遗址最主要的发现是揭露出一片大型墓地。墓地总面积当在 5000 平方米以上，部分遭到破坏，揭露面积近 3000 平方米，清理土坑竖穴墓 355 座，发掘报告将这批墓分为四期。第一期 17 座小墓可能

① 山西省考古研究所、运城市文物工作站、芮城县博物馆等：《山西芮城寺里—坡头遗址调查报告》，《古代文明》（第 3 卷），文物出版社，2004 年。

属于仰韶早期的“枣园文化”，第二期相当于庙底沟二期的晚段，第三、四期总体属于龙山时期①。下面首先分析第二期的墓葬。

二期皆为小型墓，共有189座，据墓葬间隔似可分为4组，每组30～50座，另外墓地南边还有少量零散的墓；每组内大致成排分布，但不整齐，且相互间有较多的叠压打破关系；考虑到墓地年限和规模，初步判断这应是一处由4个以上的家族组成的氏族墓地（图七）。这批墓葬大致都为东西向，头朝西，男女数量接近，大小相若，但墓葬间随葬器物有明显差别。多数墓没有任何随葬品，约三分之一的墓中有数量和种类不同的随葬品，随葬器物主要有玉石钺（还有与钺配套使用的带孔器）、多孔刀、璧、环等，个别有鳄鱼骨板、猪下颌骨，极少数墓有罐、盆等陶器。玉石器中很少有真正矿物学上的玉器，大多取自于本地中条山的石材。少数墓稍大，有成套的钺、刀、璧、环等玉石器，个别墓内除墓主之外还有非正常下葬的死者（图八）。从这些情形可以判断，这些死者生前的身份地位是有差异的，有较多随葬品的墓应是掌握族群权力的上层人物。钺、刀只见于很少的墓中，可能都与权力特别是军权有关；多孔刀多为奇数孔（3、5、7、9），其含义颇耐人寻味。璧、环等饰物显然也是地位较高的人才能拥有的。报告中所举5个随葬品较丰富的高等级墓，其中4个（M46、M54、M76、M82）集中在最西边一组，另一个（M112）在紧邻的西边第二组，如果这能反映实际的情况，那么或许意味着不同家族间地位有别，同时在同一家族之内也有高低之分。清凉寺墓葬随葬品的组合与下靳、陶寺墓地同类墓都有相似之处，说明这个时期晋南地区皆以相似的方式来表现社会等级的差异。不同的是，本期清凉寺墓地中级别较高的墓规模都不大、无葬具、无彩绘陶器和木器；不但随葬品数量不多，用以体现身份的玉石器也非来自远方的珍稀之物，做工较粗糙，似乎都是本地仿制的奢侈品。这些都说明这里的社会分化或复杂化程度还远远赶不上临汾盆地内的陶寺集团。当然我们对寺里－坡头所在区域的整体情况还缺乏充分的了解，对该地区更清晰的认识还有待将来更多的工作。

除了以上几处等级较高的墓地，晋南豫西区也有普通墓地的例子，其中陕县庙底沟就是保存较完整、揭露最充分的一处。

庙底沟遗址位于豫西三门峡盆地、黄河南岸，总面积约24万平方米，从发掘报告的叙述看，遗址上普遍有仰韶（中期）文化遗存，而“龙山文化”（庙底沟二期文化）遗存似只分布在遗址的东半部，其面积大概也就是遗址总面积的一半（约12万平方

---

① 山西省考古研究所、山西运城市文物局、芮城县文物旅游局：《山西芮城清凉寺史前墓地》，《考古学报》2011年第4期。

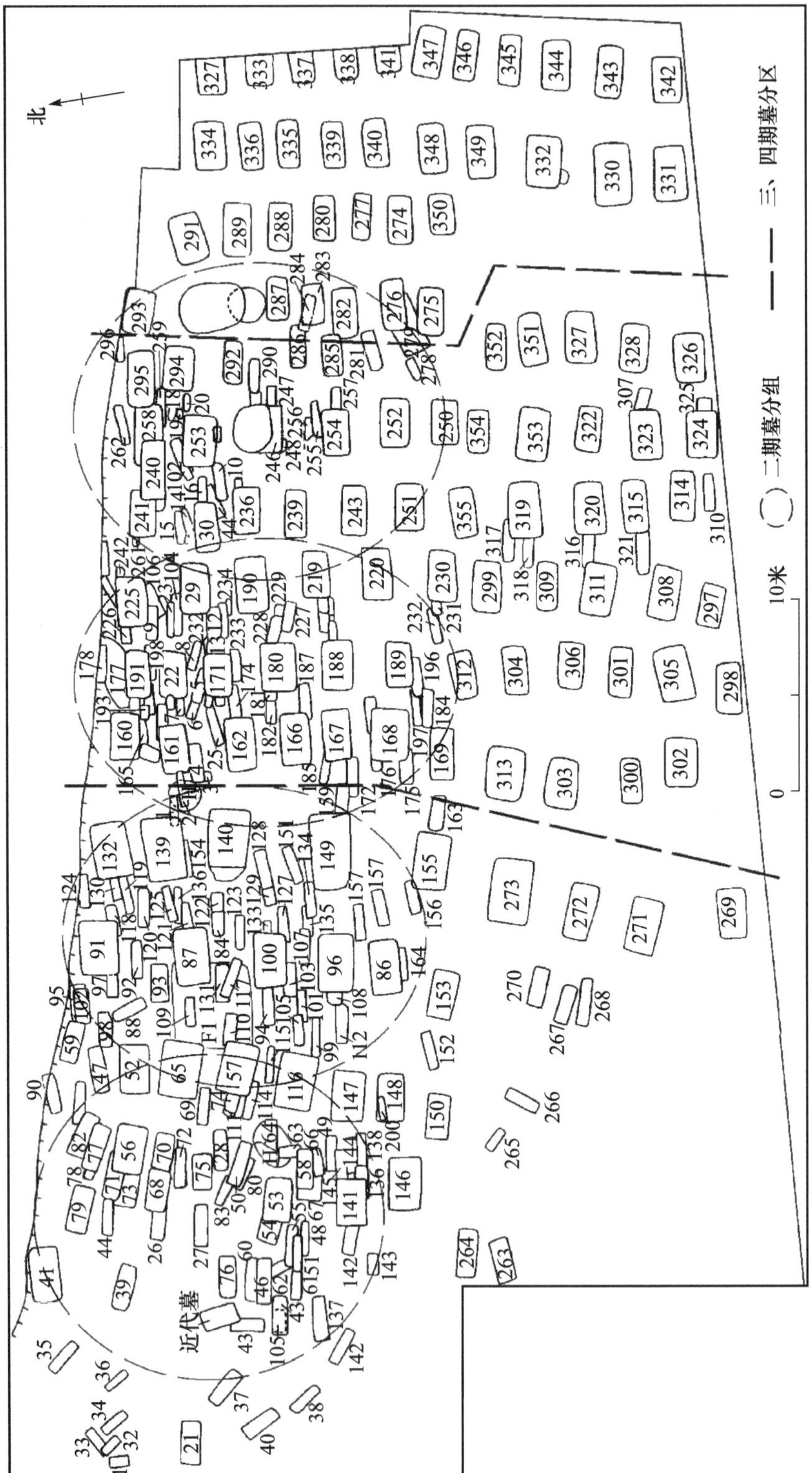

图七　山西芮城清凉寺墓地平面图

（引自山西省考古研究所、山西运城市文物局、芮城县文物旅游局：《山西芮城清凉寺史前墓地》，《考古学报》2011年第4期）

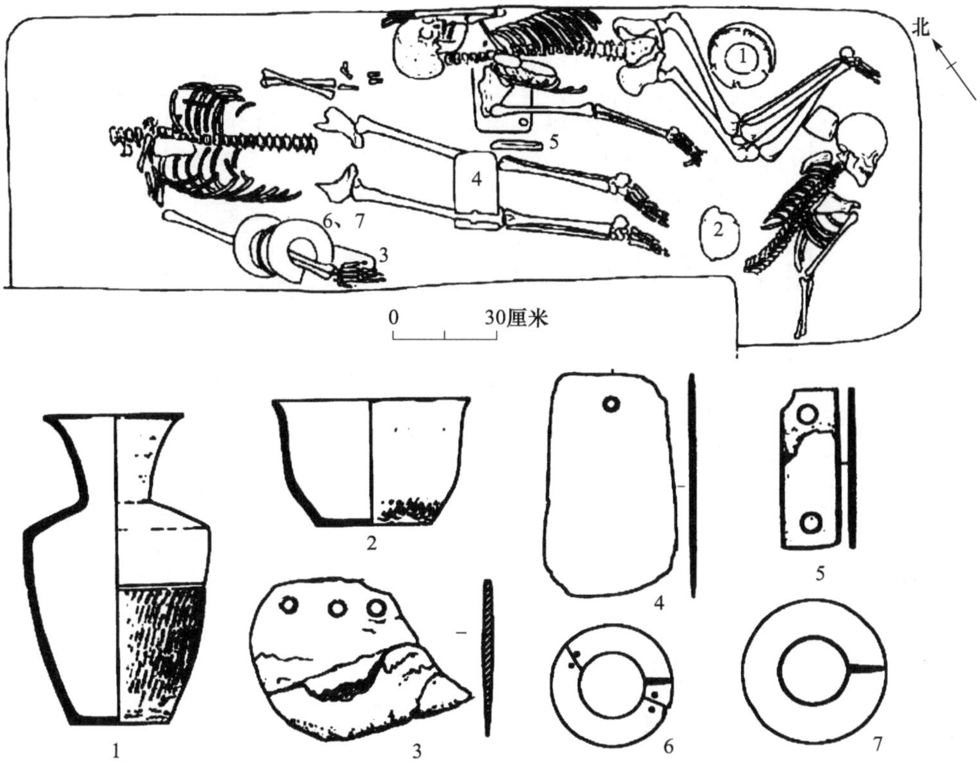

图八　山西芮城清凉寺 M82 及部分出土器物
（引自山西省考古研究所、山西运城市文物局、芮城县文物旅游局：
《山西芮城清凉寺史前墓地》，《考古学报》2011 年第 4 期）
1. 陶罐　2. 陶盆　3. 多孔石刀　4. 玉石钺　5. 玉石双孔器　6、7. 玉石环

米）。庙底沟二期文化遗存中最主要的发现是一片墓地，位于遗址的东北角，共揭露出 145 座土坑竖穴单人墓[①]。这些墓葬较整齐地东西成排分布，几乎不见相互叠压打破的现象；各墓皆头南脚北，墓圹长不过 2、宽 0.4～0.5 米，且几乎都没有任何随葬品（只有两座墓各出了一件陶杯）。也就是说，这些都属于一般的小墓，不存在等级分化的现象。该墓地西、南两面已到边界，东、北两边墓葬分布也已由密渐疏，且距离断崖不远，所存未知墓葬的数量当不会太多。因为墓中都无随葬品，难以排比它们的下葬顺序，也就无法确知其中隐含着什么样的社会组织结构。尽管如此，墓地的空间布局仍然留下了一些可供分析的线索。从墓葬分布图看，整个墓地似可分为略有间隔的南北两个墓区，南区包括 M85、M86……M96 一排及其以南各墓共 6 排，北区包括 M1、M4……M68 一排及其以北各墓共 4 排；如前所述，北边发掘区之外可能还有些墓葬未揭露，或许还存在另外的 1、2 排墓（图九）。这两个规模相近的墓区各有墓葬 80 座左

① 中国科学院考古研究所：《庙底沟与三里桥》，科学出版社，1959 年。

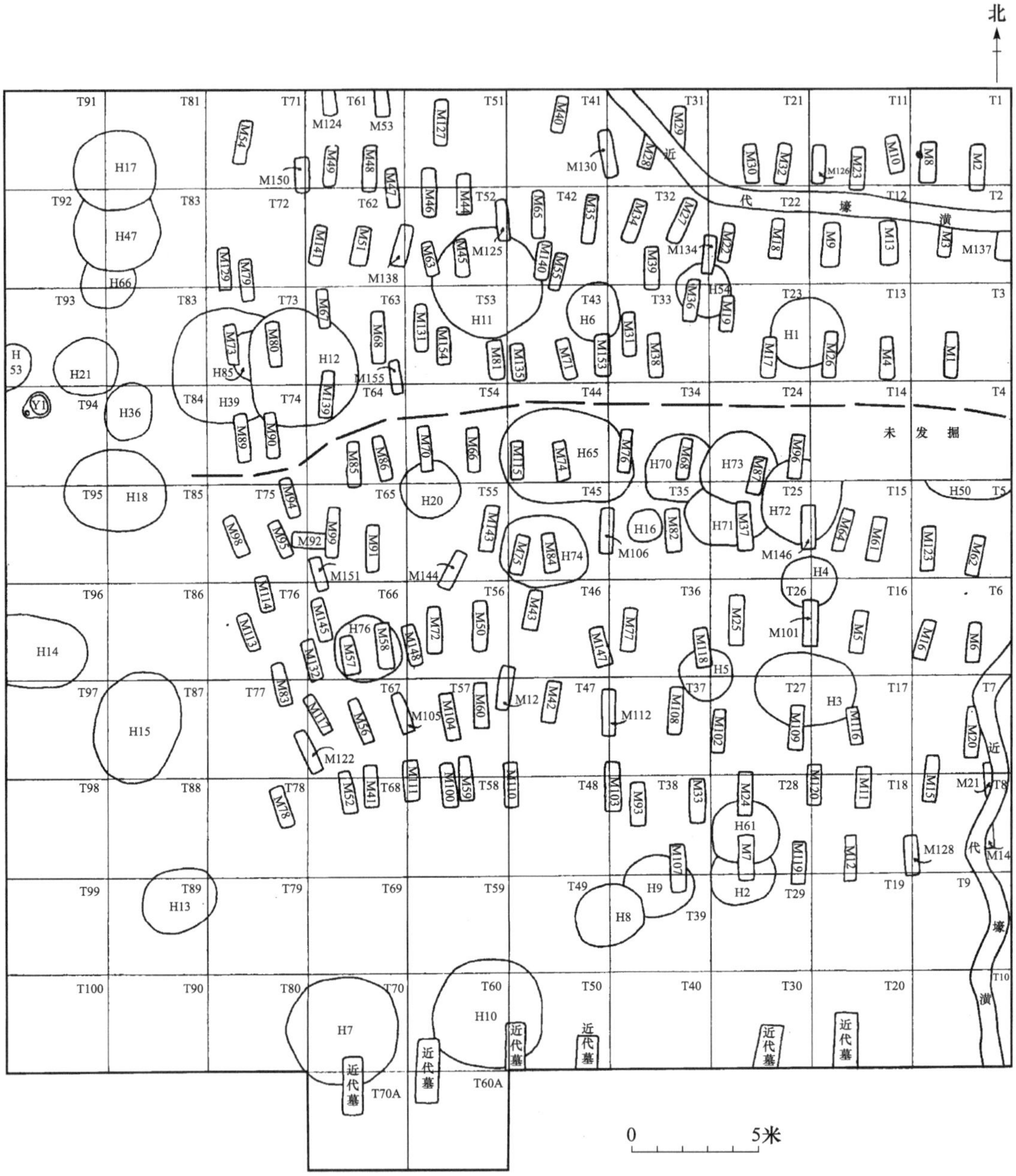

图九 河南陕县庙底沟墓地

（引自中国科学院考古研究所：《庙底沟与三里桥》，科学出版社，1959 年）

右。假定其中绝大部分为成人墓（报告中没有关于人骨鉴定的资料和有关死者年龄状况的说明，但墓葬大小规模都很接近），那么在这个墓地之外还应该有相当多的儿童死者，每个墓区所属人群的实际死亡人数当在 100 人以上；考虑到该墓地一定的时间跨度，那么一个墓区葬入的就很可能是一个氏族或大家族的死者。但显然，整个墓地布局强调的是社群整体而非其中的从属单元。因此，无论庙底沟聚落在世俗的生产生活中基本的组织单位是什么，人们死后仍然按古老的传统走进另外一个世界、归身于较大规模的族墓地里。

除了上述晋南地区所见大型墓地，在其他地区还见到一些小型墓地的例子，如陕西武功浒西庄第Ⅲ发掘区一组房子的旁边有一片包括近20座墓葬的小型墓地①，河南郑州大河村第Ⅰ发掘区有10余座集中分布的墓葬（这片墓地自仰韶晚期延续至此）②。在这些小墓地中墓葬的排列都不整齐，头向也不统一，其埋葬习俗与布局严整有序的大型墓地有着很大的区别，并且皆不见等级分化的现象。这些往往置于居址附近的小型墓地很可能就是一个个的家族墓地。

与墓地相比，中原地区此期居址的资料相对较贫乏，但仍可凭零星的材料获得一些初步的认识。

首先还是先看工作最多的陶寺遗址的情况。1983～1984年的发掘清理出6座早期房址，多数为窑洞式建筑，其中F319、F321、F324是一组天井式院落，F319和F321是在F324（其本身并非房屋而是院落的框架）南壁上掏挖而成的并排两座窑洞③，应属一处普通民居。2002年在小城内南端（“下层贵族居住区”）揭露出两座并列的半地穴式房子ⅠF9、ⅠF10，两者皆圆角方形，大小相若，每个面积均约22平方米，而且中间共用一堵墙，很可能属同一套建筑；两间房子的地面都经夯打，坚硬光滑，中间有灶，地面与墙结合处抹白灰墙裙；两者开挖在同一基坑ⅠFJT1内垫土的中心部位，基坑呈长方形，面积达312.9平方米，其内的垫土亦经夯打（图一〇）④。这两座房子（或为一套房子）建造得较精致、考究，其主人当非普通平民，但它们及所在基坑同前面两座并排窑洞式房子组成的院落有异曲同工之处，都应是陶寺早期社群中基本社会组成单位的居住单元，这样的单元代表的至多也就是一个大家庭的规模。很有可能，不论是普通平民还是一般地位较高者，当时都是以家庭为单位独立组织生活的，这也是前述墓地所见等级分化深入到家族内部的社会基础。

这种以大家庭（或小家族）为单位的小型居住单元也见于一些普通遗址中。如山

① 中国社会科学院考古研究所：《武功发掘报告——浒西庄与赵家来遗址》，文物出版社，1988年。

② 郑州市文物考古研究所：《郑州大河村》，科学出版社，2001年。

③ 中国社会科学院考古研究所山西工作队、山西省临汾地区文化局：《陶寺遗址1983～1984年Ⅲ区居住址发掘的主要收获》，《考古》1986年第9期。

④ 中国社会科学院考古研究所山西队、山西省考古研究所、临汾市文物局：《山西襄汾陶寺城址2002年发掘报告》，《考古学报》2005年第3期。

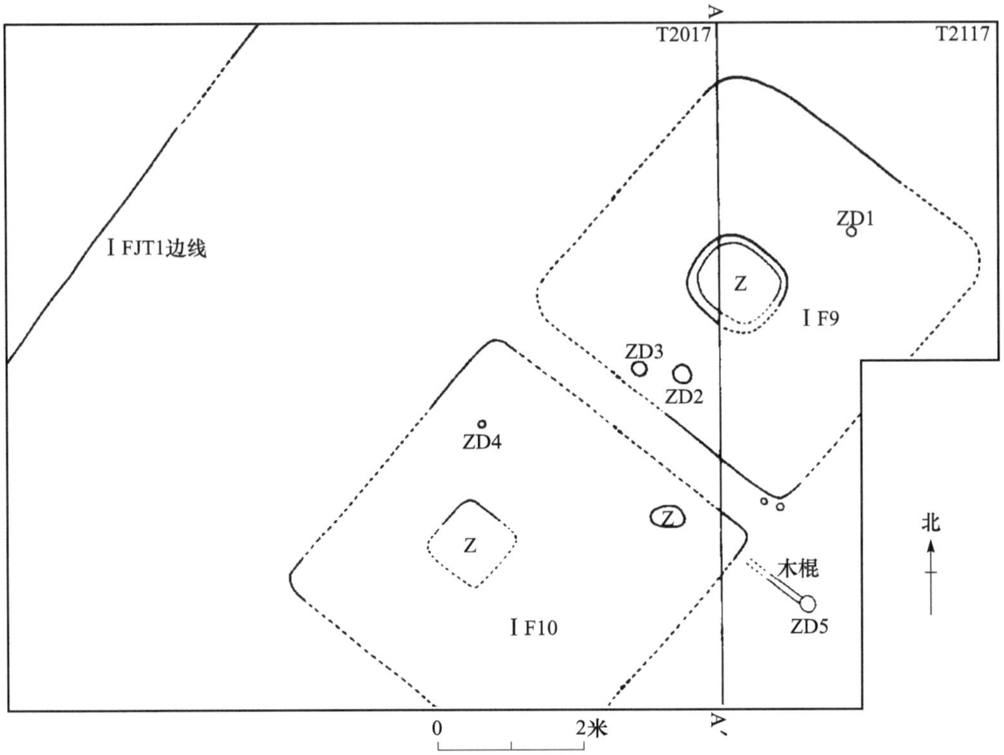

图一〇　山西襄汾陶寺ⅠF9、ⅠF10及ⅠFJT1平面图
（引自中国社会科学院考古研究所山西队、山西省考古研究所、临汾市文物局：《山西襄汾陶寺城址2002年发掘报告》,《考古学报》2005年第3期）

西夏县西阴村第二次发掘之Ⅱ区有3座朝向相对辐辏的小房子（F2、F3、F5）①，垣曲古城东关第Ⅲ发掘区有几座与陶窑相伴的小房子（F2、F4等）②；陕西武功浒西庄第Ⅱ、Ⅲ发掘区所见房址也是2、3座一组单独分布③，扶风案板沟北区（GB区）有两座紧邻的房子（F1、F2）④，等等。总之，庙底沟二期的中原常见小型房屋组呈松散状态分布在居址的不同方位，并存在与房屋组相对应的小型墓地的情形。这说明以个体大家庭或小家族为居住生活单位此时已经成为常态。

综上所述，概括地说，庙底沟二期多数地区内各区域组织的规模与复杂性较前变化不大，但晋南豫西区文化与社会的演变开始呈现强劲之势；尤其是临汾盆地，以陶寺为

① 山西省考古研究所：《西阴村史前遗存第二次发掘》,《三晋考古》（第二辑），山西人民出版社，1996年。

② 中国历史博物馆考古部、山西省考古研究所、垣曲县博物馆：《垣曲古城东关》，科学出版社，2001年。

③ 中国社会科学院考古研究所：《武功发掘报告——浒西庄与赵家来遗址》，文物出版社，1988年。

④ 西北大学文博学院考古专业：《扶风案板遗址发掘报告》，科学出版社，2000年。

中心，那里发展起了可能是本期最复杂的社会群体。这时期从晋南豫西几处大型墓地中仍可见到家族、氏族（或宗族）① 等血亲组织的存在，但社会基本组成细胞进一步分解为大家庭或小型家族公社，这导致等级分化指向了家族内部。其中陶寺墓地多层次的等级构成了一个高度复杂的社会系统，并且形成了一套服务于该系统的较完备的礼制。晋南几处大型墓地中的贵族墓普遍随葬玉石钺，表明权力的获取与巩固仍然同军事暴力密切相关，这也是此前传统的延续。同时还应看到，社会等级的分化主要出现在大型聚落中，一般普通聚落仍然难见此种迹象；而且，高度复杂的社会系统目前只见于晋南地区，其他地区或许变化较缓慢、社会复杂化的程度相对较低，区域间发展的不平衡性依然突出。

二、龙山时期

中原龙山时期（约公元前2300～1800年），在晋南豫西分布着“陶寺－三里桥文化”，可分为陶寺类型和三里桥类型，这两个类型主要是在各自庙底沟二期文化的基础上（临汾盆地为陶寺早期遗存，运城和豫西三门峡地区为典型的庙底沟二期文化）、同时受周围其他文化强烈影响而形成的；具体说，陶寺类型受三北龙山文化影响较大，三里桥类型受客省庄文化和王湾三期文化影响较大。陕西关中为客省庄文化，是关中西部的庙底沟二期文化和“案板三期遗存”结合发展的产物，而后扩展到了关中东部。豫中为王湾三期文化（以嵩山为界又可分为不同的类型），主要从秦王寨文化晚期遗存（或称谷水河类型）发展而来，同时受到了山东龙山文化的很大影响。豫北冀南为后岗二期文化，豫东为造律台类型（或称王油坊类型），两者都是在本地区前期文化基础上，受到周围王湾三期文化、龙山文化等强烈影响而形成的颇具混合性特征的文化。从上述诸文化的形成机制可以看出，龙山时代中原各文化之间的扩张与渗透、碰撞与融合空前剧烈，不同社会集团间强烈的互动关系导致了一个动荡不安的时代的到来②。

首先还是观察宏观的区域聚落考古调查资料。此时的晋南地区，在临汾盆地与运城盆地这两个较大的地理单元内，宏观聚落格局发生了极大的变化。陶寺中期（相当于龙山早期）“城址”扩大到了280万平方米，遗址的整体面积比这还要大（约400万平方米③），

---

① 此时氏族在生产经济及日常事务中的作用大大降低，更像是一个以血缘为纽带联系起来的一个松散的群体，而与仰韶时代发达的氏族组织有了很大的不同，因此称其为“宗族”似更合适。

② 戴向明：《黄河流域新石器时代文化格局之演变》，《考古学报》1998年第4期。

③ 高炜：《晋西南与中国古代文明的形成》，《汾河湾——丁村文化与晋文化考古学术研讨会文集》，山西高校联合出版社，1996年；梁星彭、严志斌：《陶寺城址的发现及其对中国古代文明起源研究的学术意义》，《中国社会科学院古代文明研究中心通讯》2002年第3期。

是目前所知临汾盆地规模最大、等级最高的中心聚落，其统辖区域当已远远超出陶寺早期小城所能整合的范围。根据最新的调查，在汾河以东1700余平方千米的范围内，“陶寺文化”的聚落较密集地成片分布，并大致可分为略有间隔的三区；除了居中的最大聚落陶寺，北、南两面还各有两个次级中心——县底和南柴（皆为110万平方米），稍晚南边的次中心移至曲沃、翼城交界处的方成－南石（约200万平方米）①；此外还有一些面积达几十万平方米的较大型聚落和更多的小型聚落②。这样在调查区域内至少可以划分出四层聚落等级。陶寺聚落群实际的分布范围或许比目前所知的区域还要大。陶寺集团即使不是临汾盆地内唯一的，肯定也是最强势、最发达的政体，很可能已将原来独立存在的多个较小的聚落群整合成为一个庞大的区域组织。

在运城盆地东部，聚落数量虽有较大幅度减少（由此前的117处下降到84处），但聚落的总规模扩大了，表明人口有显著的增长，而且聚落分布显示出向涑水河上游集中的态势，并在盆地北部出现了特大型聚落周家庄，面积达450万平方米，或许已将运城盆地东部的所有聚落纳入到了一个统一的政治实体中，覆盖面积远远超出从前那些较小的聚落群，其统辖范围至少有1500平方千米（图一一）。与临汾盆地不同的是，这里缺乏上百万平方米的次级中心，周家庄之下有一些几十万平方米的较大聚落和大量的小聚落，该区域似乎只能划分出三层聚落等级。

晋南豫西其他较小的地理单元内则见不到这样大型的区域组织和特大型中心聚落。垣曲盆地内聚落的数量较前略有减少，但最大聚落（丰村）的面积上升到了30万平方米，显示的是一个高度整合的聚落系统。豫西三门峡盆地（包括铸鼎塬）聚落群的大小规模和分布态势与前期相似，包括多个小型聚落群，沿黄河南岸一线间隔排开；一些聚落群中存在较大的聚落，面积达三四十万平方米，最大者也不过70万平方米，都应是所在群落或包括周围两三个聚落群的中心地点③。在郑洛地区，巩义伊洛河流域

---

① 早先发表的资料称方城－南石遗址有300万平方米左右，参见中国社会科学院考古研究所山西工作队、山西省临汾行署文化局：《山西曲沃县方城遗址发掘简报》，《考古》1988年第4期；山西省考古研究所：《山西翼城南石遗址调查、试掘报告》，《三晋考古》（二），山西人民出版社，1996年。

② 何驽：《2010年陶寺遗址群聚落形态考古新进展》，《中国社会科学院古代文明研究中心通讯》第21期，2011年。还有人推测到陶寺晚期中心都邑可能转移至方城－南石，参见高江涛：《中原地区文明化进程的考古学研究》，社会科学文献出版社，2009年。关于方城－南石在区域聚落系统中的规格、地位及其与陶寺的关系（是与陶寺并峙的区域中心还是附属于陶寺的次级中心，早、晚间地位是否有所变化？），还需更多的考古资料才能给予确切判断。

③ 魏兴涛：《豫西晋西南地区新石器时代文化与社会》，北京大学博士学位论文，2010年。

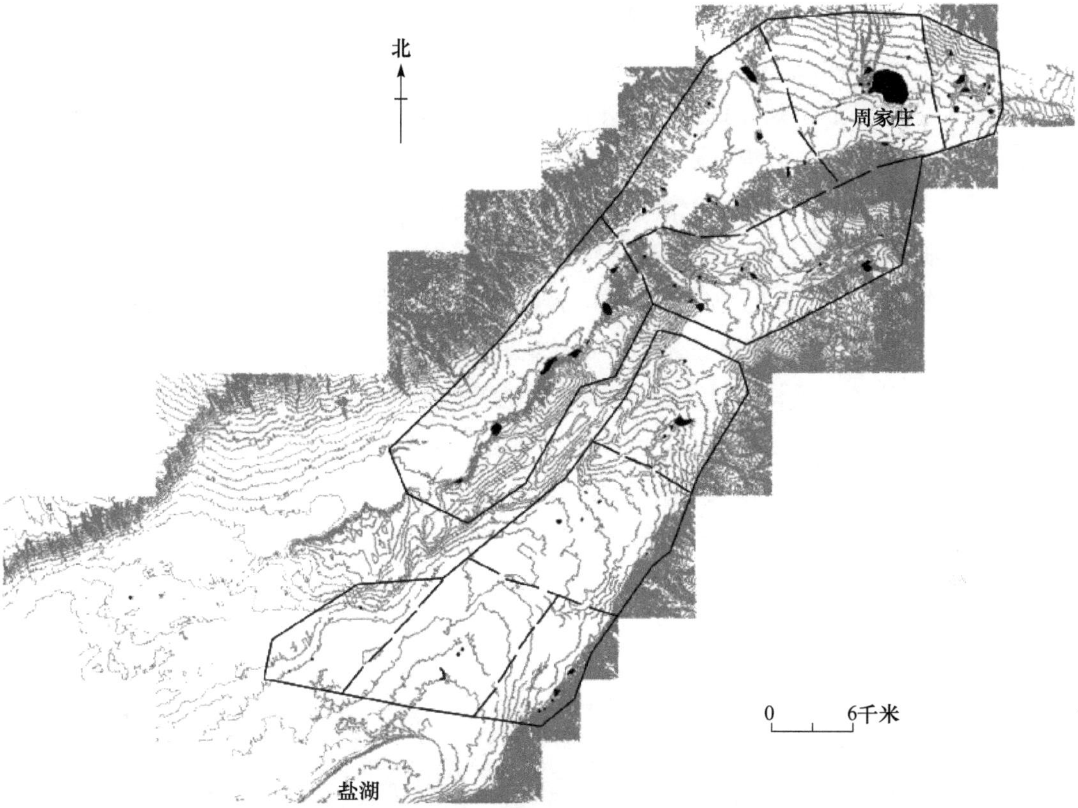

图一一 山西运城盆地东部龙山时期聚落分布图
（引自中国国家博物馆田野考古研究中心、山西省考古研究所、运城市文物保护研究所：《运城盆地东部聚落考古调查与研究》，文物出版社，2011 年）

调查在其支流坞罗河和干沟河分别发现 14、25 处共 39 处龙山期遗址，较前期（9 处）急剧增长，而且分别有一处较大聚落，坞罗河的为 20 万平方米，干沟河的为 13 万平方米，各自与其他小聚落一起构成了两个等级的聚落层次，整体态势仍然像是保持着两个小型的区域组织。颍河上游调查发现龙山期遗址 22 处，较前大幅增长，最大聚落为登封王城岗城址（30 余万平方米），其次为禹州瓦店（20 余万平方米），其他若干较小的聚落呈线形分布在河流两岸；但最新的资料显示瓦店有 100 万平方米[①]。不管是王城岗还是瓦店为最高中心，这里的聚落等级大致可分三层，颍河上游存在的仍是一处规模不大的群体；或者是各以王城岗和瓦店为中心的两个规模更小的团体。其他地区因缺乏系统的区域调查资料，整体情况尚不清楚[②]。

① 方燕明：《禹州市瓦店新石器时代遗址》，《中国考古学年鉴》（2008 年），文物出版社，2009 年。

② 上述有关运城盆地、垣曲盆地、巩义伊洛河流域、颍河流域的调查资料来源可参见上一节注释。

由上述资料的分析可以看出，除了在晋南的临汾盆地与运城盆地出现了特大型中心聚落和覆盖范围超过1000平方千米的大型团体，其他地区的区域组织仍然保持着较小的规模（一般在数十到数百平方千米之间）。晋南地区在龙山时期继续最强劲的发展势头。下面微观聚落的分析首先还是从晋南入手。

龙山时期中原各区域中心聚落中最突出的仍然是山西襄汾陶寺遗址。陶寺中期"城址"急剧扩大到了280万平方米，为史前最大的城址之一；从早期开始兴建的"宫城"到此期继续沿用（参见图二）[①]。在宫殿区范围内钻探出数处大小不一的夯土基址，其中最大的一处（ⅠFJT3）呈正方形，边长约100米，面积约1万平方米。从其形状与结构观察，这片基址实际应为垫土、夯打的地坪或大台基（残存夯土或垫土厚0.7～1米），上面又规划建筑。现已在其上揭露出一处主体"殿堂"的建筑柱网遗存（柱洞直径多为0.5米左右，个别达0.8米），长23.5、宽12.2米，面积286.7平方米，应是一座大型建筑的残迹；据柱洞分布的形状判断，这处柱网遗迹还有可能分属于两个并列的大型单体建筑（图一二）。另有迹象显示ⅠFJT3之上不止这一处建筑单元，而是有成组的建筑；并且在ⅠFJT3附近还有其他大型建筑基址的迹象。目前对这一片夯土基址

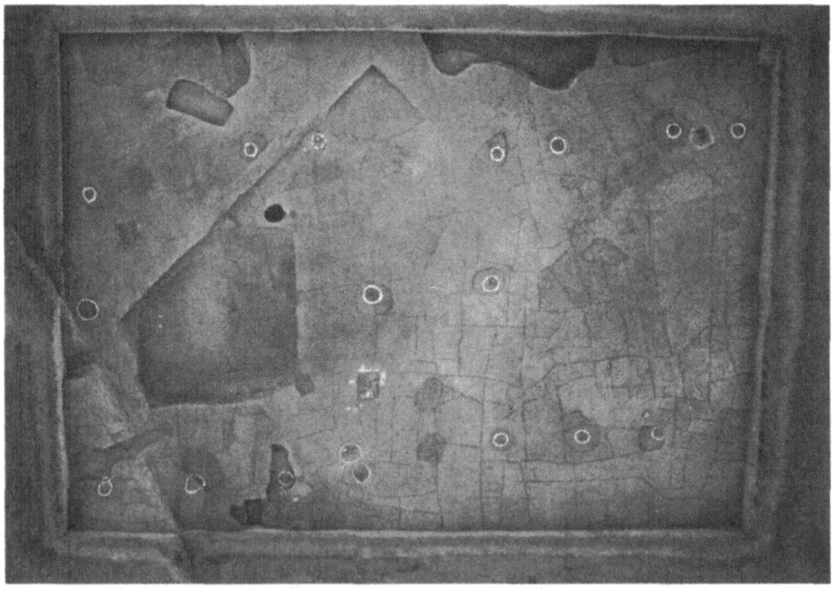

图一二 山西襄汾陶寺ⅠFJT3上主体殿堂的柱网结构

（引自中国社会科学院考古研究所山西队、山西省考古研究所、临汾市文物局：《山西襄汾县陶寺城址发现陶寺文化中期大型夯土建筑基址》，《考古》2008年第3期）

① 何驽、高江涛：《薪火相传探尧都——陶寺遗址发掘与研究四十年历史述略》，《南方文物》2018年第4期。

的整体布局还不太清楚，不知是否有朝堂、寝宫、宗庙等功能不同的设施，但从这些建筑的规模、规格，以及附近出土的高级建筑垃圾如板瓦、刻花白灰墙皮、蓝彩墙皮、玉石璜、铜器残片、彩绘陶器与漆木器残片等来判断，的确应属于贵族宫殿区[①]。

中期“大城”南侧为双道城墙，围起一片面积约 10 万平方米的长条形“小城”，小城内发现一片面积约 1 万平方米的墓地（参见图二），仅在中部和南部小面积的发掘（67 平方米）就清理出陶寺中晚期墓葬 22 座，其中最引人注目的发现无疑是中期大墓ⅡM22[②]。M22 为一竖穴土坑墓，东南—西北向，长 5、宽 3.65、深 7 米，墓壁四周涂抹草拌泥，近墓室底部有 11 个壁龛，内置随葬品（图一三；图版 9）。墓圹内填土中发现一具被腰斩的青年男子人牲骨架，墓主则置于整木挖凿出来的船形棺内。由于此墓在早期曾遭毁坏，墓主尸骸已散乱，棺内部分随葬品有所流失；不过从毁墓的迹象判断其目的不是为了盗物而主要是破坏，因此随葬品得以大部分保留下来。棺内残存玉钺碎块、玉璜、绿松石饰件、子安贝等 46 件，扰坑内的玉钺、管、绿松石片等 20 件物品也应出自棺内；棺的四周及壁龛内共出土 72 件（套）随葬品，包括彩绘陶器 8 件（有盆、罐、簋等）、玉石器 18 件套（有钺、戚、琮、璜、璧、玉兽面、青石大厨刀等）、骨镞 8 组、红彩草编物 2 件，还有一些漆木器（包括案、盒、箱、豆、觚形器、红彩漆筒、漆杆、木弓等），以及猪 10 头（皆劈为两半）、公猪下颌 1 件。随葬品的总数当在 140 件（套）以上。显然，与早期大墓相比，M22 规模更大、结构更复杂、随葬品更显奢华。早期大墓所出的普通日用陶器和石器等工具此时基本不见，主要随葬高等级的玉器、漆木器和彩绘陶器，并享有更加奢侈的供祭场面（棺南侧有木案 7 块、青石大厨刀 4 柄，刀下均有猪骨及皮肉朽灰，墓室西部则摆放属于 10 头个体的 20 片猪骨）；象征权力的玉（石）钺除在棺内随身放置外，在棺外还见 5 件（另外还有数件形制相似的玉戚），并都带有漆木柄。这些都说明墓主的身份地位更显超越，权力也更加集中；而弓箭等武器的存在又表明墓主仍然首先是军事首领。与早期大墓相比另一显著的变化是不见鼍鼓、土鼓、特磬等礼仪用器，似乎暗示宗教祭祀色彩进一步淡化，而“王权”的特征更加突出。

此后，在 M22 的北侧不远处又清理出陶寺中期墓葬 6 座，包括中型墓 4 座、小型墓 2 座。中型墓长 3 米多，宽 1～2 米多，深 2～4 米，多有壁龛，龛内放置彩绘陶器

---

① 中国社会科学院考古研究所山西队、山西省考古研究所、临汾市文物局等：《山西襄汾县陶寺城址发现陶寺文化中期大型夯土建筑基址》，《考古》2008 年第 3 期；何驽：《都城考古的理论与实践探索——从陶寺城址和二里头遗址都城考古分析看中国早期城市化进程》，《三代考古》（三），科学出版社，2009 年。

② 中国社会科学院考古研究所山西队、山西省考古研究所、临汾市文物局：《陶寺城址发现陶寺文化中期墓葬》，《考古》2003 年第 9 期。

图一三　山西襄汾陶寺 IIM22 及部分随葬品

（引自中国社会科学院考古研究所山西队、山西省考古研究所、临汾市文物局：《陶寺城址发现陶寺文化中期墓葬》，《考古》2003 年第 9 期）

1. 彩绘陶簋　2. 玉璧　3. 玉戚　4. 石钺　5. 玉兽面　6. 玉琮　7. 璜形玉佩

等物品。小型墓内也见少许绿松石、玉镯等随身佩戴的饰物。这些墓在陶寺晚期都被严重捣毁，抛骨扬尸，随葬品散落周围，因此毁墓很可能是不同群体间的报复行为。从墓内残存和周围散落的物品看，主要是些高等级的玉石器、彩绘陶器、铜环、贝类、骨器等①。

在这片墓地里，中期大、中型墓集中在西南端，而小型墓集中在中东部；晚期只有小墓，散布整个墓地。中期中型墓围绕在大型墓周围，其规模与早期大墓相仿，随葬贵重的奢侈品；中型墓附近还穿插着一些零星的中期小墓，这些小墓也有随身佩戴的玉饰，较其他小墓的地位显然要高一些②。从这些记述可以初步推断，该墓地西南端当为高级贵族的家族墓区，大、中、小墓并存，但与其他大量的小墓相对隔离；与早期大墓集中埋葬于族墓地的情形既相似又有区别，更接近于单独的“王族墓地”，尽管还不是独立的王陵区。

紧邻这片墓地的西南，还揭露出一处背靠“北城墙”的半圆形大型夯土建筑基址ⅡFJTI，面向东南塔儿山方向。据报道，这处建筑在陶寺晚期时就遭破坏，只剩被削为平面的地基部分，但整体轮廓仍较完整，总面积约1740平方米。基址内除了黄生土台基芯和生土半月台芯外，均为夯土建筑，共有三层台基，并在第三层台基外缘有一列半环形夯土版块（共17块）拼接成的弧形墙，墙内侧又有一列弧形夯土墙基（弧长约19、宽1.25～1.6、残深1.9～3.3米），墙基上部有人工挖的窄槽缝形成夯土柱缝。整个建筑的结构十分复杂，发掘者认为是兼观象授时和祭祀功能为一体的多功能建筑③。因这处建筑只残余基础部分，其上的结构难以知晓，所以推定为“观象台”的说法存在一定争议。该基址邻近中期大型墓地，墓地内又有像ⅡM22这种大型墓葬，故推测此处为“祭祀区”倒是有较强的说服力。这处“祭祀台”更加有助于凸显M22不同凡响的特殊地位。

除了“小城”内这一片墓地，在其西面几百米外，原1978～1985年发掘的那一片墓地（位于早期小城外、中期大城内，参见图二），也延续到了陶寺中晚期，只是没有发现大型墓，但有部分较低等级的中型墓，而绝大部分为空无一物的小墓。那些晚期

① 中国社会科学院考古研究所山西队、山西省考古研究所、临汾市文物局：《2004～2005年山西襄汾陶寺遗址发掘新进展》，《中国社会科学院古代文明研究中心通讯》2005年第10期；王晓毅、严志斌：《山西抢救性发掘陶寺墓地被盗墓葬》，《中国文物报》2005年11月9日；《陶寺中期墓地被盗墓葬抢救性发掘纪要》，《中原文物》2006年第5期。

② 何驽：《都城考古的理论与实践探索》，《三代考古》（三），科学出版社，2009年。

③ 中国社会科学院考古研究所山西队、山西省考古研究所、临汾市文物局：《山西襄汾县陶寺城址发现陶寺文化大型建筑基址》，《考古》2004年第2期；《山西襄汾县陶寺中期城址大型建筑ⅡFJTI基址2004～2005年发掘简报》，《考古》2007年第4期。

的墓葬大多相对集中，成片分布，多见数座或十数座一组，组群间距离较大，当为不同家族的茔域①。此外，1983和1984年前后在发掘居住区时清理出晚期小墓32座，这些墓分片成组分布，每组3、4座到7、8座不等，组与组间较散乱，排列无序②，这些可能是因特殊原因没能进入大型族墓地的零散墓葬，或是就近埋葬的小家族的茔地。

除了上述贵族宫殿区和大、小墓地，考古发掘还揭露出一些普通居址的遗迹。如1999～2000年在大南沟西侧、宫殿区的南面，发掘出了10座陶寺文化晚期的房址（有的上下叠压，应为原地反复重建的现象），面积在7.7～16.7平方米之间③，总的分布状况似也像早期一样，少数几座房子为一组，呈现大家庭或小家族的居住形态。

已有发现表明，在陶寺中晚期聚落内当存在多处居址和墓地，它们很可能属于不同的族群。在陶寺这种特大型聚落里，人们因各种社会关系聚拢在一起，从而形成了超出血缘关系之上的、包括不同族群在内的利益共同体。

陶寺城址内的发掘常见陶窑，从早期到中晚期都有，但多很分散，还没有确认出集中分布的制陶作坊区。大城内还见一些石器加工制作的迹象，如2002年在原宫殿区部位揭露出一处长20多米的大灰沟ⅠHG8，属陶寺晚期，沟内堆积分三层，每层除有很多散乱的人骨，还出土大量的打制石片与石坯④。有人研究认为这些石制品体现了石器制造的各个环节，石器原料应主要来自陶寺以南6千米处的大崮堆山，带到陶寺遗址的既有大量毛坯也有一定数量的石材；石器加工中产生的石片、石屑等废弃物占据大多数，而成形的石器只有很少一部分，生产与使用的分离说明这里石器的制作已经实现了产业化与专业化⑤。大崮堆山南坡基岩表面有大量石制品堆积，面积达15万平方米，发现的石器毛坯中有铲形、斧形、楔形（矛形）、锛形、刀形等，还有与陶寺特有的石磬、“V”形厨刀相对应的毛坯；初步的研究认为这处石器制造场使用的时间很长，至少可以延续到龙山时期⑥。后经进一步的调查发掘和研究，陶寺出土石器的原料、毛

① 高炜：《中原龙山文化葬制研究》，《中国考古学论丛》，科学出版社，1993年。

② 中国社会科学院考古研究所山西工作队、山西省临汾地区文化局：《陶寺遗址1983～1984年Ⅲ区居住址发掘的主要收获》，《考古》1986年第9期；中国社会科学院考古研究所、山西省临汾市文物局：《襄汾陶寺——1978～1985年考古发掘报告》，文物出版社，2015年。

③ 中国社会科学院考古研究所山西队、山西临汾行署文化局：《山西襄汾县陶寺遗址Ⅱ区居住址1999～2000年发掘简报》，《考古》2003年第3期。

④ 中国社会科学院考古研究所山西队、山西省考古研究所、临汾市文物局：《山西襄汾陶寺城址2002年发掘报告》，《考古学报》2005年第3期。

⑤ 严志斌：《陶寺文化石制品研究——以HG8为中心》，《二十一世纪的中国考古学》，文物出版社，2005年。

⑥ 陶富海：《山西襄汾县大崮堆山史前石器制造场新材料及其再研究》，《考古》1991年第1期。

坯和器形等都与大崮堆山的相对应，前者应直接从后者获取石料并制作石器；不唯如此，陶寺还很可能独自控制了大崮堆山的石料资源，并将石器以交换或再分配的方式输送给周围其他聚落[①]。然而令人费解的是，大崮堆山石坯中数量最多的矛形坯在陶寺并不多见，这种器物的最终器形和功用到底是什么、其主要的去向为何处？看来，陶寺遗址的石器制作与大崮堆山之间的关系仍有待深入细致的考察。另外，据勘察，中期大城内西南角有可能是一处集中加工石器的地方（参见图二），并可能存在专业化的石器生产作坊[②]，但这种判断尚需更多的发掘资料加以证实。

此外，陶寺中期大中型墓出土很多精美的玉石器、漆木器、彩绘陶器，显然延续并发展了早期出现的贵族手工业及对外交流的传统；虽然目前还没有发现制作这些奢侈品的专门场所或作坊，但我们有理由相信这些高级贵重物品的生产与流通是由贵族控制的，是上层统治者强化其身份地位、享受奢华生活的重要途径。陶寺中晚期还发现几件小件铜器，但主要出自中小型墓里，说明此时刚刚有了小规模的铜器制造业（但对采矿、冶炼、铸造等各个环节都还不了解），这些铜器还没有作为高级贵族专用的重器或礼器而进入人们的视野。

总结上述分析，与陶寺早期相比，陶寺中期社群中基本的组织结构、生产方式等方面变化不大，但整个集团内聚落的层级增加了，中心都邑的规模急剧膨胀，城址内发现的宫殿建筑和大墓的规格更高，贵族用品更加精致，上层贵族所掌握的权力与财富更加集中，并且强化了对重要资源的控制，这些都充分体现了社会复杂化的进一步发展，一个王国的雏形似已显现。

到陶寺晚期，原有的宫殿区、祭祀场似都有不同程度的毁坏，就连中期大中型墓也被盗扰损毁，而且出现了许多诸如灰坑、灰沟葬人和肢解人的暴力现象[③]。这些似乎都表明陶寺聚落到晚期遭受过大规模破坏。但陶寺晚期遗址面积仍然很大，那么此时陶寺是否已经衰落、是否还是都邑性的中心？难道陶寺本身受到其他集团的重创，尔后中心转移了吗（比如到方城 - 南石）？总之，要搞清陶寺晚期的变化仍有待将来进一步的发现与研究。

晋南地区有可能与陶寺处于相似地位的另一大型区域中心即是绛县周家庄。周家

① Zhai Shaodong. *Lithic Production and Early Urbanism in China—A Case Study of the Lithic Production at the Neolithic Taosi Site (c.2500-1900BCE)*. Ph.D dissertation, La Trobe University, Australia, 2010.

② 何驽：《都城考古的理论与实践探索》，《三代考古》（三），科学出版社，2009 年。

③ 中国社会科学院考古研究所山西第二工作队、山西省考古研究所、山西省临汾市文物局：《2002 年山西襄汾陶寺城址发掘》，《中国社会科学院古代文明研究中心通讯》2003 年第 5 期；何驽：《都城考古的理论与实践探索》，《三代考古》（三），科学出版社，2009 年。

庄位于运城盆地的北部，与陶寺的直线距离40余千米，是我们近年通过区域系统调查发现并确认的一处特大型遗址，龙山期地表遗存分布面积达450万平方米，经钻探、勘察发现遗址内有大型环壕，壕内面积约300万平方米，整体规模与陶寺非常接近。由周家庄统领的区域集团所覆盖的范围当在1500平方千米以上，差不多囊括了整个运城盆地的东部（参见图一一）。与陶寺相似，周家庄聚落也有一个从小到大逐渐扩展的过程，大型环壕形成于晚期阶段，遗址内也存在多处龙山期的居址和墓地。其中以遗址中东部的一片区域发掘面积最大，并且在这里可以看出由早期居址到晚期墓地的转换[①]。在这片已发掘3000余平方米的区域内，共发现小型房址30余座，这些房子成组分布，每组同时存在的房屋有3、4座左右或稍多，也应是大家庭或小家族的居住单元；在每组房子附近一般都有一至数座陶窑，还有大型取土坑、袋形窖穴等，因此推测这片居址与陶器生产密切相关。居址废弃后，这里变成了一片墓地，已揭露出墓葬300多座，其中土坑竖穴墓204座，儿童瓮棺葬148个，绝大部分墓都头朝西南（与陶寺不同）；这些墓分属5、6个以上不同的墓群，每群约有数十座（包括一些儿童瓮棺葬），大致分排埋葬，按其规模每一群大概代表着一个较大的家族单位；绝大多数墓为大小仅能容身的小墓（多无葬具），但在多数墓群里都有几座规模较大的墓（长2米多、宽1米多，有葬具），显示同一家族内存在身份地位的差异；另外在位于墓地东端的一个墓群里，绝大部分墓的规模都较大（最宽者达1.6米），且排列整齐，显示这个家族的地位似较其他要高，但所有这些较大的墓同小墓一样都不见任何随葬品，应当还不是聚落中的贵族。此外，值得注意的是，在墓地的中间部位有一片集中的儿童瓮棺葬区，很可能属于整个墓地内各家族所共有，出于某种原因将一些早逝的儿童葬入公共墓区里，果如此，那么这片墓地里的各家族单位就应统属于一个更大的社群组织——氏族（或宗族）。这片墓地总的情形与陶寺、下靳等墓地很相似，包括以家族为基本埋葬单位，家族间存在程度不同的等级差别。只是目前在周家庄还没有见到高规格的贵族墓葬，也还没有发现高等级的大型建筑，对该聚落社会发展状况的确认尚需更多的工作。

龙山时期晋南另一处值得特别关注的大型遗址是芮城的寺里－坡头。寺里－坡头龙山期遗存的分布范围约200万平方米，其中已知最重要的发现仍是清凉寺墓地[②]。

---

① 中国国家博物馆田野考古研究中心、山西省考古研究所、运城市文物保护研究所：《山西绛县周家庄遗址2007～2012年勘查与发掘简报》，《山西绛县周家庄遗址居址与墓地2007～2012年的发掘》，两篇皆刊于《考古》2015年第5期；戴向明、田伟：《山西绛县周家庄遗址聚落考古的主要收获》，《区域、社会与中国文明起源》，科学出版社，2019年。

② 山西省考古研究所、山西运城市文物局、芮城县文物旅游局：《山西芮城清凉寺史前墓地》，《考古学报》2011年第4期。

接续上节之后，这里着重讨论三、四期（龙山时期）的墓葬。与前一个时期（庙底沟二期）相比，本期墓葬的方向未变，仍为东西向，头朝西，但规模普遍变大，而且墓地格局也发生了很大变化。三期大墓在相同位置覆盖在二期小墓之上，说明两者不是同一墓地规划的产物，其间的转换或许代表着不同人群间的变化。三期105座墓，排列整齐有序，从地势较高的西部至略低的东部分布着10排，每排少者6、7座，多者12、13座。位于西部较高处的4排（尤其是中间3排）墓规模相对更大，同排墓葬间距与墓排间的距离也都相对较大；而位于较低处的东部6排墓规模相对较小，墓间距与排间距也相对较小；由此似乎可以分出东、西两个墓区，而西部墓区的规格应更高一些（参见图七）。所有墓都经盗扰，尤以中间规模较大的墓被扰严重，致使墓内骨骼缺失或散乱。多数墓底部有熟土二层台，说明普遍有葬具。这批墓以成年男性为主，女性人数不到男性的四分之一；一半以上的墓有殉人，其中又以西墓区占多数；殉人多为小孩，只少数为青少年和成人，置于棺外二层台上。从劫后所余判断，多数墓应有随葬品，主要是玉石器，另有少数陶器（包括彩绘陶瓶）、猪犬齿和鳄鱼骨板等（图一四）。玉石器中除继续使用本地石材者外，还出现了透闪石等外来的玉料；因遭严重毁坏，难以确认不同类型墓随葬品的组合与规格的差别，但可见者以佩戴于手臂上的玉石璧、环（包括联璜环）等饰物为多，另有少量的钺、刀、琮等（图一五）。四期墓位居墓地东端，自成一区，共有44座，分为4排（参见图七）；墓葬规模与三期东区墓近似，但只少部分有二层台（葬具），不见殉人，盗扰较轻；极少数墓出有与前期相似的玉石器，璧、环为主，但不精致。除了早晚关系，四期墓还有可能是与三期的两个墓区并行的另一群人的墓区，其地位较前两个墓区更低一些。

综合上述信息可以推知，清凉寺墓地中性别和年龄比例严重失调、墓葬规模普遍较大，说明三、四期墓地可能主要为贵族墓地而非包括所有成员的普通家族或宗族墓地；几个墓区在墓葬规模、随葬品、殉人等方面又都有一定差异，当反映它们社会地位的不同，而同一墓区内（特别是西墓区）可能也存在一定区别，但因破坏严重无法细分。整个三、四期墓葬的规格、等级明显要高于二期，表明集团的势力增强，而且对外交流扩展，权贵者开始利用稀有的外来玉料制作的物品来强化自己的身份。三期大墓多以人殉葬，残余的少量玉石钺又显示军权仍在上层集团的权力构成中占有重要地位，这些都为该集团打上了暴力统治的鲜明烙印。但无论是该聚落整体的规模，还是墓地展示的贵族墓葬的规格，都无法与同时期的陶寺相比，特别是不见陶寺那种王者级别的大墓；如果寺里－坡头属于本地区最高中心聚落，那么这个区域组织还没有达到陶寺那样的社会发展水平和复杂程度。一个值得关注的问题是，在这偏狭之地何以会崛起这样一处高等级的大型聚落？寺里－坡头与中条山北侧的盐湖（解池）距离很近，其间有小路相通，清凉寺墓地的发掘者曾认为，寺里－坡头可能是中条山南

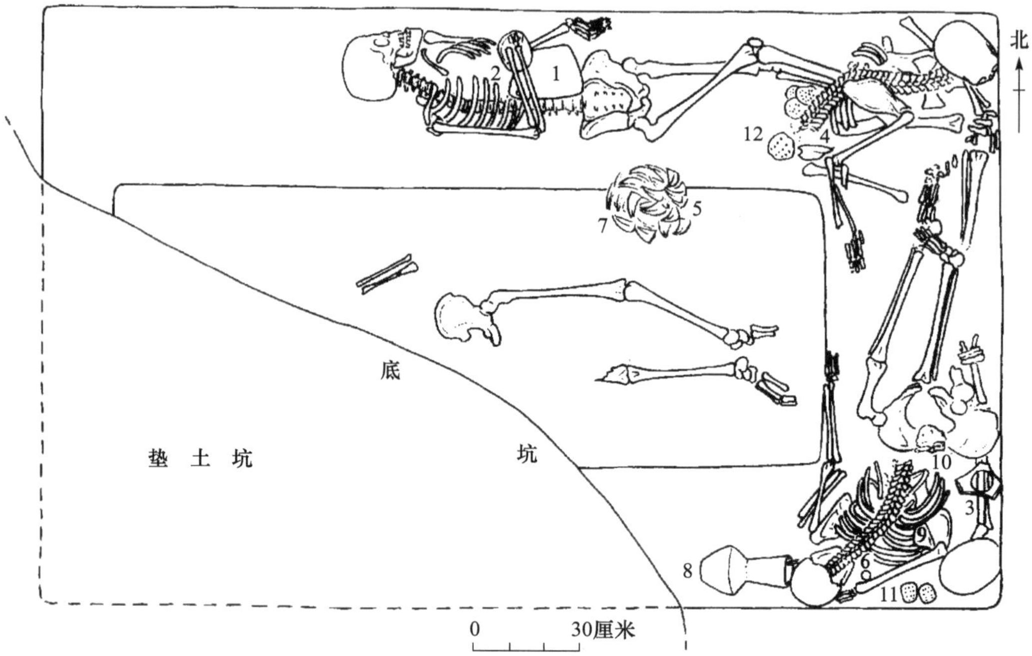

图一四　山西芮城清凉寺 M146 平面图

（引自山西省考古研究所、山西运城市文物局、芮城县文物旅游局：
《山西芮城清凉寺史前墓地》，《考古学报》2011 年第 4 期）

1、2. 玉石钺　3. 玉石筒状器　4. 玉石双孔石刀　5. 猪牙齿　6. 玉石饰　7. 玉梳形器
8～10. 彩绘陶瓶　11、12. 鳄鱼骨板

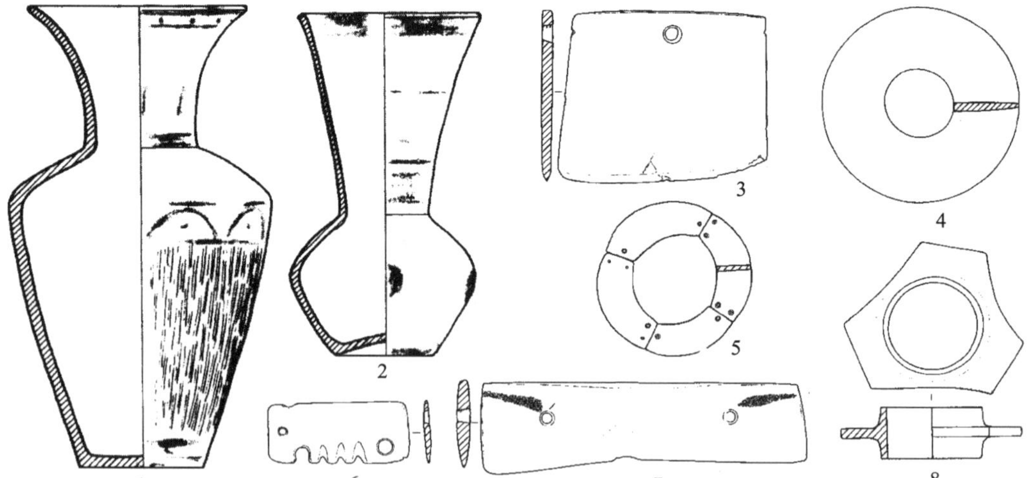

图一五　山西芮城清凉寺三期墓葬出土部分器物

（引自山西省考古研究所、山西运城市文物局、芮城县文物旅游局：
《山西芮城清凉寺史前墓地》，《考古学报》2011 年第 4 期）

1. 陶小口罐（M53：11）2. 陶瓶（M146：10）3. 玉钺（M146：1）4. 玉石璧（M53：1）5. 玉石联璜环（M57：2）6. 玉梳形器（M146：7）7. 玉石双孔刀（M146：4）8. 玉石筒状器（M146：3）

麓控制解池食盐外销的一个关键地点，而清凉寺大墓的墓主生前或许就是这样一个控制外销机构（集团）的成员（贵族）[①],这种判断是有一定道理的。墓地整体规格高可能与特殊资源控制而导致获取暴利有关，大型墓葬普遍有殉人、其后又被另一群人盗扰破坏，大概又反映了不同集团间为争夺盐业资源、获取盐业暴利的惨烈争斗。

晋南之外，在中原的核心——河南境内的黄河两岸，龙山时期的社会面貌也发生了极大的变化，其中最惹人注目的就是一系列城址的涌现。迄今在河南境内已发现 11 座龙山时期的城址，其中分布在豫北的安阳后岗、濮阳戚城、辉县孟庄属于后岗二期文化，豫东的淮阳平粮台属造律台类型，其余的博爱西金城、温县徐堡、新密古城寨和新砦、登封王城岗、平顶山蒲城店、郾城郝家台 7 座城址皆属于豫中的王湾三期文化。王湾三期文化的城址又主要集中在嵩山南北的黄河两侧和豫中南一线，而豫西的伊洛流域及洛阳盆地尚未发现（图一六）[②]。从这些城址的大小规模看，个别如郝家台、平粮台等仅有 3 万～5 万平方米；大者如王城岗、西金城等有 30 余万平方米，而龙山

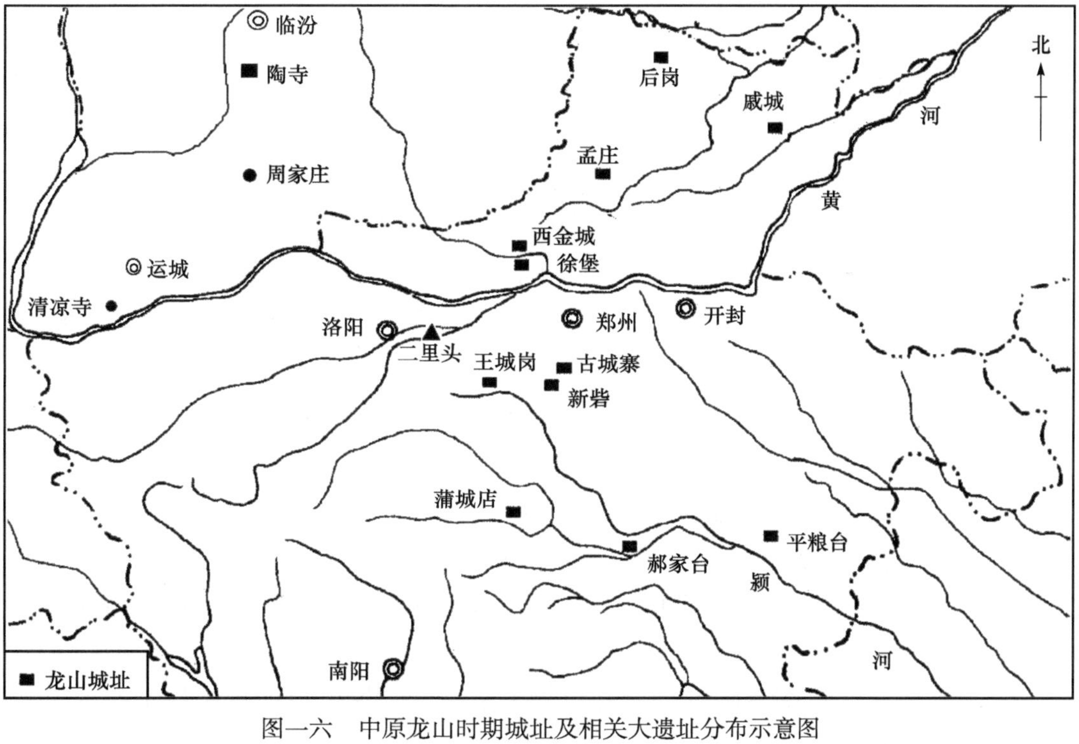

图一六　中原龙山时期城址及相关大遗址分布示意图
（据魏兴涛：《中原龙山城址的年代与兴废原因探讨》，《华夏考古》2010 年第 1 期，改制）

① 王晓毅、薛新明：《有关清凉寺墓地的几个问题》，《文物》2006 年第 3 期。

② 魏兴涛：《中原龙山城址的年代与兴废原因探讨》，《华夏考古》2010 年第 1 期。

末期的新砦达到70万～100万平方米；其余多在15万～20万平方米之间[①]。多数城址在当地都属于大型或较大的聚落，应是所在区域团体的中心城邑。

从这些城址的内容看，大多因发掘规模有限，或保存状况较差，对城内的聚落格局了解不多，但其中几处有高等级设施的线索。

登封王城岗在20世纪70年代后期首先发现东、西并列的两个小城，东城大部分已被河流冲毁，西城近方形，面积约1万平方米，报告认为西城略晚于东城。经大规模发掘，在西城内中西部较高处发现多处夯土坑、夯土奠基坑（填埋人骨架或散乱的人骨）等建筑残迹，据部分相关的残迹可以勾画出一些夯土基址的轮廓和大小（可能多为长方形或方形），其中有的可达150平方米左右[②]，这些应是城内高等级建筑的遗留。21世纪初又在该遗址发现一处龙山期大城，但只残余部分北城墙和北城壕、西城壕的局部，报告复原面积约35万平方米。原小城位于大城的东北角，发掘者认为大城晚于小城，相当于龙山晚期。大城内似有规模较大的夯土基址（图一七）[③]。

新密古城寨城址面积近18万平方米，长方形，保存较完整。城内中部偏东北发现一处大型夯土建筑基址F1，南北长方形，与城址方向一致，面积383.4平方米，上有6排柱洞或磉墩将房子分成7间，房子的南、北、东三面皆有回廊，应是一座多间宫殿式建筑基址；F1的北侧还有大型廊庑基址F4，宽4米，东西长达60米，整体布局显示该廊庑应是围绕F1而建的，与F1共同构成一个封闭式院落（图一八）[④]。这处史前时期罕见的大型院落式宫殿基址无疑属于城内上层贵族所专属。

淮阳平粮台城址面积5万余平方米，平面呈方形。在南、北城墙的中段均发现有城门缺口，其中南门两侧还有门房，南门门道路土下有残长5米多的陶质排水管道，由多节套扣组成。城内发掘出10余座房基，多为长排房屋，有的平地起建，还有高台建筑，普遍用土坯砌墙。F1为一平地起建的房子，房基东西长12.54、南北宽4.34米，用土坯墙分隔成三间，每间内都有一个烧土台；室内地面铺有0.1米厚的细红烧土粒，高于房外地面，南、北墙外还有草拌泥做成的散水坡（图一九）。F4为夯土高台建筑，台高0.72米，台基外部也有散水坡；房基东西残长15米多，南北宽5.7米，门朝南，高台上用土坯砌墙，房内距北墙0.92米处有一道与北墙平行的东西向界墙，界墙南有

---

① 赵春青：《中国史前城址研究的过去、现在与未来》，《中国社会科学院古代文明研究中心通讯》第21期，2011年。

② 河南省文物研究所、中国历史博物馆考古部：《登封王城岗与阳城》，文物出版社，1992年。

③ 北京大学考古文博学院、河南省文物考古研究所：《登封王城岗考古发现与研究》（2002～2005），大象出版社，2007年。

④ 河南省文物考古研究所、新密市炎黄历史文化研究会：《河南新密市古城寨龙山文化城址发掘简报》，《华夏考古》2002年第2期。

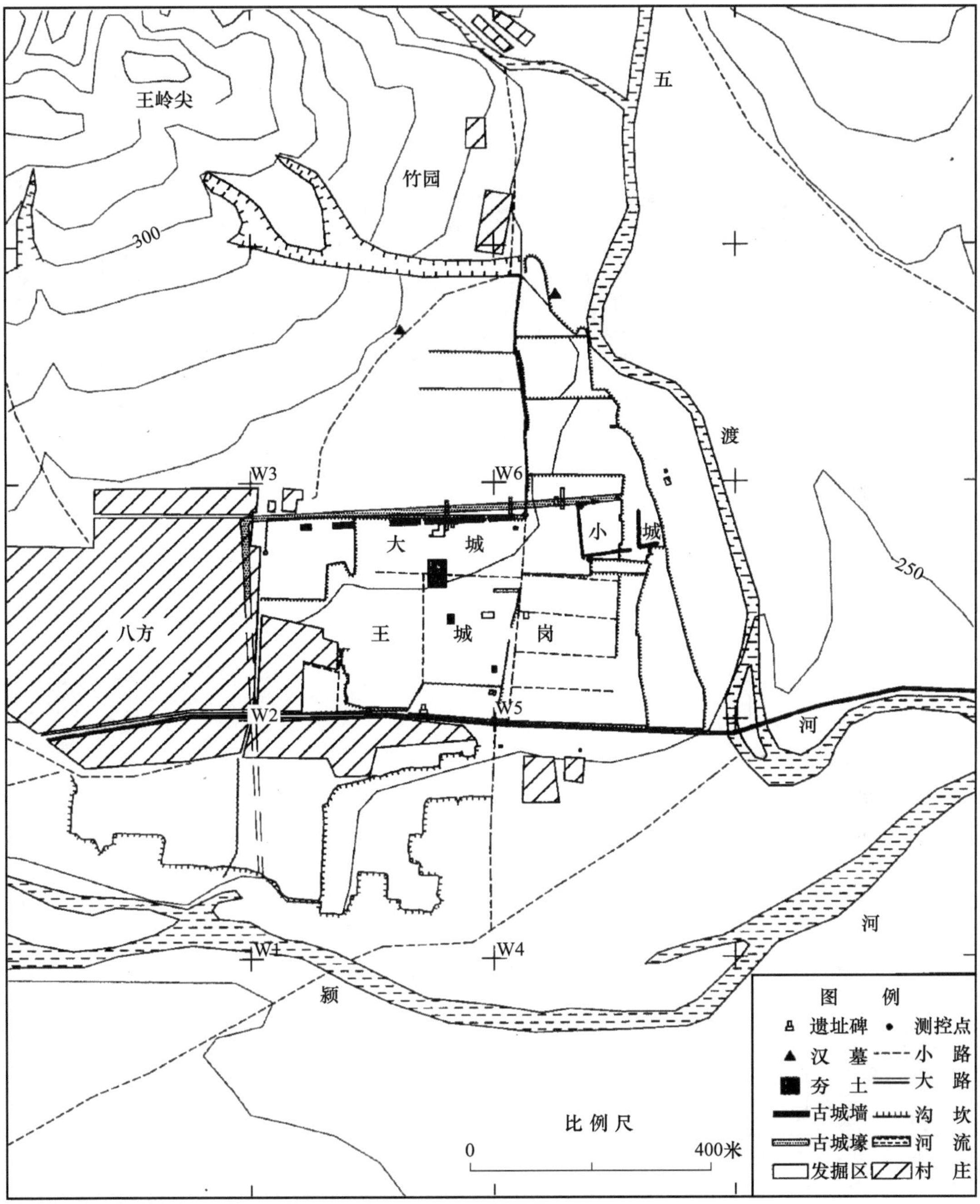

图一七　河南登封王城岗城址平面图

（引自北京大学考古文博学院、河南省文物考古研究所：《登封王城岗考古发现与研究（2002～2005）》，大象出版社，2007年）

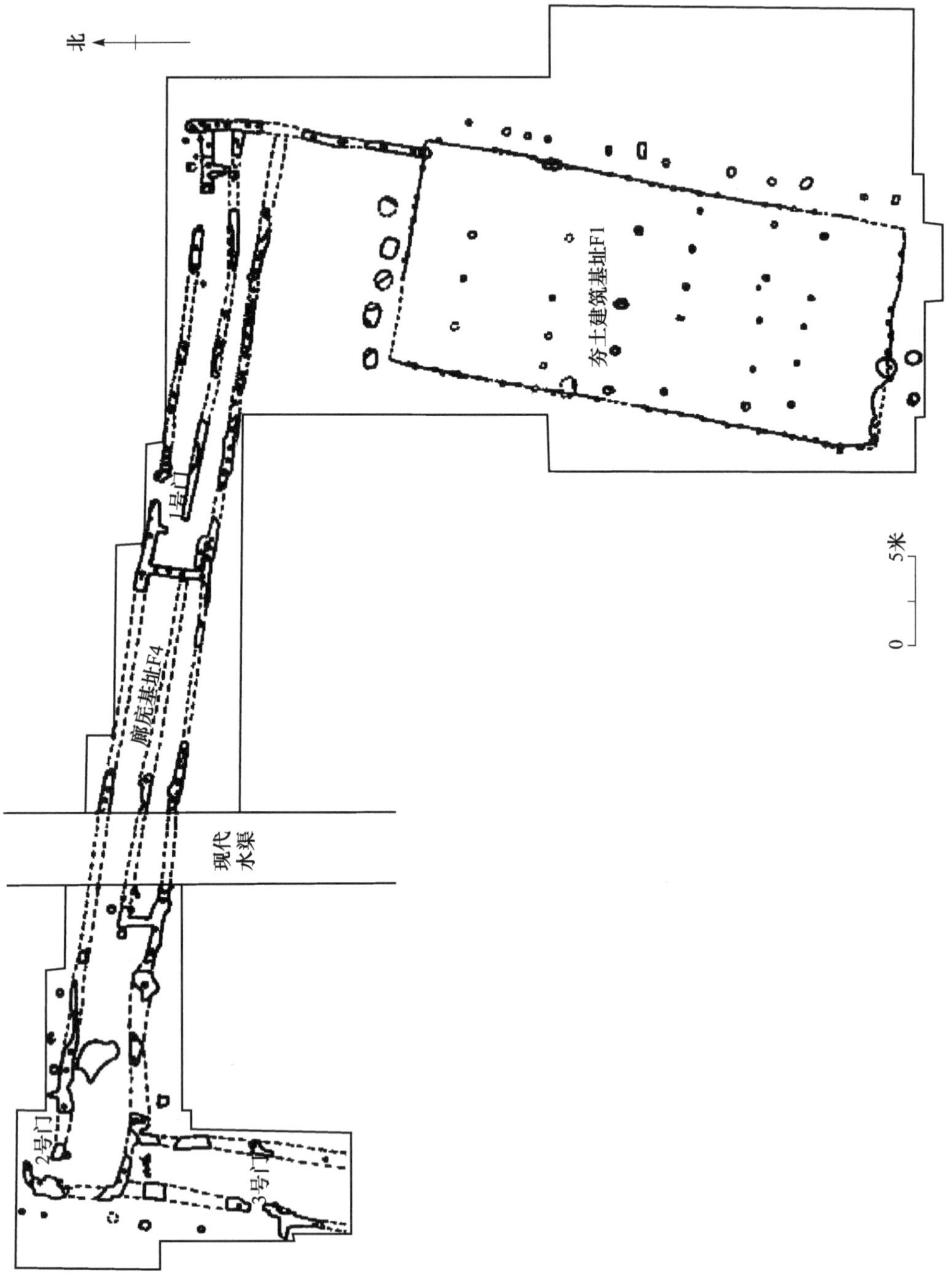

图一八　河南新密古城寨夯土基址 F1 及廊庑基址 F4 平面图

（引自河南省文物考古研究所、新密市炎黄历史文化研究会：《河南新密市古城寨龙山文化城址发掘简报》，《华夏考古》2002 年第 2 期）

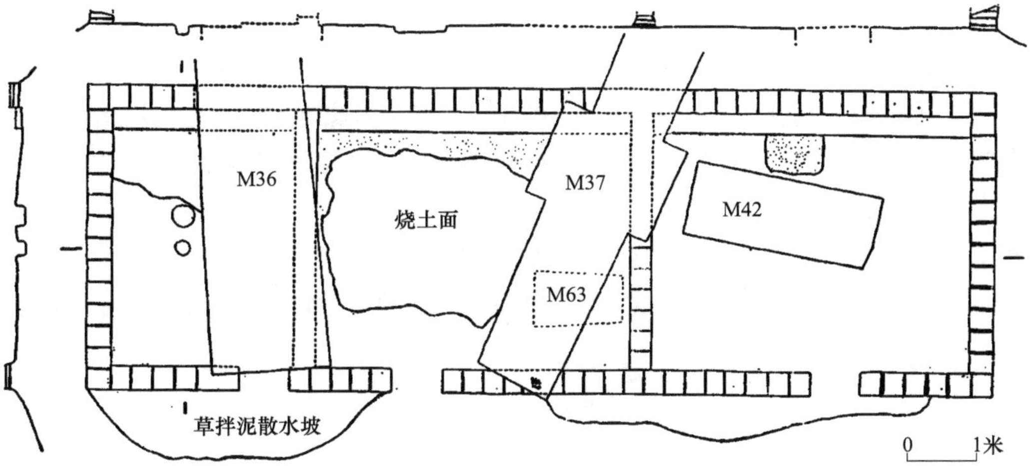

图一九　河南淮阳平粮台 F1 平、剖面图

（引自河南省文物研究所、周口地区文化局文物科：《河南淮阳平粮台龙山文化城址试掘简报》，《文物》1983 年第 3 期）

三道南北向短墙将房屋隔成四间[①]。这两座房子很可能各属于一个大家庭或小家族的居住单位。平粮台城址方正规矩，门卫房、排水管道显露出精心的设计和管理；揭露出的两座房址也建造得精致讲究，都用龙山时期罕见的土坯垒砌，尤其是 F4 夯土高台建筑还显示出颇为壮观的气势，估计这样的房子不是普通人的一般住址；而 F1、F4 皆位于城内的东南一隅，我们有理由推测在城中心或其他部位很可能还有规格更高的建筑。目前所知的平粮台城址虽然规模不大，但上述这些不同凡响的发现似乎暗示着这仍是一处重要的中心城邑。

龙山晚期在嵩山东部出现了一处结构复杂的大型聚落，即新密新砦。新砦遗址的发掘首先引发了对“新砦期”遗存年代和文化性质的争论。有发掘报告认为“新砦期”遗存主要集中分布在环嵩山地区东半部，是在王湾三期文化和造律台类型基础上发展起来的，而后再过渡到二里头文化一期；嵩山西部的伊洛流域和洛阳盆地则由当地的王湾三期文化直接发展为二里头一期；而周边其他地区均由当地的龙山文化晚期遗存直接演变为二里头文化二期[②]。除此之外还有其他的一些认识，分歧的关键在于“新砦期”遗存与二里头一期是前后相继还是并行或部分并行的关系，是属于中原龙山文化还是二里头文化、抑或是介于两者之间的一种单独的文化遗存[③]。无论如何，将新砦视为二

① 河南省文物考古研究所、周口地区文化局文物科：《河南淮阳平粮台龙山文化城址试掘简报》，《文物》1983 年第 3 期。

② 北京大学震旦古代文明研究中心、郑州市文物考古研究院：《新密新砦——1999～2000 年田野考古发掘报告》，文物出版社，2008 年。

③ 许宏：《“新砦文化”研究历程述评》，《三代考古》（二），科学出版社，2006 年。

里头作为都邑性聚落兴起之前的一处大型中心聚落（早于二里头二期），当无歧义。

新砦遗址总面积约 100 万平方米，有内外三重壕沟，中间环壕内侧有夯土遗迹，发掘者认为是城墙基址[①]，城内面积有 70 万平方米。内壕近中心部位揭露出一处大型建筑基址（图二〇），呈长条形，东西现存 99.2 米，南北主体宽 14.5 米，有夯筑墙体、柱洞、活动地面等现象，但无承重柱、隔墙等建筑遗迹，发掘者认为这是新砦期晚段一处大型露天浅穴式建筑，并推测属于“墠”或“坎”一类的祭祀活动场所[②]。还有人推测内壕具有与二里头宫城相似的作用与功能[③]。据现有材料可知，新砦当为本地区龙

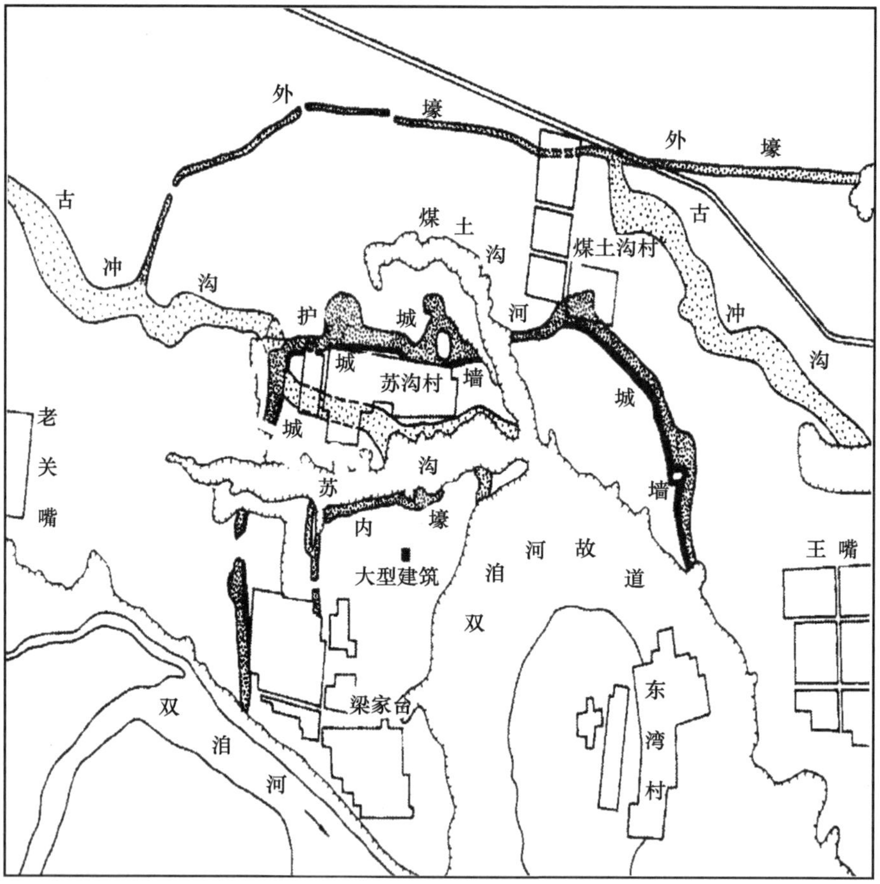

图二〇　河南新密新砦遗址平面示意图
（转引自高江涛：《中原地区文明化进程的考古学研究》，社会科学文献出版社，2009 年）

① 赵春青、张松林、张家强等：《河南新密新砦遗址发现城墙和大型建筑》，《中国文物报》2004 年 3 月 3 日。

② 中国社会科学院考古研究所河南新砦队、郑州市考古研究院：《河南新密市新砦遗址浅穴式大型建筑基址的发掘》，《考古》2009 年第 2 期。

③ 高江涛：《中原地区文明化进程的考古学研究》，社会科学文献出版社，2009 年。

山晚期一处大型中心聚落，并且远大于河南境内其他已知的龙山期城址，无论是其年代还是聚落的规模、结构，都处于中原龙山向二里头过渡的中间环节。多重环壕表明注重防护，内壕以里的中心部位很可能是贵族居住、活动的中心区域；但仅凭这些资料还远不能确认其为夏代早期都邑遗址。

目前所知新砦期遗存分布最靠北的大型遗址是嵩山北面的巩义花地嘴，残存面积约 30 万平方米。遗址内有 4 条环壕，呈圆角方形，它们与外界的通道都在遗址东南一线上。经发掘揭露出 3 个祭祀坑、10 余座地穴式房子。出土器物中有玉钺、铲、璋、琮等河南龙山聚落中罕见的精美的高等级物品①。

综合分析新砦期及二里头遗址②的资料，我们认为，新砦一期属于典型的王湾三期文化晚期遗存，新砦二期早段的年代相当于龙山末期，新砦二期晚段相当于二里头一期早段，新砦三期相当于二里头一期晚段③。所谓“新砦期”应包括原报告中的新砦第二期和第三期遗存，年代跨越龙山末期到二里头一期，是在嵩山东部王湾三期文化基础上、受到东方造律台文化等强烈影响而形成。新砦很可能是来自东方的上层统治者统辖当地人而建立的一个大型聚落，该集团兴起后又向西扩展，在嵩山北部留下了一个等级较高的巩义花地嘴遗址。但花地嘴似乎到新砦二期的晚段就中断了，与此同时在洛阳盆地的偃师却开始出现了与新砦同等规模的二里头一期聚落。二里头文化一期遗存的形成并非直接承自本地的王湾三期文化，尽管也保留了后者的一些内容，但其文化的主体则是来源于东面的“新砦类型”，同时又吸收了周边文化的一些因素并进一步综合创新而形成④。二里头文化这种脱胎换骨的变化、二里头聚落的建立，即使现在还不敢确定是由西进的新砦类型的一支人群分离并独立发展的结果，但至少可以推断，二里头是外来集团与本地集团在激烈的角逐中经过征服、兼并、融合而在洛阳盆地创建起来的。此后，这个新生的文化与社会集团迅速地发展壮大，到二里头二期以后终于孕育出了一个高度复杂的、势力空前强盛的早期国家，并最终将包括新砦在内的周边诸多区域集团覆盖消融⑤。

① 郑州市文物考古研究所、北京大学考古文博学院：《河南巩义市花地嘴遗址“新砦期”遗存》，《考古》2005 年第 6 期。

② 中国社会科学院考古研究所：《偃师二里头》，中国大百科全书出版社，1999 年。

③ 张海：《公元前 4000 至前 1500 年中原腹地的文化演进与社会复杂化》，北京大学博士学位论文，2007 年；戴向明：《中原龙山到二里头时期文化与社会发展阶段的二个问题》，《庆祝张忠培先生八十岁论文集》，科学出版社，2014 年。

④ 韩建业：《论二里头青铜文明的兴起》，《中国历史文物》2009 年第 1 期。

⑤ 戴向明：《中原龙山到二里头时期文化与社会发展阶段的二个问题》，《庆祝张忠培先生八十岁论文集》，科学出版社，2014 年。

除了上述这些城址和高等级聚落中的特殊遗存，在一些聚落中还揭露出许多普通的居址与墓葬等遗迹。如豫北冀南的后岗二期文化，在安阳后岗[①]、汤阴白营[②]都发现有成片密集分布的圆形地面房基，这些房子大小相若、形制相似，应是较大集体的集中居住区，其间应隐含着较小的社会组织单元，但从布局上难以确认其中小范围的组合关系。安阳大寒南岗遗址[③]在400平方米范围内揭露出6座龙山期房址，房址之间有很厚的路土相连，属同一时期的建筑；这些房子可分成南北两组，每组都包括1座圆形和2座长方形房屋，应是两个大家庭或小家族的居住地。其他地区龙山期遗址则罕见大片房屋集中分布的情形，所见者多为零散的房子或少数房屋的组合。除了单间房子，此时的中原还常见多间长排房屋。豫中的临汝煤山既有单间也有双间房子[④]。郾城郝家台二期有两排平行并列的长排房子（F16与F18），其中F18包括8间房屋；三期的长排房F13（叠压在F18之上）分为6间[⑤]。豫东永城王油坊的房子多为圆形和方形单间建筑，但在较晚的遗迹中有一座4间连排房（F16～F19）[⑥]。鹿邑栾台亦见多间连排式地面建筑[⑦]。陕西岐山双庵客省庄文化的房址中，除了圆形和方形的单间房子，还有数座分内外室的套间建筑，其中F2、F3为两座连体式套间房屋（共有4间房子相连）[⑧]。临潼康家更是揭露出多座连间排房，每座房子少者2、3间，多者5、6间，多数房间内都有灶；有些房间呈“凸”字形，有些房间则在两侧有向外凸出的短墙，许多排房外可能都有共用的院落（图二一）[⑨]。这种由数间房组成的院落式建筑还见于武功赵家

① 中国社会科学院考古研究所安阳工作队：《1979年安阳后冈遗址发掘报告》，《考古学报》1985年第1期。

② 河南省安阳地区文物管理委员会：《汤阴白营河南龙山文化村落遗址发掘报告》，《考古学集刊》（3），中国社会科学出版社，1983年。

③ 中国社会科学院考古研究所安阳队：《安阳大寒村南岗遗址》，《考古学报》1990年第1期。

④ 中国社会科学院考古研究所河南二队：《河南临汝煤山遗址发掘报告》，《考古学报》1982年第4期。

⑤ 河南省文物研究所、郾城县许慎纪念馆：《郾城郝家台遗址的发掘》，《华夏考古》1992年第3期。

⑥ 中国社会科学院考古研究所河南二队：《河南永城王油坊遗址发掘报告》，《考古学集刊》（5），中国社会科学出版社，1987年。

⑦ 河南省文物研究所：《河南鹿邑栾台遗址发掘简报》，《华夏考古》1989年第1期。

⑧ 西安半坡博物馆：《陕西岐山双庵新石器时代遗址》，《考古学集刊》（3），中国社会科学出版社，1983年。

⑨ 陕西省考古研究所康家考古队：《陕西临潼康家遗址发掘简报》，《考古与文物》1988年第5、6期；陕西省考古研究所康家考古队：《陕西省临潼县康家遗址1987年发掘简报》，《考古与文物》1992年第4期。

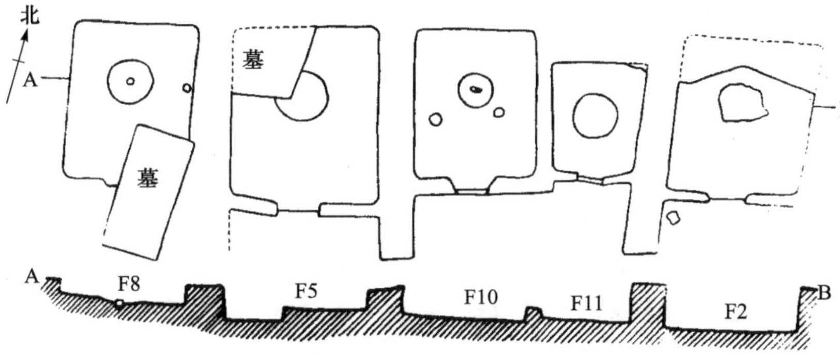

图二一　陕西临潼康家一座排房平、剖面图
（引自陕西省考古研究所康家考古队：《陕西临潼康家遗址发掘简报》，《考古与文物》1988 年第 5、6 期）

来[①]。其中的每间房可能属于一个核心家庭，而一座连间排房（或一座院落式房屋组）应是由多个有亲缘关系的核心家庭组成的扩大家庭，构成了聚落中基本的经济单位[②]。

以上这些多样化的房屋类型和分布形态展现了不同的居住习俗，可以推断其中既有大家庭或小家族、也有较大家族的居住单元，其上还应有更高级别的社群组织。我们认为由数间房屋组成的排房或院落，或者几座单间房子构成的房屋组，代表着扩大家庭或小型家族公社，乃是龙山时期基本的社会组成单位；而核心家庭虽然也有一定的独立性，但在社会生活和经济活动中或许还不能经常性地构成完整的独立单元。从中还可以看出，在这些普通聚落内难以见到不同等级的差别，社会分化在其中体现得仍不明显。

上述几个文化或地区所见墓葬也多呈散乱的分布状态，有些遗址虽存在着数座或十数座墓葬集中分布的情形，但罕见晋南那种集中分布的大型墓地[③]。这些散乱的墓葬或小型的墓地应是大家庭或小家族的埋葬方式，与聚落内的居住形态相对应，是社群中基本组成单位进一步向小型化分解的表现。另外，在目前已知的这些遗址中，包括那些城址和大型聚落，所见基本都是普通的小墓，而尚未发现晋南那种高等级的贵族大墓，此种情形与中原龙山时期社会复杂化的发展状况并不相称，应是今后田野工作中需着力解决的问题。

概括上述分析，我们可以清楚地看到，与前一个时期相比，中原龙山时期的社会发展既有连续性，又发生了全新的变化。其中聚落内大大小小的家族公社或扩大家庭已凸显为基本的社会组成单位，除了在晋南尚能看到大规模的氏族或宗族组织在维系

① 中国社会科学院考古研究所：《武功发掘报告——浒西庄与赵家来遗址》，文物出版社，1988 年。

② 刘莉：《中国新石器时代——迈向早期国家之路》，文物出版社，2007 年。

③ 相关的墓葬资料可参见上面所提及的各遗址包括龙山期城址的发掘报告。

社会关系等方面可能仍然发挥着一定的作用（主要通过埋葬制度体现出来），其他地区则难以见到这种大型社会组织存在的物化表现。在几个主要的地区中，陕西关中的总体发展状况仍不清楚，而位于中原腹心之地的河南境内，此前沉寂的局面为之一变，龙山时期涌现出了众多的城址，这些城址大多也是所在地区的大型中心聚落，并出土了许多高等级建筑和器物（如在王城岗、瓦店、郝家台、花地嘴、新砦等地分别发现有精致的白陶、磨光黑陶、玉器、残铜器等），成为上层贵族与普通人之间分化的证据，但这样的分化在一般聚落中仍然难以见到。在各区域中，晋南地区依旧表现得格外突出。从临汾盆地直到黄河沿岸，无论是宏观的聚落组织还是特大型中心聚落的规模，以及聚落内复杂的结构、高级建筑与墓葬等方面，都是中原其他地区所不能比拟的。龙山时代的中原城堡林立，以人奠基、祭祀、乱葬等暴力杀戮现象随处可见，晋南更是出现特有的大规模毁墓现象，这些都是不同社会集团间激烈竞争及群体内矛盾冲突与特权强化的鲜明表现。结合晋南大墓普遍随葬玉石钺等情况，可以看出社会上层权力的获取与巩固同战争、军事更加密不可分。在这些竞争激烈的社会群体中，陶寺集团跃然而出，成为探讨早期国家起源的重要对象。

三、总结与讨论

如果说笔者在前一篇文章中论述的主要是从简单的氏族部落社会到早期酋邦社会的发展历程，那么在这一篇文章中讨论的核心问题则是中原地区酋邦社会的发展及其向早期国家社会的迈进。

研讨的中心问题虽可分成两部分，但历史的发展过程是连续的，而我们需要特别关注的是其间关键性的变化。从仰韶晚期到庙底沟二期，宏观聚落形态显示许多地区聚落与人口的规模和数量鲜有明显的增长，有些甚至可能还有所下降；陕西关中、河南大部也难见社会复杂化进一步发展的迹象。但晋南豫西却呈现出不一样的、旺盛的发展势头，尤其在临汾盆地出现了以陶寺为核心的强势社会集团。在这种不平衡的、此起彼伏的发展格局中，中原地区文化与社会发展的重心再次由西部（关中西部到陇东）转移到了晋南豫西。

庙底沟二期中原各区大大小小的聚落中一个普遍的现象，是延续并发展了自仰韶中晚期以来出现的社会基本组成单位向小型化分解的趋势，此时由少数房屋组成的院落或房屋组所代表的大家庭或小型家族公社已成为常见的、稳定的基层单元，而且这种社会组成结构一直延续到了龙山时期。墓葬中所见的情形有所不同，除了一些零散的墓葬和小规模的墓地可能与居址大体相应，晋南豫西仍然常见大型墓地，而在这些大型墓地中所能分辨出的最小社会单位是较大的家族，其上则是氏族或宗族，再往上还应有更高级别的社群组织。从中我们可以看到，一方面社会独立细胞的小型化为等级分化深入到家族内部、少数权贵者财富与权力的集中奠定了基础，另一方面大家族、宗族组织除了在埋葬制度中起到连接纽带的作用，在现实社会中可能也仍然发挥着一定的功能。那些大型中心聚落里的上层贵族统治者，很可能正是首先借助“族”的力量来获取和巩固其特权的。同时还应看到，社会分化的证据在众多普通聚落中仍然乏见。

晋南地区的陶寺、下靳、清凉寺等处的墓葬材料，清楚地展示了普通平民与贵族之间的等级分化，如前所述，这种分化既出现在不同家族之间、也深入到了家族内部。而陶寺与下靳墓地之间的区别，还展现了不同层次聚落之间的等级差异。陶寺早期墓地对比鲜明的大、中、小墓，首次揭示出了一个多层级的、金字塔形的社会结构系统，并发展起了维护、巩固这一等级秩序的较成熟的礼制。这种社会结构的复杂性应超出了此前灵宝西坡、秦安大地湾等所见早期分化的等级社会。陶寺表现出了更加集中的公共权力和地位更崇高的上层贵族的个人身份。众多遗址中常见的体现暴力杀戮的乱葬坑，晋南几处贵族大墓中普遍随葬玉石钺，这些都反映不同社会集团间以及集团内部存在剧烈的对抗与争斗，暴力统治和军事强权应是导向社会集权的主要途径。此外，上层贵族所拥有的丰厚的个人财富、对礼仪用器的独占，又进一步表明集团内的首领已在经济、军事、宗教礼仪等各方面独揽大权，成为名副其实的最高统治者。

然而，这样的统治者还不是“王”，尽管陶寺集团表现出了许多先进性，但在其早期阶段（庙底沟二期晚段前后）还没有发展成为一个“王国”。首先，陶寺集团可能主要局限于塔儿山周围的聚落群，在其附近或许还存在与其并峙的其他同等政体；即便陶寺已经将其势力范围覆盖到了周边更广大的区域，所形成的也很可能是一种以陶寺为主的联盟而非统一的大型政体；目前我们在陶寺及其周围的聚落群中，最多只能划分出三层聚落等级，这通常不超出一个复杂酋邦的等级结构。其次，与较晚近的早期国家都邑相比，陶寺早期聚落规模并不很大；虽有贵族集中的居住区，但尚无属于王宫、宗庙建筑的明确证据。再有，虽然几座集中埋葬的甲种贵族大墓显示最高首领的身份可能是在同一家族内世袭传递的，但其埋葬方式还受制于紧密的血缘族群关系，与同一家族乃至宗族内的普通人混在同一片墓区里，还没有形成单独的贵族茔区。这些都反映了陶寺早期贵族的“原始性”，尚缺乏“王者气象”。

这里需要回答的一个问题是，在其早期阶段，陶寺集团何以会在众多的区域团体中脱颖而出，成为中原最醒目、最发达的社会群体？除了优良的地理环境和自然条件、同等政体间相互竞争的促进作用（这在许多地区都具备），还应有如下两点原因：其一，在其他地区皆呈式微的情形下，晋南豫西的社会与文化却呈现出旺盛的发展势头，聚落数量显著增长，聚落密度达到了空前的高度，而且在运城盆地的北部和临汾盆地中部都出现了较大范围的区域融合之势，本地区文化对外的辐射力也大大增强，而所有这些又应当以发达的经济为基础；其二，临汾盆地地处中原文化区的北端，一方面既保持了中原的许多传统，另一方面又容易接受周围的影响而焕发出更大的活力，这里庙底沟二期早、晚阶段文化面貌的巨大变化就是明证；而且陶寺早期的贵族墓葬一改中原仰韶中晚期以来薄葬的传统，其复杂的葬制、葬具与随葬品等方面就有很多东方大汶口文化的影子，上层贵族的交流网络甚至远达江南地区，正是这些外来文化、习俗及随之而来的社会政治的激荡和影响，刺激了陶寺集团内部复杂化的发展。

龙山时期的中原，社会基层组织没有大的变化，虽然个体核心家庭的地位有所突出，但大家庭或小型家族公社仍是各聚落社会与经济生活中的基本单位，整体的社会组织结构也具有与前期相似的特征，较大的家族和宗族组织在晋南几处大型墓地中仍可辨识，显示出社群内部结构的连续性和稳定性。然而，大部分地区总体的社会面貌却发生了相当大的变化。目前除了陕西关中的社会发展状况仍不太清晰，晋南与河南一批城址与大型聚落的考古发现为深入解剖本期的社会形态提供了越来越丰富的资料。迄今中原已发现的龙山期城址主要集中在河南境内，有大大小小十几座，而实际的数量肯定还要更多，这些发现凸显了龙山时期中原腹心之地社会发展的迅猛势头；这些城址大多应是所在区域的中心城邑，其体量庞大的城墙的修造、城内大型高级建筑的出现，都显露出拥有强大的公权力和享有特权的高级贵族的存在，最初意义上的城乡分化已经开始，社群内部等级分化也主要见于以这些城址为代表的大型中心聚落里，而在普通村落中则难觅其踪。但遗憾的是，目前河南境内这些城址周围聚落分布的状况、层级结构等方面大多还缺乏系统的资料。从颍河上游的调查材料看，围绕王城岗等城址存在的可能多数仍是些规模较小的区域组织，豫西的一些调查也显示了相似的结果；这些城址和相关遗址的考古发现也缺少可以同晋南陶寺相匹敌的贵族大墓、宫殿建筑群、大型祭祀遗迹等高规格的设施。然而龙山末期像新密新砦、巩义花地嘴这样规模大、结构复杂、出有高等级物品的大型聚落，提示我们在中原的腹心地区，在二里头作为大型都邑兴起之前，也许就已形成了远超出现在所知的、更复杂的社会系统。

但就现有材料来说，龙山时期中原最复杂、最发达的社会组织无疑仍在晋南地区。这里有其他地区所未见的像陶寺、周家庄、寺里－坡头这样面积达数百万平方米的特大型中心聚落，以及与之相关联的地域宽广、覆盖面积在1000余平方千米以上的大规模社会群体。这种在一个较大地理范围内将原来若干较小区域组织整合成一个统一的大型政体的事例，在中原史前史的发展过程中还是第一次。尤其是陶寺，在龙山期的较早阶段（陶寺中期），其“城址”的面积骤然扩大到了近300万平方米，内有成组的大型宫殿建筑群，集中的贵族墓地和比早期规模更大、规格更高的“王级”大墓，结构复杂的大型祭祀礼仪建筑等，而高等级墓葬中出土大量精美的奢侈品又表明了贵族手工业的发展和上层贵族对外交流的扩展，以石器生产和流通为代表的手工业也很可能被纳入到集中的控制与管理体系中。所有这些考古发现及其表露出的先进性，使我们不能不重新考虑陶寺集团的社会属性及其在中原地区社会复杂化进程中的意义。

在陶寺中期“大城”出现之前以及与之同时期的众多大大小小的区域社会组织，我们可以用“酋邦”的概念来统称它们[①]。但显然，从仰韶中晚期到龙山时期，“酋邦”的形态都是有相当大的变化的。在西方历时已久的酋邦研究中，人们总结概括出了不同类型的酋邦，包括“简单酋邦”（两层聚落等级或一层政治控制等级）和“复杂酋邦”（三层聚落等级或两层政治控制等级）[②]，强调集体利益的“群体型”（group-oriented）酋邦与强调权贵者个人身份地位与财富的“个体化”（individualizing）酋邦[③]，或者分为采取“公共型”（corporate-based）策略（类似集体取向的、强调公共利益而淡化个体差异）与采取“网络型”（network-based）策略（突出个人权威与财富、注重通过建立远程交换网络及专业化生产来满足少数人需要）两种不同的社会发展模式[④]。尽管我们相信在多种多样的复杂社会中确实存在以上不同的类型，但正如近年来有学者所指出的，这些对酋邦或社会发展模式进行分类的“二分法”也有很大的局限性，把

① 本文暂且采用“酋邦”的概念来统称国家以外的复杂的社会组织。因为如本文接下来所分析的那样，尽管介于简单的氏族部落社会和国家之间的、中间形态的复杂社会呈现出多样化的特点，但一直没有更好的其他概念来概括这些多变的社会组织，迄今也还没有足够的资料和研究可以将各种不同的复杂社会形态完全梳理清楚而给予一个或多个确切的命名。

② Earle, Timothy K. *Economic and Social Organization of a Complex Chiefdom: The Halelea District, Kaua'i, Hawaii*. Ann Arbor, 1978; Steponaitis, Vincas. Location Theory and Complex Chiefdoms. In *Mississippian Settlement Systems*, edited by Bruce Smith. New York: Academic,1978:417-453; Wright, Henry. Prestate Political Formations. In *On the Evolution of Complex Societies: Essays in Honor of Harry Hoijer*, edited by Timothy Earle. Malibu: Undena Publication,1984: 41-77; Earle, Timothy K. The Evolution of Chiefdom. In *Chiefdoms: Power, Economy, and Ideology*, edited by Timothy Earle. Cambridge: Cambridge University Press, 1991: 1-15.

③ Renfrew, Colin. Beyond a Subsistence Economy: The Evolution of Social Organization in Prehistoric Europe. In *Reconstructing Complex Societies, Supplement to the Bulletin of the American Schools of Oriental Research*, edited by Charlotte B. Moore,1974, 20: 69-95.

④ Feinman, M. Gary.The Emergence of Inequality: A Focus on Strategies and Processes. In *Foundations of Social Inequality*, edited by T. Douglas Price and Gary M. Feinman. New York: Plenum Press,1995: 255-279; Blanton, Richard, Gary Feinman, Stephen Kowalewski and Peter Peregrine. A Dual-Processual Theory for the Evolution of Mesoamerican Civilization. *Current anthropology*, 1996, 37(1): 1-14.

复杂多样的社会形态过于简单化了[①]。的确，就中原的情形来说，就常常难以用贴标签的办法对不同的社群组织进行简单归类。比如，早在仰韶中期豫西灵宝铸鼎塬就已出现三层等级的聚落群，但在至少是次级中心的西坡遗址揭露出的最高规格的大房子仍具有公共殿堂性质；而稍晚的贵族大墓既有突出个人身份地位、标示权威的随葬品，同时与其他地区的贵族墓葬相比又显得简朴而不奢华；仰韶晚期甘肃秦安大地湾F901这样的大房子则表现出公共殿堂与贵族宅邸相结合的特点[②]。这样的几种社会形态恐怕都不适宜用上述二分概念中的任何一种来简单地框定。直到龙山时代，资料显示在广大的中原地区仍是不同规模、多种类型、各具特色的酋邦共存，还可以初步判断一些较简单的酋邦与另外一些复杂的酋邦共存（甚至还可以推想在某些偏僻的区域从来就没有形成过复杂的社会组织）。但另外，从总的发展趋势看，中原地区所涌现出的酋邦确有从比较简单向非常复杂演进的趋向，这在以陶寺为代表的晋南地区的大型中心聚落里得到了充分的体现；与仰韶中晚期相对简单的酋邦相比，陶寺早期社会呈现出复杂的金字塔形的等级结构，少数贵族的财富与权势越来越集中突出，极具个人取向的“网络化”政治经济策略也越来越显著，展示了中原所见最复杂的酋邦形态。在这“万邦林立”的发展格局中，陶寺中期“大城”及其整合的集团很可能率先迈入了早期国家社会。

首先必须指出，近现代民族国家与古代国家在概念上应是有所区别的。关于古代国家，学术界有多种定义，对此近来有学者做过很好的归纳总结[③]。无论对古代国家的定义存在怎样的分歧，以下几点一般都是被强调的：①一定的领土或地域范围；②不同社会阶层或等级的划分；③权力集中的政治组织，并且在最高统治者（集团）之下有一套分层与分工的官僚管理机构；④维护国家统治秩序的法律、制度和暴力工具（如军队等武装力量）；⑤此外还有支撑国家运转和服务于统治者的经济系统（如劳役、税赋等），以及为统治者所掌控的国家意识形态系统。在这些或其中一些本质的内容方面，不同学者间的认识其实有着很大的一致性。以上诸项中的第③、④条是国家与酋邦相区别的最重要的两点，无此则很难将一个早期国家同一个复杂酋邦辨别开来。此外，当我们探讨国家起源问题时，除了要运用这些一般的衡量标准，还必须注意到古代国家社会中早期国家的原始性问题。

从概念与理论上区分酋邦与国家是较为容易的，而在实际的个案研究、特别是要

---

① Drennan, Robert D., and Christian E. Peterson. Patterned Variation in Prehistoric Chiefdoms. *Proceedings of the National Academy of Sciences*, 2006,103:3960-3967.

② 戴向明：《中原地区早期复杂社会的形成与初步发展》,《考古学研究》（九），文物出版社，2012年。

③ 王震中：《关于古代国家的概念定义与标志》,《考古学研究》（九），文物出版社，2012年。

通过考古遗存在两者之间做出明确的划分，却往往是比较困难的。为此考古学家也设定了一些标准，如古代国家应具有包括各种行政与居住功能的宫殿建筑群，以及神庙等纪念性建筑、王墓或王陵区等[①]；另外还有人根据聚落等级反映社会政治结构的理论，认为国家至少要有四层聚落等级（三层决策或控制等级）[②]，等等。显然，一个社会群体拥有上述条件越多，作为国家的可能性就越大。

多年来，中国早期国家起源探索有一个重要的基点，这就是河南偃师二里头遗址。绝大部分中国考古学家都相信二里头是史书所载第一个王朝国家——夏的都邑（至少是其中的一个）。除了历史记载与考古发现相契合，单从考古的证据看，二里头也够得上一个早期国家的条件：其一，自二里头二期始二里头可能发展成为一个大型都邑，而此时中原各地龙山文化多已衰落，二里头文化扩展到了河南大部、晋南、陕东等区域，成为中原唯一一个强势文化群体，并且其覆盖面积超出了此前任何一个龙山期文化的范围；其二，我们在晋南运城盆地的区域调查显示，二里头时期晋南聚落数量锐减，而且缺乏大型中心聚落，这里的区域团体所呈现的衰微之势显然无法与郑洛地区的二里头群体相抗衡、匹敌，很可能已被二里头集团纳入其势力范围[③]，同样的情形或许也出现在郑洛地区周边的其他区域，这使得二里头作为一个政体的地域范围首次突破了山、河等自然障碍的束缚而囊括了众多的地理单元[④]；其三，据研究，在二里头及其周围存在四层聚落等级，并构成了一个高度集中的社会政治系统[⑤]，这与早期国家复杂的信息管理与行政控制体系相符；其四，二里头（二期以后）为同时期中原地区唯一一处特大型中心聚落（约 300 万平方米），而且二里头二～四期出现了包含多组宫殿建筑群的宫城（10 余万平方米），宫城之外还有“绿松石器作坊”“铸铜作坊”等服务于上层贵族的高端手工业区，并发现了多处贵族墓葬和集中的大型祭祀区（图二二）[⑥]，

---

① Flannery, Kent V.. The Ground Plans of Archaic States. In *Archaic States*, edited by Gary M. Feinman and Joyce Marcus. Santa Fe: School of American Research Press, 1998: 15-58.

② Wright, Henry.Recent Research on the Origin of the State. *Annual review of anthropology*,1977, 6: 379-397; Wright, Henry and Gregory Johnson.Population, Exchange, and Early State Formation in Southwestern Iran. *American Anthropologist* ,1975, 77: 267-289.

③ 中国国家博物馆田野考古研究中心、山西省考古研究所、运城市文物保护研究所：《运城盆地东部聚落考古调查与研究》，文物出版社，2011 年。

④ 这种政体的实际组成情况其实并不很清楚，据商周时期的国家形态推测，二里头国家很可能也是以夏为主、整合了周围众多地方集团的具有主从结构的联合体。

⑤ 刘莉：《中国新石器时代——迈向早期国家之路》，文物出版社，2007 年。

⑥ 许宏、陈国梁、赵海涛：《二里头遗址聚落形态的初步考察》，《考古》2004 年第 11 期；中国社会科学院考古研究所二里头工作队：《河南偃师市二里头遗址宫城及宫殿区外围道路的勘察与发掘》，《考古》2004 年第 11 期；《河南偃师市二里头遗址中心区的考古新发现》，《考古》2005 年第 7 期。

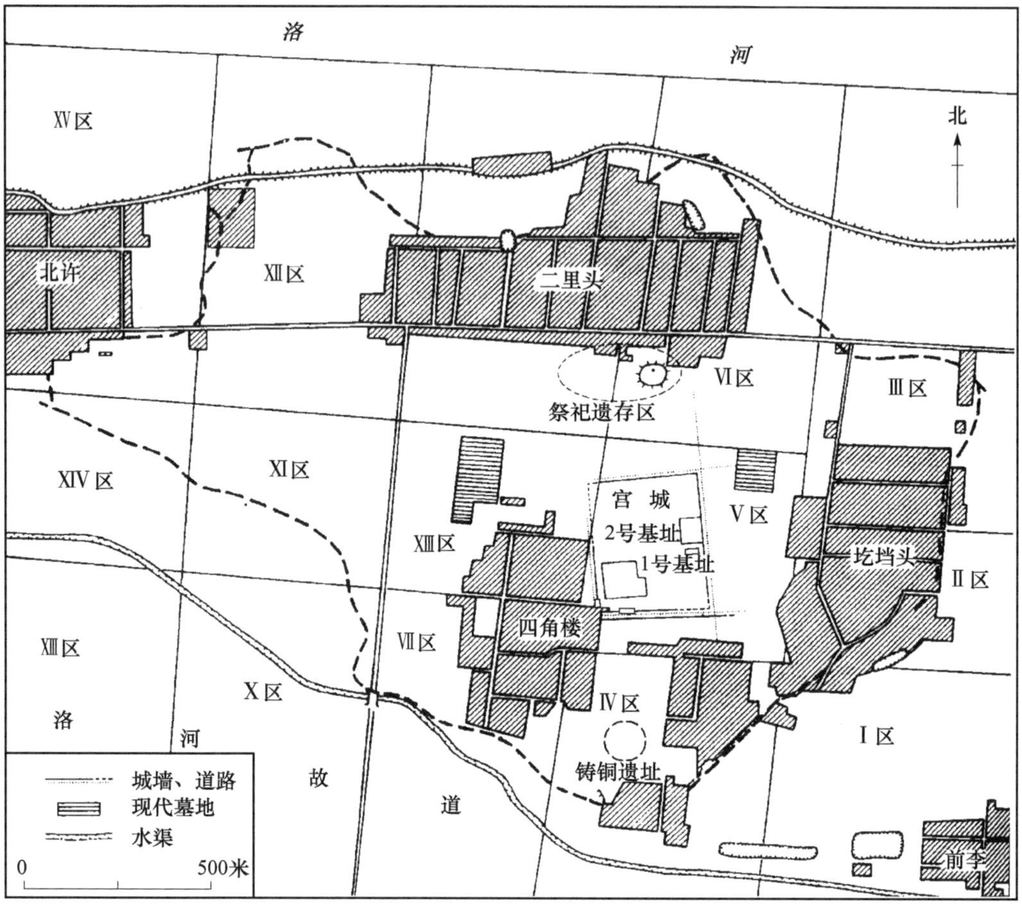

图二二　河南偃师二里头遗址平面图

（据许宏、陈国梁、赵海涛：《二里头遗址聚落形态的初步考察》，《考古》2004 年第 11 期，改制）

这些都显示了作为早期国家都邑所应有的多功能的复杂设施和专业化的控制与管理，其格局与此后的王都一脉相承，而与之前河南龙山诸城址相对简单的功能布局和建筑等设施迥然不同；其五，青铜礼器开始作为上层贵族标榜身份地位的重器登上历史舞台，开启了中国青铜时代的大门，而进一步的研究表明二里头集团的扩张很可能与获取周边铜、盐等重要的战略资源有关，形成了一个服务于国家社会的庞大的资源控制网络体系①。

随着近些年考古发现与研究的进展，二里头作为国家社会为越来越多的人所认识和理解，同时学者们也自然将探索更早国家起源的目光投向了龙山时代。从本文的梳理分析可以看出，在中原众多的龙山期城址和大型聚落中，最符合早期国家特征的就是陶寺中期“大城”所代表的群体。陶寺早期小城及其周边的群落还没有形成国家社

① 刘莉、陈星灿：《中国早期国家的形成——从二里头和二里岗时期的中心和边缘之间的关系谈起》，《古代文明》（第 1 卷），文物出版社，2002 年。

会，理由已如前述。陶寺中期则发生了如下一些变化：①从宏观层面看，陶寺所整合的聚落群的覆盖面积很可能在2000平方千米以上，当包括临汾盆地的大部或全部，囊括早期若干较小的区域组织，是目前所知中原龙山期地域最广的政治实体，而且差不多是唯一可以划分出四层聚落等级的团体；②从微观层面看，陶寺中期“大城”也是目前所知中原最大的龙山聚落，大小与二里头繁盛期的规模几乎相等，而且城内的宫殿区此时也发展到了鼎盛阶段，也包括多座大型夯土建筑基址（当有不同的地位、功能之别），此外还有大型祭祀区和等级分化鲜明的大、中、小墓组成的大墓地；③中期“小城”内的墓地里有相对独立的高级贵族茔区，其内中型墓的规模就与早期大墓相仿，而中期大墓M22更是以前所未有的规模和复杂的结构、丰富而精美的随葬品独步中原，堪称一代君王的墓葬，其所在的茔域虽然还不是单独的王陵区，但显然应该是一处王族墓区[①]；④贵族墓葬所出土的大量华丽的奢侈品展现了贵族手工业和远程交流网络的进一步发展，而在石器等原料开采和产品分配等方面的管控也有了集中的迹象。总之，从区域组织的规模与管理层级、中心聚落的规模与结构的复杂性、高等级设施所体现的规格及统治者内部的分层与分工、重要资源的控制与管理等方面，陶寺中期“大城”较之早期“小城”都有了突破性的发展，而与二里头相比则有很多相同或相似之处。这些方面都表明龙山时期的陶寺已符合早期国家社会的基本特征。所不同者，如陶寺青铜器只见一些小件器物，尚没有二里头那些为贵族专属的青铜礼器（陶寺贵族墓葬中的玉器、彩绘陶器、漆木器等当发挥着类似的功能），而这些差别正反映了陶寺作为更早国家的一些“原始”特征。陶寺晚期“大城”呈现衰败迹象，部分宫殿区、祭祀区等大型建筑及大中型贵族墓葬被毁，说明这个率先领跑的早期国家社会同样面对着周边其他政体强大的竞争与威胁。

与陶寺中晚期大体同时的运城绛县周家庄遗址也具有相似的规模，但现有资料还不足以证明这里也脱离了酋邦而出现了国家水准的社会[②]。龙山时期在晋南乃至整个中原地区是否还形成了其他早期国家政体，目前还难以给出确定的答案。我们所能看到的是，中原地区自很早以前就出现的区域间发展的不平衡性此时依然非常突出，比如同晋南与河南相比，陕西关中在龙山时期就显得很平淡，文化与社会发展的重心依旧在潼关以东的黄河两岸摆动，这种局面直到西周的崛起才得以彻底改变。

---

① 何驽：《都城考古的理论与实践探索——从陶寺城址和二里头遗址都城考古分析看中国早期城市化进程》，《三代考古》（三），科学出版社，2009年。

② 对龙山时代那些大大小小、简单或复杂的社会集团定义为酋邦或国家，当然是依据现在的学术标准，在古代文献中统称他们为“邦”或“国”。国的最早含义为城内的地方或以武力防卫的一片地域，后来才延伸为国家。但现在看来这些早期的“国”或“邦”，彼此间是有着很大的、甚至是实质性的差异的。

接下来的一个问题是，为什么在中原龙山期众多的社会集团中，陶寺能够率先发展为国家？这是一个不易回答的、复杂的问题，但以下几个因素应是非常重要的：其一，陶寺所在的临汾盆地属于既较开阔、又相对封闭的一个地理单元，在这样一个单元里既有不同群体间的竞争，但又不像河南各地区那样容易频繁受到外界的冲击而动荡不安，在这样相对稳定的环境里容易孕育出一个大型的区域组织。其二，如前所说，陶寺所在的临汾盆地位于中原文化区的北沿，其独特的地理位置使得陶寺集团从早期到中晚期，一直受周边其他文化的激荡和影响，这无疑是促使陶寺社会复杂化发展的一个重要因素。陶寺早期所受外来的影响已如前述。从陶寺早期到中晚期，宫殿区、墓地的使用都有连续性（而且墓向也一直保持一致），文化上也有传承性，说明这期间人群的构成不应有太大的变化；但同时文化面貌又发生了很大改变，除了时代性的转变，还有来自北方的三北龙山文化及南方的陕西、河南龙山文化的强烈冲击，同时来自东方持续的影响也不容忽视①。可能正是周围这种压迫性的环境，促使陶寺能够不断积极吸收其他文化与社会中的先进因子，并造就了它自身文化与社会发展的张力。其三，不同群体间的竞争、同等政体间的交互作用，仍是刺激陶寺集团内部强化与发展的主要因素之一。群体间各种激烈的竞争与频繁的战争是中原龙山时代最主要的特点之一，表现在众多高耸的防御城墙、大量增长的武器数量及武器的改进、随处可见的乱葬坑等暴力杀戮现象（其出现频率之高可以用“不胜枚举”来形容）②。这样的情形同样见于晋南地区，甚至在陶寺国家出现之后还遭受到大型建筑、大墓被毁的外部攻击，可见本地区群体间的争斗有时是异常惨烈的；而陶寺、清凉寺的大型墓葬中甚至首次出现了“殉人”现象，这在一般的酋邦社会中也是难以见到的。中原地区国家的形成是在竞争与战争的机制中催化出来的，这在学者中已有相当的共识③。其四，已有的资料显示，龙山期聚落与人口的总规模较前有显著的增长，而且在中原各地区中，晋南率先出现了聚落“核心化”的现象，集团势力的发展与中心都邑规模的急剧扩大、人口向中心聚落及其附近的集中，是导致陶寺内部控制与管理体系进一步复杂化的动力之一。总之，从陶寺早期到陶寺中晚期，文化面貌和聚落格局虽然有很大的变化，但社会的发展是一个连续的过程，陶寺中期“大城”的繁盛是陶寺早期迅猛发展势头的延续，相似的发展机制使其一直处于中原领先的位置；其间人口的迅速增长与集中、

① 关于周边文化对陶寺文化与社会的影响，苏秉琦先生早有过论述，参见苏秉琦：《谈“晋文化”考古》和《迎接中国考古学的新世纪》，皆载于《华人·龙的传人·中国人——考古寻根记》，辽宁大学出版社，1994年。

② 严文明：《黄河流域文明的发祥与发展》，《华夏考古》1997年第1期。

③ 赵辉：《中华文明的曙光》，《中华文明史》（第一卷），北京大学出版社，2006年；刘莉：《中国新石器时代——迈向早期国家之路》，文物出版社，2007年。

聚落的“核心化”与中心都邑的急遽扩大，不同文化与社会集团间的互动，以及冲突与战争的加剧，都是导致陶寺国家形成的重要动因。

龙山时代晋南与豫中的区别主要在于，豫中是在一个开放型环境中存在众多的、规模较小的集团，而晋南是在每个较封闭的环境中存在单一的、较稳定的、规模也相对较大的集团[①]；但共同的特征是这些大小不同、社会结构复杂程度不同的集团间同样都存在着剧烈的竞争关系，或可分别称为大集团竞争模式与小集团竞争模式。最早的国家陶寺无疑身处大集团竞争的环境之中，但此前（庙底沟二期）在晋南存在的同样是小集团间的竞争，陶寺国家正是在由若干小集团通过竞争而转化成单个大集团的过程中形成的。而稍后崛起的二里头国家出现在洛阳盆地，经历了与陶寺兴起相似的过程。龙山时期环嵩山地区存在许多以城址或其他聚落为中心的规模较小的集团，随着陶寺及晋南其他大集团的衰落，二里头和新砦等大型聚落代表的集团的兴起，大集团间的竞争转移到了郑洛地区（约在二里头一期左右）；而二里头又最终胜出，成为新的规模更大、更复杂、更先进的早期国家（始自二里头二期）。

这里需要指出的是，根据出土的文字资料、传世文献与考古证据相结合，有学者指出商周国家的实质是以商、周王国为主的，包括很多方国（或城邦国家）的国家联合体[②]。由此推之，年代更早的二里头（夏）和陶寺国家在其所能掌控的地域内很可能也是主从结构的诸集团的联合体，而非高度中央集权的统一大国（集权应保持在各自“本土”范围内）；但这种推想还需要长久的大量考古工作去验证，目前我们对这些早期国家的实际情形并非很了解。

从本文的梳理分析可以看出，近些年在西方饱受诟病的从氏族部落社会到酋邦社会、再发展到早期国家社会的经典进化模式，却在中国的中原地区得到了验证[③]，而且

---

① 刘莉：《中国新石器时代——迈向早期国家之路》，文物出版社，2007 年。

② 林沄：《关于中国早期国家形成的几个问题》，《吉林大学学报》（社会科学版）1986 年第 6 期。

③ 这里需要说明的是，这样一个演化过程同样可以用中国学者总结出的理论模式去解读，苏秉琦的“古文化、古城、古国”到“古国—方国—帝国”的社会发展理论（《中国文明起源新探》，生活 · 读书 · 新知三联书店，1999 年），与上述西方经典的进化模式实有本质上的一致性，所表述的都是从简单的平等社会经过复杂的分层社会（或称中间形态的社会）再到国家的发展过程；而严文明提出的从古国（相当于酋邦社会）到王国、再到帝国的发展模式（《黄河流域文明的发祥与发展》，《华夏考古》1997 年第 1 期），张忠培所说从各自分立的地方割据政权经协调而形成的“国联组织”发展到王国、帝国的理论（《关于中国文明起源与形成研究的几个问题——在《中原文物》百期纪念暨中原文明学术研讨会上的讲话》，《中原文物》2002 年第 5 期），也都与从酋邦到国家的进化模式无根本的抵触。如果我们不去纠结那些具体概念的异同，可以发现近几十年来中外考古学家在探索人类早期社会发展演变的课题中，其实取得了很多相似的成果。对此本文无意展开，而拟另外专文讨论。

在晋南、豫中等地还确乎可以看到从简单酋邦到复杂酋邦，再到早期国家的演变轨迹。这当然不是说在中原的每个区域都经过了这样一个完整的过程，这一总的发展趋势实际是在不同区域间兴衰交替的互动中实现的；这也不等于说在中国的其他地区（或文化区）也都经历了相同的发展过程，其他各地区的进化模式都需要具体研究。而且，正如酋邦社会有着多变的类型一样，国家社会形态也不是千篇一律的，世界不同地区国家的形成过程与途径肯定也是多种多样的。人类社会的进化到底存在哪些模式、有无统一的发展规律，正是需要通过世界不同地区间的比较研究才能解决的问题。本文研究所得到的一个重要的启示，就是对以往和现有的各种有关社会进化过程和发展动因的理论，都需要重新给予审视和解读。

最后需要强调的是，中原地区社会的发展在经历了这样一个典型的进化过程的同时，与其他地区相比确实又有自己的特点。这方面一些学者已经做出了很好的总结，指出中原早期历史中社会权力的世俗性、集权特性突出，没有形成凌驾于整个社会之上的神权，商品经济不发达①；早期社会的发展注重“军权、王权相结合而突出王权”②；重礼务实、兼收并蓄③；等等。很多人也都认为正是上述这些特点导致了中国早期王朝的政治中心一直徘徊于中原地区。然而，关于夏商周三代文明何以会在中原持续发展，还需将其放在整个中国大的环境背景中去考察，而这是需要另外专门讨论的话题了。

[原载《考古学研究》(十)，科学出版社，2012年。
收入本书时参照后来发表的资料略有修改]

---

① 赵辉：《中国的史前基础——再论以中原为中心的历史趋势》，《文物》2006年第8期。

② 李伯谦：《中国古代文明演进的两种模式——红山、良渚、仰韶大墓随葬玉器观察随想》，《文物》2009年第3期。

③ 王巍：《公元前2000年前后我国大范围文化变化原因探讨》，《考古》2004年第1期。

北方地区龙山时代的聚落与社会

本文所讲的北方地区包括陕北、晋中北、冀西北和内蒙古中南部，这个地区在新石器时代晚期逐步形成了一个单独的文化圈。该文化圈的中心舞台当在陕北、晋中北的黄河两岸到内蒙古的中南部，亦即黄河几字形河套地区的东半部。有关仰韶时代北方地区聚落与社会的特征已在先前发表的论文中有所涉及[①]，这里集中讨论龙山时代本地区聚落的特点及其反映的社会演变情况。

相当于中原的庙底沟二期文化阶段前后，北方地区先后形成了两种独具特色的文化遗存，一是西部河套地区的"阿善文化"，年代跨越仰韶晚期末段到庙底沟二期[②]；二是东部岱海、黄旗海到河套地区的"老虎山文化"[③]，年代相当于庙底沟二期晚段到龙山初期，并与晋南陶寺龙山遗存的早中期（中期偏早）年代大体接近。其后老虎山文化扩展到了北方地区的大部，也就是以近些年发现的神木石峁、新华等龙山期遗存为代表的考古学文化（详见后文）。韩建业将北方地区庙底沟二期之后的龙山遗存统称为"老虎山文化"，并分前、后两期[④]，这一分期方案为本文所采纳。

这样，根据北方不同区域文化消长和聚落演变的过程，可以将这里广义龙山时代社会的发展分为庙底沟二期、龙山前期、龙山后期三个阶段。

一、庙底沟二期

庙底沟二期，与中原邻近的陕北、晋中北等地存在一些此期的遗址，但数量较少、分布零散，尚看不出彼此的相互关系和群落的构成情况。更往北的内蒙古中南部

---

① 戴向明：《中原地区早期复杂社会的形成与初步发展》，《考古学研究》（九），文物出版社，2012年。

② 张忠培、关强：《"河套地区"新石器时代遗存的研究》，《江汉考古》1990年第1期。

③ 田广金：《内蒙古中南部龙山时代文化遗存研究》，《内蒙古中南部原始文化研究文集》，海洋出版社，1991年。

④ 韩建业：《中国北方地区新石器时代文化研究》，文物出版社，2003年。

则有较多的发现。其中西部的河套地区持续了仰韶中晚期以来的发展趋势，发现有较多“阿善文化”的遗址；而东部的岱海地区在经过一段衰落之后又再次兴起，出现了一些“老虎山文化”的遗址。前者年代偏早，后者年代偏晚，两者可能有部分时段交错并存。岱海地区的老虎山文化可分早、晚两大期，而多数聚落形成于晚期即龙山前期，故此放在后面再详加分析。这里只讨论河套地区阿善文化的聚落。

在包头以东的河套东部，沿大青山南麓山前台地一字排开分布着多处遗址，其中阿善、西园、莎木佳、黑麻板、威俊等地都存在有石围墙的聚落，有人称之为“石城址”。相邻遗址间的距离多在四五千米，每个遗址都有两三处聚落相伴共生（图一）。这些遗址规模都不大，每个地点的总面积大者不过四五万平方米，小者 1 万平方米左右，每个地点内单个聚落的面积就更小一些。在这些被石墙包围的聚落中，多数都发现有石墙房址，房址的面积一般在 20～30 平方米之间，较大者 40～50 平方米，个别也有更小一点或更大一点的；此外在莎木佳还见有 200 余平方米的特殊石砌建筑，似是公共集会的场所。从保存较完整的威俊等地点看，聚落内存在数座房址分片集中成组分布的现象，似是以大家庭或家族为单位的居住形态；而且威俊第三地点较大的房屋集中分布在“中轴线”上，其他小房屋则分组居其两侧，很像是不同家族间地位高低、主从关系的反映（图二）。另外，几乎每个地点都有形态各异、状似“祭坛”式的建筑。其中以阿善西台地一处规模最大，在台地南端一道南北长 80、东西宽 30 米的高岗上，存在一组地面石砌建筑群，中心是一座底径 8.8、存高 2.1 米的大石堆，紧邻其北面则是一溜 16 座南北一线排列的小型圆锥形石堆，每个底径 1.4～1.6、高 0.35～

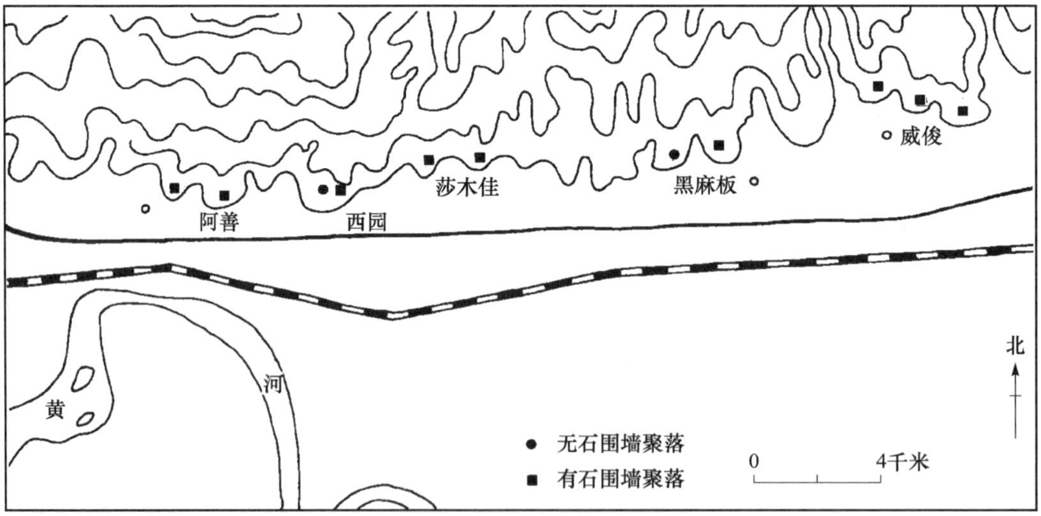

图一　大青山南麓阿善文化聚落的分布

（引自韩建业：《中国北方地区新石器时代文化研究》，文物出版社，2003 年）

0.55 米（北端西侧还有一个更小的）；这组石堆所在岗梁的东、西、南三面边缘都环绕有石砌矮墙（南端墙外还有两道石砌护坡），状似蝌蚪形并朝北呈扇形敞开（图三）。其他几处地点的“祭坛”多是带有石圈的方形、长方形或圆形的土台或土丘[①]。

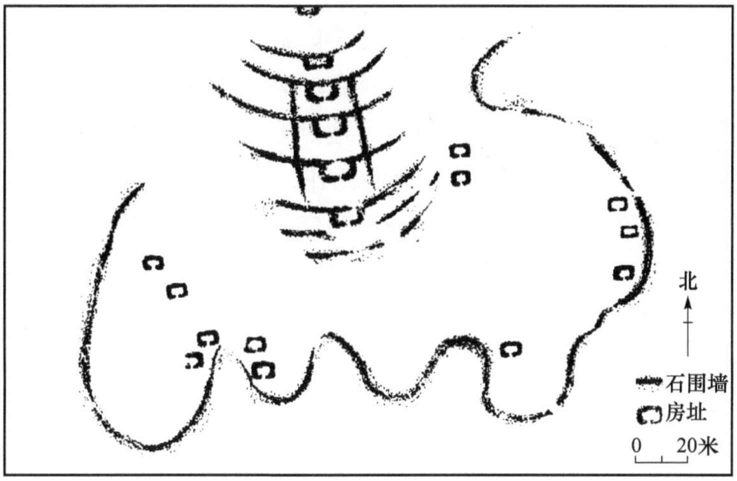

图二　包头威俊遗址第三台地遗迹的分布

（引自韩建业：《中国北方地区新石器时代文化研究》，文物出版社，2003 年）

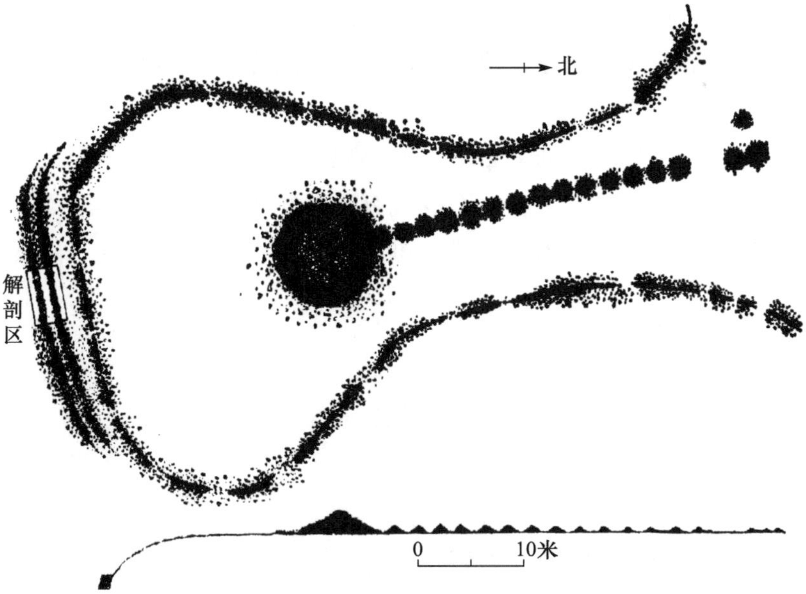

图三　包头阿善遗址“祭坛”平、剖面图

（引自包头市文物管理所：《内蒙古大青山西段新石器时代遗址》，《考古》1986 年第 6 期）

① 以上资料参见：包头市文物管理所：《内蒙古大青山西段新石器时代遗址》，《考古》1986 年第 6 期；韩建业：《中国北方地区新石器时代文化研究》，文物出版社，2003 年。

上述聚落皆坐落于黄河北岸山前高台地上，下临土默川平原，高差数十至上百米，地势险峻，又多以石墙环绕，且几乎每个地点都是双生或多处聚落相互依靠而成犄角之势，这些都表明注重防御是聚落选址和建设最为重要的因素，也因此反映不同社会群体间存在剧烈的竞争、冲突乃至较大规模的“战争”。这些冲突和战争既可能发生在本地与外地聚落群之间，也可能存在于本地不同群体之间。就是说上述各地点相互间既会有联合，又不能完全排除彼此间的对抗和冲突。从各地点的规模和内部设施尚看不出聚落间的等级分化和主从关系。威俊等地点的房屋大小和布局显示聚落内部可能已有一定程度的等级分化，但并不很显著。此外，如果那些大小、形态各样的“祭坛”确与祭祀和典礼有关，那么本地区族众浓厚的宗教意识就会影响到社会生活与活动的各方面，包括公共权力的形成、展示、维持和运作。

在鄂尔多斯东部的南流黄河两岸较集中地分布着另一群遗址，现已发现10来处。与包头东部的遗址相似，大多也位于黄河岸边或附近地域的险峻之处，其中准格尔旗的白草塔、小沙湾、寨子塔，清水河县的马路塔等地也发现有石围墙残迹①。这些遗址的面积也都在数万平方米之内，规模较小；因资料有限，聚落内部的情况大多不详，只知有大小不等的半地穴式和地面石砌的房子，估计其居住形态也与包头地区相近，只是少见“祭坛”等宗教性遗迹（或许与保存状况有关）。这里的文化面貌与包头地区的非常相似，同属阿善文化，聚落形态也有很多相像之处，说明两地间应有较密切的交流互动关系，除了一般的交往，两个群体间还可能为利益和资源而展开激烈的对抗和争夺。

综合上述情形，尽管这里众多石城址的出现反映社会群体间紧张关系加剧，聚落内部也有了初步的等级高低之分，但至少现有资料还不足以说明各聚落间已经形成了主从结构的区域政体，每个聚落群形成的可能仍是类似“部落”或“部落联盟”那样的组织。

二、龙山前期

龙山时期在广大的北方，老虎山文化的后继者扩展到了“三北”的大部分地区，较为集中地分布在晋中北、陕北、内蒙古的鄂尔多斯和冀西北等地，这些地方的文化面貌尽管各有特色，但同时又有高度的一致性，形成了一个大的考古学文化圈，此前

① 有关资料参见内蒙古文物考古研究所：《内蒙古文物考古文集》（第一辑）和（第二辑），中国大百科全书出版社，1994年、1997年；韩建业：《中国北方地区新石器时代文化研究》，文物出版社，2003年（该书的“仰韶四期遗址”属于本期聚落）。

分别有“游邀文化”“永兴店文化”“大口一期文化”“老虎山文化”等不同的称谓，但所指实属同一文化共同体，只是还可以进一步分为不同的地方类型，并且分别受到了附近中原其他文化不同程度的影响[①]。

龙山时期的北方可分前、后两个时期来考察[②]。龙山前期晋中北、陕北等地发现的遗址数量仍然有限，聚落内部结构和聚落间的关系都不甚清楚；内蒙古中南部原包头东部聚落群此时已然衰落消亡，鄂尔多斯东部黄河两岸则持续繁荣，同时东边岱海地区的老虎山文化聚落兴旺发达起来。其中以岱海周边的聚落群发现最充分，遗址保存状况好，并有几处经过了大面积揭露，下面就以这里为重点进行分析。

凉城县岱海周围较密集地分布着多处“老虎山文化”的遗址，现已发现16处，其中老虎山、西白玉、板城、大庙坡等地有石墙环绕（图四）[③]。这些聚落的选址同样是在高岗山坡上，尤以岱海北岸阳坡居多，相邻遗址间距多在3、5千米左右或更近，大有彼此相守之势。遗址的规模都不很大，确切所知者皆在数万至10万平方米左右；有的稍大，如园子沟和老虎山遗址，但皆由2、3处相互隔离的居住区组成，实际的居址面积加起来也不过数万平方米，其他的就更小一些。园子沟遗址由三个彼此相连的坡状台地组成，台地之间有宽浅的沟谷相隔，但并无交通上的障碍；每个台地上有40～50座的房子，形成3处相对独立的聚居区，每处居住区的实际面积不过1万平方米左右。老虎山遗址亦是中部有冲沟将其一分为二，房子就分布在两侧的山坡上，每面坡分别发现有40和30座左右的房子，其规模与园子沟的非常接近。

从保存较好、揭露较充分的园子沟、老虎山等遗址可知聚落内部的结构与布局。园子沟既有单间地穴式房屋，也有分里外间的窑洞式建筑，两者面积多在10～20平方米左右。双间房子的里间与单间房子相似，一般呈方形或长方形，中间有一个很大的火塘，地面和四周墙壁常抹有白灰面，少见物品，应是供休息睡卧用的主室；外间则在边角之处常见烧灶，有的还带窖穴，也常见陶器等生活用具和石、骨器等生产工具，应是用作炊事、起居、存放物品之处，反映了一般小家庭（或称核心家庭）的居住与生活场景。园子沟存在2、3座房子相连接共用一个院落的情况；而2、3处或3、4处房子毗邻成组的现象在各聚落更是一般的常态，较大者如园子沟F2015～F2017、F2026一组，F3027～F3030一组等，这样的房屋组显然就是规模不等的血缘大家庭的

---

① 有关讨论可参见韩建业：《中国北方地区新石器时代文化研究》，文物出版社，2003年。

② 韩建业：《中国北方地区新石器时代文化研究》，文物出版社，2003年；孙周勇：《新华文化述论》，《考古与文物》2005年第3期。韩著中的龙山前、后期即大体相当于孙文中“新华文化”的早、晚段。

③ 内蒙古文物考古研究所：《岱海考古（一）——老虎山文化遗址发掘报告集》，科学出版社，2000年；韩建业：《中国北方地区新石器时代文化研究》，文物出版社，2003年。

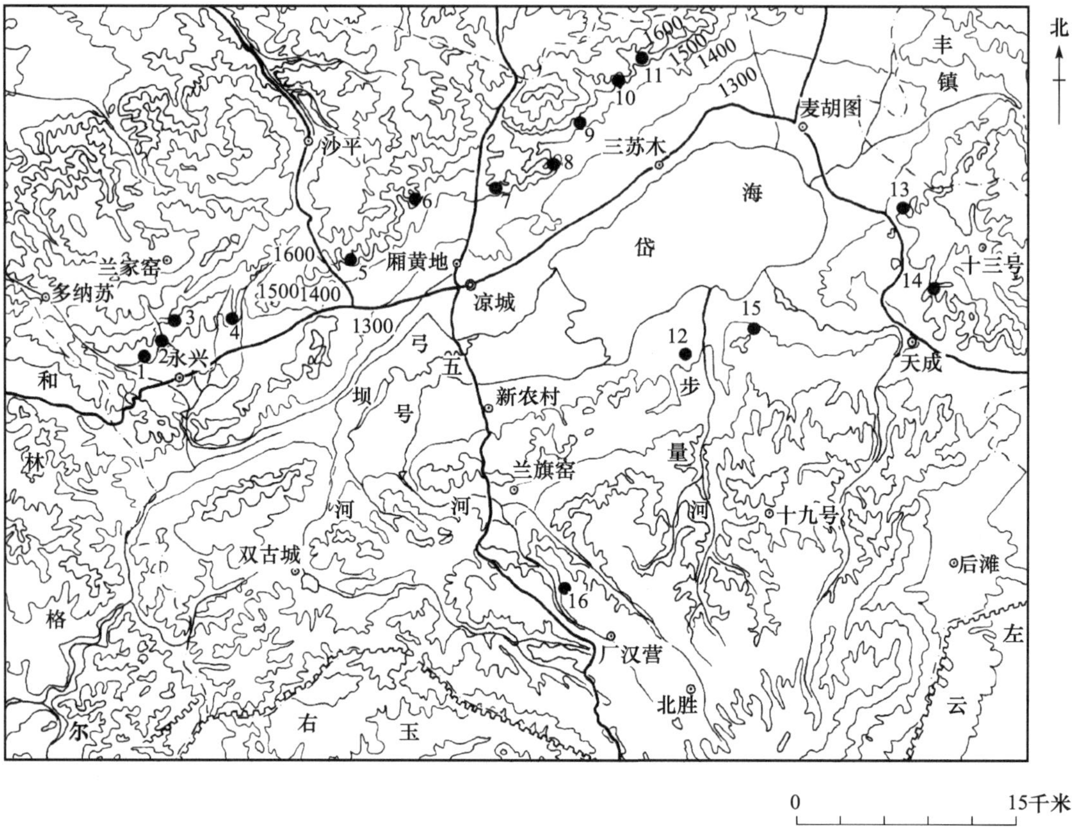

图四　凉城县岱海周围老虎山文化聚落的分布

（引自韩建业：《中国北方地区新石器时代文化研究》，文物出版社，2003 年）

1. 西白玉　2. 面坡　3. 老虎山　4. 板城　5. 窑子坡　6. 杏树贝　7. 白坡山　8. 园子沟　9. 合同窑　10. 大庙坡　11. 武家坡　12. 狐子山　13. 黄土坡　14. 砚王沟　15. 石虎山　16. 界牌沟

居住单元，也应是聚落中具有一定独立性的最基层的社群组织。往上则可见成排或成片分布的房子构成的房屋群，每群少者 5、6 座，多者 10 来座房屋（或包括数个房屋组），如上述园子沟两组房子所在的房屋排或群各自都有 10 座左右的房子（图五），代表的应是较大的家族公社；同一群里的房屋门向基本一致，不同房屋群可能会因所在地形不同而门向有别。有些房屋群房子的数量较多、排列紧密，应是历史悠久的老家族；有些群房子数目较少、分布松散，可能是从前者分离出去而尚未获得充分发展的家族。即便考虑到分期的因素，每个居住区（即每个山坡台地）在其规模最大的时期大概也有 4、5 处以上这样的房屋群，从而共同构成更高层级的氏族公社。那么，像老虎山、园子沟这样的聚落就可能是包括 2、3 个有亲缘关系的氏族共同合成的类似胞族或部落那样的组织，当然较小的聚落如西白玉、板城等可能只有一个氏族公社。在各聚落中，集中成排或成片分布的房屋群显明而突出，说明家族公社这级组织在日常生

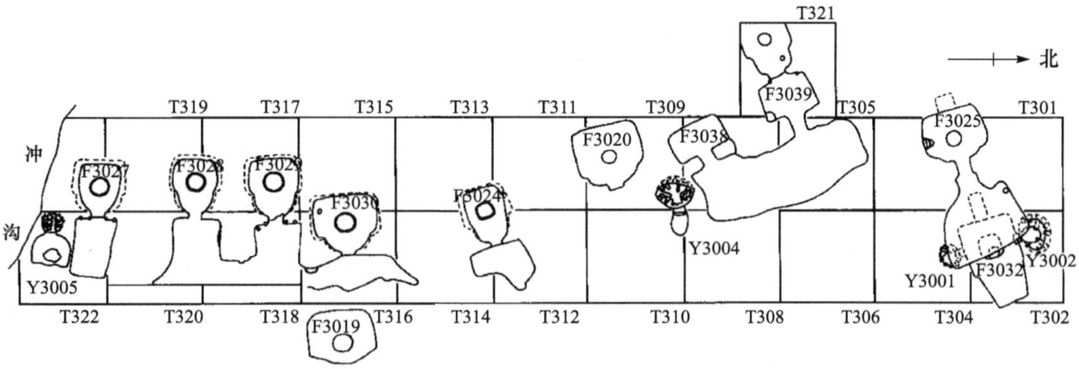

图五 凉城县园子沟遗址Ⅲ区的一组房屋遗迹

（引自内蒙古文物考古研究所：《岱海考古（一）——老虎山文化遗址发掘报告集》，科学出版社，2000 年）

产和生活各方面可能经常发挥着重要的支配作用；当然对重大事务起决定作用的应当还是独立居于各台地的氏族或统领整个聚落的更高一级组织。另外，因各聚落间看不出明显的地位高低和主从关系，那么他们很可能就像前期包头和鄂尔多斯东部两个聚落群那样，彼此间既会形成联盟，但也不能完全排除时而存在的内部的竞争和对抗，特别是如果存在不同聚落间的某种组合的话。

在同一聚落内，如园子沟和老虎山所见，不同房屋群之间房子的规模、结构会略有差异，个别房屋群的房子较其他群略大，也较精致，如园子沟的 F2019～F2021 一群、老虎山的 F14～F19 一群等①。这似乎是不同家族间社会地位高低的一种体现，与前述包头区威俊遗址所见情形相似，反映了初步的等级或贫富分化，但分化并不明显，似乎还未达到差别很大的不同社会阶层的程度。此外，这些遗址都未见大型公共墓地，只在老虎山等地发现有极少量普通墓葬埋葬在房屋附近，总的埋葬情况如何、墓地所能反映的社会结构如何都还无从谈起。

岱海的老虎山文化遗存可分为早、晚两期。早期遗址数量少，只发现于园子沟、老虎山、西白玉等几处，每个遗址内早期房屋的数量较少、房子的规模也较小（一般在 10 平方米左右及以下）。晚期遗存则几乎存在于已知的每个遗址中，房屋数量明显增加，扩展至各聚落居址的最大范围并形成多处房屋群，房子的规模也相对大了一些。这些都说明岱海周围的老虎山文化聚落在早期（大致属于庙底沟二期末段）并不发达，到了晚期（约相当于龙山早期）才发展繁荣起来。但即便如此，在这偏狭之地最终也没能孕育出高度复杂的社会系统，整个北方地区史前社会发展的高峰还是稍后出现在晋陕高原的黄河两岸，特别是陕北的榆林地区。

---

① 韩建业：《中国北方地区新石器时代文化研究》，文物出版社，2003 年。

三、龙山后期

龙山后期，岱海聚落群消失，晋中北和冀西北张家口地区遗址的数量有显著的增长[①]；鄂尔多斯东部黄河沿岸的聚落有所减少，相反与之相邻的陕北榆林地区遗址的数量却有明显的增加（多为近年发现，以前见诸报道的不多，大概与考古工作不足有关）[②]。这种此消彼长的变化很可能与公元前2000年前后气候趋于凉干导致局部环境恶化、人群大规模迁徙有关。而彻底改变人们对北方龙山时期社会发展水平认识的是近年神木石峁遗址的惊人发现。

石峁遗址雄踞在陕北黄土高原广阔的梁峁之上，南傍秃尾河，西临洞川沟，四周有绵长的石墙环绕。其中东、南两面有内、外两道城墙。内城面积约210万平方米，内、外城之间的面积约190万平方米，整个城址的总面积超过400万平方米。城内中部偏西有一处高台，当地俗称“皇城台”，台顶面积8万余平方米，台上似有大型建筑，其外侧有高耸的阶梯状的石砌护坡，状似“台城”，有可能是掌控城址的核心区域。经调查在城内发现有多处集中分布的居住址、墓葬和陶窑等遗迹，其中多数位于内城里面（图六）。石峁城址内、外两道城墙上都发现有城门，城门两侧有墩台，外城墙还有马面、角楼等设施。近年考古队集中发掘了位于外城东北部的一座城门“东门址”及其附近的城墙、马面、角楼等遗迹。“东门址”门道宽约9米，两侧各有一座高大的包石夯土墩台，墩台贴近门道一侧各有两处“门塾”，门址内外还各有形似“瓮城”的建筑，从而使得整个城门通道呈曲尺形。两座墩台皆外包石墙、内筑夯土，北墩台长16、宽14、存高6.7米，南墩台长17、宽11、存高5.6米。以上这些设施实际上构成了一组大型城门建筑，总面积约2500余平方米（图七；图版10）。外瓮城的石墙内发现有几件玉铲和玉璜，内瓮城墙体表面及其倒塌堆积中发现有很多成片分布的“壁画”残块。另外，在城门内外及附近的城墙边上发现了数处集中埋置人头骨的遗迹，其中城门内外的两个坑中分别埋有20余个以年轻女性为主的人头骨，应与建城时的奠基或祭祀活动有关（图八）。发掘表明东门址经历了两次修建过程。根据出土遗物

① 参见山西省考古研究所、中国国家博物馆田野考古研究中心、忻州市文物管理处：《滹沱河上游先秦遗存调查报告》，科学出版社，2012年。该区域多数龙山时期遗址应属于龙山后期，并与二里头时期遗址相连而共同构成一个较稳定的发展期。

② 参见韩建业：《中国北方地区新石器时代文化研究》，文物出版社，2003年；孙周勇：《新华文化述论》，《考古与文物》2005年第3期。

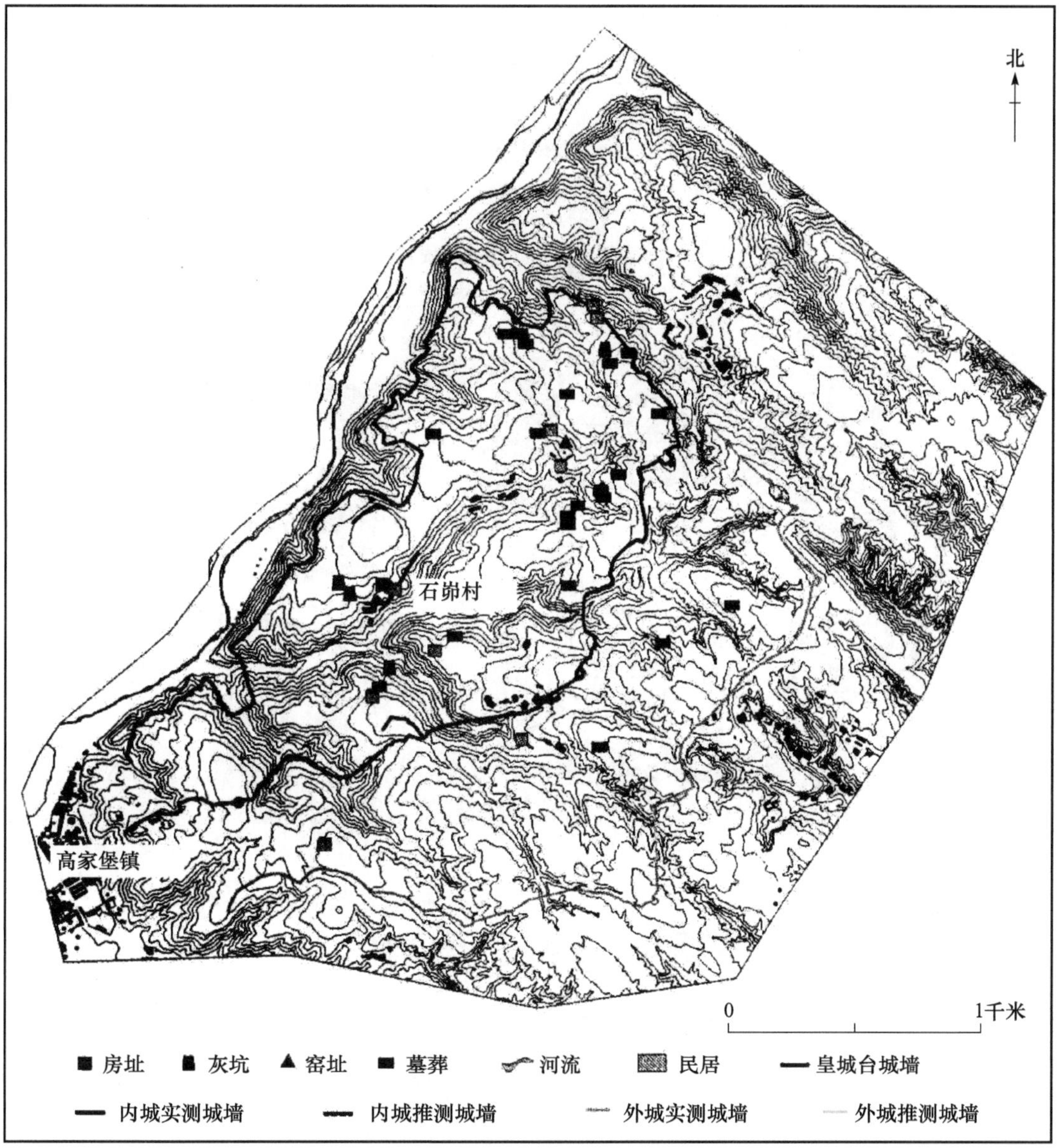

图六　神木石峁城址遗迹分布示意图

（引自陕西省考古研究院、榆林市文物考古勘探工作队、神木县文体局：《陕西神木县石峁遗址》，《考古》2013 年第 7 期）

判断，发掘者认为城址的建造和使用大约在龙山晚期到夏代早期之间[①]。这个年代与中原“新砦期”（准确说是新砦遗址第一～三期）和陶寺晚期约略相当。

① 陕西省考古研究院、榆林市文物考古勘探工作队、神木县文体局：《陕西神木县石峁遗址》，《考古》2013 年第 7 期。

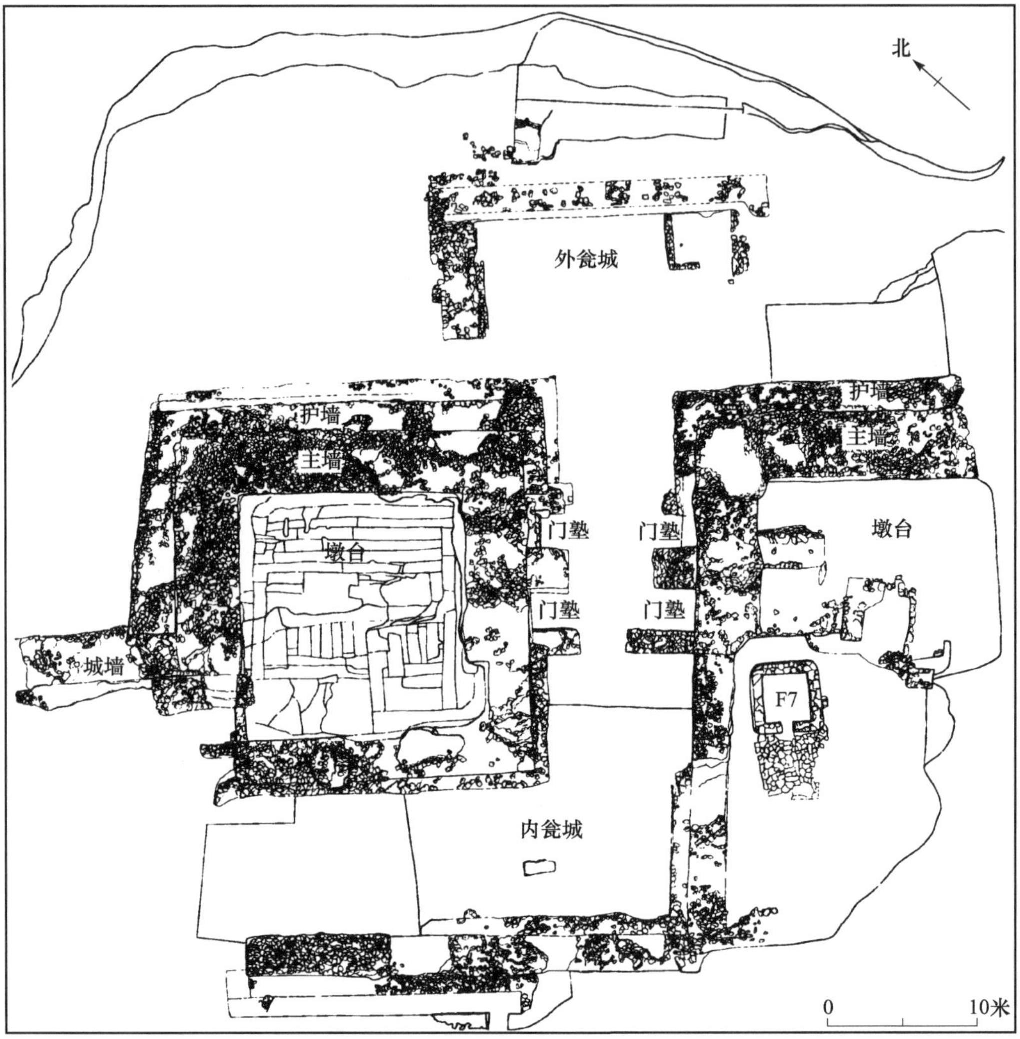

图七　石峁东门址平面图
（引自陕西省考古研究院、榆林市文物考古勘探工作队、神木县文体局：《陕西神木县石峁遗址》，《考古》2013年第7期）

石峁遗址最早为世人所知，始自20世纪70年代戴应新先生专门的调查，其中最引人注目的是征集并发表了大量富有特色的石峁玉器[①]。这些玉器种类繁多，主要有玉钺、牙璋、刀、铲、斧、戚、戈、圭、璧、璇玑（牙璧）、璜、人头雕像以及蚕、蝗、鹰、虎头等肖形玉饰件，其中以端刃器为多，应属于玉兵礼器。近年的发掘出土了一些与往日征集所见相同的器物，可以初步确定石峁所出玉器与上述城址的年代应是一致的。

① 戴应新：《陕西神木县石峁龙山文化遗址调查》，《考古》1977年第3期；《神木石峁龙山文化玉器》，《考古与文物》1988年第5、6期。

图八　石峁东门址人头骨坑 K1
（引自陕西省考古研究院、榆林市文物考古勘探工作队、神木县文体局：《陕西神木县石峁遗址》，《考古》2013 年第 7 期）

根据近年的调查和发掘可知，石峁玉器有一些夹在石城墙的缝隙里，应是建城时有意放置进去的，可能同某种特殊的信仰和仪式有关；还有很多流散的玉器是从墓葬中盗掘出去的，应属于贵族墓葬的陪葬品。一方面，石峁玉器与晋南陶寺[①]、下靳[②]、清凉寺[③]贵族墓葬所出玉器在种类、形制等方面有许多相似的地方，但石峁玉器的种类、数量又远多于陶寺和清凉寺等晋南大遗址；石峁玉器与西北齐家文化玉器有颇多相似之处，同长江下游的良渚文化玉器也有不少的渊源关系。石峁玉器几乎成为中国史前玉器的集大成者。但另一方面，石峁玉器又具有鲜明的自身风格和技术传统，比如大量体型扁薄的端刃器独具特色，尤以众多的牙璋最为引人注目；肖形玉器也是别具一格；另一特点则是玉器的改制和再利用率很高[④]。正如我们曾经指出的，石峁玉器的使用规模和功能用途的广泛性似都超越陶寺之上，显示了该遗址不同凡响的特点；单从这一点判断，石峁城址的规格就不会低于陶寺[⑤]。

石峁城址庞大的规模，东门址复杂的结构及形似瓮城、马面、角楼等先进的设施开创了后世历史时期城址建造的先河，在史前时期已有的发现中独树一帜，其背后则透露出强大的社会动员能力和组织力量。而那些触目惊心的暴力杀戮现象当指向不同族群间惨烈的争斗与战争。如果我们稍作一点并非不着边际的想象，甚至可以推测石

---

① 中国社会科学院考古研究所、山西省临汾市文物局：《襄汾陶寺——1978～1985 年考古发掘报告》，文物出版社，2015 年；中国社会科学院考古研究所山西队、山西省考古研究所、临汾市文物局：《陶寺城址发现陶寺文化中期墓葬》，《考古》2003 年第 9 期。

② 山西省临汾行署文化局、中国社会科学院考古研究所山西工作队：《山西临汾下靳村陶寺文化墓地发掘报告》，《考古学报》1999 年第 4 期；下靳考古队：《山西临汾下靳墓地发掘简报》，《文物》1998 年第 12 期。

③ 山西省考古研究所、山西运城市文物局、芮城县文物旅游局：《山西芮城清凉寺史前墓地》，《考古学报》2011 年第 4 期。

④ 王炜林、孙周勇：《石峁玉器的年代及相关问题》，《考古与文物》2011 年第 4 期。

⑤ 戴向明：《陶寺、石峁与二里头——中原及北方早期国家的形成》，《夏商都邑与文化（二）——“纪年二里头遗址发现 55 周年学术研讨会”论文集》，中国社会科学出版社，2014 年。

峁建城时很可能将俘获的敌对族群的女性斩首灭杀以祭祀或奠基，而驱使男俘去做筑城的苦役；如此既能从根本上消灭或削弱敌对的族群，又增加了筑城所需大量的劳力，可谓一举两得。随着石峁城的建立，可以想见城内有彩绘壁画装饰的华丽的大型建筑和贵族墓葬，美玉成为祭祀典礼的神器和高级身份的象征，而高插在石峁城头的所谓“文明”旗帜也便在猎杀异族头颅的腥风血雨中烈烈飘扬起来！

20世纪80年代在石峁遗址曾有过小规模的试掘，发现了几座普通的小房子和墓葬①。近几年在石峁城内几处地点做了规模不等的发掘。其中在靠近内城墙中段西侧的韩家圪旦揭露出房址42座、墓葬41座，多组打破关系表明墓葬晚于房址，即这一带较早时期为居住址，废弃后变成了一片墓地。房子多为里外间的窑洞式建筑，房内多有窖穴，从公布的照片可见数间相邻的房屋为一组，两组（或更多）房屋成排或成片分布构成房屋群的现象，与前期岱海的老虎山、园子沟遗址仍有相似之处，这大概也是大家庭、家族等不同层级社群组织的居住形态。墓葬有竖穴土坑墓和石棺墓两类，所见石棺墓主要是青少年或孩童的小墓，土坑墓可分大中小三种（最大的M1长4、宽3、深6米），多东西向，大中型墓一般有棺，棺外有1～2个殉人，多带壁龛，但随葬品似多已被盗无存②。这里墓葬的规模、结构、殉人等显示了社会等级的分化，而且似乎也是大中小墓混在同一墓区里，与晋南陶寺、清凉寺等墓地所见类似。

此外还在内城里面的呼家洼和后阳湾一南一北两个地点发掘清理了暴露在断崖剖面上的一些遗迹③。呼家洼发现4座似成排分布的房址，对其中一座残房子进行了清理，出土了几件有晚期阶段特征的器物。在后阳湾两处断崖剖面上发现有房址和墓葬等遗迹现象，并且都是房子叠压或打破墓葬，与韩家圪旦所见情形正相反。墓葬基本都是东西向，包括3个瓮棺和2座竖穴土坑墓，其中2012M1较大，长3.05、宽1.6、深2.95米，被盗扰，残余棺板灰、1个年青女性殉人和3个猪下颌骨。房址中有2座边长3米多的方形地穴式小房子，但二号剖面的一处房址白灰面长度超过10米，乃是同时期比较少见的大型房子。因此后阳湾早晚两期的墓葬和房子似乎也都显示了不同社会等级的差异，与晋南陶寺相似，而明显有别于前期的老虎山文化聚落。

近些年在石峁邻近地区也陆续发现和发掘了几处遗址。举其要者，有榆林市榆阳区的寨峁梁和神木的神圪垯梁遗址。寨峁梁揭露出60多座窑洞式房子，年代似乎从龙山前期一直延续到后期；神圪垯梁发现有6座半地穴式小型房址、15座墓葬，墓葬似

① 西安半坡博物馆：《陕西神木石峁遗址调查试掘简报》，《史前研究》1983年第2期。

② 陕西省考古研究院：《2014年陕西省考古研究院考古调查发掘新收获》，《考古与文物》2015年第2期。

③ 陕西省考古研究院、榆林市文物考古勘探工作队、神木县文体局：《陕西神木县石峁遗址后阳湾、呼家洼地点试掘简报》，《考古》2015年第5期。

略有大小之分，年代似属龙山后期，但两个遗址的详情尚未见报道①。另有神木县的木柱柱梁遗址②。该遗址为一处龙山后期环壕聚落，面积只有 1.7 万平方米，发掘 3600 平方米，共发现房址 52 座、墓葬 8 座、灶（陶窑）6 座、灰坑 200 余个，还有数条壕沟。房子似乎都是些 10 平方米左右的小房子，墓葬也是些小墓。从发表的遗址平面图看，房子似分片成组分布，每组一般有 10 多座房子，考虑到该遗址还能进一步分期，那么同时期里每组房子的实际数目也许更少一点；每组房屋附近和周围都有一些窖穴和灰坑；房子的朝向并不统一，有的房屋组多数门向朝南或朝北，也有朝向东、西的，还有的似乎存在集中辐辏向心的迹象。环壕之内至少有 3、4 组房屋，壕外西北部还有 1 或 2 组。每组房屋像是不同家族的聚居区，那么整个聚落就应是一个较大的氏族（或称宗族）组织。每组房屋内似还有少数几座房子聚集成更小单位的迹象，只是这种现象并不很明显而不易分辨出来。总的来看，这种小聚落的内部结构亦与前期类似，家族仍是聚落中基本的社群单位，而聚落内不见明显的等级分化现象。

20 世纪 90 年代后期发掘的神木新华遗址，面积约 3 万平方米，两次发掘 3300 余平方米，共发现房址 35 座、墓葬 91 座（含瓮棺 13 座）、陶窑 5 座及大量灰坑③。房址也多为 10 平方米左右的小房子，周围多灰坑，一些房址间有早晚打破关系，虽然没有明显的排列规律，但似可看出少数房屋相对邻近成组的现象。墓葬中除少量儿童瓮棺葬，共有 78 座竖穴土坑墓（75 座成年人、3 座小孩墓），这些墓葬有很多打破偏早的房子和灰坑，只极少数相反，说明墓地也主要是在生活区废弃之后形成的；多数墓朝向西北，墓葬的排列较凌乱，但在 1999 年的发掘区内至少可以看出东部、西北部和西南部似各有一群墓，每群已揭露出十几到二十几座，其中东群墓葬排列较集中紧凑，其次为西北群，墓葬大致呈南北长条形松散地分布，而西南一群则显得很零散，这些或许就是不同家族的墓区；所见基本都是普通人的小墓，皆无葬具，也几乎都没有随葬品。另外在西北墓区旁边揭露出一个“祭祀坑”（99K1），略呈长方形，东西长 1.4、南北宽 0.46～0.5、深 0.12～0.22 米，坑内埋藏有 36 件玉石器，分 6 排两组竖直插入土中，每组内交错排列，每排器物数量不等，器物刃部皆朝下，器形有钺、铲、刀、玦、璜等，其中有些是来自同一件玉器的残片，此坑应当与墓地直接相关（图九）。新华遗址规模并不大，所见房子、墓葬等遗迹亦是普通人所有，并无等级分化的迹象，但在墓地中却有这样一个非常特别的祭祀坑，所用玉器皆可在石峁玉器中找到同类者。非

① 陕西省考古研究院：《2014 年陕西省考古研究院考古调查发掘新收获》，《考古与文物》2015 年第 2 期。

② 陕西省考古研究院：《陕西神木县木柱柱梁遗址发掘简报》，《考古与文物》2015 年第 5 期。

③ 陕西省考古研究所、榆林市文物保护研究所：《神木新华》，科学出版社，2005 年。

图九　神木新华遗址祭祀坑 99K1
（引自陕西省考古研究所、榆林市文物保护研究所：《神木新华》，科学出版社，2005 年）

但如此，类似的玉器在榆林地区多处遗址都可见到，它们的玉质、玉色、器形及制作工艺等方面均与石峁玉器相同或相近[①]。这一方面说明基于某种原始宗教或观念信仰的、以玉器为媒介的祭祀活动，在石峁集团的各级聚落中可能是一种比较常见的现象，而作为标榜身份地位的随葬玉器也可能会出现在其他等级较高的聚落中；另一方面还说明，在石峁集团中可能存在着少数制玉中心，并存在着由中心统一控制的玉器生产和再分配系统。像新华这种小聚落中的玉器应是来自石峁或某一次中心聚落的馈赠、赏赐，或者其他方式的分配或交换。

石峁及周边地区大规模系统的考古工作才开始不久，对于该聚落内部结构与设施、周围聚落分布状况和层级结构等方面的了解尚需大量的考古发掘、调查和研究。不过，从已知的情况看，石峁拥有规模宏大、结构复杂的城址及大型建筑，城内有多处居址与墓地，大小不同等级的墓葬；聚落间有不同的层级结构[②]，并有大量精美的玉器及上下垂直的再分配系统，石峁聚落群在很多方面都表现出与陶寺中晚期聚落群相似之处；石峁甚至显露出比陶寺更加恢宏的气势，当无可争议地拥有“在北方文化圈中的核心地位”[③]。种种迹象表明，石峁很有可能是在龙山时代晚期至二里头早期崛起于晋陕

① 孙周勇：《新华文化述论》，《考古与文物》2005 年第 3 期；王炜林、孙周勇：《石峁玉器的年代及相关问题》，《考古与文物》2011 年第 4 期。

② 孙周永、邵晶：《石峁是座什么城？》，《光明日报》2015 年 10 月 16 日。

③ 陕西省考古研究院、榆林市文物考古勘探工作队、神木县文体局：《陕西神木县石峁遗址》，《考古》2013 年第 7 期。

高原上的一个早期国家的都邑性聚落。与中原早期国家形成过程相比，石峁集团的兴起有可能是在较短促的时间内完成的，但似也展示了相近的社会组织结构、等级秩序和权力形态；尤其是触目惊心的暴力杀戮现象喻示着比中原更加惨烈的群体间的对抗和战争，从中也可看到权力是如何与武力相联系的。

四、结 语

北方地区地域广袤，环境多样，有高原、山地、丘陵、盆地等。在这些不同的地理单元中，不同时期的文化和社会呈现此起彼伏的发展过程。仰韶时代北方地区直接受中原的辐射和影响，文化面貌与中原趋近，即便到自身特色较浓厚的仰韶晚期也仍同中原有扯不断的关系。但与此同时，北方地区社会复杂化的进程却长期滞后于中原。据现有资料，从有定居农业聚落开始的仰韶早期直到龙山前期，一直都没有发展起复杂的区域社会组织。一方面，北方地区处于高纬度、高海拔的黄土高原的北部，北连蒙古高原，水热状况都比中原差很多，生存环境相对恶劣，地广人稀，无论是人口增长还是财富积累都较缓慢，人群之间的互动关系也相对较弱，这些大概是造成本地区社会发展长期滞后的主要原因。

但另一方面，北方地区资源的相对贫乏也会经常导致不同社会群体间的竞争和冲突。从庙底沟二期到龙山前期，先后兴起的阿善文化和老虎山文化中，很多聚落都有石头城墙环护，明显是为了对付来自外部的威胁。但同时各遗址规模与分布格局、内部设施和出土物等方面都表明，无论是聚落内部还是各聚落之间都没有出现明显的主、次之分或上下高低的层级关系，各聚落群所形成的很可能是一种像部落或“部落联盟”那样的利益与共、互相联守的松散的区域组织，尚未出现统一的政治实体。聚落内部尽管已见初步的社会地位或贫富的差异，但也未像中原尤其是晋南那样有明显的社会阶层的分化，而较大的家族仍是聚落中发挥重要作用的基本社会单元。总之，聚落内部的组织与管理、不同群体间的互动和竞争都长期保持着较低水平的运作状态。

到了龙山后期，或许因为环境的进一步恶化导致北部人群南迁，原有的大青山南麓和岱海聚落群先后消失，而陕北到晋中一线聚落则有明显的增长，以石峁城的兴起为标志，这一带社会的复杂化似乎出现了跳跃式的发展。石峁超大的城址，城内宏伟的建筑、大型墓葬，以及大量精美的玉器，周围不同层级的聚落结构，无不指向一个高度复杂的社会系统。石峁很可能是紧接陶寺之后（部分时段与之并行）雄起于北方黄土高原上的一个早期国家社会[①]。与晋南相似，陕北地区也应经历了由小集团竞争而整合成大型区域政体的过程，只是这一过程相对短促，现在还不能看得很清楚。由于人群迁徙、聚合而导致人口在较短时期内快速增加，并由此进一步导致群体间竞争关系加剧，应是造成这种社会演变的主要因素。石峁城址及周边聚落的防御性设施和暴力杀戮现象表明，龙山时代北方地区社会演进和国家形成机制与中原类同，战争与武力是获取和强化社会权力、催生国家形成的最重要的原动力[②]。

另外我们还应看到，中原地区史前社会的发展经历了类似“游群—氏族部落—酋邦—国家”这样一种“经典”进化模式，中原的一个显著特点是每个阶段的每种社会形态都经过了长期而充分的发展；尤需指出的是，中原从仰韶中晚期直到龙山时代早期（庙底沟二期），类似酋邦（或称古国）那样的复杂社会组织也走过了漫长的发展历程，直到龙山时代晚期才孕育出以陶寺中晚期都邑性聚落为代表的早期国家。比照起来，北方地区社会复杂化的发展进程长期处于滞后状态，可能直到龙山后期才出现复杂的区域社会组织，并很快在环境改变、外部刺激和内部积蓄与调整之后，于短促时间内跃进到了以石峁大城为代表的国家社会。显而易见，虽然到龙山时代晚期，中原与北方社会的发展有互动趋近之现象，但就长时段的整体而言，中原与北方社会演化的轨迹还是有较大区别的。我们可分别称之为多元社会进化过程中的“中原模式”和“北方模式”。

（原载《考古与文物》2016年第4期）

---

① 戴向明：《陶寺、石峁与二里头——中原及北方早期国家的形成》，《夏商都邑与文化（二）——“纪年二里头遗址发现55周年学术研讨会”论文集》，中国社会科学出版社，2014年。

② 戴向明：《中原地区龙山时代社会复杂化的进程》，《考古学研究》（十），科学出版社，2012年。

黄河中游史前经济概论

在人类漫长的史前时期，从旧石器时代到新石器时代，从更新世到全新世，随着环境的改变，人类的生存方式也发生了极大的变化。旧石器时代人们主要加工和使用打制的石器，通过狩猎和采集来获取食物资源。到了新石器时代随着农业的发生和发展，人类的取食方式和手工业生产也逐渐出现了不同的变化。笔者曾撰文讨论黄河中游史前社会发展演变的历史进程①,这里着重讨论新石器时代生产经济的发展变化情况，以便为从前论述的社会形态的演变提供一个可以参照的经济基础和背景。讨论的内容分为生业经济（或曰取食经济）和手工业经济两部分。

一、生 业 经 济

近些年考古学特别是动植物考古的研究成果，使我们对史前各时期生业经济的发展状况可以有个大概的了解。已有发现表明，新石器时代早期基本是以渔猎、采集为主的广谱型经济，作物种植或已发生，但除华北北部有零星的发现，中原还缺乏直接的证据。从新石器时代中期到仰韶早期，中原及华北地区当经历了从狩猎采集为主、农耕和家畜饲养为辅，到以粟黍种植农业为经济主体的生业形态的转变；各地农业都陆续发展起来，其间还有可能经历了从以黍为主到以粟为主的转换过程，并且随着农业经济的逐步强化，以猪为主的家畜饲养业也逐渐得到发展，同时渔猎采集等取食方式在整个生业经济中逐渐由主体退居次要地位②。至仰韶中晚期，以粟为主、以黍为辅的种植农业得到进一步发展，有证据表明 C_4 类植物已成为当时人们主要的食物品种，

---

① 戴向明:《中原地区早期复杂社会的形成与初步发展》,《考古学研究》(九)，文物出版社，2012 年;《中原地区龙山时代社会复杂化的进程》,《考古学研究》(十)，科学出版社，2012 年;《北方地区龙山时代的聚落与社会》,《考古与文物》2016 年第 4 期。

② 赵志军:《中国古代农业的形成过程——浮选出土植物遗存证据》,《第四纪研究》2014 年第 34 卷第 1 期。

同时水稻在中原也开始有少量的种植；家畜饲养也有进一步的发展，并逐步成为人们获取肉食资源的主要方式，渔猎和采集仍是重要的取食手段。从龙山到二里头时代，小麦、牛、羊等新的作物和家养动物开始从西亚传入中国腹地，但尚未改变中原以粟为主的经济结构，只是种植作物的品种更加丰富，初步形成了粟、黍、稻、大豆、小麦等多种作物的混合农业体系；牛羊虽成为重要的肉食资源，但并没有改变家猪的主导作用，而渔猎采摘活动作为食物补充来源也还占有一席之地①。中原地区龙山时代及稍后虽仍以粟黍为基本栽培作物，但同时水稻的比重增加，大豆普遍出现，小麦开始迅速传播，家畜种类和肉食来源也趋于多元化，这种多品种农作物种植制度和家畜饲养制度有利于提高食物生产总值、减轻自然灾害的影响，无疑也有利于区域文明的孕育和持续稳定的发展②。上述这种生业经济结构的变化体现了中原地区固有的特征以及农业生产（包括粮食种植和家畜饲养）的不断进步和发展，正是这样的进步和发展为人口的持续增长、社会集团的不断扩大、社群结构的日趋复杂、财富的积累和社会的分化等多方面的社会进化奠定了坚实的物质基础。

北方地区的动植物考古研究一直比较薄弱，长期以来缺乏系统的采样和分析，不过近年这种状况开始得到改善，结合其他方面的考古成果，我们可以对这一广大区域的生业经济发展概况得到一些初步的认识。在已公布的资料中，新石器时代早中期这一带罕有定居遗址发现。仰韶早中期开始不断有人群从中原向北迁徙扩散，在冀西北、晋中北、陕北到内蒙古中南部都相继出现了与中原文化面貌相似的考古遗存，到仰韶晚期来自中原的影响依然很强烈；尽管目前直接的植物考古证据还很少，但与中原相似的居住形态、生产工具和生活用具等方面，使我们相信仰韶时期粟黍种植农业也在当地发展起来，并同样伴以猪、狗等家畜饲养业。另外还需注意到，岱海地区的石虎山（仰韶早期）③、黄旗海地区的庙子沟和大坝沟（仰韶晚期）④等遗址出土的动物遗骸中野生动物的数量都远多于家养动物，说明这一带狩猎和捕捞是获取肉类食物的主要手段，这与中原相异。此外，在内蒙古中南部及附近地区，从仰韶一直到龙山时代始

① 农业研究课题组：《中华文明形成时期的农业经济特点》，《科技考古》（第三辑），科学出版社，2011年；动物考古课题组：《中华文明形成时期的动物考古学研究》，《科技考古》（第三辑），科学出版社，2011年；秦岭：《中国农业起源的植物考古研究与展望》，《考古学研究》（九），文物出版社，2012年。

② 农业研究课题组：《中华文明形成时期的农业经济特点》，《科技考古》（第三辑），科学出版社，2011年。

③ 内蒙古文物考古研究所、日本京都中国考古学研究会：《岱海考古（二）——中日岱海地区考察研究报告集》，科学出版社，2001年。

④ 内蒙古文物考古研究所：《庙子沟与大坝沟》，中国大百科全书出版社，2003年。

终出有石磨盘和磨棒（近年的研究多认为磨盘和磨棒兼具加工野生果实和粮食作物的功能），尤以仰韶时代数量较多、龙山时代大幅减少，另外还始终保有较多的细石器（以镞为主，还有刮削器等），骨质的渔猎工具的数量也相对较多，这些都表明北方地区采集、狩猎和捕捞等非农业取食方式在生业经济中始终占有较高的比重，从而有别于中原地区。

根据近年植物考古工作的成果，从有植物遗存发现的仰韶晚期直至二里头早期，河套地区（包括陕北、内蒙古中南部及周边区域）始终以粟、黍为主要种植作物（粟明显多于黍），而基本不见稻、麦、大豆等其他品种，这种较单一的农业种植制度当与北方高纬度、高海拔造成的水热环境状况直接相关。到龙山晚期和二里头早期，一方面粟黍类作物在浮选出的植物遗存中仍占有很高的比例，另一方面很多遗址开始出现大量的豆科和藜科植物种子，有人认为这些野生植物进入遗址很大一部分是充当饲料用以喂养家畜的，这个时期农牧混合生业模式开始形成并有了初步的发展，农业有所衰退、畜牧业的规模则趋于扩大，其动因主要是出自本地区生态环境的脆弱、敏感性和距今4000年左右强降温事件导致的气候趋向凉干而不利于农业生产的变化①。本地区一些遗址出土的动物遗存也有利于支持这种认识。如内蒙古伊金霍洛旗的朱开沟遗址，第一段家猪尚占有一定优势，牛羊也有了一定的数量，并且出土的家养动物骨骼远多于野生动物；从第二段开始羊的数量就超过了猪，羊和牛相加则明显多于猪，成为主要的肉食资源，反映了以牛羊为主的家畜饲养业从龙山晚期到二里头早期的迅速发展②。北方特别是河套地区这种独特的生业结构也成为有别于中原的、支撑石峁集团兴起的另一种经济基础和模式。

自新石器时代中晚期以经营农业为主的定居生活逐步确立和发展起来之后，各地区都出现了成套的生活用具和生产工具。就考古发现所能见到者，生活用具以同饮食相关的陶器为主，陶器富于变化，不同地域、时代都有特征鲜明的器类组合，成为区分不同“文化”的基本要素。生产工具，包括各种石、骨、蚌、陶质工具，可能还有很多朽烂无存的木质工具，出土物中以石器为大宗，其次为骨器；按功能用途可以分为农业工具、渔猎工具，以及与各种生计相关的其他手工工具，如纺织、建筑、木作加工等，但很多工具是多功能复合型的。新石器时代的生产工具在空间上没有那么多的变化，大别只在南方、北方之间有较明显的差异，而在黄河流域特别是黄河中游典

---

① 尹达：《河套地区史前农牧交错带的植物考古学研究——以石峁遗址及其相关遗址为中心》，中国社会科学院研究生院博士学位论文，2015年。

② 内蒙古自治区文物考古研究所、鄂尔多斯博物馆：《朱开沟——青铜时代早期遗址发掘报告》，文物出版社，2000年。

型的旱作农业区，虽可见一些区域特色，但各地所出工具的种类和组合都大同小异。黄河中游工具种类主要有石铲、斧、锛、凿、刀、镰、镞、纺轮、球、盘状器、臼和杵、磨盘和磨棒、砺石，骨铲、凿、匕、镞、镖、鱼钩、锥、针，以及陶刀、锉、网坠、纺轮和少量的蚌器等。历时性地观察，从早到晚各种工具的变化也是缓慢、不显著的。概括地说，中原新石器时代早期多见细石器和打制石器，磨制石器较少（主要是磨盘和磨棒）；中期以磨制石器为主，不同地区的组合略有差异，但主要是石斧、铲、镰、磨盘和磨棒几种，器类较简单，骨器较多，还有较多的渔猎工具，这些都与多种生业并重的经济格局相符；从仰韶早期开始，在一些发达的聚落里各种石、骨质工具都已具备，仰韶中晚期以后就基本形成了较为稳定的工具组合，但从前用于加工食物的磨盘和磨棒到仰韶时期逐渐消失，而收割工具以石刀为主，反映了生业形态和食物加工方式的变化，另外打制石器还有一定的比例，磨制石器中也有很多显得较粗糙；到龙山时代打制的石器就很少了，各种石器的形制趋于规整，磨制得也越来越精细，区域间的差异也更加微弱，在许多遗址中出土工具的总量比以前有大幅的增加，特别是石刀的数量有明显的增长，在各类工具中占有较高的比例，这些或许可以反映农业生产的发展、收获作物的增长①。北方地区石、骨质工具的种类、样式与中原大同小异，其中仰韶时期以石斧、刀、纺轮等数量较多，其他相对较少，整体器物组合不像中原那么丰富，到龙山时期工具组合的构成与中原趋近；另外就是如前所述，北方还常见石磨盘、磨棒和以镞为主的细石器，骨质工具的数量也较多。总的看，黄河中游史前工具的变化是缓慢的，只在新石器时代早期、中期、仰韶、龙山这几个大的阶段有一定的变化，而且越往后变化越不明显，整个新石器时代晚期都缺乏根本性的变革而只有局部的和细节上的改进，也就是说，工具本身对农业发展和生业经济变化的反映是不明显或者是不充分的②。

黄河中游自新石器时代中期农业得以逐步确立并稳定发展起来之后，直到龙山和早期青铜时代，始终都以粟黍种植为主，中原地区小麦代替粟成为主要的粮食作物、北方地区农牧并重的生业格局的发展都是在晚期青铜时代之后，这期间农业生产工具和渔猎工具都没有发生显著的技术进步和革命性的改变，因此我们推断促进社会发展的生产力的提高主要表现在耕地面积的不断开垦和扩展，对土地整治、中耕管理、水利灌溉（很可能是小规模的）、肥料运用、四时节气的认识与把握等方面，而这些方面在考古遗存中是很难反映出来的。据我们已有的分析，新石器时代从早到晚社群中具

① 王小庆、钱益汇、蔡明：《中华文明形成时期黄河流域生产工具的考古学研究》，《科技考古》（第三辑），科学出版社，2011 年。

② 以上这些认识通过大量翻阅考古报告获得，因数量众多，恕不一一注明出处。

有相对独立性的基层组织逐渐趋于小型化，从氏族、大家族到小家族或扩大家庭，能够独立组织生产和消费的社会单元的小型化应与社会生产力的持续发展有着直接的关系；换句话说，正是随着生产能力的不断提高（包括单位面积粮食产量的增长），原来需要较大社群协调组织多人才能完成的劳动和取得的收获，到后来只需小型家族组织少数人就能完成、获取了。小型组织独立生存的能力增强了，那么这种小家族或大家庭变成相对独立的消费与生活单位才成为可能，而财富的拥有和积累也就在这种大家庭或小家族的层面上展开，这也是我们在龙山时代大型聚落中所见到的社会分化得以深入到宗族及大家族内部的一个经济基础。

二、手工业生产及产品的流通

与生业经济相辅相成的是各种生活用具和生产工具的制作，由此而发展起了门类多样的手工业，史前时期最主要的手工业有陶器、石器和骨器的生产。手工业的生产和产品的分配与流通又与社会形态的发展变化存在一定关系。

黄河中游新石器时代早期陶器只有零星的发现，看起来器类、器形都很简单，制作较粗糙，应属于低水平的小规模生产。新石器时代中期制作陶器的直接证据目前发现的也不多，但磁山文化、裴李岗文化、老官台文化各自特征鲜明的陶器群显示此时已经形成了不同区域的制陶系统，而且功能和形态多样的器类、成熟的制陶技术、制作良好的器皿，都表明陶器的生产具有了一定专业化的水平。仰韶早期姜寨、半坡、北首岭等遗址都发现数处陶窑，并且多与特定的房屋组相对应，显示陶器的生产是由氏族或家族控制并由不同家族中的少数家庭工匠实施的行为，属于家庭层面上的专业化生产[①]；其产品也应该由氏族或聚落统一分配，或者通过某种交换方式在聚落内、也不排除在聚落外一定范围内流通。由此可以看到最初的专业化当源自社群内的劳动分工、集中的控制与管理，当然也可能是基于某种技能和特长通过交换来赚取一定的生计资源。从陕西宝鸡福临堡[②]、华县泉护村[③]等遗址看，如前期一样，仰韶中期聚落中的陶窑也较分散，并且也存在2、3座或数座陶窑集中成组分布的情况，应延续了与前期相似的生产方式。另外，陕晋豫地区庙底沟文化中心地带出有大量的彩陶，以华丽繁缛的“回旋勾连纹”和各种“花卉纹”为代表，构图复杂、精致、匀称、美观，常以

---

① 戴向明：《陶器生产、聚落形态与社会变迁——新石器至早期青铜时代的垣曲盆地》，文物出版社，2010年。

② 宝鸡市考古工作队、陕西省考古研究所宝鸡工作站：《宝鸡福临堡》，文物出版社，1993年。

③ 北京大学考古学系：《华县泉护村》，科学出版社，2003年。

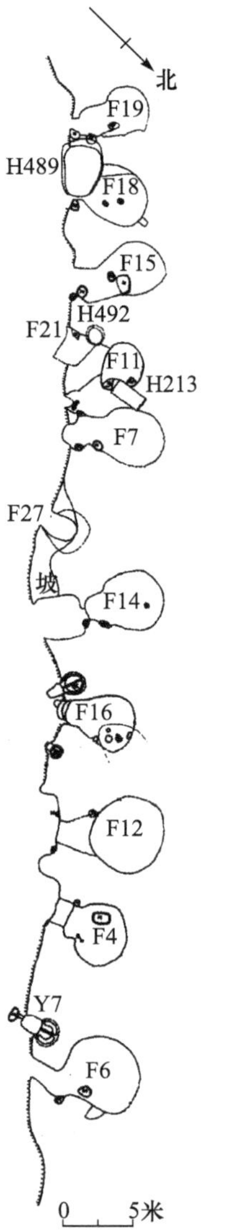

图一　杨官寨仰韶晚期制陶作坊遗迹平面图（引自陕西省考古研究院：《陕西高陵杨官寨遗址发掘简报》，《考古与文物》2011年第6期）

二方连续的形式精准地相互衔接，且不同遗址乃至不同区域间的彩陶具有高度的相似性，显示了较高程度的“标准化”，这些都表明彩陶的制作应是由技艺娴熟的专业工匠完成的，甚至不排除存在少数规模较大的集中的彩陶生产中心，说明陶器生产专业化有了进一步的发展。

仰韶晚期一方面仍可见到与此前相类似的陶窑分布形态，另一方面还出现了集中分布的制陶作坊区。在陕西高陵杨官寨遗址南区一处长70余米的断崖边上，发现有13座房址和穿插其间的若干座陶窑（似为8座）呈一线分布（图一），附近还分布着许多窖穴；这些房子可能皆为窑洞式建筑，面积多在10平方米左右，规模远小于同期其他房址（如遗址北区一座地面建筑F53约有20平方米），但房内皆有灶或烧烤面，说明这些房子既是制陶的作坊也是陶工的居所，但与一般的住房有别，很可能形成了专门的制陶作坊区；其间的一座窖穴H402出土了72件陶器，包括尖底瓶22、罐19、钵16、盆9、瓮5件，另有1件可能是制陶用的轮盘，尖底瓶分喇叭口无耳瓶和葫芦口双耳瓶两类，从发表的照片看，每类瓶不同个体间的形态、大小都很接近，应是某个陶工或某个作坊集中生产的产品，表现出了较高程度的标准化和专业化生产水平（图二）[①]。这些房子、陶窑、窖穴应共同组成了一处规模较大的制陶作坊区，颇似西方学者定义的“核心作坊（nucleated workshops）”[②]，此种规模的制陶作坊区在当时的考古遗存中并不多见。我们无从判断这样的一排作坊是否属于聚落中某一血缘群体（如家族），但可以看出此种作坊家庭式的生产背景；此外制陶应是该群体一项重要的产业，而且不排除其产品有向周围其他聚落流通的可能。

到了庙底沟二期和龙山时期，除了家庭式的作坊，又新出现了家庭背景以外的单独的制陶作坊。如在山西垣曲宁家坡、古城东关遗址似都存在这样的作坊，它们或单独分散在聚落内

① 陕西省考古研究院：《陕西省高陵县杨官寨新石器时代遗址》，《考古》2009年第7期；《陕西高陵杨官寨遗址发掘简报》，《考古与文物》2011年第6期。

② Rice, Prudence M..*Pottery Analysis: A Sourcebook*. Chicago: The University of Chicago Press, 1987: 184.

图二　杨官寨 H402 出土陶尖底瓶
（引自陕西省考古研究院：《陕西省高陵县杨官寨新石器时代遗址》，《考古》2009 年第 7 期）

的不同位置（如宁家坡），或几个作坊较集中地分布在一个区域（如古城东关），总之聚落内的陶器生产应主要是由这种较独立的“个体作坊（individual workshop）”来完成的，但其生产规模、强度和专业化水平与前述家庭作坊相比似乎并无本质的区别；同时我们还发现，在发掘面积有限的情况下，垣曲盆地 5 个经发掘过的庙底沟二期遗址中就有 4 个存在陶器生产的直接证据，说明在区域聚落系统中陶器生产是在很多聚落里分散进行的，而非集中在少数中心①。除此之外，晋南还出现了规模较大的集中的陶器生产中心，最近公布的新绛孝陵的陶窑址就提供了一处难得的、珍贵的资料②。这里共发现 43 座陶窑址，按陶窑的空间分布和层位关系可分为 8 群，其中 7 群中的 41 座属庙底沟二期文化，1 群中的 2 座属于陶寺文化（龙山时期）。在进一步判断其年代关系的基础上，报告又将这 8 群分为 4 类，其中第一类 3 群最早，第二、三类的各自 2 群稍晚，这三类都是庙底沟二期的；第四类即第 8 群最晚，为陶寺龙山时期。每一群陶窑都主要修建在一个大型操作坑的边缘，而且一般都较密集地集中排列，每群有陶

① 戴向明：《陶器生产、聚落形态与社会变迁——新石器至早期青铜时代的垣曲盆地》，文物出版社，2010 年。

② 山西省考古研究所：《新绛孝陵陶窑址》，上海古籍出版社，2015 年。

窑多在2～7座，最多的第3群有13座，但这些陶窑修建和使用的时间并不一致。每一群几乎都可按陶窑形成的先后顺序和彼此共时使用的情况进一步分组，每群少者2、3组，多者4、5组；每组有陶窑1～4座（图三）。就庙底沟二期而言，从以上情况判断，同时存在的至少有2、3群，而同时使用的陶窑至少有4、5座到7、8座；如果第二、三类陶窑群有可能共存过，那么在极盛时期同时使用的陶窑会多达10座以上（至少分为4群）。这还只是发掘区内已经揭露的情况，假如在发掘区之外还有其他陶窑群，那么这一片陶窑生产区的规模会更大。陶窑及其所在的操作坑主要出土一些碎陶片、灰土、白灰渣、烧土快（粒）、碎石块、窑壁残块等，显然是烧窑后的残余物和陶窑废弃后的堆积，但没有发现现场和泥、制坯、成形、晾晒、储藏等与制陶直接相关的迹象，因此不能确定制陶作坊是否就在陶窑区内或附近。但陶窑区内似有几座零星的小房子（F4～F6，袋形地穴和半地穴式）和一些灰坑（包括几个袋形坑），因此不

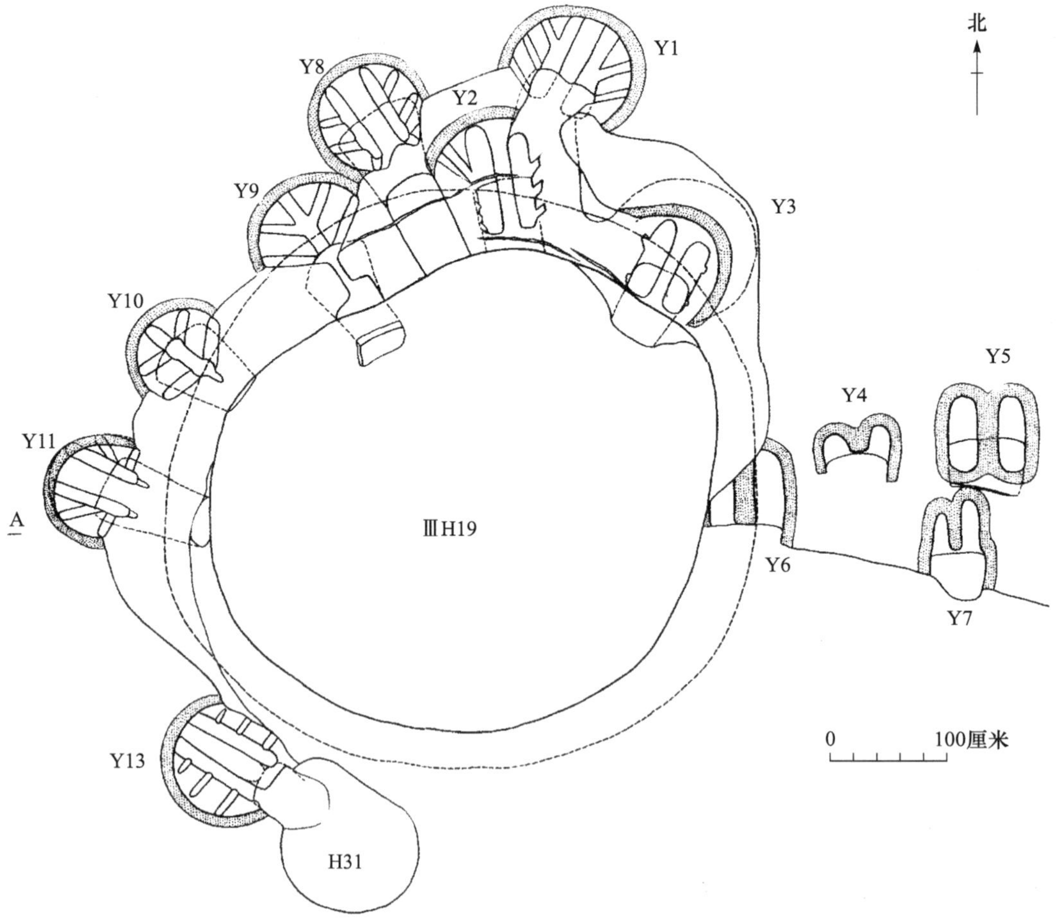

图三　新绛孝陵第一群和第二群陶窑平面图

（引自山西省考古研究所：《新绛孝陵陶窑址》，上海古籍出版社，2015年）

排除在这里制作陶器的可能性；另外还可能陶器是在陶窑区之外的居住址做好后拿到这里集中烧制的，那么作坊就是在家庭之内了。无论如何，孝陵遗址这片陶窑区显示的是一种较大规模集中生产陶器的场面，在当时很少见。孝陵遗址总面积约 200 万平方米，即便庙底沟二期和龙山时期的面积各占一半，也各自有 100 万平方米（见报告中刘绪先生的“序”），此种规模在庙底沟二期无疑属于特大型聚落。因此，在这种大型中心聚落里有可能就存在“核心作坊”式的、规模较大的陶器生产，其产品除了满足本聚落的需要，还可能向周围小聚落发散。那么，庙底沟二期（包括陶寺早期）在以孝陵为中心的聚落群中，就可能存在与垣曲小盆地不同的生产和流通方式。

龙山时期陶器生产最直观的证据来自内蒙古岱海周围的聚落。在凉城县园子沟东台地 F3027～F3030 至 F3038～F3039 和 F3025 一排房屋发现几座陶窑（图四），其中至少有 2 座是同时共存过的，属于与杨官寨仰韶晚期相似的家庭制陶作坊，只是规模较小；老虎山则是在聚落围墙外的西边有一组集中分布的陶窑，现存 3 座，旁边还可见与之相关的工作间、储藏坑、和泥坑、工作面和工作台、制备好的泥条和陶坯残片等,是与垣曲古城东关和宁家坡相似的单独的“个体作坊”[①]。这两种作坊虽生产背景不同，但生产的规模和强度应相似。而在中原，龙山时期普通的遗址中发现有陶窑的比例并不是很高，反而是在大型遗址中发现的概率较高。比如像山西襄汾陶寺、绛县周家庄这样的大型中心聚落里就存在许多陶窑或制陶作坊。陶寺历年的发掘已在不同区域发现有多处陶窑遗迹，有的较分散、有些则相对集中，甚至还有些陶窑分布在“宫殿区”附近[②]。周家庄除了多处零散的窑址（作坊），还发现有一处集中的“制陶作坊区”，即在遗址中部偏东南一片发掘区内（发掘面积约 2500 平方米）存在一处龙山早期居址，居址内可分为数处房屋组，每组房屋附近都有一至数座陶窑（现已揭露出 9 座，此片居址还有很大一部分没有发掘），因此推测制陶是该社区（应属于一个大家族或氏族）一个重要的产业[③]；每个房屋组若代表一个大家庭或小家族，那么这样一种单位也就构成了一个相对独立的制陶作坊，整个这片居址就是一处家庭背景中的制陶作坊群，同时也是类似“核心作坊”那样的一种生产方式。这片居址估计至少有上万平方米，目前发掘的约有四分之一，因此这里实际的陶器生产规模还要大很多。此种规模的作坊群在史前时期也是罕见的，大概只存在于像陶寺、周家庄这样的大型中心

---

① 内蒙古文物考古研究所:《岱海考古（一）——老虎山文化遗址发掘报告集》，科学出版社，2000 年。

② 参见解希恭主编:《襄汾陶寺遗址研究》，科学出版社，2007 年。

③ 中国国家博物馆田野考古研究中心、山西省考古研究所、运城市文物保护研究所:《山西绛县周家庄遗址 2007～2012 年勘查与发掘简报》,《山西绛县周家庄遗址居址与墓地 2007～2012 年的发掘》，两篇皆刊于《考古》2015 年第 5 期。

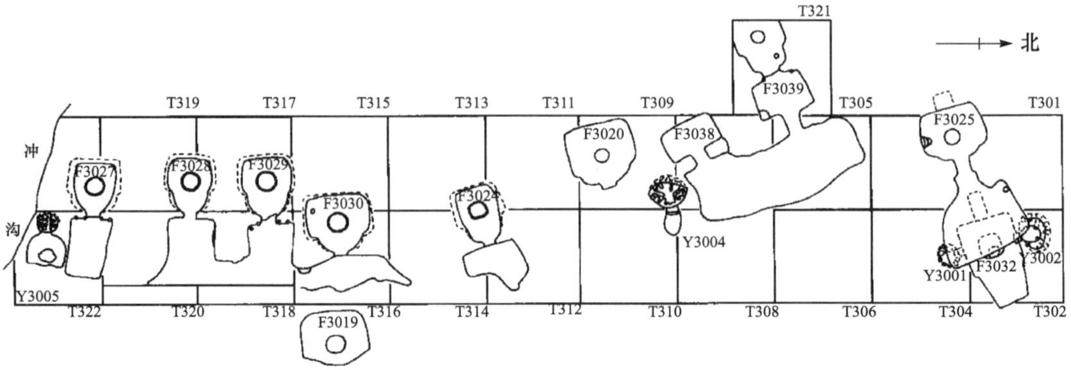

图四　园子沟东台地一排房屋与陶窑平面分布图
（引自内蒙古文物考古研究所：《岱海考古（一）——老虎山文化遗址发掘报告集》，科学出版社，2000 年）

聚落里。至于龙山时期是否存在少数大型聚落集中且控制了区域内的陶器生产并向小型聚落分配或交换的生产与流通体系，目前尚缺乏充实的资料来加以说明，但这种可能性不是不存在的。

另外，由于制陶的原料是一种易得的资源，而陶器在日常生活中使用量大、易破碎、更换率高，至少可以推测在一般情况下不会出现大规模的日用陶器的远程贸易，各地的陶器应该主要是在本地生产和消费的。这种推论常能得到一些陶器产地研究的支持。比如我们曾选取山西垣曲古城东关仰韶早期、庙底沟二期和南关二里头、二里冈期的约 100 件不同类型的陶器标本进行主量元素和微量元素分析，其中包括庙底沟二期具有南方屈家岭文化特征的高圈足杯、二里头和二里冈期的仿铜陶礼器等特殊样品，结果显示不同遗址、不同时期、不同类型的绝大部分陶器成分相同，包括多数风格特殊的器物，说明这里的陶器主要是就地取材生产并消费的（只有极个别器物有可能是外来的）[①]。这一认识还得到了垣曲盆地其他遗址陶器化学成分测试结果的支持[②]。至于某些特殊的器皿，如仰韶时代的彩陶和龙山时代基本为贵族所垄断的彩绘陶器，其生产和流通的方式究竟如何目前还缺乏专门的深入分析与研究，但可以肯定像晋南、陕北几处龙山期大型聚落高级墓葬中的彩绘陶，应该属于贵族手工业产品，并存在由贵族控制的专门的生产和分配系统（详见下文）。

史前时期石器的生产和流通相比陶器既有共性、也有差别。石器的原料虽非珍稀的资源，但也不是随处可得，而往往要受限于特定的地理环境，从石料的开采或获取

① 成小林、郝少康、戴向明等：《山西垣曲盆地新石器时代及早期青铜时代陶器的产地分析研究》，《中国历史文物》2009 年第 3 期。

② 王小娟、王晓毅：《垣曲上亳遗址陶器化学成分的初步研究》，《文物世界》2009 年第 1 期；王晓毅、王小娟：《垣曲盆地新石器时期陶器化学成分初探》，《鹿鸣集》，科学出版社，2009 年。

地点到加工、使用地点常常是相互分离的。受条件所限，从新石器时代中期开始，石器的生产就不像陶器那样分散，而是集中在少数地点，并且逐步形成了不同区域的石器工业系统，如在磁山、裴李岗文化的一些遗址中就存在集中加工石器的迹象①。到仰韶中晚期，这种迹象更加明显可见，如河南渑池关家仰韶中期聚落就存在专门的石器加工场所，在遗址东北部一些灰坑中出土了大量石料、石器、石器半成品和加工后余下的碎屑和小石块②；陕县庙底沟遗址则出土了2230多件石盘状器，数量惊人，应存在一处专业性很强的盘状器加工点③；孟津妯娌遗址的南部也存在一处仰韶晚期的石器加工点④。这些地点的石器很可能是在一个超出聚落自身需求以外的、较大的地域范围内流通使用的；其生产方式或许与陶器的生产有所不同，不但生产地点较少，在聚落内也都于家庭背景之外有专门的加工场所，应是由聚落内少数技能娴熟的工匠集中在一起生产的，因此从很早的时候起石器生产的专业化程度可能就高于陶器的生产。

到了庙底沟二期和龙山时期，石器生产的专业化，即生产的集中性、规模和强度都有了进一步的发展。首先，一些遗址存在某种石器数量格外突出的现象，例如淅川下王岗遗址从仰韶到龙山各时期的石器制造业都很发达，其中石斧始终是大宗器物，比例一般占石器总量的三分之一以上⑤；郾城郝家台龙山各期石器中以石镞数量最多，多数时段里占石器总数的百分之六七十以上⑥；而嵩山周围一些龙山期遗址中，石铲则往往占有很高的比例，如登封王城岗⑦、新密新砦⑧，还有后面将要谈到的以加工石铲为主的偃师灰嘴等。上述情况既反映了这些遗址石器制造业的发达，也应与各地不同环境中的产业结构和劳作方式有关。另外，龙山时期很可能出现了由上层贵族控制的石

① 张弛：《中国史前农业、经济的发展与文明的起源——以黄河、长江中下游地区为中心》，《古代文明》(第1卷)，文物出版社，2002年。

② 樊温泉：《关家遗址发掘获重要成果》，《中国文物报》2000年2月13日。

③ 中国科学院考古研究所：《庙底沟与三里桥》，科学出版社，1959年。

④ 河南省文物管理局、水利部小浪底水利枢纽、建设管理局移民局：《黄河小浪底水库文物考古报告集》，黄河水利出版社，1998年。

⑤ 河南省文物研究所、长江流域规划办公室考古队河南分队：《淅川下王岗》，文物出版社，1989年。

⑥ 河南省文物考古研究所：《郾城郝家台》，大象出版社，2012年。

⑦ 北京大学考古文博学院、河南省文物考古研究所：《登封王城岗考古发现与研究》(2002～2005)，大象出版社，2007年。

⑧ 北京大学震旦古代文明研究中心、郑州市文物考古研究院：《新密新砦——1999～2000年田野考古发掘报告》，文物出版社，2008年。

器制造业，即西方学者所说的“依附性（attached）”的专业化生产①。其中一个显著的例子就是以陶寺为中心的石器生产和分配系统。

陶寺遗址内已发现了一些石器加工制作的迹象，如2002年在原“宫殿区”部位揭露出一处长20多米的大灰沟ⅠHG8，属陶寺晚期，沟内堆积分三层，每层除有很多散乱的人骨，还出土大量的打制石片与石坯②。有人认为这些石器原料应主要来自陶寺以南6千米处的大崮堆山，带到陶寺的既有大量毛坯也有一定数量的石材；这些石制品包括石器制造的各个环节，石器加工中产生的石片、石屑等废弃物占据大多数，而成形的石器只有很少一部分，生产与使用的分离说明这里石器的制作已经实现了产业化与专业化③。大崮堆山南坡基岩表面有大量石制品堆积，遗址面积达15万平方米④。经过发掘，在275平方米范围内发现了约11000件石制品，其中数量最多的是石片（占总数的84.8%），还有大量的石坯（占13.8%）和少量石核、石锤（分别占1%和0.4%），石器毛坯中以矛形坯占有绝对多数，其他还有斧形、刀形、铲形、锄形、锛形、凿形坯，另有极少量的厨刀毛坯；这些石制品岩性单一，大部分是变质砂岩，少数为红柱石角岩，皆产自大崮堆山；结合对陶寺遗址石制品的调查⑤，发掘者认为这处石器制造场使用的年代可能从陶寺早期一直延续到陶寺晚期⑥。后经进一步的调查发掘和研究确认，陶寺出土变质砂岩类石器的原料、毛坯和器形等都与大崮堆山的相对应，前者应直接从后者获取石料、毛坯并制作石器；不唯如此，陶寺还很可能独自控制了大崮堆山的石料资源，并将石器以交换或再分配的方式输送给周围其他聚落⑦。然而令人费解的是，大崮堆山石坯中数量最多的矛形坯在陶寺似乎并不多见，这种器物的最终器形

---

① Costin, Cathy L. Craft Specialization: Issues in Defining, Documenting, and Explaining the Organization of Production. In *Archaeological Method and Theory (3)*, edited by Michael B. Schiffer. Tucson: The University of Arizona Press, 1991: 1-56.

② 中国社会科学院考古研究所山西队、山西省考古研究所、临汾市文物局：《山西襄汾陶寺城址2002年发掘报告》，《考古学报》2005年第3期。

③ 严志斌：《陶寺文化石制品研究——以HG8为中心》，《二十一世纪的中国考古学》，文物出版社，2005年。

④ 陶富海：《山西襄汾大崮堆山史前石器制造场新材料及再研究》，《考古》1991年第1期。

⑤ 翟少冬、王晓毅、高江涛：《山西陶寺遗址石制品及相关遗迹调查简报》，《考古学集刊》（19），科学出版社，2013年。

⑥ 山西省考古研究所：《山西襄汾县大崮堆山石器制造场遗址1988～1989年的发掘》，《考古》2014年第8期。

⑦ 翟少冬：《山西襄汾大崮堆山遗址石料资源利用模式初探》，《考古》2014年第3期；Zhai Shaodong. *Lithic Production and Early Urbanism in China—A Case Study of the Lithic Production at the Neolithic Taosi Site (c.2500-1900BCE)*. Ph.D dissertation, La Trobe University, Australia, 2010.

和功用到底是什么、其主要的去向为何处仍有疑问，因此陶寺遗址石器与大崮堆山之间的关系仍需进一步的深入研究。另外，据勘查，陶寺中期“大城”内西南角可能存在集中加工石器的场所，即专业化的石器生产作坊[①]，但这种判断尚需进一步的发掘去证实。

河南偃师灰嘴遗址是另一处龙山到二里头时期的石器加工地点，龙山时期遗址面积约 10 万平方米，到二里头时期扩大了许多。经在遗址的东、西等不同方位的数次发掘，出土遗存中含有大量龙山到二里头时期的石料、石片、石屑、工具毛坯和烧制石灰产生的白烧石等，还有一些石器半成品、成品和加工工具如石锤、石砧、磨石等；石料以鲕状白云岩、砂岩和玄武岩为主，主要来自南面不远处的嵩山及附近的山冈、河滩；石器毛坯以石铲为大宗，另有少量的刀、镰等，表明这里是一处专业化很强的石器加工点；该遗址出土的石铲成品很少见，其产品应主要供给其他聚落使用。从龙山到二里头时期本地的石器生产方式未见大的变化，只是聚落范围和生产规模扩大了很多。由于出土石制品的灰坑与房屋、水井、墓葬等遗迹交织在一起，可以推断该聚落的石器生产可能是在家庭背景中进行的；出土遗物的总情形显示该聚落居民既从事农业、渔猎等基本生活资料方面的生产活动，同时石器制造也是一项重要的产业[②]。从其生产规模和丰厚的遗存还可推断，该聚落应存在一处规模很大、专业化程度颇高的加工石器的家庭式作坊群，并且不排除这里石器的生产和流通有着统一的组织和管理，或者至少存在一定的协调机制，应属“核心作坊”一类的生产方式。另外，通过区域系统调查还发现，除灰嘴以外，在嵩山北侧东西一线 10 千米范围内至少还存在 3 处石铲加工场，皆以产自嵩山顶部的鲕状灰岩为主要原料，年代皆属二里头时期，其产品很可能以交换的方式供给二里头、稍柴和其他缺乏石料的遗址（在二里头、稍柴等地都发现有此种质料的石铲）；与青铜器、白陶和绿松石等贵族用品的生产与分配体系不同，在二里头国家系统中，像普通石器这样的日用品的生产和流通可能不存在集中控制的模式，而是以松散的方式独立进行的[③]。若此说不误，那么可以说洛阳盆地龙山到二里头时期石器的生产和流通方式就与前述临汾盆地龙山时期陶寺聚落群的有所不同。

对于黄河中游手工业产品中另一大类骨器的生产和流通，学界还少有系统的研究。新石器时代早中期的狩猎和新石器时代晚期的家畜饲养是先民获取肉食资源的主要方式，食余所剩动物骨头也就成为制作骨器的一种易得的资源。各地区的骨器大同小异，器类都较简单（包括骨、角、牙、蚌器），常见的主要有骨铲、凿、镖、鱼钩、针、

---

① 何驽：《都城考古的理论与实践探索》，《三代考古》（三），科学出版社，2009 年。

② 中国社会科学院考古研究所河南第一工作队：《2002～2003 年河南偃师灰嘴遗址的发掘》，《考古学报》2010 年第 3 期；《河南偃师市灰嘴遗址西址 2004 年发掘简报》，《考古》2010 年第 2 期。

③ 陈星灿：《从灰嘴发掘看中国早期国家的石器工业》，《中国考古学与瑞典考古学——第一届中瑞考古学论坛文集》，科学出版社，2006 年。

锥、匕（刀）、矛、镞等工具、武器和骨笄等装饰品，加工制作的工艺也相对简单，一般是稍作整形（包括部分切割工艺）之后主要靠磨制而成。作为工具，从新石器时代早中期到晚期骨器的作用呈下降趋势，数量比例较之石器逐步减少，但具有多功能用途的骨锥一直保有较高的比例；作为装饰品的骨笄也有一定的稳定性；作为武器，骨镞的数量甚至有增长的趋势，这与战争的频发和加剧有关。

正是由于骨器的原料易得、器类和工艺都很简单，因此通常情况下我们在遗址中很少能够见到加工骨器的直接证据和专门场所，也少见大规模生产与流通的迹象，即便如此，不同时期仍有一些遗址出有数量较多的骨器，如新石器时代中期的磁山和贾湖遗址①。尤其是贾湖，出土骨器达1000余件，其数量甚至超过成品的石器，这与遗址出土大量的动物骨骼相对应，反映了在一种特殊环境中野生动物资源的丰富和渔猎经济的发达，因此这里很可能形成了一处骨器制作业的中心，其产品还可能被交换到周围其他地区②。又如宝鸡北首岭仰韶早期的一些墓葬中出有大量骨镞（总数431件，其中有2座墓随葬骨镞80件以上），遗址中还出有很多的骨铲及其他骨角蚌器等③；姜寨一期出土骨器的数量（815件）也超过石器（658件）④,显示了这些聚落制骨业的发达。仰韶中晚期以后到龙山时代，像这样出土大量骨器的情形越来越少见，更谈不上有什么大型的专业化生产中心，很可能各聚落中的骨器主要是自己加工并在小范围内流通的；只有骨镞是个例外，在有些遗址中拥有较多的数量，如前面提到过的下王岗、郝家台，不但石器制作业发达，而且骨器的数量也很可观，特别是骨镞在出土的骨器中都占有很高的比例。但总的看，龙山时期黄河中游骨器的生产并不发达，甚至在拥有较高肉食资源比例的北方地区也没有出现骨器制作的高峰，这应与骨料脆弱易折、可塑性差并且很难制作大型工具和武器的特性有关。

自仰韶中晚期以后，随着社会复杂化的发展、社会分层的加剧，中原地区开始出现上层权贵所专用的贵重、珍稀的奢侈品，多出于高等级的墓葬中，考古发现所能见到者主要有漆木器、彩绘陶器和玉器；到龙山时期这样的物品又扩展到了北方地区。举其要者，如河南灵宝西坡墓地所出玉钺⑤，晋南襄汾陶寺早中期大中型墓所出玉器、

① 河北省文物管理处、邯郸市文物保管所：《河北武安磁山遗址》,《考古学报》1981年第3期；河南省文物考古研究所：《舞阳贾湖》，科学出版社，1999年。

② 张弛：《中国史前农业、经济的发展与文明的起源——以黄河、长江中下游地区为中心》,《古代文明》(第1卷)，文物出版社，2002年。

③ 中国社会科学院考古研究所：《宝鸡北首岭》，文物出版社，1983年。

④ 西安半坡博物馆、陕西省考古研究所等、临潼县博物馆：《姜寨》，文物出版社，1988年。

⑤ 中国社会科学院考古研究所、河南省文物考古研究所：《灵宝西坡墓地》，文物出版社，2010年。

彩绘陶器和漆木器[①]以及临汾下靳[②]、芮城清凉寺墓地[③]所出玉器、彩绘陶器，河南巩义花地嘴等龙山期遗址所出玉器[④]，陕北神木石峁[⑤]、新华[⑥]及周边遗址所出玉器等。这些发现都强烈展示了贵族手工业的存在和发展。其中彩绘漆木器目前只见于陶寺遗址的高级大墓，其他地区的情形尚不清楚。出土的彩绘陶器亦只见于晋南陶寺、下靳、清凉寺的大中型墓，其中以陶寺早中期大墓所出彩绘龙纹盘、似云雷纹和勾连纹的高领折腹壶、几何形纹样的折腹盆、簋，还有陶寺中期中型墓里所出彩绘折肩罐、双耳罐等最为精美华丽（图版 13），其他差一点的还有图案简单的大口罐、小口高领罐、壶等；陕北榆林地区的流散文物中似也有简单涂红彩的高领罐等器物，但详情不清。

各地所出奢侈品中以玉器最为丰富，可以说是贵族用品的代表。其中仰韶中晚期之际的西坡墓地所出玉器虽然品种单一，只有长条形舌状玉钺，但自此开启了中原和整个黄河中游用玉的先河。以斧钺象征权力在中原有着很早的传统，但玉钺的出现和使用可能还是受到了长江中下游同期文化的影响，显示了上层贵族远距离交流网的存在[⑦]。此外，西坡的玉料和玉钺的形制都不同于南方，显然有着自己的制玉系统或特殊的来源。龙山时代晋南各墓地所出玉器常见的有钺、刀、璧、璜、环，还有少量的琮、镯、圭、兽面形器等，器物原型也多源自长江下、中游的良渚文化和石家河文化，但亦有自身风格和特点，其中以陶寺大墓所出最显精致；而陶寺、下靳和清凉寺玉器在原料、器物类型、形制特征等方面都有相近之处，不排除它们之间存在共同的生产、分配以及交换体系（图版 14）。

---

① 中国社会科学院考古研究所、山西省临汾市文物局：《襄汾陶寺——1978～1985 年考古发掘报告》，文物出版社，2015 年；中国社会科学院考古研究所山西队、山西省考古研究所、临汾市文物局：《陶寺城址发现陶寺文化中期墓葬》，《考古》2003 年第 9 期；王晓毅、严志斌：《陶寺中期墓地被盗墓葬抢救性发掘纪要》，《中原文物》2006 年第 5 期。

② 山西省临汾行署文化局、中国社会科学院考古研究所山西工作队：《山西临汾下靳村陶寺文化墓地发掘报告》，《考古学报》1999 年第 4 期；下靳考古队：《山西临汾下靳墓地发掘简报》，《文物》1998 年第 12 期。

③ 山西省考古研究所、山西运城市文物局、芮城县文物旅游局：《山西芮城清凉寺史前墓地》，《考古学报》2011 年第 4 期。

④ 郑州市文物考古研究所、北京大学考古文博学院：《河南巩义市花地嘴遗址“新砦期”遗存》，《考古》2005 年第 6 期。

⑤ 戴应新：《陕西神木县石峁龙山文化遗址调查》，《考古》1977 年第 3 期；《神木石峁龙山文化玉器》，《考古与文物》1988 年第 5、6 期；《神木石峁龙山文化玉器探索（一～六）》，《故宫文物月刊》（125～130 期），1993 年；陕西省考古研究院榆林市文物考古勘探工作队、神木县文体局：《陕西神木县石峁遗址》，《考古》2013 年第 7 期。

⑥ 陕西省考古研究所、榆林市文物保护研究所：《神木新华》，科学出版社，2005 年。

⑦ 李新伟：《中国史前社会上层远距离交流网的形成》，《文物》2015 年第 4 期。

陕北石峁、新华等地玉器种类繁多，玉料也很庞杂，汇聚了史前黄河流域和长江中下游各地区玉器的多种元素，几乎成为史前玉器的集大成者；但同时石峁玉器也有自身鲜明的风格特点和制玉工艺，比如多见体型扁薄的端刃器，包括钺、刀、铲、圭、戈、牙璋等，玉器的改制和再利用率较高，还有独具特色的肖形玉器等。石峁玉器与西北齐家文化的玉器共性颇多，与晋南陶寺、清凉寺等地所出玉器也有许多相似之处，如共有的钺、刀、璧、环、璜、琮等，但其中一些彼此各有特点；石峁的流散文物中还有一些良渚式的玉器，包括琮、璧、璜、冠形器、锥形器等，但也是别具一格（笔者参观所见）。总之，石峁玉器中不排除有部分通过远程交换或掠夺等方式获取的舶来品，这部分当主要是来自晋南，还有西北的齐家文化，少数肖形玉器和良渚式玉器应源自对长江中下游史前玉器的传承与模仿；但同时石峁集团亦应有自己的玉器加工和分配体系，只是其自身自创的玉器种类少、而仿制外来品居多（图版 15）。

尽管目前还没有发现生产以上这些高端手工业品的直接证据和专门的场所，各处玉料产地来源也还不清楚，但我们相信贵族手工业品的生产和流通肯定与前面所述日用品有所不同。它们的使用既被上层权贵者所垄断，其生产和分配 / 交换很可能也都是被贵族集中控制和管理的。其中龙山时代在黄河中游至少存在晋南、陕北（或者是黄河两岸晋陕高原），可能还有环嵩山地区等几大玉器生产和分配 / 交换系统。

另外还需一提的是铜器。自仰韶文化时期出现零星的铜器残片以后，龙山时代中原的铜器开始有增多的趋势，主要集中在晋南和河南中西部的一些遗址中。特别是在陶寺遗址出土了几件完整的铜器，包括铜铃、环、齿轮形器等，都是些小件器物，主要出自陶寺中期遗迹和晚期小墓里①，并且数量很少，尚无属于大型铜礼器的明确发现，说明此时铜器制造业仍是小规模的（包括采矿、冶炼、铸造等各个环节），铜器还没有作为高级贵族专用的礼器进入人们的视野。另外在陕北榆林地区的流散文物中可见与玉牙璧配套使用的铜齿轮形器（笔者参观所见），与陶寺所出相仿，或许是身份地位较高的人的一种随葬装饰品。现在所知黄河中游最大的古铜矿产地在晋南的中条山，晋南陶寺等地的铜器，或许还包括河南和陕北的铜器，其原料都可能来自中条山，甚至我们还可以推测陕北石峁等地的铜齿轮等就是直接从晋南输入的。不过总的看，龙山时期虽然出现了小规模的制铜业，但铜器尚没有成为上层权贵追逐的重要的战略资源；到二里头时期铜器开始成为与玉器（包括绿松石等宝石类器物）并重的贵族用

① 中国社会科学院考古研究所山西工作队、临汾地区文化局：《山西襄汾陶寺遗址首次发现铜器》，《考古》1984 年第 12 期；梁星彭、严志斌：《山西襄汾陶寺文化城址》，《2001 中国重要考古发现》，文物出版社，2002 年；王晓毅、严志斌：《陶寺中期墓地被盗墓葬抢救性发掘纪要》，《中原文物》2006 年第 5 期。

品；而作为庙堂之上必不可少的礼仪重器，铜器取代并超过玉器的地位与作用则是在二里头以后的商周时期。

总结上述分析，至少从新石器时代中期开始，陶、石、骨器等各类手工业生产就获得了较充分的发展。最初以分散的、小规模的家庭专业化生产为主（包括个体小作坊），仰韶中晚期以后在某些聚落开始出现较大规模的作坊群（包括家庭式作坊群），到龙山时代又出现了规模更大的“核心作坊”式的生产方式。特别是石器生产受资源限制，从很早时候起就出现了较集中、规模较大的生产迹象，到龙山时期有了一些规模很大、专业化程度较高的石器加工场，甚至可能出现了由中心聚落控制的“依附性”的专业化生产。各时期手工产品的分配、交换等形式的流通范围也随生产规模的扩大而趋于扩展。总之，随着社会结构的变化，一些资源或生产能力优越的聚落开始出现规模较大、强度较高的集中性的手工业生产，其产品流通的范围也随之扩大，从而在一定程度上形成了基于贸易或再分配的、具有互补和互惠性的区域及跨区域的经济形态。这种经济结构的变化与社会复杂化的发展密切相关，或者说正是复杂社会的形成才促进了手工业生产专业化与区域经济的发展和产品的流通。尤其是各种贵族手工产品的生产和分配，更是与聚落内外、区域内外复杂的社会关系和社会结构的发展演变紧密相连，而跨区域的产品流通也主要体现在贵族用品方面。此外，正如以前我们曾指出过的，从仰韶中晚期一直到龙山时代早期（庙底沟二期），中原乃至整个黄河中游专业化手工业生产的规模、产品流通的范围、区域间贸易的广度及对社会经济影响的深度，以及贵族手工业生产和交换在整个政治经济中所占的比重，似都远远不如长江中下游地区那么发达①。这种状况直到龙山时代晚期随着长江下游和中游文化区的相继衰落、中原和北方的崛起才得以转变。

（原载《华夏考古》2016 年第 4 期）

① 戴向明：《中原地区早期复杂社会的形成与初步发展》，《考古学研究》（九），文物出版社，2012 年。

陶寺、石峁与二里头
——中原及北方早期国家的形成

一

国家起源问题是全世界考古学都非常关注的一个重点课题。近些年中国考古学对国家起源的探讨似乎被遮蔽在文明起源探索的热潮之中，甚至很多人秉承“国家是文明社会的概括”之理念而将两者相等同。传统上人们认为夏是中国历史上第一个王朝国家，具体到考古遗存上，二里头文化即是夏文化，那么二里头所代表的社会组织就是最早的国家。后来又有学者认为二里头文化只是晚期的夏文化，早期夏文化则要上溯到河南龙山文化的晚期，于是就有了王城岗为禹都阳城、新砦为后羿代夏之所居的说法。但对于王城岗、新砦等河南龙山文化的城址和大型聚落是否已经形成早期国家社会组织了，或者这样的社会同二里头代表的国家社会有何不同，则缺乏明确的说明和论证。

在探讨中国早期文明或社会发展阶段的过程中，苏秉琦率先提出了国家起源、形成与发展的三部曲：从古国、方国到帝国①，这一学说得到了人们普遍的赞同和推崇。稍后严文明、张忠培等又进一步将其发展为“古国—王国—帝国”的理论模式②。在这些著名学者的影响下，很多人都将公元前3000年前到二里头文化出现之前的复杂社会组织称为“古国”（也有人称为“邦国”），或认为古国即与西方社会进化论中的“酋邦”大体相对应；总之，是将这种社会同早期简单的氏族部落和其后夏商周这样的广

① 苏秉琦：《中国考古学的黄金时代即将到来——纪念北京大学创设考古专业四十年》，《中国文物报》1992年12月27日；《北京大学“迎接二十一世纪考古学”国际学术讨论会上的讲话（提纲）》（1993年）和《国家起源与民族文化传统（提纲）》（1994年），《华人·龙的传人·中国人——考古寻根记》，辽宁大学出版社，1994年。

② 严文明：《黄河流域文明的发祥与发展》，《华夏考古》1997年第1期；张忠培：《中国古代的文化与文明》，《考古与文物》2001年第1期。

域王权国家相区别开来。这一理论模式的提出和广泛应用为中国早期历史的阶段性变化梳理出了一个较为清晰的线索，对于认识各地区史前社会的发展无疑具有积极意义和极大的推动作用。但与此同时，很少有人进一步深究那些“古国”社会之间的巨大差异，以及早期国家的起源问题。有些只是笼统提到国家的起源应追溯到史前晚期，即某些复杂的大型聚落或城址可能已经属于国家形态的社会组织了，但对于什么是国家、国家与“古国”有无区别及什么样的区别、究竟在哪个阶段有哪些史前聚落（群）最早演化成了国家组织，则往往缺乏严格的定义、周密的论证和系统的表述。比如，山东的大汶口和龙山，长江下游的东山村、凌家滩与良渚，中原的西坡、大地湾与陶寺，各地区这些前后不同时期的大型中心聚落所反映出的社会结构有何区别？我们是笼统地将它们都称为“古国”，还是可以区别出不同类型或发展程度不同的“古国”（或酋邦）？这些史前末期的区域集团有无已经超越了古国或酋邦而发展成真正的国家社会了？等等。

迄今为止，关于古代国家还没有一个被普遍采纳的标准定义，但无论是在史学界还是考古学界，人们对“国家”含义的理解实际上并无大的分歧。尤其是在西方学术界，几十年来经过大量而深入的讨论分析，人们对于“酋邦”“国家”这样的重要概念及其所指向的具体社会形态大体形成了基本一致的认识（除了有人不喜欢使用“酋邦”来定义某种复杂社会组织，而采用其他理论模式或途径来表述其社会进化论）。作为复杂的区域社会组织，酋邦（特别是复杂酋邦）与国家在政治、经济和意识形态领域拥有许多共同或相似的特征，两者本质的区别主要在于社会政治结构方面。酋邦是在一个最高首领（酋长）控制之下的地域集团，围绕权力核心形成的贵族阶层与普通民众存在着明显的经济和社会地位的差异；而国家除了具有上述特征，不同之处是在最高统治者之下还形成了一整套分层与分工的官僚管理系统，以及维护国家统治的司法体系和常备军队等。具体到考古遗存上，国家应比酋邦拥有更复杂的多层级的聚落系统（多层行政管理等级），规模更大、结构更复杂的中心都邑和多功能的高级建筑群，包括宫殿、庙宇，以及王陵，等等①。

这里需要强调的是，我们要探讨人类社会进化过程中具有普遍意义的阶段性变化，就需要有可以比较和交流的明确的概念、理论模式和认知系统。比较上述中、西方学者提出的不同理论模式，笔者认为我国学者提出的社会发展模式中的“古国”即与西方进化论中的“酋邦”大体相当，而“王国”则无疑属于早期国家社会了。

① 相关概念的出处和讨论可参见戴向明：《中原地区龙山时代社会复杂化的进程》，《考古学研究》（十），科学出版社，2012 年。

二

前面提到，过去学术界普遍将夏看作是中国历史上最早的王朝国家，之前属于史事不清的古史传说时代。在考古学上，近些年来二里头文化为夏文化[①]、二里头遗址为夏代都邑的看法逐渐得到了多数学者的认同。二里头被视为夏代的王都，不仅是其地望与史书记载相符，而且从考古发现看它也具备了早期国家都邑的基本特征：聚落繁荣期的总面积达到约300万平方米，是中原同时期唯一一处特大型聚落，并且与周围的其他聚落一起共同构成了四层聚落等级[②]，形成了一种多层级的、金字塔形的社会结构系统；有成组的宫殿建筑并出现了面积逾10万平方米的宫城，宫城周围还有许多大小不等的夯土基址，显示了布局有序、地位和功能有别的不同等级上层建筑的特征；宫城附近有铸铜作坊和绿松石作坊，表明社会上层对高端手工业专业化生产的控制与管理；遗址内已发现的随葬铜礼器和玉器的零散的贵族墓葬、宫城北面的大型祭祀区等，使我们相信这里应存在更高级的贵族大墓和国家操控的祭祀行为（图版16、图版17）。但所有这些都是在二里头二期之后逐渐出现或形成的。一期聚落面积只有约100万平方米，且遗迹分布呈现较松散的状态，尚无大型建筑、高等级墓葬等高规格遗存的发现[③]。因此不能笼统地将整个二里头一～四期聚落都视为王国都邑，其间实际上经历了很大的变化。根据现有的考古发现，我们只能认为二里头发展成国家都邑、二里头代表的夏人集团进入王朝国家是在二里头二期之后[④]。此前的二里头一期聚落很可能已经兴起为一处大型区域中心，但还没有完成从“古国”（或酋邦）向王国的转变。然而无论如何，二里头作为夏王朝中心都邑的确认是探索中国早期国家起源的一块重要基石。

在这样一个基点确立之后，很多学者把探索国家起源的目光投向了更早的龙山时代。对于龙山时代所处的社会发展阶段，一些人认为那些城址或大型聚落所代表的区域团体属于“万国林立”的“古国”或“邦国”，也有人称之为“酋邦”，还有人认为陶寺、王湾三期文化等已经进入“王国”阶段了[⑤]。不管怎样，多数人表达的只是一种

---

① 邹衡：《试论夏文化》，《夏商周考古学论文集》，文物出版社，1980年。

② 刘莉：《中国新石器时代——迈向早期国家之路》，文物出版社，2007年。

③ 有关二里头遗址的相关资料参见中国社会科学院考古研究所：《偃师二里头》，中国大百科全书出版社，1999年；杜金鹏、许宏：《偃师二里头遗址研究》，科学出版社，2005年。

④ 许宏：《二里头文化聚落动态扫描》，《早期夏文化与先商文化研究论文集》，科学出版社，2012年。

⑤ 李伯谦：《中国古代文明进程的三个阶段》，《文明探源与三代考古论集》，文物出版社，2011年。

笼统的认识，而缺乏对不同个案详加辨别的具体分析。

在整个中原文化区，根据已知的考古资料，早于二里头而形成国家社会的只有晋南临汾盆地内陶寺“中期大城”所代表的区域集团，对此笔者曾有过专门的论述①。陶寺早期聚落规模不是很大，只有数十万平方米，它所统辖的聚落群的范围大概也只限于塔儿山周围；遗址内大型建筑的情况尚不清楚，而墓地布局显示高级贵族仍然受制于强烈的血缘族群关系。因此尽管陶寺早期墓葬展现了多层次的等级结构和明显的贫富与身份地位的差异，但其社会形态应当还没有超出一个复杂酋邦的范畴。陶寺中期聚落则发生了极大的变化，聚落总面积急剧扩大到了约400万平方米，而且主体部分环绕有大型防御设施，其内面积达到280万平方米；宏观聚落格局显示陶寺所整合的地域范围很可能覆盖了临汾盆地的大部，并且拥有比早期层级更多、结构更复杂的聚落控制系统；聚落内有集中分布的“宫殿”建筑区，南部高处“小城”内则有以结构复杂的大墓ⅡM22为核心的较独立的“王族墓区”，其旁边还有一处大型祭祀建筑基址（ⅡFJT1），而石器等手工业生产和分配也显露出了集中控制与管理的迹象②。所有这些发现都表明陶寺中期聚落较早期有了飞跃性的发展，具有很多与二里头相似之处，具备了早期国家的基本特征。陶寺晚期的年代下限当进入到了二里头一期，此时的陶寺似乎因外力的暴力冲击而出现了许多衰败迹象，对其整体的聚落形态和社会状况、与周边其他大型聚落关系等方面的评估还需更多的考古资料，相信假以时日有关的问题会逐渐明朗起来。总之，我们讨论陶寺遗址的社会性质，同样应该将不同时段的变化做动态的分析。

超出中原之外，在与之毗邻的黄河中游范围内，于史前的末期就已进入早期国家的，可能还有最近两年新发现的陕西神木石峁城址。石峁雄踞在陕北黄土高原，文化地理上属于北方文化区。这一文化区内的陕北、晋中北、冀西北，有人习惯称之为“三北地区”，实际上还应包括内蒙古的中南部。这一地区在仰韶时代可算作是中原文化区向北延伸的地带，到龙山时代自身的特色逐渐增强而发展成为一个相对独立的区域。在这一广大的地理范围内，龙山时期的文化面貌呈现出很强的共性，或统称之为“三北龙山文化”，或有“游邀文化”“老虎山文化”“永兴店文化”“大口一期文化”等不同的称谓③，但所指都应属于同一文化共同体。多年来，在这个文化区域内的内蒙古中南部、陕北等地发现了很多石城址，也有一些面积较大的聚落，但总体看规模都不

① 戴向明：《中原地区龙山时代社会复杂化的进程》，《考古学研究》（十），科学出版社，2012年。

② 陶寺遗址的考古资料数量多且分散，相关资料出处可参见前引戴向明文中的注释。

③ 韩建业：《中国北方地区新石器时代文化研究》，文物出版社，2003年。

是很大；从已经发掘过的遗址观察，也没有发现明显的贫富和社会等级分化的现象，因此以前人们普遍认为龙山时期在这个广袤的北方文化区内没有形成高度复杂的社会系统。

然而石峁城址的发现犹如石破天惊，彻底改变了人们以往的认识。石峁城址由内、外两道石砌城墙构成，外城墙只见于遗址的东、南部。内城的面积约 210 万平方米，内、外城之间的面积约 190 万平方米，整个城址的总面积超过 400 万平方米。城内靠近西墙的中心部位还有一处石砌护坡包裹起来的高台，当地俗称“皇城台”，台顶面积 8 万余平方米，上面似有大型建筑。在“皇城台”和内、外两道城墙上都发现有城门，此外在内、外城墙上还有墩台，外城墙有马面、角楼等建筑设施。经调查在城内发现有多处集中分布的居住址、墓葬和陶窑等遗迹，其中多数位于内城里面。2012 年考古队集中发掘了位于外城东北部的一座城门遗迹“东门址”，门道宽约 9 米，两侧各有一座高大的包石夯土墩台，墩台内侧壁各有两处“门塾”建筑，门址内外还各有形似“瓮城”的建筑，从而使得整个通道呈曲尺形；以上所有这些设施实际上构成了一组大型建筑，总面积 2500 余平方米。外瓮城的石墙内发现有几件玉铲和玉璜，内瓮城墙体表面及其倒塌堆积中发现有很多成片分布的“壁画”残块。另外，在外瓮城墙外侧和城门门道入口处各发现一处集中埋置人头骨的遗迹，每处分别埋有 24 个以年轻女性为主的人头骨，推测与建城时的奠基或祭祀活动有关。此处门址及城墙上的马面、角楼等复杂的结构和先进的建筑技术已显示出了后世历史时期城墙（门）建筑固有的许多特征，而为史前时期所罕见。发掘表明东门址经历了两次修建过程，根据这里的出土物和城内其他地点出土的遗物判断，发掘者认为东门址和城墙与遗址主体年代一致，大约在龙山晚期到夏代早期之间①。

在近两年的勘察和发掘之前，早年对石峁遗址曾有过调查和小规模的试掘，而最引人注目的则是大量石峁玉器的面世。这些玉器通过各种途径和方式、在不同时期流散到了社会各色人等的手里②。最早引起学术界关注的是 20 世纪 70 年代戴应新先生征集并发表的一批石峁玉器③。这些玉器种类繁多，主要有玉刀、铲、斧、钺、戚、戈、牙璋、圭、璜、璧、璇玑（牙璧）、人头雕像以及蚕、蝗、鹰、虎头等玉饰件，其中以玉兵礼器为多。对这些玉器的年代曾有过不同的看法，但近两年的发掘出土了一些与往日所见相同的器物，现在可以初步确定石峁所出玉器与上述城址的年代应是一致的。

① 陕西省考古研究院、榆林市文物考古勘探工作队、神木县文体局等：《陕西神木县石峁遗址》，《考古》2013 年第 7 期。

② 王炜林、孙周勇：《石峁玉器的年代及相关问题》，《考古与文物》2011 年第 4 期。

③ 戴应新：《陕西神木县石峁龙山文化遗址调查》，《考古》1977 年第 3 期；《神木石峁龙山文化玉器》，《考古与文物》1988 年第 5、6 期。

根据考古人员的调查和发掘可知，石峁玉器有一些出在城墙里，应属于建城时有意放置，可能同某种特殊的信仰和仪式有关；还有很多流散的玉器是从墓葬中盗掘出去的，与陶寺及其他同时期的龙山遗址相比照，可以断定那些随葬玉器的应属于贵族墓葬。石峁玉器与晋南陶寺、清凉寺[①]大墓中所出土的玉器在种类、形制等方面有一些相似之处，但石峁玉器的种类、数量却又远多于陶寺和清凉寺，而且像玉刀、铲、牙璋等器物体型既大而又非常的扁薄，具有鲜明的自身风格和技术传统。石峁玉器的使用规模和功能用途的广泛性似都超越陶寺之上，显示了该遗址不同凡响的特点；单从这一点判断，石峁城址的规格就不会低于陶寺。

石峁的考古工作才刚刚开始，目前有关该聚落内部的结构与设施、周围聚落的分布状况和层级结构等方面都还不太清楚。但是，从已经了解的情况看，石峁规模宏大、结构复杂的城址及大型建筑，精美的玉器及其出土背景等方面，都表现出许多与陶寺中晚期聚落相似之处，甚至显露出比陶寺更加恢宏的气势，当无可争议地拥有“在北方文化圈中的核心地位”[②]。种种迹象表明，石峁很有可能是在龙山时代晚期至二里头初期崛起于陕北高原上的一个早期国家的都邑性聚落。其建城的年代或许略晚于陶寺中期，而与陶寺晚期和二里头早期并存（两者的年代当有部分重合）。

综上，在整个黄河中游地区，陶寺、石峁和二里头所代表的区域集团，应是现在所能辨识出的、先后兴起的三个早期国家。

三

下面简单谈谈这三个早期国家兴起的背景。

对中原地区史前社会发展演变的历程，笔者曾撰文做过系统的讨论分析，其中就涉及陶寺和二里头国家形成的背景与动因[③]。下面做一些补充论证。

中原地区复杂社会的形成起始于仰韶中期，从那时起各地都出现了许多大小不同的聚落群（聚落群的地域范围一般在数十到二三百平方千米之间），很多群落内都可分成二、三层聚落等级，并至少有一个较大的中心聚落，河南灵宝西坡遗址的发掘表明

---

① 山西省考古研究所、山西运城市文物局、芮城县文物旅游局：《山西芮城清凉寺史前墓地》，《考古学报》2011 年第 4 期。

② 陕西省考古研究院、榆林市文物考古勘探工作队、神木县文体局等：《陕西神木县石峁遗址》，《考古》2013 年第 7 期。

③ 戴向明：《中原地区龙山时代社会复杂化的进程》，《考古学研究》（十），科学出版社，2012 年。

至晚到仰韶中晚期之际已出现了明显的社会等级分化[①]。从已掌握的资料观察，仰韶中期中原文化与社会发展的中心应在晋南豫西和陕西关中东部一带，到仰韶晚期这里发展的势头有所减弱，但到庙底沟二期晋南豫西重又成为中原最发达的区域。尤其是晋南，在临汾盆地和运城盆地内，庙底沟二期的聚落数量多、分布密集；到该期的晚段，终于在临汾盆地孕育出了高度发达的陶寺集团。陶寺早期聚落的大型防护设施、大型建筑特别是多层次的墓葬等级，都展现出了这个时期中原所见最复杂的聚落结构和社会形态。到龙山时期，晋南出现了几处特大型聚落，其中陶寺和我们近年在运城盆地北部发掘的绛县周家庄遗址[②]的总面积都在400万平方米以上，而陶寺中期“大城”和周家庄环壕内所包围起来的聚落主体都有近300万平方米；此外，位于临汾盆地南部曲沃、翼城交界处的方成－南石遗址也达二三百万平方米[③]，还有在运城中条山南麓的芮城县寺里－坡头遗址的面积也有约200万平方米[④]，该遗址内还有一处等级较高的清凉寺墓地[⑤]。像这样面积达二三百万平方米以上的龙山期特大型聚落，目前在整个中原地区只见于晋南。在龙山时期文化同样很发达的河南境内，已发现大小城址十几座，但大多面积只有数万到数十万平方米，最大的新砦遗址也不过100万平方米[⑥]；而在陕西的关中地区，已知的龙山期聚落更是乏善可陈。综合考察中原各区域这些大型聚落和城址，包括遗址的规模、所在群落中聚落的层级以及中心聚落内部的结构和内涵等方面，我们认为只有陶寺集团率先发展出了早期国家社会（详见前文）。从以上的梳理可以看出，晋南在龙山时代令人惊异的表现，是与这里自仰韶中期特别是庙底沟二期以来长期奠定的深厚的文化和社会基础有着密切关系的。

晋南在龙山时期社会变化的一个突出特点，就是围绕陶寺、周家庄、寺里－坡头

---

① 中国社会科学院考古研究所、河南省文物考古研究所：《灵宝西坡墓地》，文物出版社，2010年。

② 中国国家博物馆田野考古研究中心、山西省考古研究所、运城市文物保护研究所：《山西绛县周家庄遗址2007～2012年勘察与发掘简报》，《考古》2015年第5期。

③ 何驽：《2010年陶寺遗址群聚落形态考古新进展》，《中国社会科学院古代文明研究中心通讯》第21期，2011年；中国社会科学院考古研究所山西工作队、山西省临汾行署文化局：《山西曲沃县方城遗址发掘简报》，《考古》1988年第4期；山西省考古研究所：《山西翼城南石遗址调查、试掘报告》，《三晋考古》（二），山西人民出版社，1996年。

④ 山西省考古研究所、运城市文物工作站、芮城县博物馆：《山西芮城寺里——坡头遗址调查报告》，《古代文明》（第3卷），文物出版社，2004年。

⑤ 山西省考古研究所、山西运城市文物局、芮城县文物旅游局：《山西芮城清凉寺史前墓地》，《考古学报》2011年第4期。

⑥ 北京大学震旦古代文明研究中心、郑州市文物考古研究院：《新密新砦——1999～2000年田野考古发掘报告》，文物出版社，2008年。

等这样的特大型聚落，很可能形成了几个大型区域集团；这些大型区域组织应是在整合了若干早期较小的地域团体的基础上形成的，覆盖范围多在1000余平方千米以上。陶寺无疑也是在强力吸附了许多邻近聚落的人口而不断发展壮大、将周围一些较小的聚落群整合成一个庞大的区域组织，并在同晋南其他大集团的对抗竞争中而崛起为一个早期国家的；而晋南其他大型集团，从目前所知资料看，似乎都还没有超越类似"复杂酋邦"这样的社会形态。

那么在众多激烈竞争的集团当中，陶寺何以会率先发展出复杂的国家形态的社会呢？这恐怕与其所处的独特的地理位置和文化与社会环境有关。在龙山时代，从中原的西北部到北方地区形成了一个范围广大的"鬲文化圈"，而与东部的"鼎文化圈"相区别。在这个鬲文化圈内，可以划分出陕西关中的客省庄文化、晋西南豫西的三里桥类型、晋南的陶寺类型，以及北方地区的"三北龙山文化"（该文化还可以进一步分出几个类型）。在这个文化圈中有两个陶鬲起源中心，其中客省庄文化是高体单把鬲的发源地，而"三北龙山文化"则是双鋬鬲和矮体单把鬲的发源地（具体起源地有不同认识，这里暂不讨论）。客省庄文化东进、北上，北方龙山文化南下，促成了三里桥和陶寺类型的形成；鉴于这两个类型有很多的共性，笔者曾提出可以将它们合称为"陶寺－三里桥文化"[①]。该文化延续了很多本地区庙底沟二期文化的因素，同时也受到了来自中原腹地王湾三期文化的一些影响，就其整体面貌而言仍然属于中原文化区。这样，从文化地理的角度看，临汾盆地就处于中原文化区的北部边沿，与晋中及其以北的北方文化区直接对峙。这种文化上的分野在不同社会群体的认同、彼此的交流、对抗和竞争等互动关系中也当有实际的社会意义。事实上，陶寺早期文化面貌的变化，很可能就是受到包括北方等外来文化影响的结果，而其中大型贵族墓葬的形制、随葬品等所体现出的礼制特征则有来自东方大汶口文化的影子；到陶寺中晚期，陶寺更是直接受北方龙山文化的冲击而出现了鬲、罐形斝、甗等整套的炊器，当然还有通过南边三里桥类型所传递过来的中原龙山文化的影响，而玉器等高端手工业产品的种类也更加丰富，其整体文化面貌与早期相比有非常大的改变，如果没有外来文化的强力冲击，这种情况是很难自动发生的。可以说，陶寺所在的临汾盆地正处于中原和北方两大文化圈相交界、彼此抗衡和挤压的风口浪尖上，这种压迫性的环境、区域内外不同集团间的互动与竞争无疑极大刺激和促进了陶寺集团内部结构的复杂化。

综合上述分析，可以说，正是本地区自身深厚的文化传统同各种外来刺激和影响的结合，以及区域内外各种社会集团间的激烈竞争，促成了陶寺国家的诞生。

陶寺国家兴起之后，其强大的集群势力必然也会对外产生一定的冲击，其中对北

---

① 戴向明：《黄河流域新石器时代文化格局之演变》，《考古学报》1998年第4期。

方，尤其是陕北的影响比较明显，在神木新华遗址就有一些肥足鬲等富有陶寺特点的因素[①]。陕北除了与晋南的陶寺类型相邻近，其南边还直接面对陕西中部的客省庄文化，同时也受到其西南齐家文化的一些冲击，因此这里也是中原和西北两大文化区交汇影响的地方。北方地区在仰韶时代主要受中原文化影响，仰韶晚期始自身特色逐渐增强，在历经庙底沟二期形成的"阿善三期文化"之后，终于在龙山时代兴起了可以同中原分庭抗礼的"三北龙山文化"。现在看来，这种独立的文化传统的养成，也为石峁集团的勃兴奠定了坚实的社会基础。此后的数千年间，在广大的北方地区不断崛起的诸民族集团持续不断地南下冲击中原王朝，比如先秦时期的戎狄、秦汉以降的匈奴、鲜卑、唐代的突厥，等等；可以说，中原与北方诸民族此消彼长的冲突、碰撞与融合，几乎贯穿了古代中国历史的始终。而出乎以前人们想象的是，这种局面竟始于史前末期的龙山时代。石峁集团的兴起应会对陶寺集团构成极大的挑战与威胁；虽然目前还不能确定陶寺晚期的衰落是否与石峁的南下冲击有关，但这种可能性是存在的。

除了这种大的区域间抗衡的催发作用，另外我们还应看到，像陶寺一样，石峁集团的崛起首先也应是北方地区内部各集团间激烈竞争的结果。从庙底沟二期到龙山早期，内蒙古中南部到陕北一带的"阿善三期文化"和"老虎山文化"相继出现了很多带有石围墙的聚落，人们一般称之为"石城址"，较为集中地分布在包头以东大青山南麓、乌兰察布的岱海和黄旗海附近以及鄂尔多斯到陕北一带[②]。每一处集中分布的石城址及其附近的聚落所构成的聚落群可能都代表了一个社会集团，同时期的不同集团间就可能存在对抗与竞争的关系。起初这些区域组织的规模大概都不是很大，群体内也缺乏大型中心聚落，聚落内部也不见明显的等级分化现象，表现出的是一种"聚落联合体"的形式。但到了龙山晚期及稍后，随着神木石峁大型城址的出现，明确表明在陕北一带聚合起了一个势力强大、有着大型都邑的范围广大的社会集团。

目前我们对整个北方史前时期的经济形态还不是很了解，但这里自仰韶以来就一直存在许多稳定的定居村落，其中不同区域在不同时期有着兴衰交替的波动，这当与气候、环境的变化有直接的关系[③]。而包括陕北和内蒙古鄂尔多斯在内的南流黄河两岸则属于比较稳定的区域，这一带的聚落遗址一直持续不断地出现，直到龙山晚期耸立起了巨大的石峁城址。这些遗址里面出土遗存所反映的居住、生活和生产状况，包括陶器等生活用具、石器和骨器等生产工具，都与中原同时期的遗址在类别和性质上没有根本的区别。即使现在我们还无法完全搞清北方地区在不同时期生业结构和各种经

---

① 陕西省考古研究所、榆林市文物保护研究所：《神木新华》，科学出版社，2005 年。

② 韩建业：《中国北方地区新石器时代文化研究》，文物出版社，2003 年。

③ 韩建业：《中国北方地区新石器时代文化研究》，文物出版社，2003 年。

济类型所占的比重，但可以初步判断农业生产始终是其生业经济的重要组成部分。

北方地区特别是长城沿线属于气候变化的敏感地带，也是历史上的农牧交错带，这里土壤的肥沃性、水热状况等方面都远不如中原地区，而且易受气候波动的影响，其农业生产的条件比起中原来是差很多的。根据已知的研究，距今4000年左右全球气候趋于冷干，但受局地气候差异的影响，在这段时间里陕北等地却显示出相对温湿的特征①，河套及邻近地区的降雨量也处于一个相对较高的时期②，这大概为本区域农业生产的发展、养活更多的人口、孕育出石峁这样的大型聚落提供了相对较好的自然环境；但与此同时气温却又处于持续下降的过程中③，这又会对农业产生不利的影响。这种干湿冷暖的强烈反差和气候易于波动的特点，肯定会造成农业等经济生产的不稳定，使得本地区的人民时常会面对资源紧张、食物不足等方面的生存压力，从而会加剧各社会群体间因对土地、食物等资源的争夺而形成的紧张关系。在这种激烈的竞争中，不同群体间势必会出现以大并小的局面，最终形成了像石峁那样特大聚落所代表的、很可能是覆盖范围很广的区域集团。为了有效处理内部事务、协调集团内不同群体间的利益关系并应对外部力量的挑战，对整合这种大型集团起到领导作用的上层精英就会组织起复杂的社会控制和管理体系，这同时也保障了集团内统治者利益的最大化并享有无上的尊崇和荣耀。石峁国家应该就是在这样的过程中孕育出来的。

陶寺、石峁两大集团在龙山时代先后兴起，并且都延续到了二里头初期，其后随着这两大集团的衰落，位于中原腹地的二里头则发展成为一个国家社会的大型都邑。我们现在还不清楚它们之间的兴衰交替是否有着直接的关联、是否二里头的成长壮大也受到了北面陶寺的刺激和影响，但可以肯定的是，二里头也是在中原腹地龙山时代各区域集团不断争斗的过程中崛起的，而从其文化因素的构成看，更多与东邻地区文化和社会集团的冲击有关。

二里头文化的中心区域在洛阳盆地及东到郑州之间的环嵩山地区。这里自仰韶晚期的秦王寨类型开始就形成了独具特色的文化传统，但直到庙底沟二期阶段，尽管可能也出现了一些区域性的社会组织，却没有像与之毗邻的晋南那样发展出高度复杂的社会系统。到龙山时代，随着王湾三期文化的兴起，此前沉寂的局面为之一变，在中原大地上涌现出了许多的城址。但这些城址的规模都不是很大，其中较大的如登封王

---

① 贾鑫、王琳、董光辉等：《中全新世关中陕北陇东地区文化演变及环境驱动力》，《兰州大学学报（自然科学版）》2008年第44卷第6期。

② 史培军、方修琦、赵烨等：《10000年来河套及邻近地区在几种时间尺度上的降水变化》，《黄河流域环境演变与运行规律研究文集》，地质出版社，1991年。

③ 张兰生、史培军、方修琦：《中国北方农牧交错带（鄂尔多斯地区）全新世环境演变及未来百年预测》，《中国北方农牧交错带全新世环境演变及预测》，地质出版社，1992年。

城岗，不过 30 余万平方米[①]；到龙山末期出现的新密新砦遗址，总面积约 100 万平方米，但“城墙”内面积也不过 70 万平方米[②]。这些城址中有些出现了大型建筑基址，但目前还都缺乏多功能的高级建筑群、高级贵族大墓的发现。总之，无论是这些城址的规模以及它们所能整合的聚落群的范围，还是城址内涵等方面，都无法同晋南陶寺等特大型聚落相比，都还没有超越“酋邦”（或“古国”）的范畴而跨入早期国家社会[③]。另外还应看到，这些大小不同的城址及其他大型聚落所整合起来的众多的社会集团，彼此间可能会经常处于对抗与竞争的状态中，但有时为了共同应对外部力量也会形成联盟。正是在这种长期不断的竞争与合作的过程中，到龙山末期和二里头一期，形成了郑州地区的新砦集团与洛阳盆地的二里头集团东西对峙的局面。

龙山晚期，由于受豫东、北等地文化的冲击，嵩山东部郑州地区出现了“新砦期”遗存，该类遗存既有许多来自造律台等东方文化的新因素，同时也保留了更多王湾三期文化的传统，可以归属为王湾三期文化晚期的一个地方类型；该类型应包括新砦二、三期所代表的遗存的总和，年代跨越了龙山末期到二里头一期阶段[④]。新砦很可能是来自东方的上层统治者统辖当地人而建立的一个大型聚落，该集团兴起后又向西扩展，在嵩山北部留下了一个出有许多高等级玉器的巩义花地嘴遗址[⑤]。但花地嘴似乎到新砦二期的晚段就中断了，与此同时在洛阳盆地的偃师却开始出现了与新砦同等规模的二里头一期聚落。二里头文化一期遗存的形成并非直接承自本地的王湾三期文化，尽管也保留了后者的一些内容，但其文化的主体则是来源于东面的“新砦类型”，同时又吸收了周边文化的一些因素并进一步综合创新而形成[⑥]。二里头文化这种脱胎换骨的变化、二里头聚落的建立，即使现在还不敢确定是由西进的新砦类型的一支人群分离并独立发展的结果，但至少可以推断，二里头是外来集团与本地集团在激烈的角逐中经过征服、兼并、融合而创建起来的。此后，这个新生的文化与社会集团迅速地发展壮大，

① 北京大学考古文博学院、河南省文物考古研究所：《登封王城岗考古发现与研究（2002～2005）》，大象出版社，2007 年。

② 北京大学震旦古代文明研究中心、郑州市文物考古研究院：《新密新砦——1999～2000 年田野考古发掘报告》，文物出版社，2008 年；赵春青、张松林等：《河南新密新砦遗址发现城墙和大型建筑》，《中国文物报》2004 年 3 月 3 日。

③ 戴向明：《中原地区龙山时代社会复杂化的进程》，《考古学研究》（十），科学出版社，2012 年。

④ 戴向明：《中原龙山到二里头时期文化与社会发展阶段的二个问题》，《庆祝张忠培先生八十岁论文集》，科学出版社，2014 年。

⑤ 郑州市文物考古研究所、北京大学考古文博学院：《河南巩义市花地嘴遗址“新砦期”遗存》，《考古》2005 年第 6 期。

⑥ 韩建业：《论二里头青铜文明的兴起》，《中国历史文物》2009 年第 1 期。

到二里头二期终于孕育出了一个高度复杂的、势力空前强盛的早期国家，并最终将与其对峙的东面的新砦集团覆盖消融。

总结上述分析，在包括中原和北方地区在内的整个黄河中游，从龙山时代到二里头时代，陶寺、石峁和二里头是目前考古所发现的三个规模最大、结构最复杂、内涵最丰富的特大型聚落，它们所整合的区域集团应代表了三个连续兴起的国家社会。这三个早期国家兴起的背景有一些共同之处。其一，它们所在的地区都有着长期稳定发展的深厚的文化传统：陶寺所依托的是晋南的庙底沟二期文化，石峁依托的是陕北和内蒙古中南部一带的阿善三期文化和"老虎山文化"，二里头依托的是郑－洛地区的王湾三期文化；其二，三者兴起之前所在的区域都属于各自文化或社会势力角逐的边缘地带：陶寺所在的临汾盆地位于庙底沟二期文化的北部边缘区，石峁所在榆林地区则处于龙山前期"永兴店类型"的南部边缘地带[①]，而二里头所在的洛阳盆地近于王湾三期文化的西北边区且尚无一处龙山城址发现，这样的情形为几个新兴集团的发展提供了相对稳定的环境，使得它们较容易做大做强；其三，三者的兴起又都与外来文化的强力刺激或集团势力的直接冲击关系密切：陶寺早、中期两次文化面貌的巨变都应受到北方及其他外来文化的强烈影响，石峁的兴起也与其北面"老虎山文化"的南下有直接关系，而二里头的兴起则是东来的一群人与洛阳盆地土著人群直接碰撞、融合的结果；其四，它们在兴起的过程中区域聚落数量或规模及其反映的人口规模都有明显的增长趋势，这从临汾盆地[②]、运城盆地[③]和洛阳盆地[④]的区域系统调查都能得到反映，只有陕北及附近地区的情况还不是很清楚。即便现在还不能确定是否人口的增长直接导致了资源紧张、压力增大而促成了大型区域政体的发展，但陶寺、石峁和二里头出现的人口向中心都邑集中的"核心化"以及同时期大型聚落的增多、聚落总规模的扩大，都应与人口增长有直接关系，这至少是复杂的国家组织形成的一个重要基础；其五，三者兴起之初都面对着周边其他集团的强力抗衡与竞争，尔后才脱颖而出成为统领一方的国家政体：如陶寺经由早期聚落与其他同等集团的竞争而发展起了中期"大城"，二里头一期聚落与新砦之间经过抗衡而孕育出了二里头国家都邑，而石峁很可能也经历了这样一种与他者竞争之后由小到大的发展过程。

---

① 韩建业：《中国北方地区新石器时代文化研究》，文物出版社，2003年。

② 何驽：《2010年陶寺遗址群聚落形态考古新进展》，《中国社会科学院古代文明研究中心通讯》第21期，2011年。

③ 中国国家博物馆田野考古研究中心、山西省考古研究所、运城市文物保护研究所：《运城盆地东部聚落考古调查与研究》，文物出版社，2011年。

④ 中国社会科学院考古研究所二里头工作队：《河南洛阳盆地2001～2003年考古调查简报》，《偃师二里头遗址研究》，科学出版社，2005年。

概括地说，陶寺、石峁、二里头的崛起都是在各种外来势力与本地势力发生冲撞、本区域各新兴集团间经过剧烈角逐，由小集团的竞争与合作而演化出大集团的过程中实现的。可以说，各种势力和不同社会集团间的激烈碰撞与竞争乃是这几个早期国家形成的最为关键的因素，其中战争很可能起到了最重要的催化作用。

（原载《夏商都邑与文化（二）——“纪年二里头遗址发现55周年学术研讨会”论文集》，中国社会科学出版社，2014年）

中国史前社会的阶段性变化及早期国家的形成

人类所赖以生存的地球有着丰富多样的环境，不同的环境生长着不同的人群。自有人类以来的数百万年间，人类自身及其文化、社会总体呈现“进化”的趋势。但在世界不同地区，社会进化的速率和表现方式是不一致的。就中国而言，多样的环境造就了不同的地域文化及发展传统，而这些几乎都可以上溯到远古时代。

严文明在谈到中华文明发祥的环境背景时指出，中国的周边以高山、大漠、广袤的草原和浩瀚的海洋与外界相隔离，形成了一个相对独立的地理单元，在这个单元之内，地势又呈西高东低的阶梯状分布；结合气候等方面的因素，最宜居的地带主要集中于二、三级阶梯的东部季风区。在史前时代，最适宜发展农业的地区主要是以旱地农业为主的黄河流域和以稻作农业为主的长江流域。又因地理环境的多样性，在新石器时代就形成了八大文化区，分别是黄河上中下游的甘青区、中原区和海岱区，长江上中下游的巴蜀区、两湖区和江浙区，此外还有燕山以北到辽河流域的燕辽区和位于陕、晋、冀北部及内蒙古中南部的雁北区，其中甘青区和雁北区属于从中原区分化出去的亚文化系统[①]。这八大文化区也是历史时期古代中国文化与社会发展的核心区域。在这些文化区之内，都经历了速度不一、程度不同、形态多样的社会复杂化进程，我们可以统称之为“核心文化区”（图一）。而在这些区域之外的周边地区，受环境制约，整个史前时代以渔猎采集经济为主（有些地方到史前晚期也有了农业但不发达），社会组织长期呈现为小规模的简单形态，社会、文化的进化处于明显的滞后状态（只有个别地方到史前末期出现了初步的社会分化，如广东的石峡文化[②]），我们可以统称之为“边地文化区”。本文对中国史前社会发展阶段的考察主要集中在核心文化区即上述八大文化区之内。

---

① 严文明：《东方文明的摇篮》，《农业发生与文明起源》，科学出版社，2000年；《中华文明的始原和早期发展》，《中华文明的始原》，文物出版社，2011年。

② 广东省文物考古研究所、广东省博物馆、广东省韶关市曲江区博物馆：《石峡遗址——1973～1978年考古发掘报告》，文物出版社，2014年。

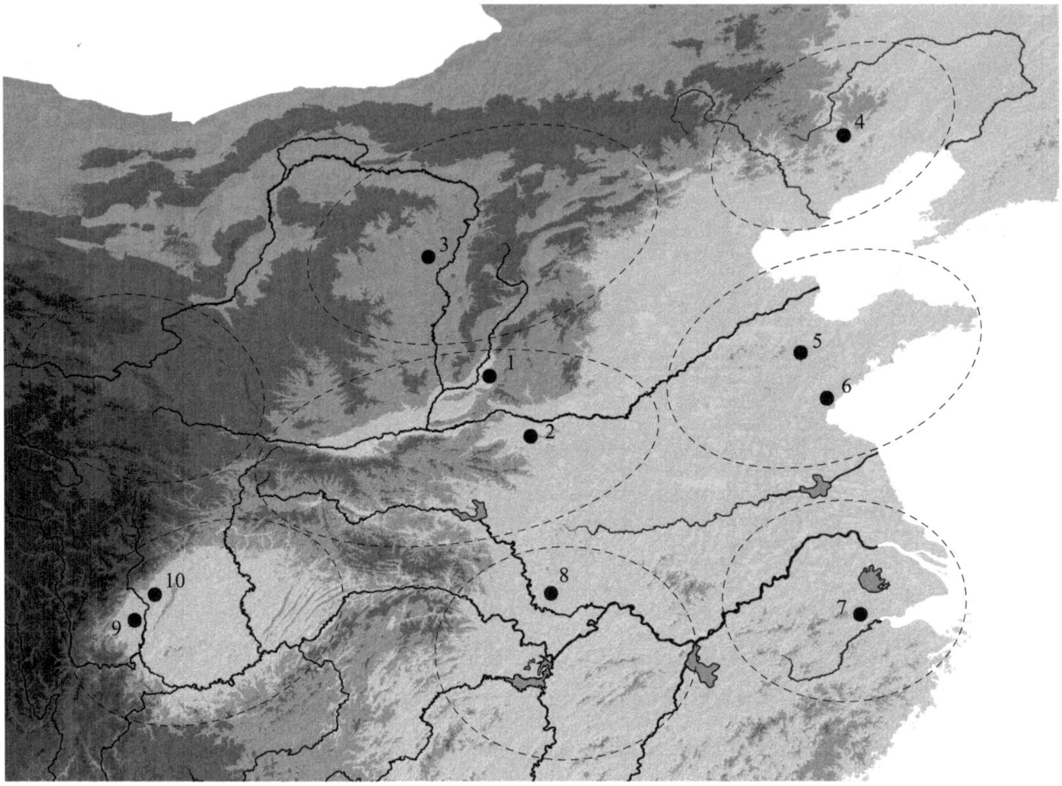

图一　中国史前八大文化区及相关的超级聚落和大遗址

1. 陶寺　2. 二里头　3. 石峁　4. 牛河梁　5. 西朱封　6. 尧王城　7. 良渚　8. 石家河　9. 宝墩　10. 三星堆

一、旧石器时代到新石器时代早期
（约公元前 7000 年以前）

考古发现表明，在整个旧石器时代，更新世的环境虽然有过很大的变化，但人类始终以打制的石器为主要工具（不排除有些地区还因地制宜使用过大量的竹、木器），通过渔猎、采集来获取食物资源。到晚更新世的晚期，亦即旧石器时代晚期，随着末次冰期盛冰期的来临，温带草原或森林草原环境带往南延伸到了华南的北部，环境的变化导致人类生存方式和文化面貌的改变。华南北部原来流行的大型砾石工具逐渐被中小型石片工具所取代，而华北地区此前占主导的小型石片工具则逐步让位于细石器为主体的工具类型①。工具组合的变化反映了生计方式的转变。一般认为，最后冰期严

① 王幼平：《更新世环境与中国南方旧石器文化发展》，北京大学出版社，1997 年；《中国远古人类文化的源流》，科学出版社，2005 年。

苛的环境变化导致大型动物减少，人们在继续猎取大中型食草动物的同时，不得不扩大赖以为生的食物资源，广泛获取小型动物，包括捕获鸟类、鱼类和贝类，同时采集对象也从植物果实扩展到了多种植物的块根类和禾本科的籽实，这种生业形态被称为“广谱型经济”。还有观点进一步认为，广谱经济主要发生在环境相对较好的地带或气候相对较好的间冰期，只有在这种环境中才有较丰富的食物资源可以利用。这种广谱型经济一直持续到了新石器时代的早期。距今 1 万年前后的新石器时代早期，随着全新世环境的改善、人们对长期接触利用的野生动植物认识的积累，以及解决季节性食物短缺的需求，在华北和华中的某些地区可能已开始出现有意识栽培作物的农业种植和家畜饲养（不管是否已出现生物学意义上的驯化），但是渔猎采集在生业经济中依然占有绝对优势。

从栖居形态方面观察，旧石器到新石器时代早期也一直没有发生根本的改变。人们或居住在天然洞穴中，或在旷野留下与生产（主要是石器的加工制造）、生活相关的遗迹，大部分遗址分布零散而相互缺乏关联。旧石器时代末期到新石器时代早期，小型的旷野遗址多见于华北，如李家沟、南庄头、东胡林、转年、于家沟等；洞穴遗址多见于华南，如华南北部的仙人洞与吊桶环、玉蟾岩等[①]。这些遗址大多规模很小、堆积很薄（有的遗址堆积很厚则是在相当长的时间里形成的）、遗迹简单，罕见房屋建筑（但不能排除有过简陋的窝棚），似乎大多是短期或季节性活动形成的营地，而尚未形成长年稳定居住生活的定居村落。

面对旧石器到新石器时代早期的这种生存方式和遗址类型，我们还没有充足的依据来确切复原这一漫长时间里人类社会的组织形式及其演变情况。但根据已知的考古迹象并参考相关原始状态下民族志方面的材料，可以肯定的是，大多数情况下人们是以小型群体为单位来组织日常劳动和生活的。而且可以推断通常这种小型群体“居无定所”，随猎取和采集食物的需要而经常性地处于流动状态。在某些时期或资源丰富的地带也许会存在相对稳定的“中心营地”；在有天然洞穴、同时食物又比较充足的地区，在一定时期内还会有使用时间较长的“定居”点。然而，一般不见有较多小群体长期聚居形成的规模较大的聚落。依人类进化的“逻辑”和居住形态的特征及变化，人类的基本社会组织有可能经历了从早期更接近动物的“原始群”，向晚期智人的血缘界限和婚配关系越来越清楚的“血亲家族”的转变（俞伟超等认为“族外婚”即产生于智人形成的阶段[②]）。但这一转变过程目前是不清楚的，而且也无法确定不同时间段

① 参见赵春青：《试论中国新石器时代早期文化的区域特征与发展阶段》，《考古学研究》（九），文物出版社，2012 年。

② 俞伟超、汤惠生：《图腾制与人类历史的起点》，《中国历史博物馆馆刊》1995 年第 1 期。

里的具体形态，因此现在还只能将他们都笼统地归为一种社会组织类型，我们暂且仍采用西方社会进化论中的“游群（band）”概念来概括之，尽管未必很贴切。这些小型觅食者群体大多应不超出扩大家庭或家族的规模；至于是否像有学者判断的那样，旧石器时代晚期在世界某些地区的狩猎采集者群体中就已出现了规模更大的氏族组织[①]，目前在中国的考古资料中还没有这方面的证据。

有关旧、新石器时代分界的划分标准，目前学术界尚未达成一致。如果综合考虑生业经济特点、居住形态以及整体文化面貌，实际上从距今 3 万年到 9000 年左右，即人们一般所说的旧石器时代晚期到新石器时代早期，是一个彼此更为接近的发展阶段，例如打制石器与少量磨制石器共存，北方广泛使用细石器、华南北部流行石片工具，骨角器增多，华南产生最早的陶器并逐步扩展到华北，渔猎和采集为主的广谱型经济，华北多小型旷野遗址、华南多洞穴遗址，等等，都是两个时期共有的特点，只是前后发展程度不同。因此可以将这两个时期合并为一个大的社会发展阶段，而这个阶段也正是晚期智人即现代人形成的时期。

二、新石器时代中期
（约公元前 7000～前 4000 年）

本文所说的新石器时代中期，从社会发展阶段的角度，包括以往所划分的新石器时代中期到仰韶时代早期。各地区开始和结束的时间可能会略有早晚，并不完全一致。根据社会发展程度的变化，此期大致还可分为前后两个阶段。

前段大约为公元前 7000～前 5000 年。在黄河上中游主要分布着老官台文化（或大地湾文化）、裴李岗文化（包括贾湖一期代表的较早遗存）、磁山文化，黄河下游有后李文化，长江下游先后有上山文化和跨湖桥文化，长江中游依次为彭头山文化和皂市下层文化（城背溪文化），辽河流域有小河西文化和兴隆洼文化，另外在苏北、皖北的淮河中下游还有顺山集文化。

此阶段开始进入全新世大暖期。各地区生产型经济普遍出现，种植农业和养畜业有了进一步发展，在生业经济中所占比重大幅度增长，以渔猎采集为主的攫取型经济仍占据主导地位。与此同时，有一定规模的定居村落也发展起来。稳定的定居生活导致人口增长、家庭规模扩大，血亲纽带及生产协作的需求使得一些有血缘关系的家族

① 肯特·弗兰纳里、乔伊斯·马库斯著，张政伟译：《人类不平等的起源》，上海译文出版社，2016 年。

聚居在一起，形成氏族公社，亦即最早的村落组织。在各地不同的环境中，最早的村落就已呈现出不同的房屋类型和居住形态。例如，东北的兴隆洼文化聚落主要是一些较大、规整的方形房子较整齐地成排分布，一个聚落往往有多排房屋，有的较大聚落还能分为不同的片区，有些聚落还有环壕围绕①；中原的裴李岗文化以新郑唐户为代表，一些不规整的房子呈环状成组分布，一个聚落可包括几个房屋组②；长江下游的上山文化则见长排房屋,其中小黄山遗址发现有两三排长屋③。这时期各地区所见墓葬的埋葬方式亦有差异。许多遗址所见墓葬呈零散分布的状态，但在大地湾文化、兴隆洼文化和彭头山文化的一些遗址中有少数墓葬聚集成组的现象，应与某些房屋组相对应；而裴李岗文化存在多处有规划、布局清楚的较大墓地，这些墓地大都还可进一步分出不同的墓组或墓区④，这样的墓地在顺山集文化的遗址中也有发现⑤，在后李文化中亦见残迹⑥。

总之，这个阶段各地典型的聚落和墓地一般包括“房屋组或排—聚落”“墓组或墓区—墓地”两层结构，应代表着家族—氏族两级社会组织。也就是说许多村落即是一个独立自治的氏族公社，其内部包括若干个家族公社。其中兴隆洼文化的聚落大多规划整齐，还有白音长汗那种由两个环壕聚落构成的双生聚落⑦，或许代表着两个有亲缘关系的氏族所组成的胞族，但这样的聚落并不常见。总体来看，这个时期氏族组织已逐步形成并发展成熟，成为一种独立存在的社会单位。同时一些区域调查显示，此期聚落丛集成群的现象还没有成为常态，大多呈零散分布的状态，高于氏族公社以上的部落组织即便已出现，可能还尚未成为一种普遍现象。

后段大约为公元前5000～前4000年。黄河上中游自西向东依次分布着仰韶早期的半坡文化、枣园文化和后岗一期文化，黄河下游主要有北辛文化，长江中游有汤家岗文化和大溪文化早期遗存，长江下游北、南两面分别为马家浜文化、河姆渡文化早期阶段，辽河流域先后为赵宝沟文化和红山文化的早期。

这个阶段处于全新世大暖期的气候最适宜期。北方粟黍为主的旱作农业和南方的

---

① 索秀芬、李少兵：《兴隆洼文化聚落形态》，《边疆考古研究》（第8辑），科学出版社，2009年。

② 郑州市文物考古研究院、河南省文物管理局南水北调文物保护办公室：《河南新郑市唐户遗址裴李岗文化遗存2007年发掘简报》，《考古》2010年第5期。

③ 王海明：《九千年前的远古文化——浙江嵊州小黄山遗址》，《浙江省文物考古研究所学刊》（第八辑），科学出版社，2006年。

④ 赵春青：《郑洛地区新石器时代聚落的演变》，北京大学出版社，2001年。

⑤ 南京博物院、泗洪县博物馆：《顺山集》，科学出版社，2016年。

⑥ 济南市文化局文物处、章丘市博物馆：《山东章丘小荆山遗址第一次发掘》，《东方考古》（第1辑），科学出版社，2004年。

⑦ 内蒙古自治区文物考古研究所：《白音长汗》，科学出版社，2004年。

稻作农业，以及以猪为主的家畜饲养业渐趋成熟。也许由于适宜的气候和环境提供了丰富的天然食物资源，此期农业似乎经历了漫长而缓慢的发展过程。部分地区在较晚阶段农业经济开始逐渐居于主导地位（以长江中游的两湖地区较为显著），还有部分地区特别是长江下游的河姆渡文化，渔猎采集在生业中仍占有很大的比重①。此期村落规模有所扩大、人口有所增长，许多地区涌现出了一批发育良好、规划布局有序的聚落，有壕沟环护的聚落在许多地区开始出现，在湖南澧县的城头山甚至出现了我国最早的城址②。这个时期的聚落在前期基础上又有进一步的发展，各地房屋建筑逐步完善成熟。东北依然主要是方形房子，渭河流域的半坡文化流行较规整的圆形和方形房屋，而江南的河姆渡文化则流行长排干栏式建筑。从前那种“房屋组或排—聚落”两层的结构仍然可见，如仰韶早期和赵宝沟文化③的一些聚落；此外在一些发达地区开始较多出现“房屋组—房屋群—聚落”三层结构，这在渭河流域半坡文化的遗址中尤其常见，姜寨就是其中的典型代表④，浙江余姚河姆渡遗址亦可分辨出长排房、排房组、聚落这种相似的三层结构⑤。同样，与居址相对应，“墓组—墓地”两级埋葬序列依然存在，如在半坡文化和长江中下游的一些遗址都时有发现，还见于北辛文化晚期的江苏灌云大伊山遗址⑥；与此同时，“墓组—墓群（墓区）—墓地”这种三层结构也在发达的半坡文化中流行起来，在其他地区如湖南的安乡汤家岗也有发现⑦。

三层结构的聚落（包括墓地）是氏族社会发达的产物，这样的聚落在陕甘渭河流域发展最为充分。根据严文明的研究，在这样的聚落里应存在着家族公社、氏族公社、胞族公社不同层级的社会组织⑧。对此也有人持有不同的看法⑨。无论如何，通常情况下，

① 赵志军:《中国古代农业的形成过程——浮选出土植物遗存证据》,《第四纪研究》，2014 年第 34 卷第 1 期。

② 湖南省文物考古研究所:《澧县城头山》，文物出版社，2007 年。

③ 中国社会科学院考古研究所:《敖汉赵宝沟》，中国大百科全书出版社，1997 年。

④ 西安半坡博物馆、陕西省考古研究所、临潼县博物馆:《姜寨》，文物出版社，1988 年；巩启明、严文明:《从姜寨早期村落布局探讨其居民的社会组织结构》,《考古与文物》1981 年第 1 期。

⑤ 浙江省文物考古研究所:《河姆渡》，文物出版社，2003 年；戴向明:《宁绍地区史前文化与社会变迁的有关问题》,《河姆渡文化国际学术论坛论文集》，中国时代经济出版社，2013 年。

⑥ 连云港市博物馆:《江苏灌云大伊山新石器时代遗址第一次发掘报告》,《东南文化》1988 年第 2 期；南京博物院、连云港市博物馆等:《江苏灌云大伊山遗址 1986 年的发掘》,《文物》1991 年第 7 期。

⑦ 湖南省文物考古研究所:《安乡汤家岗》，科学出版社，2013 年。

⑧ 严文明:《仰韶房屋和聚落形态研究》、《半坡类型的埋葬制度和社会制度》,《仰韶文化研究》（增订本），文物出版社，2009 年。

⑨ 陈雍:《姜寨聚落再检讨》,《华夏考古》1996 年第 4 期；赵春青:《姜寨一期墓地再探》,《华夏考古》1995 年第 4 期；《也谈姜寨一期村落中的房屋与人口》,《考古与文物》1998 年第 5 期。

各地区那些大大小小的村落或者只有一个氏族公社，或者由氏族的繁衍增殖而分化出几个有亲缘关系的氏族、共同构成一个胞族公社。其中氏族公社作为基本的社会单位而独立存在，它在组织各种生产和分配等经济活动、处理族群内外的众多事务，以及举行祭祀、典礼等仪式性活动中，应当都起到主导作用。以氏族所有制为基础的聚落经济则显示出自给自足的特征。

在这种成熟发达的氏族社会里，聚落内存在不同层级的社群组织，但未见贫富和地位悬殊的等级分化，就是说还没有出现特权阶层。此时的聚落面积大多只有数万平方米，较大者也不过10万平方米左右，聚落之间也尚未形成明显的等级差异和主从关系。但值得注意的是，一些区域调查显示，在一些遗址分布较密集的地区，出现了少数聚落丛集成群的现象，这意味着一些毗邻而居的村落间可能会结成有通婚关系、利益与共的部落组织。此外，城头山大溪文化早期城址的发现说明，在这个阶段的晚期，某些地区或许开始出现区域性中心聚落，向着复杂的社会组织迈出了实质性的一步，但尚待更多的发现加以证明。

总结新石器时代中期前、后两个阶段的聚落与社会特征，可以看到由初级氏族向发达的氏族社会的演进。到后一阶段有些地区因人口的增长和氏族的繁殖而出现了较多的胞族，同时可能还出现了由不同氏族结成的部落组织。但除了个别遗址显露出初步分化的端倪，绝大部分聚落都属于没有等级差异的简单社会形态。

作为一个单独的发展阶段或社会类型，我们可以称这样的社会为“氏族社会”。“氏族”是这种社会的核心组织，因而与西方进化论中笼统定义的“部落”社会是有所区别的。

三、新石器时代晚期至青铜时代初期
（约公元前4000～前1500年）

进入公元前第四千纪以后，直到公元前2000年左右全新世大暖期结束，全球气候经历了多次干湿冷暖的波动；其后气温明显下降，进入全新世降温期[①]。尽管其间气候有过较大的变化，但各地农业经济仍陆续发展成熟并不断进步，作物栽培和家畜饲养在各主要文化区的生业经济中逐步确立了主导地位并得到持续发展。与此相应，各种主要的手工业门类如制陶、石器制造等的专业化程度显著提高，并且随着社会需求的增加，治玉、髹漆、彩绘陶器等服务于权贵并被权贵所控制的高端手工业生产也逐渐

① 夏正楷：《环境考古学——理论与实践》，北京大学出版社，2012年。

发展起来[①]。与各类生产进步相辅相成的是社会结构的演变，在此期间，原来发达的氏族制度逐渐瓦解，社会基本单元趋于小型化，等级分化逐步加剧，各主要文化区相继开启了方式不一、程度不同的社会复杂化进程。

下面将概括性地考察前述八大文化区各自的区域组织及社会分化的演变过程，并着重讨论那些能够代表各区各阶段最高水准的中心聚落发展演变的状况，并落脚到早期国家形成问题。

1. 中原区

包括今河南大部、河北和山西南部以及陕西的关中盆地。在公元前4000～前3300年的仰韶中期，随着庙底沟文化的空前繁荣，整个黄河中游的文化面貌都呈现出较强的一致性。庙底沟文化最发达的中心区域包括晋南豫西和陕西关中地区，这一带在该文化的中期以后聚落数量迅猛增长，出现了很多以大型遗址为核心的聚落群。以我们在晋南运城盆地的系统调查为例，每个聚落群至少有一处数十万到百余万平方米的大型中心聚落，有的还有稍小一点的次级中心[②]。这些包括两三层聚落等级的社会群体，显然已经整合成了具有主从结构的区域组织。在经过大规模发掘的中心或次中心聚落当中，河南灵宝西坡遗址存在功能特殊的成组大型建筑[③]，以及年代处于仰韶中晚期之际的墓地[④]，墓地中以家族为单位分布的大、小墓葬已明确显示出等级的差异。其中高等级的大墓在陕西华县泉护村也有发现[⑤]。这些发现表明，至晚到庙底沟文化的中晚期阶段，内部有阶层分化的区域组织已经形成。目前最能概括这种社会性质的定义就是“酋邦”[⑥]。

到约公元前3300～前2800年的仰韶晚期，原来大范围文化高度相似的局面发生分

① 戴向明：《黄河中游史前经济概论》，《华夏考古》2016年第4期。

② 中国国家博物馆田野考古研究中心、山西省考古研究所、运城市文物保护研究所：《运城盆地东部聚落考古调查与研究》，文物出版社，2011年。

③ 河南省文物考古研究所、中国社会科学院考古研究所河南一队、三门峡市文物考古研究所、灵宝市文物保护管理所、荆山黄帝陵管理所：《河南灵宝市西坡遗址2001年春发掘简报》，《华夏考古》2002年第2期；《河南灵宝西坡遗址105号仰韶文化房址》，《文物》2003年第8期；中国社会科学院考古研究所河南一队、河南省文物考古研究所、三门峡市文物考古研究所、灵宝市文物保护管理所、荆山黄帝陵管理所：《河南灵宝市西坡遗址发现一座仰韶文化中期特大房址》，《考古》2005年第3期；《河南灵宝市西坡遗址庙底沟类型两座大型房址的发掘》，《考古》2015年第5期。

④ 中国社会科学院考古研究所、河南省文物考古研究所：《灵宝西坡墓地》，文物出版社，2010年。

⑤ 北京大学考古学系：《华县泉护村》，科学出版社，2003年。

⑥ 戴向明：《中原地区早期复杂社会的形成与初步发展》，《考古学研究》（九），文物出版社，2012年。

解，各地文化特色开始凸显。由大小聚落构成的区域组织依然存在，但原仰韶核心区的发展势头有所回落，少见大型遗址。而偏东的今郑州地区则开始勃兴，近年发现数处百万平方米左右的大型环壕聚落；同时关中西部到陇东一带也迅速崛起，出现了一些大型聚落。甘肃秦安大地湾就是其中的代表①，在遗址“中轴线”上揭露出两座规模宏大、结构复杂如“原始宫殿”般的大型房址F405、F901，表明此时大型中心聚落内社会权力的集中性发展到了一个新的高度。而郑州西山城址的出现又意味着此时不同社会群体间暴力冲突乃至战争的加剧②。

大约公元前2800～前2300年间，仰韶时代结束，陕晋豫相邻地区兴起了特色鲜明的庙底沟二期文化，其他各地文化面貌也持续分异，这个时期被许多学者称为广义“龙山时代”的早期。在此期间，关中渭河流域表现低迷，洛阳—郑州一带可能持续发展。晋南豫西则再次呈现繁盛的局面，遗址数量多、分布密集，这在前述运城盆地东部的调查中有充分的体现。相当于庙底沟二期文化中晚期到狭义的龙山初期阶段，陶寺早期聚落兴起，其面积至少有七八十万平方米或更大，已知最重要的发现是一处达4万平方米以上的大型墓地③。墓地以宗族为单位排列布局，其中包含高等级家族的特殊茔域，而且从早到晚顶级权贵的地位逐渐凸显，展示了社会分化和权力集中不断提升的过程；但这些大墓始终同普通小墓共同混在同一墓区，表明高级权贵尚未脱离血缘族群关系的束缚，还没有成为“孤家寡人”的王者，陶寺早期聚落所整合的社会集团并没有超出一个“复杂酋邦”的范畴④。

到约公元前2300年以后的陶寺中期，聚落面积急剧扩大到了400余万平方米，主体有城壕环护，“城”内面积近300万平方米；核心居住区周边亦有城壕环绕，据发掘、勘探可知里边有多组大型建筑，被称为“宫殿区”，其外围可能还有专门的手工业作坊区⑤。原先的早期墓地一直沿用下来，但没有发现大墓，大的墓区界限也不再那么明显，而一些墓葬聚集成组的现象成为常态，显示小型家族的主体作用进一步突出；同时在南端“小城”内出现了一片新的墓地，墓地一隅发现有孤峰独秀般的大墓

① 甘肃省文物考古研究所：《秦安大地湾》，文物出版社，2006年。

② 国家文物局考古领队培训班：《郑州西山仰韶时代城址的发掘》，《文物》1999年第7期；张玉石：《郑州西山遗址发掘的主要收获》，《河南文物考古论集》，河南人民出版社，1996年。

③ 中国社会科学院考古研究所、山西省临汾市文物局：《襄汾陶寺——1978～1985年考古发掘报告》，文物出版社，2015年。

④ 戴向明：《陶寺墓地分析》，《南方文物》2019年第6期。

⑤ 何驽：《都城考古的理论与实践探索——从陶寺城址和二里头遗址都城考古分析看中国早期城市化进程》，《三代考古》(三)，科学出版社，2009年。

M22[①],旁边还有与之相关联的大型“祭坛”[②]。从区域聚落结构的角度看,整个临汾盆地此时已形成四层聚落等级，而陶寺无疑就是整合这个区域组织的鹤立鸡群般的“超级聚落”。笔者此前曾论证过，陶寺中期聚落所整合的这个区域集团应当已经进入了早期国家社会[③]；即便保守一点说，至少在其发展的鼎盛期应是如此。而根据已有的发现，陶寺晚期聚落似乎遭受过重创，许多大型建筑被毁弃、大墓被盗扰，晚期的陶寺是延续了此前的国家形态还是已经瓦解衰败，目前尚难给予确切的回答。

晋南地区同属龙山时代的大型聚落还有运城盆地内的绛县周家庄[④]，再往南则有芮城清凉寺[⑤]，但已知的发现表明他们都没有发展到陶寺那样的高度，而且周家庄是在陶寺晚期阶段才扩大到300万平方米以上规模的（有环壕围绕）。这两处位于另外地理单元的大型聚落及其所在地区与陶寺的关系尚待进一步研究。

中原龙山时期诸文化从公元前2300年延续到了公元前1800年或稍晚，除了上述主要分布在晋南临汾盆地的陶寺文化，在运城盆地南部到豫西一带还有三里桥文化，陕西关中有客省庄文化，豫中环嵩山地区有王湾三期文化，豫东有造律台文化，豫北冀南有后岗二期文化。其中豫中地区的王湾三期文化表现较为突出，聚落数量较前有显著的增长，而且涌现出一批城址。但这些城址的规模都不大，最大的登封王城岗也只有30余万平方米[⑥]。在晋南以外的这些文化区域中,目前都没有发现像陶寺那样的超级聚落，聚落内也不见那种高等级的大墓和类似“宫殿区”的大型建筑群，聚落群的规模也都相对较小。总之，都还没有像陶寺那样发展出早期国家社会，各地存在的至多是些大大小小的酋邦组织。

龙山末期到二里头初期，先是在嵩山东部出现了一处有三道环壕的大型聚落新密新

---

① 中国社会科学院考古研究所山西队、山西省考古研究所、临汾市文物局:《陶寺城址发现陶寺文化中期墓葬》,《考古》2003年第9期；戴向明:《陶寺墓地分析》,《南方文物》2019年第6期。

② 中国社会科学院考古研究所山西队、山西省考古研究所、山西省临汾市文物局:《山西襄汾县陶寺城址发现陶寺文化大型建筑基址》,《考古》2004年第2期;《山西襄汾县陶寺中期城址大型建筑ⅡFJTI基址2004～2005年发掘简报》,《考古》2007年第4期。

③ 戴向明:《中原地区龙山时代社会复杂化的进程》,《考古学研究》(十)，科学出版社，2012年。

④ 中国国家博物馆田野考古研究中心、山西省考古研究所、运城市文物保护研究所:《山西绛县周家庄遗址2007～2012年勘查与发掘简报》,《山西绛县周家庄遗址居址与墓地2007～2012年的发掘》，两篇皆刊于《考古》2015年第5期。

⑤ 山西省考古研究所、运城市文物工作站、芮城县旅游文物局:《清凉寺史前墓地》，文物出版社，2016年。

⑥ 魏兴涛:《中原龙山城址的年代与兴废原因探讨》,《华夏考古》2010年第1期。

砦[①]，紧接着在嵩山西面的洛阳盆地出现了偃师二里头一期聚落[②]，两者面积都有100万平方米左右，似乎形成了东西两大集团并峙的局面。直到二里头二期以后，二里头文化才最终扩展到环嵩山周边区域并将“新砦类型”覆盖消融，同时逐步蔓延到晋南、陕西东部和河南大部，从而取代了各地的龙山文化，成为涵盖大半个中原的强势文化共同体。二里头也成了中原地区一枝独秀的新兴的“超级聚落”。此后二里头的聚落范围迅速扩大到了约300万平方米，成组的大型建筑不断兴建并形成了“宫城”，同时还出现了铸铜作坊、绿松石作坊和一批贵族墓葬，直到第三期二里头发展到了鼎盛阶段[③]。二里头作为新崛起的超级聚落，应当在一个相当广大的范围内整合出了一个新型的早期国家——夏王朝[④]。因此，也许夏人和夏文化的起源可以追溯到龙山时期，但根据已有发现，作为一个国家的夏王朝的诞生则早不过二里头二期。整个二里头文化延续的时间从公元前1800余年到公元前1500余年。

综合考察这个时期中原地区社会演变的过程，可以进一步粗略地划分为前后两个阶段。前段从仰韶中晚期到庙底沟二期，由相对简单的初期复杂社会发展到陶寺早期聚落所代表的高度复杂社会。后段包括龙山和二里头时期，随着社会复杂化进程的不断发展，最终在晋南和中原腹地先后孕育出了以陶寺和二里头两个“超级聚落”为代表的早期国家。二里头文化所承载的夏王朝的勃兴，为接续而起的商周青铜文明奠定了坚实的基础。

2. 北方区（雁北区）

包括陕北、晋中北、冀西北到内蒙古中南部，史前遗址主要分布在黄土高原上的河谷阶地和梁、峁、塬之上。这里在仰韶时代主要受中原文化区北向扩散的影响，从仰韶晚期开始自身特色显现，形成了“海生不浪类型”“义井类型”等地方文化；到庙底沟二期先在西部的河套地区出现了阿善文化，继而又从东部的岱海、黄旗海到黄河

---

① 北京大学震旦古代文明研究中心、郑州市文物考古研究院：《新密新砦——1999～2000年田野考古发掘报告》，文物出版社，2008年；赵春青、张松林、张家强、谢肃：《河南新密新砦遗址发现城墙和大型建筑》，《中国文物报》2004年3月3日。

② 许宏、陈国梁、赵海涛：《二里头遗址聚落形态的初步考察》，《考古》2004年第11期。

③ 中国社会科学院考古研究所：《偃师二里头：1959年～1978年考古发掘报告》，中国大百科全书出版社，1999年；《二里头：1999～2006》，文物出版社，2014年。

④ 戴向明：《中原地区龙山时代社会复杂化的进程》，《考古学研究》（十），科学出版社，2012年；《陶寺、石峁与二里头——中原及北方早期国家的形成》，《夏商都邑与文化（二）——“纪念二里头遗址发现55周年学术研讨会”论文集》，中国社会科学出版社，2014年；《中原龙山到二里头时期文化与社会发展阶段的两个问题》，《庆祝张忠培先生八十岁论文集》，科学出版社，2014年。

两岸出现了老虎山文化的早期遗存；到龙山时期老虎山文化逐渐扩散到了整个北方地区[①]。在这一发展过程中，北方地区逐步形成了一个独立的文化区。史前社会发展进程总体可分为前后两个阶段。

前段从定居村落的出现（仰韶早期或更早），直到仰韶中晚期和庙底沟二期。与中原不同，北方地区在此漫长的时间里所见都是些结构简单的小型聚落。虽然在仰韶晚期以后出现了一些石城址，但规模都很小，只能算是简单防御的石围墙。无论是聚落之间还是聚落内部，都没有发现明显的等级分化的迹象，始终保持着氏族—部落社会的典型特征。这种情形甚至一直持续到龙山初期，即相当于岱海老虎山文化聚落群存在的阶段。这个时期的遗址以岱海周围和南流黄河两岸分布较密集，石城址更加多见，聚落范围也有所扩大，但居址的规模仍然较小，聚落之间也看不出有主从关系，典型者如岱海边上的园子沟、老虎山等遗址[②]；聚落内可见房屋组或院落、房屋排或房屋群、居住区，应分别包含大家庭、家族、氏族公社等不同层级的社群组织，反映了以家族为主体构成的氏族社会的特点[③]。

后段即本地区的龙山后期，主要相当于陶寺中、晚期阶段，其下限当已进入了二里头初期的纪年。此期最重要的发现就是位于陕北神木的特大型遗址石峁。石峁有规模庞大的内外两道石墙环绕，城内面积达 400 余万平方米，城墙上还有马面、角楼等设施；城门结构复杂，内外有形似“瓮城”的建筑，两侧有高大的包石夯土墩台（图版 10）；城门内外及附近的墙基之下发现了多处集中埋置人头骨的遗迹，似是与某种奠基或祭祀仪式有关。内城西侧中央部位有一耸立的山丘，俗称“皇城台”，台顶面积约 8 万平方米，其东北侧台底连接内外之处也有结构复杂的大型门址，台的周围则有阶梯状石砌护坡，层层相叠，颇为壮观；在东护墙北段上部的堆积中出土了大量陶、石、骨、玉、铜等各种质地的遗物，其中引人注目的是大量骨器和卜骨，尤其还有很多陶瓦、陶鹰等高级建筑的装饰构件；而在台顶已揭示出一处边长约 130 米的规模宏大的建筑台基，为夯土台芯、外包石墙，其上有多处大型建筑基址；在台基南护墙及倒塌堆积中出土了大量刻有神人、神兽、动物等形象的精美石雕（图版 11、图版 12）。整个山丘经人工构造建设，气势雄伟如高耸的“宫城”，应是统辖石峁的核心所在。石峁城内还发现多处集中分布的居址、墓葬等遗迹，其中不乏规模较大、有殉人的大中型墓葬（惜被盗掘，而顶级权贵大墓似尚未发现）；在已发掘过的几处居址和墓地中，明

① 韩建业：《中国北方地区新石器时代文化研究》，文物出版社，2003 年。

② 内蒙古文物考古研究所：《岱海考古（一）——老虎山文化遗址发掘报告集》，科学出版社，2000 年。

③ 戴向明：《北方地区龙山时代的聚落与社会》，《考古与文物》2016 年第 4 期。

显可见成排或成片分布的房屋群和墓葬群，应代表着不同的社群组织。经发掘确认，在石峁城墙、城门建筑的墙体内有放置多种玉器的习俗；而多年来石峁发现的大量玉器（应分别出自墙体、墓葬等遗迹）应与上层贵族的财富、权力及其主导的祭祀礼仪等直接相关。此外，最近和以往的调查显示，石峁周边地区分布着很多低于石峁的大小不同等级的聚落，他们应与石峁一起共同形成一个有多层结构的大型社会集团[①]。而在黄河对岸山西境内发现的兴县碧村、白崖沟等数十万到百余万平方米、有高等级建筑的大型聚落所代表的区域组织[②]，与石峁究竟是附属还是并峙的关系，尚需更多的资料来做深入的研究。

石峁城址已有的发现表明，这是一处规模宏大、结构复杂，拥有高等级建筑、墓葬和器物的"超级聚落"，在整个北方地区孤峰独秀。它所整合起来的区域集团称得上是与陶寺大体同时（或略晚）兴起的一个早期国家。它雄踞黄土高原，在公元前2000年前后的龙山时期与崛起于汾河谷地的陶寺集团形成双峰并峙的格局，成为黄河中游最早诞生的两个国家组织。但与中原渐进式的发展不同，北方地区从长期滞后的简单的氏族—部落社会到复杂的大型国家政体的出现，其间的过渡形态似乎非常短暂，经历了一种近乎"跳跃式"的发展[③]。

其后到了二里头晚期即夏王朝兴起之后，石峁集团衰亡，继之在北方地区出现的是以朱开沟文化、李家崖文化等为代表的早期青铜时代的社会群体。从此之后直到整个先秦时期，北方地区先后涌现出了许多大大小小的区域集团，甲骨卜辞、铜器铭文和后来的古文献中称之为"方"，视之为华夏之外的戎狄，而从考古发现看似乎他们都没有发展成像石峁那样规模庞大的强势社会集团。这些广布北方和西北的戎狄集团究竟属于何种政体，尚待深入的专门研究，目前粗略观察大多没有超出类似酋邦那样的政体规模和复杂程度。

3. 甘青区

同北方区相似，西北甘青区也是在新石器时代晚期从中原区分离出来的一个亚文化区。仰韶早中期，半坡文化和庙底沟文化由陇东逐步向西波及甘肃中部。此后从仰韶晚期文化肌体中分离出来的马家窑文化的马家窑类型，很快就从甘肃中东部扩展到

---

① 陕西省考古研究院、榆林市文物考古勘探工作队、神木县文体广电局、神木县石峁遗址管理处:《发现石峁古城》，文物出版社，2016年;《陕西神木县石峁城址皇城台地点》,《考古》2017年第7期；孙周勇、邵晶、邸楠、邵安定、夏楠、康宁武、刘海利:《陕西神木石峁遗址皇城台发掘取得重要收获》,《中国文物报》2020年2月7日。

② 山西省考古研究所、兴县文物旅游局:《2015年山西兴县碧村遗址发掘简报》,《考古与文物》2016年第4期；王晓毅、张光辉:《兴县碧村龙山时代遗存初探》,《考古与文物》2016年第4期。

③ 戴向明:《北方地区龙山时代的聚落与社会》,《考古与文物》2016年第4期。

了青海东部及河西一带；其后大体相当于庙底沟二期的半山类型、龙山期的马厂类型又相继西扩，先后抵达张掖、酒泉一带[①]。与马厂类型大约同时或稍晚，陇东地区在常山下层文化基础上兴起了齐家文化，齐家文化中期以后迅猛扩张，往东渗透到关中西部，向西逐步推进到河西走廊西端，迫使马厂类型不断西移并最终消失；齐家文化一直延续到了二里头时期[②]。

尽管新石器时代晚期甘青地区文化呈现繁荣发展的局面，但社会复杂化的进程却表现得比较迟缓。丰富的墓葬资料显示，马家窑文化各阶段都有家族、氏族、胞族等不同层级的社会组织，具备发达的氏族—部落社会的典型特征；同时，从半山到马厂类型，墓葬规模和随葬品多寡（尤其是彩陶的使用）所体现出的社会竞争、贫富分化现象有逐渐增强的趋势，但并不很普遍，也不很显著，而且不同区域存在较大差异[③]。本地区复杂社会真正获得充分的发展应是在齐家文化的中晚期阶段。总体来看，马家窑文化可算作本地区新石器时代晚期社会发展的前段，齐家文化（中晚期）为后段。

据现有发现，齐家文化聚落的群体及内部结构都还不太清楚，资料最丰富的仍是墓葬。既有分散或成组分布的小型墓地，也有像柳湾那样的大型公共墓地[④]，显示出家族、氏族等不同层级的社群组织，墓地中存在较明显的贫富和等级分化现象。据调查，在甘肃中东部存在一些齐家文化大型遗址，虽然还没有揭露出大型建筑、高等级大墓等重要遗迹，但在这个地区已经出土或流散出很多玉器、铜器、陶礼器、镶嵌绿松石铜牌饰等高级物品，使我们对齐家文化“超级聚落”的面世充满期待，也由此推测齐家社会极具潜力的发展高度还远没有被认识到。齐家文化不但吸收了与之相邻的客省庄文化、马厂类型的许多因素，其所见陶盉、铜牌饰等与二里头墓葬中出土的非常相似，玉器与晋南及北方石峁的玉器有很多共性，而一些铜器、权杖头又与欧亚草原地带和中亚地区的相近，反映齐家社会与中原、北方及辽阔的欧亚腹地都存在广泛的接触和联系[⑤]。我们相信这种“世界体系”下的交流互动不但对其文化，而且对其社会也必然会产生深刻的影响。

---

① 严文明：《甘肃彩陶的源流》，《文物》1978年第10期。

② 王辉：《甘青地区新石器—青铜时代考古学文化的谱系与格局》，《考古学研究》（九），文物出版社，2012年。

③ Hung, ling-yu. *Pottery Production, Mortuary Practice, and Social Complexity in the Majiayao Culture, NW China (ca.5300-4000BP)*. Ph.D dissertation, Washington University in St. Louis, 2011.

④ 青海省文物管理处考古队、中国社会科学院考古研究所：《青海柳湾》，文物出版社，1984年。

⑤ 李水城：《文化馈赠与文明的成长》，《庆祝张忠培先生七十岁论文集》，科学出版社，2004年；王辉：《甘青地区新石器—青铜时代考古学文化的谱系与格局》，《考古学研究》（九），文物出版社，2012年。

齐家文化之后，甘青地区先后衍生、分解出许多青铜时代的考古学文化，如辛店文化、寺洼文化、卡约文化、四坝文化、沙井文化等，应该代表着早期不同的戎人群体。据现有材料，没有迹象表明在这些群体内存在高度复杂的区域社会集团，更无类似国家的政体，似乎说明继齐家之后甘青地区青铜时代的社会发展长期处于低谷，且可能与气候和环境的变迁有关。

4. 海岱区

新石器时代晚期以山东为主的海岱文化区，根据其文化和社会的发展可分为大汶口文化和龙山文化前后两个阶段。

学术界一般将大汶口文化（约公元前4000～前2300年）分为早、中、晚三期，大体与中原的仰韶中期、仰韶晚期和庙底沟二期相对应。大汶口文化以墓葬遗存发现最丰富，对社会形态的反映最充分。从大汶口早期开始，就普遍存在着由墓群构成的墓区或墓地，有些墓群紧密相连或有所间隔，有些墓群则分散在遗址的不同方位而各自单独形成小墓地，而后者到大汶口晚期有逐渐增多的趋势。据研究，这些大大小小的墓群属于独立性越来越强、在社会生活中作用越来越突出的家族，由若干家族墓群形成的墓区则对应着氏族（宗族），而有不同墓区的聚落就应存在着胞族或宗族联合体那样更高一级的组织。在大汶口早期的偏早阶段，社会分化就已初露端倪，但不显著；到早期偏晚阶段，墓葬资料显示无论是聚落之间还是聚落内部都开始出现较明显的贫富差别，在面积较大的大汶口遗址，随葬品的平均数量较其他遗址要多数倍，而在其内部的不同墓群（家族）之间也存在较明显的差异，尤其还出现了个别随葬品丰富的大型墓葬。到大汶口的中晚期，社会分化明显加剧，出现了泰安大汶口①、邹县野店②、新沂花厅③、莒县陵阳河④以及最近发现的章丘焦家⑤等多处面积达数十万乃至上百万平方米的区域性中心聚落，其中焦家还见有大汶口文化最早的城址；在这些中心聚落内

① 山东省文物管理处、济南市博物馆：《大汶口》，文物出版社，1974年；山东省文物考古研究所：《大汶口续集——大汶口遗址第二、三次发掘报告》，科学出版社，1997年。

② 山东省博物馆、山东省文物考古研究所：《邹县野店》，文物出版社，1985年。

③ 南京博物院：《花厅》，文物出版社，2003年。

④ 山东省文物考古研究所、山东省博物馆、莒县文管所：《山东莒县陵阳河大汶口文化墓葬发掘简报》，《史前研究》1987年第3期。

⑤ 山东大学考古学与博物馆学系、济南市章丘区城子崖遗址博物馆：《济南市章丘区焦家新石器时代遗址》，《考古》2018年第7期；《济南市章丘区焦家遗址2016～2017年聚落调查与发掘简报》，《考古》2019年第12期；《济南市章丘区焦家遗址2016～2017年大型墓葬发掘简报》，《考古》2019年第12期。

都发现有随葬品丰厚的大型墓葬，墓中通常出有玉石钺、玉石饰件、骨牙雕筒、象牙器、白陶、彩陶等象征权力和地位的高等级物品，而高级权贵大墓往往集中在个别或少数墓群中，显示出聚落内部不同家族之间社会等级乃至阶层的分化①。但同时还应看到，即使在高等级墓群之内，一般也同时存在大、中、小不同级别的墓葬，这一方面说明高等级大家族内部成员之间也是有地位尊卑之别的，另一方面还证明那些顶级权贵尚未成为超出血缘关系之上的王，大汶口社会还没有出现早期国家，这同前述中原地区陶寺早期墓地反映的情形非常相似。总的看，大汶口早期到中晚期的变化应反映了酋邦社会由简单到复杂的发展过程。

龙山文化（约公元前2300～前1800年）的社会发展到了一个新的阶段。其墓地形态延续了大汶口文化晚期以来的演变趋势，即大型墓地罕见，主要是分散的、数目一般只有几十座的小墓地，其中很多伴随在居址附近，也有些远离居址而单独存在。这种墓地一般只有一个墓群，代表着独立的家族单位；少数大一点的可能会包括两个以上的墓群，从而构成一个宗族组织。许多墓群内还可分出较明显的墓组，这些墓组所代表的群体或许就是大家族发展繁衍过程中逐渐分离出去的支系小家族或扩大家庭。龙山时期的墓地形态反映大型氏族（宗族）的凝聚作用越来越弱，而家族在社会生活中已经占据主导地位。此时社会财富与地位的分化进一步加剧，既强烈地体现在不同等级的聚落之间，也出现在聚落内部不同家族与个体之间，尤其在高等级中心聚落内更是如此；另外权贵者的身份也是在家族内世袭的②。在泗水尹家城③和临朐西朱封④发现了龙山文化遗址中等级最高的大型墓葬，皆有两、三重棺椁。尹家城的几座大墓仍与中小型墓葬共同分布在同一族墓地中，显然不属于地位超群的王墓。西朱封先后清理出三座大墓，其中两座最大的M202和M203比邻而葬，相距仅3米，皆长6米多、宽4米多，是迄今所知中国史前最大的墓葬，随葬有精美的玉石饰件、玉钺、鳄鱼骨板（鼍鼓）和众多陶礼器。据了解，在数百平方米发掘区内只存在这两座大墓。假如这两座大墓确实远离其他墓葬而单独存在，那很有可能就是脱离众人、唯我独尊的

---

① 上述有关大汶口文化的墓地资料和综合研究成果可参见栾丰实：《大汶口文化的社会发展进程》，《古代文明》（第2卷），文物出版社，2003年；《海岱地区的史前聚落演变与早期文明》，《聚落演变与早期文明》，文物出版社，2015年。

② 刘莉：《山东龙山文化墓葬形态研究》，《文物季刊》1999年第2期；栾丰实：《海岱地区的史前聚落演变与早期文明》，《聚落演变与早期文明》，文物出版社，2015年。

③ 山东大学历史学考古教研室：《泗水尹家城》，文物出版社，1990年。

④ 山东省文物考古研究所、临朐县文物保护管理所：《临朐县西朱封龙山文化重椁墓的清理》，《海岱考古》（第一辑），山东大学出版社，1989年；中国社会科学院考古研究所山东工作队：《山东临朐朱封龙山文化墓葬》，《考古》1990年第7期。

“王墓”了。但因工作有限，对西朱封遗址的整体情况尚不了解，囿于现有资料还不能对其社会性质给予明确的判定。

海岱地区龙山文化另一个突出的现象是涌现出了一批城址，已确认并经正式公布的有近10座，主要分布在泰沂山脉北侧和鲁东南到苏北近海一带。同中原相似，多数城址的面积都不很大，一般在10万左右到数十万平方米之间，当是各地区的中心聚落①，他们所代表的区域集团大多应该也是大大小小的酋邦。只有鲁东南日照地区的两城镇和尧王城规模宏大，显得特别突出。两城镇地表陶片分布范围为256万平方米，尧王城超过300万平方米②。两城镇钻探出的文化堆积范围有70万～80万平方米，发现有三道环壕，壕内最大面积70余万平方米③；根据最新的勘探和发掘，尧王城也有三道环壕（局部有城墙线索），外围壕沟内最大面积近400万平方米④。两者中尧王城的规模似乎更大，有可能就是本地区顶级的“超级聚落”。然而，目前这两处遗址都还没有发现大型权贵墓葬和高等级建筑，它或它们是否已经像中原陶寺那样成长为早期国家的都邑了，现在还不能遽下判断。综合考虑这些城址、大型聚落以及前述墓葬的情况，海岱龙山文化时期出现早期国家组织的可能性是很大的，只是目前证据尚嫌不足，还需假以时日继续探索。

紧接海岱龙山文化之后形成的是岳石文化，年代与中原二里头文化大体相当。考古发现显示岳石文化呈现全面衰退的景况，遗址数量大幅减少，缺乏特大型中心聚落，与龙山时期的社会面貌相比已是风光不再。其后随着中原商周王朝的兴起和扩张，海岱地区的东夷诸群体逐步被融合进了华夏文明的整体之中。

5. 江浙区（环太湖区）

长江下游新石器时代晚期文化发展的核心区域主要是长江以南、钱塘江以北，即苏南浙北的环太湖地区，其次是苏皖沿江两岸平原和浅山丘陵地带。继马家浜文化之后，这里相继发展起来的主要有崧泽文化（约公元前3800～前3300年）和良渚文化（约公元前3300～前2300年），本地区社会的发展也可以按此划分为前、后两个阶段。

崧泽文化时期，聚落内的资料亦是以墓葬最丰富。此时既有二三十座墓葬组成的小墓地，也有百余座甚至数百座墓葬构成的大墓地；大墓地一般包括不同的墓区（或墓群），其下还可进一步分出不同的墓组（或墓排）。这样的墓地结构同样反映着家族、

① 栾丰实：《海岱地区的史前聚落演变与早期文明》，《聚落演变与早期文明》，文物出版社，2015年。

② 中美日照地区联合考古队：《鲁东南沿海地区系统考古调查报告》，文物出版社，2012年。

③ 中美联合考古队：《两城镇——1998～2001年发掘报告》，文物出版社，2016年。

④ 梁中合：《尧王城：鲁东南史前城址新模式》，《中国社会科学报》2016年12月22日。

氏族、胞族或联族等不同层级的社群组织。较晚阶段小型墓地的增多表明家族的独立性开始从发达的氏族制度中凸显出来[①]。另外，在许多墓地中都存在着不同的墓组、墓区之间随葬品多寡不一的现象，但普通聚落中的差别不太悬殊。这个时期出现了一些规模较大的中心聚落，其中已知最主要的有江苏张家港东山村[②]和安徽含山凌家滩[③]。东山村现知面积约30万平方米，凌家滩有100余万平方米，两个遗址最重要的发现都是墓地。东山村墓地分为东、西两区，各有墓葬22座和15座，应该是两个家族墓区。东区都是些小墓，西区主要是规模较大、随葬品较多的大中型墓，大墓随葬品包括玉石饰件，石钺、凿、锛等，以及（棺）周围大量的陶器。凌家滩墓地可分几个墓组，主要分布在一处祭坛的边缘和上面，其中位于祭坛中、北部的主要是些小墓，打破祭坛而年代稍晚；南部和西部的墓组则等级较高，主要是些大、中型墓，特别是南边的大墓一般随葬有数十件到百余件玉石器，但很少陶器。这两处墓地展现了大型聚落内不同群体（家族）之间贫富和地位的等级差异，意味着已出现权贵阶层。近年的区域系统调查显示，凌家滩周围存在许多普通小遗址，而凌家滩是唯一一处大型中心聚落，反映出这种区域组织结构尚没有发展到很高的复杂程度[④]。显然，围绕东山村、凌家滩这些中心聚落所形成的，都应是各有特色的酋邦组织。

到良渚文化时期，本地区的社会发展跃进到了一个新阶段。在环太湖周围的北、东、南三面出现了许多聚落群[⑤]，群内的居址形态大多不清，但普遍发现有小型墓地，一般只有10～20座墓葬，应代表着良渚社会占主导地位的小型家族；其中一些群落内还存在高等级贵族墓地，分布在人工堆筑的土墩或高台上，应是各区域统治阶层的家族墓地[⑥]。在这些聚落群中，以钱塘江北边的良渚群规模最大、遗址点最多、规格最高，被公认为是良渚文化的中心区域。良渚聚落群分布在杭州西北一个范围近1000平方千米的“C”形盆地里，其核心为面积达300万平方米的良渚古城，城的外围还有一圈类似“郭城”的环状遗址带，其内面积近800万平方米。近年发现在古城西北大遮山边缘有一系列高、低水坝组成的大型水利系统，可能具有防洪、运

① 张弛：《长江中下游地区史前聚落研究》，文物出版社，2003年；秦岭：《长江下游地区的史前聚落演变与早期文明》，《聚落演变与早期文明》，文物出版社，2015年。

② 南京博物院、张家港市文管办、张家港博物馆：《东山村》，文物出版社，2016年。

③ 安徽省文物考古研究所：《凌家滩》，文物出版社，2006年。

④ 朔知：《崧泽时代的皖江两岸》，《崧泽文化学术研讨会论文集》（2014），文物出版社，2016年。

⑤ 中村慎一：《良渚文化的遗址群》，《古代文明》（第2卷），文物出版社，2003年。

⑥ 张弛：《良渚文化大墓试析》，《考古学研究》（三），科学出版社，1997年；《长江中下游地区史前聚落研究》，文物出版社，2003年。

输、调节水利等多方面功能；而以古城为核心，包括水坝和古城外围遗址所构成的良渚遗址群主体的分布面积达到100平方千米，包括东北面的大遮山山前遗址群和东面的荀山遗址群。此外在"C"形盆地内还有其他遗址呈集群分布，重要的有古城往东约30千米处"远郊"的临平遗址群，其中在玉架山、横山遗址发现有等级较高的贵族墓葬。

在良渚古城内，最重要的设施无疑是主要靠人工构筑的面积近30万平方米、高达10余米的"台城"莫角山，其顶部分布着三个大小不等的土台，在土台上和山顶其他部位已揭露出多组成排分布的大型房屋基址，应属规格、功能不同的设施，显示了这个形同"宫城"的最高统辖中心应有的建筑格局；在莫角山东坡和西南坡的发掘中都出土了数量惊人的炭化稻谷遗存，表明存在由这个中心所控制的大型仓储遗迹。莫角山南侧还有面积达24万平方米的皇坟山遗址，上面也有人工堆筑的大型台基，应分布着仅次于莫角山的高级建筑群。紧邻莫角山的西侧由北向南依次排列着反山、姜家山，可能还有桑树头等高台墓地，应属于不同等级的贵族坟山，而以反山规格最高[①]。此外，近年在钟家港附近台地上发现有漆木器和玉石器作坊遗址。古城内外有纵横交错的水路交通系统，城内水道之间则是居住和进行各种活动的台地。良渚古城的发掘者认为城内的主要设施就是贵族宫殿区、贵族墓地和各种手工业作坊区；古城墙、莫角山、反山以及城外水利系统的兴建都是在公元前3000年前后的良渚早期阶段，且城墙和宫殿区一直沿用到良渚晚期；"外郭"条状遗址带则主要形成于良渚晚期，既是普通人的居住地，许多也同手工业生产相关[②]。

在古城外围，重要的遗址有位于东苕溪北边的姚家墩等7个排列有序的台地，其上可能有大型建筑和等级较高的墓葬，应是古城外一处高级聚落[③]。此外还有大量的普通居住址。因此在良渚聚落群主体范围内，即古城及其"近郊"，大概就可以区分出莫角山、皇坟山、姚家墩和普通居址等几个建筑或居住等级。古城外围最引人注目的发现是瑶山[④]、汇观山[⑤]祭坛和墓地。秦岭将良渚遗址群内的墓地分为三个等级：一级以反

① 浙江省文物考古研究所：《反山》，文物出版社，2005年。

② 以上有关良渚聚落群和良渚古城各方面的资料可参见刘斌、王宁远、陈明辉、朱叶菲：《良渚：神王之国》，《中国文化遗产》2017年第3期；浙江省文物考古研究所：《良渚古城综合研究报告》，文物出版社，2019年。

③ 刘斌：《余杭卢村遗址的发掘及其聚落考察》，《浙江省文物考古研究所学刊》，长征出版社，1997年；张弛：《长江中下游地区史前聚落研究》，文物出版社，2003年。

④ 浙江省文物考古研究所：《瑶山》，文物出版社，2003年。

⑤ 浙江省文物考古研究所：《浙江余杭汇观山良渚文化祭坛与墓地发掘简报》，《文物》1997年第7期。

山、瑶山和汇观山为代表，二级以钵衣山、文家山为代表，三级以上口山、庙前、卞家山为代表；同时她又认为，瑶山应属良渚早期，早于中期反山大墓的主体部分；而汇观山只发掘出残剩的几座大墓，整体逊于瑶山和反山①。再加上最近新发现的姜家山等，我们认为良渚遗址群核心区内的墓地可以分出4个左右的等级。同时存在的真正顶级权贵墓地也许只有一处，已知者早期为瑶山，中期为反山，晚期者尚未发现。有关这种墓地墓主的身份有不同看法，但都认为是高级贵族，其中一说认为反山和瑶山分排埋葬主要体现的是成人男女组合；无论如何，与其他贵族墓地不同的是此种墓地不容纳普通小墓，如果我们同意权贵的身份是在家族内世袭传递的，那么可以看到家族中的一般成员是被排除在此种墓地之外的，这看起来很像是王或“王与王后”的专属墓地，其埋葬制度和理念堪比后世的“王陵区”。那些出有玉钺、琮、璧的同时期其他墓地（包括出有零星高端玉器的）也许可以与反山、瑶山等划分为同一贵族“阶层”，但未必属于同一权贵“等级”。要之，良渚聚落群中墓地和居址所呈现的都是一种金字塔形的社会结构，而非平顶式的“族联合”权力形态②。良渚古城、城内莫角山、城内外贵族坟山、水坝等多种规模庞大的建筑和设施，大多应在一定时期内共存使用（良渚中晚期），相互关联而结成一个“超级聚落”综合体；这些设施的兴建皆需大量劳力和庞大的后勤保障，体现出良渚社会强大的经济实力和非凡的组织与调动能力，由此也可推断存在复杂的管理机构与机制。这个时期也就是良渚社会发展的兴盛期，在此期间，整个良渚聚落群应属于一个有王权控制的统一体。而在太湖南部、杭州湾北侧，与良渚群相邻或相距较近的临平、德清及桐乡－海宁等遗址群，很可能就是附属于“良渚王国”的地方群体，像临平玉架山、横山那种出有较高等级墓葬的遗址，应该就是各群中统领一方的次级中心。

那么，整个良渚文化的社会又是一种怎样的结构呢？曾有研究者认为各聚落群都是各自分立的政治实体，不存在统一的王权③；还有许多研究者将良渚社会定性为酋邦或“古国”。近年随着良渚聚落群内新的重要发现层出不穷，越来越多的人倾向于认为良渚社会是一个王权国家，这个国家甚至将良渚文化主要分布区整合成了一个统一

① 秦岭：《长江下游地区的史前聚落演变与早期文明》，《聚落演变与早期文明》，文物出版社，2015年；《权力与信仰——解读良渚玉器与社会》，《权力与信仰——良渚遗址群考古特展》，文物出版社，2015年。

② 张弛：《长江中下游地区史前聚落研究》，文物出版社，2003年；秦岭：《长江下游地区的史前聚落演变与早期文明》，《聚落演变与早期文明》，文物出版社，2015年。

③ 张忠培：《良渚文化的年代和其所处的社会阶段》，《文物》1995年第5期；张弛：《良渚社会的基本结构及其形成过程》，《新世纪的考古学——文化、区位、生态的多元互动》，紫禁城出版社，2006年。

体[①]。太湖东部青浦遗址群、吴县－昆山遗址群，太湖北部常州遗址群，都存在贵族坟山与平民墓地至少两个社会阶层。这些遗址群中既有福泉山，张陵山、少卿山和草鞋山，高城墩和寺墩等高等级墓地[②]，同时其规格又低于良渚群中的瑶山、反山大墓，且各群的整体规模和复杂程度都远不能与良渚群相比肩。这些遗址群内的墓地结构，随葬品所反映的丧葬礼仪和等级制度，以及刻纹玉器上“神人兽面”纹所构成的类似“一神教”的统一信仰体系[③]，都表现出与良渚聚落群高度的一致性及等级差异性，而且良渚与各地之间存在程度不同的“发散式”的高端玉器分配系统[④]。因此，将这些区域集团视为良渚王国的地方政权或区域组织，将整个良渚文化所覆盖的主要区域视为一个“中央”与各“地方”相联系的网络化的地域国家，并无扞格不入之处[⑤]。同时还应意识到，我们要从考古证据中辨识出区域组织或早期国家真正的政体结构与边界范围，其实是非常困难的，甚至对于资料极为丰富的良渚社会来说，仍有赖更多的考古新发现和深入细致的分析。就目前所知，对于良渚的社会结构，仍然不能排除各群自治而以良渚为宗主的“邦国联盟”的可能性。

大约在公元前2300年以后，良渚这个早熟的、中国境内最早出现的国家走向衰亡。随着良渚文化转化为钱山漾文化和后续的广富林文化，从“龙山时代”直到周代吴越兴起之前，江浙地区社会与文化长期处于低迷状态。然而，以良渚式玉器为代表的诸多文化遗产却在其后对中国腹地产生了持久而广泛的影响。

6. 两湖区

长江中游的两湖地区，新石器时代晚期最发达的区域集中在洞庭湖以北的江汉平原，包括长江两岸和汉水下游，其中尤以汉水以东、大洪山以南的“汉东地区”发展最充分。本地区新石器时代晚期社会的发展可以分为大溪文化中晚期和油子岭文化时期（约公元前4000～前3200年）、屈家岭—石家河文化时期（约公元前3200～前2200

---

① 严文明：《略论中国文明的起源》，《文物》1992年第1期；张忠培：《良渚文化墓地与其表述的文明社会》，《考古学报》2012年第4期。

② 参见张弛：《良渚文化大墓试析》，《考古学研究》（三），科学出版社，1997年。

③ 赵辉：《从“崧泽风格”到“良渚模式”》，《权力与信仰——良渚遗址群考古特展》，文物出版社，2015年。

④ 秦岭：《长江下游地区的史前聚落演变与早期文明》，《聚落演变与早期文明》，文物出版社，2015年；《权力与信仰——解读良渚玉器与社会》，《权力与信仰——良渚遗址群考古特展》，文物出版社，2015年。

⑤ 赵辉：《良渚的国家形态》，《中国文化遗产》2017年第3期。

年）前后两个阶段[①]。

在前一阶段，一些聚落可见到多间方屋或长排房屋，有的还出现了院落式建筑，应是扩大家庭或家族的居住单元；所见墓地一般埋有数十到数百位死者，其中又可分辨出不同的墓区、墓排或墓组，也应代表着胞族、氏族、家族等不同层级的社群组织[②]。此时聚落内部和聚落间都开始出现分化，墓葬中随葬品多寡所反映的贫富差异已逐渐成为普遍现象，有的遗址如安乡划城岗还出现了少数随葬品丰厚、并有权力标识（钺）的较大型墓[③]；在澧县城头山城址中（近10万平方米）亦有少数集中埋葬的随葬品丰富的大墓，这样的墓葬都包含在较大的墓组里[④]。总的看，一方面此时氏族公社等较大的社群单位可能仍发挥着一定的功能，另一方面基于贫富和权力的社会分化已出现在较小的家族之间，并且真正得享特权的只是其中的少数权贵。这个时期在洞庭湖平原和汉东地区出现了分布密集的遗址群，并已发现数处中心聚落（包括城头山城址）；特别值得一提的是最近在天门石家河的谭家岭，发现了油子岭文化时期面积达26万平方米的有城壕环绕的遗址[⑤]，乃是同时期两湖区规模最大的聚落。围绕这些中心聚落所形成的区域组织大概也都属于酋邦社会。

到后段的屈家岭—石家河文化时期，两湖区的聚落与社会得到了迅猛发展。在洞庭湖区的澧阳平原，除了城头山，还出现了规模更大的鸡叫城，城内面积达15万平方米，其周围有众多遗址密集环绕，而且以城址为中心构筑了规模很大的便于交通和灌溉的沟渠网络，从而形成一个聚落集群[⑥]。然而，这样的聚落群与汉东地区的石家河聚落群相比则显得小巫见大巫。与良渚聚落群相似，石家河聚落群的中心也有规模很大的城址，城壕围起来的面积有180万平方米，而将其周边密集分布的30

① 对两湖地区文化分期和社会发展阶段的划分存在一些分歧，参见张绪球：《长江中游新石器时代文化概论》，湖北科学技术出版社，1992年；孟华平：《长江中游史前文化结构》，长江文艺出版社，1997年；张弛：《长江中下游地区史前聚落研究》，文物出版社，2003年；郭伟民：《新石器时代澧阳平原与汉东地区的文化和社会》，文物出版社，2010年。

② 张弛：《长江中下游地区史前聚落研究》，文物出版社，2003年；郭伟民：《新石器时代澧阳平原与汉东地区的文化和社会》，文物出版社，2010年。

③ 湖南省博物馆：《安乡划城岗新石器时代遗址》，《考古学报》1983年第4期。

④ 湖南省文物考古研究所：《澧县城头山》，文物出版社，2007年。

⑤ 湖北省文物考古研究所、北京大学考古文博学院、天门市博物馆：《湖北天门市石家河遗址2014～2016年的勘探与发掘》，《考古》2017年第7期；《湖北天门石家河谭家岭城址2015～2016年发掘简报》，《江汉考古》2017年第5期。

⑥ 郭伟民：《新石器时代澧阳平原与汉东地区的文化和社会》，文物出版社，2010年。

余处遗址点都算在内，则占地约 8 平方千米[①]，与良渚所谓“外郭城”内的面积相仿佛。经过多年考古勘察和发掘，已知在石家河古城内，位于中心部位的谭家岭有大型建筑的线索。城内西北部的邓家湾和城外东南处的肖家屋脊都有大小不同的墓葬群，虽为普通人的墓地，但已显现出明显的贫富差异，而且在肖家屋脊可见小片墓地与院落式房屋组相对应，这样的情景在此时的两湖地区已成为较普遍的现象，亦是以家族为基本社会单元的表现，社会分化也主要发生在不同的家族之间[②]。在邓家湾还先后出现了数处有意摆放或掩埋的筒形器和套缸或列缸遗迹，与后者相伴的一些灰坑和低洼地中出土了大量的陶塑动物，这些似乎都指向某种复杂的祭祀行为[③]。在城内西南部的三房湾则有大面积数量庞大的红陶杯堆积（多为残废品），经发掘清理出数座残窑址及相关遗迹，显示这里似乎存在主要生产红陶杯的制陶作坊。而在城外西侧面积达 1 万余平方米的印信台内揭露出数处台基，台基边缘有多处长短不一的套缸遗迹，边缘内外还有很多的瓮棺、扣缸、扣碗和少量的土坑墓，台基之间的低地填充着大量红陶缸、杯的废弃品，年代集中于石家河文化晚期，这些遗存也应与大型祭祀活动有关[④]。

这些迹象表明，石家河古城内外有建筑居住区、墓葬区、制陶作坊区和祭祀活动区等功能不同的区域，显示石家河聚落群在鼎盛期已形成复杂的社会系统，这个系统当围绕以财富为基础的权力中心运作，吸纳、整合周边众多人群，成长为两湖地区一个“超级聚落”综合体，构筑起一个与社会世俗权力相辅相成的神巫世界，淫祀鬼神似乎成为其文化与社会的一个突出特征。但由于石家河尚未发现类似良渚那样高等级的“王墓”和宫殿建筑，即缺乏具有“王者气象”的“超级遗迹”，对其所能达到的社会发展水准还不能贸然定性。

屈家岭—石家河文化时期，沿两湖平原北部、西部山前地带已发现大小城址 10 余处，面积多在 10 万～30 万平方米，少数有六七十万乃至上百万平方米[⑤]，包括近年发

---

① 北京大学考古系、湖北省文物考古研究所、湖北荆州地区博物馆石家河考古队：《石家河遗址调查报告》，《南方民族考古》（第五辑），四川科学技术出版社，1993 年。

② 张弛：《长江中下游地区史前聚落研究》，文物出版社，2003 年；《屈家岭 - 石家河文化的聚落与社会》，《考古学研究》（十），科学出版社，2012 年。

③ 石家河考古队：《邓家湾》，文物出版社，2003 年。

④ 湖北省文物考古研究所、北京大学考古文博学院、天门市博物馆：《湖北天门市石家河遗址 2014～2016 年的勘探与发掘》，《考古》2017 年第 7 期。

⑤ 郭伟民：《新石器时代澧阳平原与汉东地区的文化和社会》，文物出版社，2010 年；张弛：《屈家岭 - 石家河文化的聚落与社会》，《考古学研究》（十），科学出版社，2012 年。

掘的、有较高等级墓葬的沙洋城河遗址[①]。这些遗址，特别是那些面积较大的城址，大多应是各区域的中心聚落。问题是这些中心聚落与石家河古城到底属于什么关系，尚无确凿的证据和充足的资料可以说明，在现有材料中甚至缺乏像良渚社会那种发散式玉器分配系统及其体现出的统一信仰体系、从而可以将各地有机联系起来的证据。现在只能初步推测，石家河古城及其聚落群作为两湖地区唯一一处“超级聚落”，与良渚相似，应以其为中心形成了一个大规模的政治实体，并覆盖了周围很大的一片区域。

大约公元前2200年以后的所谓“后石家河文化”时期，来自中原龙山文化的因素大量出现，石家河等聚落群骤然衰落，两湖地区的历史进程发生逆转。此后两湖地区社会与文化发展高峰的复兴要一直迟至两周时期楚国和其他诸侯国的兴起。然而，在肖家屋脊、谭家岭等地点“后石家河文化”的一些瓮棺中出土了大量工艺高超、造型精美的玉器[②]，却又为我们进一步探索该地区在所谓“文明衰落期”的发展状况埋下了很大的伏笔。

7. 巴蜀区

位于长江上游四川盆地及周边地区，新石器时代文化的兴起和繁荣明显滞后于其他核心文化区。本地区最发达的区域集中在四川盆地西部的成都平原，这里较早出现的是相当于仰韶晚期的“桂圆桥一期遗存”（公元前3000年前后），到龙山时代至二里头早期形成“宝墩文化”（约公元前2500～前1700年），之后有大体相当于二里头晚期到殷墟二期的“三星堆文化”，以及殷墟三期到春秋前期之间的“十二桥文化”[③]。

已发现的桂圆桥一期遗址数量极少，遗迹现象简单，应属于零散分布的小型社会群体的遗存。到宝墩文化时期，这一带的聚落与社会呈现跳跃式发展，遗址数量激增，并出现许多大型聚落，已在成都平原发现龙山时代城址8座，面积多在10万～30万平方米。其中新津宝墩古城面积超大，达到270余万平方米，包括内、外城，为该地区一处“超级聚落”。广汉三星堆遗址宝墩文化遗存分布的面积也很大，或许也是一处超级聚落。据钻探，宝墩内外城区都被水道和低洼地分割成多处大小不一的台地，形成多个居住区；对内城中部居住区的大面积揭露显示，这里流行长方形房屋，成组分

① 中国社会科学院考古研究所、湖北省文物考古研究所、荆门市博物馆、沙洋县文物管理所：《湖北沙洋县城河新石器时代城址发掘简报》，《考古》2018年第9期；《湖北沙洋县城河新石器时代遗址王家塝墓地》，《考古》2019年第7期。

② 石家河考古队：《肖家屋脊》，文物出版社，1999年；湖北省文物考古研究所、北京大学考古文博学院、天门市博物馆：《湖北天门市石家河遗址2014～2016年的勘探与发掘》，《考古》2017年第7期。

③ 江章华、王毅、张擎：《成都平原先秦文化初论》，《考古学报》2002年第1期。

布在不同方位，一般房屋有数十平方米（常在原地反复重建），同时还有个别面积达二三百平方米的大型房屋，可能存在等级较高的建筑；房屋周围成组分布着一些墓葬，或紧凑或分散，已发现的都是些普通小墓，极少有随葬品。其他经发掘过的遗址也存在相似的情形（高山古城有少数墓葬面积达10平方米以上，但随葬品也很少）。与同时代其他地区相仿，这些房屋（组）及其附近的墓葬很可能也代表着小家族或大家庭所形成的居住、生活和死后埋葬的单位，那么每个台地应该存在大家族或更高层级的社群组织。此外，在郫县古城内揭露出一座面积达550平方米的大型房址，其内横列着5个卵石垒砌的台子，发掘者推测可能是一处礼仪性建筑；在三星堆仁胜村遗址发掘出一处较大墓地，其中部分墓葬随葬少量玉器，显示出一定的社会分化迹象[①]。然而，迄今在宝墩、三星堆等城址和大型聚落内还没有发现随葬丰厚的大型墓葬、宫殿建筑等指向高级权贵的遗存，因此目前还不足以对其社会结构、发展水平、阶层分化等方面做出确切的判断，而对各城址之间社会关系的准确认识也还无从谈起。

到后来的三星堆文化和十二桥文化时期，四川盆地呈现持续繁荣的景象。学术界一般认为这两个文化代表了青铜时代的古蜀国文明。广汉三星堆遗址分布范围达12平方千米，已发现城址、多处大型建筑和祭祀坑等高等级遗迹，特别是两个祭祀坑出土了大量极富特色的青铜、金、玉石、骨和象牙器等华丽精美的高级物品，堪称“国之重器”，这处超级聚落应是夏商时期古蜀国的一处都城所在[②]。其后十二桥文化已知最重要的发现无疑是成都金沙遗址，其面积约5平方千米，这里同样也揭露出了大型建筑、与祭祀相关的象牙坑和大量的青铜器、金器、玉石器和动物骨骼等，有人认为是古蜀国从晚商到西周时期的都邑[③]，也有人推测是西周时期古蜀国的宗庙所在[④]。

从龙山到两周，即从新石器时代末期到青铜时代一直呈持续上升发展的势头，在各核心文化区中，除了中原，巴蜀区几乎是唯一的一个。在整个华东低地相继衰落之时，这个高原、大山环抱中的“天府之国”却显示出了蓬勃的后发优势，从而成为青铜时代堪与中原争奇斗艳的一朵奇葩。

---

① 以上相关资料出处及分析可参见：江章华、何锟宇：《成都平原史前聚落分析》，《四川文物》2016年第6期；江章华：《成都平原先秦聚落变迁分析》，《考古》2015年第4期；江章华、王毅、张擎：《成都平原早期城址及其考古学文化初论》，《苏秉琦与当代中国考古学》，科学出版社，2001年。

② 四川省文物考古研究所：《三星堆祭祀坑》，文物出版社，1999年；陈德安、魏学峰、李伟纲：《三星堆——长江上游文明中心探索》，四川人民出版社，1998年；江章华、李明斌：《古蜀寻踪——三星堆文化的兴起及其影响》，巴蜀书社，2002年；雷雨：《四川广汉三星堆遗址2012～2013年考古新收获》，《2013中国重要考古发现》，文物出版社，2014年。

③ 朱章义、张擎、王方：《成都金沙遗址的发现、发掘与意义》，《四川文物》2002年第2期。

④ 江章华：《金沙遗址的初步分析》，《文物》2010年第2期。

8. 燕辽区

居于辽西、内蒙古东南部和河北东北部。自新石器时代中期以来，燕辽区一直呈稳定的发展状态，到红山文化晚期逐渐达到发展的高峰（约公元前3500～前3000年），像黄河中下游和长江中下游一样，成为大体同步兴起的史前区域文明发祥地之一[①]。

红山文化遗址主要分布在上述区域的河谷阶地和岗丘山地。区域调查表明这些遗址多呈集群分布[②]，虽规模不大、整合度不高，但也显示出酋邦形态的社会组织[③]。由于多数调查都没能将红山文化早、中、晚期遗存区分开，也就难以准确判断不同时期聚落群体的数量、规模及其变化情况，但据已知资料可推测聚落与社会发展的高潮应该是在红山中晚期。多数聚落群内的遗址面积在数千到数万平方米之间，少数较大者超过10万平方米，聚落之间应有大小主从之别；另外据调查有极少数遗址有可能达到百余万甚至数百万平方米[④]。但红山文化居住址经过大规模揭露的不多，对于大型中心聚落更缺乏足够的了解。从几处保存较好、发掘面积较大的遗址看，聚落内的房屋一般呈组（排）、群分布，应该也是不同层次社群组织居住形态的反映[⑤]。我们对红山社会总体发展状况的认识主要来自特殊的墓地和祭祀遗存。

在红山文化的遗址中，有些分布在山梁或岗丘顶部，多见或圆或方的石头圈遗迹，与一般的聚落不同，属于专门的墓地和祭祀遗址。其中位于辽西建平、凌源交界处的牛河梁遗址群就是此类遗存中规模最大、分布最集中、规格最高的地点[⑥]。牛河梁“坛、庙、冢”遗址群年代集中于红山文化后期。位于第一地点、地势较高的“女神庙”，由一大型“北多室”和小型“南单室”两座半地穴式建筑组成，总面积达75平方米，其

---

① 刘国祥：《红山文化研究》，科学出版社，2016年。

② 邵国田：《概述敖汉旗的红山文化遗址分布》，《中国北方古代文化国际学术研讨会论文集》，中国文史出版社，1995年；赤峰考古队：《半支箭河中游先秦时期遗址》，科学出版社，2002年；中国社会科学院考古研究所内蒙古工作队、内蒙古自治区敖汉旗博物馆：《内蒙古敖汉旗蚌河、老虎山河流域新石器时代遗址调查简报》，《考古》2005年第3期；赤峰中美联合考古研究项目：《内蒙古东部（赤峰）区域考古调查阶段性报告》，科学出版社，2003年；辽宁省文物考古研究所、美国匹兹堡大学人类学系、美国夏威夷大学：《辽宁大凌河上游流域考古调查简报》，《考古》2010年第5期；刘国祥：《红山文化研究》，科学出版社，2016年。

③ 周南、戴向明：《运城盆地和赤峰地区的酋邦与国家——聚落系统的比较分析》，《东方考古》（第7集），科学出版社，2010年；李新伟：《仪式圣地的兴衰：辽西史前社会的独特文明化进程》，上海古籍出版社，2017年。

④ 张弛：《比较视野中的红山社会》，《红山文化研究》，文物出版社，2006年。

⑤ 刘国祥：《红山文化研究》，科学出版社，2016年。

⑥ 辽宁省文物考古研究所：《牛河梁——红山文化遗址发掘报告（1983～2003年度）》，文物出版社，2012年。

内和附近出土了许多“女神”塑像残件，分属6、7个个体，复原后体量大者是真人大小的2、3倍，另外还有一些兽、禽类动物塑像。该建筑后面即北面不远处有三个呈品字形分布的“山台”，周围都有人工砌筑的石墙，北部山台边缘处还采集到泥塑的人像和建筑残件，因此推测这三处山台有可能是举行祭祀活动的“祭坛”或另外的“神庙”。在第一地点周围，方圆100多平方千米范围内，沿山谷两侧和谷地内坡岗之上总共发现了40多处红山文化遗址，其中半数以上有积石冢。已经发掘过的除第一地点“女神庙”等建筑基址外，还有第二、三、五、十六地点的积石冢。每个地点一般有多冢，也有单冢的（如第三地点）；小冢和个别大冢为单墓，多数大冢内有多座墓葬。张弛认为较早时期的小型圆形积石冢群（一冢一墓）和较晚时期埋有多人的圆形或方形大型积石冢（一般一冢埋有数座、十几到二十几座的墓葬），代表了当时聚落中最小的继嗣群体——小型家族，也就是说人们是以家族为单位来设置墓地或大型积石冢的①。而较晚的大型积石冢内一般都有中心大墓，多数为一座，个别为两座（如第二地点的一号冢），共同特点是规模大、墓室砌造得较厚重精致，随葬玉器相对较多。大冢的建造应与这种中心大墓的埋葬直接相关，其墓主生前应是有尊贵地位的重要人物，而中心大墓与其他附葬的中小型墓之间显然存在身份地位上的差别。

从牛河梁积石冢的形成年代（参见报告第七章有关分期的论述）、数量、分布地点、规模和建造积石冢所需大量劳力等几方面观察，可以判定这些地点应该与附近若干不同的聚落或社群相对应。但任何地点都不会是某一聚落或社群所有成员的集体墓地，而只会是其中身份特殊的高等级家族的茔地。这种茔地的设置又特别凸显少数个人即那些中心大墓的墓主，他们应该也是这里主要的祭祀对象——至少在各地点内部是如此，很可能就是各聚落或族群的首领，或高等级的巫师。从大墓常随葬玉璧、环、镯、管、坠等佩戴物品，斜口筒形器、勾云形器、“鹰面”形器、兽面形器等特异物品，以及玉“猪龙”、龟、鸟、蝉（蝗）等动物和玉人等肖形玉器看（一般只随葬其中的几种），首领和大巫师可能是合而为一的。故此人们一般认为红山文化的社会具有偏重“神权”的特征②。众多地点既分散并列，同时又相对集中在这样一个范围并不很大的山谷岗坡地带，其中“女神庙”及“祭坛”又似乎凸显出中心的地位，由此可以推断，“女神庙”里供奉的神祇应是这些聚落和社群共有的崇拜和祭祀对象，其后面的“祭坛”也应该是大家共同的祭祀活动场所。也就是说，由“女神庙”和“祭坛”所凝聚起来的、以附近众多积石冢所代表的社会群体有着相同的信仰和祭神仪式，他们是有着统一信仰和祭祀行为的“宗教共同体”，牛河梁一带就是这个共同体集中的埋葬和

---

① 张弛：《比较视野中的红山社会》，《红山文化研究》，文物出版社，2006年。

② 李伯谦：《中国古代文明演进的两种模式》，《文物》2009年第3期。

祭祀中心。但迄今还没有迹象显示他们已经整合成为一个统一的国家组织，这方面既缺乏宏观与微观聚落结构方面的资料，也没有诸如大型“宫殿”和“王陵”大墓等指向王权的证据；已经发掘过的那些大墓甚至缺少其他地区常见的象征权力的玉钺和象征财富的大量奢侈品。红山社群中体现社会竞争、分化以及身份地位和权力意志的，主要是消耗大量人力物力、规模不断扩大且结构越来越复杂的积石冢和墓祭现象[①]。就目前所知资料，我们只能判断那些较大的中心聚落和各积石冢地点所代表的社会群体，都属于各自分立的酋邦组织；同时牛河梁众多地点所代表的各酋邦，有可能会形成一种与部落联盟相类似的“酋邦联盟”，共同的宗教信仰和祭祀行为就是将他们连接在一起的纽带。然而，由于已发现的红山文化大型遗址还没有做充分的发掘工作，是否存在复杂的高等级的超级聚落尚需确认；积石冢中像牛河梁第十三地点那样夯土加积石、直径达 60 米的巨型大冢还没有揭示清楚，性质不明，因而无法对红山社会的发展程度做出最终的判定。

红山文化之后，大约公元前 3000～前 2000 年长达上千年的时间里，燕辽地区表现出衰落的状态。这期间虽然存在过小河沿文化，但遗址数量急剧减少，更无大型聚落发现，原有的区域社会群体似乎倏然瓦解，总的看呈现出一派萧条的景象，红山时期兴盛一时的“文明”景观一时湮没消失。但在这之后的夏家店下层文化（约公元前 2000～前 1400 年）又再次呈现旺盛的发展势头，许多地方的遗址成群密集分布，而且很多都有石头城墙围绕；但罕见大型聚落，没有证据显示该文化出现了国家形态的社会组织。

四、总结与讨论

本文粗线条地梳理了中国石器时代社会发展演变的历程，讨论的重点在“核心文化区”的新石器时代晚期，往下则落脚到青铜时代。从中我们可以看到，与世界许多地区相似，中国境内史前社会亦呈明显的阶段性变化，并表现出“进化”的特征。从旧石器时代到新石器时代中期，人类社会组织大概经历了从接近动物的原始群到实行族外婚的血亲家族、再到发达的氏族这样一个漫长而缓慢的发展过程，社会群体规模逐渐扩大。从公元前第四千纪的新石器时代晚期开始，中国各核心文化区都相继开启了社会复杂化或“文明化”的进程，直至出现一些早期国家。下面着重对晚期阶段的社会演变做出概括总结和进一步的讨论。

① 张弛：《比较视野中的红山社会》，《红山文化研究》，文物出版社，2006 年。

新石器时代晚期开始，伴随着农业和各种手工制造业的不断发展，社会组织结构相应出现变化，氏族的作用趋于弱化，家族逐步成为基本的社会组成单位，其地位日渐凸显，独立性渐趋增强，在社会生产和生活中发挥着越来越重要的作用。与此相应，财富的积累和分化也渐次在家族这个层面上展开。随着核心利益群体不断向小型化方向演进，最后多数地区的贫富和等级分化都渐渐深入到了大家族内部，那些拥有较多财富、控制较多资源、掌控较大权力的个人及其家庭（或小家族）成员逐步演变成社会权贵（权力可源于经济、军事、意识形态等多个方面①），形成特权阶层，并以其为中心构建起有高低层级和主从结构的区域政体，制度化的社会不平等得以确立，“酋邦”组织在各大文化区里相继普遍出现。随着专业化生产和社会分工的不断发展，财富和权力越来越向少数人集中，社会阶层的分化日益明显，金字塔形的等级结构逐渐形成，并在某些地区先后孕育出早期国家。经过多年考古资料的积累和研究的不断深入，上述演变过程在许多地区已经得到充分的证实或论证，并且各地区社会分化和社会结构变化所体现的复杂化过程，都显示出了阶段性递进的特点。但需指出，这样的演变过程在各文化区内并非都是单一直线发展的，前文分析也充分展现了各地社会复杂化不同的表现方式、发展程度和演化途径。

对于新石器时代晚期各区域社会复杂化的阶段性变化，无法做出整齐划一的区分，因各地社会演进的速率和节奏不一，特别是早期国家或准国家社会出现的时间节点差异很大。许多地区在史前晚期发展到高峰之后，紧接着又出现或长或短的衰落低谷期，社会演化表现为波浪形的曲折变化；只有少数地区呈持续的阶梯形上升递进，但也很少是由单一族群完成的。故此，各地区社会发展演变的轨迹是不尽一致的。

这个时期，各核心文化区几乎都先后出现了鹤立鸡群般的“超级聚落”。公元前3000年前后在长江中下游率先出现“超级聚落”，即石家河与良渚，且都形成了以大型城址为核心的“超级聚落群”；至于同时期的红山文化晚期是否存在“超级聚落”，尚需进一步探索。公元前2500～前1500年，即史前末期到青铜时代初期，其他文化区也都相继出现了“超级聚落”，包括中原的陶寺及其后的二里头、北方的石峁、海岱区的尧王城（或者还有两城镇、西朱封）、巴蜀区的宝墩和三星堆等；甘青区齐家文化的超级聚落目前尚不明确，但齐家坪或其他大遗址也有这样的潜质（参见图一）。这些“超级聚落”的出现，应当意味着一种新型的社会组织的形成，正如前面讨论过的有些已经属于早期国家，我们可以称之为“雏形国家”。结合已发现的大型建筑、大型工程、高等级墓葬等重要的遗迹现象，现在可以推知至少良渚、陶寺、石峁和二里头所代表

① Earle, Timothy K. *How Chiefs Come to Power: The Political Economy in Prehistory*. Stanford: Stanford University Press, 1997.

的社会集团当已发展形成了各自区域内最早的“雏形国家”；其他地区的如石家河、尧王城和西朱封、宝墩和三星堆等也存在这种可能性，只是考古证据尚嫌不足。之所以称其为“雏形国家”，一方面是想强调与从前酋邦层次的社会（在苏秉琦的社会发展体系里称之为“古国”[①]）相比已有根本的不同,另一方面是要将其与商周王朝那样成熟的早期国家相区别，强调其作为最早国家的初始性特征。

许多超级聚落都有一个从小到大的成长过程，一般是在其发展的鼎盛期形成“雏形国家”。只是这样的过程在有的遗址如陶寺、二里头等比较清楚，而在有些遗址暂时还不太容易看清楚。无论如何，作为雏形国家中心的超级聚落，除了规模超大，还应该具备功能多样的大型建筑群（宫殿、神庙或宗庙等）、高级大墓（王墓）、大型公共工程（防御城壕、水利设施、大型祭祀遗迹等）、贵族管控的高端手工业等显示国家都邑性质的“超级遗迹”，并且相关遗址和遗迹现象能够反映一种金字塔形的社会等级结构。这些要素与美国学者弗兰纳里从世界其他地区早期国家总结出的物化表征基本相符[②]，说明不同地区最初形成的早期国家具有大致相似的特征。

前文显示，几个已经得到确认的“雏形国家”兴起和衰落的时间彼此差异很大，其中以良渚出现最早，然后是陶寺、石峁，最后才是处于中原腹地的二里头，他们的衰落也与此相应。此外，作为最早出现的国家，良渚延续的时间似乎也更长，有近千年（或许还有石家河），而其他早期国家的存续时间都不超过五百年（多数可能只有二三百年）。就是说几乎是在长江中下游的早期国家接近或已经衰落的时候，其他地区的“雏形国家”才开始兴起，这说明各地区社会复杂化的发展进程有相当大的差别，其中长江下游（可能还有长江中游）无疑是领跑者，其个中缘由值得进一步深究。这些早期国家在各区域此起彼伏，到商周时期虽有中原王朝鼎立而辐射四周，但同时还有巴蜀等其他的地域国家和文明与之交相辉映，多元一体的政治与文化格局的形成仍处于初始阶段。

根据本文的分析，我们还可以概括出不同区域社会复杂化发展的不同途径和模式。在中原、海岱、江浙、两湖、燕辽这几个史前文化最发达的地区，大体都经历了从“游群”（实际还可分为早期的原始群到偏晚的血亲家族两个类型或阶段）、氏族—部落到酋邦社会的渐进式演变，有的到新石器时代晚期孕育出雏形国家。这样一种逐渐递进的发展轨迹，可以概括为社会进化的“渐进式模式”，也可称之为“典型模式”，与

① 苏秉琦：《中国文明起源新探》，生活·读书·新知三联书店，1999 年。

② Flannery, Kent V.. The Ground Plans of Archaic States. In *Archaic States*, edited by Gary M. Feinman andJoyce Marcus. Santa Fe: School of American Research Press, 1998:15-58.

美国人类学家塞维斯提出的“游群—部落—酋邦—国家”的经典进化模式颇为相符①。只是具体到对这些概念内涵的理解上，如前文所论，我们与塞维斯最初的定义已有较大差别，甚至与西方一些晚近学者的看法也有所不同，比如对“游群、部落”社会已可重新定义，对“酋邦、国家”的中国特色也有所辨识（如贯穿其间的、以家族为基础的血缘组织的重要作用等）。但无论如何，此种具有许多共性的渐进发展模式在世界主要原生文明和原生国家的发祥地都可见到，如美索不达米亚、埃及、印度河流域和中美洲等。而在北方（雁北区）、西北（甘青区）到西南（巴蜀区）半月形地带的几个“边区”，直到龙山时代之前都主要为小规模的、简单的氏族—部落组织，社会发展长期滞后于其他核心文化区，其后才短期爆发式地进入到高度复杂的酋邦甚至国家社会，呈现一种近乎跳跃式的发展轨迹，可称其为社会进化的“跳跃式发展模式”，或者称为“非典型发展模式”。这种短期内的爆发式跃进，一般都是受到外界刺激和影响的结果，在世界其他一些“后进”地区亦常见，中国北方草原及边疆地带历史时期一些“边地”民族的兴起大体也都经历过相似的过程，如匈奴、鲜卑、突厥、契丹、蒙古等诸族群。这两种模式充分显示了人类社会“进化”途径的多元而非单一的特征，而且社会进化的途径和模式大概并非只有这两种。假如像红山、齐家那样的社会最终都没有形成雏形国家，我们还可看到并非每个地区都会经历上述塞维斯模式完整的发展过程，有些社会“进化”在酋邦阶段便戛然而止、瓦解或衰落了，这在世界其他地区亦不乏其例；甚至有些存续至近现代的“原始”人群始终停留在氏族—部落乃至游群阶段，同样展现了在不同生态环境里人类社会发展进程的复杂性和多样性。

关于早期国家的形成机制和动因，是一个非常复杂的问题，需要对不同区域仔细梳理辨析，笔者另有专文讨论②。

我们还可以从文明起源的角度来观察各区域的阶段性变化。文明主要指的是文化成就，是文化发展到较高程度的结晶；文明的产生一般都同社会结构变化相关联，但两者并不完全相等，“文明”与“国家”属于不同范畴的概念，文明起源有时会早于国家起源。例如很可能属于前国家的红山文化、仰韶中晚期文化、大汶口文化、崧泽—凌家滩文化等，可以说都已出现了“初级文明”。雏形国家则是早期文明的高级阶段。很显然，史前时期中国境内诞生的中华文明最初是由多个区域文明组成的，这些彼此相邻、有互动关系的区域文明共同构成了东亚地区一个巨大的“文明丛体”（赵辉语）。

① Service, Elman R.. a. *Primitive Social Organization*. New York: Random House, 1975; b. *Origin of the States and Civilization*. New York: W.W. Norton & Company, 1962.

② 戴向明：《简论中国早期国家形成的动力机制》，《新果集（二）——庆祝林沄先生八十华诞论文集》，科学出版社，2018 年。

其中黄河中下游的中原和海岱文明，长江中下游的江汉和环太湖文明，以及东北的燕辽文明，都属“原生文明”，都有自己从简单到复杂、从低到高逐层递进的轨迹，有的最后产生“原生国家”；而黄河中游北方地区、上游甘青地区、长江上游的四川盆地（成都平原），皆是在史前末期出现跳跃式发展，其社会的复杂化特别是早期国家的出现可能都有外部刺激的强烈影响，因而可以称为“次生文明”，有的出现“次生国家”。而这些原生的、次生的“文明”和“国家”，又都分别与前文所述不同区域社会进化的“典型模式”与“非典型模式”相呼应。

从龙山到二里头时期，长江中下游到黄河下游等东部“低地”先后渐次衰落，只有中原腹地近乎持续繁荣，还有就是从东北燕辽到北方河套、西北甘青和西南巴蜀区，沿此半月形“高地”又多有兴起，并通过北方和西北以远的草原地带与欧亚大陆腹地产生广泛联系，中国史前文化与社会格局经历了一次大变动，对此张弛已有专论①。但如前文所述，青铜时代前期在此半月形地带，燕辽区的夏家店下层文化，北方石峁之后的朱开沟、李家崖文化，西北齐家之后的诸多青铜时代文化，都没有接续发展出强势、繁盛的国家社会，只有中原三代文明和西南古蜀国文明持续发展，交相辉映。同时我们还可观察到，中国三代青铜文明尽管受到了“世界体系”下欧亚腹地的强烈影响，但主要是技术和物质层面的，包括牛、羊、马、小麦、大麦以及金属冶炼技术的引进和传播。中国核心文化区文明主体的实质内涵主要延续的仍然是自身的传统，如城址和宫殿建筑样式与格局，权贵墓葬的葬仪和以血亲为基础的埋葬制度，青铜礼器和玉器等体现的礼制及精神信仰，祖先崇拜与祭祀礼仪，与血缘组织密切相关的小农经济和家族政治，等等。这些方面构成了中国早期文明的底色，而且最终完成对中国早期区域文明整合的主体还是中原文明。首先是位于中原腹地的二里头文化强势勃兴，随后雄踞大中原的商周文明又接力扩展，逐步覆盖到黄河中下游和长江中下游的广大地区，其影响还渗透到周边更广远的地方，成为东亚文明的核心。东周时期列国争雄，同时又蕴含着强烈的统一趋势，文化上反倒有深度的互动交融。秦汉帝国则完成了对上述八大核心文化区的政治统一，并持续扩展到周边更广大的一些区域，文化上也日益趋同，奠定了中华文明多元一体格局的基础。

经历这样一个过程，中华文明圈如同滚雪球般越滚越大，扩散开来，终成汪洋之势。在此后的历史发展进程中，尽管作为政体的中国时有分合，还常有“边地”族群的不断融入，但中华文明始终显示出强大的生命力和凝聚力，而且成为世界上少有的、贯通古今的文明体系之一。同时，中华文明最具活力的时期，也是与其他文明深度交

---

① 张弛：《龙山—二里头——中国史前文化格局的改变与青铜时代全球化的形成》，《文物》2017 年第 6 期。

流、频繁互动的时期，其奥秘即在于只有开放、包容，不断吸收其他文明的优秀成果，才能吐故纳新，并进一步激发出自身的创造力。从史前到青铜时代中原文明的持续发展壮大是这样，后世历史时期的中国同样如此。

（原载《考古学报》2020 年第 3 期）

简论中国早期国家形成的动力机制

早期国家起源问题正持续受到我国学界的关注。以前人们曾普遍认为夏是中国历史上第一个王朝国家，近些年随着考古资料的增多、研究的深入，许多学者将探索中国早期国家起源的目光投向了史前晚期。笔者此前曾撰文对包括中原、北方地区在内的黄河中游早期国家起源问题做过讨论①，最近又推及全国范围进行了简要分析②。概括地说，笔者认为在新石器时代晚期到青铜时代初期，长江下游的良渚、黄河中游的陶寺、石峁和二里头所代表的社会集团先后成为各自区域内最早出现的国家，其他如长江中上游、黄河下游和上游等地区也存在诞生早期国家的潜在可能性，只是因材料不足而尚不能确认；笔者还进一步提出了以这些“超级聚落”为代表的社会集团为“雏形国家”的概念，以区别于后来商、周那种成熟形态的早期国家。本文是这一研究的继续，拟专门探讨不同区域早期国家形成与社会演变的背景与动因。

一、以往的理论

国家首先是一种高度复杂的政治制度和社会组织，其本质特征是社会权力的高度集中，并有一套有分工和分层管理的机制或官僚体制，一般还有常备的武装力量和法律制度来给予维护和保障。但对最初形态的早期国家，这些特征在考古发现上很难完备且彰显，常需仔细辨析。自20世纪后半叶以来，早期国家形成的“原动力”一直是西方学术界讨论的一个热点课题，主要观点有如下几种：

（1）早年以柴尔德为代表，其观点在理论上受到马克思主义影响，认为农业发展

---

① 戴向明：《中原地区龙山时代社会复杂化的进程》，《考古学研究》（十），科学出版社，2012年；《陶寺、石峁与二里头——中原及北方早期国家的形成》，《夏商都邑与文化（二）——“纪念二里头遗址发现55周年学术研讨会”论文集》，中国社会科学出版社，2014年；《北方地区龙山时代的聚落与社会》，《考古与文物》2016年第4期。

② 戴向明：《中国史前社会的阶段性变化及早期国家的形成》，《考古学报》2020年第3期。

导致出现剩余产品，为专业化生产和劳动分工的发展创造了条件，生产技术的进步使得财富积累和社会分化加剧，形成阶级，正是阶级冲突促成了国家的出现；此种观点强调社会内部冲突和结构变化的作用。

（2）人口增长导致资源紧张、社会竞争加剧，为缓解压力、管控争端风险而出现权力集中的社会组织，最终诞生国家。

（3）为争夺资源、财富（包括土地、人口等），群体间的战争促成社会规模扩大、组织复杂化、管理加强和权力集中，最终导致国家形成，而这往往又同人口增长、环境限制造成的生存压力有关。

（4）为追逐财富和满足对特殊资源的需求，各种产品贸易在不同地区间发展，在对贸易管理甚至寻求垄断的过程中，产生复杂的国家组织。

（5）人口增长、资源紧张导致农业生产强化，从而引发大规模兴修水利和灌溉农业的发展，在对水资源进行管理的过程中形成复杂的社会组织，最终导致国家出现。

（6）强调意识形态和宗教礼仪对获取和巩固社会权力的合法性，并导致国家形成的重要作用，其物化表现常常是大型礼仪建筑、宗教祭祀遗迹，以及拥有象征威望、身份地位的奢侈品。

（7）除了上述各种“单因”说，还有一种是多变量的、系统论的观点，认为每个社会都由若干亚系统组成，其中任何一种变量（如人口、资源、环境等）的变化都会引发其他变量联动，当这些变化以正反馈的方式运作时就会导致社会的进化，正是整个系统的变化而非单一要素的变化最终促成国家的形成。

（8）另外还有就是“后过程”考古学的解释，强调社会发展和国家起源的不同背景、各自特定的历史条件和特殊性，强调历史偶然性的作用①。

上述所有理论或解释模式都受到了不同的批评，从中可以看出没有哪种是完美无缺的。但正如有人指出过的，正确的解释也许存在于每一种理论模式之中。经过多年讨论，人们普遍认识到没有哪一种单一的因素能够解释所有社会的变化和国家的起源，普遍适用的法则也许并不存在。从多要素、系统论的角度探索国家起源的机制或许是一种稳妥的、合理的途径。但即便如此，仍需找出究竟是哪种主要的动因启动了某个社会整个系统的变化。多年研究所沉淀下来的认识中，许多人仍坚持人口增长、社会群体规模的扩大，或其他原因导致的对资源、财富、权力的追求，亦即社会竞争的加

① 相关总结可参见：Flannery, Kent V.. The Cultural Evolution of Civilizations. *Annual Review of Ecology and Systematics*, 1972 (3): 404-407；Blanton, Richard E., Gary M. Feinman, Stephen A. Kowalewski and Linda M.. *Nicholas*, *Ancient Oaxaca*: *The Monte Alban State*. Cambridge: Cambridge University Press, 1999: 111-132；科林·伦福儒、保罗·巴恩著，中国社会科学院考古研究所译：《考古学：理论、方法与实践》，文物出版社，2004年；陈淳：《考古学理论》，复旦大学出版社，2004年。

剧，是导致社会组织复杂化、权力集中和国家产生的基础和基本的动力机制。除此之外，我们需要根据不同社会特定的环境背景和特殊条件去寻求社会变化和国家形成的“原动力”。本文正是基于这样的认识来讨论中国早期国家起源问题的。

在我国，很多学者一直将国家起源与文明起源相等同，因此可以说对国家起源的探索也有了较长的历史。20世纪90年代初苏秉琦先生提出的“古国、方国、帝国”之国家形成与发展的三部曲，就包含了对国家起源问题的认识①。但长期以来我国学者对早期国家形成的动力机制的探讨却显得不太充分。尽管如此，一些学者在总结中国史前文明化进程的阶段性变化、不同区域文明特点和发展模式的时候，也涉及一些社会发展和国家起源的动因问题，如严文明先生就曾指出，史前末期生产的进步、社会分工和手工业专门化的发展，致使贫富和阶层分化加剧，对重要珍稀资源和财富的争夺导致频繁和激烈的战争，最终催生出早期国家②。近年李伯谦先生指出仰韶社会突出“军权”，红山和良渚社会突出“神权”，代表了中国古代文明演进历程中的两种模式，其中也暗含着两种不同的国家形成机制③。刘莉先生分析了不同环境中社会发展的不同途径，系统讨论了不同的经济体系、政治取向和领导策略，以及宗教礼仪在不同社会中的表现和作用，并认为在开放型环境中“同等政体”（酋邦）之间的对抗竞争乃至激烈的战争，是中原早期国家形成的主要推动力④。赵辉先生则基于中国史前文明多元演进、不同区域的特征，总结出北、南两种不同的社会演进模式，并对不同模式和不同区域文明发展演变的机理进行了深入的辨析；他同样强调生产力的发展、农业和手工业技术的进步，引发贫富分化和社会分层，加剧社会矛盾，促使经济结构和社会组织结构日趋复杂，推动社会的演变；同时他又认为，“北方模式”下的中原和北方，资源相对贫乏，社会分化缓慢，等级发育不充分，但集体之间的矛盾尖锐，导致社会动荡、战争频仍，军事权力被不断强化，成为此种社会分化和重组的主要途径；而“南方模式”下的长江中下游和黄河下游，自然条件好，农业和手工业发展较快，专业化程度高、分工复杂，社会分层和等级制度发育充分，同时大型公共工程又锻炼了人们的组织统筹能力，这些都促进了社会组织结构的复杂化，而像良渚那种统一的宗教信仰又强化了自上而下的社会秩序的设计与建设⑤。

① 苏秉琦：《华人·龙的传人·中国人——考古寻根记》，辽宁大学出版社，1994年。

② 严文明：《东亚文明的黎明——中国文明起源的探索》，《农业发生与文明起源》，科学出版社，2000年。

③ 李伯谦：《中国古代文明演进的两种模式——红山、良渚、仰韶大墓随葬玉器观察随想》，《文物》2009年第3期。

④ 刘莉：《中国新石器时代：迈向早期国家之路》，文物出版社，2007年。

⑤ 赵辉：《论中国史前社会文明化进程》，《聚落演变与早期文明》，文物出版社，2015年。

以上述认识为基础，本文提出，探讨史前晚期社会复杂化的发展和早期国家形成的动力机制，应该是在多变量、系统论的视角下，重点考察社会权力是如何发展、集中和提升的。

二、对已知早期国家的分析：黄河中游与长江下游

这里我们首先观察那几个已确认的早期国家，或称“雏形国家”的主要特征和形成过程，分别从生产经济、武备与军事、宗教信仰等不同角度来探索他们各自起源的动力问题。前述几个已确认出的雏形国家集中在两个地区，一是中原及北方所在的黄河中游，包括晋南的陶寺、陕北的石峁和豫西伊洛盆地的二里头；二是长江下游的环太湖地区，即良渚。这几个“超级聚落”所代表的社会集团是目前所能够识别出的史前晚期到青铜时代初期不同区域内最早的国家组织。

1. 黄河中游

对于黄河中游早期国家形成的背景和动因，笔者以前有过论述[①]，这里拟在此基础上做进一步的分析。

首先看生产经济方面。近年的考古发现和研究表明，自新石器时代开始，从种植农业的发生到发展壮大、直到以农业为主体经济的确立，经历了一个相当漫长的过程。中原地区以粟黍为主的作物种植、以猪为主的家畜饲养取代狩猎采集成为主导性的生业经济，即所谓农业社会的真正建立，可能要迟到公元前第四千纪的仰韶中期以后[②]。而根据我们的研究，中原地区出现等级分化的复杂社会（或称酋邦社会），也恰恰始于仰韶中期[③]。可见社会复杂化与农业经济的成熟和稳定往往是相伴而生的，正是农业生产的发展、农业社会的建立，导致出现剩余产品、贫富分化，也可以说这是制度化不平等社会得以确立的根本原因。动植物考古的成果显示，龙山到二里头时期，中原经

---

① 戴向明：《中原地区龙山时代社会复杂化的进程》，《考古学研究》（十），科学出版社，2012年；《陶寺、石峁与二里头——中原及北方早期国家的形成》，《夏商都邑与文化（二）——“纪念二里头遗址发现55周年学术研讨会”论文集》，中国社会科学出版社，2014年；《北方地区龙山时代的聚落与社会》，《考古与文物》2016年第4期。

② 赵志军：《仰韶文化时期农耕生产的发展和农业社会的建立——鱼化寨遗址浮选结果的分析》，《江汉考古》2017年第6期。

③ 戴向明：《中原地区早期复杂社会的形成与初步发展》，《考古学研究》（九），文物出版社，2012年。

济发展的一个显著特点是食物品种的多样化。首先是粮食作物种类的多样化，此时仍以粟为主，其次为黍，同时水稻较前明显增多，大豆普遍出现，小麦似乎开始有少量的种植[①]；肉食中仍以家猪为主，同时牛、羊也开始占有一定的比例[②]。从龙山到二里头，中原地区逐渐初步形成了“五谷丰登、六畜兴旺”的农业格局。食物资源的多样化和丰富性尤其体现在高等级的大型中心聚落中。如陶寺出土的动物骨骼中，除了家猪，羊、牛都占有很高的比例，而且陶寺的绵羊年龄普遍偏老，或许与获取羊毛等副产品有关[③]；二里头出土的粟虽然仍占有一定的优势，但水稻的数量惊人地与其接近，这在中原同时期的遗址中是罕见的，而以猪、牛、羊为主体的肉食资源也相当丰富[④]。这些特征有别于同时期的普通遗址，说明统治中心比一般的小村落能够掌控、获取更多的资源，包括基于土地、人力和贡赋体系的食物资源。正是这种农业的发展和资源的集中，为早期国家的兴起奠定了根本的经济基础。

在农业发展的基础上，手工业生产的规模和专业化程度也随时间推移而发生了相应的改变。如仰韶中晚期以后到龙山时期，中原地区发现的制陶作坊有不断增大的趋势，从小规模的家庭作坊到规模较大的家庭作坊群，再到独立的不断扩大的专门生产场所，直到龙山时期出现以较大社群为单位进行的大规模生产；而石器制造更是很早就表现出了专业化生产的方式，仰韶中晚期就有一些专门的石器加工点，到龙山、二里头时期出现了规模很大的石器加工场，在陶寺这样的超级聚落甚至有对石器生产和流通进行集中管控的迹象；此外，龙山时期陶寺、石峁等超级聚落中出土的玉器、彩绘陶器、漆木器，以及二里头时期的铜礼器等高端手工业的生产和分配，可以肯定是直接受到权贵阶层的控制和管理的[⑤]。一方面，这些手工业，尤其是服务于上层权贵的高端手工业的发展，既是社会财富增长的途径，同时也直接刺激了社会复杂化的提升；或者也可以说，正是社会分化的加剧、权贵者对财富的追逐，反过来又促进了手工业特别是高端手工业生产的不断进步（另外也有通过远距离交换或掠夺而获得的产品）。两者互为表里，相辅相成。

然而，另一方面，就一般民用手工业而言，观察中原地区出土的生产工具，从仰

---

① 农业研究课题组：《中华文明形成时期的农业经济特点》，《科技考古》（第三辑），科学出版社，2011年。

② 动物考古课题组：《中华文明形成时期的动物考古学研究》，《科技考古》（第三辑），科学出版社，2011年。

③ 博凯龄：《中国新石器时代晚期动物利用的变化个案研究——山西省龙山时代晚期陶寺遗址的动物研究》，《三代考古》（四），科学出版社，2011年。

④ 中国社会科学院考古研究所：《二里头（1999～2006）》，文物出版社，2014年。

⑤ 戴向明：《黄河中游史前经济概论》，《华夏考古》2016年第4期。

韶到龙山，甚至直到二里头时期，尽管磨制石器的技术有所提高、数量有明显的增长，尤其是作为收割工具的石刀有显著增加，可在一定程度上反映生产技术的进步，但同时我们也注意到，用于农业生产的石、骨、陶质等工具的种类并无明显的变化，看不出从耜耕（或锄耕）到犁耕这种革命性的转变，这与后面将要谈到的江南地区有很大的差别。虽然我们可以推测到龙山时代随着生产经验的积累和人口增长的需求，人们在开垦扩大耕地面积，整地、中耕、灌溉、施肥，以及四时农候的把握等方面都可能有一定的进步，但与同时期长江中下游更为发达的稻作农业相比，中原地区旱地农业的发展可能仍是有其局限性的。

北方黄土高原的黄河两岸地区，受地理条件限制，经济与社会的发展长期滞后于中原。从仰韶时代开始，受中原的直接影响，北方地区的农业和家畜饲养也逐渐发展起来，只是渔猎采集经济一直占有较高的比重。到龙山和二里头时代，这里的粟黍种植农业和以羊、牛、猪为主的家畜饲养业并举，初步形成了农牧混合的经济模式①；而手工业包括贵族奢侈品的生产、获取和使用也与中原大体相若。但受当地气候条件制约，北方地区农业发展的程度以及作物多样化的程度要弱于中原。

与此同时，自仰韶中晚期以来直到龙山、二里头时期，黄河中游不同区域人口的增长、中心聚落规模的扩大都先后出现了高峰，如晋南的临汾盆地②、运城盆地③和北方河套地区④在龙山时期，伊洛流域的洛阳盆地在二里头时期⑤，都达到了聚落总规模和人口总规模的一个峰值，并相继出现了像陶寺、周家庄、石峁、二里头这样的特大型超级聚落。在此过程中，人口的增加和向大型聚落集中的“核心化”，以及社会分化导致的上层权贵需求的增长，与有限的资源产出必然会形成紧张的矛盾，从而造成不同社会群体间竞争的不断加剧。故此，战争、掠夺、暴力也就不可避免地成为史前晚期以后中原及北方地区的一个突出特点，事实上战争与暴力的迹象在龙山时代及以后的考古遗存中确实是随处可见。

正如严文明先生所指出，龙山时代暴力与战争扩大化的证据主要表现在三个方

---

① 尹达：《河套地区史前农牧交错带的植物考古学研究——以石峁遗址及其相关遗址为中心》，中国社会科学院研究生院博士学位论文，2015 年。

② 何驽：《2010 年陶寺遗址群聚落形态考古新进展》，《中国社会科学院古代文明研究中心通讯》第 21 期，2011 年。

③ 中国国家博物馆田野考古研究中心、山西省考古研究所、运城市文物保护研究所：《运城盆地东部聚落考古调查与研究》，文物出版社，2011 年。

④ 孙周勇：《公元前第三千纪北方地区社会复杂化过程考察》，《考古与文物》2016 年第 4 期。

⑤ 中国社会科学院考古研究所二里头工作队：《河南洛阳盆地 2001～2003 年考古调查简报》，《偃师二里头遗址研究》，科学出版社，2005 年。

面："一是武器的改进，二是城堡的出现，三是战死者的乱葬坑到处可见。"①

中原地区龙山时代出现了大量的石质箭头，磨制精致、杀伤力强，而且较前数量有明显的增长，同时骨质箭头也在大量使用。箭是一种远射武器，箭头很容易遗失，但在龙山时代的遗址中却常有很多出土，这本身就反映了其数量之大、使用频率之高。与从前相比，龙山时代狩猎野生动物在生业经济中所占比重已呈明显的下降趋势，人们所需肉食资源主要靠家畜饲养②。因此，武器的改进和数量的增长显然是战争频发的反映。

众多城堡的涌现是中原龙山和二里头时代一个突出的特征。已发现的城址共有大大小小十几座，实际的数量显然还应更多。龙山时期的城堡主要集中在环嵩山地区，多数属于王湾三期文化，其次在豫北冀南的后岗二期文化和豫东的造律台文化也有少量发现。这些城堡拥有坚固的夯土城墙，外面环绕宽壕深堑，城与壕组合成完善的防御体系。城址的规模多在数万到数十万平方米之间，大多彼此相距较远、互不统属，应主要是对峙并立的关系，正反映了龙山时代"万邦林立"的局面。到龙山末期，随着不同集团间兼并、整合的加剧，在中原腹地出现了像新密新砦这样面积达百万平方米的大型遗址，而且在其发展的鼎盛期有三道壕沟围绕，中间一道似还有城墙遗迹，可见这是一座极其注重防御的大型中心聚落。而龙山时代晋南地区的发展势头更为迅猛，分别在临汾盆地出现了陶寺、运城盆地出现了周家庄这种面积达 400 余万平方米的特大型聚落，而且聚落主体也都有城或壕环护，其内面积达 300 万平方米左右。其后被视为夏朝都城的河南偃师二里头遗址，虽然目前还没有发现环绕整个聚落的大型城壕，但其内面积达 10 余万平方米的宫殿区却是有方正的城墙围绕的，并非没有任何保护的开放式聚落。二里头文化的城址还有郑州大师姑、东赵、新郑望京楼等，晋南的垣曲古城南关、夏县东下冯则有环壕，也都是当地规模较大、等级较高的中心聚落。至于北方地区，近年的考古工作更是发现了很多龙山时代的石头城址，大型和较大的有陕西神木石峁、山西兴县碧村、白崖沟等，其中石峁是有两道石头城圈、总面积超过 400 万平方米的特大型城址；而且这些城堡大多位于地势险峻的山顶或梁峁高处，显然是在战争频仍状态下出于安全防卫需要的选址③。总之，龙山、二里头时代众多城址或有防御设施的大型中心聚落的涌现，毫无疑问是中原和北方地区社会关系紧张、战争冲突加剧的结果。

---

① 严文明：《黄河流域文明的发祥与发展》，《华夏考古》1997 年第 1 期。

② 袁靖：《论中国新石器时代居民获取肉食资源的方式》，《考古学报》1999 年第 1 期。

③ 上述有关各城址和环壕聚落的资料可参见许宏：《先秦城邑考古》，金城出版社、西苑出版社，2017 年。

至于这个时期乱葬坑的例子，更是多得不胜枚举。乱葬坑中掩埋的死者，除了部分骨架完整、难以判断死因的以外，还有大量属于非正常死亡的。一种是与各种杀人祭祀活动有关的“乱葬”。例如，登封王城岗小城内发现许多夯土基址残迹，一些基址下面就有填埋数目不等的人骨架的“奠基坑”[①]；山西绛县周家庄龙山墓地里发现有人与动物分层埋在同一坑内的祭祀坑[②]；而在陕北神木石峁的东门址及附近墙基下发现的多处人头骨坑[③]，更是杀人奠基或祭祀的集中体现。另外一种更常见的是将人丢弃掩埋在废弃的窖穴、灰坑里，有的虽骨架较完整但有被砍杀的痕迹，有些则是身、首异处，有的肢体不全、惨遭肢解；还有许多显然是被活埋的，人骨架的姿势显示出各种挣扎状，有些还有捆绑迹象。这些乱葬坑形状不一，以口小底大的袋状坑较常见，如在郑州大河村、登封王城岗、禹州瓦店、新密新砦、洛阳王湾、临汝煤山、辉县孟庄、邯郸涧沟、神木新华、长安客省庄……很多遗址中都可见到（恕不一一引述）。这样的乱葬坑在大型遗址中更是多见。如襄汾陶寺宫殿区旁边的一条灰沟里（HG8）出有大量散乱的人骨，以头骨居多，且多数有砍切痕迹，其中还有针对女性的残忍的暴力现象[④]。再以笔者发掘多年的绛县周家庄为例，在这个大型遗址的不同发掘区里几乎都能见到乱葬坑，其中也有将多个散乱的人头、肢体随意掩埋的例子。在偃师二里头已发掘的区域里，乱葬的例子更是多达数十处[⑤]。除了一般的杀戮乱葬，其中一些很可能也与祭祀活动有关。无论出于何种原因，绝大多数被杀戮、肢解或活埋的死者，显然不应该是与施暴者同族的人，最大可能就是来自战争冲突中被捕获的外族或外集团的俘虏（少数因“犯罪”等原因被处死的人除外）。而大型高等级聚落中多见乱葬坑，表明这些大型中心聚落是战争的主要发起者和参与者。结合各地聚落演变的过程可以判断，大型中心聚落和城址的出现，正是在激烈而频发的战争冲突过程中发展、壮大起来的。

---

① 河南省文物研究所、中国历史博物馆考古部：《登封王城岗与阳城》，文物出版社，1992年；北京大学考古文博学院、河南省文物考古研究所：《登封王城岗考古发现与研究（2002～2005）》，大象出版社，2007年。

② 中国国家博物馆田野考古研究中心、山西省考古研究所、运城市文物保护研究所：《山西绛县周家庄遗址2007～2012年勘查与发掘简报》，《山西绛县周家庄遗址居址与墓地2007～2012年的发掘》，两篇皆刊于《考古》2015年第5期。

③ 陕西省考古研究院、榆林市文物考古勘探工作队、神木县文体局等：《陕西神木县石峁遗址》，《考古》2013年第7期；陕西省考古研究院、榆林市文物考古勘探工作队、神木县文体局等：《发现石峁古城》，文物出版社，2016年。

④ 中国社会科学院考古研究所山西队、山西省考古研究所、临汾市文物局：《山西襄汾陶寺城址2002年发掘报告》，《考古学报》2005年第3期。

⑤ 中国社会科学院考古研究所：《偃师二里头：1959～1978年考古发掘报告》，中国大百科全书出版社，1999年；《二里头（1999～2006）》，文物出版社，2014年。

比较而言，正如以往人们观察到的，黄河中游出土遗存中，有关宗教信仰方面的意识形态色彩相对较淡。尽管不乏对某些观念的表达，特别是与祖先和神灵崇拜等有关的祭祀活动，如在陶寺、石峁和二里头等中心聚落中都可见到大型祭祀遗迹，以及贵族墓葬中对死者的供奉和祭奠仪式（从中可以看出死后有冥界、事死如事生、希冀祖先保佑的观念普遍存在），但总体上看不到对整个社会起支配作用的成体系的宗教迹象。在本地区的大型贵族墓葬中，随葬内容除了对财富的展示，再有就是对基于武力的权力的表达[①]。

总结起来，黄河中游龙山到二里头时代，随着生产的发展、人口的增长、聚落的“核心化”与资源的集中，以家族为主体的社会分化加剧，社会需求特别是权贵阶层对财富的贪欲日益膨胀，在总体资源有限的情况下，不同利益集团之间的竞争越来越激烈，引发战争与冲突不断加剧，通过持续的兼并与整合，社会集团规模不断扩大，直至出现“超级聚落”并形成大型区域政体。在此过程中，社会组织结构日趋复杂，社会公权力的垄断性不断提高，最终先后促成了以陶寺、石峁和二里头为代表的早期王权国家的诞生。因此，在史前末期的黄河中游，由社会竞争而导致频繁的战争并形成军事强权，是催生早期国家的直接动因。

2. 长江下游

位于长江下游的良渚文化，在公元前3000年之前就孕育出了东亚最早的国家社会，这一点得到越来越多学者的支持。良渚早期国家的形成又有着不同于中原和北方的另一种模式和动因。

长江下游社会复杂化的进程始于良渚之前的崧泽文化时期，这也是稻作农业发展成熟并开始居于主导地位的时期。崧泽和良渚文化时期石器制造工业越来越发达，代表性的如斧钺、锛、凿等器物制作精良。尤其是开始有“石犁”和“耘田器”出现，尽管这两种器物的功用存在争议，但许多人仍倾向于认定其为先进的农具，从崧泽到良渚越来越流行，一般被认为是犁耕和精耕细作的表现，反映这个时期农业技术取得了实质性的进步。在余杭茅山遗址，发现了大片良渚时期的水稻田，与此前发现的早期小块稻田完全不同，与历史时期的稻田相似，在良渚聚落中当具有一定普遍性，直观展现了良渚社会发达的农业景观[②]。近年在良渚核心区莫角山东坡和西南坡的发掘中出土了数量惊人的炭化稻谷，显然这一带存在为上层权贵所管控的大型仓储遗迹，亦是

① 张弛：《社会权力的起源——中国史前葬仪中的社会与观念》，文物出版社，2015年。

② 丁品、郑云飞、陈旭高等：《浙江余杭临平茅山遗址》，《中国文物报》2010年3月12日。

良渚农业发达的直接证据①。

以发达的农业为基础，良渚时期劳动分工细化，手工业生产专业化程度发展到了史前社会的一个高峰。出土遗物中最突出的是大量精致的玉石器，尤其是种类繁多的玉器，不但造型精美，而且运用了多种切割、钻孔、雕刻、打磨技术，并可在方寸之间制作出繁复细密的花纹，其高超的工艺往往令人叹为观止。此外还有同样精美的刻纹陶器、漆器和纺织品等。迄今在良渚古城内已发现多处制玉作坊，显然以玉器生产为代表的高端手工业是为权贵阶层所控制的。这些高端手工业品集中出土于不同等级的贵族墓葬中，是财富与权力的集中体现。而且，这些精雕细琢的物品的制作需要消耗大量人力，供养专门的高级工匠阶层，这本身就是经济实力雄厚的表现。

从崧泽文化到良渚文化，墓葬随葬品皆以表现财富为突出特征。崧泽时期最显著的是江苏张家港东山村②和安徽含山凌家滩③两处高等级墓地。东山村贵族大墓一般随葬有二三十件日用陶器和一些玉石器，包括多件石钺、锛、凿等武器和工具，还有一些玦、环、镯、璜、管、珠、坠等玉石饰件。凌家滩大墓的突出特点是陶器很少，但拥有大量玉石器，一般从数十到百余件，除了少量玉人、鹰、龟、龙等肖形玉器和玉板等特殊器物，其他玉石器的种类与东山村类似，但石钺、锛、凿等武器和工具的数量较大。到良渚时期，以瑶山④、反山⑤墓地为代表的王者级别的大墓更是将财富的表达推向了顶峰，除不多的与饮食相关的陶器、漆器等，随葬最多的就是大量华美的玉石器，既有各种饰物，更有众多体量较大、几乎不见于低等级墓葬的钺、琮、璧等。除了不同等级的贵族大墓，许多普通小墓也随葬有少量的陶器、石器甚至是玉石饰件，这与黄河中游仰韶中晚期到龙山和二里头时期大多数小墓几乎一无所有的贫乏现象形成鲜明对比。除了葬俗不同，也应该在很大程度上反映了两地社会财富和富裕程度的总体差别。

良渚墓葬随葬品另一个突出特征是具有强烈的宗教信仰色彩。这主要体现在贵族大墓中随葬众多的琮、璧等“宗教法器”，以及雕刻在琮、锥形器、冠状器（玉梳背）、三叉形器等器物上的“神人兽面纹”和少量的其他纹样。这些高端玉器和附着其上的神人兽面纹（多为简化样式）成“发散式”分布，即以良渚瑶山、反山等大墓为最高中心，依次向其他等级（包括其他聚落群的地方中心）递减，形成了一个几乎

① 刘斌、王宁远、陈明辉等：《良渚：神王之国》，《中国文化遗产》2017年第3期。

② 南京博物院、张家港市文管办、张家港博物馆：《东山村》，文物出版社，2016年。

③ 安徽省文物考古研究所：《凌家滩》，文物出版社，2006年。

④ 浙江省文物考古研究所：《瑶山》，文物出版社，2003年。

⑤ 浙江省文物考古研究所：《反山》，文物出版社，2005年。

覆盖整个良渚文化分布区的网络[①]；而且由于良渚人创造出的这个神人驭兽形象逐渐演变成了其最主要乃至唯一的崇拜对象，因此有学者提出良渚文化存在着类似“一神教”的信仰体系[②]。这一宗教网络体系与社会结构相呼应，实质是各级权贵确立身份地位与权力等级的工具，反映了良渚社会“政教合一”的特点。这个特点在中国史前社会中是独一无二的。这种“一神教”对于良渚国家的形成和构建应当发挥了巨大而独特的作用。

比较而言，从崧泽到良渚，与战争、暴力有关的迹象却很不明显。与黄河中、下游和长江上、中游等核心文化区不同的是，在长江下游的崧泽—良渚文化区内，大型城壕等防御设施罕见，良渚古城是迄今发现的唯一的史前城址。出土遗物中除有一些斧钺等武器，石、骨镞的出土数量相对北方和中原要少得多；玉石钺主要出于不同等级的墓葬中，而墓中少见作为射杀武器的镞。至于像黄河中游各种乱葬坑所反映的暴力、杀戮现象，在长江下游则很少见到。这或许与南方酸性土壤不利于骨骼保存有关，就像大部分墓葬都难以见到人骨一样；但结合上述其他方面的证据，我们仍然可以推断本地区的战争与冲突远不像黄河中游等地那样频繁和剧烈，至少在良渚文化中心区是如此。与暴力直接相关的迹象主要在苏北等良渚文化的边缘区才明显可见，如新沂花厅[③]、兴化蒋庄等[④]。

从崧泽到良渚，与武力相关联的主要器物就是玉石钺。玉钺是权力的象征，在黄河流域的史前大墓中也普遍使用。据林沄先生考证，“王”字源于斧钺之形，王权即源于军权，到了商周时期仍以斧钺为王权的象征[⑤]。从考古发现看，在黄河中游，如前所述，暴力、战争导致军事强权是催生出王权国家的主要途径，因此龙山时代陶寺等权贵大墓中的玉石钺应主要与“军权”相关联[⑥]，或者说权力获取和巩固的最重要基础就是军事主导权。而长江下游的情况则稍有不同，尽管我们相信早期以钺象征权力也

---

① 秦岭：《长江下游地区的史前聚落演变与早期文明》，《聚落演变与早期文明》，文物出版社，2015年；《权力与信仰——解读良渚玉器与社会》，《权力与信仰——良渚遗址群考古特展》，文物出版社，2015年。

② 赵辉：《从“崧泽风格”到“良渚模式”》，《权力与信仰——良渚遗址群考古特展》，文物出版社，2015年。

③ 严文明：《碰撞与征服——花厅墓地埋葬情况的思考》，《文物天地》，1990年第6期。

④ 南京博物院：《江苏兴化、东台市蒋庄遗址良渚文化遗存》，《考古》2016年第7期。

⑤ 林沄：《说王》，《考古》1965年第6期。

⑥ 中国社会科学院考古研究所、山西省临汾市文物局：《襄汾陶寺——1978～1985年考古发掘报告》，文物出版社，2015年；中国社会科学院考古研究所山西队、山西省考古研究所、临汾市文物局：《陶寺城址发现陶寺文化中期墓葬》，《考古》2003年第9期。

与武力相关。到良渚时期，大墓中随葬的玉钺一般只有一件，是从武器中升华出来的“权杖”；其他较多的石钺，除少量“风”字形钺，多数是大孔、圆弧边的“舌形”或“璧形”钺，看起来并不像实用的武器，这些多件重复随葬的器物，其含义除了逐渐淡化的作为武器的指向，与一个墓随葬多件玉璧、琮等奢侈品一样，可能更主要的是作为财富的载体被大量使用。因此，良渚大墓中玉钺所凝聚的权力，除了基本的军事保障权以外，其获取和巩固的基础，以及实际所蕴含的功能，更主要的恐怕是对经济和宗教信仰的主导权。这从上面谈到的良渚社会整体缺乏军事暴力色彩可以得到进一步证明。可以说，世俗权力与宗教神权紧密结合，即“政教合一”构成了良渚王权的突出特征[①]。反山大墓M12玉钺上镌刻有完整的“神徽”图像，正是“君权神授”、王权富有神性的生动写照。

与其他地区相似，从崧泽到良渚，聚落数量也有显著的增长，并在不同地域形成了规模不等的聚落群，各群也都有高等级的贵族墓地，尤其是在良渚的核心区出现了良渚古城这个“超级聚落”，显示了在早期国家形成过程中人口的增长、聚落的核心化、资源与权力的集中；但与其他地区不同的是，在整个良渚文化区、贯穿良渚文化的始终，良渚古城不但是迄今发现的唯一城址，而且也是唯一的一处特大型聚落，它所在的良渚聚落群所包含的聚落数量、整体规模也远超环太湖流域的其他聚落群。良渚的一家独大为良渚社会造就了一种超稳定结构，避免或减缓了不同地域集团为争夺资源和势力而引发的恶性竞争，这或许也是良渚社会少见战争与暴力现象、得以长期平稳存在和发展的主要原因之一。

在可观察到的考古发现中，大型公共工程是良渚文化的另一突出特征。我们知道在其他核心文化区，所见大型公共工程主要是用于聚落防卫的城、壕及宫室等大型建筑。而在良渚文化区内，除了这些，还有大型水利设施、生前居住和死后埋葬的高台土丘等，这一点在良渚核心区表现得尤为显著。良渚古城近300万平方米，城墙用远处运来的石块铺底、上面为黄土堆筑，其外围还有一圈人工堆起、类似“郭城”的环状遗址带；城内有面积近30万平方米、高达10余米的台城莫角山，是利用自然土丘加人工堆筑而成，其上有多组大型宫殿建筑基址；莫角山的南侧还有20余万平方米的皇坟山，上面也有人工堆筑的大型建筑台基；紧邻莫角山的西侧是几处人工堆起的高台墓地，其中就有已知规格最高的反山墓地；古城内有纵横交错的水道，水道之间则是人为营建的居址和进行各种手工业生产活动的台地。在良渚古城外西北边，沿大遮山边缘修筑了一系列高、低水坝，构成了可能具有防洪、运输、调节水利等多方面功能的大型水利系统。据估算，仅上述主要工程（良渚晚期的“外郭城”除外）所需

① 张忠培：《良渚文化墓地与其表述的文明社会》，《考古学报》2012年第4期。

900余万方的土石方量，就需要10000个劳力连续不断地工作7.5年才能完成，这还不算提供后勤保障和服务所需的更多人力和其他方面的工程建设（如材料获取、运输和房屋建造等）；若均衡考虑，整个古城系统工程的兴建大概需要几十年的时间[①]。由此可见，良渚社会拥有异常强大的组织、调动和管理能力，这也是其成为早期国家的主要证据之一。重要的是，这种能力不是用于战争与掠夺，而是同各种生产、生活环境的改造与营建相关，而且一定是建立在异常发达的生业经济基础之上的。江南环太湖地区为水乡泽国，随着良渚时期人口的迅猛增长、生产的发展和社会财富的积累，权贵阶层开始不断组织、集中大量人力物力来堆筑高台、建造宫室及兴修水利，改善居住环境；甚至一些等级稍低的聚落也对居址和墓地进行一定规模的营建和改造，这在良渚古城外围的姚家墩[②]、玉架山[③]、普安桥[④]等遗址都可见到；而水坝和水道的营建则是为维护和满足整个社会群体的利益需要。可以说，正是在这些大规模建设过程中，良渚的社会组织和公权力得到了不断的完善和提高，各级权贵也强化了对各种资源的控制，这也是促成良渚国家诞生的主要原因之一。

概括地说，良渚国家的形成主要是在经济发展、财富积累和社会分化的基础上，权贵阶层建立起了一套有效的控制、占有和分配资源与财富的机制，而且成功地将这种机制与统一的宗教信仰体系相结合，又进一步构建起一个覆盖整个社会的权力和等级的网络体系；同时，在强大的社会财富和生产能力的支撑下，玉器等高端手工业的发展，对生活环境的改造和大型工程的建设，不但促进了城市化的发展，而且还促进了整个社会管理能力的增强和机构的复杂化，以及公权力集中与垄断性的不断提升，并最终导致王权的诞生。在这一过程中，对资源、财富的经济控制与分配权，以及环境改造、工程建设中对社会统辖与管理权的发展起到了主导作用，基于统一的宗教信仰的“神权”则发挥了强大的辅助作用，而军事强权对于维护良渚社会的稳定也许具有一定功能，但对于国家组织与王权的建立似乎没有太多实质性的贡献。故此，推动良渚国家形成的主要动因就是高度发展的政治经济和与之相关的社会与意识形态建设，以及在此基础上成功构建和运作的社会公权力的不断提升。

---

① 刘斌、王宁远、陈明辉等：《良渚：神王之国》，《中国文化遗产》2017年第3期。

② 刘斌：《余杭卢村遗址的发掘及其聚落考察》，《浙江省文物考古研究所学刊》，长征出版社，1997年。

③ 楼航、刘斌、丁品等：《浙江余杭玉架山遗址——发现了由六个相邻的环壕组成的良渚文化完整聚落》，《中国文物报》2012年2月24日。

④ 北京大学考古学系、浙江省文物考古研究所、日本上智大学：《浙江桐乡普安桥遗址发掘简报》，《文物》1998年第4期。

三、其他地区的简单比较

以上讨论了黄河中游和长江下游早期国家形成的不同模式和动力机制。其他地区因受考古发现限制，在史前末期和青铜时代初期是否已形成早期国家尚不能确定，但一些地区存在潜在的可能性。我们可依据已有资料对各地区的社会特征及其变化的驱动力做出简单的比较分析，这有助于我们对不同环境、文化传统和社会背景下社会发展模式和动力机制的认识。

1. 黄河下游

黄河下游的海岱地区到大汶口文化时期农业发展成熟，并且在偏南的区域逐渐呈现出旱、稻混作的现象；到龙山时期，地域差异明显，鲁中西和北部以粟类作物为主，而鲁东南和鲁南地区的水稻种植则占有一定优势[①]，同时海岱地区小麦的出土概率也高于黄河上中游，显示出多种作物相交汇的富庶农业特点。与此相应，本地区手工业发达，尤其是制陶业，从大汶口到龙山文化，不但陶器出土量大、种类丰富，而且制作精致、造型美观，特别是龙山时期蛋壳陶高柄杯更是代表了史前陶器制作的一个高峰。以高柄杯、觚形杯、鬶、盉等为代表的成套酒礼器，被大量随葬在贵族墓葬中，直观地表现出发达经济的特点。与良渚文化不同的是，从大汶口到龙山，海岱地区不同等级的权贵墓葬大多以随葬大量陶器（还应包括其中的饮食）来宣示财富，同时还有一些玉石饰品和特殊的骨器（如獐牙、骨牙雕筒等）、猪头和猪下颌等，另外也常见少许象征权力或作为武器的玉石钺。一些遗址中的普通小墓，许多也有少量陶器等随葬品。这些以不同形式展示出的经济较发达的特征与长江下游相似，而有别于黄河中游。但本地区既少见良渚那种大型公共工程（防御性城壕除外），亦无标示统一宗教信仰的特殊迹象，其文化与社会的世俗性特征又与中原相近，而不同于良渚。

从大汶口到龙山，海岱地区的聚落数量有大幅增加，亦显示出人口增长和聚落核心化的趋势。龙山时期沿泰沂山脉北侧和鲁东南到苏北沿海一带出现了许多城址，但多数都不大，显示出各自分立的局面。只有鲁东南日照地区的两城镇[②]和尧王城[③]规模

① 栾丰实：《海岱地区史前时期稻作农业的产生、发展和扩散》，《海岱地区早期农业和人类学研究》，科学出版社，2008 年。

② 中美联合考古队：《两城镇——1998～2001 年发掘报告》，文物出版社，2016 年。

③ 中国社会科学院考古研究所山东队、山东省文物考古研究所、日照市文物局：《山东日照市尧王城遗址 2012 年的调查与发掘》，《考古》2015 年第 9 期。

较大，存在为超级聚落的可能性，且都有多重环壕，除了防御作用，似乎也有防洪排涝、甚至水利灌溉的功能。此外，围绕这些城堡和大型中心聚落出现了许多聚落群，显露出不同区域集团竞争加剧的态势。但从出土遗物尤其是墓葬随葬品观察，在一般墓葬中，作为武器的斧钺类虽有些发现，但比例不是很高、数目不是很大；石、骨镞和矛等也有一定的数量，但同样也不很丰富。作为最能体现暴力杀戮的乱葬坑虽偶有发现，但并不常见。

总的看，海岱地区史前晚期生产经济的发达程度，与暴力、武力相关的遗存所反映的战争、冲突的激烈程度，似乎都介于中原与长江下游之间。像其他地区一样，我们可以看到本地区随着经济发展，社会分化加剧，权力与财富越来越向少数人集中。但本地区既没有像良渚那样以一家独大将战争冲突压制到几乎无形的地步，显然也没有像黄河中游那样频繁爆发惨烈的战争。这里财富的聚敛和权力的提升既非单纯依靠武力，也非通过大规模公共工程建设来获取对资源与权力的控制。本地区社会发展的主要驱动力似乎就是群体与个体间为争夺财富、地位和权力而普遍存在的社会竞争。此外，从大汶口早期开始直到龙山时期，海岱地区的高等级墓葬皆以随葬成套的饮食陶器特别是酒礼器为突出特征。通过随葬“礼器”来表现不同死者身份地位的差异，以葬仪葬制来充分展示社会礼仪制度，在本地区发源最早、发展最充分、表现最突出，而且对周围特别是中原地区产生了持久而深刻的影响。由此看来，海岱地区的大汶口和龙山社会，在基于武力强权和复杂的社会组织管理权之外，似是又建立起了一套有效协调和维护各种利益关系的社会机制，也许可以称之为最早的“礼制”。至于这种机制是最终促进了早期国家的形成，还是因缓解社会矛盾而削弱了社会“前进”的动力，尚有待于更多的考古发现和更深入的研究来进一步确认。

2. 黄河上游

黄河上游的甘青文化区，像北方河套地区一样，史前社会复杂化的发展长期滞后，直到龙山及二里头时代的齐家文化才有了实质性的变化，社会分化有了较明显的迹象。然而因考古发现的不足，齐家文化究竟发展到了何种程度，是否像石峁那样已经跳跃式地形成了早期国家，目前尚难给出准确的判断。根据已有发现，齐家文化的农业既有以粟为主的种植业和猪为主的家畜饲养业，同时从西北欧亚内陆传入的羊、牛等也有较丰富的发现；而众多玉器和青铜工具、武器等显示本地区普遍存在较先进的手工业生产。但总的看，甘青地区的生业资源和经济状况不会好于中原，可能与北方黄土高原近似。若此，那么本地区不同社群之间也会存在剧烈的竞争和战争。只是目前尚无一处史前城址发现，出土的斧钺和箭镞等武器也算不上很丰富。不过多年来已陆续发现了一些出有高端玉器和建筑材料的大型遗址，在一些遗址的墓葬中有殉人或人牲现象，还有从葬坑发现①，说明肯定存在较尖锐的不同社会阶层之间的对立分化和较激烈的群体之间的冲突与战争。尽管现有的资料还较贫乏，但从已知现象可以初步推断，齐家文化社会发展的主要动力机制大概与北方河套地区类似，即经济发展、人口增长并向中心聚落会集，而资源又相对贫乏，社会竞争和群体间的战争格外激烈，从而导致集团规模融合扩大和武力强权的不断提升。

3. 长江中游

长江中游的稻作农业早在大溪文化时期就已发展成熟，并在其中晚期开始呈现初步的社会分化。到屈家岭—石家河文化时期，聚落数量猛增，社会分化加剧，普通聚落与中心聚落规模相差悬殊。其中天门石家河古城面积达180万平方米，其周围密集分布的聚落群占地达8平方千米②，与良渚“外郭城”内的面积相似，成为两湖地区鹤立鸡群般的“超级聚落”综合体。只是囿于考古发现，目前对石家河古城代表的区域集团是否已达到国家水准的社会，尚不能遽断。

以石家河聚落群为中心的江汉平原北部地区，在屈家岭—石家河文化时期成为长江中游经济最发达、实力最雄厚的区域，这不仅表现在聚落规模和密集程度上，也体现在墓葬的随葬品方面。该地区已发现的墓葬基本都是普通的平民墓，多数都有数量不等的随葬品，其中主要是陶容器，石器和骨器等很少见；同时贫富差异很大，少数墓葬有多达数十甚至上百件陶器，尤其刻意随葬大量高领罐。张弛先生认为其葬仪内容突出显示的是对财富的渴求和拥有，是普通族众树立威望的表达方式，是屈家岭文化晚期到石家河文化早期江汉平原北部出现的新葬制和新观念③。显然，这种新葬制和新观念是建立在经济发达、社会竞争激烈的基础之上的，是一个文化区核心地带特有的现象。其以饮食器具来展示财富和地位的特征与前述黄河下游类似。同样地，本地区斧钺、箭镞等武器并不丰富，在墓葬中也不常见，乱葬坑更是罕见。总的看整个社会暴力、战争的迹象不显著。

屈家岭—石家河文化时期，沿两湖平原北部和西部山前地带出现了10余处城址。这些城址皆堆筑而成，城外有宽阔的壕沟形成“护城河”，并往往与外围的河道水系相连通。因此除了防御外敌入侵的功能，很多城址实际形成了一个便于交通运输和防洪灌溉的水利系统。而且一些城内外的居住、生产和生活环境似都经过大规模的修整改

---

① 中国社会科学院考古研究所：《中国考古学·夏商卷》，中国社会科学出版社，2003年。

② 北京大学考古系、湖北省文物考古研究所石家河考古队、湖北省荆州地区博物馆：《石家河遗址群调查报告》，《南方民族考古》（第五辑），四川科学技术出版社，1993年。

③ 张弛：《石家河聚落兴盛时期葬仪中的新观念》，《考古》2014年第8期。

造。典型者如澧县城头山[①]、鸡叫城[②]和天门石家河古城等。其中鸡叫城在城、壕之外还有两重环壕，并与外围密集分布的沟渠和河道相连通，形成了一个四通八达的防洪、排水、交通运输、水利灌溉的综合系统，是这种城址和聚落模式的典型代表。这些大型人造工程所体现出的社会组织、动员和管理能力与良渚有许多相似之处，应该也是两湖地区社会发展的一个重要驱动力。

石家河古城还出土了许多具有浓厚的宗教或巫术特征的遗存。在城内外邓家湾[③]、肖家屋脊[④]、印信台[⑤]等地见有多处形状怪异的筒形器和套缸 / 列缸等遗迹，邓家湾还出土了大量的陶塑动物，这些遗存应与大型祭祀活动或巫术行为有关，反映石家河社会虽不一定像良渚那样具有统一的宗教体系，但也笼罩着异常强烈的基于某种观念、信仰的神巫色彩。可以想见，石家河社会公权力的构建也是非常借重于“神力”的。

总体观察，史前晚期两湖地区稻作农业的发展为其社会复杂化的发展奠定了坚实的基础，对财富与权势的追求加剧了社会分化，而不同社会群体间的竞争、大型中心聚落的成长、人居环境的改造与营建促进了社会权力的集中与提升，世俗权力与神巫之力相结合成为其突出特征。两湖地区社会发展模式和主要驱动力总体上与良渚近似，只是不同社会集团间的角力显得更加突出。

4. 长江上游

长江上游的新石器文化出现较晚，基本是在仰韶中晚期之后才有迹可循。到了龙山时代，四川盆地西部成都平原的宝墩文化跳跃式发展，聚落数量呈现爆发式增长，而且发现了近 10 处城址，其中有面积近 300 万平方米的新津宝墩[⑥]和广汉三星堆[⑦]。虽然目前这些城址的整体布局都还不太清楚，也缺乏可以确定其发展高度的宫室建筑和贵族大墓，不过有的遗址已发现有较大的房子甚至是礼仪性建筑，也有等级稍高的墓葬，可以肯定当时已经出现社会等级的分化。从工作较多的宝墩看，其内外两重城区

---

① 湖南省文物考古研究所：《澧县城头山》，文物出版社，2007 年。

② 郭伟民：《新石器时代澧阳平原与汉东地区的文化和社会》，文物出版社，2010 年。

③ 石家河考古队：《邓家湾》，文物出版社，2003 年。

④ 石家河考古队：《肖家屋脊》，文物出版社，1999 年。

⑤ 湖北省文物考古研究所、北京大学考古文博学院、天门市博物馆：《湖北天门市石家河遗址 2014～2016 年的勘探与发掘》，《考古》2017 年第 7 期。

⑥ 江章华、何锟宇：《成都平原史前聚落分析》，《四川文物》2016 年第 6 期；江章华：《成都平原先秦聚落变迁分析》，《考古》2015 年第 4 期。

⑦ 雷雨：《四川广汉三星堆遗址 2012～2013 年考古新收获》，《2013 中国重要考古发现》，文物出版社，2014 年。

都被水道和低洼地分割成了多处大小不一的居住台地，整个居住环境似乎也经过了大规模的修整和改造，显示出与长江中下游的石家河和良渚相似的情形。从多处发掘过的遗址看，钺、镞等武器类遗物同样不多，也罕见乱葬坑，说明暴力、战争亦非频繁而剧烈。本地区社会发展的动力模式应该与长江中下游类似，也是在经济发展的基础上，通过大规模兴修水利设施和改造居住环境而获得社会组织的发展和权力的集中；同时,从后来三星堆[①]、成都金沙[②]等商周时期古蜀国都邑遗址所发现的大型祭祀遗迹和丰富而奇特的祭祀遗物等现象推测，之前龙山时代的宝墩文化很可能也存在浓厚的宗教巫术氛围，其社会公权力的发展或许也伴有浓郁的“神权”特征。只是目前材料不足，尚难尽述其详。

5. 燕辽地区

位于燕山至辽河之间的辽西、冀东北和内蒙古东南部的燕辽文化区，早在新石器时代中期的兴隆洼文化时期就有了旱作农业和成熟的定居村落，此后一直呈稳定的发展态势，到红山文化后期出现大型积石冢所代表的权贵阶层，表明等级分化的复杂社会的形成。红山文化遗址数量较前有大幅增长，且多呈集群分布，应代表着不同的区域组织。但受发掘所限，目前对其中少数大型中心聚落还缺乏足够的了解。不过从已调查和发掘过的遗址可以看出，红山文化尚未有城址出现，缺少实用性的大型公共工程；斧钺、箭镞等武器也不丰富，罕见乱葬坑，暴力与战争的迹象不明显。红山文化最突出的特征是有大型宗教祭祀遗迹和集中分布的上层权贵墓葬，其中以辽西牛河梁的“女神庙”、祭坛和多个地点的积石冢规格最高[③]，这一带应是红山社会的宗教祭祀中心和集中埋葬贵族的特殊茔域。现有资料没有显示红山社会形成了一个类似国家的政治实体，而是存在各自分立、规模和实力不等的若干“酋邦”。然而，这些社会群体似是在统一的神灵崇拜和共同的信仰体系下整合成了一个“宗教共同体”，他们共同崇拜的对象或许就是“女神庙”里供奉的祖先神。很可能，红山文化是在良渚之外又一个有着统一宗教信仰或崇拜对象的社会。由于生产经济、财富积累、社会竞争程度和动员能力等方面的差异，红山社会没有达到良渚那样的复杂程度和发展高度。但无论如何，在刺激红山社会复杂化发展的各要素中，形而上的宗教信仰和祭祀礼仪应当发挥了巨大的、甚至是主要的作用。这是红山社会与众不同的一个突出特征。

---

① 江章华、李明斌：《古国寻踪——三星堆文化的兴起及其影响》，巴蜀书社，2002年。

② 朱章义、张擎、王方：《成都金沙遗址的发现、发掘与意义》,《四川文物》2002年第2期。

③ 辽宁省文物考古研究所：《牛河梁——红山文化遗址发掘报告（1983～2003年度）》，文物出版社，2012年。

四、结语：早期国家起源的动力机制——一般性与特殊性

通过对上述各“核心文化区”史前晚期社会发展和国家形成的背景与动因的梳理探讨，我们发现导致各区域社会演变的动力机制既有一般的共性，也有一些特殊性。下面做一概括总结。

首先要关注的一个问题是，在早期国家或高度复杂的社会形态出现之前，不同地区最初的社会分化，或称最早的社会复杂化是如何发生的，其背后的动因是什么？这也是近几十年来西方学术界常常单独提出来讨论的一个重要问题。因该问题与国家起源问题密切相关，这里也做一些简要的讨论。我们知道，人作为动物之一种，自利、贪欲是其本性之一。然而人作为高智商、情感丰富的特殊动物，大的发展趋势是“文明化”，为自身生存发展的需要会建立起各种社会制度和行为规范。当生产力水平低下、人们需要群体互助才能生存的情况下，例如在“游群”和“氏族”社会中，个人欲望会受到有效压制，一般会确立相对平等、平均主义的原则。其后在条件适宜的地区，随着种植农业或其他生业方式的发展、生产力水平的提高，各种手工业也获得相应发展，剩余产品不断增加，社会财富得到持续积累，个体或小型社群的生存能力逐渐增强；与此同时，人性中的贪欲和自利性不断被释放，对财富和权势的追求导致社会竞争加剧，通过不同途径，少数人获取更多利益和权力而成为权贵阶层，最终形成等级分化的复杂社会。对这样一种社会发展规律的认识，马克思主义经典作家早有所论。这样的认识也不断得到考古发现和研究的证明。在中国，初期复杂社会（也可称为“酋邦”组织）大约在公元前第四千纪前，中叶出现于黄河中下游、长江中下游和东北的燕辽地区，主要有仰韶中晚期文化、大汶口文化、崧泽文化、大溪—油子岭文化、红山文化等。在上述大的背景下，经济生产或贸易交换导致的贫富分化、基于武力的暴力掠夺、对宗教信仰话语权的垄断，这些要素在不同区域的社会发展中可能分别起到了不同程度的作用。其实，自彼时起，对财富与权力的追逐就一直是人类社会竞争和发展的核心要素及主要驱动力之一，迄今不衰。而另外，由于人性中同时共有的对真善美、公平正义等“正能量”的渴求，必然会导致对人性中诸种贪欲进行有效控制、并不断进行良性制度与文化的建设，这是促使人类最终走向真正文明的必然途径，尽管这一过程可能会相当漫长。

从前文的分析可以看出，早期国家起源的根本基础也是经济发展和社会竞争，这是不同地区共有的一般性。史前晚期随着生产力的发展，各核心文化区社会群体中的

基本组成单元，即能够较独立组织生产和生活的单位都日趋小型化，由过去那种较大规模的氏族渐变为家族，到龙山时代以后就基本是小型家族或扩大家庭了。与此相应，财富的积累和贫富分化也便在家族这个层面上产生并扩展开来，而社会权力也就日益集中到少数强势家族的权贵手中。在这一过程中，伴随着人口增长和聚落的“核心化”，大型中心聚落逐渐成为各种社会活动汇聚和人群互动的中心，也是生产分工和社会管理、社会竞争、矛盾冲突的焦点。在此基础上，不同群体与个体之间的竞争导致等级与阶层分化不断加剧，而以不同统治策略加强社会的整合和控制则是各地国家起源共有的特征。早期国家皆是在多种要素和复杂机制的共同作用下形成的，用任何单一的因素来解释国家的起源都是不恰当的。而我们探索国家起源的主要原动力，重点是要考察社会权力是在什么核心要素驱动下、以何种方式成长和集中的。

在追逐财富与权力、构建复杂的社会管理体制的过程中，因环境背景、资源条件、生产方式、意识观念和文化传统的差异，不同地区处理社群间彼此关系的方式、上层权贵的领导策略都会有所差别，从而导致国家产生途径的不同；其中起主导作用的主要有社会政治、经济、军事和宗教信仰等方面的要素。在如前所述各个地区共有的经济发展、人口增长、社会竞争与等级分化的基础上，黄河中游与长江下游代表了两种完全不同的国家形成模式。在黄河中游，除了社群内部的竞争与分化，上层权贵还主要通过军事、战争来获取更多资源和财富，攫取和提升政治权力，即以军事强权为基础构建起复杂的社会组织，最终催生出像陶寺、石峁和二里头这样的王权国家；长江下游的良渚，上层权贵主要是通过对资源特别是奢侈品生产与分配的控制、组织大型公共工程建设来聚敛财富、强化管理、垄断权力，并与统一的宗教神权紧密结合，最终构建起具有“政教合一”特性的王权国家。

以上黄河中游和长江下游早期国家形成的动力机制是两个典型的代表，不管其他地区史前晚期高度复杂的社会组织是否已形成国家，其社会发展模式皆可以此为参照进行比较分析。如红山社会，以牛河梁“坛、庙、冢”为代表的大型祭祀中心和高等级墓葬聚集地，彰显出统一的宗教观念对整合红山社会的统领作用，此点与良渚类似，但其世俗社会却没有良渚那样发达，可能还没有形成“政教合一”的国家政治实体。至于黄河上游的齐家社会，目前也还看不出早期国家的迹象，但其总体特征似乎更接近邻近的中原和北方。黄河下游的龙山社会，各方面介于中原与良渚之间，但似乎与中原相近处更多；自大汶口时期起礼制的发展就成为海岱地区一个突出的特征，礼制对构建、维护和巩固本地区的社会结构与秩序起到了非常重要的作用，但主要是基于财富、权力等级的世俗性，而不像良渚那样同时还具有强烈的神性和宗教色彩。与之相似的还有长江中游的石家河，总体上也介于中原与良渚之间，但更与良渚近似。而长江上游的宝墩到三星堆文化，其社会发展的路径和风格与良渚亦多类似之处。

简而言之，中原和北方所在的黄河中游与长江下游的良渚形成对照，似乎可以看作是国家形成与社会发展动力模式的两极，其间则存在着多种中间形态，而非简单的二分。如果非要做出某种粗略总结的话，由于不同区域间环境的相似与差异性，总体上似乎可以将中国史前社会演变与早期国家形成的动力机制简单概括为“黄河类型”与“长江类型”两种模式。前者偏重武力与军事，后者偏重经济与宗教的结合。这与赵辉先生所讲的“北方模式”和“南方模式”约略相近而微有差别。

最后再次强调，我们可以将国家起源、社会演变的动力机制分成偏政治经济型的、军事战争型的、宗教信仰型的几种，但这只不过是强调某种要素的突出作用。实际上任何国家的形成和社会的演变都是多种因素作用下的结果，都有着复杂的动力机制。如黄河中游早期国家的形成过程中，虽然军事强权、暴力战争的作用突出，但同样有社会内部的经济竞争、借助祖先崇拜等神灵信仰方面的作用；而良渚社会尽管在资源、财富、公共建设等方面的经济控制和对宗教神权的垄断发挥了主导作用，但军事强权的获取和掌控同样不可或缺。

（原载《新果集（二）——庆祝林沄先生八十华诞论文集》，
科学出版社，2018 年）

◉ 理论与方法的思考 ◉

西方考古学观念的演变

就高层理论而言，考古学还很少有自己的建树。考古学的发展，与历史哲学、人类学思想有着密不可分的关系。但同时，考古学自诞生之日起就始终未停止过对自身理论、方法论的建设，并于不同时期形成了不同的学术流派，且各家学说各有其长，从总体上不断地推动着考古学的发展。本文拟结合历史哲学、人类学思想对考古学的渗透和影响，按照西方考古学的一般分期方案，对西方考古学观念的演变历程做一回顾和反思，并表述一些个人的认识，以图对西方考古学思想的发展脉络有一个总体把握，这或许对更好地认识中国考古学有所裨益。

一、20世纪20年代以前的考古学

现代科学考古学诞生于19世纪的欧洲，在此之前有个古物学的背景。古物学的兴起是在文艺复兴之后，人们对古典世界的文化、艺术发生了极大兴趣，许多人热衷于收集和研究古物，当然主要是作为艺术品来鉴赏，虽有些历史方面的探索，但大多是不着边际的推测、猜想，还谈不上是近代意义的考古学。

1819年，丹麦国家博物馆馆长汤姆森按照石器、青铜器、铁器三个时代的划分对博物馆的藏品进行陈列，并在1836年出版的博物馆参观指南《北欧古物导论》中明确阐述了“三期说”的概念。此后汤姆森的学生沃尔赛、瑞典人尼尔森等人以此为基础，在史前学领域进行了许多富有开创性的探索与实践，成为考古学发轫期杰出的先驱者。三期说在古物研究和史前学中的应用与证实，将古物学从历史臆断的泥潭中拯救出来，奠定了史前考古学的基础，最终“把古物学家的艺术爱好转变为考古学家的历史研究”[①]。这标志着近代科学考古学的诞生。三期说思想的形成植根于18世纪启蒙运动所确立的进步的信念、文化进化的观点，以及科学技术的迅速发展给予这种信念的有力的支持，这使得考古学“在先于地质学和生物学进化论框架的发展之前，就已在进化

① 格林·丹尼尔著，黄其煦译：《考古学一百五十年》，文物出版社，1987年。

论框架中进行研究了”[1]。

然而考古学在整个欧洲的广泛出现与形成还是19世纪后半叶的事。这期间包括几个方面的促成因素。首先是三期说的广泛传播。其次是1830～1833年赖尔发表《地质学原理》，倡导均变论，经过与灾变洪水派的激烈论战而取得胜利。这使得19世纪上半叶发现的多处人类化石及人工制品与绝灭动物共存的现象获得了坚实的理论基础。最后是1859年达尔文发表《物种起源》，提出了生物进化论思想。均变论与进化论否定了上帝创世造人说，早期人类化石及其遗存的发现与确认，以及三期说所展示的人类物质文化的进化，又有力地支持了进化论思想。自此远古人类的存在得到广泛承认，上帝创世说被摧毁，人类的思想认识发生了革命性的转变。进化论成为主宰19世纪后期思想的主流，在这一背景下，三期说在欧洲各国流行，古物学逐步被纳入到考古学研究的科学轨道上来”[2]。

考古学在欧洲各国出现以后，直到20世纪的前20年间，研究的主题就是在三期说的基础上进行更加细致的分期。首先将石器时代划分为旧石器时代与新石器时代，而后在旧石器、新石器、青铜器、铁器时代的研究中都出现了多种分期方案。受当时古典进化论思想的影响，人们试图总结出适用于整个欧洲乃至整个人类历史的分期方案。古典进化论认为，人类是不断进化发展的，而且各民族及其文化都要经历大致相同的历史进程。这种单线进化论的思想对早期人类学（在欧洲称民族学）、考古学产生了广泛而深远的影响。此外，这一时期还诞生了传统考古学的两大支柱：地层学和类型学，并最终使考古学走上了科学发掘和研究的正确途径。

19世纪是西方近代工业革命取得巨大成功、科学技术迅猛发展的时期，科学和理性备受推崇。在这种时代背景下诞生了具有广泛影响的实证主义哲学，受其影响，在欧洲史坛形成了一个代表传统史学主流（相对于后来的新史学而言）的“兰克学派”。兰克学派以确立史实为宗旨，认为历史研究完全可以效法自然科学，做到不带主观意向的“如实直书”；但反对探讨历史规律和因果关系，认为这既无可能也无必要[3]。这个时期的考古学虽然也以研究历史为目的，但由于刚刚从古物学的自发状态转变为有意识探索历史的自为状态，学科意识刚刚觉醒，尚无力进行系统的理论建设，所以也看不出它与当时正在盛行的实证主义史学有什么直接关系。但由于考古学的形成直接源于古物学与地质学的结合，且有生物进化论思想的背景，早期的许多考古学家同时也是地质学家，考古学的两大方法体系——地层学和类型学直接来自地质地层学和生

① 布鲁斯·炊格尔著，蒋祖棣、刘英译：《时间与传统》，生活·读书·新知三联书店，1991年。
② 格林·丹尼尔著，黄其煦译：《考古学一百五十年》，文物出版社，1987年。
③ 徐浩、侯建新：《当代西方史学流派》，中国人民大学出版社，1996年。

物学中的分类与谱系学说，所以考古学从诞生之日起，就与自然科学结下了不解之缘。它以探索人类早期的历史和文化为宗旨，但又要借助自然科学的手段，追求考古研究和历史知识的精确性、可靠性，并像当时古典进化论人类学那样试图总结出人类社会文化发展的一般模式（如著名人类学家爱德华·泰勒和摩尔根所提出的蒙昧、野蛮、文明三阶段的划分），因此它的学科取向是与实证主义思想相合的。可见学科的发展难以脱离它所处时代的大的思想背景的影响。

美洲考古学虽直接受欧洲的影响而出现，但这个时期美洲的情况与欧洲又有所不同，主要表现在两个方面。一是美洲考古学从形成之日起就与人类学关系密切，这是因为美洲考古学的对象是印第安人的历史和文化，而当时的印第安人还处于比较原始的状态，这样就可以直接结合现有的民族学资料来研究考古遗存中的过去。二是与欧洲注重年代分期的纵向研究不同，美洲注重分类和分区的横向研究[①]。这是因为，19世纪后期进化论思想并没有在美洲考古学中扮演重要角色，因为美洲印第安人被普遍认为不可能有进步，是缺乏历史的野蛮人。到20世纪初，则主要同以著名人类学家博厄斯为代表的美国历史学派所主张的“历史特殊论”有关。博厄斯反对当时流行的进化论和传播论，认为每个民族都有其独特的历史和文化，并且只有具体的、历史的东西才是可靠的，强调从事实出发，对具体历史做经验性的记录和描述，反对轻率地概括理论和总结规律[②]。其主张同兰克学派的实证史学颇为相似，显然与后者有渊源关系。博厄斯学派不仅在当时，而且在以后长时期内都对美国传统考古学产生了深刻的影响。

二、20世纪20～50年代的考古学

在欧洲，由于以往单纯的年代分期已不能适应解决各地区积累起来的越来越复杂的考古资料，人们开始注意遗存的地域差异。在美洲，由于地层学的引入和广泛应用，人们开始注意遗存的细微变化，并致力于年代序列的建立。最后，“考古学文化”概念的出现使得考古学家最终获得了有效地组织遗存研究的基本单位，它的普及特别得益于英国著名考古学家柴尔德的充分应用和阐释。考古学文化的提出及其内涵的充实与发展，是这一时期考古学自身理论建设中至关重要的事情，它“使文化群的研究从地质学和分类学研究方法中解脱出来，成为考古学尤其是史前考古学研究的新课题”[③]。以

① 杨建华：《外国考古学史》，吉林大学出版社，1995年。

② 王海龙、何勇：《文化人类学历史导引》，学林出版社，1992年。

③ 杨建华：《外国考古学史》，吉林大学出版社，1995年。

此为基础，考古学家开始致力于构建考古学文化的时空框架，文化史的重建成为这个时期考古学研究的主旋律，而 1949 年 ^{14}C 测年技术的发明以及其他测年技术的发展使得这种重建获得了可靠的绝对的年代学基础，这是科技手段应用于考古学的一项最重要的成果。考古学逐步走向成熟，学科的自我意识增强了。

当时人类学界流行的传播主义对考古学产生了一定的影响。传播论是作为进化论的对立面出现的，它首先源于德、奥，后又扩散到英、美等国。这一学派认为，“每一种文化现象（包括物质文化、社会制度以及意识形态领域的内容）都是在世界某一个地方一次产生的，然后，开始向外‘传播’，并在传播点机械地生长结合，从而形成一定的‘文化圈’”，“人类及其文化的历史没有任何重复性，因而也就没有任何规律性”①。在进化论与传播论对峙的局面中，许多考古学家采取了中庸的立场。比如柴尔德就曾认为，进步并非不可避免或自然发生的，文化的变化需要有外部的冲击，他甚至设想主要的技术革新只会发生一次，并从一个中心传播开来，不过他坚持这种现象的确认最终依赖于考古学的证据。他依然是通过进步与进化来概括长时期内文化发展的特性的②。总之，在受到传播论强烈影响的同时，考古学也吸收了其中一些合理的成分，比如对文化传播现象的关注，在概括不同区域文化特征和比较研究的基础上引入“文化圈”的概念，等等。就连反传播论的美国历史学派所提出的“文化区”的概念，也同“文化圈”有着本质上的相似性，只是历史学派所主张的是文化起源多中心和文化传播多元论。

这个时期对考古学产生重大影响的人类学理论还有 20 世纪早期诞生于英国的功能主义，其主要摇旗人为马林诺夫斯基和拉德克利夫－布朗。功能学派认为，任何一种文化现象（包括用具、风格、制度、观念、习俗等）都有满足人类实际生活需要的作用，即都有一定的功能，它们互相关联、互相作用，都是整体中不可分的一部分。文化是人类实际需要的产物。人类社会的形成、发展到现代文明的各个方面，都是文化功能执行的结果③。受这种观念的影响一些考古学家开始有意识地注意对遗存功能的解释和分析，在忙于重建文化史的同时，也兼从出土环境、遗存特征来考察史前社会形态、观念和经济生活，尤其在史前经济、技术领域的研究中取得了较为突出的成果。

对功能考古的阐释、实施最充分的并不在英国和欧洲大陆，而是在美国。早在 20 世纪 30 年代，一些学者就对美洲考古学单纯研究年代序列的局面产生了不满，他们试

① 王海龙、何勇：《文化人类学历史导引》，学林出版社，1992 年。

② 布鲁斯·炊格尔著，蒋祖棣、刘英译：《时间与传统》，生活·读书·新知三联书店，1991 年。

③ 王海龙、何勇：《文化人类学历史导引》，学林出版社，1992 年。

图从出土的位置、环境来确定遗存的功能，研究人工制品的功能性分类，以此来说明人类的行为。他们特别重视对文化所依存的自然环境的复原，将其视为理解文化、研究文化功能的一个出发点。尤为值得一提的是，40年代美国学者威利在秘鲁维鲁河谷所做的聚落形态的研究，聚落考古由此成为对史前社会做综合研究的新起点和最重要的手段之一。而威利将聚落形态描述为“提供了考古文化的功能性的解释的一个战略性的出发点”①，换句话说，聚落考古是为适应对考古遗存的功能解释而提出和实施的。可见，“功能”的概念在其中扮演了重要角色，影响极深。这一阶段在理论上系统阐述考古学的功能观、对考古学做出全面评判的，当首推瓦特·泰勒于1948年发表的博士论文《考古学的研究》②。泰勒激烈地批评了只注重建立地区年代序列的考古学现状，抨击了对文化的非物质领域的忽视，他主张把具体文化视为系统而不是特征的集合，把人工制品当作整个文化系统的产品来考察，强调要追寻考古遗物之间的功能联系，以及具体文化单位之间的相互关系，由此来重建整个文化系统。他提出了一种“缀合”式研究法，即将考古发现中所有的零碎现象有机地联系起来进行研究，以确认遗存之间的功能关系。文化的“系统”与“功能”观是泰勒思想的核心。泰勒的理论成为后来美国新考古学运动的先声。

这个阶段代表欧洲最高研究水平、始终站在理论前沿的是英国考古学家戈登·柴尔德。他的一系列重要的学术思想和卓越的考古学实践，使他成为领袖群伦的一代宗师。而他的成功则得益于对马克思主义历史唯物论的运用，他因此也被人们称为“马克思主义考古学家”。他将马克思主义学说自觉地、创造性地运用于考古学研究中，根据生产力发展水平、经济基础的决定作用，从社会、文化的内部机制来探讨历史发展变化的过程和动因。因此，他强调对考古学文化内部结构的形式与功能的分析。他提出的著名的“农业革命”和“城市革命”观点，为通过考古遗存确定人类社会发展的重大阶段性变化提供了明确的、可参照实施的标准，由此引发出的对农业起源、城市与国家起源及其发展过程的探讨，至今仍是考古学研究的世界性课题③。柴尔德的理论和实践为运用马克思主义研究考古学树立了一个成功的范例。从此马克思主义在考古学中的影响一直持续不衰。而苏联自十月革命后宗奉马列，马克思主义成了学术界唯一指导思想，这自不必说。

20世纪20～50年代，西方考古学尽管出现了一些重要的变化，特别是在后期，新

① 转引自张光直:《考古学专题六讲》，文物出版社，1986年。

② 转引自布鲁斯·炊格尔著，蒋祖棣、刘英译:《时间与传统》，生活·读书·新知三联书店，1991年。

③ 杨建华:《外国考古学史》，吉林大学出版社，1995年。

的发展趋势已露端倪，柴尔德、威利、泰勒等一批杰出学者的先进思想预示着从描述考古向解释考古的转变，但就整体来说，以构建考古学文化时空框架为主的文化史的重建，仍是这个阶段考古学研究的主要内容。这是学科发展无法超越的必经阶段，也是后来考古学向更高层次迈进必不可少的基础。而在美国，这同博厄斯学派的历史特殊论和文化相对论又有着直接的关联。受其影响，历史被认为只是记录和描述个别事实，建立年代序列；科学才是描述一般，探讨普遍规律。历史与科学被人为地对立起来了。前文提到，博厄斯的思想同20世纪盛极一时的兰克学派的实证主义史学有惊人的相似之处，这或许同博厄斯早年曾受训于德国有直接的关系。把历史学的对象局限于个别和特殊事件，将历史与科学相对立，这在西方学术界素有传统。这种观念存在于不同流派的历史哲学思想中，时隐时现，不绝如缕，构成了西方学术传统中一个显著的景观。在美国由于历史学派的勃兴而更显其盛，这也是后来新考古学高举科学大旗、反历史主义的一个重要背景。另外我们还发现，20世纪前期对传统史学的反叛，历史哲学的复兴，以法国年鉴派为代表的新史学的崛起，都没有在考古学界激起多少自觉的、积极的反应（前面提到的少数先觉者除外）。尤其耐人寻味的是，在美国，早在1912年，史学家鲁滨孙就已出版他的《新史学》①，明确阐述了后来新史学运动所信奉的一些主张，但左右考古学观念的仍是博厄斯学派狭隘的学术思想。这种现象固然反映了考古学对社会科学思潮回应的迟滞，也说明学科的发展还不很成熟，学科整体尚缺乏自我反思和系统的理论建树，另外也显示出利用考古遗存来探讨物质文化以外的社会、思想意识领域的起步之艰难。

三、20世纪60～70年代的考古学

20世纪60年代以后，就世界范围内的考古学而言，最显著的变化无疑是美、英新考古学的兴起及其广泛影响，而影响最大的当首推以路易斯·宾福德为首的美国新考古学派。新考古学思想的渊源可追溯到60年代以前，如特里格（又译炊格尔）所言："新考古学的精髓和不朽的内容是50年代中由大批美国考古学家所共同创立的。"②1962年，宾福德发表了《作为人类学的考古学〉一文③，明确表述了新考古学的主要观点，人们一般将这视为新考古学的正式开端。后经他的极力倡导和一批年轻学者的不懈努

① 詹姆斯·哈威·鲁滨孙著，何炳松译：《新史学》，商务印书馆，1964年。

② 布鲁斯·特里格著，陈淳译：《美国新考古学述评》，《文物季刊》1992年第3期。

③ 路易斯·宾福德著，米如田译：《作为人类学的考古学》，《当代国外考古学理论与方法》，三秦出版社，1991年。

力，新考古学迅速发展，短短十几年的时间就在美国考古学界占据了主导地位，成了新的“正统”。在英国，经由戴维·克拉克和科林·伦福儒等人的推动，新考古学也蔚为大观。新考古学对以往的“传统考古学”进行了全面的反思与批判，提出了一套系统、完整的理论和方法，并不断地进行自我调整，按克拉克的认识，学科的发展进入了批判的自我意识阶段[①]。80年代以后，随着一批翻译、评介文章和专著的不断问世，中国考古学界对新考古学早已不再感到陌生，许多人对新考古学的主要原则已经耳熟能详。本文重在讨论其理论的思想基础及得失。

简而言之，新考古学的理论有如下一些主要内容：奉行新进化论，提出考古学的直接目的在于重建人类的生存方式、行为过程，阐明文化进程，寻求社会和文化发展的一般法则及动力；注重生态学研究，并引进系统论，将文化视为整个生态系统的一部分；推崇假说—演绎法，往往运用某种模式来解释文化现象；在考古学中引入了“中程理论”的概念且颇有建树。

前文提到，由于受博厄斯历史学派的影响，美国人类学和考古学家大多将历史研究等同于单纯的描述事实和建立年代序列，认为历史与科学是相对的。随着美国史前考古学文化时空框架的逐步确立，越来越多的人对以这种思想为指导的研究感到不满，于是宾福德适时地打起了新考古学的大旗。新考古学反对历史特殊论，认为考古学与人类学的目的是一致的，“是试图说明和阐释整个时空内的人类生存之物质及文化上的异同现象”[②]，考古学是人类学的一个组成部分，最终旨在发现、总结和概括文化演变的一般规律，因而考古学应该属于科学的范畴，而非历史学的。新考古学以当时正盛行的新进化论为理论基础。新进化论的主要开创者为莱斯利·怀特和朱利安·斯图尔德。怀特认为，文化具有普遍进化的规律性，是一个自己决定自己的过程，而技术在文化变化中起着决定性的作用。斯图尔德提出了一种“多线进化理论”，创立了“文化生态学”，认为文化的变化是对环境适应的结果，相异的自然环境导致了文化的不同发展道路[③]。新考古学秉承了上述思想，尤其是后者的文化生态学说，将文化视为“人类对环境的超肉体的适应方式”，从环境适应的角度来解释人类的生存方式，重建文化进化的过程，所以新考古学又被称为“过程学派”。尽管新考古学也同意，复原文化史乃是考古学的目的之一，但其兴趣并不在此，不屑于研究特定文化的具体特征，而关注存在于不同文化之间的共性，提倡跨文化的比较研究，以概括出超文化的一般法则。

---

① 戴维·L. 克拉克著，陈铁梅译：《考古学纯洁性的丧失》，《当代国外考古学理论与方法》，三秦出版社，1991年。

② 路易斯·宾福德著，米如田译：《作为人类学的考古学》，《当代国外考古学理论与方法》，三秦出版社，1991年。

③ 王海龙、何勇：《文化人类学历史导引》，学林出版社，1992年。

运用系统论研究考古遗存并非始自于新考古学，在前述泰勒的理论中就包含着这种思想。但新考古学的独到之处在于，将系统论与文化生态学相结合，把文化视为整个生态系统的有机组成部分，从文化亚系统与环境亚系统的互动关系中来理解文化的演进。文化系统进一步被区分为技术、社会和意识形态三个子系统，系统中各部分的变化都被看作是对环境变迁所做的适应性反应。在文化系统的所有成分中，技术经济因素与生态环境的关系最为密切，因此也被认为是决定文化系统的关键因素。新考古学的理论和实践都有明显的“生态决定论”倾向。

新考古学还深受亨普尔等人的逻辑实证主义和波普尔的科学哲学思想的影响。波普尔和亨普尔都反对归纳法，认为只有演绎法才是进行科学研究的正确方法①，这成了新考古学方法论的直接来源。但新考古学没有像波普尔及以前的一些哲学家那样否定历史发展的客观规律，只是认为这属于科学而非历史学的范畴，它将历史与科学相对立的二分法同波普尔的思想相契合。新考古学批评传统考古学使用归纳法只能得出一些经验性的结论，而不能形成理论，更不能产生规律，所以，它推崇使用假说—演绎法，认为只有这种方法才能为解读考古资料提供一个可以验证的解释模式，并得出规律性的认识。考古学中的假说—演绎法，具体说，就是从已有的理论或材料中提出某种假说，并推演出一般性的内涵，然后再用具体的考古资料加以验证。

宾福德后来意识到这种方法存在一个缺陷，即考古遗存处于静止的状态，它所反映的人的行为并不能直接观察，通过材料来验证理论仍需要经过推论，两者并非直接相关，所以，对考古遗存进行解释、验证假说的过程本身也需要经过检验②。为了解决这个矛盾，宾福德引入了社会学中的“中程理论”这一概念。考古学上的中程研究试图在静态的考古遗存和人类往昔动态的行为之间架起一座能够沟通的桥梁，建立一种可以直接观察到的“语言”，它所借助的手段主要有民族考古学、实验考古学、埋藏学等分支学科。

美国新考古学是作为以历史特殊论为指导的传统考古学的对立面出现的，因此在美国，新考古学运动被视为是一次革命，是学科“范式”的更替。但就全世界而言，新考古学却被认为并不那么“新”，而且招致了许多非议和批评。它所信奉的进化论思想，在欧洲始终是考古学观念的一个基础，从未被完全抛弃过。阐明文化进程，探求文化发展的一般规律，在欧洲和其他地区也都被奉为学科的最高宗旨。这些方面在“传统考古学”的杰出代表柴尔德身上有着充分的表现。它过于强调超文化的一般法则

---

① 刘放桐等：《现代西方哲学》(修订本)，人民出版社，1990年。

② 孙祖初：《从“从事考古”看宾福德新考古学》，《东南文化》1997年第1期；罗伯特·W. 普鲁塞尔著，张良仁、陈星灿译：《考古学理论与哲学》，《考古学的历史·理论·实践》，中州古籍出版社，1996年。

而忽略具体的文化特性，这使它反而失去了传统考古学的一些优势。这种观念的形成是与其将历史和科学对立起来相关的。在马克思主义看来，历史当然不同于历史学派的那种单纯的记录和描述事实，历史是一门科学，是包括解释历史事件的因果关系、探讨人类社会发展的一般规律的科学。特里格在《时间与传统》中也反复批驳了新考古学对历史的错误理解，反对历史与科学相对立的二分法，指出史前考古学是史前史的一部分，强调考古学的历史学科的属性①。新考古学将考古学归属于人类学，这除了它将科学的目的归于人类学以外，还同美国考古学与人类学的天然联系、悠久的人类学传统有关。所以我们不能为了求“新”，就不加辨析地、盲目地将考古学归属于人类学。

新考古学提倡文化生态学，却又陷入了环境决定论的泥淖；它运用系统论的方法，却往往形成刻板的解释模式（如系统的正负反馈学说），而且，由于这些模式太理想，考古资料又那么残缺不全，“在未知数远远大于已知数的情况下使用系统论模式来复原历史是很困难的”②。新考古学推崇假说—演绎法而排斥归纳法，但许多人指出，归纳和演绎的过程是互相关联的，两者难以截然分开，假说的提出往往要通过对已有材料的归纳，而依据资料来验证假说通常也是一个归纳的过程。新考古学的建树大多集中在人类的生存方式和技术经济系统，对社会组织结构特别是意识形态涉猎较少，而且偏重于渔猎—采集社会的研究。并且，许多重要的成果都是由民族学材料直接获得的，考古学的内容往往被抽换掉了，所以人们多以为，新考古学所取得的成果与它所倡导的理论是不相符的。

早在新考古学出现之前，以 1929 年法国“年鉴学派”的诞生为标志，自 20 世纪 30 年代起西方就兴起了一股反传统史学的新史学运动，特别是第二次世界大战后，以年鉴派为代表的新史学的浪潮遍及整个西方，逐渐成为史学发展的主流③。年鉴派提出了“总体史”的口号，主张历史研究应包括人类生活的一切方面，极大地拓展了史学研究的领域和史料的范围；它提倡跨学科综合研究，注重理论概括和解释；强调史学家的认识主体作用，反对传统史学所标榜的主客体分离的“客观主义”。年鉴派第二代领导者布罗代尔还提出了著名的“长时段”理论，这一理论包含了整体系统论和生态决定论的思想④。可以说，以年鉴派为代表的新史学的思想早在许多年前就已涵盖甚至超越了新考古学姗姗来迟的一些主张。而且，从认识论的角度看，新考古学似乎还没

① 布鲁斯·炊格尔著，蒋祖棣、刘英译：《时间与传统》，生活·读书·新知三联书店，1991 年。

② 杨建华：《从美洲考古学史看新考古学》，《考古学文化论集》（3），文物出版社，1993 年。

③ 徐浩、侯建新：《当代西方史学流派》，中国人民大学出版社，1996 年；罗凤礼：《现代西方史学思潮评析》，中央编译出版社，1996 年。

④ 费尔南·布罗代尔著，唐家龙等译：《菲力普二世时代的地中海和地中海世界》，商务印书馆，1996 年。

有达到新史学那样的高度。

新考古学高举科学大旗，运用系统论、演绎法、数理统计等在自然科学中行之有效的方法，使其方法力求精密、规范，使其结论力达客观，把考古学作为验证人类学理论的实验场，试图像自然科学那样建立普遍适用并可检验的解释模式。因此，新考古学的科学化努力有强烈的自然科学化的倾向，形成这种倾向的理论背景则是20世纪西方盛行的实证哲学、科学哲学思潮。但我们必须清醒地意识到，尽管考古学要借用多种自然科学的手段，使学科更趋科学合理，但是考古学毕竟属于人文科学，其最终目的在于认识“人”，它具有自然科学不能包容的更加丰富的内涵，具体认识中不可避免地会带有主观性。让史学科学化也是年鉴派努力的方向之一，但年鉴派同时还特别强调史学家的认识主体性问题，反对主客体分离的“客观主义”。时刻保持对认识论的自我批判意识，这也许是我们从中得出的重要警示之一。

新考古学尽管存在着许多缺陷和不足，其理论、方法多来源于外学科或早期的考古学研究，但它将这些理论和方法有效地整合在一起，并做了创造性的发挥，形成了一套明晰、系统完整的考古学理论，取得了一些令人瞩目的成就，在民族考古学、实验考古学、聚落考古、环境考古、数理统计的运用等领域都很有建树。作为一个特色鲜明、影响深广的学术流派，新考古学对推动考古学的发展具有积极的意义，因为就今天而言，新考古学的价值更多地在于它的成败得失所带给我们的诸多启示。

四、20世纪80年代以后的考古学

从20世纪70年代后期开始，特别是到80年代，新考古学的内部也进行了一系列的反思与调整，这一学派越来越趋向于成为一个观点各异的松散的学术群体。其中一个明显的变化是一些人背离了生态决定论，认为生态因素只是人类行为的限制性因素而非决定性因素，“人们开始重新考虑文化之间的相互影响对文化发展的作用”；由于意识到文化变异的复杂性，“在考虑某种情况时，他们同时考虑许多其他的影响因素，包括环境压力、内在动力、文化传统、与周邻文化的相互竞争、独立发明或传播等，就像历史学家通常所做的那样”[①]。

80年代以后，在对新考古学的反思与修正过程中，出现了一些新的发展趋势，其中最引人注目的是“后过程考古学”的出现，它最有力的倡导者当首推英国学者伊恩·霍德。

① 布鲁斯·G.特里格著，曹兵武译：《美国考古学的历史和现在》，《考古学的历史·理论·实践》，中州古籍出版社，1996年。

在霍德看来，过程考古学的主要弊端在于：认为人的行为是外界刺激的结果，文化是对环境变迁所做的适应性反映，人总是处于一个大的系统之中并受其左右，在系统里文化与个人无能为力，考古学的目的就是了解这个系统的情况，寻找一套普遍适用的、关于个体被动适应的行为的理论。霍德激烈地批评了这种脱离具体的文化背景来解释人的行为、忽视行为主体背后的思想的理论，提出了一种“发展的观点”。这个观点有以下三个特点。①“把人看作是主动的人，他们能动地变革社会的规则，创造或修正由个人所组成的社会的结构”；②“把功能与寓意、过程与规范、系统与文化结合起来而不是分割开来看问题”；③“社会变化并非一个纯自在的历史过程，它既受到以往历史因素的制约，又有其独特的文化背景”。霍德反复申明，任何关于人的行为的观点，都必须考虑到行为者所处的文化背景，只有在具体的社会、文化背景中，行为的意义才能被认识、理解，行为背后的观念才能被揭示。所以，霍德的后过程考古学又被称为“背景论”。霍德反对过程学派单纯追求“普遍适用法则”的“宿命”的观点，重视历史特殊性在塑造行为和文化的过程中所起的作用；他也主张概括人们构筑自己的生活世界时所遵循的普遍规则，但认为，这些规则“有些几乎适用于全球，绝大多数只适用于特殊的历史环境”。这种观念体现了一种辩证的思想。他强调以联系的、发展的观点来从事考古研究，“我们不能离开文化来谈过程、离开个体来谈社会系统、离开历史来谈适应与演化、离开主观来谈客观，我们如果能以不同的方式去把握与解答上面这些问题，什么是后过程考古学便一目了然”[①]。霍德并不完全赞同马克思的唯物史观，但他的上述思想与马克思主义有相通之处。霍德强调人的主观能动作用，把遗存所反映的“思想、观念”置于研究中的核心地位，这方面他显然受到了其同胞柯林武德的影响。柯林伍德提出了“一切历史都是思想史”这一著名论点，意思是说有关的人物、事件等历史现象不过是历史外在的躯壳，唯有思想才是历史的灵魂，所以史学家的任务就是要寻求构成历史内在方面的思想过程[②]。

那么该如何解读考古遗存中意识、观念性的内容呢？霍德运用的方式之一就是关于符号的象征理论。他认为符号本身并没有意义，但作为符号的“物”在“参与社会实践时唤起一种气氛、观念、情感来，能够依靠集中和联想在人脑中唤起某种结构或重构体来”，例如戴在身上的别针。“唤起”的概念在这一理论中占有核心的地位，而它又必须与“背景”相连，“使用某物时其实际的意义当依具体背景而变化”。他举例说：“在一个墓地的某些墓葬中佩在左肩的饰针是性别不同的标志，而同一墓地另外一

① 伊恩·霍德著，曹兵武译：《后过程的考古学》，《当代国外考古学理论与方法》，三秦出版社，1991年。

② R. G. 柯林武德著，何兆武、张文杰译：《历史的观念》，中国社会科学出版社，1986年。

些墓葬中于胸前的同一类型的饰针则成为不同年纪和地位的标志。”另外，对于同一个符号每个人还可以从不同的角度获得自己独特的感受，物质符号的意义和作用有时具有“含糊性”，所以，人们澄清事实的能力难免要受这种含糊性的影响。这样，有关物质文化理论的要点就应包括唤起、背景、含糊性这些概念在内①。

霍德运用的另一重要理论是结构主义。系统的结构主义理论是由法国人类学家莱维—斯特劳斯提出来的。他认为，结构主义的中心课题就是从混乱中寻求秩序。结构所展示的是一个系统的特征，它由许多成分组成，每一种成分的变化都会引起其他成分的变化，这些成分之间的关系就是结构。这种结构是指寓于事物之间的深层结构，是人们构建这个世界所遵从的逻辑秩序，是一种“无意识”的产物②。受结构主义的影响，并结合他自己关于后过程考古学的思想，霍德提出了“结构考古学”的理论。概括地说，结构考古学所要揭示的就是人们在构建社会、创造文化时所遵从的逻辑秩序，或说某种规则，在事物的表层结构背后所隐含的深层寓意，以及系统中某种成分与另一种成分之间结构上相互关联、对应的关系。霍德强调，结构的意义必须被解释，而解释只有从考古发现的联系和对比中去提取，也就是说，依然要放到具体的环境、背景中，只有这样才能充分发挥结构分析的巨大潜力。尽管霍德竭力推崇结构考古学的研究，但他在这方面还是保持了比较审慎的态度，因为他意识到，“符号和意义的抽象分析尤其难”，作为物质与意识之间的桥梁，结构主义所给予的帮助还很少。他批评以往的结构主义将个体视为消极的因素，他则强调个体的积极作用。霍德很少提及结构研究的普遍模式和无意识方面，他强调更多的是，结构往往与具体的、特殊的意义相联③。

就高层理论而言，后过程考古学并没有完全超越于过程考古学之上，正如霍德本人所说，“后过程考古学建立在前者（过程考古学）的基础上，并一如既往地保留了它广泛地注重过程、概括、人类学的考古学、严谨的方法论等特点”④。所以，后过程考古学并非取代过程考古学而出现的新范式，而是对后者的进一步完善和发展。后过程考古学由于强调人的主观能动性，注重背景分析，致力于考察遗存所反映的意识、观念，并创造性地运用了符号象征理论和结构主义理论，因而具有不同以往的独到之处。后过程考古学在理论上没有遭到很多批评，它的困难也许更多地在于具体的实施和操作

① 伊恩·霍德著，曹兵武译：《后过程的考古学》，《当代国外考古学理论与方法》，三秦出版社，1991年。

② 克洛德·莱维-斯特劳斯著，张祖建译：《结构人类学》，上海译文出版社，1995年。

③ 伊恩·霍德著，胡永庆、方燕明译：《结构考古学》，《考古学的历史·理论·实践》，中州古籍出版社，1996年。

④ 伊恩·霍德著，曹兵武译：《后过程的考古学》，《当代国外考古学理论与方法》，三秦出版社，1991年。

上，在实际研究中，要想成功地破译物质符号的象征作用，把握住社会文化系统中的深层结构和寓意，绝非易事。人们几乎公认，比起物质文化系统来，在社会尤其是精神系统领域的研究要困难得多。尽管如此，后过程考古学仍然展示了诱人的发展前景，因为作为考古学家，我们总是不满足于对现象的表面了解，总是想穷究隐匿于历史表象背后的深层寓意，而后过程考古学正是朝这个方向所做出的一种卓有成效的努力。

五、余　　论

本文简要回顾了西方考古学思想的演变历程，当然由于学力所限，偏颇缺失之处在所难免。不过从中我们还是可以发现，在考古学自身理论建设的过程中，总是同当时或以往的历史哲学、人类学思想有着千丝万缕的联系，尤其与后者的关系更为密切。考古学不断地从中汲取营养，构建着自己的高层理论。自 19 世纪后期兴起并延续至今的不同流派的实证主义（或称科学主义）哲学思潮一直对考古学产生着影响，加强着考古学科学化的努力，而这是在 19 世纪以来自然科学日新月异、飞速发展的大背景下的一种必然结果，也是考古学自身使命的要求。因为像文献史学一样，考古学的首要任务是复原历史，尽可能精确、可靠地确立史实，并试图揭示其中的规律。但考古学乃属人文学科，个人化、主观性的观点在考古学的解释中随处可见，这就要求对认识主体与认识对象之间的关系做出恰当的评价，保持批判的自我意识。近年来西方出现的所谓“批评考古学”就是在这方面所进行的一种尝试。西方考古学展出现的另外一个新趋向，是马克思主义越来越受到重视，受马克思历史唯物论的启发，注重从社会内部结构，依据生产力与生产关系、经济基础与上层建筑的矛盾冲突来解释社会和文化的发展演变。

尽管考古学始终受人类学和历史哲学思想的影响，但目的明确、意识鲜明地自觉结合有关思想来系统地构建自身理论，当是在新考古学之后。新考古学以“新”自诩，并极力要同“历史”划清界限。然而早在它以前，新史学就已提出了反对单纯罗列事件、主张扩大研究领域、注重阐释的总体史原则，布罗代尔“长时段”理论也包含了生态决定论和整体系统论的思想。20 世纪 70 年代以后，新史学受结构主义、精神分析学和柯林武德思想启发而发展起来的心态史、心理史、思想史，同样也包含了后过程考古学的那些主要原则。因此以新史学来衡量，新考古学也并不那么“新”，而且相近观点的提出总是要慢一个节拍。所以，作为广义史学的一部分，考古学不可能与历史学完全隔离开，尤其在自身理论建设的过程中，还必须对史学思潮的变化给予密切的关注。

西方史学、哲学、人类学思想的演变所给予我们的启示是多方面的，而考古学观念的发展更能提供直接的启迪。如何结合中国考古学的实践来创建我们自己的理论，开辟我们新的学术道路，这是我们必须面对的问题，也是许多人正在探讨之中的问题。

（原载《中国历史博物馆考古部纪念文集》，科学出版社，2000 年）

中国考古学观念的回顾与反思

本文为《西方考古学观念的演变》[①]一文的继续。中国近代考古学源于西方，而且中国考古学乃是世界考古学的一部分，所以对西方考古学观念的演变历程进行梳理和检讨，意在为反思中国考古学提供一个可以参照的对象。本文不想就中国考古学中一些具体的方法和各阶段的主要研究课题做详细的陈述和讨论，而是着意于它们背后的观念，即引导着中国考古学发展演变的理论、思想。最后，在回顾与反思的基础上提出一些个人的体会和见解。另需说明的是，本文的论述主要涉及最能体现考古学观念变化的史前考古领域。

一、中国考古学观念的演变

1. 中国考古学诞生的背景

人们普遍认为，中国近代科学考古学的发端，始于1921年瑞典人安特生对河南渑池仰韶村遗址的发掘。1926年留学回国的李济主持发掘了山西夏县西阴村遗址，拉开了中国学者独立进行考古活动的序幕。1928年中央研究院历史语言研究所考古组成立，并开始了对河南安阳殷墟遗址的发掘，中国有了自己的考古机构和专业队伍。至此，整个20世纪20年代中国考古学经历了从无到有的初创时期。20年代考古学之所以能够在中国生根发芽并得以顺利成长，有其外部的社会环境、历史背景和内在的现实需要。

自鸦片战争以后，随着西方列强的入侵，西方先进的科学技术、文化思想也随着逐渐传播到了中国。物质的贫弱、科技的落后、国力的衰微，使当时的旧中国时时处于被动挨打、受人欺凌的境地，也使国人产生了文化弱势的心理。在救亡图存的浪潮中，历经洋务运动、维新变法，最终导致了辛亥革命和五四运动的爆发。五四运动高

① 戴向明：《西方考古学观念的演变》，《中国历史博物馆考古部纪念文集》，科学出版社，2000年。

举科学和民主的大旗，就是要用西方先进的科技文化和民主思想来改造腐朽没落的旧中国，使中国进身于世界历史进程的主流之中。“五四”前后中国知识界普遍推崇伴随西方近代工业文明而兴盛起来的科学理性精神，主张引进西方各门科学学科以改造旧学。中国考古学正是在这样的环境背景中生长起来的。

也正是在这种大的时代背景下，20年代初兴起了古史辨运动。古史辨派的主要代表顾颉刚提出了著名的“层累地造成中国古史”观，以批判精神和科学方法考辨上古史料。经古史辨派的努力，中国上古传说时代的伪古史体系被摧毁，为重建新的上古史扫清了障碍，为考古学的兴起创造了客观条件。古史辨派虽已注意到了考古学对重建古史的作用，但他们已无力顾及于此[①]。20年代后期，留学欧洲7年返国的傅斯年“深以疑古为不足，改走重建之路”[②]。他不仅身体力行地致力于古史的重建，而且在他主持的中研院历史语言研究所中设立了考古组，并任用曾留学美国，具有新知识、新思想的李济负责，将重建中国上古史的重任寄托在考古学的身上。正是这“历史重建”的使命成为刚刚萌生的中国考古学得以顺利成长壮大的内在需求和动力，也由此奠定了中国考古学的基调。

2. 傅斯年的史学思想与早期中国考古学实践

杜正胜曾撰文详细讨论了历史语言研究所创办人傅斯年的史学思想[③]及与中国考古学的关系[④]。杜正胜称傅斯年的史学为“新史学”。所谓新史学，既不同于以往的传统史学单纯的人物大事记和乾嘉学派的烦琐考证，也不同于疑古派的“疑而过”、只破不立，而是“用尽材料——存证历史”，即借用多学科、多手段，找尽材料，重建历史。傅氏说：“现代的历史学研究，已经成了一个各种科学的方法之汇集，地质、地理、考古、生物、气象、天文等学，无一不供给研究历史问题者之工具。”[⑤]这种提倡多学科合作、全方位复原历史的思想与法国年鉴派的“总体史”原则颇为相近。年鉴派诞生于1929年，两者大体同时产生，所以傅氏的史学思想不仅在当时的中国，就是在世界范围内也是较为先进的。杜正胜称傅氏的史学为“史学革命”并不为过。对于有人将傅氏的史学比拟于西方传统史学的代表“兰克学派”，杜正胜颇不以为然，其缘由概在于此。

---

① 陈星灿：《中国史前考古学史研究（1895～1949）》，生活·读书·新知三联书店，1997年。

② 杜正胜：《新史学与中国考古学的发展》，《文物季刊》1998年第1期。

③ 杜正胜：《从疑古到重建——傅斯年的史学革命及其与胡适、顾颉刚的关系》，《中国文化》1995年第12期。

④ 杜正胜：《新史学与中国考古学的发展》，《文物季刊》1998年第1期。

⑤ 杜正胜：《从疑古到重建——傅斯年的史学革命及其与胡适、顾颉刚的关系》，《中国文化》1995年第12期。

然而傅斯年的史学思想确实又与年鉴派为代表的西方新史学有许多不同、与兰克学派为代表的西方传统史学有许多相通之处。傅氏的纲领性宣言："近代的历史学只是史料学"，"我们应该于史料赋给者之外，一点不多说，史料赋给者以内，一点不少说。不受任何传说观念的拘束，只求证，不言疏……"[①]这种将史学等同于史料学的说法，颇遭后人非议。对此杜正胜进行了辩解，他认为这样说并不意味着单纯地排列史料，也不是简单地"据事直书"，而是强调尽量找材料，把材料的内涵、关系讲清楚，不要衍义，这样"历史真相自然浮现，而所谓历史解释自然亦在其中"[②]。尽管如此，这些说法同兰克学派的"历史是怎样发生的就怎样叙述"，"史料本身会说话"的言论如出一辙。傅氏史学思想的要旨在于：以确立史实为宗旨，排除主观性，只述不议，反对材料以外的任何解释。这种思想同兰克学派的认识基本相同，而有别于年鉴派强调史学家的认识主体作用、反对主客体分离的客观主义、注重解释和历史发展的一般性研究的主张。所以，傅斯年的史学观念尽管包含了西方新史学也才萌生的一些先进思想（跨学科综合研究、史料范围的扩大、总体史的原则）。但其史学认识论却没有超出西方传统史学的范畴。

历史语言研究所起用李济为考古组负责人，概因他与傅斯年有着相近的主张。如杜正胜所述，李济从一开始就将考古学视为广义史学的一部分，目的也是为了重建历史，而且也主张多学科合作以构建一种新的历史。杜氏列举了李济申论古史重建的7类材料，将其归纳为4门：生态学、民族学（含体质人类学）、考古学、狭义的历史学。在李济早期的考古实践中，不必说因其体质人类学的出身而关注人骨的测量，而且"他主持殷墟发掘，一开始就关照到生态的层面"，聘请古生物学家鉴定动物骨骼以复原古代的生态环境，这些都反映了李济与傅斯年相同的"用尽材料、重建历史"的观念。所以杜正胜称李济"是傅斯年新史学理论的实践者"[③]。这种理论和实践对以后中国考古学的发展产生了深远的影响。

继1928年中研院历史语言研究所考古组成立之后，1929年中国地质调查所新生代研究室和北平研究院史学研究会考古组也相继成立。直到1937年抗日战争爆发前，这几大考古机构除发掘了著名的河南安阳殷墟遗址、山东历城龙山镇（今属章丘县）城子崖遗址、北京周口店猿人遗址、河北易县燕下都遗址、陕西宝鸡斗鸡台遗址，还开展了相当广泛的田野考古活动，中国考古学已初具规模。作为中国考古学的奠基人

---

① 杜正胜：《从疑古到重建——傅斯年的史学革命及其与胡适、顾颉刚的关系》，《中国文化》1995年第12期。

② 杜正胜：《从疑古到重建——傅斯年的史学革命及其与胡适、顾颉刚的关系》，《中国文化》1995年第12期。

③ 杜正胜：《新史学与中国考古学的发展》，《文物季刊》1998年第1期。

和开创者之一，李济的心目中始终盘绕着两大课题：中国民族的原始和中国文化的原始[①]。这两者相互关联，而中国文化的来源问题尤为当时学术的焦点。自 20 世纪 20 年代初安特生提出仰韶彩陶文化西来说，中国文化西来说曾盛极一时。直到 30 年代初安阳后岗和龙山城子崖遗址发掘之后，梁思永提出仰韶文化自西向东、龙山文化自东向西发展的“二元对立”学说，才为中国文化找到了一个新的源头，并在一定程度上否定了中国文化西来说[②]。就这样围绕着中国文化的起源与形成问题，考古学者开始了艰难的探索历程。1937～1949 年，受连年战争的影响，中国的田野考古工作几乎停滞，但仍有一些重要的研究成果问世。

在此期间，以 1931 年梁思永在安阳后岗发现小屯、龙山、仰韶三叠层和 1941 年苏秉琦完成的《陕西省宝鸡县斗鸡台发掘所得瓦鬲的研究》[③]为标志，中国田野考古学的两大支柱地层学和类型学已初步形成，为以后中国考古学的发展奠定了坚实的基础。

中国考古学诞生之时，西方流行已久的进化的观念在中国也已深入人心，因此进化论也便对中国考古学研究产生了很大的影响。但当时主导人们头脑的乃是单线进化论，而这又与中国“千古一系”的正统思想相契合。两者相交织，成为长时期内中国文化的形成和发展脉络得不到理清的一个重要原因。就连李济也未免于外，城子崖遗址发掘之后，李济同别人一样没有意识到龙山文化可能属于与中原不同的另外一个系统的文化遗存，而是认定“替殷墟文化的来源找到了老家”[④]；在具体器物的研究上，李济也未能免掉单线进化的错误[⑤]。与进化论相比，当时在西方正显其盛的传播论对中国考古学的影响更显直接。传播论发展到极端，认为相似的文化现象首先都是在一个中心产生，然后才传播到其他地区的。安特生的仰韶彩陶文化西来说，梁思永的龙山文化自东而西、仰韶文化自西而东的二元对立说，恐怕都是在这一思想笼罩下形成的认识。这是时代的局限。单线进化论和单中心起源传播论的观念，直到许多年之后随着中国不同地区文化谱系的建立，才被人们逐渐破除掉，进化和传播的概念才得以一种正确的形式参与着人们的认识。

3. 马克思主义与中国考古学

五四运动之后，马克思主义在中国得到迅速传播，出现了一些运用马克思主义的

① 李济：《中国上古史之重建工作及其问题》，《民主评论》1954 年第 5 卷第 4 期；张光直、李光谟：《李济考古学论文选集》，文物出版社，1990 年。

② 陈星灿：《中国史前考古学史研究（1895～1949）》，生活 · 读书 · 新知三联书店，1997 年。

③ 苏秉琦：《苏秉琦考古学论述选集》，文物出版社，1984 年。

④ 陈星灿：《中国史前考古学史研究（1895～1949）》，生活 · 读书 · 新知三联书店，1997 年。

⑤ 杜正胜：《新史学与中国考古学的发展》，《文物季刊》1998 年第 1 期。

唯物史观、社会发展阶段理论来研究中国古代史的历史学家。但在1949年以前，刚刚起步的中国考古学尚未受到马克思主义直接的、重大的影响。中华人民共和国成立以后，马克思主义成为中国社会生活各领域的唯一指导思想，这一思想逐渐在改变着人们对考古学的认识、影响到考古学的研究。

20世纪50年代后期，特别是1958年以后的“大跃进”时期，北京大学的一批青年学生对考古学现状提出了强烈的不满，认为当时的考古学研究“只见物，不见人”，类型学被指责为资产阶级的烦琐哲学，受政治热情的鼓动，用马克思主义来改造考古学的愿望空前高涨，提出要“建立马克思主义中国考古学体系”。在不正常的政治环境中，马克思主义的精神被扭曲了，马克思主义的唯物史观和关于社会发展史的理论被教条化了。其直接表现便是60、70年代对仰韶文化、大汶口文化等社会性质的大讨论，论者大多用并不充分的考古资料直接同马克思、恩格斯的论著简单地对照、比附，不是从具体材料出发，经过缜密的分析、阐释来得出结论，而是从模式出发，用材料来诠释理论，幻想“以论代史”[①]。忽略具体细微的考古学研究，而急于上升到社会发展史等重大理论问题，这种机械、教条主义的作风不但导致了学术研究的简单化、肤浅化，而且使1949年以前傅斯年、李济等人所确定的多学科合作、找遍材料以重建总体史的思想被忽视乃至淡忘，其消极影响一直持续了很长时间，中国考古学为此付出的代价可说不轻。

“文革”结束以后，随着政治环境的逐步改善，考古学研究也步入了正轨，在80年代前后的近20年时间里，人们主要从事着建立文化编年、文化谱系等基础领域的工作。但马克思主义仍然被视为指导考古学研究的最高理论。不过，这时人们已不再是从条条框框出发，而是思考着如何将马克思主义的唯物史观同中国的具体考古资料相合，将建立马克思主义中国考古学体系具体落到实处。苏秉琦曾多次提出要建立具有中国特色的马克思主义考古学派。一些学者在探讨史前社会形态、发展过程等问题时，从生产力与生产关系、经济基础与上层建筑的矛盾运动的角度来阐述社会发展的内在动力，有人称这种以马克思主义为指导来重构中国古史的考古学为“建设派”。

在西方，自柴尔德之后马克思主义对考古学一直保持着很强的影响力，而近些年更有上升趋势，成为一股不容忽视的学术力量，这显示了唯物史观的强大生命力。对我国学者来说，更应思考如何发挥已有的优势，吸收马克思主义的精髓，将考古学推向更深入的发展。

4. 西方考古学思潮的影响及中国考古学的回应

中国考古学引进于西方，所以自诞生之日起就受到西方考古学观念的影响。中国

---

① 苏秉琦：《苏秉琦考古学论述选集》，文物出版社，1984年。

考古学开创初期，在华工作的一些来自西方的地质学家、古生物学家参与了其中的工作，因此同欧洲一样，中国考古学形成之初便与地质学、生物学等自然科学结下了不解之缘。而在早期中国考古学的领导者和学术骨干之中，许多人曾留学欧美（如李济、梁思永、夏鼐），自然也就将西方考古学的一些理论、方法带到了中国。当时流行于西方的进化论、传播论对中国考古学产生了直接的影响。20世纪50年代随着政治环境的改变，中国的各行各业都学习苏联的经验和模式，考古学也未能例外。60年代以后，特别是十年“文革”期间，中国文化、思想界处于与外界相对隔离的状态。从70年代末始，随着中国改革开放政策的实施，西方现代各种社会思想如潮水般涌入中国，对中国人的头脑产生了强烈的冲击，对这些思潮的评价、讨论构成了80年代乃至90年代中国文化思想界一个显著的景观。80年代以后，西方考古学特别是美、英“新考古学”也被逐渐介绍到中国，而对中国考古学冲击最大的则莫过于美国的新考古学，这也是本文所要着重讨论的部分。

80年代的大部分时间里，对新考古学还主要处于翻译、介绍的阶段，人们的认识、评论大多并不系统、深刻，人们对新考古学的态度也主要处于议论之中，但已有了明显的分化。大约从80年代末始，尤其是到90年代，学术界对新考古学的认识分歧表面化、系统化了，由此导致了对考古学的性质、理论、方法和中国考古学发展方向等问题的歧见。对这些问题的不同认识大致可分三种：

一种认为以往的考古学过于偏重物质文化研究，而新考古学将文化分为物质、社会和精神的三个方面是一个创举，极大地丰富了考古学的内涵，应大力提倡；新考古学以阐明人类文化进程、一般法则及动力为宗旨，把考古学提到了一个更高的层次；演绎法、系统论的运用有其积极的作用；另外，新考古学对多种自然科学手段的广泛采用，在环境考古、聚落考古、民族考古学、实验考古学等领域的拓展，极大地促进了考古学的发展。所以，我国现有的传统考古学应当汲取新考古学的合理内核，使其成为中国考古学的发展方向；新考古学是考古学逻辑发展的新阶段，也是中国考古学所必然要经历的阶段。

第二种则反对“新派”对传统考古学的指责，认为将文化分为物质、社会、精神三方面并非新考古学的发明，这从来都是考古学研究的范畴，而且自柴尔德以来的马克思主义考古学家也一直以探索社会历史发展规律为目的；赞同在考古学中采用多种科技手段，认为这有助于提取大量有用的信息，但认为许多科技手段的运用，以及环境考古、聚落考古等方面的内容都不是始于新考古学；所以，新考古学之“新”难以成立，而对演绎法等方法的推崇又使其陷入了模式论。因此，中国考古学未来的发展方向不会是“新考古学”，而只能是在原有理论、方法基础上的进一步深化。

细加分析不难发现，以上两种认识在许多方面其实有相通之处。例如“新派”也强调对传统的继承；对考古学研究的内容、目的，两者的认识相近；也都主张采用多学科方法以拓展考古学研究领域。但分歧确实又明显存在，其一是对新考古学是否为“新”，看法相反；其二是对新考古学所倡导的假说—演绎法、系统论的模式、视文化为“对环境的超肉体适应方式”的生态决定论的观点，褒贬不同；其三是对未来中国考古学发展方向，两者认识的出发点不同，观点相异。

另外还有一种认识，对新考古学既不全盘否定，也不完全肯定，而是主张批判地汲取新考古学的合理因素，并继续发扬中国考古学已有理论、方法的优势，以构建一条适于中国、富有自身特色的考古学之路。

5. 中国考古学的自为之路

回顾中国考古学 70 多年来所走过的崎岖不平的发展道路，尽管伴随着各种外来观念的影响，但最为醒目的仍是几代中国考古学者艰难跋涉的足迹，正是他们顽强不息、孜孜以求的精神，他们独立的思考和实践构成了中国考古学生动的历史。本文择要述之。

中国考古学自诞生伊始便担负起了古史重建的使命。如杜正胜所指出：“自傅斯年揭举古史重建，李济以考古学来实践，历经夏鼐、苏秉琦前后 70 年，中国科学考古皆以重建历史为基调。”[①] 而这历史乃是傅斯年、李济所倡导的“总体史”，所以在中国考古学初期就形成了多学科合作的良好开端，尽管这一传统在以后的几十年里由于种种原因未成规模，但始终保持了一脉香火不断，为当今中国考古学的发展奠定了基础。20 世纪 30、40 年代经过梁思永、苏秉琦等人的探索，地层学、类型学走向成熟，其后历经几十年的考古实践，这两大方法论逐步得到完善并形成了很强的自身特色，成为构建纷繁复杂的中国史前文化多元发展谱系不可或缺的两个“轮子”。

前文已指出，50 年代末出现了将马克思主义教条化、企图以论代史的风气，考古学的基础研究被忽视、削弱。然而一些头脑清醒的考古学家依然凭借自己对学科发展规律的认识在逆流之中支撑、推动着中国考古学的发展。1959 年，夏鼐发表了《关于考古学上文化的定名问题》一文[②]，首次在国内给考古学文化下了科学定义，并提出了划分、命名考古学文化的标准，使得以后的中国考古学能够正确地以考古学文化为基本单位进行研究。在 50 年代末的浪潮中，苏秉琦受到很大冲击，但他不为潮流所撼，反而进行了冷静的思索，认识到只有透过遗存才可以见“人”，要运用唯物辩证法的

① 杜正胜：《新史学与中国考古学的发展》，《文物季刊》1998 年第 1 期。

② 夏鼐：《关于考古学上文化的定名问题》，《考古》1959 年第 4 期。

思想，通过考古学自身的方法，从运动发展的角度来把握考古学文化的运动规律①。所以 1959 年在北大华县泉护村的考古工地上，他仍从地层学、类型学入手，从陶器的分期排队入手整理考古资料②。经过几年的探索,他得出了有关仰韶文化整体面貌的认识，于 1965 年发表了《关于仰韶文化的若干问题》一文③,该文所体现出的方法论给后人以很大启迪。

酝酿成熟于 70 年代后期，发表于 1981 年的《关于考古学文化的区系类型问题》一文④，是苏秉琦在大量考古资料和研究成果基础上对中国史前文化多元演进系统的高度概括和总结，反过来又成为指导中国考古学进一步构建史前文化时空框架、发展谱系的理论和可以操作的方法，区系类型思想的诞生极大地促进了中国史前文化发展史的研究。此后在整个 80 年代有关考古学理论的概括和讨论空前活跃，一些著名学者（如苏秉琦、张忠培、俞伟超、严文明）根据他们多年的考古实践，纷纷著文总结、阐述关于考古地层学、类型学、年代学和考古学文化的理论⑤。这些成果的发表对于提高整个中国考古学发掘、研究的水平起了巨大作用。

经过多年研究积累，中国史前文化的发展脉络已有了一个基本的轮廓，在此基础上，一直盘绕在苏秉琦头脑中的三大课题：中国文化的起源和发展、中华民族的形成和发展、统一多民族国家的形成和发展，终于被提到研究日程上来了。1985 年，苏秉琦提出了“古文化古城古国”的观点⑥，将文化的发展与早期城、国家的出现与发展相连，形象地阐明了中国各区域文明的演进和从氏族到国家的历史进程，这一学说对随后的国家、文明起源与发展的研究又起到了很大的推动作用。以此为契机，从 80 年代后期直到 90 年代，逐渐形成了一股中国文明起源问题大讨论的热潮。而自 90 年代初始，随着一系列史前城址的发现，这一讨论得到进一步深化。

一些学者意识到，20 世纪这最后 10 年是中国考古学发生重大转变的时期，或者说这种转变已经开始。随着史前城址等重大考古遗存的不断发现以及国家、文明起源问题研究的深入，更由于学术思想的转变，以聚落考古为核心，包括环境考古等专项领域在内的研究普遍受到重视，研究领域涉及诸如生态环境、经济及社会形态、一些特

---

① 苏秉琦:《华人·龙的传人·中国人——考古寻根记》，辽宁大学出版社，1994 年。

② 苏秉琦:《华人·龙的传人·中国人——考古寻根记》，辽宁大学出版社，1994 年。

③ 苏秉琦:《苏秉琦考古学论述选集》，文物出版社，1984 年。

④ 苏秉琦:《苏秉琦考古学论述选集》，文物出版社，1984 年。

⑤ 苏秉琦:《苏秉琦考古学论述选集》，文物出版社，1984 年；张忠培:《中国考古学：实践·理论·方法），中州古籍出版社，1994 年；俞伟超:《考古学是什么》，中国社会科学出版社，1996 年；严文明:《走向 21 世纪的考古学》，三秦出版社，1997 年。

⑥ 苏秉琦:《华人·龙的传人·中国人——考古寻根记》，辽宁大学出版社，1994 年。

殊遗存的用途与功能等众多方面，始自80年代的农业起源的研究也得到进一步强化，而地学、生物学乃至理化分析等自然分析手段的应用也日渐增多。1991年，苏秉琦连续发表了《重建中国古史的远古时代》《关于重建中国史前史的思考》两篇文章[①]，1994年由他主编，严文明、张忠培撰写的《中国通史·远古时代》出版[②]，这些论著将史前史的构建提到了一个新的高度，标志着中国考古学初期所倡导的全方位"重建历史"的使命重又被唤起，也标志着从文化史的基础研究开始向全面复原史前史、探索中国历史演进规律的最高目标攀登。

从不同角度，对中国考古学史可以有多种分期方案。陈雍依据考古学思想和方法论的发展过程，将中国考古学史分为：20年代的"觉悟"阶段，30～50年代的"自觉"（自我意识）阶段，60年代至今的"自在"（自我完善）阶段。其中准确表述了地层学、类型学、年代学在各阶段的特征和变化过程。他还指出对90年代以来所发生的一系列变化需给予足够的重视[③]。若从更加宏观的角度，以学术主体的研究取向来看，中国考古学自诞生至今，主要从事的是复原文化史这一基础领域的工作（这是许多国家考古学发展史中所必经的一个阶段），其间虽有涉及经济形态、社会形态、精神观念等方面的内容，但除少数学者取得了一些突出成就，大多并不很系统、深入。进入90年代后随着整体意识的提高，如前所述，我们当正处于变革之中，其中一个显著的特征是出现了一些对中国考古学自身进行深刻反省的文章，表明学科批判的自我意识增强了。

二、启示与思考

回顾西方考古学和中国考古学观念的演变历程并进行反思，是为了更好地认识、理解考古学，特别是中国考古学的过去和现状，以利于加强学科建设，更好地把握未来。本文在此提出一些个人化的、不成熟的体会和初识。

作为考古学的从业者，人们总是在追问：考古学是一门什么性质的学科？在当今社会有什么作用？它的价值与目的何在？考古学是广义史学的一部分，它的直接目的在于尽可能全面地复原历史特别是主要依赖考古学的史前史，探讨历史发展规律。这是许多人的共识。如此，若要追寻考古学的作用与价值，那么也就等于在问历史学的

① 苏秉琦：《华人·龙的传人·中国人——考古寻根记》，辽宁大学出版社，1994年。

② 苏秉琦主编：《中国通史（第二卷）·远古时代》，上海人民出版社，1994年。

③ 陈雍：《关于中国考古学的思考》，《文物季刊》1997年第2期。

作用与价值，柯林武德说："历史学是'为了'人类的自我认识"[①]、列维·斯特劳斯说是为了"更好地了解人"[②]。总之，史学的意义在于更好地认识、了解人类自身。我想，这也是考古学的终极价值与作用。也可以说这是所有人文学科的终极目标或愿望。史前考古通过它自身的理论、方法和研究对象，来恢复模糊不清或早已被遗忘了的人类童年时代的历史，从而使人类对自身的认识更加完整和有根可寻。

美国新考古学派将考古学归属于人类学，其背景和动因主要有：其一，由于美国历史的特殊原因，考古学自诞生之始就与人类学有着天然的联系，并保持了悠久的人类学传统。其二，20 世纪 50 年代以前主宰美国人类学、考古学思想的是博厄斯学派的历史特殊论，这一学派认为历史只需记录和描述史实，建立编年序列，反对解释和概括规律；新考古学派秉承了这种对历史的误解，认为历史与科学是相对立的，转而奉行新进化论，将阐明文化进程和一般法则的目的归于人类学，亦即将科学的目的归于人类学，所以以科学目标为己任的考古学应进入人类学的阵营[③]。我们认为，历史学除了要确立事实，还包括对各种现象和因果关系的解释、探索一般规律，这自然包含了新考古学的科学目的。此外，新考古学过分强调研究文化间的共性和一般性，而忽视不同文化的具体特征和发展的特殊性（伦福儒就曾反复强调：好的解释只是具有普遍意义的解释[④]）；我们则认为，无论是共性、一般性，还是具体性、特殊性，都属于史学和考古学研究的范畴。我们所理解的历史应当是包括人类已逝生活各方面的"总体史"。所以，考古学应属于历史科学，而不该归属于新考古学所说的那种人类学。

历史研究可分四个层次：①历史现象的复原即确立史实；②因果关系的阐释；③历史发展的一般原理、动力和规律的抽象与概括；④价值的判断与评说。考古学的研究对象是实物遗存我们通过经验观察、理性分析、运用各种方法和技术，可在一定程度上复原历史面貌，但由于受资料和能力所限，在不同领域的复原都具有不同程度的局限性（物质、社会、精神领域依次递增）[⑤]。对各种历史现象进行因果关系的解释，也就是回答"为什么"的问题，需要对大量资料信息进行综合分析，或加以相关的理论

---

① R. G. 柯林武德著，何兆武、张文杰译：《历史的观念》，中国社会科学出版社，1986 年。

② 克洛德·莱维–斯特劳斯著，俞宣孟等译：《结构人类学》，上海译文出版社，1995 年。

③ 戴向明：《西方考古学观念的演变》，《中国历史博物馆考古部纪念文集》，科学出版社，2000 年。

④ 科林·伦福儒著，曹兵武译：《对考古学解释的反思》，《当代国外考古学理论与方法》，三秦出版社，1991 年；戴维·L·克拉克著，陈铁梅译：《考古学纯洁性的丧失》，《当代国外考古学理论与方法》，三秦出版社，1991 年。

⑤ 关于考古学的局限性，张忠培先生讲得比较具体、系统，参见《关于中国考古学的过去、现在与未来的思考》，《青果集——吉林大学考古系建系十周年纪念文集》，知识出版社，1998 年。

说明，从而达到接近实际的认识，但这一认识过程具有更大的局限性，并不可避免地会带有更多的主观性。所以，我们复原、解释历史现象，只能达到部分的真实，永难达到完全的真实；只能达到相对的客观，永难达到绝对的客观。历史学、考古学的研究就是一个不断逼近历史真实的过程。这就要求我们正确地认识研究主体与客体之间的关系，时刻保持批判的自我意识，不断调整和改进考古学的理论、方法及提取信息的技能，才能使我们复原、解释历史的能力日益增进。关于历史发展的动力和一般规律的探讨，应是在上述研究基础上所进行的理论抽象和概括，这首先应该在不同层面、从不同角度，总结出不同地区、不同民族社会文化各方面发展的特殊性和一般性，然后再讨论是否存在适用于整个人类的普遍性的通则。至于根据史实来对具体的事件和人物做出好坏优劣的评判，体现史家见仁见智的价值观和立场，则是考古学难以做到的，考古学中难以表现出个人的伦理道德思想，它能够探索的只是具有符号象征意义的物质遗存中所隐含的群体的意识和观念。这是考古学比之于文献史学所存在的一个更大的局限性。考古学只能通过对一部分史实的复原和解释来为更高层次的“史论”和人类的哲学思考做出贡献。当然，我们倡导考古学家也能介入到这种高层次的讨论之中。

考古学以尽可能全面地复原历史、总结历史发展规律为目标，而它所面对的则是残缺不全的实物遗存，那么如何才能由后者致达前者呢？这就要求我们建立系统、完整、有效的考古学理论和方法论体系。张光直提出的“理论多元化、方法系统化、技术国际化”的主张，颇得国内学界的首肯。就高层理论而言，中国学术界素有以马克思主义的辩证唯物论为指导的传统，我们今后应思考如何更好、更灵活地发挥这一理论优势。此外，西方有关的一些历史、哲学、人类学思想，如以法国年鉴派为代表的新史学、柯林武德的历史哲学、功能主义、结构主义等人类学思想[①]，都有值得我们借鉴和吸收的长处。只有博采众长，鼓励各种有价值的探索，才能使我们的学科保持旺盛的生命力和活力。单一的理论无疑会制约学术的发展。

中国考古学要进行自身的理论和方法论的建设，首先应认识到自己的缺陷和不足。这方面赵辉曾撰文提出过比较全面而中肯的意见：①大多数中国考古学家仍埋头于以复原文化史的初程研究，主要兴趣似乎还没有完全或大部分转移到重建历史的研究上来，仍旧滞留在传统的方法和传统的题目中难以自拔。②在关于采用怎样的理论保障和运用哪些方法才能达到历史彼岸这个问题上，中国考古学似乎还缺少深思熟虑，因此如有人所指出的，当前的中国考古学亟待加强中程理论的建设。③研究课题、研究

① 戴向明：《西方考古学观念的演变》，《中国历史博物馆考古部纪念文集》，科学出版社，2000年。

领域的偏狭。④虽然开始了对多种自然科技手段的运用，但尚未构成系统的方法体系以提取系统的信息资料。文中还特别讨论了中国考古学中文献史学传统的利弊得失，并根据中国考古学的历史和现状认为，今后中国考古学开展的各种研究，都会被置于以统一多民族国家形成过程为复原史前史的最大也是最基本的课题之一和以文献资料为索引的研究方法这条总路线之内①。

总之，中国考古学当前面临的最大问题，是如何在以地层学、类型学为基本方法构建史前文化发展谱系以外，更宽广、更深入、更系统地拓展自己的研究领域，以重建一部真正血肉丰满的史前史。其中尤为突出的问题是如何建立一整套系统的，能够将实物遗存同复原、解释历史现象相连的“中程理论”。如果我们将中程理论理解为由残存的实物遗存致达“历史”的中间环节或桥梁，那么很多内容都可以包括其中。戴维·克拉克所提出的关于考古遗存的“沉积前与沉积理论”“沉积后理论”“发掘出土理论”“分析理论”“解释理论”,可算是对中程理论的系统说明②。而新考古学所强调的民族考古学、实验考古学、考古埋藏学等可以具体实施的方法，则是中程理论的重要组成部分。我们认为中程理论还应包括聚落考古、环境考古等方面的内容。其中，聚落考古作为对史前社会文化各方面做综合研究的战略出发点，可以将上述相关内容有效地连接起来并进而纳入它的研究领域，所以今后应积极探索以聚落考古为核心的中程理论的建设。此外，我们认为如下两个方面也是值得重视的中程研究：其一，我国不同区系文化发展谱系的建立已初具规模，确立了许多不同层次的考古学文化共同体，那么这些文化共同体与民族学意义上的社会共同体有无对应关系？如何从不同层次的文化共同体来辨识出不同层次的人群共同体，从而使人的群体结构和行为活生生地体现出来？这需要我们探索出一条有效的途径。其二，后过程考古学运用符号象征理论和结构主义方法，强调“背景论”，试图揭示隐含在文化表象背后的深层结构和群体的意识、观念，这一有价值的探索值得我们关注，事实上近些年国内已有学者在这方面进行了有益的尝试。

（原载《东南文化》2001年第1期）

① 赵辉：《从学科的历史看中国考古学现状》，该文为作者在1997年7月北大考古系举办的“21世纪中国考古学发展趋势高级研讨班”上的演讲稿，承蒙赵辉先生惠允，在此引用。

② 科林·伦福儒著，曹兵武译：《对考古学解释的反思》，《当代国外考古学理论与方法》，三秦出版社，1991年；戴维·L·克拉克著，陈铁梅译：《考古学纯洁性的丧失》，《当代国外考古学理论与方法》，三秦出版社，1991年。

区域聚落考古的比较分析

一、区域聚落考古概说

本文所界定的区域聚落考古的概念，包括区域调查和遗址发掘两部分，即点与面的结合，也可以说是微观与宏观聚落考古的结合。由这样一种思路设计出的考古项目，应具有明确的学术目的、系统的田野工作方法和研究路径，而且一般规模较大、耗时较长，适宜解决大的学术课题。

区域聚落考古的实施，可以是围绕某一学术目标先做调查，然后再选择重点遗址进行发掘；也可以是先针对某个已知的重要遗址进行发掘，然后再根据其内容组织适当范围的调查。一切皆可视具体情形而定。调查可以是全覆盖式的系统调查，也可以是带有某种特殊目的的其他方式的调查。除了一般性的遗址调查，还可有针对性地包括诸如土地、矿产、动植物、石器原料等环境资源方面的调查。而遗址的发掘则可视学术目的、研究内容和人力与财力条件进行规模不等、方法不同的设计。在某些情况下，有的区域聚落考古只限于区域调查，而不进行遗址发掘。凡此种种，并无定制。但无论如何，区域聚落考古应是超出单个遗址发掘之外的、具有一定地域范围的聚落考古作业方案。

一般认为，区域聚落形态研究始于20世纪40年代美国学者戈登·威利在秘鲁维鲁河谷的聚落考古调查①，后经六七十年代在西亚的美索不达米亚、中美的墨西哥盆地和奥哈卡谷地以及南美洲、美国西南部等地成果显著的聚落考古工作②，以田野调查为主导的区域聚落考古逐步发展成熟，其中尤以墨西哥高地持续多年的大规模系统调查最

---

① Willey, Gordon R.. *Prehistoric Settlement Patterns in the Viru Valley*. Washington, D.C: Bureau of American Ethnology, 1953, (155).

② Banning, E. B.. *Archaeological Survey.* New York: Kluwer Academic / Plenum Publishers, 2002; Sabloff, Jeremy A. and Wendy Ashmore. An Aspect of Archaeology's Recent Past and Its Relevance in the New Millennium. In *Archaeology at the Millennium: A Sourcebook*, edited by Gary M. Feinman and Douglas T. Price. New York: Kluwer Academic/Plenum Publishers, 2001: 11-32.

富影响力①。经过多年实践，全覆盖区域系统调查的方法逐渐显示出其优越性，并被越来越多的考古学家所接受和使用。

中国的区域聚落考古的探索可追溯到20世纪80年代后期。从1987～1991年，北京大学考古系等数家单位组成的考古队在严文明先生主导下选择湖北天门石家河遗址群进行发掘和系统的调查，并最终发现了一座从屈家岭文化晚期到石家河文化时期的大型城址②。此后的10余年间又陆续有内蒙古岱海周围遗址的发掘与调查③、浙江良渚遗址群的发掘与调查④、山西垣曲盆地遗址的发掘与调查⑤、针对汉魏遗址群的黑龙江七星河流域的考古调查与勘探⑥，等等，细数起来，此类工作已有十几项之多。但以全覆盖式系统调查为主的区域聚落考古则始于20世纪90年代中期。从1995年中美合作的山东日照地区考古调查开始⑦，几个连续开展起来的中外合作项目将全覆盖区域系统调查的方法引入中国。在这一背景下，其后又出现了以河南偃师为中心的洛阳盆地的调查和近年在山西运城盆地东部开展的大规模区域系统调查等项目。

本文着重讨论近些年国内采用全覆盖系统调查方法所做的区域聚落考古的研究，选取时代跨度长、地域范围广的四个区域调查项目进行比较。除前面提到的山东日照地区，另外还有河南巩义的伊洛河流域和洛阳盆地、内蒙古赤峰地区、山西运城盆地的调查。洛阳盆地的调查与巩义伊洛河流域的调查地域相邻、方法相近，故此合并在一起讨论。本文的重点在于各区域调查方法的比较分析，特别是对这些调查所反映出的几个突出问题加以辨析。最后，我还将就调查之后区域聚落考古的后续开展简要地谈谈自己的看法。

二、区域系统调查的目的与方法

迄今所知国内几项全覆盖区域系统调查都有着大致相同的目的，即探讨一个区域

① 方辉：《对区域系统调查法的几点认识与思考》，《考古》2002年第5期。

② 严文明：《石家河考古记》，《肖家屋脊》，文物出版社，1999年；石家河考古队：《石家河遗址群调查报告》，《南方民族考古》（第5辑），四川科学技术出版社，1993年。

③ 内蒙古文物考古研究所等：《岱海考古》（一）、（二）、（三），科学出版社，分别于2000、2001、2003年出版。

④ 浙江省文物考古研究所：《良渚遗址群》，文物出版社，2005年。

⑤ 中国国家博物馆考古部：《垣曲盆地聚落考古研究》，科学出版社，2007年。

⑥ 黑龙江省文物考古研究所：《七星河——三江平原古代遗址调查与勘测报告》，科学出版社，2004年。

⑦ 中美两城地区联合考古队：《山东日照市两城地区的考古调查》，《考古》1997年第4期；中美两城地区联合考古队：《山东日照地区系统区域调查的新收获》，《考古》2002年第5期。

内长时段聚落形态的变迁及其反映的社会形态的变化，或复杂社会的形成与发展，其中或可涉及人口规模的测算与评估、社会与环境的互动关系、资源的获取与利用等方面的内容。

诸项调查的方法虽有差别，但大体都涵盖如下一般的步骤：

首先是根据课题需要选定一个调查区域，最好是考古研究基础较好（考古学文化面貌与年代序列都较清楚）、地理上可构成一个相对独立单元的区域（如盆地、流域等）。其次，调查前要准备好必要的工具和设备，除各种清理、测绘、照相、记录用的工具用品，还包括对讲机、全球定位仪（GPS）、越野汽车等现代化设备，而大比例地形图则是必不可少的（目前各项调查皆通行使用 1∶10000 地形图或航片）。调查队伍的组成多在 10 人左右，人数多时可分组行进；调查队员之间的间隔一般为 30～50 米或更小，按规划好的路线拉网式前进。对发现的遗迹和遗物皆按各自规定的统一标准记录（如采集单位的大小、陶片的时代与分期尺度等），以保证资料收集的系统性。最后是室内的整理与分析，其中最要紧的是将图上标注的属于同一时期的采集单位按一定的标准圈划成该期的聚落；很多情况下一个遗址会包含有多个时期的聚落，而区分一个遗址不同时期聚落的大小范围是此种调查的主要目的之一。上面这些方法步骤已有人做过详细的总结说明①，此处不必多赘。

尽管存在上述大致相似的步骤和方法，但各项目在田野调查和资料记录与分析的具体路径方面却仍有一些差异。这主要体现在确认遗址的最低标准、采集单位的大小、记录的方式与内容（对采集单位是否都使用 GPS 定位并与矢量化地图配套使用，是否按单位记录各期陶片的数量或密度等）、勾画各时期聚落范围的标准、分析资料的手段等。下面根据各自的调查研究报告，概述各区域调查与分析的方法。

1. 山东日照地区

如果我们的理解不误，日照地区的调查②以直径 100 米的范围为一个采集区（collection area），在此范围内即便只有一块陶片也做记录。如果采集区之间的距离超过 100 米，就会另外界定一处遗址；但 100 米原则并非固定不变，要视野外的具体情况而定。所发现的遗存（陶片、石器和各种遗迹等）现场标注于地图上，并对每处遗址或不同采集区陶片的相对密度做了记录和统计。最后在室内整理分析时确定标本的时代和文化属性，并在图上最终确认各时期遗址（聚落）的范围和分布。

---

① 方辉：《对区域系统调查法的几点认识与思考》，《考古》2002 年第 5 期。

② 方辉、文德安、加里·费曼、琳达·尼古拉斯、栾丰实、于海广：《鲁东南沿海地区聚落形态变迁与社会复杂化进程研究》，《东方考古》（第 4 集），科学出版社，2008 年。

2. 河南巩义伊洛河流域与洛阳盆地

伊洛河下游巩义调查①及以偃师为中心的洛阳盆地调查②先后完成，但两者方法近似。两者皆以100米距离内至少有3～5块同时期的陶片作为界定一个遗址的最低标准，但同时也重视其他的背景因素，如遗址的形成过程和微景观因素的考察。在绝大多数情况下，都以各种遗迹现象的存在作为确定遗址的确切依据。另据陈星灿先生相告，如果同时期的陶片间隔在100米以上，则划分为不同的遗址，但实际上这种情况很少见，一般可借助各种文化堆积，以及台地边缘、冲沟、断崖、河道等对遗址的分割作用来确定遗址（聚落）的范围。遗址（聚落）边界的最终划定也是在调查完毕和遗物的年代确定以后，主要依据陶片的分布在地图上加以确认。总的看，该地区的调查方法与日照地区的近似。此外，巩义的调查还包括针对古环境和地貌变迁进行的地质学方面的调查，通过采集大量土样、浮选进行的古植物学方面的研究，以及有关石器生产与分配等方面的调查和分析。

3. 内蒙古赤峰地区

为了避免人为规定的标准对确定遗址的主观性影响，赤峰调查③另辟蹊径，以不同的方式记录和分析处理资料，其重点集中于对人口规模的测算、评估和比较分析。调查时记录的基本单位是采集单元（collection unit），每个单元最大为100米×100米，在此范围内要有3块以上的陶片才被记录为一个单位。采集单元的实际范围是根据可见陶片的散布界限在比例尺为1∶10000的放大的卫星影像图上画出，也就是说一个单元的实际大小可在一公顷范围内有相当大的变化。为测算人口密度，在陶片分布较密集的单元内还常设直径为3米的采集区进行系统采集，统计不同时期陶片的数量。与其他地区的调查不同，赤峰调查虽然也划定遗址，即一组空间上相邻的采集单元被称为一个“遗址”，但这只是为方便资料记录，在随后的分析中遗址并不发挥进一步的作用。赤峰调查分析的基本单位是“地方社区（local community）”，其确认是借助统计学软件将采集单元分布的非平滑表面（unsmoothed surface）展现通过聚丛分析而勾画出的，类似于其他调查中的聚落。在此基础上，又根据数学模式建立的平滑表面展

① 陈星灿、刘莉、李润权、华翰维、艾琳：《中国文明腹地的社会复杂化进程——伊洛河地区的聚落形态研究》，《考古学报》2003年第2期。

② 中国社会科学院考古研究所二里头工作队：《河南洛阳盆地2001～2003年考古调查简报》，《偃师二里头遗址研究》，科学出版社，2005年。

③ 赤峰中美联合考古研究项目：《内蒙古东部（赤峰）区域考古调查阶段性报告》，科学出版社，2003年。

示图进行聚丛分析，将相关的集中分布的地方社区进一步聚集为更大的超地方性社群（supra-local community）或政区（district）①。这种图形模式还可显示地表陶片集中分布的面积和密度。基于面积—密度两种要素，并参照有关已发掘遗址的人口密度，最终计算出各单元不同时期的大约人口数，进而再将这种人口规模的测算扩大到各地方社区和更大的社群，然后进行进一步的比较分析。比较的基点是不同时期的人口密度、规模。

4. 山西运城盆地

运城盆地东部的调查②是我们所实施的中国国家博物馆运城区域聚落考古项目的一部分。田野调查中采集、记录遗存的基本单位为 20 米 ×20 米的采集点（或称采集单元），一个地点即使只有一块陶片也做记录，每个采集点都记录有关遗存的种类、陶片的文化属性或时代、不同数量反映的丰贫程度等内容，并使用 GPS 进行较精确的定位，记下地理坐标。所有这些信息都输入设计好的数据库内，最后依托有关的 GIS 软件和矢量化地图进行综合整理和分析。遗址与聚落的最终确认也是在室内整理、分析时将相关的采集点依据一定的标准圈划而成。任何一组间隔在 300 米以内的同时期的采集点被串联在一起而形成一个聚落。构成一个聚落的最低标准，为只有一个包含遗迹的采集点，或至少两个没有遗迹暴露的、但相互间隔不超过 300 米的同时期的采集点。以上所述为划分聚落的一般原则，在实际操作中还要参考诸如断崖、冲沟、河道等微地貌景观而有相应的灵活调整。在运城盆地，各时期聚落都有聚集成群、组分布的明显迹象，因此我们在聚落分析时进行了聚落组、群的划分，而聚丛的依据是聚落间的间隔距离，地形特征、以及群体内聚落大小的构成情况。在该调查的后期，我们还专门进行了有关早期铜矿的开采和冶炼等方面的调查。

三、区域系统调查中若干问题的讨论

通过对以上各区域系统调查的比较，并结合我们所了解的其他一些调查项目，这里对一些大家普遍关注或颇多争议的问题进行分析讨论。

① 周南、戴向明：《运城盆地和赤峰地区的酋邦与国家：聚落系统的比较分析》，《东方考古》（7），科学出版社，2010 年。

② 中国国家博物馆田野考古研究中心、山西省考古研究所、运城市文物保护研究所：《运城盆地东部聚落考古调查与研究》，文物出版社，2011 年。

1. 各区域调查结果之间的可比性

尽管上述各项调查的方法和分析手段存在一定差别，但目的都是为了尽可能搞清各自不同时期聚落（或社区）的大小、范围、数量、分布等情况，使其尽量接近本地的实际情形，然后进行共时性与历时性聚落形态的比较分析。不管它们在采集单位的大小、确认遗址的最低标准和划分聚落的标准方面有何不同，都是根据本地情况和资料记录的特点，通过实际的摸索实验而确定的，或是像赤峰调查那样建立了一套有效的数理统计分析模式；因各调查在其项目内皆按统一的标准实施，所以至少在每个区域内部，各自的资料都具有系统性和可比性。

现在所要提出的问题是，不同调查以不同的方式收集、记录和分析资料，它们的研究结果相互间是否具有可比性？这个问题对于依据系统调查的结论进行不同区域间聚落形态和社会结构的比较研究是非常关键的。毫无疑问，如果以不同的方法和标准对一个区域实施调查与分析，在所确认遗址的数量、大小等方面肯定会出现一定的差别，那么这种差别是否会影响到对该区域聚落和社会形态的总认识？

我们通过一个比较研究可以基本回答这个问题。由前面的叙述可以看出，赤峰调查与其他几项调查的方法特别是处理分析资料的方法差异较大，其集中于人口密度与规模评估的研究路径有别于其他调查；而从采集单元的大小、划分遗址的标准等方面看，运城盆地的调查又与其他项目差异较大。恰是在这两个差别最大的调查之间，我们双方对各自的资料进行了彼此的分析比较，即以各自的方法分析对方的资料。结果，尽管两种方法对两个地区不同时期聚落结构特别是聚落群（或政区）划分的认识不可避免地存在许多细节上的差别（如数量多少、具体范围等方面），但对各时期聚落形态和社会组织结构的总认识却基本一致，细节的差异并不影响对整体的评估[①]。由此可见，通过上述各项调查所得出的认识，是可以放在一起进行比较分析的。

目前国内已实施的全覆盖区域系统调查所应用的方法彼此间存在不同程度的差别，尚处于探索阶段。今后是否可以考虑，在地理环境和遗址分布特点相似的情况下，此类调查皆按同一标准实行，确立一套统一的收集、记录和分析资料的方法，如采集单元的大小、记录遗物或判定遗址的最低标准、遗存记录的内容与方式、划分聚落的标准，等等，这样或可使得不同人员在不同区域完成的此种调查皆建立在统一标准基础上，从而为不同区域间的比较研究提供更加精确的资料。当然，这种统一是否必要、是否有可能、按何种标准实施，还需广泛深入的讨论和实践的检验。

---

① 周南、戴向明：《运城盆地和赤峰地区的酋邦与国家：聚落系统的比较分析》，《东方考古》（第 7 集），科学出版社，2010 年。

2. 遗址的真实性与聚落范围的准确性

上述各区域调查都有一个共同之处，即遗址只是资料记录的依托单位，真正的分析单位是各时期的聚落（或社区）；与传统调查的主要不同在于确认同一遗址不同时期聚落的范围。当然，在许多情况下遗址与聚落的范围是重合的，如遗址的内涵较单一，或在很多小型遗址内难以区分不同时期聚落分布的差异；但许多大型或较大的遗址，不同时期聚落的范围却往往相异。本文所涉及的几处区域调查无一例外都以地表陶片的分布作为划定遗址和聚落范围的标准，由此产生的第二个问题是，由这样的标准确定的遗址是否都能成立、是否都是真实的？与此相关联，如此界定的遗址面积、聚落范围是否准确？如果答案是否定的，那么会对聚落形态的分析产生怎样的影响？

按常识我们即可以想见，单纯依据地表陶片的存在和分布来判定遗址的有无，对一些只有很少陶片而无文化堆积暴露的地点，很可能是不准确的。就像人们普遍注意到的，在农村因各种原因挖掘取土、进而将土里的包含物搬运散布到别处的事会经常发生；比如最常见的是通过取土垫圈、施肥而将某些遗址的陶片等遗物带到其他地点，从而可能会人为地形成一些虚假的"遗址"，造成遗址数量的增加。但这样的"假遗址"在各调查区域应主要限于少数只有零星陶片分布的微小的遗址（这样的小遗址中同样还有很多是真实的）。同时，遗址的范围有时也会受到一些因素的干扰，如近现代大规模修整梯田，或流水冲刷等自然力的侵蚀搬运作用，造成次生堆积而导致遗址范围的扩大。除此之外，还有些因素会导致遗址数量减少、范围缩小。例如，有些遗址全部或局部被压在现代城镇、村庄或工厂等建筑群的下面，有些已被各种人类活动局部或全部毁坏，还有些因河流泛滥、风沙沉积而被淤埋，或被水库所淹没，凡此种种，皆会造成遗址数量的减少或面积的缩小。所以，即便是非常细致的全覆盖拉网式调查，也难以发现一个地区全部的遗址、确认所有遗址真实的大小范围。

然而，人为或自然因素对遗址造成大的影响，主要是在现代化进程中高度开发的地带，以及河流泛滥淤积较为严重的地带，在这样的地区做调查需要具体评估遗址受影响的程度。除此之外，一般而言，多数地区各种因素的干扰应是较轻微或次要的，无论是遗址数量的增减还是面积的缩放，应都是少数现象且程度有限，特别是大型遗址受到的影响相对会更少一些。以我们在运城地区的工作为例，根据调查结果，我们先后选择了夏县辕村、绛县周家庄两个大型遗址进行了发掘，同时做了规模不等的钻探，至少都部分达到了遗址的边缘，结果发现，遗址的边界与地表陶片分布的范围基本相符。

不过，为力求遗址面积的准确性，有些调查试图通过追踪、观察文化堆积的剖面，或通过钻探来确认所有遗址的范围，而非单纯依靠地表陶片的分布。这两种方法在有些情形下可行，但在很多情形下却行不通。比如在有的地区（主要是在南方），史前及先秦的遗址有规律地分布在岗丘、台地或隆起的土墩子上，遗址大多较小，四周常有文化层等遗迹暴露，这样的遗址是不难辨认并确定其范围的。还有些地方的遗址大都比较单纯（如东北、内蒙古和南方的某些地区），单一的文化堆积可以保证通过钻探所探知的遗址范围即为某一时期聚落的范围。但在很多地区，特别是北方黄河流域（尤以黄河中游为甚），除有些遗址可凭隆起的地貌和暴露出的遗迹确定范围（这样的遗址大多较小），还有很多遗址（特别是大型遗址）分布在开阔平缓的台塬、缓坡、漫岗乃至平原地带，难以在四周都有充分的遗迹暴露，而且通常含有多个时期的遗存。对于这种遗址，很难通过剖面清理确认其范围；通过钻探也许可以探明整个遗址的范围，但不大可能搞清每个时期聚落的范围，因为多数情况下钻探只能判断是否有文化堆积，但难以判定堆积的时代。总之，如果有足够的时间和力量将调查做得非常细致，通过上述两种方法及其他手段（如试掘）或许可以解决遗址的真实性问题，但却解决不了很多遗址内不同时期聚落的真实范围问题。

其实，如果我们调查、研究的主要目的不是为了确定遗址的精确数量和面积的大小，而是重在宏观聚落形态的比较分析，那么可以肯定地说，只要我们调查和分析的方法本身得当，由各种其他因素导致的遗址数量、面积上的误差就不足以对总体的认识结果造成实质性的负面影响。目的与手段相一致，我们也就没有必要在几乎不可能的情况下，去刻意追求那些并不十分关键的精确性。

上述各项调查都主要根据地表陶片的分布确认遗址、划分聚落和测算聚落面积，如前所述，按此确定的聚落及其大小与实际情况可能不会完全相符，但同时其误差应是有限的。在这样的前提下，重要的是，在这些调查系统中要做进一步的聚落分析，往往需要确立一个依据采集单元划分聚落的标准，而前述标准都是各自对整个调查资料总结分析后确定的较为可行的方案（并不是说都是最佳方案，有的或许还可以调整得更好一些），并且这为把握、分析资料提供了一个可以实际操作的平台。即便出现与实际情况不符的误差，也是在同一标准下的误差，因而具有可比性。这样做当然含有主观的成分，但这里需要强调的是，我们所看重的是在同一标准下宏观聚落形态的可比性，而非追求细节上的精确性。

3. 聚落的共时性

这是一个长期以来聚落考古中颇受关注的问题，涉及微观和宏观两个层面。当我们探讨某一时期的聚落布局、结构时，不管是一个遗址内部还是一个区域的宏观考察，当然希望分析的对象——即各种遗迹现象或各聚落本身，都是同时存在的，某种程度上这也是得出正确认识的必要前提。从微观上说，具体到一个遗址，最理想的是通过地面的连接来确认共时的遗迹单位[①]。如果能够通过发掘现场的仔细清理来判定相关遗迹间的年代关系，当然是最好的结果。但并非所有的遗址都能保存有大面积可确认的地面，也并非所有的发掘都能揭示出有意义的地面，特别是当一个遗址有多个时期的多种遗迹呈现复杂的叠压打破关系的情况下，靠地面清理来连接和判断共时的遗迹现象是很困难的。因此，通过对出土遗物进行精细的年代分期，并结合相关的层位关系，以使同期的遗迹尽可能接近同时或至少部分同时共存的状态，仍是基本的方法。如迄今有关墓地与居址的排序和结构布局的研究，绝大多数都是通过这一途径。

对于主要基于调查资料进行的宏观聚落形态研究，聚落共时性的把握更容易出现偏差。这里有一个时间尺度的问题。一般而言，单凭调查中采集到的陶片，很难像遗址发掘那样做到较细致的年代分期，而只能做到较粗疏的文化归类或年代划分。在这种情况下，一是要尽量使用较小的分期尺度，以减小聚落共时性的偏差；另外重要的一点是，应使各参与比较的文化期在时间跨度上尽可能接近，如此才能保证各期聚落数量等方面具有可比性或可比性较强。以运城地区为例，我们根据当地可把握的分期尺度，将新石器到早期青铜时代的考古遗存划分为 7 个文化期，即仰韶早期、仰韶中期、仰韶晚期、庙底沟二期、龙山期、二里头期和二里冈期（新石器早、中期的遗存暂无发现）。这些文化期的大部分跨年都在 500 年左右（其中仰韶早期更长一些，二里冈期则稍短），相互间应具有较大可比性。其中有的文化期单凭陶片还可进一步细分（如二里冈期），但这样会拉大与其他文化期的时间差距，因此并没有这样做。相反，如果笼统地将仰韶遗存合并为一个文化期，那么整个仰韶文化期跨越大约 2000 年，以如此长时间段内的遗址同其他约 500 年或更小时间段的遗址进行比较，无论是在遗址数量还是聚落分布等方面可比性就相对较弱。

同前两个问题相似，聚落的共时性也只是一个相对的概念，而不必追求绝对的精确性。我们真正要分析比较的是稳定的聚落结构，即相互间有关联意义的遗迹组合或聚落群体，而非相同时间段里的遗迹现象。假如我们能够认识和把握这样一种稳定的聚落状态，就可忽视其时间上的差异。反过来说，当我们尚未知晓这种聚落形态时，较小的时间尺度和相似的时间跨度还应是比较好的选择。

4. 依据聚落大小划分聚落等级的可靠性

聚落等级的划分是区域聚落形态研究中的一项重要内容，是考察一个地区社会组织结构、社会性质的主要途径之一。在目前已知的区域聚落考古中，除少数经过多年勘查发掘确认出的大型高等级遗址，如石家河城址、良渚城址、陶寺城址，等等，其

① 赵辉：《遗址中的“地面”及其清理》，《文物季刊》1998 年第 2 期。

他绝大部分遗址都是凭面积大小来确定等级的。对此有人不免会产生一些疑问：单凭聚落面积的大小来判断其等级是否可靠？因为通常来说，高等级的聚落不仅面积大，还应有普通聚落所不见的高规格设施和器物，如宫殿建筑、贵族大墓、精美的奢侈品，等等。

理想的状态当然是通过细致的勘探乃至发掘，对一个区域内每个遗址，或至少是那些大型遗址都搞清其内涵，然后再确定等级；在这一点难以做到的情况下，根据聚落规模的大小来划分等级，仍然是可行的。聚落大小与等级高低密切相关，这一点实际上可以得到很多考古工作的证实。如大家熟知的仰韶中期的西坡，仰韶晚期的大地湾，龙山期的陶寺、石家河、良渚，夏商时期的二里头、二里冈等等，这些高等级的遗址无不是当时当地规模宏大的中心聚落。相反，那些数量众多的小遗址则很少有这些大遗址所见的大型公共建筑、夯土台基、高等级大墓和精美的器物。历史的延续性使得中国现代的聚落形态仍保持着这种等级次序，从国家级的大都市到省、市、县、乡、村，各自的规模基本都与其级别相对应。因此我们有理由相信，在发掘资料尚不充分的情况下，根据调查所知聚落规模的大小来划分等级应是足备分析之用的。这样做虽不能避免绝对的误差，但应该能够反映总体的概况。

需要补充的是，区域调查应不只限于遗址的大小，在可能的情况下还应包括聚落布局、结构、功能等方面的内容。在条件较好的地区，如内蒙古、东北等地，遗址堆积大多比较单纯，而且许多遗址地表暴露有大量的遗迹现象，通过仔细勘查、简单清理即可获取上述很多信息；在这样的地区做调查，方法和路径上可有不同的设计。但在很多地区，特别是中原地区，往往不具备这样的条件，单凭调查对遗址的内部结构往往了解甚少，所以依据面积大小进行聚落分级就成了一项主要的内容。

5. 人口测算的问题

根据一个遗址的发掘资料来测算某一聚落的人口数，这在中外聚落考古中都不乏其例；尤其是当一个遗址的房屋或墓葬被充分揭露的情形下，只要方法得当，人口的测算应是基本可信的。在特别重视数理统计和量化分析的西方学术界，微观聚落与宏观区域的人口分析都很常见，为此甚至有专门的著作出版[①]。借助于发掘过的遗址所计算出的单个聚落的人口密度，有些研究试图对一个区域或遗址群的人口数进行估算，这种宏观的分析却常常引起争议。

如前所述，在本文所举的几项区域系统调查中，赤峰调查认为人为认定的遗址随意性较大，转而注重人口规模的统计和分析。其具体的方法是在调查中记录和统计各

---

① Hassan, Fekri. *Demographic Archaeology.* New York: Academic Press, 1981.

采集单元不同时期陶片的数量与比例，通过将采集点分布的面积和地表陶片分布的密度结合，计算出不同时期的人口指数，然后参照有关已发掘遗址的人口密度，得出各社区和社群（政区）的大约人口数①。

这种分析方法借助统计学模式，看起来似乎更显科学，但其结论的准确性却至少受到两个因素的影响。其一，这种分析的前提是假定地表陶片的分布能够真实反映地下遗存的埋藏情况及居住人口的密度。也许这样一个前提条件适用于赤峰地区，但不一定每个地区都如此。以我们在晋南黄土地带工作的经验，有的遗址地表陶片很丰富，但发掘后发现遗迹却较稀少；有的遗址地表陶片很稀少，但发掘揭示其地下遗存却很丰富。不同地形、不同的埋藏情况和破坏程度都会影响地表陶片的分布。因此，地表暴露的陶片等遗存究竟在多大程度上能够反映当地的人口数量与密度，需要根据不同情形做出具体的评估。其二，不管设计好的分析模式如何严密，最后似乎都要借助已知遗址的人口密度进行换算（迄今国内最常被引用的是发掘最充分的姜寨遗址），而这种经过充分发掘、可以较准确计算人口的遗址，大多是规模较小、房屋或墓葬较集中的遗址；以这样遗址得出的人口密度，去按比例换算大型遗址的人口数量，恐怕会出现较大的误差。因为大型遗址大多会包括复杂多样的功能区，如居址、墓地可能有多处，其间或许会夹杂着诸如祭祀区、不同种类的手工业作坊区，甚至园圃和田地等，很难说其人口密度与那些小遗址的就相同。何况人口密度在不同时期、不同地区间还可能存在较大的差异。因此，受包括上述两种因素在内的各种因素的影响，目前考古上所知的各种区域人口分析模式都不是没有问题的。

此外，即便像赤峰项目那样以人口规模的重建作为聚落形态研究的基础，其实最后仍脱离不开以社区（聚落）为分析比较的单位，包括对各时期社区数量与人口规模的评估。对于人口的估算，也不可能给出一个十分精确的数字，而是表示为最小值与最大值间的浮动。并且，根据我们对赤峰与运城调查的比较研究，用两种方法分析同样的资料，即人口统计与根据聚落大小分析得出的总结论并无根本的差异②。由此可知，人口分析在聚落考古中的应用也只是方法之一，而非唯一正确的途径。

但反过来说，虽有上述各种因素干扰，运城与赤峰比较的事例又说明，一个好的人口分析模式对人口规模的估算似乎也不会偏差太远，所以若依此方法实行，也未尝不可。有时为了某种研究目的，需要对一个聚落乃至一个区域的人口得出具体的认识，

① 赤峰中美联合考古研究项目：《内蒙古东部（赤峰）区域考古调查阶段性报告》，科学出版社，2003年。

② 周南、戴向明：《运城盆地和赤峰地区的酋邦与国家：聚落系统的比较分析》，《东方考古》（第7集），科学出版社，2010年。

那么这种人口的测算与分析就仍是必要的。

总之，任何一种即便是优秀的区域调查方法、分析手段都有其局限性。区域系统调查的优势在于长时段、大空间的比较分析，可考察宏观聚落形态的特征与变化。有时一定程度的不精确或模糊性是容许存在的。

四、专门性调查及典型遗址的发掘——区域聚落考古的深入开展①

本文所涉及的四个全覆盖区域系统调查项目所取得的直接成果，是对各地区早期聚落形态的特征和变化有了基本的了解，并由此对各地社会组织结构的变化和复杂社会发展的进程取得了初步的认识。但由于受各地调查范围和所处地域的影响，其结果对各阶段总体社会状况的认识可能仍有程度不同的局限性，需要将来放到更大的区域背景中进行考察研究。例如，日照地区的调查显示，大汶口文化时期该地区聚落数量较少，等级分化并不明显，而在大汶口文化分布的其他地区特别是核心区域却并非如此，那么对整个大汶口文化（尤其是其中晚期）社会应怎样认识？又如伊洛流域及洛阳盆地，已有的调查表明，聚落的等级分化大约出现在仰韶晚期，但直到龙山时期都没有出现诸如层级增多、有超大聚落整合大范围区域组织的现象，这与晋南地区不同，在豫中地区是否具有普遍意义？再如，赤峰地区的调查揭示，红山文化时期社会分化已经开始，并形成了众多小规模的区域政体，但晚到夏家店下层文化时期都未出现能够统摄整个区域的超大型聚落，从而形成规模更大的区域政体，这与其他很多地区也不相同，在整个燕辽文化圈里是不是一种普遍现象？还有，运城盆地东部复杂社会的出现始于仰韶中期，随后经过长时间若干小规模群体的对峙、碰撞与融合，到龙山时期形成了有超大聚落统辖的大规模区域政体，最后又融入了中原早期国家系统之中，这样一种社会演进的历程在晋南豫西是否具普遍性、该地区与相邻地区如临汾盆地的关系如何？这些问题的存在说明，一定范围的区域系统调查往往会引申出很多相关的一系列新问题，而这些问题的解决需要在一个调查项目完成之后，继续有针对性地做进一步的深入研究。

除上述所举超出各调查区之外的一系列新课题，在各调查区之内，也可以有目的地开展一些专门性研究，以将区域聚落考古引向深入，解决一些深层次的问题。如追寻各区域文明的起源和早期国家的出现，是区域聚落考古的一个重点内容，围绕这一

① 本节所涉及的各区域调查的参考文献可见前文索引，这里不再重复。

目标，许多地区选择了龙山时代前后的大遗址或特殊遗址进行了规模不等的发掘，或对某些重要资源的来源、生产与控制等方面进行了专门调查。

有些专门性调查是在区域调查项目开始时就设计好并同时或先后进行的；有些是根据调查过程中所揭示的新问题、新发现，又针对诸如手工业生产与分配、特殊资源的获取与利用等相继开展的专门性调查和研究，如巩义伊洛河流域的调查，开始的设计就包括关于古地貌和环境变迁的地质考古学及古植物学的调查，其后又开展了关于灰咀遗址石制品原料来源及与二里头遗址石器关系的调查和研究。又如我们在运城盆地的调查，在田野踏查中发现数处二里头和二里冈期的遗址出有铜炼渣（个别的可能早到龙山时期），待拉网式调查结束后，我们又专门组织了对此类遗址的调查，并深入到中条山铜矿区试图寻找早期冶铜遗址，目的是要探索本地区是何时开始开发和利用铜、何时将铜作为一种重要的政治经济资源加以控制的。

在区域聚落考古中，很多学术课题，包括基于调查而产生的新问题，都需要通过发掘来解决。比如根据规模大小可以确认出许多不同时期的中心聚落，那么这些中心聚落与普通聚落有什么不同？较理想的做法当然是选择不同层级的聚落进行大规模的发掘和对比研究；如这样的状态难以达到，则应选取有代表性的大型中心聚落或功能特殊的遗址进行发掘，以期经由最短途径认识当时社会所到达的实际水平或特有的内容。目前所知在区域系统调查基础上，开展较大规模发掘的有日照两城镇遗址[①]和运城绛县周家庄遗址[②]。这两处遗址都是当地龙山时期的大型中心聚落，在国家起源探索中占有不容忽视的重要地位。

以周家庄的发掘为例。经过调查我们认识到，周家庄为运城盆地东部龙山时期唯一一处规模超大的遗址，那么其爆发性的增长在大范围的区域政治整合中扮演了什么样的作用？其聚落构成又有什么特殊的地方？为解答这些问题，探索周家庄遗址的内涵与功能作用，深入剖析本地龙山时代的社会，从2007年秋季始，我们对周家庄遗址展开了持续的大规模勘探和发掘。周家庄龙山时期地表陶片散布的面积约450万平方米；通过数次发掘和大规模钻探，目前已发现在其聚落中存在大型环护的壕沟（壕沟的南面暂缺，或许因地势原因当初就没有修建；其余三面可基本相连），并且壕沟范围有一个从小到大的扩展过程，壕沟内最大面积可达200余万平方米。在壕沟内已揭露出一些房子、墓葬、陶窑、灰坑等遗迹现象。此项工作还将持续进行下去。待将来对

① 中美两城地区联合考古队：《山东日照市两城镇遗址1998～2001年发掘简报》，《考古》2004年第9期。

② 戴向明、王月前、庄丽娜：《2007～2008年山西绛县周家庄遗址钻探与发掘》，《2008中国重要考古发现》，文物出版社，2009年。

周家庄的发掘和研究取得一定进展之后，还应将其置于一个范围广大的背景中进行考察，如此才能对其在当时社会发展的历史进程所占有的地位和所起到的作用有更清楚的认识。

总之，我们所开展的区域聚落考古的一个总思路，就是在一个所知有限的地区，利用已知的线索，先由面到点（从系统调查到选点发掘），再从点到面（对一个地区、一个或数个中心聚落取得突破性认识后，再扩大到范围更广的比较研究），层层展开。基于这种考古理念对文明与国家起源、社会演化过程所进行的探索，将是一个长期的、艰苦的历程。

（原载《中国聚落考古的理论与实践（第一辑）——纪念新砦遗址发掘30周年学术研讨会论文集》，科学出版社，2010年）

古史传说与中国文明起源的探索

众所周知，在世界上几个古老的文明当中，中国文明是唯一一个没有中断、绵延至今的文明。中国早期的文献不仅记载了有文字以来的历史，而且还系统追述了更为久远的传说时代的历史，也就是我们今天所说的史前史。传说时代的历史以“三皇五帝”为主干，既充满了虚幻的神话和传说，也可能隐含着真实的人物和历史事迹；但无论如何，传说与史实相杂糅，光凭古籍本身是难以将漫长的史前史梳理清楚的。除了历史考证的爬梳整理，复原远古历史的重任主要落在了考古学的肩上。近三十年来，追溯中国文明的起源成为考古学界一个重点议题，同时，由于古籍中对传说历史有丰富的记载，那么如何看待“三皇五帝”与中国文明起源的关系也是难以回避的问题。本文就这一问题谈些粗浅的认识。

一、三皇五帝及其传说事迹

1. 何为三皇五帝

“三皇五帝”的说法最早可以追溯到先秦时期，如《周礼》《庄子》《吕氏春秋》等书都有“三皇五帝”的称谓，主要是战国时期的作品，但在这些书中对三皇都没有具体的描述，对五帝的记载也不统一。直到汉代至魏晋时期，一些书籍中才对三皇五帝有了明确系统的记述，但各家说法仍然大异其趣。那么“三皇五帝”到底包括那些人物呢？

先说“三皇”。首先要指出的是，后世典籍所见三皇中的各位人物在先秦文献中都是零散出现的。如《易经·系辞下》说“庖牺（伏羲）氏没，神农氏作”，《韩非子》里提到有巢氏、燧人氏，《庄子》提到有巢氏、神农、黄帝，《吕氏春秋》里有神农、炎帝，等等，其中的有巢氏在后人眼里并不属于三皇之列。因此在已知的先秦文献中虽有“三皇”之说，但皆缺乏明确所指。直到汉代以后，“三皇”的名称才具体而完备起来。据有人统计，古文献中的三皇出现过伏羲、女娲、燧人、神农、祝融、共工、黄帝等多个不同的名称，他们之间的排列与组合构成了多种不同的“三皇”版本[①]。另据有人考证，最初有“天皇、地皇、泰皇（或人皇）”之说，但因“雅言所未尝见”，故汉儒逐渐舍弃此三皇名号而改用其他称谓，其说主要有四个：①伏羲、女娲、神农；②伏羲、神农、燧人；③伏羲、神农、祝融；④伏羲、神农、共工。其中伏羲、神农为各说所共有，另一位则互不相同[②]。究其原因，大概是汉代诸儒根据不同的先秦典籍或古史系统做出的不同综合、推想甚至臆断。上述几种说法分别见于汉代的《白虎通》《风俗通义》《尚书大传》《春秋运斗枢》《春秋命历序》等书。迟至西晋皇甫谧所作《帝王世纪》等书，才将三皇定为“太昊伏羲氏、炎帝神农氏、黄帝轩辕氏”。需要说明的是，将太昊与伏羲、炎帝与神农合为一体，可能始自西汉，但在更早的文献中他们分别属于不同的人物，从中可以看到后世对上古传说历史的曲解或改造。

再说“五帝”。据考证，至少在战国时期五帝之说已经出现了，当时“五行”之说盛行，人们从上古传说最负盛名的人物中选出五位“帝”而合成为“五帝”；就是说先有五帝的观念，尔后人们才去找来五位帝的名字来充实它[③]。在先秦文献中，《世本》《吕氏春秋》《礼记》《战国策》《荀子》《韩非子》等都有“五帝”出现，但其中很多也没有说明具体的人物，少数则有特定所指，不过构成的人物并不统一。到了汉代以后，不同史书对五帝的记述仍然有异，概因先秦典籍就有不同的记载，再加上后人的重新选择与编排，其说仍旧纷杂。综合起来，古籍中关于“五帝”主要有四种说法。第一，为“黄帝、颛顼、帝喾、唐尧、虞舜”，见于《世本·帝系》《大戴礼记·五帝德》和《史记·五帝本纪》，其中《世本》成书最早，约在战国末年，其体例对西汉太史公司马迁写作《史记》有重大影响，司马迁也采用了《世本》所记五帝说，并成为后世最流行的“五帝”版本；第二，为“太皞（伏羲）、炎帝（神农）、黄帝、少皞、颛顼”，出自《礼记·月令》《吕氏春秋·十二纪》《孔子家语·五帝》《淮南子·天文训》等，此说影响不大；第三，为“伏羲、神农、黄帝、尧、舜”，出自《战国策·赵策》《易·系辞下》等书，对后世的影响也不大；另外还有第四种，为“少皞、颛顼、高辛（帝喾）、唐尧、虞舜”，此说形成年代最晚，见于西晋皇甫谧的《帝王世纪》《尚书序》等书。

最早将三皇五帝综合整理成一个系统的也是汉代以后的事。西汉末年刘歆所作《世经》载于《汉书·律历志下》，所记上古帝王世系如下：太昊炮牺（伏羲）氏，炎帝神农氏，黄帝轩辕氏，少昊金天氏，颛顼高阳氏，帝喾高辛氏，唐尧陶唐氏，虞舜有虞氏，伯禹夏后氏，以下还有殷商的成汤、西周的武王等。但在这里没有明确指出哪

① 许顺湛：《五帝时代研究》，中州古籍出版社，2005年。

② 杨宽：《中国上古史导论》，《古史辨》（第7册），上海古籍出版社，1982年。

③ 徐旭生：《中国古史的传说时代》，广西师范大学出版社，2003年。

些是三皇、哪些是五帝，只是从前往后大排序。东汉以后一些儒生遵从此说。西晋的皇甫谧也承袭了这一说法，但做了进一步的加工整理，将“三皇五帝”明确分离出来，从而编排成一个完整的上古帝王体系。

稍加比较就会发现，上述有关五帝的记载中，第一和第四种说法最接近，两者不同只在于五帝之首——黄帝或少皞。仔细研究还会进一步发现，皇甫谧在编写《帝王世纪》时，依照《世经》所记，将各种说法进行了综合与改造，梳理出了一个完整的“三皇五帝”系统。他首先将第二、三种说法中的太皞（太昊）伏羲氏、炎帝神农氏和黄帝轩辕氏提升为三皇，然后保留了第一种说法中五帝的主体，只是将提升后空缺出来的黄帝之位以第二说中排在黄帝之后的少皞替换之；经他梳理之后，各说中的颛顼、帝喾、尧、舜这几位重要人物也都囊括其中了。这样，经皇甫谧综合整理之后的“三皇五帝”就成为一种完美的结合：在他的三皇五帝系统中，各家说法中的各位都得以保留，无一遗漏，而且以新的面貌展现出来。《帝王世纪》差不多是现在所知最早将“三皇五帝”作为一个整体加以系统排列和研究的史书；以前的古籍或言三皇，或谈五帝，或提到三皇五帝而无具体所指，或者没有明确三皇和五帝的分界；直到《帝王世纪》才将三皇五帝及其事迹眉目清晰地罗列出来，并且这个体系囊括了上古传说历史中主要的内容和主要的人物，显得最为完整，对后世也有很大的影响。

除了上述各种版本中的三皇五帝，古史传说中还有另一位重要的人物，那就是禹，或称“大禹”或“夏禹”。禹是传说历史中最后一个关键人物，据《史记·夏本纪》，禹是“黄帝之玄孙而帝颛顼之孙也”，其父鲧因治理洪水不利而被杀，禹代其父治水而获成功，成为帝舜的继任者。他既是实行“禅让”制的尧舜时代的继承者，也被视为中国历史上第一个世袭制王朝夏的开创者。有的书中也将禹作为五帝（或六帝）之一；即使不在“五帝”之列，禹也是研究传说时代历史不可回避的代表人物。

史家一般都认为，三皇、五帝代表了不同的历史阶段，有时间早晚的先后顺序。三皇显然代表了古史传说中最远古的时期；而五帝时代则相对较晚近，大约相当于史前的后期，学界通常称之为中国历史上的“英雄时代”。有人认为三皇五帝是神话了的帝王或不同族团的领袖，还有人认为他们分别代表了不同时期的族群而非具体的人物。无论如何，这是一段神话、传说与史实相掺杂的历史阶段。

2. 三皇五帝的事迹：神话与传说中的历史

现在让我们看看先秦到汉代对“三皇五帝”所涉及的那些人（或神）都有过什么样的描述，以及哪些属于能够被考古学研究所证实的真实历史情形，而哪些属于荒诞的神话或主观的臆造。

关于三皇时代的特点，如下几条文献常被学者引用。

《韩非子·五蠹》："上古之世，人民少而禽兽众，人民不胜禽兽虫蛇。有圣人作，构木为巢，以避群害，而民悦之，使王天下，号之曰有巢氏。民食果蓏蚌蛤，腥臊恶臭，而伤害胃腹，民多疾病。有圣人作，钻燧取火，以化腥臊，而民悦之，使王天下，号之曰燧人氏。"

《庄子·盗跖》："古者禽兽多而人民少，于是民皆巢居以避之，昼拾橡栗，暮栖木上，故命之曰有巢氏之民。古者民不知衣服，夏多积薪，冬则炀之，故命之曰知生之民。神农之世，卧则居居，起则于于，民知其母，不知其父，与麋鹿共处，耕而食，织而衣，无有相害之心，此至德之隆也。"

《礼记·礼运》："昔者先王未有宫室，冬则居营窟，夏则居橧巢。未有火化，食草木之实、鸟兽之肉，饮其血，茹其毛。未有麻丝，衣其羽皮。"

在这几段先秦典籍（或后人整理的先秦典籍）中，三皇之说尚不完备，但却反映了当时人们对远古人类童年时代最朴素的追记。其中描述的人民少而禽兽众，营窟居巢、茹毛饮血，食草木之实、鸟兽之肉，钻燧取火、衣禽兽之羽皮……这些内容与考古学所揭示的一万多年前以至更久远的旧石器时代的社会及其生活场景很是接近；而神农氏时代人民知其母而不知其父，耕而食、织而衣，又与距今万年以后新石器时代早期的状况颇为相似。可见当时人们对远古时代的描述并非都是凭空捏造，而是有着真实的历史背景的。但说那时就有了"王天下"的有巢氏、燧人氏、神农氏，则是有违史实的无稽之谈，当是记述者的臆想或口传历史的扭曲之处，这种局限体现出了鲜明的时代烙印——人们往往会根据其身处的当下社会来推想以前的历史。

到了汉代以后，那些先秦文献所描述的零散、片段、模糊的远古历史被进一步系统化了。例如，在成书于东汉的《白虎通·德论》中，谓三皇为"伏羲、神农、燧人"或"伏羲、神农、祝融"，并进一步阐述说："谓之伏羲者何？古之时未有三纲六纪，民人但知其母，不知其父……饥则求食，饱则弃余，茹毛饮血而依皮苇。于是伏羲仰观像于天，俯察法于地……治下伏而化之，故谓之伏羲也。谓之神农何？古之人民，皆食禽兽肉，至于神农，人民众多，禽兽不足，于是神农因天之时，分地之利，制耒耜，教民农作，神而化之，使民宜之，故谓之神农也。谓之燧人何？钻木燧取火，教民熟食，养人利性，避臭去毒，谓之燧人也。谓之祝融何？祝者，属也，融者，续也，言能属续三皇之道而行之，故谓之祝融也。"这段话既点明了伏羲、神农、燧人或祝融这些"三皇"的含义和来历，又颇能反映旧石器时代茹毛饮血、钻木取火和新石器时代早期农业起源阶段的特点。这显然是汉代人根据先秦文献的记载经过综合、梳理乃至进一步的编排整理而形成的。

三皇之后是五帝。从先秦到汉代及以后的文献中，关于五帝的记载比起三皇要丰富多了，大概是年代更晚近、传说事迹亦较多的缘故。其中《史记·五帝本纪》是较早详细讲述五帝的权威著作，下面就以这本书为主，再参照有关的其他史书，来简单概括一下五帝的事迹及时代特征。

在《史记》及许多其他史书中，五帝是同祖同源、有着共同的血脉关系的；黄帝为五帝之首，以下四帝都是黄帝的后裔。具体讲，颛顼是黄帝之孙，帝喾为黄帝之曾孙（颛顼之族子即子侄辈），尧为帝喾之子，舜则是颛顼之后的第六代传人。按照这样一种谱系关系，舜比尧晚了四代人，可尧舜又是前后相继的关系，那尧的寿命该有多长呢？这显然是不合情理的。其实五帝有着各自的氏族名号，书中说黄帝为轩辕氏或有熊氏，颛顼为高阳氏，帝喾为高辛氏，尧为陶唐氏，舜为有虞氏，他们应分属于不同时代的不同族群，而且按史籍所载他们各自的发祥地也不相同。汉代诸儒将他们说成出自同一祖先，显然受到了当时"千古一系"的大一统思想的影响。

五帝时代是一个战争频仍的时代。《史记·五帝本纪》："轩辕之时，神农氏世衰。诸侯相侵伐，暴虐百姓，而神农氏弗能征。于是轩辕乃习用干戈，以征不享，诸侯咸来宾从"；又说"炎帝欲侵陵诸侯，诸侯咸归轩辕。轩辕乃修德振兵……治五气，艺五种，抚万民，度四方，教熊罴貔貅貙虎，以与炎帝战于阪泉之野。三战，然后得其志。蚩尤作乱，不用帝命。于是黄帝乃征师诸侯，与蚩尤战于涿鹿之野，遂禽杀蚩尤。而诸侯咸尊轩辕为天子，代神农氏，是为黄帝"。从这段话可以看出，黄帝之时天下"诸侯"纷争，即有众多不同的社会集团并存争斗，黄帝是在与不同集团（包括华夏族群内部各集团）的征战中崛起而成为盟主的，"阪泉之战"与"涿鹿之战"奠定了黄帝集团的统治地位。炎、黄族群的发祥地当不出陕西关中的渭河流域和晋南豫西的黄河两岸，这里正是仰韶文化的中心分布区域；古书明确记载到炎、黄之时开始发生了大规模的族群冲突，而这恰与仰韶中晚期所显现的区域社会集团的形成及其紧张的对峙关系相呼应。自此以后，有关不同社会集团间的战争与冲突史不绝书，而且有愈演愈烈之趋势。比如在《淮南子》等书中就提到颛顼与共工之间"争为帝"而发生战争；一些史书又谈到尧、舜、禹同南方的"南蛮"或"三苗"集团发生过多次战争，等等。

战争的频发导致了社会权力的集中与强化，这首先表现在居于统治地位的集团首领对联盟内的其他成员或被征服的外族可以采取强制性措施，如上面所说黄帝"征师诸侯"与蚩尤作战，《尚书·尧典》和《史记》都记载舜曾对共工、驩兜、三苗、鲧实行过流放、殛杀等处罚。

社会权力的发展还反映在集团内部管理的分工直至官僚机构的建立。《史记》说黄帝"置左右大监，监于万国"，"举风后、力牧、常先、大鸿以治民"，表明在黄帝之下还有辅助他治理的一些职官，而且"外交"与"内政"是有分工的，这说明当时已不再是简单的氏族部落社会，而是有着分层管理的复杂社会了。到了尧舜时期，社会结构更加复杂。帝尧命羲仲、羲叔、和仲、和叔分居不同方位，观察日月星辰，掌管四时节令，以“敬授民时”；在尧的晚年，舜摄天子之政，不但有帝尧手下的许多职官辅佐，舜还制定了一系列的刑法。在他“践天子位”之后，属下职官有了更明细的分工，来辅佐他处理不同方面的事物，他任命禹为司空即众官之首，以弃（周人的祖先）为后稷即“播时百谷”的农官，以契（商人的祖先）为司徒来教化百姓，命皋陶掌管刑法，以垂为共工做管理百工之官……反映在机构设置和事务的管理方面较以前更加系统而全面了。而这样的情形就很像是已经进入国家形态的社会了，与考古学上所见龙山时代少数大型中心聚落显露出的社会结构多有相符之处。

三皇五帝之所以被近现代学者视为传说中的历史人物，主要是因为在这漫长的时期里还没有文字产生，缺乏有当时文字记载的确凿的史迹，而历史是以口耳相传的方式流传下来的。除了我们能够甄别出来的那些合理的内核（详见上文），传说历史中还掺杂着许多神话传说，或者将漫长岁月里众人的发明创造都附会在三皇五帝的身上；传说历史的另一个特点就是在流传过程中的扭曲变形。如《竹书纪年》等书将原本互不相干的太昊和伏羲合为一体（太昊源于东方传说，伏羲源于南方传说），说伏羲得河图创八卦，造书契、作甲历，等等；这些都是晚到青铜时代（商周时期）才出现的文化成就，与其他史书有关伏羲时代“茹毛饮血”的记载（相当于旧石器时代）是相矛盾的。还有的传说将伏羲、女娲结合在一起，称他们为兄妹或夫妻，并为造人的始祖；在汉代书籍和出土的汉代画像中，伏羲、女娲都为人首蛇身的神人形象。皇甫谧的《帝王世纪》则沿袭汉代人的说法，将炎帝、神农氏合为一体，说炎帝的母亲女登有感于神龙而生炎帝，炎帝则是“人身牛首”的半人半神了。在汉代以降记述三皇五帝的史书中，《史记》是相对较少神话色彩的，但严谨的良史司马迁也没能完全摆脱时代的局限性，说黄帝与炎帝打仗时能驱使虎豹熊罴等神兽为之助战，又说帝喾高辛“生而神灵，自言其名”。而专门描写古代神话传说的《山海经》等书更是将五帝及很多上古人物形容为或生有异相，或能乘龙驭兽、呼风唤雨的神人。此外，很多古书对三皇五帝各自寿命或“在位”时间的记载也是夸张得令人难以置信，往往说他们在位五六十年以上甚至一百余年，寿命也多在百年以上，这完全是没有事实依据的虚言妄说。

司马迁在《史记·五帝本纪》的篇末说：“学者多称五帝，尚矣。然《尚书》独载尧以来；而百家言黄帝，其文不雅驯，荐绅先生难言之。……余尝西至空桐，北过涿鹿，东渐于海，南浮江淮矣，至长老皆各往往称黄帝、尧、舜之处，风教固殊焉，总之不离古文者近是。……《书》缺有间矣，其轶乃时时见于他说。非好学深思，心知其意，固难为浅见寡闻道也。余并论次，择其言优雅者，故著为本纪书首。”从这段话可以看出，太史公司马迁治史的态度是非常严谨认真的。远古的三皇大概过于虚无缥缈，难以说清，因此的他的《史记》最早从黄帝谈起。在他看来，古籍所载五帝的事迹也多有不实之处，为了尽量接近实际，他曾遍游天下，进行实地考察，结果发现各处五帝的传说拥有很多共同的内容，与古书所记可大致对应，于是经过深思熟虑，查考甄选，尽量选择“优雅”可信之说写成《五帝本纪》。即便如此，他仍未能完全杜绝那些虚妄之言，这是我们今天在阅读《史记》时不难发现的。

从上面的叙述可以看出，囿于时代的局限，许多史书关于三皇五帝的记载充斥着神话、传说及虚夸之处，但同时也隐含着很多真实的历史素地。

二、史学家对三皇五帝及传说历史的认识

在近代以前，绝大部分中国人对《史记》等古书所载上古传说时代的历史都是深信不疑的。其间虽有学者对三皇五帝神乎其神的传说故事提出质疑，但这些研究在当时都没有产生很大的影响，都没能从根本上撼动古史体系。

到了20世纪初，中国社会发生了翻天覆地的变化。1911年辛亥革命爆发、“中华民国”成立，延续了两千余年的封建时代被终结；紧接着又发生了影响深远的“新文化运动”，在倡导科学和民主的潮流中，一些学者开始以科学理性的精神来引进西学、改造旧学。正是在这种大的时代背景下，20世纪的二三十年代在史学界兴起了一场“古史辨”运动，以顾颉刚为代表的一批学者以批判精神和科学方法考辨上古史料，他们的成果集中收录在《古史辨》（共七册）一书中，因此被称为“古史辨派”或“疑古学派”。

古史辨派一个著名的观点就是顾颉刚提出的“层累地造成的中国古史”观。对此顾颉刚进一步解释了其中的三层意思。第一是“时代愈后，传说的古史期愈长”，如周代人心目中最古的人是禹，到孔子时有尧舜，到战国时有黄帝神农，到秦有三皇，到汉以后有盘古等；第二，“时代愈后，传说中的中心人物愈放愈大”，如舜在孔子时只是一个“无为而治”的圣君，到《尧典》就成了一个“家齐而后国治”的圣人，到孟子时就成了一个孝子的模范了；第三，我们虽不能知道某件事的真实状况，但可以知道其在传说中的最早状况，例如我们虽不能知道东周时的东周史，但至少能知道战国时的东周史，等等[①]。经过古史辨派的大量考辨工作，上古传说时代的伪古史体系被推翻了；他们认为上古历史大多是后人的臆造，而且形成年代越晚的就越不可靠。不可否认，疑古学派的研究有很多真知灼见。正如本文前面所述，从战国到汉代，“三

① 顾颉刚：《与钱玄同先生论古史书》，《古史辨》（第1册），上海古籍出版社，1982年。

皇五帝”中的人物及其事迹由残缺不全到渐为丰满，而且将原本并不相干的古帝编排进同祖同源的一个系统，并附加了许多的神话传说，这足可印证疑古派的认识有其合理之处。

但疑古派彻底否认上古历史的观点并没有被后人完全接受，在史学界仍有一些人致力于上古史料的整理和研究，力图从纷杂的传说中梳理出真实合理的历史内核。他们认为古史辨派疑古太过，走入极端，只是做了去伪的工作，而未能存真，在泼洗澡水时将婴儿也一同倒掉了。一些上古的事件虽因传说日久，附加了很多理想的成分，但其本身也有真实可信的部分，并非全是后人的臆想和捏造。在从事古史重建的历史学家中，徐旭生就是一个代表人物。他于 20 世纪 40 年代完成并出版、后又于 1960 年增订再版的《中国古史的传说时代》，是一部系统研究上古历史的重要著作，其影响至今，历久不衰。

徐旭生的传说时代从黄帝讲起，他认为之前的伏羲、燧人等的传说事迹太简单，世次先后不清，与炎、黄时代的距离也渺不可知，因此无法考证。在这本书中，徐旭生将中国上古传说时代的部族大致分为华夏、东夷、苗蛮三大集团。华夏集团地处陕、晋、豫境内的黄河中游，也就是一般所说的中原地区，该集团包括黄帝系和炎帝系两支，按《国语》记载黄帝为姬姓、炎帝为姜姓，同出于少典氏，那么这两支同源的族群后来就成为华夏国家的主体民族，他们的最初居住地都在陕西，以后逐渐向东扩展到了华北的东部。炎帝、黄帝、颛顼、帝喾、尧、舜、禹等都属于华夏集团中不同时代的领袖人物。东夷集团主要分布在山东境内及周边地区，代表人物有太皞（太昊）、少皞（少昊）和蚩尤，稍晚的还有皋陶和后羿等。苗蛮集团的地域以湖北、湖南、江西为中心，其最活跃的人群为三苗氏，伏羲和女娲的传说实出自这一集团，该集团的著名人物有驩兜、祝融等（祝融原本属于华夏集团，后来融入了南方的苗蛮）。这三大集团在相互接触中存在不断的争斗，但最终交汇融合，共同成为中华早期文明的缔造者①。

徐旭生先生研究的可贵之处在于，他根据传说时代的史料将上古人群划分为三大集团，将五帝等众多人物归为不同集团的代表，通过考证他们之间的相互关系而进一步阐发了不同集团间的关系，从而给纷繁复杂、扑朔迷离的上古史理出了一个较清晰的脉络。然而，受到传说史料本身的局限，单凭文献资料无论如何也难以描绘出一幅清晰、完整、可信的远古时代历史的画卷来。整个中国史前史的书写、中国早期文明的探索最终还是要依靠考古学的发现与研究。

---

① 徐旭生：《中国古史的传说时代》，广西师范大学出版社，2003 年。

三、考古学对远古历史的重建及对中国文明起源的探索

古史辨派努力摧毁了传说时代的伪古史体系，但接下来该如何重建远古的历史呢？该学派的领军人物顾颉刚首先就意识到，古史的重建只能依靠考古学，胡适等著名学者也都持有相同的看法，这种看法几乎成为20世纪二三十年代学界的共识。在这样一个大的时代背景下，原中研院历史语言研究所的创办者傅斯年更是明确提出“上穷碧落下黄泉，动手动脚找东西”，率先在史语所设立了考古组，由留学回国的李济博士负责，开始了中国考古学的艰难探索。

其实在史语所考古组成立之前，在中国境内已经有了一些很像样的考古工作。其中1921年瑞典学者安特生对河南渑池仰韶村遗址的发掘，一般被认为是中国现代考古学的发端。安氏将这批发掘资料中年代较早、含有彩陶的遗存命名为“仰韶文化”，并正确指出这是中国史前新石器时代的文化，是汉文化的本源，但同时他又认为这种以彩陶为代表的文化应是由西方传入的[①]。当时在学术界关于中国文化西来说是一种颇为流行的观点。

1926年，在执掌史语所考古组之前，留美归国不久的李济就在山西夏县西阴村进行了一次考古发掘[②]。这次发掘出土的也以仰韶文化遗存为主，不过在当时的条件下还不可能对其学术意义取得充分的认识。这次发掘虽受到美国弗利尔美术馆的资助，但却是第一次由中国学者独立主持完成的考古工作，李济因此也被视为中国考古学的开创者。夏县西阴村位于晋南的运城盆地，晋南是传说时代尧舜禹活动的重要地区。李济的第一次考古活动就选择在晋南，显然同探索传说时代的史迹有密切的关系；中国考古学自诞生之日起，其重建古史的使命也由此可见一斑。

1928年中研院史语所考古组成立之后，中国有了自己独立的考古机构和专业队伍。当年10月，首先派董作宾到安阳殷墟进行了第一次考古发掘。在有正式的考古工作之前，安阳殷墟就因大量刻辞甲骨的发现而蜚声学界。甲骨文的主要内容是商王的占卜记事。根据这些记载，1917年王国维发表了《殷卜辞中所见先公先王考》，其后又发表了《续考》等著名论文，他使用地下出土材料与传世文献相参照，证明《史记·殷本纪》所述商王的世系基本上是正确的，由此而将古书所载商代的历史推定为信史，他提出的“二重证据法”为当时陷入困境的古史研究开辟出了一片新天地。从1928到1937年抗战爆发前，中研院在殷墟共进行了15次发掘，揭露出成组的商晚期宫殿宗

① 安特生：《中华远古之文化》，《地质汇报》（第5号），1923年。

② 李济：《西阴村史前的遗存》，清华学校研究院丛书第三种，1927年。

庙基址、商王陵等贵族大墓、祭祀坑以及大量的刻有文字的甲骨等，为研究商晚期都城的建置布局、全面复原商晚期的社会历史提供了弥足珍贵的资料。殷墟的发掘成为1949年以前中国考古学早期发展史上最为辉煌的一页，李济、董作宾、梁思永、石璋如等一批才华横溢的考古学家投身其中，积累了丰富的发掘经验与技术，为其后中国考古学的发展奠定了坚实的基础①。

除了殷墟的发掘，史语所还在很多地方做了大量的考古工作，其中值得一提的是1929年到1931年对山东历城龙山镇城子崖遗址的发掘②。通过发掘人们认识到在山东还存在一种含有磨光黑陶、有别于仰韶文化的独特的史前遗存，这种遗存后来被命名为“龙山文化”；以后又通过其他地点的工作发现这类遗存在中原地区也有普遍的存在（但与山东的龙山文化有区别），年代皆晚于仰韶文化。尽管在当时对各地区仰韶与龙山文化之间的关系还不能取得确切的认识，但龙山文化的发现为中国文化找到了一个新的源头，从而在一定程度上否定了中国文化西来说③。总之，中华人民共和国成立前，通过史语所及其他一些考古机构的开创性工作，不但为通过考古资料重建上古史打下了初步的基础，而且“地层学”“类型学”等支撑考古学发掘与研究的一些基本方法也逐步走向成熟。

继殷墟考古之后，自20世纪50年代开始，考古学家们又陆续发现了几处夏商时期的都城遗址。1959年，为探索夏代史迹和夏文化的问题，年逾七旬的古史学家徐旭生亲赴河南进行实地调查，偃师二里头遗址就是这次勘察的重点，经徐先生的介绍引起了学术界的重视④。随后很快进行了发掘，并在这里发现了一种早于商代的遗存，后来被命名为“二里头文化”；二里头遗址的发掘一直持续到现在，已经揭露出有宫城环绕的成组的宫殿建筑基址、多处贵族墓葬、铸铜作坊等重要遗迹现象，还出有最早的青铜礼器，现在多数学者认为二里头属于夏代的一处都城遗址⑤。50年代考古学家还在河南郑州二里冈发现了一处商代遗址，经过多年的勘探发掘，发现这里有规模宏大的城墙、多处宫殿基址和铸铜、制骨、制陶等手工业作坊，以及埋有王室重器的青铜器窖藏等⑥，很多学者认定这是一处早于殷墟的商代前期的都城遗址⑦，以其为代表的遗存

---

① 中国社会科学院考古研究所：《殷墟的发现与研究》，科学出版社，1994年。

② 傅斯年、李济、董作宾等：《城子崖——山东历城龙山镇之黑陶文化遗址》，1934年。

③ 陈星灿：《中国史前考古学史研究（1895～1949）》，生活·读书·新知三联书店，1997年。

④ 徐旭生：《1959年夏豫西调查“夏墟”的初步报告》，《考古》1959年第11期。

⑤ 中国社会科学院考古研究所：《偃师二里头》，中国大百科全书出版社，1999年；杜金鹏、许宏主编：《偃师二里头遗址研究》，科学出版社，2005年。

⑥ 河南省文物考古研究所：《郑州商城》，文物出版社，2001年。

⑦ 邹衡：《夏商周考古学论文集》，文物出版社，1980年。

被称为“二里冈文化”。此后，在80年代，人们又在距离二里头不远处的偃师尸乡沟发现了另一座规模很大的早商时期的城址①。与此同时，在这几十年的时间里，陕西境内西周时期的考古也取得了突破性进展。总之，经过考古学家的努力，在不太长的时间里就确认了夏商周三代为中国的“青铜时代”，这三个早期王朝无疑已经属于“文明时代”了。于是，从80年代开始，考古学家开始了探索中国文明起源的艰难历程，将寻找最早文明发端的目光投向了史前时期。

中华人民共和国成立后，随着考古事业的蓬勃发展，史前考古领域的重大发现也是层出不穷。从史前到先秦时期，全国各地陆续确认出了很多“考古学文化”，其中以黄河流域、长江中下游以及东北的辽河流域发展序列最完整；以考古学文化为载体，可以基本构建起中国境内早期文化发展演变的时空框架。正是在这种学术背景下，从20世纪70年代后期到80年代初，著名考古学家苏秉琦提出并逐渐完善了“区系类型”理论。他将中国境内的史前文化划分为六大区，分别是①以燕山南北长城地带为中心的北方；②以山东为中心的东方；③以关中（陕西）、晋南、豫西为中心的中原；④以环太湖为中心的东南部；⑤以环洞庭湖与四川盆地为中心的西南部；⑥以鄱阳湖—珠江三角洲一线为中轴的南方②。后来北京大学教授严文明又提出了八大文化区的划分方案，分别是黄河中游的中原区、下游的海岱区、上游的甘青区，长江中游的两湖区、下游的江浙区、上游的巴蜀区，此外还有位于燕山南北到辽河流域的燕辽区和位于陕、晋、冀的北部及内蒙古中南部的雁北区。每个文化区内都有各自的文化发展谱系和传承关系，相邻文化区间又往往存在密切的相互影响的关系③。将这些研究成果与徐旭生的上古三集团说相对照，我们会发现，根据传说史料梳理总结出的古代人群的分野，与根据考古资料做出的史前文化区系的划分有许多契合之处：与中原的华夏、山东的东夷和南方的苗蛮相对应，考古学上分别有中原区、山东的海岱区和长江中游的两湖区。这也反过来印证了传说记载有其真实可信的历史内涵。但同时我们还会发现，从考古学上所能区分出的文化区系远不止这三个，在其他地区还有多处，它们在中国文化、中华民族形成与发展的历史进程中都发挥了积极的作用。这样的认识显然大大突破了古史传说记载的局限性。

正是在对史前文化多元谱系并行发展认识的基础上，20世纪80年代以后苏秉琦又进一步提出了中国文明起源的“满天星斗说”，指出在距今约五千多年至四千年之间

① 中国社会科学院考古研究所：《偃师商城》（第一卷），科学出版社，2013年。

② 苏秉琦：《中国文明起源新探》，生活·读书·新知三联书店，1999年；又见与殷玮璋合著《关于考古学文化的区系类型问题》，《文物》1981年第5期。

③ 严文明：《东方文明的摇篮》，《农业发生与文明起源》，科学出版社，2000年。

的史前晚期，几大文化区内都出现了与文明起源相关的重要遗存：在中原地区有甘肃秦安大地湾仰韶晚期“殿堂式”的大房子、山西襄汾陶寺龙山早期的贵族大墓及河南境内几处龙山时代的城址，山东大汶口、龙山文化中随葬品丰厚的贵族墓葬，太湖流域良渚文化众多随葬玉器的大墓，辽宁西部红山文化的祭坛、“女神庙”和大量的积石冢，等等。这些非同寻常的重要发现北至长城地带，南到江南水乡，东抵黄海之滨，西达晋陕黄土高原，在广大的地域内都迸发出了文明的火花。苏秉琦由此指出中国早期文明的形成是多元、多中心的，从而打破了以往有关中国文明以中原为单一中心的认识，也打破了千古一系的大一统思想①。在这一认识的基础上，严文明又提出了中国文明起源与形成的“重瓣花朵”模式，指出中国的史前文化形似一个巨大的重瓣花朵，中国文明是从多地、多中心起源的；但同时中原又位于各文化区环绕的中心，能够博采各区的文化成就而加以融合发展，故自夏以后的很长时期里中原成为文明发展水平最高和影响最大的地区，与其他地区文明间存在紧密的联系并起到凝聚的作用，从而形成了多元一体的向心结构②。

自20世纪80年代后期开始，在夏鼐、苏秉琦等著名学者关于文明起源思想的引导下，伴随着一系列重要的考古发现，中国考古学界出现了探索文明起源的热潮，持续至今不衰。首先对于什么是“文明”，学术界有不同的看法。有人将文字、青铜器、城市或大型礼仪建筑的出现作为文明形成的标志；有人引用恩格斯的定义“国家是文明社会的概括”，以国家的出现作为文明形成的标志；还有人反对用这些现成的标准和条条框框来确认文明的形成，而是主张从中国实际出发，从早期社会发展演变的过程中来探索中国文明的起源及其发展阶段。

由于标准不同，自然会导致认识上的不同。有人认为迟至距今4000年以后的二里头文化才具备了上述主要的文明特征，夏代是中国历史上第一个王朝国家，也是最早的文明社会。有人认为在距今4000年以前的龙山时代就已出现了众多的城址、贵族大墓、大型宫殿建筑，有了最早的青铜器，特别是贵族墓葬中还往往随葬大量精美的玉器、漆木器等，因此中国文明的形成应始自龙山时代。还有人将中国文明的起源上溯到仰韶时代的中晚期，认为早在距今5000年以前，在黄河中下游、长江中下游、辽宁西部等许多地区就已出现了社会等级的分化，有了随葬精美陶器、玉石器的贵族墓葬，高等级的大型建筑，大型中心聚落，等等，从而显露出了文明的曙光，我们通常所说的中华五千年文明史大体就是指从这个时期开始的。

在探讨中国文明起源的过程中，由于歧义纷呈，一些学者又将注意力聚焦到了概

① 苏秉琦：《中国文明起源新探》，生活·读书·新知三联书店，1999年。

② 严文明：《农业发生与文明起源》，科学出版社，2000年。

念比较清楚的“国家起源”上面，甚至许多人将国家起源就等同于文明起源问题。20世纪80年代前期，限于当时的资料，夏鼐将中国文明开始的时间初步定在夏代，因为夏是中国最早的王朝国家；但同时他又敏锐地指出，“不管怎样，文明是由‘野蛮’的新石器时代的人创造出来的”[①]。到了90年代，随着一系列重大考古发现的增加和研究的逐步深入，苏秉琦提出了早期国家起源的“三部曲”，即从“古国、方国到帝国”的三个发展阶段[②]。也就是说，从距今5000年前到4000年前的史前晚期，前述几个主要文化区都分别进入了“万国林立”的“古国时代”；距今4000年以后的夏商周三代王朝为“方国时代”，但方国最早出现是在夏以前，并且在中原以外，包括长江下游的良渚文化；而从秦朝统一以后则进入了“帝国时代”。后来严文明、张忠培在此基础上分别做了进一步的阐发和概念的修正，他们都将中国早期文明社会的发展分为“古国”（距今5000年稍早到龙山时代“万国林立”的社会集团）、“王国”（夏商周三代国家）、“帝国”（秦汉以后）三个阶段[③]。

时至今日，有关中国文明起源问题的探讨由于长期以来未能形成统一的标准而似乎陷入了一定的困境，许多人转而更加注重社会发展阶段的梳理与划分；也可以说，从前那种围绕文明起源的概念性讨论正趋于淡化，更多的人开始从事不同区域“文明化进程”的研究，其中特别关注的是不同地区从简单到复杂、从低级到高级的社会形态的演化过程。这与西方有关社会进化或社会复杂化发展进程的探讨颇为类似，从而显露出与西方趋同的学术发展方向。

在中国史前区域文明发展或社会进化的研究中，有两种理论模式被广泛地采用。其一，是1962年美国学者塞维斯提出的“游团—部落—酋邦—国家”的社会进化模式[④]，其中“酋邦”扮演了关键的角色，是连接简单的氏族部落社会到国家社会之间的中间形态的复杂社会。尽管其后几十年里人们对酋邦的内涵、类型和适用性提出了许多不同的认识，但这一模式仍被以各种修正的方式而广泛应用，至少在研究世界不同区域社会复杂化发展进程方面仍是难以回避的参照系，而在我国近些年来也有很多的讨论和运用。其二，是由前述苏秉琦、严文明、张忠培等几位先生所提出的从古国到王国（方国）、帝国的发展模式，这其实描述的是复杂社会出现后的阶段性变化，在“古国”出现之前还应有一个漫长的氏族部落社会发展阶段。这一模式是通过对中国古代文献的提炼与考古成果相结合而提出的，其概念具有浓厚的本土色彩，为很多学者

① 夏鼐：《中国文明的起源》，文物出版社，1985年。

② 苏秉琦：《中国文明起源新探》，生活·读书·新知三联书店，1999年。

③ 严文明：《黄河流域文明的发祥与发展》，《华夏考古》1997年第1期；张忠培：《中国古代的文化与文明》，《考古与文物》2001年第1期。

④ Service, Elman R.. *Primitive Social Organization*. New York: Random House, 1962.

所信奉和运用。仔细辨析，我们会发现这两种理论模式其实并无根本的不同。两者相区别的关键之处是用“酋邦”还是“古国”（或有人说的“邦国”）来描述前国家的复杂社会组织，而这只不过是使用概念的名称不同，实质的内涵则是一样的。正如一些学者已经意识到的，从大约公元前3500年开始（不同地区或略有早晚），在黄河中下游、长江中下游和辽河流域都出现了复杂的社会形态——表现为区域社会集团的形成、大型中心聚落的出现、墓葬和建筑等体现的明显的等级差异，等等；其后社会复杂化的发展进一步提升，直到公元前1800多年二里头文化出现之前，除个别地区孕育出了早期国家形态的社会组织（如中原的陶寺[①]，另外还有哪些进入了国家社会尚需要进一步研究），多数地区不同时段的社会集团都属于酋邦社会，也就是人们通常所说的“古国”（此类社会结构的简单与复杂和发展模式当然还有很多的变化，针对不同的个案都需要做具体的研究）。而国家社会从“王国”到“帝国”的演变则是中国早期历史一个鲜明的特色。

从上述简短而粗略的回顾中可以看到，我国老一辈考古学家基于中国的材料、以特有的方式提出了一套重建中国史前史、早期文明发展史或社会进化史的独特理论模式，而这种理论模式与几十年来西方学者所探索出的社会进化模式实有异曲同工之妙（尽管细节上有许多不同），也可以说中西方学者在以往有关人类早期社会发展演变过程的研究方面可谓殊途同归。如何补充、完善和发展已有的理论，甚或创建新的理论模式，则是当今考古学家所面临的新课题（不惟中国，全世界都如此）。

总之，经过近百年筚路蓝缕的探索，考古学家对中国史前及先秦文化的发展、早期文明和国家起源等诸多重大问题已取得了日渐清晰的认识。将考古学的研究成果与传说历史相参照，可以将三皇五帝大体纳入到以考古学为基础构建的史前史的框架中。其中“三皇”与“五帝”具有完全不同的时代特点。前面所举三皇时代的远古先民茹毛饮血、食草木之实及鸟兽之肉、钻木取火、民知其母而不知其父的社会风貌，基本与旧石器时代和新石器时代早期人们生活在小规模的血缘群体中并以狩猎采集经济为主的特征相吻合。五帝时代可以分为前后两期，前期以黄帝为代表，后期以尧舜为代表，都已进入了新石器时代的晚期。黄帝、颛顼、帝喾大致与仰韶时代的中晚期相当，此时许多地区开始脱离原始的、简单的氏族部落社会，社群内部出现了等级的分化，在一定范围内形成了有最高首领控制的区域政治组织，地位较高者可以享有精致的玉石器、高级陶器等奢侈品，属于文明初现、古国或酋邦社会初步形成与发展的时期。尧舜禹则大约相当于龙山时代，这个时期城邦林立，出现了很多大型中心聚落，一些

① 戴向明：《中原地区龙山时代社会复杂化的进程》，《考古学研究》（十），科学出版社，2012年。

区域组织的规模也扩大了很多，不同集团间常爆发激烈的战争；社会群体内部的分化也进一步加剧了，上层贵族拥有大量的财富，并集中掌控着军事、宗教及世俗等各方面的权力；这个阶段古国或酋邦社会进一步发展，并且出现了最早的国家。因此可以概括地说，五帝时代也正是中国文明起源与初步形成的时代。五帝之后是夏、商、周王朝相继发展的青铜时代，随着文字的出现、青铜礼器的繁盛、大型城址与宫殿建筑的发展，一个成熟发达的中华早期文明诞生在世界的东方，并在以后数千年人类历史中发展成唯一一个没有中断过的古老文明。

近一个世纪的时间里，伴随着一个个重大的考古发现层出不穷，在考古学家的不懈努力下，原本晦暗不清的远古历史渐渐显露出了清晰的轮廓。考古学家用他们的双手拂去了传说历史虚幻的面纱，而传说历史也为残缺不全的考古发现增添了许多生动鲜活的内容。两者相互补充，一部血肉丰满的中国史前史便逐渐呈现在世人面前。

（原载《无限悠悠远古情——佟柱臣先生纪年文集》，科学出版社，2014 年）

文明、国家与早期中国

标题上这几个词语都是当前中国考古学的热门话题，涉及中华文明起源、早期国家形成，以及对早期中国或“最早中国”的认识。本文在此谈点浅见，近似随笔，不做专论。

一、关于文明起源

大约从20世纪80年代末开始，文明起源问题快速成为中国考古学的一个热点课题，30余年下来，经久不衰。以后回顾起来，这一定会是中国乃至世界考古史上一个重要的现象。

西方虽然也有过对文明起源的热烈探索，但20世纪80年代以后我们这里开始逐渐升温时，他们那里反而开始慢慢冷却，较多的是对某某文明总结式的研究或综述，对文明起源问题的专门探讨已经不多了。究其缘由，大概是人们发现“文明”这个概念过于笼统，关于什么是文明众说纷纭、莫衷一是，无论是公众还是学者之间在理解上都有很大分歧，而且人们还发现从美索不达米亚、古埃及和古希腊等早期文明提炼出的标准不一定适合于衡量其他地区的古文明；此外更重要的是，大约自20世纪60年代以后随着人类学新进化论对考古学影响的日益深入，西方考古学家更多转向对社会复杂化，对酋邦、国家等具体社会形态起源和发展过程的探讨，或许人们觉得这一研究路径更有学理意义。

在中国，20世纪80年代中期随着夏鼐先生的《中国文明的起源》一书出版[①]，文明起源问题开始受到学界的关注。随后在80年代后期，苏秉琦先生等一些著名学者开始较多地涉及这个问题。80年代末90年代初以后，越来越多的学者投入其中，有关文明起源的文章大量问世，很快把这一领域的研究推向了高潮。文明起源探索在中国大热并能经久不衰，有以下两个很重要的原因。

一是考古学学术积累和学科发展的结果。人类的早期文明一直是考古学关注的重

① 夏鼐：《中国文明的起源》，文物出版社，1985年。

点，文明起源的探索也一直是考古学研究的重要内容，这方面东、西方考古学走过了相似的道路，只是各自侧重点有所差异。西方学者探索的多是已消失或中断的异域文明，随着学科的发展他们更加关注不同社会演进的阶段性变化；而中国学者追溯的则是自身文明的源头，因此会怀着更多的感情、更大的兴趣和愿望去探索起源问题。从20世纪80年代以前侧重文化史重建的基础性研究，到90年代以后着重对古代特别是史前社会多方面的研究，随着中国考古学学科重心的转移，文明起源探索无形中还担当起了学科发展、转向和提升的一个重要角色，因为文明起源探索离不开像聚落考古、环境考古、科技考古、手工业考古等各分支学科多角度的综合研究，文明起源探索实际上起到了对各门类研究成果进行整合、然后再进行理论构建的作用。这从21世纪连续开展的"中华文明探源工程"课题的设置就能得到清晰的反映。所以笔者觉得"探源工程"的最大价值，并不是真的能够通过这样一个"工程"就能把中国文明起源问题一劳永逸地解决掉，而是借此可以推进考古学学科的整体发展。此外，20世纪80年代以后一系列重大考古发现，例如甘肃秦安大地湾仰韶晚期殿堂般的大房子、辽宁凌源牛河梁"坛、庙、冢"红山文化遗址群、山东大汶口和龙山文化一些贵族大墓、浙江余杭反山和瑶山等良渚文化高级贵族墓地、山西襄汾陶寺龙山早期权贵墓葬，以及湖北天门石家河等全国多地大量史前城址的相继问世，客观上也为文明起源探索提供了丰富的物证，激发了学者的热情和想象力，促进了这一课题的开展；到21世纪，像河南灵宝西坡墓地和大房子、陶寺城址和龙山期大墓、石峁古城、良渚古城等众多惊世的重要考古发现，对文明起源探索又起到了进一步强力助推的作用。

二是文明起源的探索生逢其时，该课题的兴旺有其深刻的社会背景，符合社会发展潮流的需要。中国自20世纪70年代末启动改革开放以来，经济快速发展，国力不断上升；同时面对西方资本与各种文化、思潮的强力冲击，无论是学界还是民众、官方都始终存在保护、复兴优秀传统文化的强烈愿望和推动力量，近年又被提升到增强民族自信的高度，因此整个社会对中国文明起源问题有着很高的关注度。可以说，探索中华文明起源有着超出一般学术意义的更深层的需要。正因如此，在几乎是同一社会背景下诞生的"夏商周断代工程"之后，21世纪初又开始了国家立项支持的"中华文明探源工程"。由此可以看到学术从来不会脱离社会而独立存在，尽管学者个人可以也应该秉持独立精神、从事"纯粹"的学术研究，但作为一个学术共同体、一种集体性的研究取向，却往往脱离不掉社会现实的影响，中外皆然（以色列史学家赫拉利在其《人类简史》一书中对此有深刻的阐述①）。由此也可解释，在对"文明"的理解歧

① 尤瓦尔·赫拉利著，林俊宏译：《人类简史：从动物到上帝》，中信出版集团，2017年。参见该书"第四部分：科学革命"。

义纷呈、标准难以统一的情况下，为什么文明起源的研究在中国还会长盛不衰，而学术价值同样重大、概念更清晰明确的国家起源问题的探讨却反而显得有些不温不火，更像是文明起源研究潮流中的副产品。

谈到这里，顺便再谈一下与此相关的另一个现象。20 世纪 80 年代以前中国学术界普遍接受像氏族、部落、部落联盟、父系社会、母系社会等西方人类学的概念，至今仍作为标准术语而广泛使用着。因为这些概念是在西方学术引进到中国的初期就随之而来的，尤其还出现在像《家庭、私有制和国家的起源》等经典著作中，所以就“自然而然”地成为中国现代学术话语的一部分，从来没有人质疑这些概念是否适用于中国；很多考古学者都是从教科书或课堂上就学到并开始使用这些概念的，因此似乎也从未有人将其视为不可接受的舶来品。然而与此形成鲜明对照的是，像“游群”“酋邦”这样外来的概念却受到了一定的冷落甚至排斥。尽管这些概念的诞生时间也不晚（不晚于 60 年代），但却是在 80 年代以后才介绍到国内的，由于当时缺乏有关这些社会研究的考古和人类学著述的同步译介，很多人当时、甚至一直到现在也没有完全理解像酋邦这样概念的具体含义及其演变过程（有人就将其理解为与“部落联盟”相类同）。另外，出于某些很复杂的原因，80 年代以后在开放的环境里西方思潮和各种学术思想大量涌入的时候，中国学者对外来事物采取的态度是不尽一致的。比如从 80 年代后期到 90 年代前期围绕“新考古学”的争论就可见一斑，尽管其后直到现在中国考古学的发展潮流与新考古学非但没有水火不容，反而有许多相合之处，例如对聚落考古、科技考古、环境考古的重视与发展，对社会演变过程的复原及其动因的解释，等等（同时申明笔者并不认为中国考古学近几十年只是简单重复了英美新考古学的旧路）。不管怎样，“酋邦”作为介于简单社会和国家之间的一种前国家复杂社会形态，在西方新进化论人类学和考古学中都占有突出重要的地位，几十年来一直是一个非常重要的研究领域；但奇怪的是，在中国日益开放、与西方交流日益增多的情况下，中国学界对酋邦、对西方新进化论提出的社会发展模式，似乎表现出比较淡漠的态度（需说明的是，多年来“社会进化论”或“文化进化论”在西方也饱受争议，一方面缘于其类型化的阶段性进化模式不能覆盖形态多样的复杂的人类社会，另一方面被指有种族主义的政治不正确之嫌。然而无论如何，这种模式迄今仍是考察人类社会群体演变的最有效途径或最重要的参照系，有利于人类学、考古学上的比较研究）。无论诸如“酋邦”这样的概念是否适用于中国古代社会、史前中国是否存在这种社会形态，在中国学界都缺少深入的辨析和讨论；现实的局面是要么少数使用者自说自话，要么是简单地弃之不用或视而不见。这是一种很有趣、也是很有意味的现象。这是否意味着中国学术群体的强烈的自主意识和自强心理，即主观上就不愿意接受西方学者提出的现成的理论模式、不愿意拿来简单地套用？可这又如何解释学界对像摩尔根、柴尔德这样学者的热情拥抱？无论如何，我们还是期待我国学者能真正创建出自己的独特学术体系与理论模式，并最终引领世界学术的发展。这方面我国已有少数学者做出了积极的努力。例如苏秉琦先生的“区系类型”学说，以及有关中国文明与国家形成的“三部曲”与“三模式”的理论探索就堪称典范①。

多年来文明起源探索最重要的收获，除了切实地将中国文明起源的时间推进到了五千年前，提出了中华文明多元一体、连绵不断、兼收并蓄的特点，更重要的是大大丰富了中国考古学研究的内容，强化了研究的广度和深度，提升了研究水平。文明起源问题的研讨，助推了学者们对中国古代特别是史前和先秦时期社会的全方位研究，包括对不同区域文化与社会发展阶段的认识，推动了科技考古、聚落考古、环境考古、手工业考古等多学科的发展及整合研究。这些方面的努力使得中国考古学与世界考古学全面“接轨”，某些领域已与世界先进水平比肩或接近。

早在20世纪80年代前期，夏鼐先生首先提出文明应具有“城市、文字和青铜冶铸技术”三个要素，同时指出最根本的还是政治组织上已进入国家社会；限于当时的条件，他主要是根据殷墟的考古发现提出这几点的，但实际上他关于文明起源的论述又是一个开放的系统，他不但认为二里冈文化和二里头文化（至少其晚期）已经进入了文明阶段,而且指出“文明是由‘野蛮’的新石器时代的人创造出来的”②。在随后开展的文明起源大讨论中，“三要素”说的普遍适用性受到广泛质疑，很多人认为中国文明的起源可以追溯到尚未发现文字和大规模金属冶铸的史前晚期，于是一些人提出了各种其他标志，比如高端玉器的广泛使用、礼制的形成，等等。还有学者主张不能机械地理解和套用某些标准，应该从中国的考古材料出发，将文明起源视为一个渐进的过程，着重从“文明化”的角度探讨文明起源，其中严文明先生在一系列有关文明起源的论文中有非常清晰的阐述③。

在时间点上，最初许多学者坚持只有二里头遗址代表的夏王朝才算得上中国文明的开端（少数人特别是国外一些学者甚至认为中国最早的文明只能追溯到商）；后来有很多人认为史前末期的龙山时代已迈进万邦林立或古国时代的文明门槛；还有学者认为中国文明起源可以追溯到距今五千年前后，那时的仰韶晚期到庙底沟二期、红山晚期、大汶口中晚期、良渚文化和屈家岭—石家河文化时期已经是文明初现，甚至已经进入普遍文明化的时代了。随着时间的推移，重要考古新发现的不断增多和讨论的逐渐深入，近年来很多学者已公认以良渚古城为代表的社会已经是早期国家文明了，从

① 苏秉琦：《中国文明起源新探》，生活·读书·新知三联书店，1999年。

② 夏鼐：《中国文明的起源》，文物出版社，1985年。

③ 严文明：《农业发生与文明起源》，科学出版社，2000年。

而实证了中华文明五千年的说法。但问题是，上述与良渚文化大体同时的其他区域文化是否也算得上是文明了呢？文明起源是否还可再往前追溯到社会分化初期的前国家社会，即仰韶中期、大汶口早期、崧泽文化和大溪—油子岭文化时期？中外学者中都不乏这样的认识，即文明主要指的是文化成就，是文化发展到高级阶段的结晶，而国家是一种社会政治组织，两者不必相等同，因而是有可能存在前国家文明社会的。总之，对这些问题的看法目前还有很大的分歧，都是今后需要我们进一步探讨的。

二、关于国家起源

随着文明起源研究的逐步深入，有关中国早期国家起源的重要性也日渐凸显出来，因为两者间有着紧密的关系，在许多人看来甚至就是一回事。不过到目前为止考古界对该问题的专门探讨仍然有限，相比而言史学界关注更多一些。

首先，什么是国家呢？实际上有关国家的定义也是五花八门，政治学、社会学、人类学、历史学都有各自角度不同的定义，但同时学界对国家本质特征的理解又有很大的共同性，可以概括如下：

社会分为不同阶层（阶级），有强制性的公共权力和赋税制度，有专门化的、分工分层的管理机构或官僚体系，有维护秩序与安全的常备武装力量和司法系统，有体现统治者意志的精神信仰或意识形态，整个社会呈现金字塔形的等级结构，另外国家还是超越血缘关系的地缘政体，等等。

在人类学和考古学的研究中，在资料不太充分的时候，常会遇到早期国家与复杂酋邦难以分辨，或对一个复杂的区域政体是国家还是酋邦难以定性的情况，因为复杂酋邦与早期国家存在许多共性，比如社会分层、集中的公权力，强制性的赋税和劳役，统一的神灵崇拜，酋邦间因经常为争夺土地、财富而发生战争，故此也可能会有较常备的武力。两者间最直观、最根本的差别也许在于各自的社会管理体系、政治组织结构不同。酋邦主要依靠基于血缘关系的权贵集团进行直接的或间接的分级管理，社会地位和等级的高低一般与酋长关系的亲疏远近直接相关，因此一个酋邦所能控制的地域范围和人口规模不会很大；国家则是由超越血缘关系的专业化的官僚集团或分等级的官僚系统进行治理，往往因分工和分级管理的需要而设置复杂的官僚机构或“政府”，其统辖的地域范围和人口规模理论上讲可以无限大。实际上，早期国家的具体形态又是多种多样的，概括地说，既有多层级管理的广土众民的广域国家（或称地域国家、广幅国家），也有小型的、层级较简单的城邦国家。

那么具体到考古上，从物质遗存方面又该如何区分早期国家呢？这方面有过一些讨论，总括起来可以提炼出如下一些特征：国家应有大型都邑或城市，多层级聚落结构、不同等级的中心聚落，不同等级和功能的公共建筑或设施，不同等级的权贵墓葬，体现国家组织和动员能力的大型公共工程，集中管控并服务于权贵的高端手工业，尤其是应有体现王权或最高权力特征的宫殿、王墓、神庙，等等。

但在实际的考古发现中，早期国家其实很难具备上述各种特征，而常常只是其中某项或几项比较突出。例如两河流域苏美尔早期城邦国家，中心城邑里发现的高等级建筑往往是神庙，神庙不仅是祭祀崇拜中心，而且还常常是政治和经济中心，最高祭司也同时是城邦首领，拥有大量土地并掌管着世俗事务；与之相反，希腊早期爱琴文明时代，城市里最突出的建筑是王宫，王宫是这种城市国家里最高的政治、经济和文化中心，有时还是宗教中心；而在古埃及前王朝末期所形成的早期小型国家里，宫殿、神庙似都已出现。

从世界几大文明发祥地看，早期国家最初大多是小型的城邦或城市国家。有些地区的城邦或城市国家持续时间很长，如美索不达米亚、中美洲的墨西哥盆地与玛雅低地、西非的约鲁巴地区，还有古希腊等；有些地区则在经过短暂的城邦或小型国家阶段之后，很快通过兼并发展成范围很大的广域国家，如古埃及、南美洲的印加帝国，以及古罗马等①。

那么中国的早期国家是一种怎样的情形呢？中国的国家起源又可以追溯到何时呢？

根据考古发现和出土文字资料，早年在谈到中国国家起源时，西方学者只承认到商，甚至是只有殷墟代表的晚商才称得上是国家文明；后来随着二里头遗址宫殿和宫城、贵族墓葬及铸铜作坊等重要发现的相继问世，国内学者大多赞同二里头代表的夏王朝是中国最早的王朝国家，国际上也有不少人认同。大概从20世纪90年代开始，伴随着文明起源探索的热潮，一些学者开始把新石器时代晚期视为国家起源的关键阶段，这个时期在距今5000～4000年前后之间。

20世纪90年代前期，苏秉琦先生提出了“古国、方国、帝国”的国家起源与发展三部曲②，后来严文明③、张忠培④、李伯谦⑤等先生都将这一理论模式修正为

---

① 布鲁斯·G. 崔格尔著，徐坚译：《理解早期文明：比较研究》，北京大学出版社，2014年。

② 苏秉琦：《中国考古学的黄金时代即将到来——纪念北京大学创设考古专业四十年》，《中国文物报》1992年12月27日；《北京大学“迎接二十一世纪考古学”国际学术讨论会上的讲话（提纲）》（1993年）和《国家起源与民族文化传统（提纲）》（1994年），见于《华人·龙的传人·中国人——考古寻根记》，辽宁大学出版社，1994年。

③ 严文明：《黄河流域文明的发祥与发展》，《华夏考古》1997年第1期。

④ 张忠培：《中国古代的文化与文明》，《考古与文物》2001年第1期。

⑤ 李伯谦：《夏文化探索与中华文明起源与形成研究》，《中国古代文明进程的三个阶段》，二篇皆载于《文明探源与三代考古论集》，文物出版社，2011年。

“古国、王国、帝国”的表述。大家基本公认，“王国”（苏先生的“方国”）指的是夏、商、周这样的王朝国家，“帝国”指的是秦汉及以后的统一国家，但对“古国”却存在不同的理解。很多人认为“古国”即指古文献中“万国林立”“协和万邦”中的“国”或“邦”，但“国”与“邦”的含义和性质究竟为何，各家说法不一。一些学者认为古国就是早期国家或原始国家，有人另以“邦国”或“城邦国家”称谓之，且论证有众多城址发现的龙山时代可以称为邦国林立的古国时代。也有人认为“古国”并非国家，而是等同于“酋邦”；在“万邦林立”的龙山时代只有个别“大邦”发展成了早期国家（李民先生对此有过很好的论述[①]）。笔者持后一种观点并有过专门讨论[②]。

那么在史前晚期出现的“大邦”当中，有哪些可以称得上是“国家”社会组织了呢？其中最早被确认的应该是良渚。20世纪90年代后期苏秉琦先生在其《中国文明起源新探》一书中，将良渚文化定性为“方国”，这也是他的理论体系中所确定的早于夏商周王朝的史前“方国”的唯一实例，可以说在很多人还认为良渚属于古国或酋邦的时候,苏先生就已经认定良渚是高于“古国”的早期国家了[③]。同在90年代后期就指出良渚社会为国家的还有张忠培先生[④]和严文明先生[⑤]。进入21世纪以后,特别是在良渚古城及水坝系统、莫角山宫殿基址、玉器手工业作坊等一系列重要发现相继问世以后[⑥]，越来越多的学者赞同良渚已经属于国家形态的文明社会了。与良渚同时和早于良渚的其他区域政体或社会集团，迄今都还没有确凿的证据可以论证为国家的，因此可以说良渚是目前中国境内所能识别出的年代最早的国家组织。2019年伴随着良渚遗址群申遗成功，良渚作为中国早期国家文明社会似乎也得到了“国际认可”。

除了良渚以外，学界对史前晚期其他区域的社会形态也有所探讨。按笔者的认识，根据现在所知的材料，良渚之后、二里头之前，真正有可能已经形成早期国家的，只有晋南的陶寺和陕北的石峁两个“超级聚落”所代表的社会集团，它们存在的时间主

---

① 李民：《中原古代文明进程中的“万邦”时期》,《中原地区文明化进程学术研讨会文集》，科学出版社，2006年。

② 戴向明：《陶寺、石峁与二里头——中原及北方早期国家的形成》,《夏商都邑与文化（二）——“纪年二里头遗址发现55周年学术研讨会”论文集》，中国社会科学出版社，2014年；《中国史前社会的阶段性变化及早期国家的形成》,《考古学报》2020年第3期。

③ 苏秉琦：《中国文明起源新探》，生活·读书·新知三联书店，1999年。

④ 张忠培：《良渚文化的年代和其所处社会阶段——五千年前中国进入文明的一个例证》,《文物》1995年第5期。

⑤ 严文明：《长江流域在中国文明起源中的地位和作用》,《农业发生与文明起源》，科学出版社，2000年。

⑥ 刘斌、王宁远、陈明辉、朱叶菲：《良渚：神王之国》,《中国文化遗产》，2017年第3期；浙江省文物考古研究所：《良渚古城综合研究报告》，文物出版社，2019年。

要在距今 4300～3800 年之间。此外在史前晚期出现的“超级聚落”还有长江中游的石家河、上游的宝墩和三星堆、黄河下游的尧王城等，但这些规模庞大的超级聚落所代表的社会群体是否也发展成为早期国家了，至今还缺乏充足的证据可以论证[①]。正如有学者指出，即便是最复杂的酋邦社会也可能会由于各种原因而崩溃或停滞不前，并非所有地区的社会进化都会直线上升并前进到早期国家的。

接下来的问题是，良渚、陶寺和石峁这样的早期国家（笔者称之为“雏形国家”），究竟是像世界其他地区一样为小型的城邦国家，还是一开始就形成了广域国家？对考古学来说，要确定早期国家的疆域范围和组织结构是非常困难的事情。我们知道良渚古城所在的遗址群是良渚文化范围内规模最大、等级最高的聚落群，其他良渚聚落群一般只有一到数处高等级贵族坟山，尚没发现像良渚核心区那样的城址、大型宫殿建筑、大型水坝，即便是贵族墓葬也没有达到像瑶山、反山那样高的规格，而在良渚文化区内又存在高级玉器分配网络和高度一致的“神人兽面纹”所象征的统一信仰系统，因此许多学者都判断在整个良渚文化分布区很可能形成了一个以良渚为都城的统一的“广域国家”。即便保守一点，将良渚国家限定在良渚核心区及其附近的几个聚落群，或者还包括太湖以南的各聚落群，也会形成一个有不同层级的“广域国家”。另外，考虑到良渚作为一个“雏形国家”出现的年代如此之早，良渚文化覆盖的地域范围又很大，一些聚落群之间有较大的、明显的地理间隔，位于太湖东、北面的各聚落群似乎显示出一定独立的态势，也许还不能排除在良渚文化范围内所形成的，是一个各群（或其中的某些群）相对独立自治、同时又以良渚核心区为宗主的“邦国联盟”的可能性。需要强调的是，即便良渚是这样一个“邦国联盟”，但其结构上是主、次分明的，是“大邦”与附属“小邦”的关系，而不太可能是各邦并立、与世界其他地区早期城邦或城市国家相同的那种小型国家。也许，我们可以称良渚这样的国家为“主从式的邦国联盟”。

晚于良渚，出现在黄河中游的两个“雏形国家”，即陶寺和石峁，也有可能是广域国家。陶寺统辖的范围应不小于陶寺文化主要分布区的临汾盆地，这里可以划分出四层聚落等级，陶寺为最高中心，其下至少还有两处次级中心，然后是三、四级聚落，整个区域呈现典型的金字塔形结构，看起来浑然一体，很可能在整个临汾盆地内形成了统一的国家组织；至于近年我们发掘的运城盆地北部特大型聚落周家庄，与陶寺是并峙还是从属关系，需要进一步探究，但这不影响我们对陶寺政体本身的判断。石峁也与其相似，石峁古城为最高中心，据调查其周围也有几处次级大型聚落和众多小型聚落，同样显示出金字塔形的等级结构，石峁国家所能直接统辖的应该是陕北高原上

① 戴向明：《中国史前社会的阶段性变化及早期国家的形成》，《考古学报》2020 年第 3 期。

时候，良渚早已衰落了（不晚于公元前2300年左右）。像其他一些史前区域文明一样，良渚是中国历史上一个失落的文明，完全消失在中国人文初始所记忆的视野之外。因此，当如今良渚作为中国最早的一个国家文明被揭示、识别出来，突然呈现在世人面前的时候，很多人会感到惊奇而又陌生，超出了以往的历史想象；虽然不难认可它是中华文明源头之一，但一时还难以将其同“最早中国”联系起来。当然，如果我们将“最早中国”就限定为狭义的中原王朝，那么良渚也确实不属于这个范畴。

还有一个问题，如果我们承认良渚是国家，那么最有可能是拥有王权的国家；如果这种王权是世袭传递的，那么良渚不是王朝国家又是什么国家呢？同理，对于陶寺、石峁等代表的早期国家也有这个问题。所以，对于这些缺乏文献记载的早期国家的性质、它们的权力结构和传递方式，都是今后我们需要进一步探讨的问题。

综上，关于早期中国的认识，我们大可不必纠结于“最早中国”这个在学理上很难界定的概念，而是从“中国”作为一个政治共同体、更是作为一个文明共同体的形成过程的角度来观察。这方面恐怕还是首先要回归到苏秉琦老先生，他给出了迄今看来仍然是最有启示性的解说：

“‘中国’概念形成过程，还是中华民族多支祖先不断组合与重组的过程”；“从共识的‘中国’（传说中的五帝时代，各大文化区系间的交流和彼此认同）到理想的中国（夏商周三代政治文化上的重组），到现实的中国——秦汉帝国，也相应经历了‘三部曲’的发展”。

（原载《南方文物》2020年第3期）

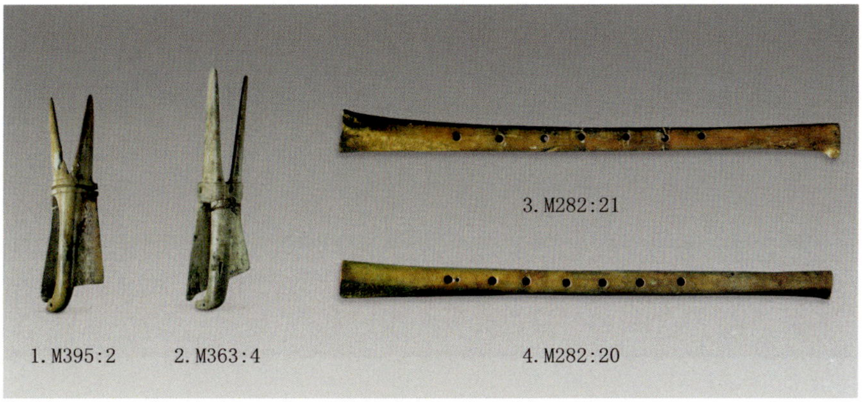

图版 1　河南舞阳贾湖骨叉形器和骨笛

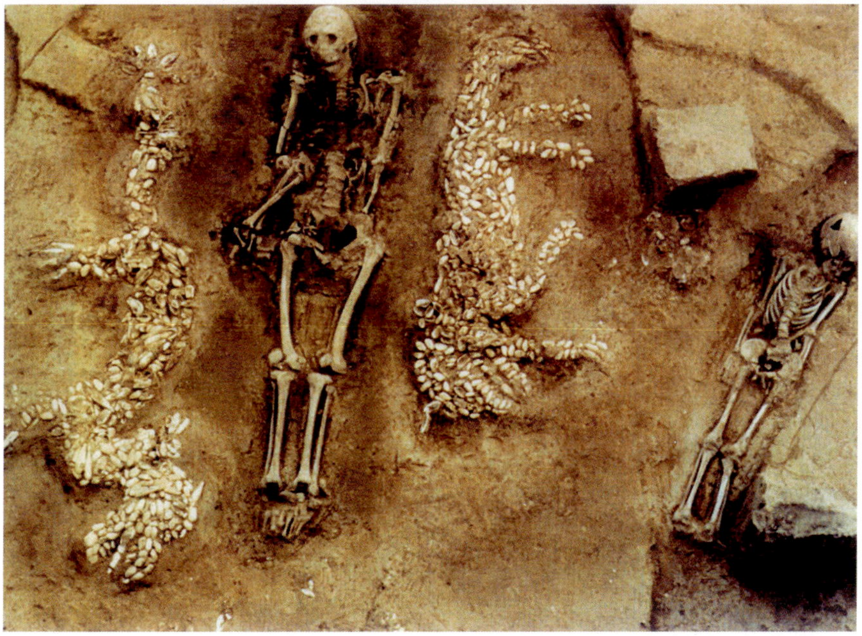

图版 2　河南濮阳西水坡 M45 蚌塑龙虎

图版 3　陕西临潼姜寨仰韶早期村落复原图

图版 4　河南临汝阎村鹳鱼石斧图彩陶缸

图版 5　陕西华县泉护村 M701 出土陶鹰鼎

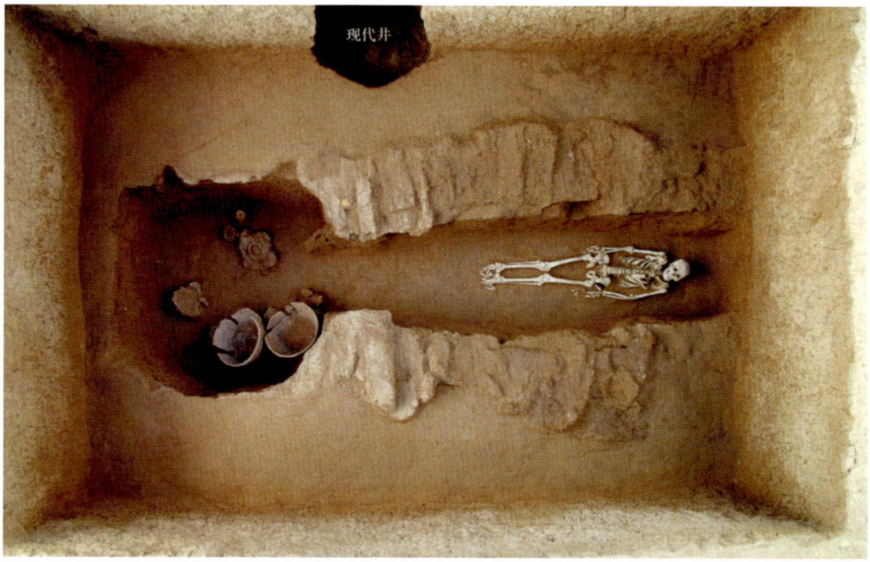

图版 6　河南灵宝西坡大墓 M27

图版 7　甘肃秦安大地湾 F901

图版 8　陶寺早期大墓 M2001 及早期大墓随葬品

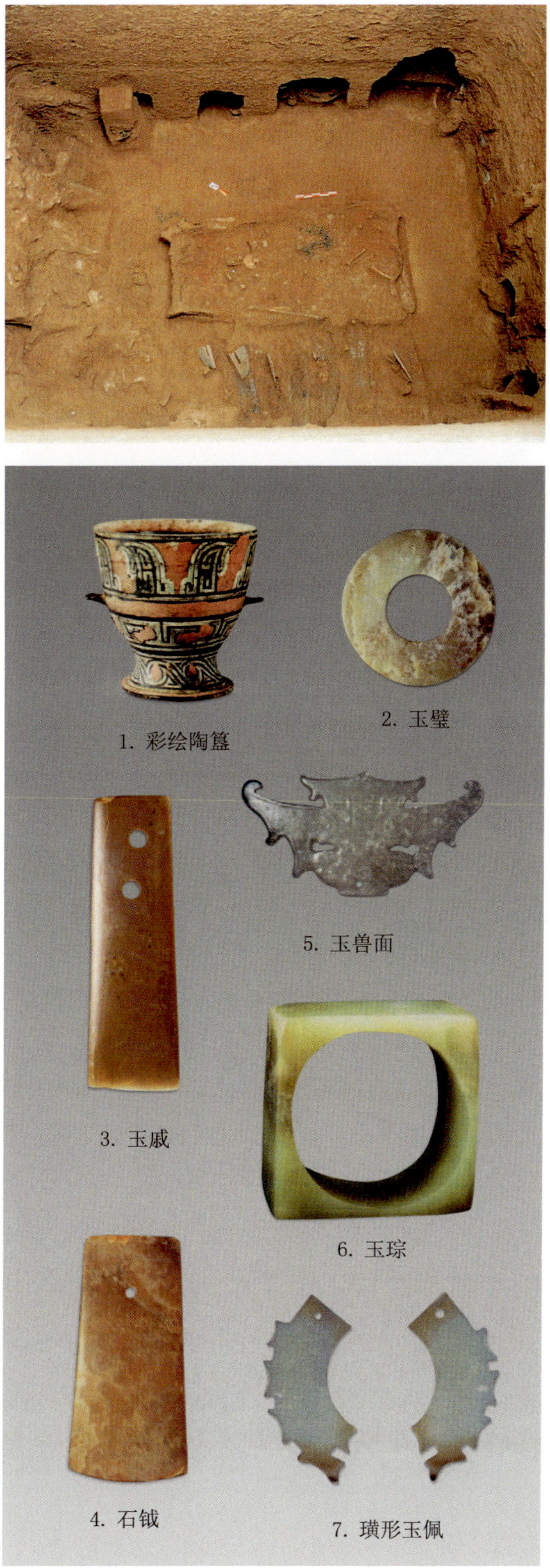

图版 9　陶寺中期大墓ⅡM22 及其随葬品

图版 10　石峁古城东门址

图版 11　石峁古城皇城台地点

图版 12　石峁古城皇城台大台基南护墙石雕

1. 下靳：瓶 M91:1

2. 清凉寺：罐 M53:11

3. 清凉寺：瓶 M146:9

4. 陶寺早期：盆 M2063:4

5. 陶寺早期：盘 M3072:6

6. 陶寺早期：壶 M3002:49

7. 陶寺中期：双耳罐 M26:5

8. 陶寺中期：折肩罐 M26:1

9. 陶寺中期：簋 M22:15

图版 13　下靳、清凉寺、陶寺墓葬出土彩绘陶器

1. 下靳：钺 M97:1
2. 下靳：环 M47:7
3. 下靳：刀 M153:1
4. 清凉寺：刀 M146:4
5. 清凉寺：牙璧 M100:7
6. 清凉寺：环 M100:5
7. 清凉寺：联璜璧 M100:4
8. 清凉寺：钺 M82:7
9. 清凉寺：钺 M146:1
10. 陶寺早期：钺 M3002:4
11. 陶寺早期：琮 M3168:7
12. 陶寺早期：环 MDC:14
13. 陶寺早期：联璜环 M3033:8
14. 陶寺早期：圭 M1700:3
15. 陶寺中期：璜 M22:131
16. 陶寺中期：璧 M22:18
17. 陶寺中期：钺 M22:6
18. 陶寺中期：戚 M22:128
19. 陶寺中期：玉兽面 M22:135

图版 14　晋南龙山时代墓葬出土玉器

1. 下靳：瓶 M91:1

2. 清凉寺：罐 M53:11

3. 清凉寺：瓶 M146:9

4. 陶寺早期：盆 M2063:4

5. 陶寺早期：盘 M3072:6

6. 陶寺早期：壶 M3002:49

7. 陶寺中期：双耳罐 M26:5

8. 陶寺中期：折肩罐 M26:1

9. 陶寺中期：簋 M22:15

图版 13　下靳、清凉寺、陶寺墓葬出土彩绘陶器

1. 下靳：钺 M97:1
2. 下靳：环 M47:7
3. 下靳：刀 M153:1
4. 清凉寺：刀 M146:4
5. 清凉寺：牙璧 M100:7
6. 清凉寺：环 M100:5
7. 清凉寺：联璜璧 M100:4
8. 清凉寺：钺 M82:7
9. 清凉寺：钺 M146:1
10. 陶寺早期：钺 M3002:4
11. 陶寺早期：琮 M3168:7
12. 陶寺早期：环 MDC:14
13. 陶寺早期：联璜环 M3033:8
14. 陶寺早期：圭 M1700:3
15. 陶寺中期：璜 M22:131
16. 陶寺中期：璧 M22:18
17. 陶寺中期：钺 M22:6
18. 陶寺中期：戚 M22:128
19. 陶寺中期：玉兽面 M22:135

图版 14　晋南龙山时代墓葬出土玉器

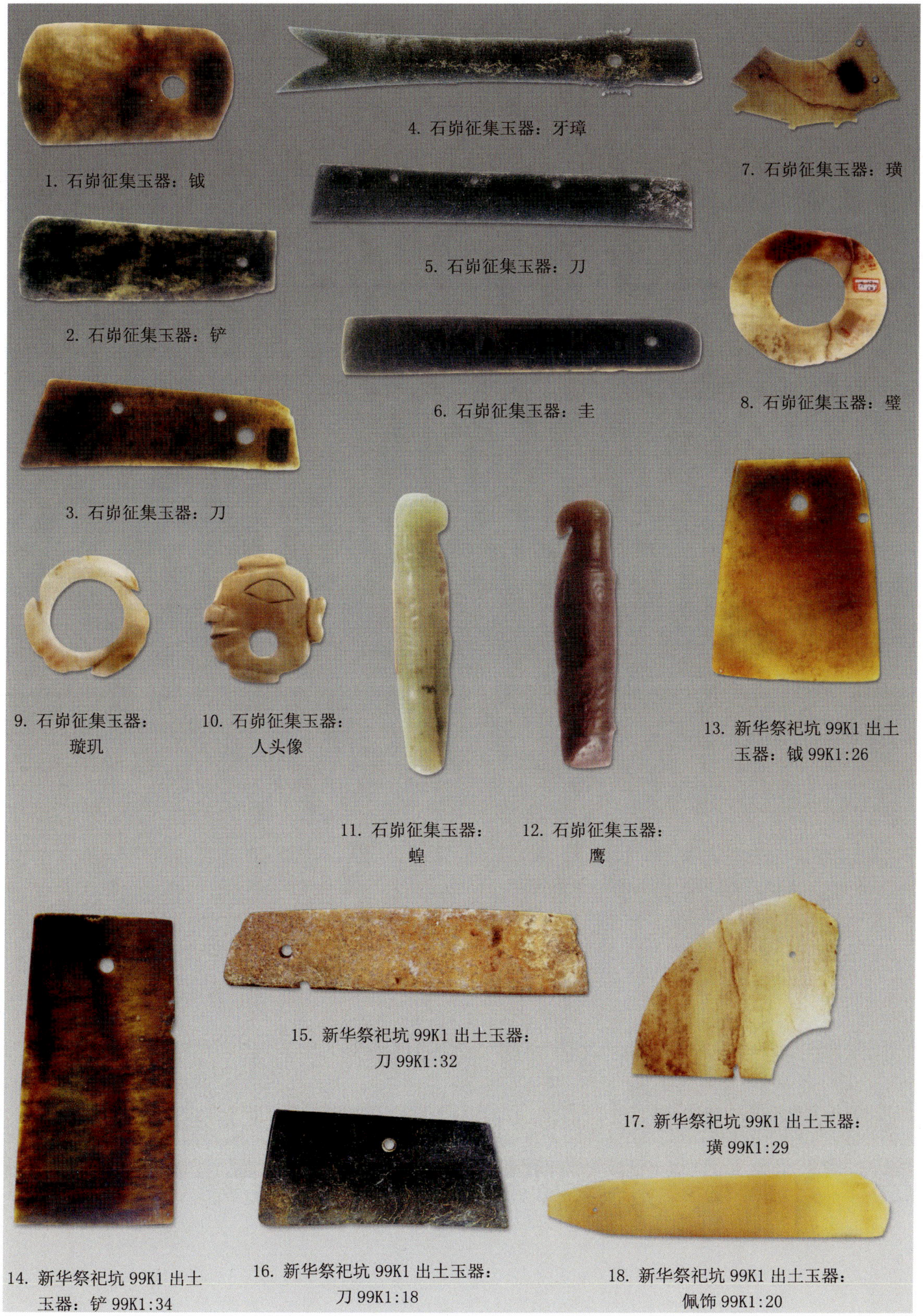

图版 15　陕北石峁与新华遗址的玉器

1. 青铜爵

2. 玉钺

3. 绿松石龙形器

4. 绿松石铜牌饰

图版 16　二里头遗址出土器物

图版 17　二里头遗址一号宫殿基址复原